더 쉽게 배우는
유일한 입문+활용서
더[THE] 쉬게 NO.12 배우기

워드 2013
더[THE] 쉽게 배우기

박혜정 저

YoungJin.com Y.
영진닷컴

워드 2013 더 쉽게 배우기

ISBN : 978-89-314-4622-7

독자님의 의견을 받습니다.

이 책을 구입한 독자님은 영진닷컴의 가장 중요한 비평가이자 조언가입니다. 저희 책의 장점과 문제점이 무엇인지, 어떤 책이 출판되기를 바라는지, 책을 더욱 알차게 꾸밀 수 있는 아이디어가 있으면 이메일, 또는 우편으로 연락주시기 바랍니다. 의견을 주실 때에는 책 제목 및 독자님의 성함과 연락처(전화번호나 이메일)를 꼭 남겨 주시기 바랍니다. 독자님의 의견에 대해 바로 답변을 드리고, 또 독자님의 의견을 다음 책에 충분히 반영하도록 늘 노력하겠습니다.

이 메 일 : support@youngjin.com
주　　소 : (우)08505 서울시 금천구 가산디지털2로 123 월드메르디앙벤처센터 2차 10층 1016호
등　　록 : 2007. 4. 27. 제16-4189호

STAFF

저자 박혜정 | **책임** 김태경 | **진행** 성민 | **본문 편집** 고은애 · 지화경 | **본문 디자인** 지화경 | **표지 디자인** 임정원

INTRODUCTION 들어가면서

이 책의 독자가 되어 주셔서 감사합니다. 한 권의 책을 완성하는데 가장 힘든 부분을 꼽으라면 지금 제가 쓰고 있는 이 책의 머리말입니다. 아마도 감사한 마음을 글로 전달하는 것이 참 어려운 일이기 때문인 것 같습니다. 다시 한 번 제 책에 독자가 되어 주신 것에 대한 깊은 감사의 마음을 전합니다.

현장에서 접하는 워드는 쉽지만은 않은 프로그램입니다. 워드의 기능을 속속들이 아는 사람이 별로 없고, 워드의 핵심 구성 요소인 텍스트에 대한 이해 역시 많이 떨어집니다. 모든 프로그램이 그렇지만 워드 역시 제대로 사용하는 것은 참 어렵습니다.

이 책의 구성은 이렇습니다. 프로그램의 작업 환경을 설정하는 부분인 Part 01을 시작으로 문서의 용지, 색, 폰트, 효과, 배경, 스타일 등의 문서의 컨셉을 잡는 Part 02, 워드 프로세서의 구성 요소를 파악하고 다루는 방법을 학습하는 Part 03, 텍스트 및 개체, 편집 기호들을 찾기, 바꾸기, 이동하기, 복사하기 등을 빠르게 처리하는 편집 기술을 다루는 Part 04를 통해 워드프로세서의 기본기를 학습합니다.

Part 05부터는 워드의 고급 기술을 다루게 되는데요. Part 05에서는 문서에 삽입 탭을 통해 도형, 그림, 표 등을 삽입하고 삽입한 개체와 텍스트의 배치 상태를 결정합니다. Part 06에서는 향상된 워드의 표를 학습하게 되고, Part 07에서는 출판을 위한 머리글/바닥글, 페이지 번호, 각주/미주, 목차 및 색인을 학습하고, 마지막 Part 08에서는 반복하는 작업을 좀 더 편리하게 하는 매크로, 양식을 좀 더 편리하고 멋지게 연출하는 양식 도구를 학습하는 것으로 마무리하게 됩니다.

어디선가 공부는 나를 위해서가 아니라 남을 위해서 하는 것이란 말을 들은 적이 있습니다. 그 말이 계속 마음에 남아있습니다. 독자들의 어려움을 한 발 앞서 고민하고 쉬운 길을 찾기 위해 MS 워드를 열심히 연구하겠습니다.

다시 한번 감사합니다.

저자 박혜정 드림

미리보기

이 책은 워드 2013을 처음 사용하는 입문자들이 체계적으로 학습할 수 있도록 8개의 PART로 구성되어 있으며 각각의 PART는 Lesson과 따라하기 형식의 Step으로 세분화되어 있습니다. 각 Lesson의 시작 부분에는 '기초탄탄' 코너를 마련하여 어떤 내용을 학습하게 되고, 중요하게 사용하는 대화상자나 메뉴들의 기능들도 소개합니다. 'Tip'이나 '문제해결' 코너에서는 따라하기 단계별 참고 내용을 소개하며, '연관 검색'에서는 복합적으로 학습하면 좋을 내용들의 위치를 안내합니다. 그럼 미리 보기 내용을 통해 '워드 2013 더 쉽게 배우기'를 간략하게 소개합니다.

Lesson
워드 2013의 다양한 기능을 Lesson으로 구성합니다.

Step
본격적인 학습 코너로써 따라하기 형식으로 구성하여 워드 2013의 기능을 쉽게 익힐 수 있도록 유도합니다.

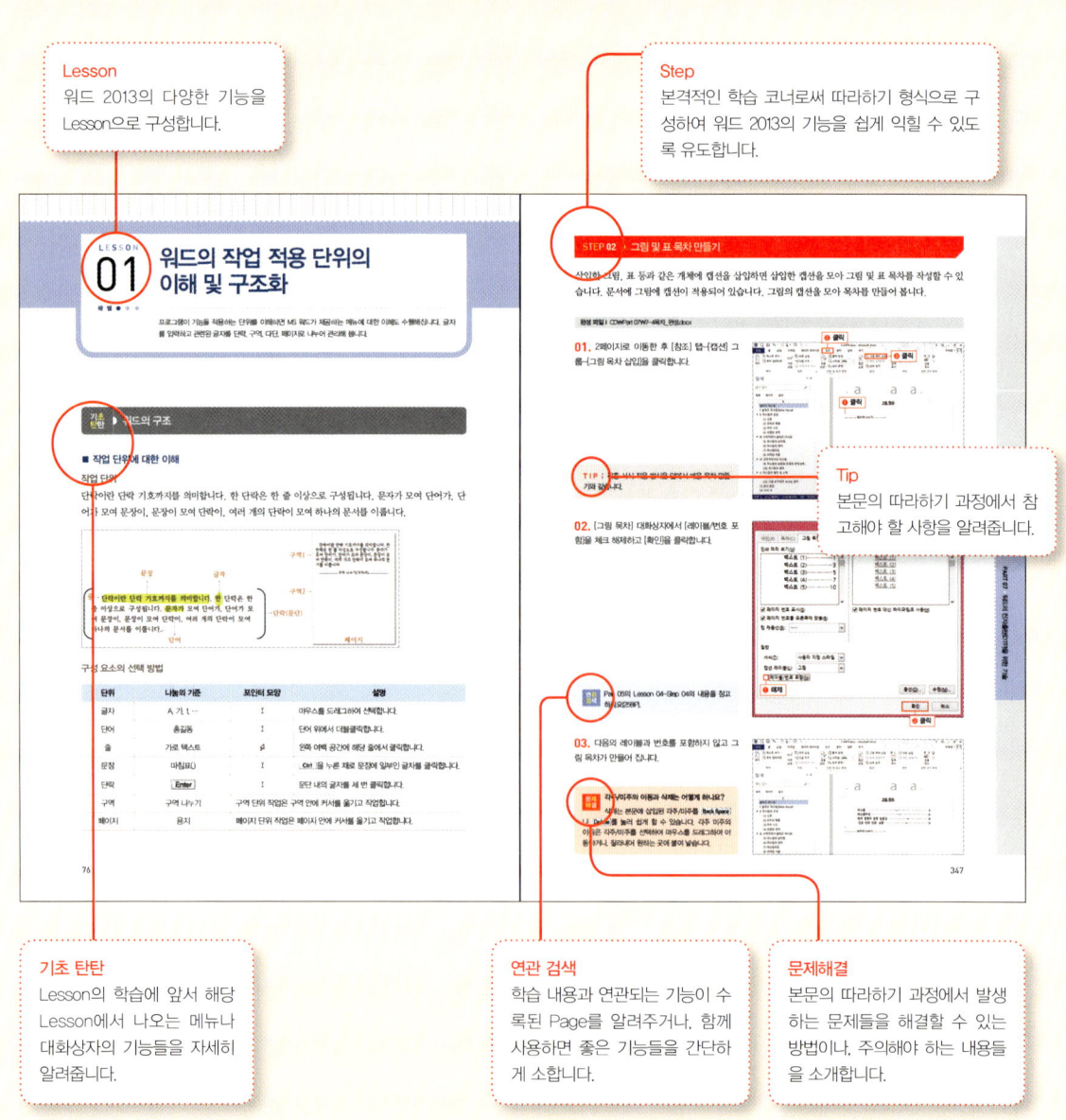

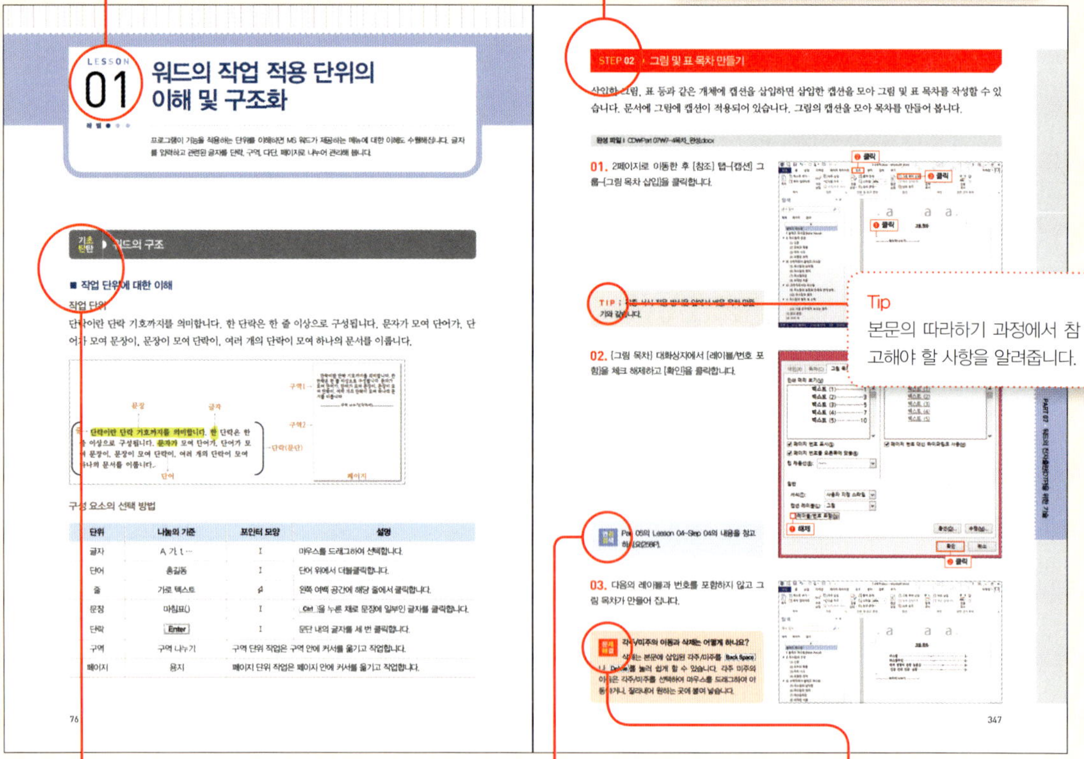

Tip
본문의 따라하기 과정에서 참고해야 할 사항을 알려줍니다.

기초 탄탄
Lesson의 학습에 앞서 해당 Lesson에서 나오는 메뉴나 대화상자의 기능들을 자세히 알려줍니다.

연관 검색
학습 내용과 연관되는 기능이 수록된 Page를 알려주거나, 함께 사용하면 좋은 기능들을 간단하게 소합니다.

문제해결
본문의 따라하기 과정에서 발생하는 문제들을 해결할 수 있는 방법이나, 주의해야 하는 내용들을 소개합니다.

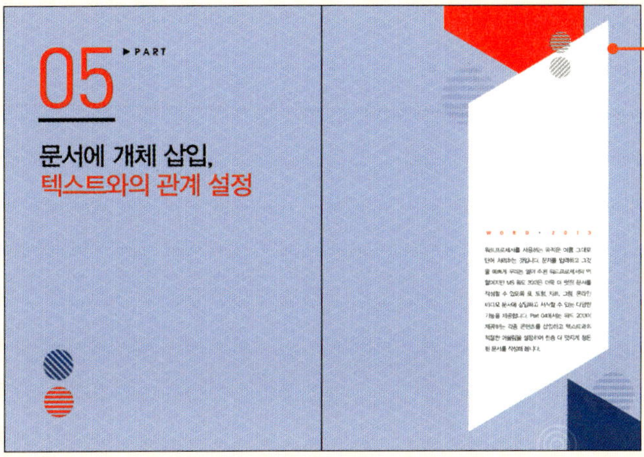

PART

총 8개의 PART로 구성되어 있으며 PART의 시작 전에 배우게 될 내용을 간략하게 살펴봅니다.

실무에선 이렇게

본문의 학습 내용과는 별도로 실무 활용 팁이나 저자의 워드 2013 사용 노하우를 소개합니다.

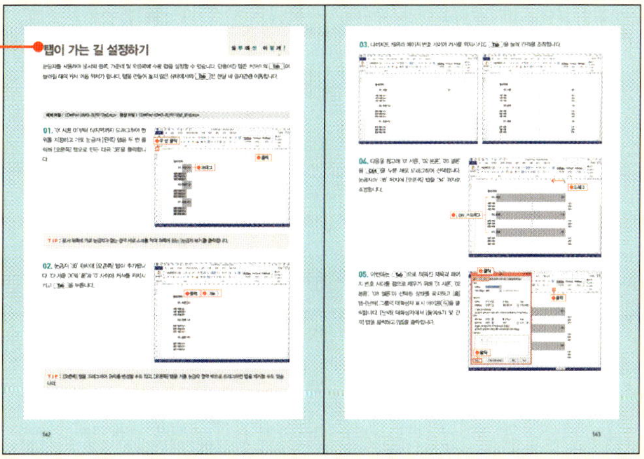

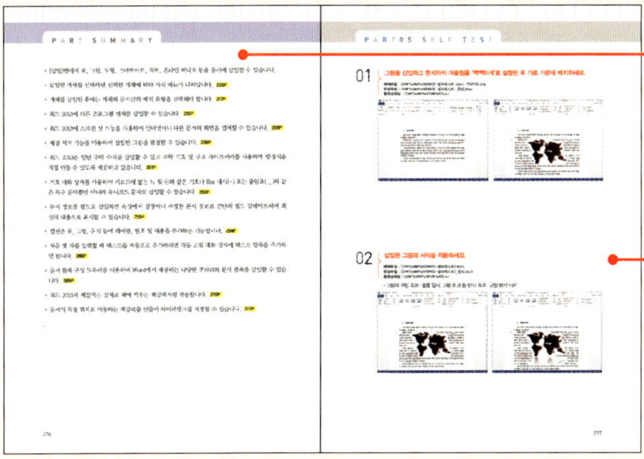

PART Summary

PART에서 배운 워드 2013의 핵심 내용들을 다시 한 번 복습할 수 있도록 간단히 요약해서 소개합니다.

SELF TEST

PART에서 배운 내용을 바탕으로 문제를 풀어볼 수 있는 코너로써, 문제 풀이 과정은 별도의 동영상으로 제공합니다.

이 책의 구성

쉽고 빠른 문서 작성과 업무 활용을 위한 '워드 2013 더 쉽게 배우기'의 PART별 구성을 간단하게 소개합니다.

PART 01

워드 2013과의 만남! 문서 작업환경 설정하기

새로운 MS Office 2013과의 만남! 기대되시죠? 클라우드 지원, 모바일 대응, 협업까지 아우르는 새로운 오피스 2013을 소개합니다. MS Office 2013은 데스크톱은 물론 스마트폰, 태블릿, 노트북과 같은 모바일 기기를 지원합니다. MS Office 2013의 인터페이스는 '컨텐츠'에 집중할 수 있도록 새로운 기능을 많이 제공하고 있습니다. PART 01에서는 새로운 워드 2013의 새로운 기능 및 작업하는 환경, 각종 불편 사항의 해결 방법, 인쇄 및 저장에 관련된 풍성한 Tip이 언급됩니다.

PART 02

문서 전체를 디자인하다!

문서를 작성하기 전에 문서의 전체적인 디자인이 필요합니다. 어떤 용지를 사용할 것인지를 시작으로 용지 방향, 사방 여백, 머리글/바닥글의 삽입 위치 등의 작업 영역을 설정합니다. 그리고 어떤 색, 글꼴, 배경, 효과를 사용할 것인지에 대한 테마를 적용합니다. 이렇듯 문서에 대한 전체적인 디자인을 한 후에 MS 워드에 글자를 입력합니다. 이번 PART에서는 프로그램이 기능을 적용하는 단위를 이해하고 문서 전체에 서식을 디자인하는 각종 기술에 대해 알아봅니다.

PART 03

문서의 빠른 서식 위한 텍스트의 구조화

정보 처리 작업을 할 때는 서식이 별로 중요하지 않습니다. 사실상 서식이 간단할수록 여러 가지 다른 설정에서 해당 정보를 재사용하기가 쉽습니다. 텍스트 작업을 할 때 서식이 지정되지 않은 정보를 일반 텍스트라고 합니다. 그러나 이렇게 열거된 일반 텍스트는 처리 과정에서는 유리하지만 내용에 개성이 없기 때문에 쉽게 내용을 파악하기 힘듭니다. MS 워드에서 제공하는 서식 기능으로 텍스트 간의 중요도에 따라 논리적인 구조를 만들고 텍스트를 돋보이게 할 수 있습니다. 그리고 서식 작업을 빠르게 처리할 수 있는 강력한 스타일 기능에 대해 살펴 볼 것입니다. 서식 작업을 할 때 테마 색, 글꼴, 효과가 기반이 될 것입니다.

PART 04

텍스트 편집 기술

워드프로세서는 접근은 쉽지만 사용은 쉽지 않은 프로그램인 것 같습니다. 프로그램의 주된 일은 텍스트를 담는 일이고 그 일이 가장 중요하다고 말할 수 있습니다. 이런 이유로 워드프로세서 프로그램을 한 번도 공부해 본 적 없는 사람도 쉽다고 인식합니다. 그렇지만 조금 더 작업을 하려는 순간 참 어려운 프로그램이라고 느끼게 됩니다. PART 4에서는 데이터의 표현 형식을 재배열하는 편집 기술을 학습하게 될 것입니다. 입력된 문자를 입력, 수정, 삭제, 검색, 및 대체하는 작업은 물론이고 보이지 않아 다루기 어려운 서식 편집 기호 또한 명확하게 제어할 수 있도록 합니다.

PART 05

문서에 개체 삽입, 텍스트와의 관계 설정

워드프로세서를 사용하는 목적은 이름 그대로 단어를 처리하는 것입니다. 문자를 입력하고 그것을 예쁘게 꾸미는 일이 워드프로세서의 주된 역할이지만 MS 워드 2013은 더욱 더 멋진 문서를 작성할 수 있도록 표, 도형, 차트, 그림, 온라인 비디오 문서에 삽입하고 서식할 수 있는 다양한 기능을 제공합니다. PART 5에서는 워드 2013이 제공하는 각종 콘텐츠를 삽입하고 텍스트와의 적절한 어울림을 설정하여 한층 더 멋지게 정돈된 문서를 작성해 봅니다.

PART 06

숫자, 문자를 표에 넣기

표는 어떤 상호 관련된 사항들을 문장설명으로 하는 것보다 일목요연하게 이해할 수 있도록 그 내용들을 정리해 놓은 것입니다. Part 6에서는 MS 워드 2013에서 표를 만드는 다양한 방법을 통해 MS 워드 문서를 좀 더 폭넓게 활용할 수 있도록 도와줍니다.

PART 07

워드의 전자출판(DTP)을 위한 기술

전자출판물이란 종이에 인쇄된 종이출판물이 아니고, 전자 매체에 인쇄된 출판물을 말합니다. MS 워드는 전자 출판을 하기 위한 인프라를 제공합니다. 온라인을 통해 동영상을 삽입할 수 있고, 목차를 아주 쉽게 구현할 수 있으며 머리글과 바닥글, 페이지 번호 등 종이 출판은 물론이고 전자 출판에 필요한 대부분의 기능을 제공하고 있습니다.

PART 08

문서 자동화 기능

MS 워드는 편지 병합, 문서 검토, 개발 도구인 매크로와 양식 컨트롤 등 프로그램을 이용하여 문서를 자동화할 수 있는 기능을 제공합니다. 특히 편집 병합 기능은 워드프로세서에만 있는 기능으로 데이터와 표를 일정한 규칙에 의해 연결할 수 있도록 하며 매크로와 양식 컨트롤 등으로 반복되는 단순한 일을 쉽고 빠르게 처리할 수 있도록 하고 편리하고 멋진 보고서를 제작할 수 있습니다.

부록 CD

이 책에서 제공하는 부록 CD에는 각 PART별 예제 파일과 완성 파일, 그리고 각 PART별 Self Test의 풀이 과정을 담은 동영상 파일이 수록되어 있습니다. 부록 CD의 파일들은 내 컴퓨터에 복사한 후에 사용할 것을 권장합니다.

■ 예제 파일 사용법

부록 CD의 각 PART별 폴더에는 각 PART 별로 제공하는 예제 파일과 완성 파일이 수록되어 있습니다.

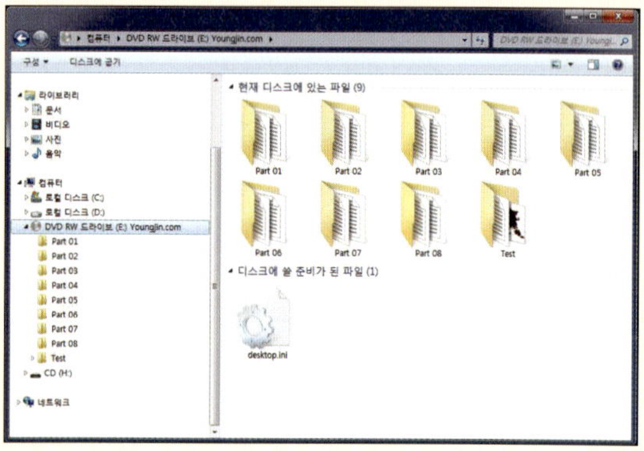

■ Self Test 동영상

부록 CD의 Self Test 폴더에는 각 PART별 Self Test의 풀이 과정을 담은 동영상 파일이 수록되어 있습니다.

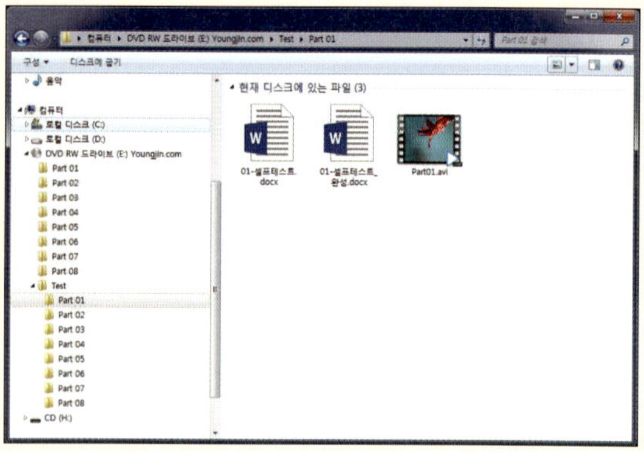

■ 홈페이지에서 부록 CD 자료 다운로드 받는 법

이 책에서 제공하는 부록 CD의 내용은 영진닷컴 홈페이지(www.youngjin.com)의 [고객센터]-[도서자료실/CD다운로드] 게시판에서 검색 창에 도서명이나 키워드를 입력한 후 다운로드 받아 사용하실 수 있습니다.

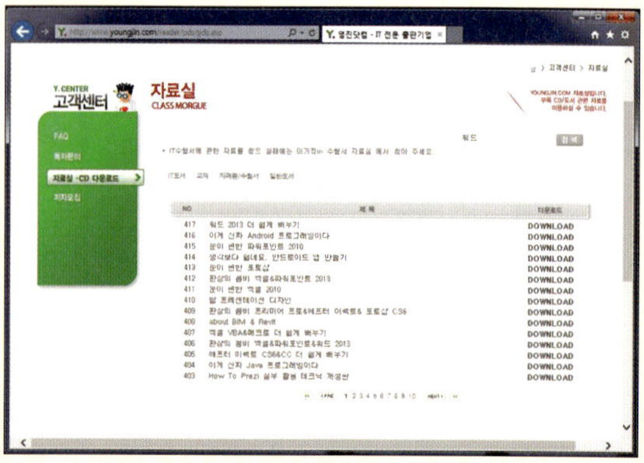

목차

PART 01

워드 2013과의 만남! 문서 작업환경 설정하기

PART 02

문서 전체를 디자인하다!

PART 03

빠른 서식 적용을 위한 텍스트의 구조화

PART 05

숫자, 문자를 표에 넣기

PART 06

문서에 개체 삽입, 텍스트와의 관계 설정

PART 07

워드의 전자출판(DTP)을 위한 기술

PART 08

문서 자동화 기능

01 ▶ PART

워드 2013과의 만남!
문서 작업환경 설정하기

W O R D · 2 0 1 3

새로운 MS Office 2013과의 만남! 기대되시죠? 클라우드 지원, 모바일 대응, 협업까지 아우르는 새로운 오피스 2013을 소개합니다. MS Office 2013은 데스크톱은 물론 스마트폰, 태블릿, 노트북과 같은 모바일 기기를 지원합니다. MS Office 2013의 인터페이스는 '콘텐츠'에 집중할 수 있도록 새로운 기능을 많이 제공하고 있습니다. Part 01에서는 새로운 워드 2013의 새로운 기능 및 작업하는 환경, 각종 불편 사항의 해결 방법, 인쇄 및 저장에 관련된 풍성한 Tip이 언급됩니다.

LESSON

01 New Microsoft Office 2013!

레벨 ● ● ●

MS(Microsoft) Office 2013는 저장 위치를 내 컴퓨터는 물론 웹 기반의 클라우드 저장도 지원합니다. 클라우드라는 웹 기반의 공간은 윈도우 라이브 계정을 이용하여 접속한다는 점이 기존의 MS Office와 큰 차이입니다. MS Office 2013을 실행한 후 이전 버전과의 차이점도 살펴보고 구석구석 새롭고 향상된 기능들도 알아봅니다.

기초탄탄 ▶ MS 클라우드 서비스 – OneDrive, Microsoft 계정, Office 2013 설치 요구 사항

■ MS Office 2013 새로운 구매 형태 및 특징

구독 서비스란 사용하는 기간만큼 비용을 지불하는 방식으로 1년 단위로 구입할 수 있으며, 오피스 365 홈프리미엄 버전은 온라인 스토어에서 월 단위 구매도 가능합니다. 뉴 오피스를 구독하면, 오피스의 새로운 버전이 출시될 때마다 자동으로 업데이트되기 때문에 항상 최신 버전을 사용할 수 있습니다.

■ MS 클라우드 서비스 – OneDrive 20P

클라우드란?

클라우드는 웹상에 있는 자원을 의미합니다. 예를 들어, N드라이브나 다음 클라우드 등이 클라우드 서비스의 한 종류입니다. 이외에도 네트워크 자원을 빌려주거나, 프로세서 자원을 나눠주는 등 다양한 서비스로 제공될 수 있습니다.

MS Office 2013에서는 윈도우 8 클라우드 서비스인 OneDrive를 기본적인 파일 저장 공간으로 사용할 수 있습니다. 윈도우 8의 경우에 Microsoft 계정으로 로그인을 하면 OneDrive를 무료로 사용할 수 있습니다. 물론 MS Office와는 별도로 사용도 가능합니다.

클라우드 저장의 장점

그럼 윈도우 8 클라우드 서비스인 OneDrive에 MS Office 파일을 저장하면 어떤 장점이 있을까요? 파일을 클라우드 공간 즉, 웹에 저장하기 때문에 어떤 컴퓨터를 사용하든지 간에 인터넷만 가능하다면 문서를 불러와서 사용할 수 있다는 장점이 있습니다. 그리고 MS Office 2013에서는 저장 시 OneDrive로 바로 연결할 수 있습니다. 물론 이전 오피스, 또는 이전 운영체제에서도 클라우드 저장 공간은 OneDrive가 아니더라도 다른 것을 이용할 수 있습니다. 다만 저장 후 다시 업로드해야 하는 번거로운 과정 없이 바로 사용할 수 있다는 게 장점입니다.

▲ OneDrive 설치 초기 화면

TIP : OneDrive는 7GB를 무료로 제공합니다.

■ Microsoft 계정

'Microsoft 계정'은 'Windows Live ID'의 새 이름입니다. Microsoft 계정은 Hotmail, OneDrive, Windows Phone 또는 Xbox LIVE와 같은 서비스에 로그인하는 데 사용되는 전자 메일 주소와 암호의 조합입니다. 위의 서비스나 MS가 제공하는 또 다른 서비스에 로그인하는 데 전자 메일 주소와 암호를 사용한다면 이미 Microsoft 계정이 있는 것입니다. 하지만 언제든지 새 계정을 등록할 수도 있습니다.

연관 검색 **Microsoft 계정에 대한 설명 동영상**
http://windows.microsoft.com/ko-KR/windows-live/sign-in-what-is-microsoft-account

TIP : 설치 프로그램을 처음 실행하면 곧바로 Microsoft 계정에 접속을 시도합니다. 윈도우 8 환경에서는 컴퓨터에 저장된 계정으로 자동 접속되고, 윈도우 7이나 서버 2008 R2 등은 로그인하는 과정을 먼저 거칩니다.

■ Office 2013 설치 요구 사항

	32비트	64비트
CPU	1GHz 이상	1GHz 이상
메모리(RAM)	1GB 이상	2GB 이상
하드 디스크	3GB 이상	3GB 이상
그래픽, 해상도	DirectX10 지원, 1024*576 이상	DirectX10 지원, 1024*568 이상

STEP 01 • 클라우드 기반의 파일 저장 공간인 OneDrive 설치하기

OneDrive를 설치하여 사용하면 더욱 쉽게 파일을 클라우드에 업로드 및 다운로드를 할 수 있습니다. 인터넷 환경이라면 장소와 환경에 제약 없이 어느 곳에서나 자료를 공유할 수 있는 것입니다. 내 컴퓨터뿐만 아니라 다양한 모바일 환경에서 자료를 공유할 수 있습니다. 문서, 파일, 사진 등을 업로드할 수 있으며 메일 보내기, SNS 공유, 링크 만들기 등을 쉽게 할 수 있습니다. OneDrive를 설치하면 [Windows 탐색기] 창에서 OneDrive의 내용을 확인할 수 있고 파일을 저장 및 다운로드할 수 있습니다. OneDrive를 설치한 후 OneDrive의 사용 방법에 대해 학습합니다.

01. 인터넷 주소 창에 'https://onedrive.live.com/about/ko-kr/download/'를 입력하고 Enter 키를 누릅니다. 컴퓨터에 따라 선택하고 [실행]을 클릭합니다.

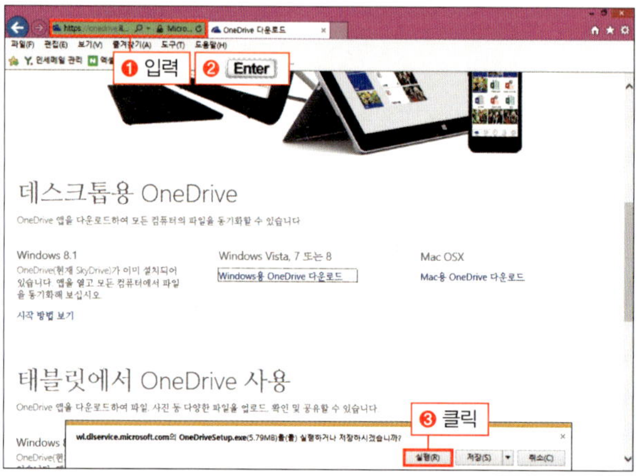

02. 다운로드가 완료되면 'OneDrive'가 설치됩니다.

03. [시작하기]를 클릭합니다.

04. 아이디와 패스워드를 입력하고 [로그인]을 클릭합니다.

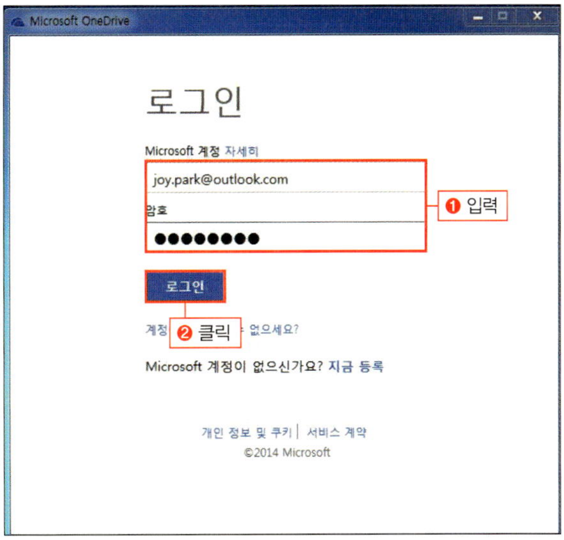

TIP : 계정이 없다면 [지금 등록]을 클릭하여 계정을 만듭니다.

05. OneDrive 폴더가 나타나는 경로입니다. 변경하려면 [변경]을, 그대로 사용하려면 [다음]을 클릭합니다.

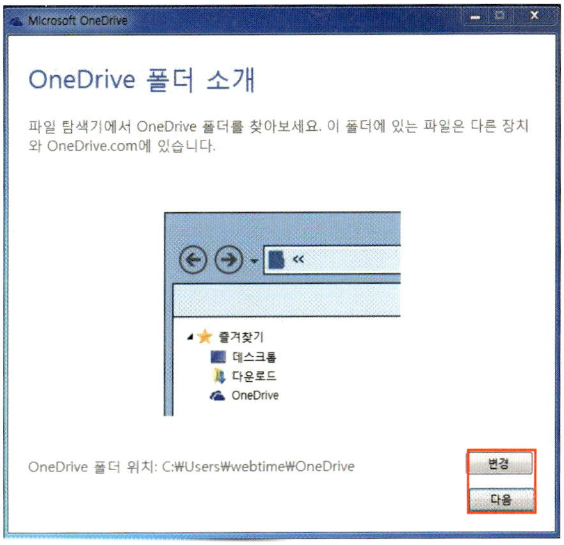

06. [다음]을 클릭합니다.

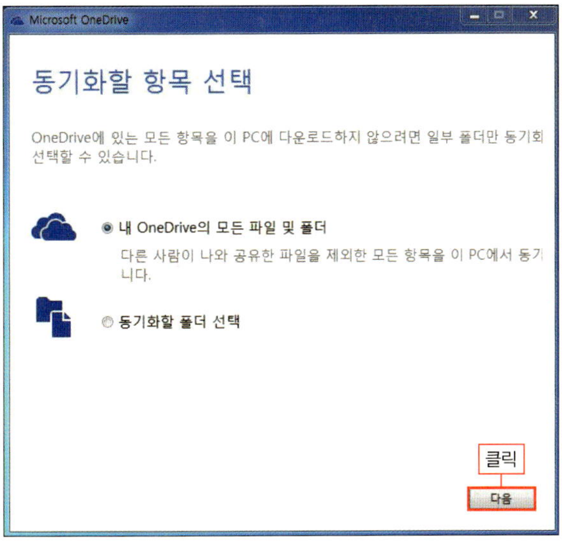

07. [완료]를 클릭합니다.

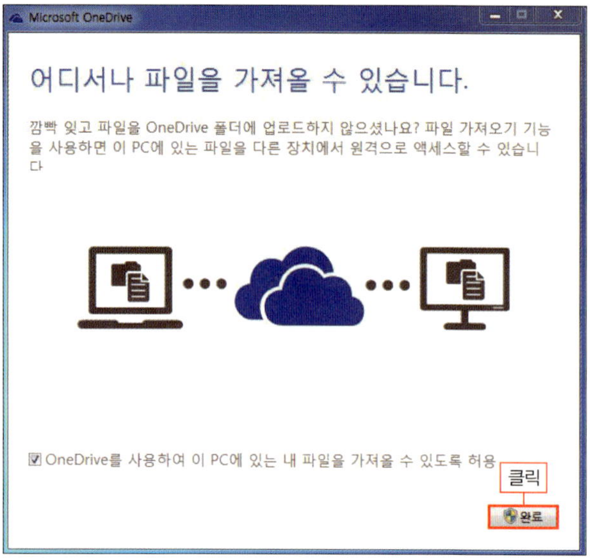

08. [Windows 탐색기] 창을 실행하면 지정한 위치에 [OneDrive] 폴더가 나타납니다. 인터넷이 연결되어 있다면 내 문서에서 바로 확인할 수 있습니다.

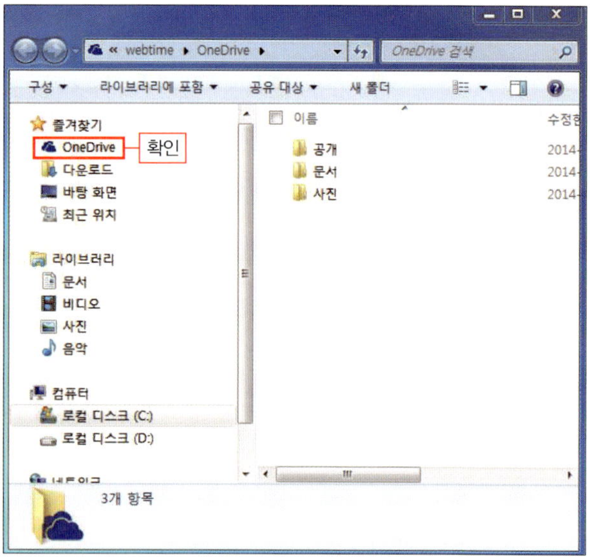

TIP : OneDrive가 실행 중이라면 작업 표시줄에 구름 모양의 아이콘()이 생성되며, 구름 아이콘 위에서 오른쪽 버튼을 누르면 OneDrive 관련 기능을 사용할 수 있습니다.

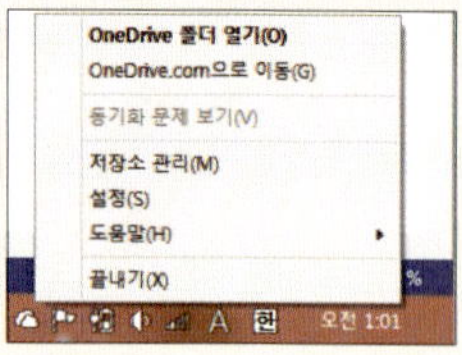

STEP 02 • MS Office 2013의 새로운 기능 소개

워드, 엑셀, 파워포인트, 액세스, 아웃룩 모든 프로그램에 공통적으로 반영된 MS Office 2013의 새로운 기능에 대해서 소개합니다.

■ 필요 시 Office에 로그인

Microsoft 계정을 사용하여 Office를 설치할 수 있고, 파일을 OneDrive에 저장하여 손쉽게 액세스 및 공유할 수도 있습니다. 또한 계정에 설정되어 있는 사용자의 개인 설정(사진, 이름 등)을 어디서나 유지할 수 있습니다.

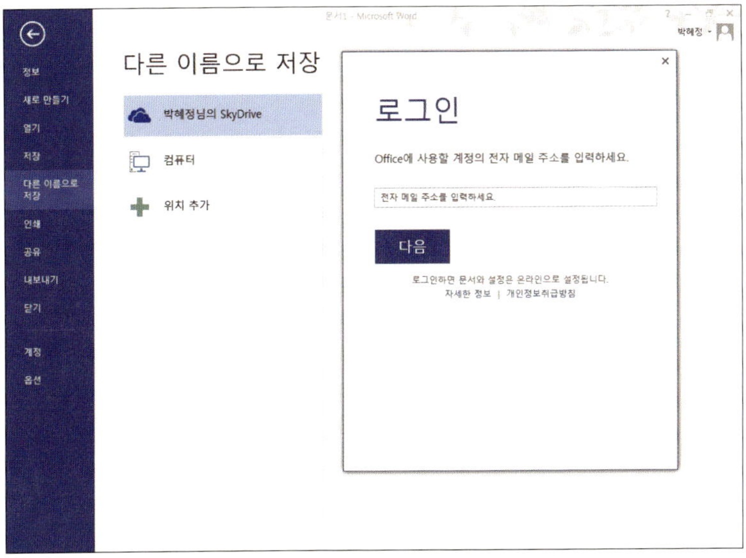

■ 어디서나 작업

Office 365 계정이 있는 경우 MS Office가 설치되어 있지 않은 컴퓨터를 비롯해 인터넷 연결이 되어 있는 곳이라면 어디서나 최신 버전의 MS Office 2013을 사용할 수 있습니다.

TIP : Office 365란?

Office 프로그램의 새로운 구매 형태로 따로 프로그램을 설치하지 않아도 오피스 홈페이지(http://office.microsoft.com/ko-kr/)에 접속하면 실행할 수 있습니다. 컴퓨터, 스마트폰, 태블릿 등 기기 종류에 관계없이 정상 실행할 수 있습니다. 오피스 365는 워드, 엑셀, 파워포인트 등 우리에게 익숙한 문서 작성 프로그램 MS 오피스를 인터넷으로 옮긴 '오피스 프로페셔널 플러스', 이메일과 연락처 그리고 일정 관리용 프로그램 MS 익스체인지 서버를 인터넷으로 옮긴 '익스체인지 온라인', 사내 협업이나 고객과 소통을 위한 홈페이지 또는 웹 게시판을 제작할 수 있는 '쉐어포인트 온라인', 기업용 인스턴트 메신저 '링크 온라인'으로 구성되어 있습니다.

■ 클라우드 파일 저장 및 공유

Office 2013에서는 클라우드 기반 파일 저장 공간인 OneDrive를 제공합니다. 문서를 저장할 때 내 컴퓨터, OneDrive, SharePoint(기업내부 문서 공유 공간)를 선택하여 저장 가능하며, 공유할 수 있습니다. 또한 동시에 같은 파일로 동료와 협업하여 작업할 수 있습니다.

■ 공유 모임

온라인 모임에 참가하고 파워포인트의 슬라이드, 워드의 문서, 엑셀의 스프레드시트 및 원노트의 노트를 공유할 수 있습니다. 모임 참석자는 MS Office 2013을 설치하지 않은 경우에도 파일을 볼 수 있습니다.

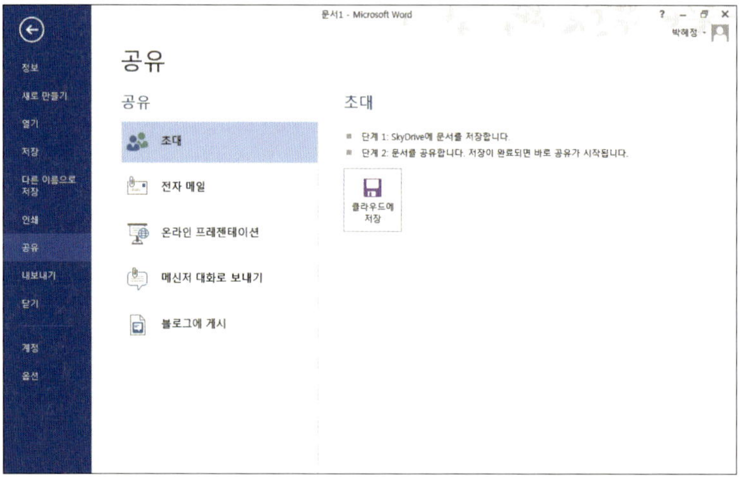

■ 다양한 시작 옵션

이제 MS Office 2013을 실행하면 빈 파일이 나타나는 대신 최근에 사용한 파일이나 자주 사용하는 서식 파일들이 표시되어 더 빠르고 편리하게 문서 작업을 시작할 수 있습니다.

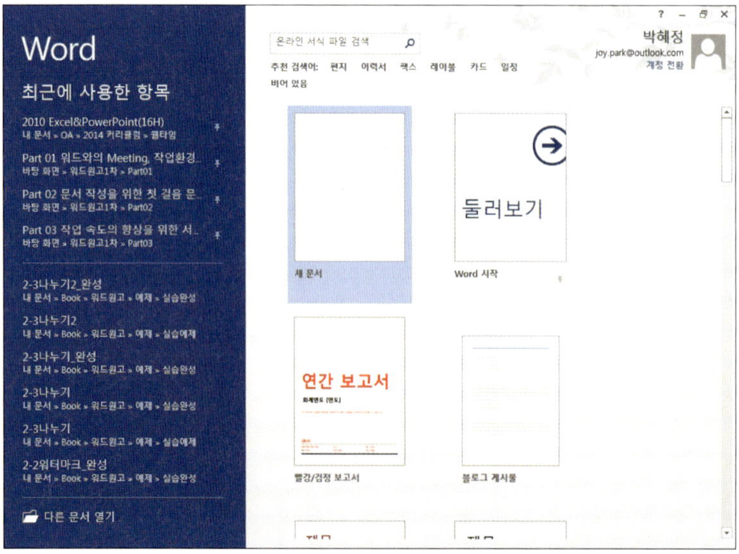

■ 다른 이름으로 저장 및 열기 기능 향상

문서를 저장하거나 열 때 자주 사용하는 폴더가 표시되어 있으므로 파일을 찾아보거나 스크롤하는 번거로움을 덜어줄 수 있습니다. 또한 항상 사용할 수 있도록 특정 위치를 고정할 수도 있습니다.

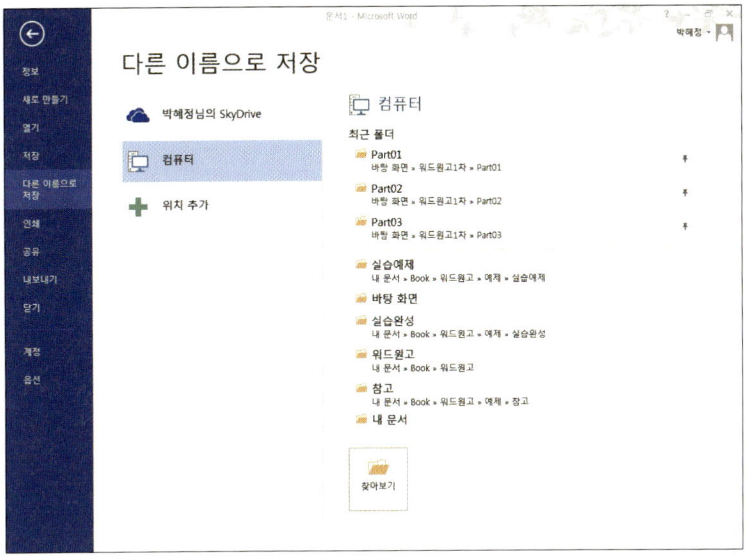

새롭게 추가된 워드 2013 기능을 살펴보자면 온라인 비디오를 문서에 표시하고, PDF를 열어서 내용을 편집하며, 간단하게 그림 및 다이어그램을 정렬하는 등의 문서에서 더 많은 기능을 수행할 수 있습니다. 새로운 읽기 모드는 산만하지 않고 깔끔하여 태블릿에서도 사용하기 편합니다. 온라인 공간에 직접 연결되며 메모 및 변경 내용 간단히, 메모 등과 같은 검토 기능이 개선되어 공동 작업도 더욱 용이해졌습니다.

■ 편안하게 읽기

환경이 깔끔하고 편안해져 화면에서 워드 문서를 직접 읽을 때에도 내용에 집중하기가 더 좋습니다. 새로운 읽기 모드는 문서를 읽기 쉬운 열로 화면에 표시하여 읽기가 훨씬 수월해졌습니다. 방해를 최소화하기 위해 편집 도구가 제거되었지만, 원하는 경우 정의, 번역, 웹 검색 등과 같이 읽기에 도움이 되는 도구를 언제든지 사용할 수 있습니다.

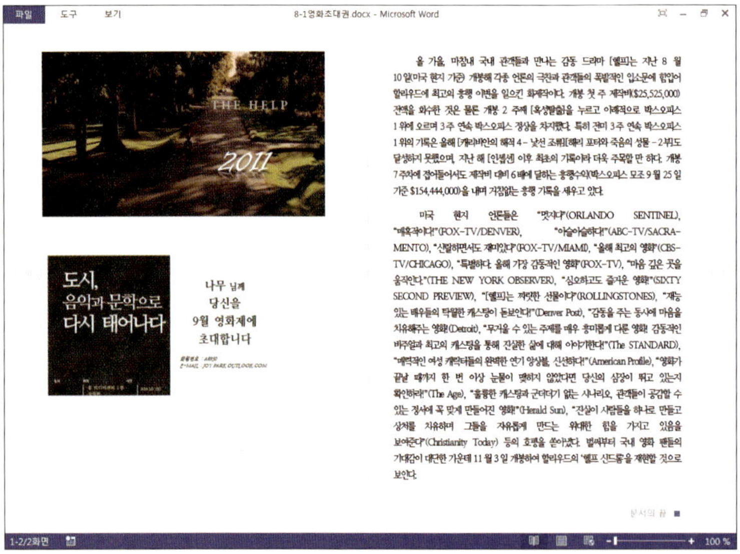

■ 개체 확대/축소

손가락으로 두 번 탭하거나 마우스로 두 번 클릭하여 확대하면 문서에 있는 표, 차트, 이미지가 화면을 채웁니다. 원하는 정보를 찾아 이해했으면 해당 개체의 바깥쪽을 다시 탭하거나 클릭하여 개체를 축소하고 계속해서 읽습니다.

■ 읽기 다시 시작

문서를 다시 열어 예전에 읽다가 만 부분부터 계속해 읽을 수 있습니다. 다른 컴퓨터에서 온라인 문서를 다시 열어도 어디까지 읽었는지를 워드 2013이 기억합니다.

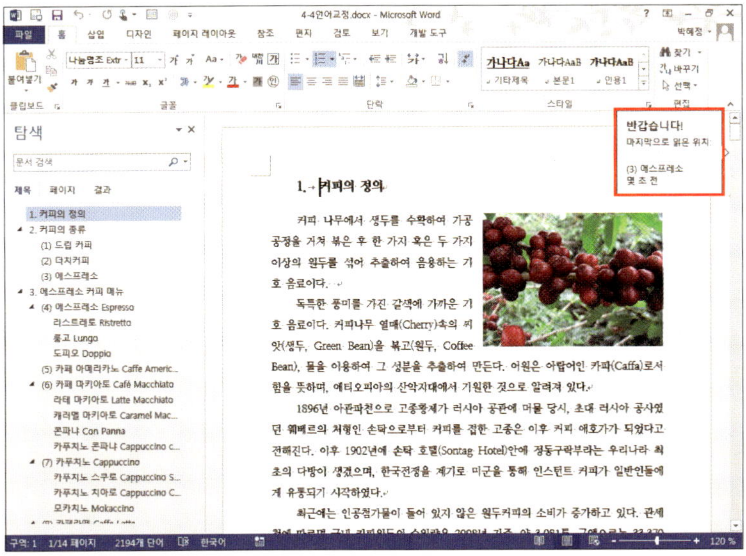

■ 온라인 비디오

온라인 비디오를 삽입하면 문서를 닫지 않은 채 워드 2013에서 바로 비디오를 시청할 수 있어 문서 내용에 계속하여 집중할 수 있습니다.

■ 확장 및 축소

한 번만 탭하거나 클릭하여 문서를 부분 확장하거나 축소할 수 있습니다. 제목에 요약을 삽입하여 독자가 원하는 경우 해당 구역을 열어 자세한 내용을 읽도록 할 수 있습니다.

■ 공동 작업

간편한 공동 작업 도구로 다른 사용자와 함께 작업할 수 있습니다.

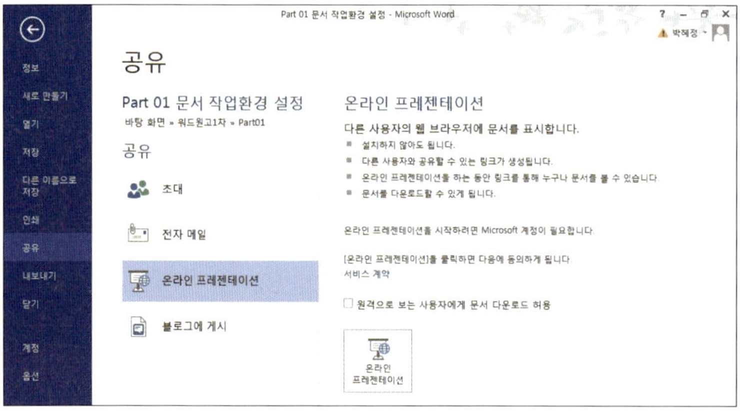

■ 클라우드에서 파일 저장 및 공유

클라우드는 공중에 있는 파일 저장소라 할 수 있습니다. 온라인 상태이면 언제든지 클라우드에 액세스할 수 있습니다. 이제 쉐어포인트 또는 OneDrive를 사용해 문서 공유가 쉬워졌습니다. 쉐어포인트 또는 OneDrive에서 워드 문서, 엑셀 스프레드시트, 기타 Office 파일을 공유하고 액세스할 수 있습니다. 뿐만 아니라 동시에 같은 파일을 사용해 동료와 함께 작업할 수도 있습니다.

■ 메모 및 변경 내용 간단히

수정 사항을 볼 수 있는 새로운 '메모 및 변경 내용 간단히'를 통해 문서를 복잡하지 않고 깔끔하게 볼 수 있습니다. 하지만 변경한 위치를 보여 주는 표시기는 계속하여 나타납니다.

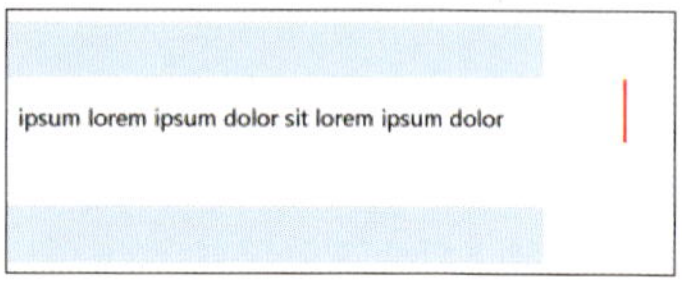

■ 메모에 회신하고 메모를 완료로 표시

메모에 회신 단추가 제공됩니다. 관련 텍스트 바로 옆에서 의견을 주고받고 메모를 쉽게 확인할 수 있습니다. 그리고 메모의 사안을 해결하여 더는 주의를 기울일 필요가 없으면 메모를 완료로 표시할 수 있습니다. 그러면 메모가 회색으로 표시됩니다. 눈에는 덜 띄지만 그 내용이 사라지는 것은 아니므로 필요한 경우 나중에 다시 확인할 수 있습니다.

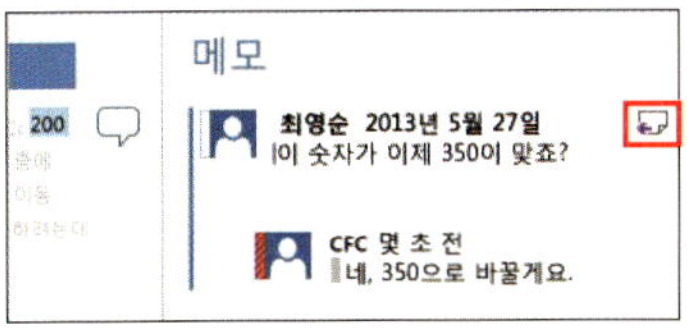

■ 세련된 스타일, 새 서식 파일을 사용하여 만들기

워드 2013에서는 좀 더 보기 좋은 문서를 만들고, 온라인 비디오와 사진 등 더 많은 미디어 유형을 사용할 수 있습니다. PDF를 열 수도 있습니다. 워드 2013을 실행하면 문서 작성에 도움이 되는 멋진 새 서식 파일과 함께 가장 최근에 본 문서의 목록이 나타납니다. 따라서 이전에 작업하던 곳으로 바로 이동할 수 있습니다.

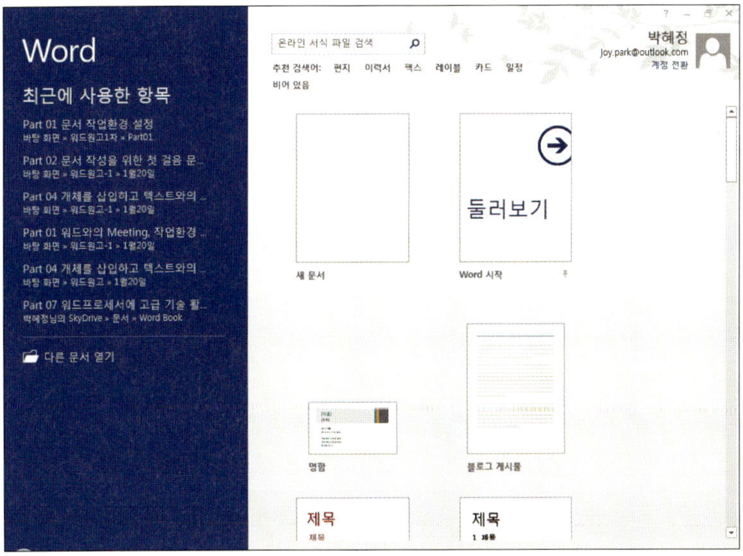

TIP : 서식 파일을 사용하지 않으려면 [새 문서]를 클릭합니다.

■ PDF 열기 및 편집

워드 2013에서 PDF를 열고 내용을 편집합니다. 익숙한 워드 문서처럼 단락, 목록, 표 등을 편집할 수 있습니다.

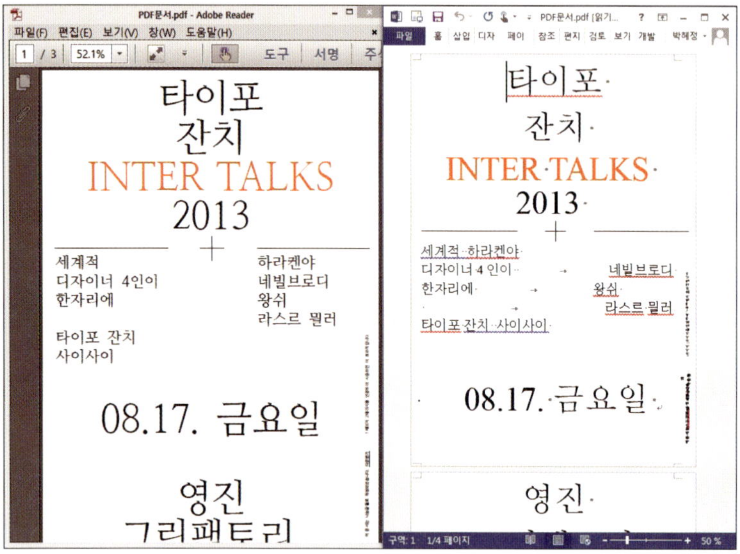

■ 온라인 그림 및 비디오 삽입

독자가 워드 2013에서 바로 시청할 수 있는 온라인 비디오를 문서에 직접 추가합니다. 온라인 사진 서비스의 그림을 먼저 컴퓨터에 저장하지 않고도 바로 추가할 수 있습니다.

■ 라이브 레이아웃 및 맞춤 안내선

실시간 미리 보기를 확인하면서 문서의 사진과 도형을 이동하고 그 크기를 조정합니다. 새로운 맞춤 안내선을 사용하면 손쉽게 차트, 사진, 다이어그램을 텍스트와 맞출 수 있습니다.

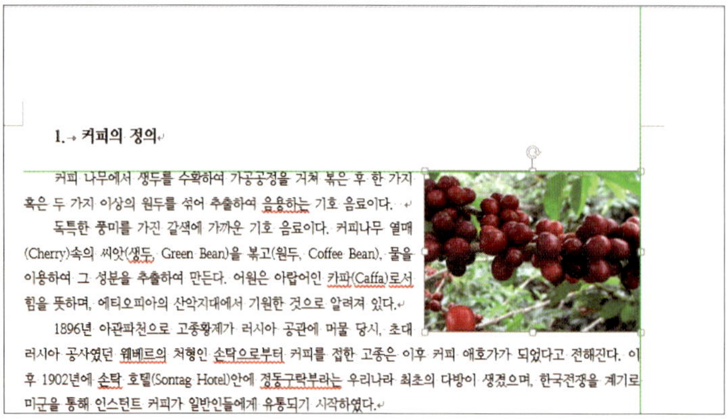

LESSON 02

피부 톤만 살짝 바뀐 화면 구성 요소 살펴보기

레벨 ●●●

MS Office 2013의 인터페이스는 '콘텐츠'에 집중할 수 있도록 디자인됐으며, 데이터를 잘 다룰 수 있도록 새로운 기능을 많이 제공하고 있습니다. 자주 사용하는 기능의 위치를 확인하고, 내게 맞도록 배치하여 편리하게 작업할 수 있도록 준비합니다.

기초탄탄 화면 구성 요소의 명칭 및 리본 메뉴

■ 워드 2013 화면 구성 요소

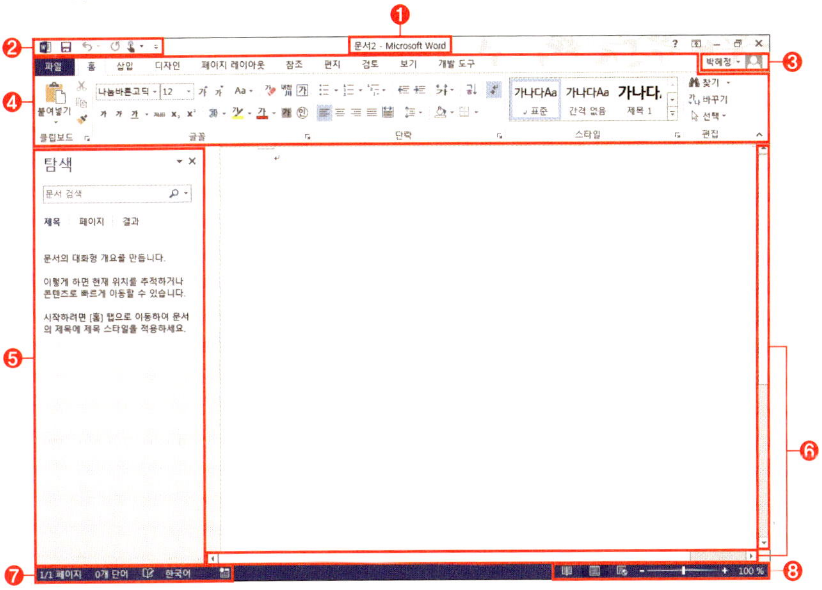

❶ **파일 이름** : 파일 이름이 표시됩니다. 이름을 지정하지 않은 문서는 '문서1'부터 자동으로 이름이 만들어집니다.

❷ **빠른 실행 도구 모음** : 기능을 등록해 놓고 빠르게 실행하는 공간입니다.

❸ **윈도우 계정** : 윈도우 계정에 관련된 작업을 할 수 있습니다.

❹ **리본 메뉴** : 워드 2013의 기능을 모아 놓은 탭입니다.

❺ **탐색 창** : 문서의 구성 요소들을 구분하여 쉽게 이동하고 탐색할 수 있는 공간으로 찾기, 제목 스타일, 페이지로 이동합니다.

❻ **가로/세로 스크롤 막대** : 화면을 가로/세로로 이동합니다.

❼ **상태 표시줄** : 구역, 페이지, 입력 문자 수 등 워드의 각종 상태를 표시합니다.

❽ **화면 크기 조정** : 화면의 보기 상태를 변경하고 화면 비율을 조정합니다.

■ 리본 메뉴(또는 MS Fluent 사용자 인터페이스)

MS Office에서는 Fluent 사용자 인터페이스 또는 리본 메뉴가 모든 Office 프로그램에 적용되어 일관성 있는 디자인과 정돈된 느낌을 제공합니다.

- **[파일(BackStage)] 탭** : 저장, 인쇄, 공유, 계정, 옵션 등을 설정할 수 있습니다.

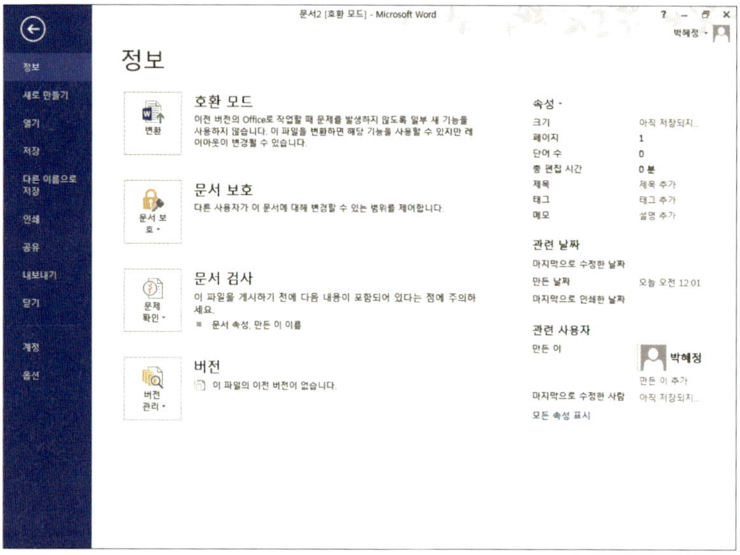

- **[홈] 탭** : 텍스트 편집과 서식 기능들이 위치합니다.

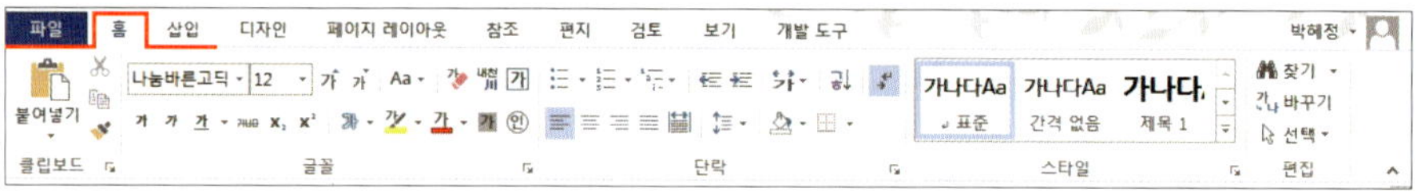

- **[삽입] 탭** : 텍스트와는 성격이 다른 각종 개체를 삽입, 삽입된 개체는 개체 서식 도구 제공됩니다.

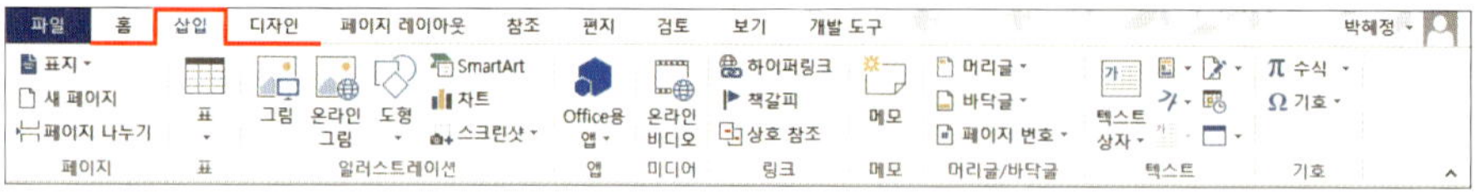

- **[디자인] 탭** : 문서 전체를 디자인하는 테마, 스타일, 페이지 관련 기능들이 위치합니다.

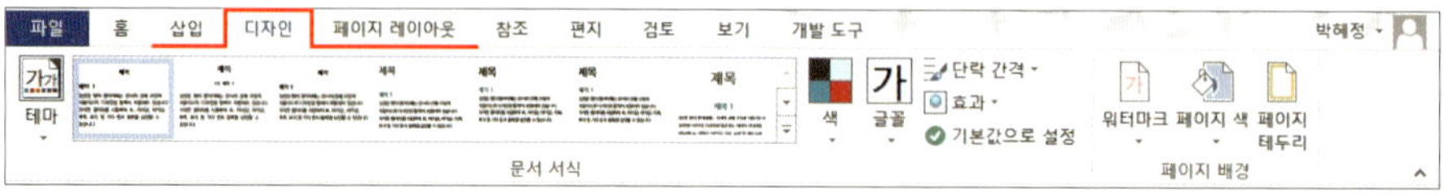

- **[페이지 레이아웃] 탭** : 용지에 관련한 기능들이 위치합니다.

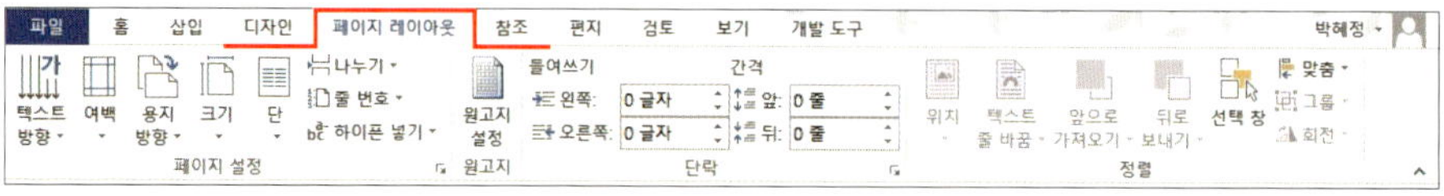

- [참조] 탭 : 전자 출판 관련 기능들이 위치합니다.

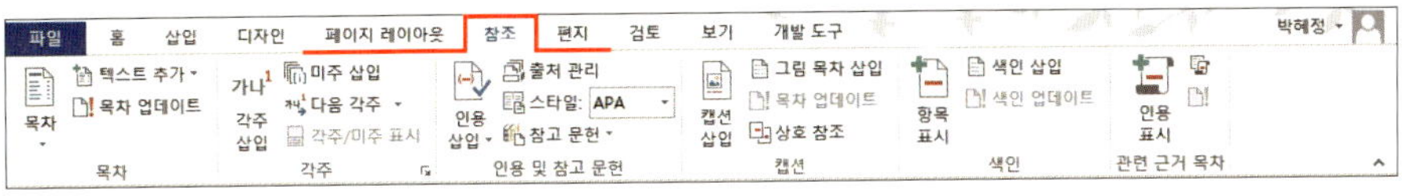

- [편지] 탭 : 문서를 자동화하는 기능들이 위치합니다.

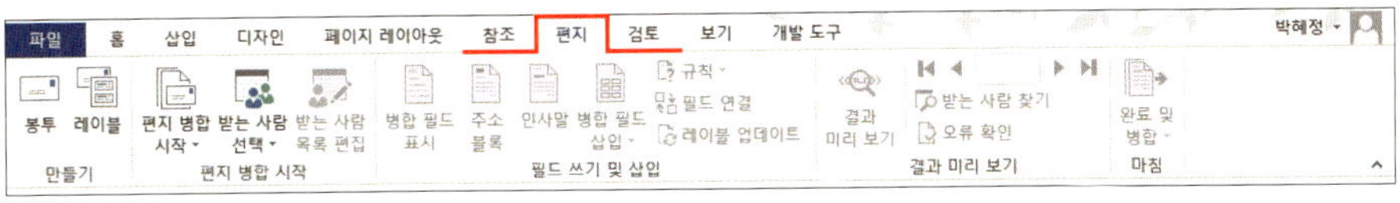

- [검토] 탭 : 문서를 확인하는 기능들이 위치합니다.

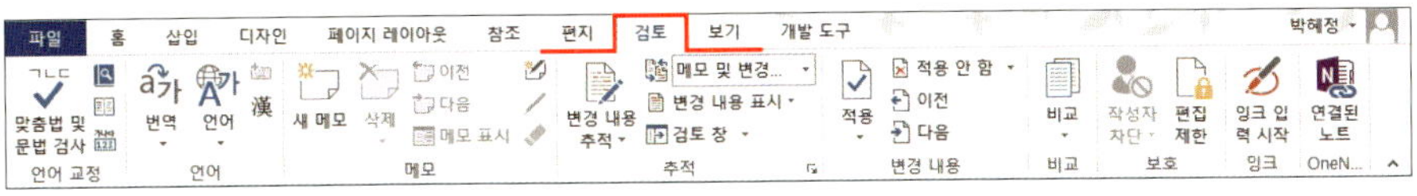

- [보기] 탭 : 작업 화면 보기 상태에 관련된 메뉴들이 위치합니다.

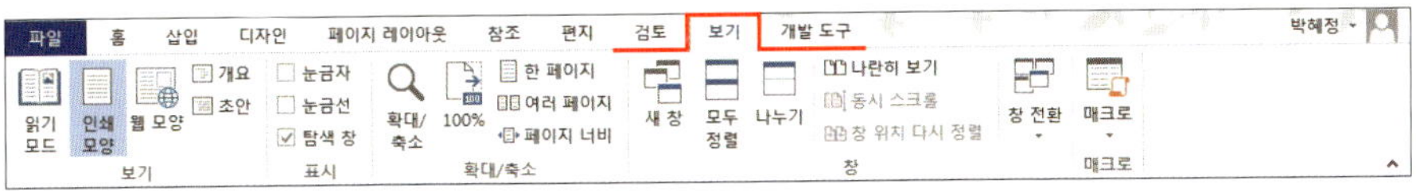

- **상태 표시줄 바로 가기 메뉴 사용 설명서** : 상태 표시줄에서 마우스 오른쪽 버튼을 클릭해 필요한 정보를 표시하도록 설정합니다.

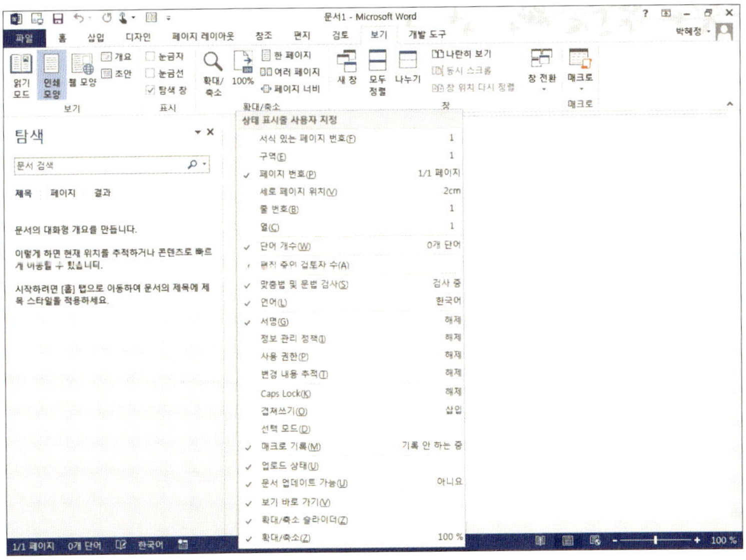

STEP 01 • Office 배경과 테마 변경하기

Office 배경 및 테마는 워드에서 변경해도 모든 Office 프로그램에 적용되며 계정에 연결된 모든 컴퓨터는 같은 배경을 사용할 수 있습니다. Office 배경과 테마를 변경해봅니다.

01. 워드 2013을 실행한 후 [파일] 탭-[계정]-[Office 배경]은 '봄의 햇살', [Office 테마]는 '연한 회색'으로 설정합니다.

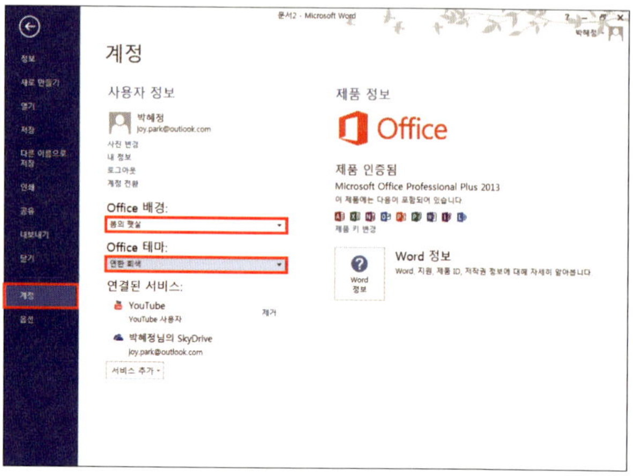

TIP : 계정을 등록하려면 'www.outlook.com'에 접속해 [지금 등록]을 클릭하여 새 계정을 만듭니다.

02. Esc 를 눌러 Backstage를 빠져나옵니다. 오른쪽 위에 '봄의 햇살' 배경이 적용되고 화면은 '연한 회색'으로 적용됩니다.

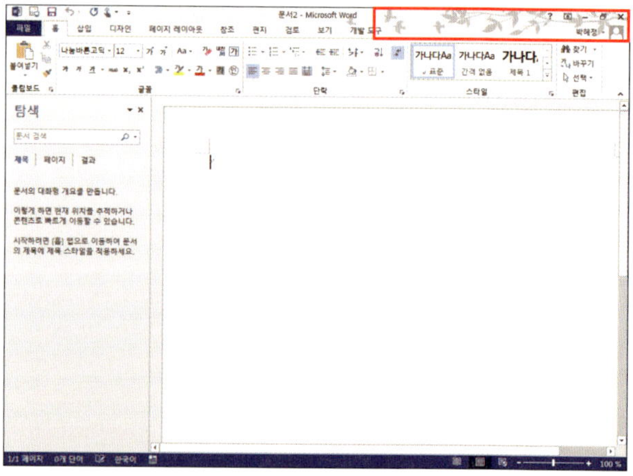

TIP : 계정이 없어 로그인하지 않았다면 Office 배경 항목은 나타나지 않으며 Office 테마 변경만 가능합니다.

STEP 02 • 평소에 자주 사용하는 파일이나 폴더를 목록에 고정하기

하루에도 수 차례 열고 닫는 파일이나 폴더를 최근 사용한 문서 공간에 고정해 두고 빠르게 문서를 실행하는 방법을 알아봅니다.

01. 워드 2013을 실행하고 [파일] 탭-[열기]-[컴퓨터]를 클릭하면 최근에 사용한 폴더가 표시됩니다. 고정할 폴더 위에 마우스 포인터를 위치시키고 압정 아이콘(🖈)을 클릭합니다.

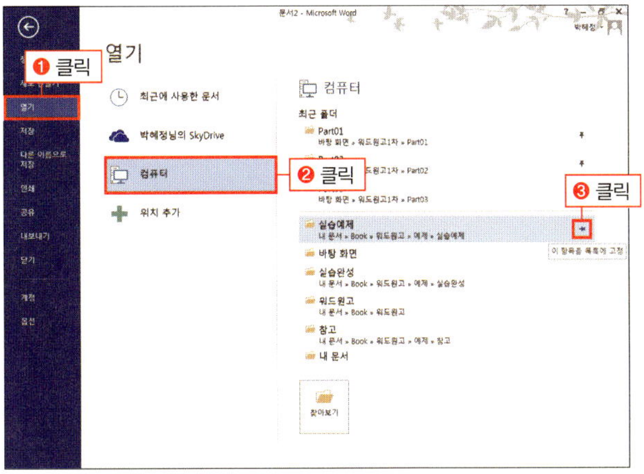

02. 고정된 폴더는 최근에 사용하지 않더라도 늘 최근 폴더에 위치합니다.

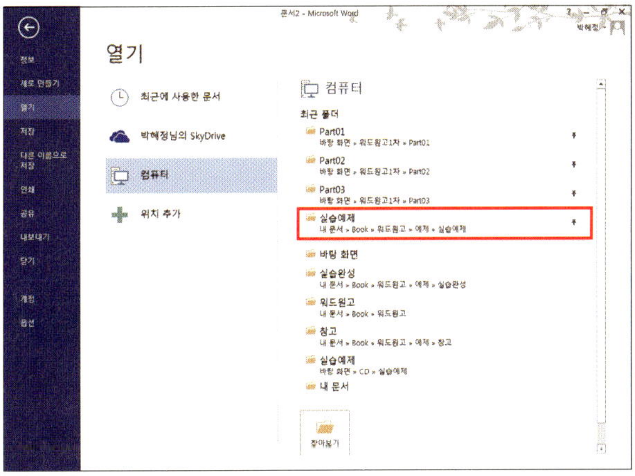

03. 이번에는 파일을 고정하기 위해 [파일] 탭-[열기]-[최근에 사용한 통합 문서]를 클릭하고 고정할 파일에 압정 아이콘(🖈)을 클릭합니다.

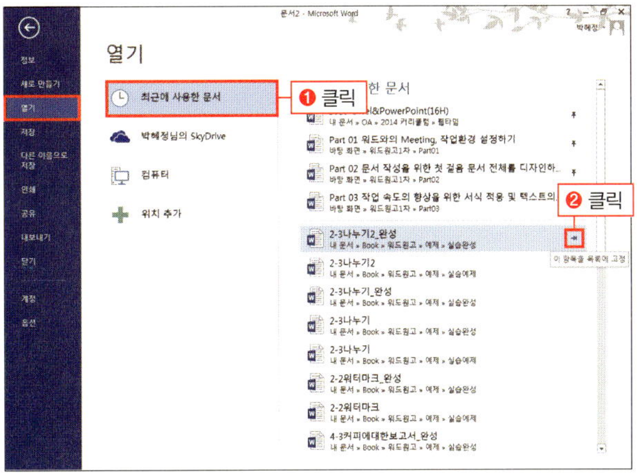

04. 폴더와 마찬가지로 고정된 파일은 최근에 사용하지 않았더라도 항상 [최근에 사용한 통합 문서]에 표시됩니다.

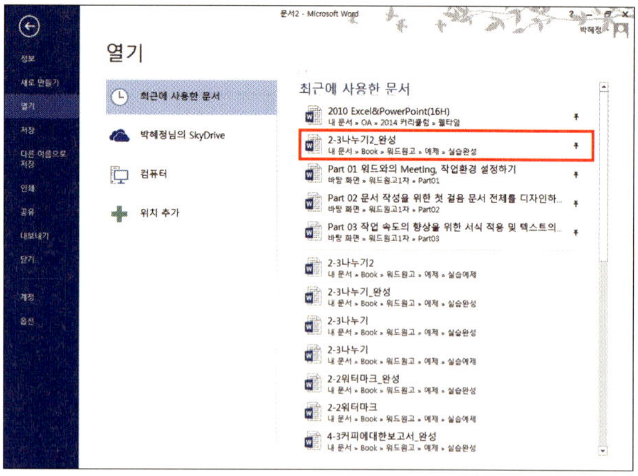

문제 해결 **고정을 취소하려면 어떻게 하나요?**

고정된 압정 아이콘( )을 한 번 더 클릭합니다. 고정된 상태이면 압정의 바늘이 아래쪽( )으로, 고정되지 않은 상태라면 바늘이 왼쪽( )을 향합니다.

STEP 03 • 빠른 실행 도구 모음에 기능 등록하기

화면을 구성하는 요소 이름을 기억하실 겁니다. 이번에는 [빠른 실행 도구 모음]이란 공간에 기능을 등록하여 빠르게 접근할 수 있도록 만들어 봅니다. [보기] 탭의 [읽기 모드]를 [빠른 실행 도구 모음]에 추가 및 제거하는 방법을 알아봅니다.

01. 워드 2013을 실행한 후 [보기] 탭-[보기] 그룹-[읽기 모드] 위에 마우스 포인터를 위치시키고 마우스 오른쪽 단추로 클릭한 다음 [빠른 실행 도구 모음에 추가]를 클릭합니다.

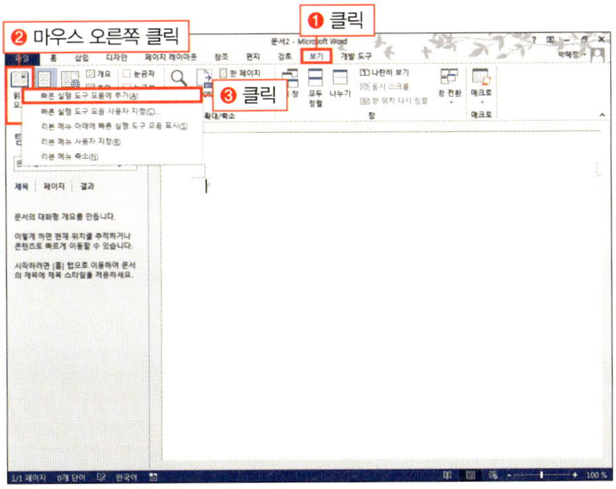

02. [빠른 실행 도구 모음] 오른쪽에 [읽기 모드]가 추가됩니다. [빠른 실행 도구 모음]에 등록한 기능을 제거하려면 빠른 실행 도구 모음에 등록된 기능을 마우스 오른쪽 단추로 클릭한 다음 [빠른 실행 도구 모음에서 제거]를 클릭하여 제거합니다.

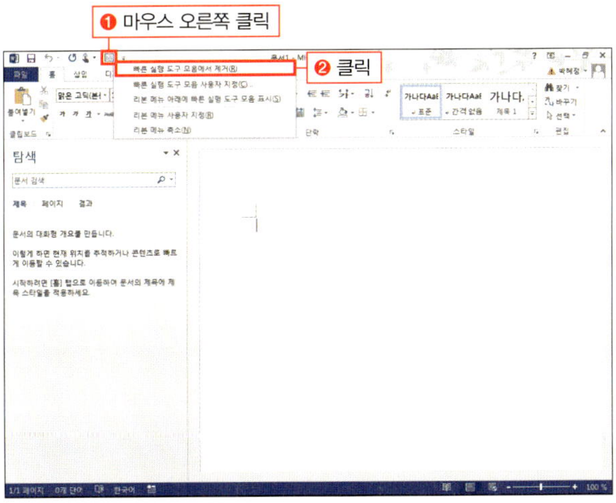

03. [Word 옵션] 대화상자를 이용하면 [빠른 실행 도구 모음]에 등록된 기능의 순서 변경 및 새로운 기능을 추가 및 제거할 수 있습니다. [빠른 실행 도구 모음] 오른쪽에 목록 단추를 클릭하고 [기타 명령]을 클릭합니다.

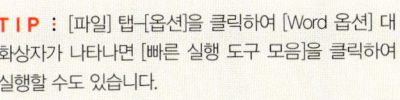

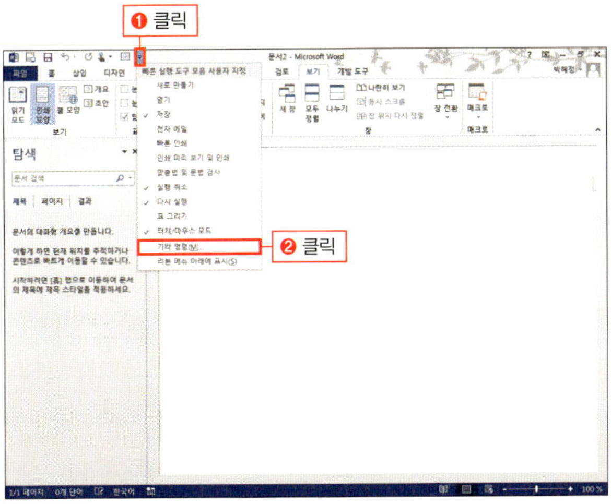

TIP : [파일] 탭-[옵션]을 클릭하여 [Word 옵션] 대화상자가 나타나면 [빠른 실행 도구 모음]을 클릭하여 실행할 수도 있습니다.

04. [Word 옵션] 대화상자가 나타나면 [빠른 실행 도구 모음]의 [명령 선택]에서 '리본에 없는 명령 선택'을 선택합니다. 'Microsoft PowerPoint로 보내기'를 선택하고 [추가], [확인]을 차례로 클릭합니다.

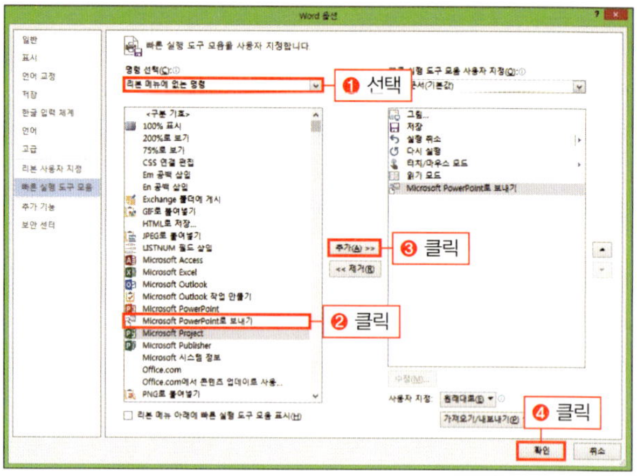

> **문제 해결** **빠른 실행 도구 모음에 등록된 기능의 순서를 변경하려면 어떻게 하나요?**
>
> [Word 옵션] 대화상자의 [빠른 실행 도구 모음]에서 등록된 기능의 순서를 오른쪽의 화살표를 이용하여 조정합니다.

05. [빠른 실행 도구 모음]에 [Microsoft PowerPoint로 보내기] 기능이 추가됩니다.

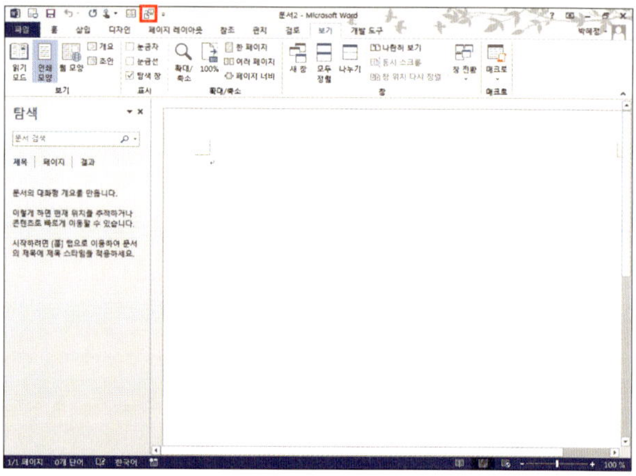

> **TIP :** [Microsoft PowerPoint로 보내기] 기능은 워드 2013에서 작성한 텍스트를 파워포인트의 개요 창으로 보내 쉽게 프레젠테이션의 개요를 작성할 수 있는 기능입니다.

STEP 04 • 리본 메뉴에 자주 사용하는 기능을 모아 새로운 탭 만들기

리본 메뉴에 없는 새로운 탭을 만들고 리본 메뉴에 없는 메뉴들을 모아 새로운 리본 메뉴 탭을 만들어 봅니다.

01. 워드 2013을 실행하고 [파일] 탭-[옵션]을 클릭합니다.

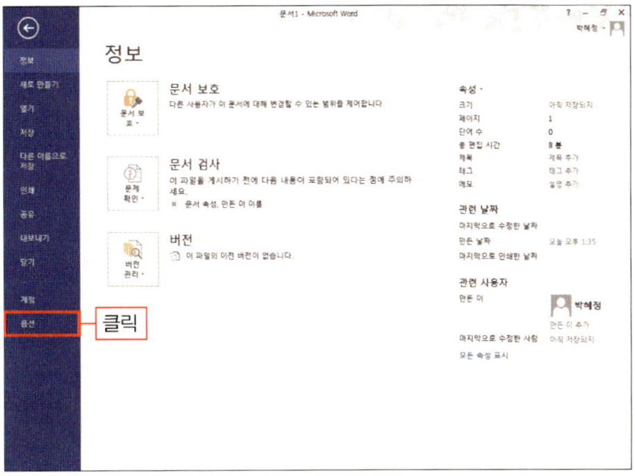

02. [Word 옵션] 대화상자에서 [리본 사용자 지정]-[새 탭]을 클릭하여 새 탭을 추가하고 추가한 [새 탭]을 클릭한 다음 [이름 바꾸기]를 클릭, [이름 바꾸기] 대화상자에서 '이동'이라고 입력한 다음 [확인]을 클릭합니다.

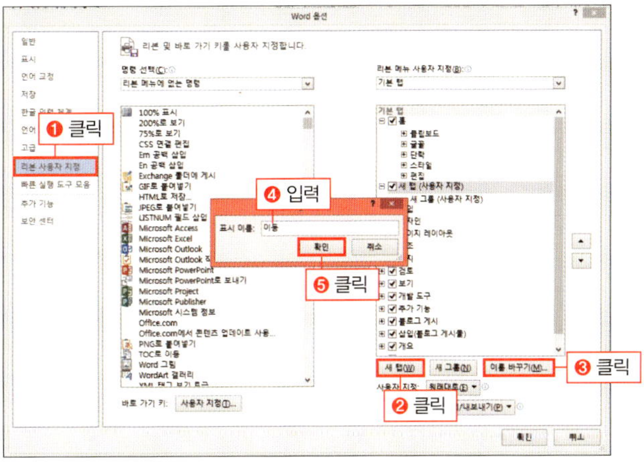

TIP : 탭 왼쪽의 확인란이 체크된 상태로 유지해 주세요. 체크되지 않으면 화면에 표시되지 않습니다.

03. 그룹을 추가하고 그룹의 이름을 바꾸기 위해 [새 그룹]을 한 번 클릭하고 목록의 [새 그룹]을 클릭한 다음 [이름 바꾸기]를 클릭하여 [이름 바꾸기] 대화상자에서 각각의 이름을 입력하고 [확인]을 클릭합니다.

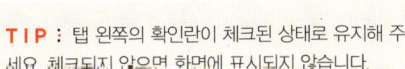

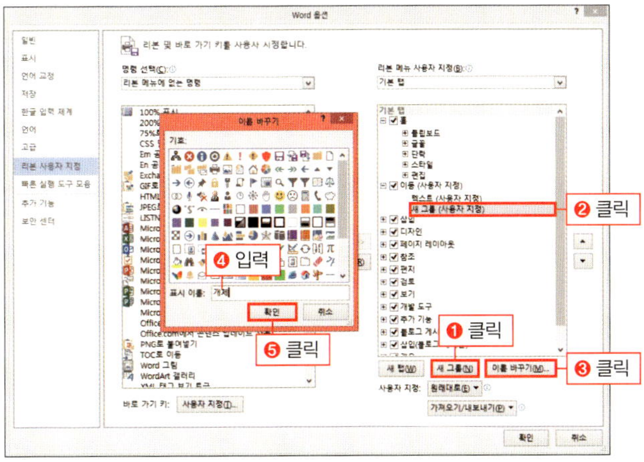

TIP : 리본 탭과 [빠른 실행 도구 모음]을 초기값으로 변경하려면 [Word 옵션] 대화상자를 열고 [리본 사용자 지정]의 [원래대로]를 클릭해 [모든 사용자 지정 다시 설정]을 클릭합니다.

04. 삽입한 그룹에 기능을 추가하기 위해 그룹을 클릭한 후 [명령 선택]에서 추가할 명령을 선택하고 [추가]를 클릭하고 모든 기능이 추가되면 [확인]을 클릭합니다.

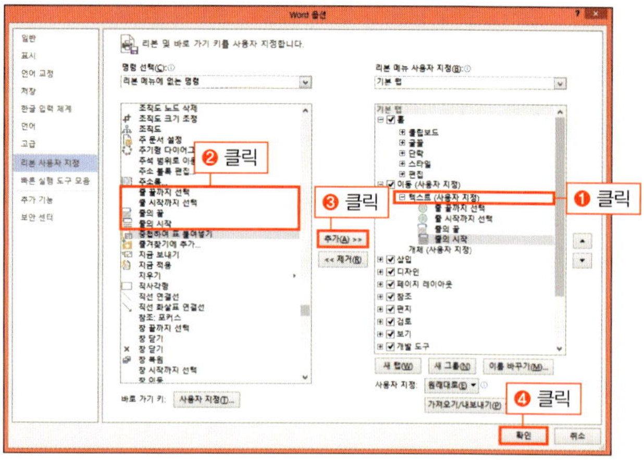

> **TIP :** 명령은 기호, 숫자, 영문, 한글 순서로 정렬되어 있습니다. 텍스트 그룹에 추가할 명령은 [줄 끝까지 선택], [줄 시작까지 선택], [줄의 끝], [줄의 시작]입니다.

05. [홈] 탭 오른쪽으로 새롭게 만든 [이동] 탭이 추가되고, [이동] 탭에 기능이 추가된 [텍스트] 그룹과 기능이 추가되지 않은 [개체] 그룹이 나타납니다.

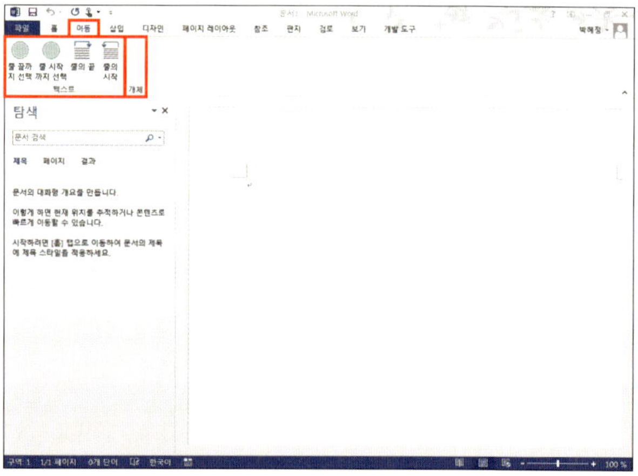

> **문제 해결** **등록된 리본 탭과 빠른 실행 도구를 다른 컴퓨터에도 사용하고 싶어요.**
>
> 다른 컴퓨터에 정보를 옮기기 위한 방법은 다음과 같습니다.
>
> ❶ [파일] 탭-[옵션]을 클릭하고 [Word 옵션] 대화상자에서 [리본 사용자 지정]-[가져오기/내보내기]에서 [모든 사용자 지정 항목 내보내기]를 클릭합니다.
>
> ❷ [파일 저장] 대화상자에서 [저장 위치]를 설정하고 [저장]을 클릭하면 파일이 저장됩니다.
>
> Tip I 파일 이름과 위치를 변경하여 저장할 수 있습니다.
>
> ❸ 저장한 파일을 다른 컴퓨터에 불러 오려면 [파일] 탭-[옵션]을 클릭하고 [Word 옵션] 대화상자에서 [리본 사용자 지정]-[가져오기/내보내기]에서 [사용자 지정 파일 가져오기]를 클릭합니다.

사용자가 직접 단축키를 만들 수 있다! 워드 2013 단축키 적용 및 활용 방법

단축키를 외우지 않고도 리본 메뉴와 [빠른 실행 도구 모음]에 등록한 명령을 키로 눌러 빠르게 실행할 수 있습니다. 또한 워드 2013에서는 리본 메뉴와 [빠른 실행 도구 모음]에 등록되지 않은 기능 중에 단축키가 없는 기능에 단축키를 만들어 사용하는 것도 가능합니다.

01. 워드 2013을 실행한 후 키보드의 왼쪽 Alt 를 누릅니다. [빠른 실행 도구 모음]에는 '1, 2, 3 …', 리본 메뉴에는 알파벳 'A, B, C…'가 단축키로 부여되어 나타납니다.

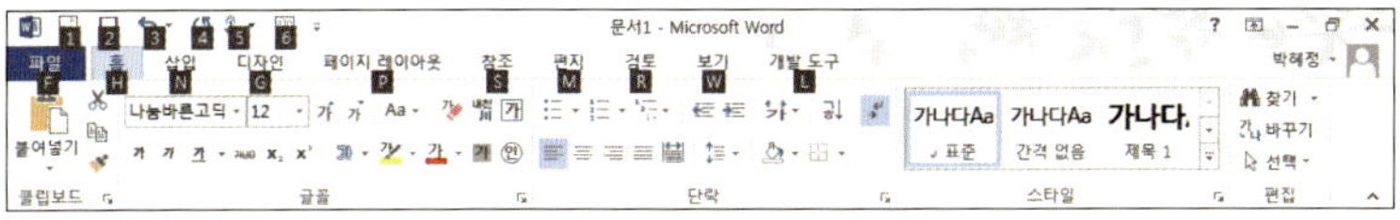

02. 화면에 보이는 [홈] 탭의 단축키인 H 를 누릅니다. 화면에 표시된 대로 키를 눌러 명령을 실행할 수 있습니다.

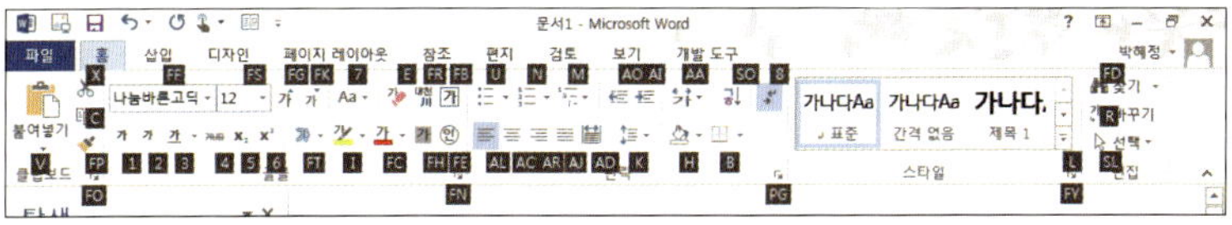

TIP : Esc 를 한 번 누르면 이전 단계로 바뀝니다. Esc 를 한 번 더 누르면 Alt 로 기능을 실행할 수 있는 모드가 사라집니다.

03. Alt 단축키 모드를 이용하여 [홈] 탭-[스타일] 그룹-[서식 지우기]를 실행해 봅니다. 서식이 설정된 텍스트를 선택한 후 Alt 를 한 번, [홈] 탭 단축키 H, 스타일 목록 L 차례대로 화면을 확인하며 누릅니다.

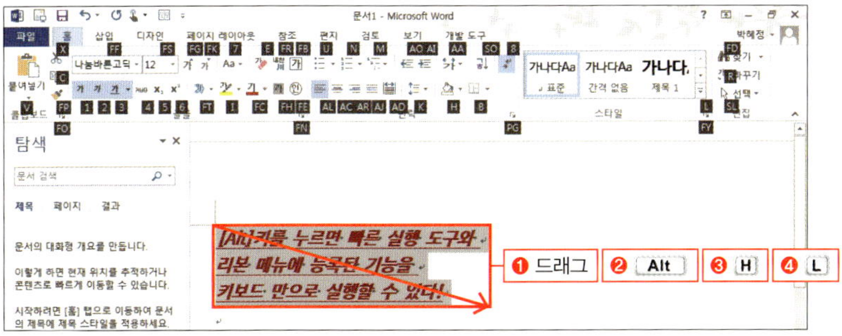

04. 서식 지우기의 단축키인 C를 누릅니다.

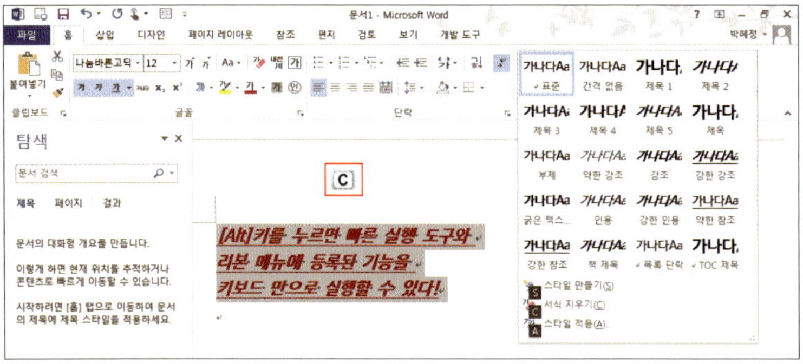

05. 이와 같이 단축키만으로 [빠른 실행 도구 모음]이나 리본 메뉴에 등록된 워드 2013의 기능을 실행할 수 있습니다.

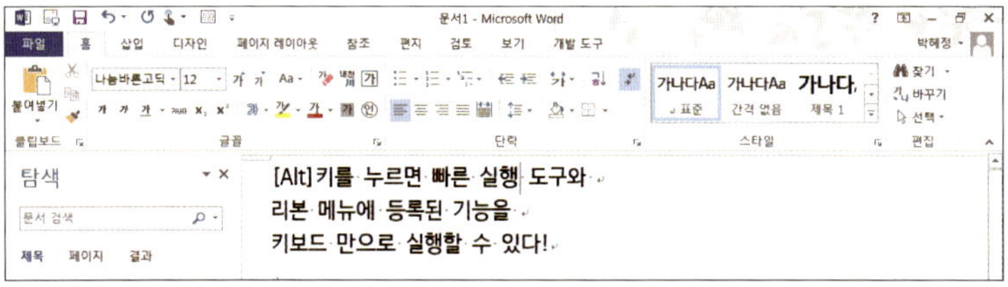

TIP : 기능을 [빠른 실행 도구 모음]에 등록하면 단축키를 이용하여 더 빠르게 실행할 수 있습니다.

06. 이번에는 기존에 없던 표를 삭제하는 기능을 단축키로 만들어 사용하기 위해 [파일] 탭-[옵션]을 클릭한 다음 [Word 옵션] 대화상자에서 [리본 사용자 지정]-[사용자 지정]을 클릭합니다.

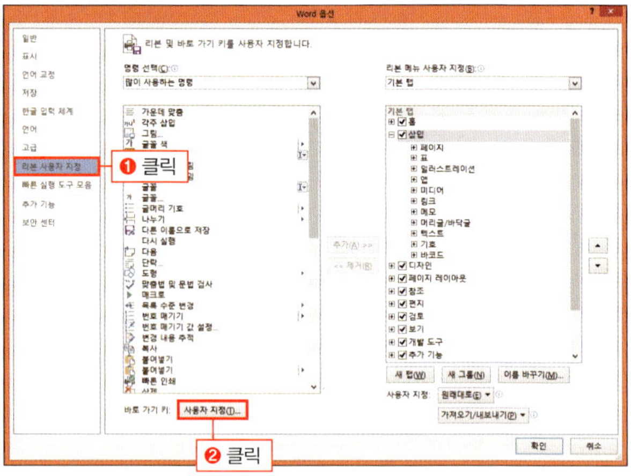

07. [범주]에서 '표 도구 | 레이아웃 탭', [명령]에서 'TableDeleteTable'을 선택한 다음 [새 바로 가기 키]에 커서를 위치시키고, Ctrl 을 누른 채로 '.'을 입력합니다.

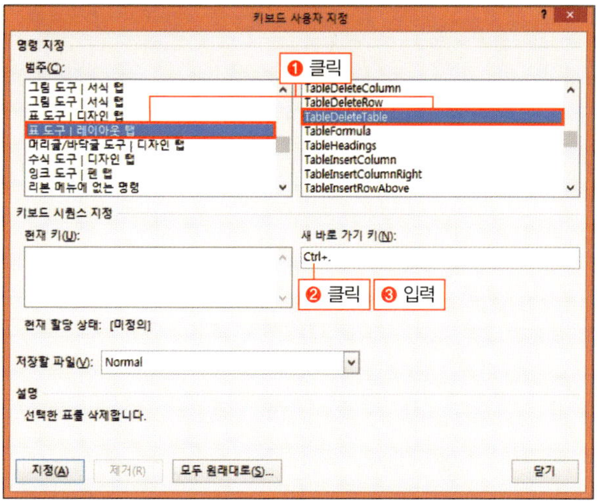

08. 새 바로 가기 키에 'Ctrl+.'이 입력되면, [지정]을 클릭하여 현재 키로 등록한 다음 [확인]을 클릭합니다.

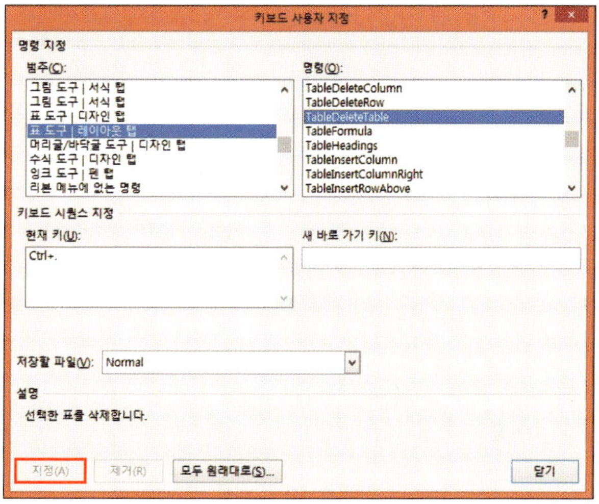

TIP : [저장할 파일]이 'Normal'로 설정되어 있습니다. 'Normal'에 저장하면 모든 워드 문서에서 등록한 테이블 삭제 단축키를 사용할 수 있습니다. 이제부터 테이블을 삭제할 때는 표를 선택하고 Ctrl + . 을 누릅니다.

LESSON 03

다양한 형식의 파일들 불러오고 저장하기

레벨 ● ● ●

같은 내용을 여러 가지 다른 방식으로 전달해야 하는 경우가 많이 있습니다. 예를 들어 부동산 중개인은 같은 주택 목록으로 광고 전단을 만들고, 웹 페이지를 업데이트하며, 고객에게 전자 메일을 보내거나 지역 신문에 안내 광고를 냅니다. 광고 전단, 웹 페이지 및 전자 메일 메시지에 동일한 정보를 포함하더라도 각기 표현 방식은 다릅니다. 웹 페이지에는 자세한 설명과 사진이 포함되지만 안내 광고에는 몇 가지 간단한 사실만 기재됩니다. XML의 강력한 기능을 사용하면 데이터를 워드 문서에 저장하여 다양한 소프트웨어 프로그램에 이용할 수 있습니다.

기초탄탄 ▶ XML을 사용하는 이유와 역할, 워드 2013이 처리하는 다양한 파일, PDF 재배치 방식

■ XML을 사용하는 이유와 워드에서 XML의 역할

워드 2013 문서는 XML 형식으로 저장되며 실제로는 일반 텍스트로 저장됩니다. 일반 텍스트를 읽을 수 있는 소프트웨어는 XML 파일을 읽을 수 있습니다. 워드에서 만든 XML 파일의 일반 텍스트는 특수합니다. 기술적인 면에서 볼 때 이러한 일반 텍스트는 문서의 내용인 동시에 워드 프로세싱 데이터 측면에서 문서의 설명이기도 하므로 WordprocessingML 또는 간단히 WordML이라고 합니다. WordML은 일반 텍스트를 사용하여 문서의 구조, 모양, 속성 및 내용을 설명하는 방법을 제공합니다.

■ 워드 2013에서 다룰 수 있는 파일 확장자

파일의 종류를 구별하기 위하여 파일명의 마침표 뒤에 붙는 문자를 '확장자'라고 합니다. 예를 들어, 파일명 'aaa.hwp'에서 'hwp'를 확장자라고 합니다. MS 워드 2013의 확장자는 'docx'입니다. 워드는 자문서 외에도 다양한 문서를 불러들여 편집할 수 있고, 다른 프로그램의 확장자로 변환하여 저장할 수도 있습니다.

확장자	설명
.docx	2007 이후 버전의 워드 문서
.docm	2007 이후 버전의 매크로 포함 서식 사용 문서
.dotx	2007 이후 버전의 서식 파일 문서
.dotm	2007 이후 버전의 매크로 포함 서식 사용 문서
.doc	Word 97~2003 워드 문서
.dot	Word 97~2003 서식 파일 문서

.rtf	서식이 있는 텍스트
.txt	일반 텍스트
.hwp	한글과 컴퓨터에서 만든 [아래아 한글] 프로그램 문서
.pdf	인쇄 상태 그대로를 보여주는 어떤 시스템과 호환이 잘되는 특징을 가진 문서
.xps	문서 서식이 유지되고 파일 공유가 가능한 고정된 레이아웃의 전자 파일 형식의 문서
.mht(mhtml)	.mht(MHTML) 웹 보관 파일
.htm(html)	.htm(HTML) 웹 페이지
.htm(html, 필터링됨)	.htm(HTML, 필터링됨) 웹 페이지, 필터링됨
.xml(Word 2007)	.xml(Word 2007) Word XML 문서
.xml(Word 2003)	.xml(Word 2003) Word 2003 XML 문서
.odt	.odt OpenDocument 텍스트
.wps	Microsoft Works 6 ~ 9(가정용 통합 Office) 프로그램으로 만든 텍스트 문서

TIP : 워드 2013에서는 문서를 JPEG(.jpg) 또는 GIF(.gif) 파일로 저장할 수 없지만 파일을 PDF(.pdf) 파일로는 저장할 수 있습니다.

■ PDF 및 XPS 파일 형식

PDF와 XPS

다운로드 가능한 추가 기능을 사용하여 PDF 또는 XPS 형식으로 파일을 변환할 수 있습니다.

- PDF(Portable Document Format) : 문서 서식이 보존되며 파일 공유가 가능합니다. PDF 형식 파일을 온라인으로 보거나 인쇄하면 사용자가 의도한 서식이 그대로 유지됩니다. 또한 상업용 인쇄 방법을 사용하여 복제되는 문서에도 PDF 형식이 유용합니다. 어떤 시스템과도 호환이 잘되는 특징이 있습니다.
- XPS(XML Paper Specification) : 문서 서식이 보존되며 파일 공유가 가능한 형식입니다. XPS 파일을 온라인으로 보거나 인쇄하면 사용자가 의도한 서식이 정확하게 유지됩니다.

워드에서 PDF 모양이 다른 이유

워드에서는 PDF 재배치라는 새 기능을 사용하여 PDF 파일을 워드 문서로 변환합니다. 워드에서는 파일 복사본을 만들기 때문에 워드에서 문서를 열 때 문서 모양에 관계없이 항상 원래 PDF 파일이 보존됩니다. PDF 재배치는 비즈니스, 법률 또는 과학 문서와 같이 대부분이 텍스트로 이루어진 파일에 가장 적합합니다. 하지만 워드에서 PDF 파일을 열면 PDF 모양과 정확히 일치하지 않을 수 있습니다. 예를 들어 페이지 나누기 위치가 다르거나 단락이 2개로 분할되어 있을 수 있습니다. 하지만 문서의 읽기 순서는 워드에서 유지됩니다. PDF가 대부분 차트 또는 다른 그래픽으로 이루어진 경우에는 전체 페이지가 이미지로 표시될 수 있습니다. 이 경우에는 텍스트를 편집할 수 없습니다.

워드에서 요소를 감지하지 못하는 경우도 있으며, 이 경우에는 워드 버전과 원래 PDF 파일이 일치하지 않습니다. 예를 들어 워드에서 각주를 인식하지 못하는 경우 일반 텍스트로 취급하여 페이지의 맨 아래에 배치하지 않을 수 있습니다. 워드에서 목차에 해당하는 제목을 인식하지 못하는 경우 텍스트와 숫자로 이루어진 일반적인 표나 일반 텍스트로 목차를 추가할 수 있습니다.

PDF 재배치 작동 방식

PDF는 고정된 파일 형식입니다. 즉 페이지에 있는 텍스트, 그림, 벡터 그래픽의 위치는 파일에 저장되지만 이러한 요소 간의 관계는 저장되지 않습니다. 대부분의 PDF에는 단락, 표 또는 열과 같은 구조적 콘텐츠 요소에 대한 정보가 없습니다. 예를 들어 PDF는 표 셀 내부의 콘텐츠에 대한 관계를 포함하지 않고 표를 선 집합으로 저장합니다.

동일한 콘텐츠를 PDF 파일에 나타내는 구조는 프로그램에 따라 모두 다릅니다. 예를 들어 PDF에 표시되지 않는 텍스트, 그래픽, 이미지가 포함되어 있을 수 있으며 사용된 텍스트 경계선이 다를 수도 있습니다. 그러나 판독기에서 PDF를 보면 이러한 차이점을 볼 수 없습니다.

워드에서 PDF 파일을 열면 PDF 재배치 기능이 복잡한 규칙 체계를 사용하여 원래 PDF를 가장 잘 표현하는 워드 개체(예 : 제목, 목록, 표 등)와 워드 문서에서 이러한 개체를 배치할 위치를 알아냅니다.

■ [Word 옵션] 대화상자의 [저장] 기능

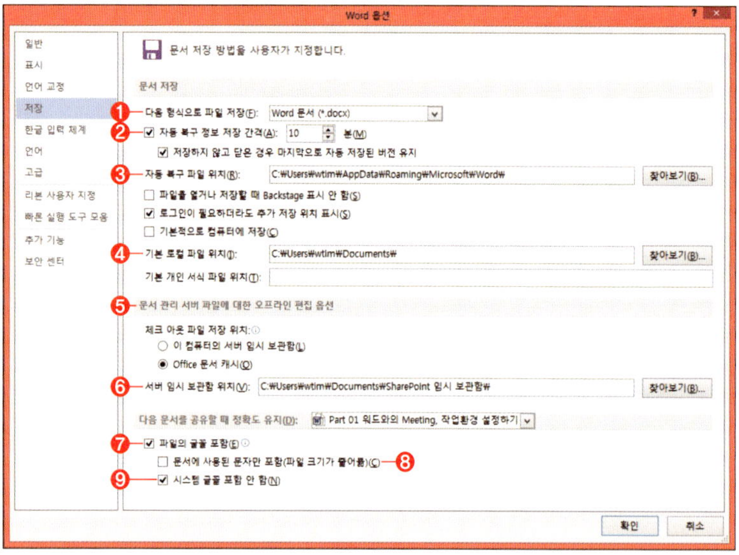

❶ **다른 형식으로 파일 저장** : 워드 문서를 저장할 때 기본 파일 형식을 변경합니다. 문서가 다른 버전의 MS Office 워드 또는 다른 프로그램에서 사용되거나 웹 페이지로 사용되는 경우 가장 일반적으로 사용하는 파일 형식을 선택할 수 있습니다.

❷ **자동 복구 정보 저장 간격** : 자동 복구 저장 간격을 분 단위로 설정합니다. 이 간격은 1~120 사이의 양수여야 합니다. 컴퓨터가 응답하지 않거나 예기치 않게 전원이 꺼지면 다음에 워드를 시작할 때 자동 복구 파일이 열립니다. 자동 복구 파일에는 원래 문서에서 손실될 수 있는 저장되지 않은 정보가 포함되어 있습니다. 자동 복구는 저장 명령 대신 사용되는 것이 아니므로 작업이 끝나면 문서를 저장해야 합니다.

❸ **자동 복구 파일 위치** : 기본 자동 복구 파일 위치가 표시됩니다. 이 텍스트 상자에 자동 복구 파일 위치로 사용할 경로를 입력합니다. [찾아보기]를 클릭하여 자동 복구 파일 경로를 변경할 수도 있습니다.

❹ **기본 파일 위치** : 워드를 시작한 후 열기, 저장 또는 다른 이름으로 저장 명령을 처음으로 사용할 때 기

본 위치로 사용할 경로를 입력하거나, [찾아보기]를 클릭하여 해당 폴더를 찾습니다. 네트워크 서버 위치의 경로를 기본 파일 위치로 입력하려면 UNC 구문, 즉 '₩₩servername₩foldername'을 사용합니다. 또한 네트워크 서버에 새 기본 파일 위치를 적용하려면 워드를 다시 시작해야 합니다.

❺ **문서 관리 서버 파일에 대한 오프라인 편집 옵션** : 체크 아웃 파일 저장이 컴퓨터의 서버 임시 보관함 위치를 선택하면 체크 아웃 파일을 서버 임시 보관함 위치 상자에 지정된 폴더에 저장합니다. 웹 서버를 선택하면 체크 아웃 파일을 웹 서버에 저장합니다.

❻ **서버 임시 보관함 위치** : 기본 서버 임시 보관함 위치가 표시됩니다. 이 텍스트 상자에 서버 임시 보관함 위치로 사용할 경로를 입력하거나 [찾아보기]를 클릭하여 서버 임시 보관함 위치를 찾습니다. 이 문서를 공유할 때 정확도 유지를 위해 이미 열려 있는 문서의 이름을 선택하거나, 모든 새 문서를 클릭하여 이후에 만드는 모든 문서에 정확도 설정을 적용하도록 합니다.

❼ **파일의 글꼴 포함** : 문서에 사용되는 글꼴을 파일과 함께 저장합니다(글꼴을 포함할 수 있는 경우). 컴퓨터에 해당 글꼴이 설치되어 있지 않은 다른 사용자도 문서에서 글꼴을 보고 사용할 수 있습니다. 단점은 파일 크기가 증가합니다.

TIP : 글꼴을 포함하는 방법에 대한 자세한 내용은 'Microsoft.com/korea' 웹 사이트에서 '트루타입 글꼴 포함'을 검색하여 관련 내용을 참고합니다.

❽ **문서에 사용된 문자만 포함(파일 크기가 줄어듦)** : 실제로 문서에 사용되는 글꼴만 포함하여 저장합니다. 사용되는 문자 수가 32개 이하인 경우 해당 문자만 포함됩니다. 포함되지 않은 글꼴의 문자와 스타일은 편집할 때 사용할 수 없으므로 다른 사용자가 보기 또는 인쇄 전용으로 사용하려는 문서의 경우 가장 유용합니다. 이 옵션은 파일의 글꼴 포함 옵션을 선택할 경우에만 사용할 수 있습니다.

❾ **시스템 글꼴 포함 안 함** : MS Windows 및 2013 MS Office system 소프트웨어를 실행하는 컴퓨터에 공통으로 설치되어 있지 않은 글꼴만 포함하려면 이 옵션을 선택합니다. 이 옵션은 파일의 글꼴 포함 옵션을 선택할 경우에만 사용할 수 있습니다.

STEP 01 • 서식 파일을 선택하여 새 문서 만들기

서식 파일이란 완성 직전의 파일, 즉 양식의 기초가 되는 파일입니다. 문서 작업을 할 때 보고서나 이력서와 같은 양식을 처음부터 작성하면 문서 작성 시간이 길어집니다. 가능하다면 다른 사람이 부분적으로 완성한 파일을 용도에 맞게 약간 변경하여 사용하고 싶을 것입니다. MS가 제공하는 다수의 서식 파일 중 하나를 열어 서식 파일의 사용 방법을 알아봅니다.

01. 워드 2013을 실행하고 [파일] 탭-[새로 만들기]를 클릭한 후 검색 창에 '보고서'라고 입력한 다음 **Enter** 를 누릅니다. 검색된 화면에서 [연간 보고서(빨강/검정 디자인)]를 클릭합니다.

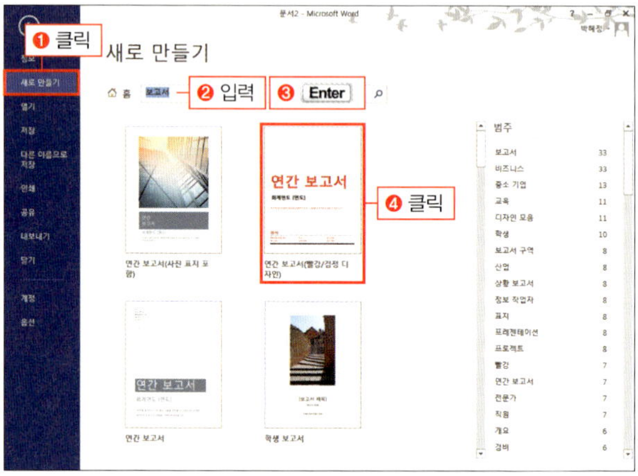

02. [만들기]를 클릭합니다.

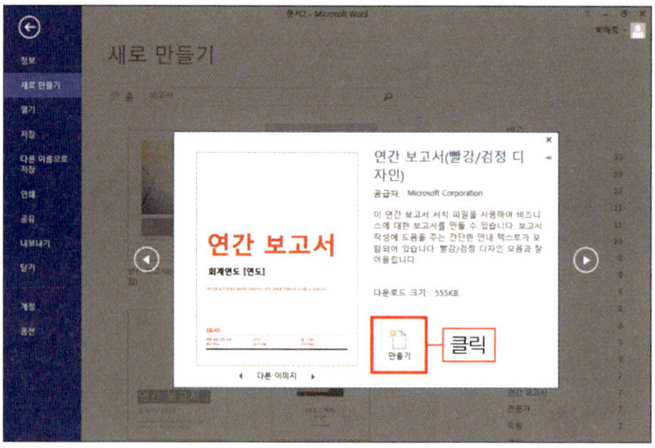

03. [연간 보고서(빨강/검정 디자인)] 서식 파일이 실행됩니다. 이처럼 서식 파일은 워드 사용자를 위한 문서의 틀이 완성된 파일입니다. 유사한 형식의 파일을 만들 때 참고하면 좋습니다.

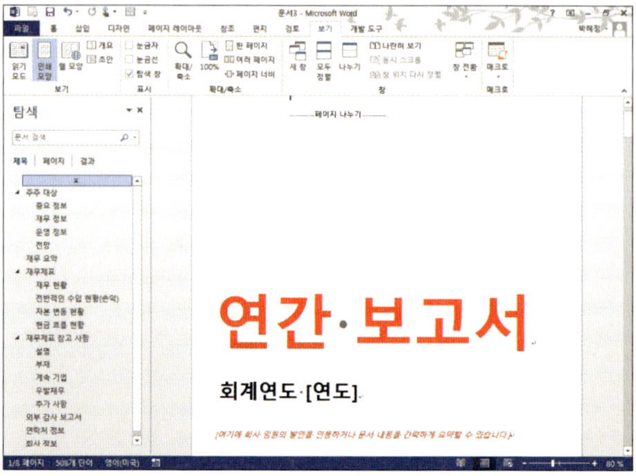

STEP 02 • OneDrive에 저장된 파일 열고 저장하기

작성한 문서를 저장하는 방법입니다. [연간 보고서(빨강/검정 디자인)] 파일을 OneDrive에 저장해 봅니다. 이 작업을 실행하려면 인터넷이 연결된 상태여야 합니다.

01. 앞선 작업에 이어 [연간 보고서(빨강/검정 디자인)] 파일이 열린 상태에서 [파일] 탭-[다른 이름으로 저장]-[ㅇㅇㅇ님의 OneDrive]-[찾아보기]를 클릭합니다.

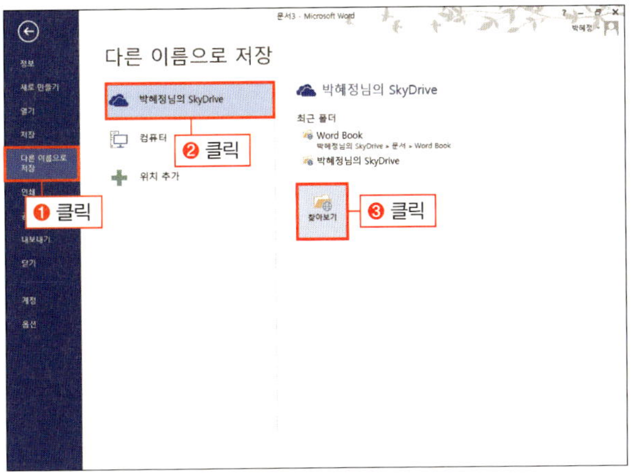

02. 윈도우 8을 사용하거나 OneDrive를 설치했다면 [Windows 탐색기] 창에서 [OneDrive]를 클릭하거나, OneDrive에 새로운 폴더를 만들어 선택합니다. [파일 이름]에 적당한 이름을 입력하고 [저장]을 클릭합니다.

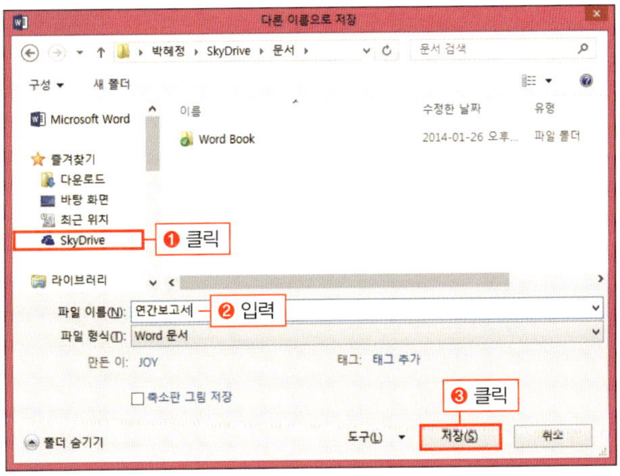

03. OneDrive에 저장된 파일을 불러들이는 방법도 간단합니다. [파일] 탭-[열기]-[ㅇㅇㅇ님의 OneDrive]-[찾아보기]를 클릭합니다. OneDrive에서 해당 문서를 선택하고 [열기]를 클릭합니다.

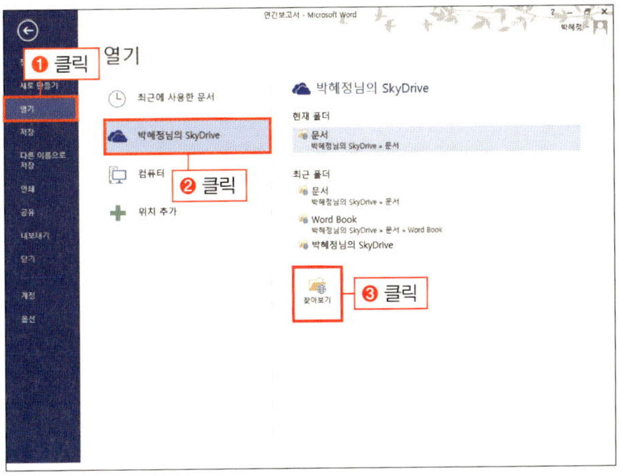

STEP 03 • 호환성이 뛰어난 RTF(Rich Text Format) 파일로 저장하기

RTF 형식의 파일은 미국의 마이크로소프트사가 중심이 되어 표준화한 텍스트 문서 파일 형식으로 데이터뿐만 아니라 폰트의 종류와 크기, 그림, 도표 등을 포함함은 물론이고 문서의 형식 등을 규정하는 풍부한 제어 정보가 포함되기 때문에 IBM 컴퓨터와 호환 기종의 컴퓨터, 매킨토시와 같은 서로 다른 기종이나 운영체제에서 동작하는 응용 프로그램 간에 형식화된 텍스트 문서를 교환할 수 있습니다.

예제 파일 | CD₩Part 01₩1-3RTF문서로저장.docx **완성 파일 |** CD₩Part 01₩1-3RTF문서.rtf

01. [파일] 탭-[다른 이름으로 저장]-[컴퓨터]-[찾아보기]를 클릭합니다.

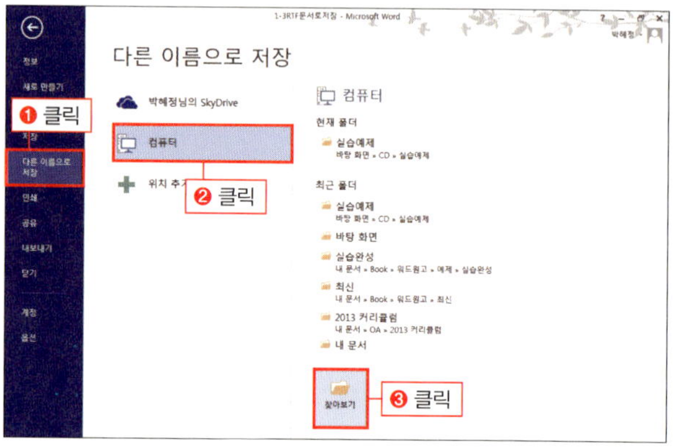

02. [다른 이름으로 저장] 대화상자의 [파일 형식]을 '서식 있는 텍스트'로 선택하고, 저장 위치를 설정한 다음 [저장]을 클릭합니다.

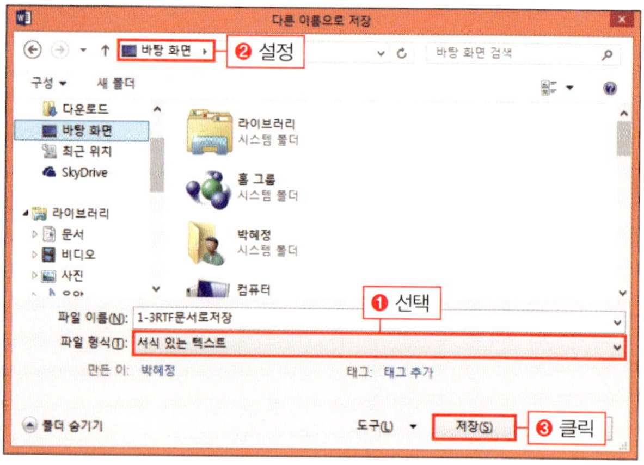

03. 서식이 있는 텍스트(.rtf) 파일은 워드를 비롯하여, 아래아 한글, 파워포인트 등의 다양한 프로그램에서 실행할 수 있습니다.

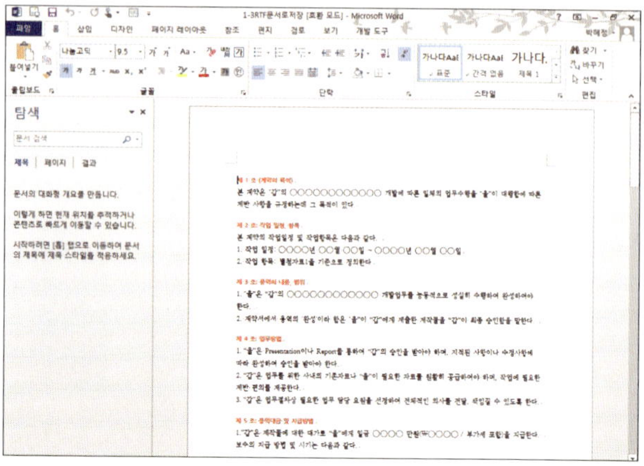

STEP 04 • 한글(hwp) 문서 불러오기

한글(hwp) 문서를 MS 워드 2013으로 읽어내려면 둘을 변환할 수 있는 도구를 설치해야 합니다. 변환 도구를 설치하고, 한글 문서를 MS 워드로 불러오는 과정입니다.

예제 파일 I CD\Part 01\1-3한글문서.hwp

01. MS 워드를 위한 아래아 한글 문서 변환 도구를 설치하기 위해 인터넷 익스플로러를 실행하고 'http://www.microsoft.com/ko-kr/download/details.aspx?id=36772'에 접속합니다. 언어를 선택하고 [다운로드]를 클릭합니다.

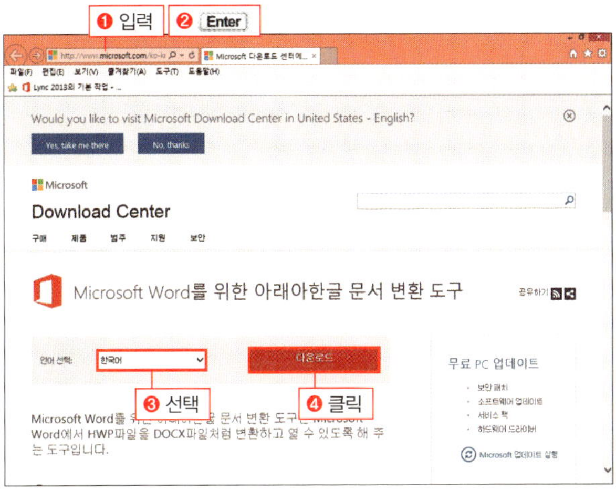

02. 컴퓨터의 운영체제에 따라 86비트인지, 64비트인지 체크하고 [다음]을 클릭합니다.

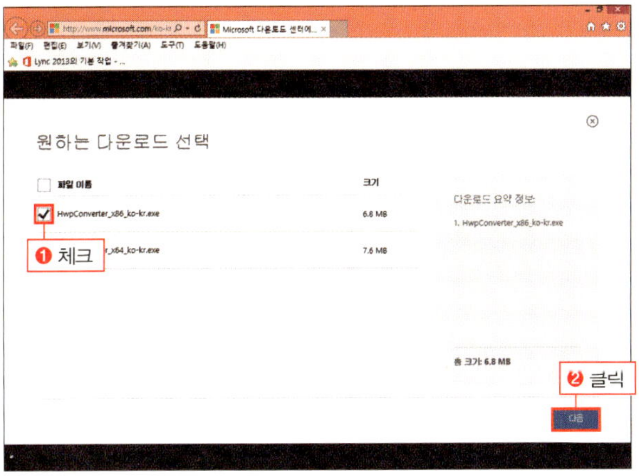

TIP : 컴퓨터의 운영체제가 몇 비트인지 모른다면 [제어판]-[모든 제어판 항목]-[시스템]에서 정보를 확인합니다.

03. [실행]을 클릭해 실행합니다.

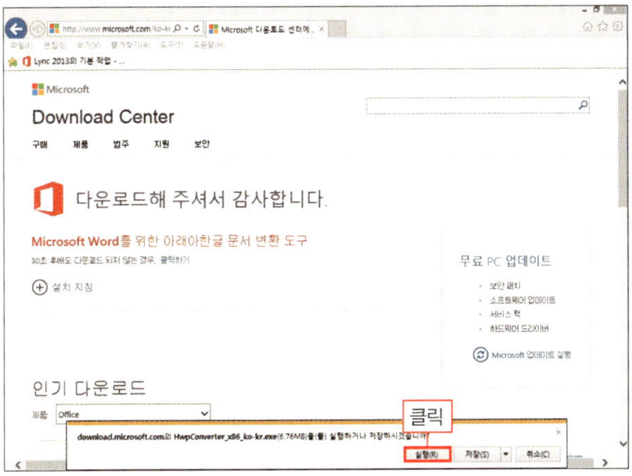

04. 과정을 차례대로 [실행], [동의 체크] 후 [계속], [확인]을 클릭합니다.

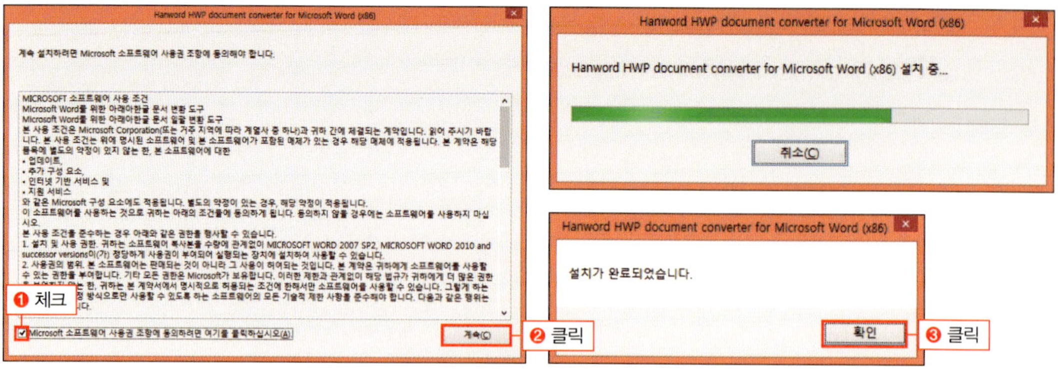

05. 프로그램 설치가 완료되면 워드 2013을 실행하고 [파일] 탭–[열기]–[컴퓨터]–[찾아보기]를 클릭한 후 [열기] 대화상자에서 파일 경로(CD\Part 01\1–3한글문서.hwp)에서 한글(.hwp) 파일을 찾아 선택한 다음 [열기]를 클릭합니다.

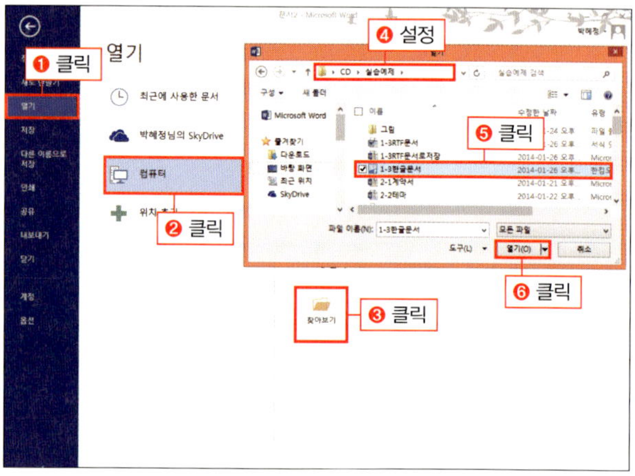

06. 대부분의 구성 요소와 서식을 유지한 채로 한글 문서가 워드에서 열립니다.

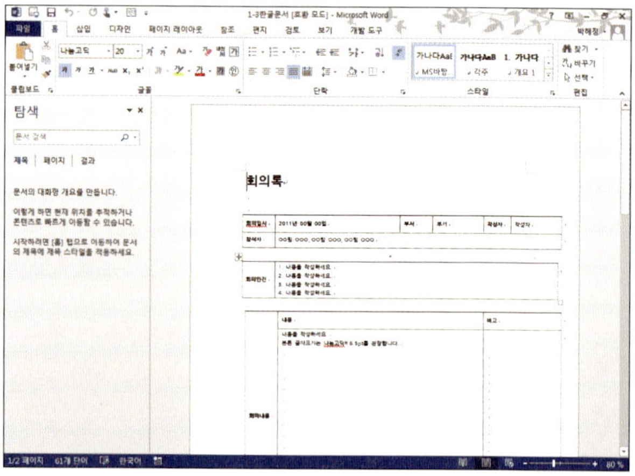

STEP 05 • 문서를 PDF로 변환하고 PDF 파일을 워드에서 불러오기

워드 2013 문서를 PDF로 저장하고 반대로 PDF를 워드 2013에서 열어 원하는 콘텐츠를 확인할 수 있습니다.

예제 파일 | CD₩Part 01₩1-3PDF로저장.docx **완성 파일 |** CD₩Part 01₩1-3PDF로저장_완성.pdf

01. [파일] 탭-[내보내기]-[PDF/XPS 문서 만들기]-[PDF/XPS 만들기]를 클릭합니다.

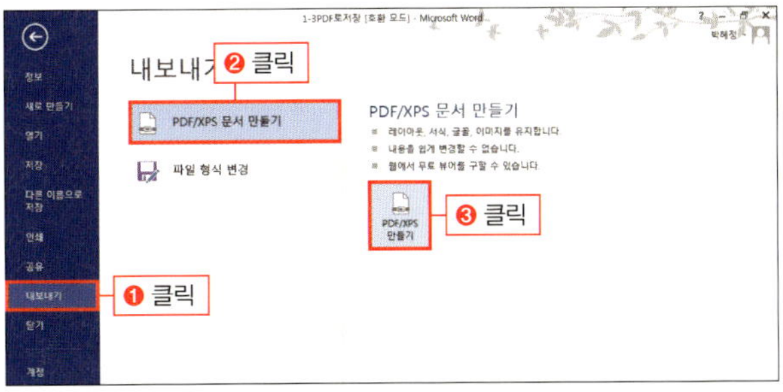

TIP : 변환된 문서는 원본과 완벽하게 일치하지 않을 수 있습니다. 예를 들어 줄 바꿈 및 페이지 나누기가 서로 다른 위치에 있을 수 있습니다. 텍스트 문서는 대부분 변환이 제대로 이루어집니다. 자세한 사항은 기초 탄탄을 참고합니다.

02. PDF 파일을 저장할 위치를 설정한 후 [게시 후 파일 열기]를 체크하고 [게시]를 클릭합니다.

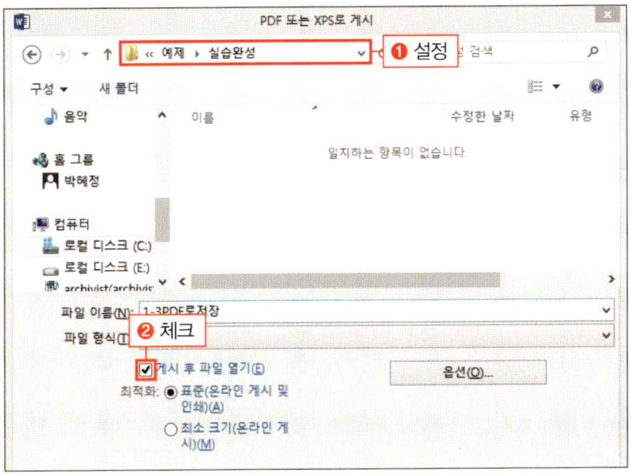

TIP : 공유하지 않을 정보를 제외하려면 [옵션]을 클릭합니다. 그런 다음 문서를 클릭하고 문서 속성 상자의 선택을 취소합니다. 원하는 다른 옵션을 설정하고 [확인]을 클릭합니다.

03. 컴퓨터에 설치된 PDF 읽기 프로그램을 통해 PDF 문서가 열립니다.

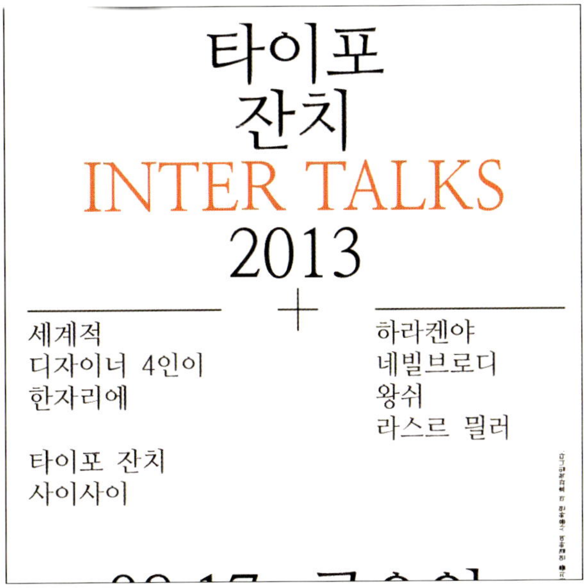

TIP : PDF 재배치 기능을 실행하면 잘 변환되지 않는 문서 요소

셀 간격이 있는 표, 페이지 색 및 페이지 테두리, 변경 내용 추적, 프레임 ,여러 페이지에 걸친 각주, 미주, 오디오, 비디오, PDF 활성 요소, PDF 책갈피, PDF 태그, PDF 메모, 네온, 그림자 등과 같은 글꼴 효과(워드 파일에서는 효과가 그래픽으로 표현됨)가 있습니다.

글꼴 포함하여 저장하기

실무에선 이렇게!

기본적으로 시스템에 설치되어 있는 글꼴은 모든 프로그램에서 사용할 수 있습니다. 하지만 글꼴 자체는 문서에 포함되어 저장되지 않기 때문에 내 컴퓨터 시스템에서 사용한 글꼴이 다른 시스템에서는 제대로 표시되지 않을 수 있습니다. 이러한 문제를 해결하기 위해 현재 문서에 글꼴을 포함하여 저장할 수 있는 옵션을 설정해 저장해야 합니다.

01. 워드 2013을 실행하고 [파일] 탭-[옵션]을 클릭합니다.

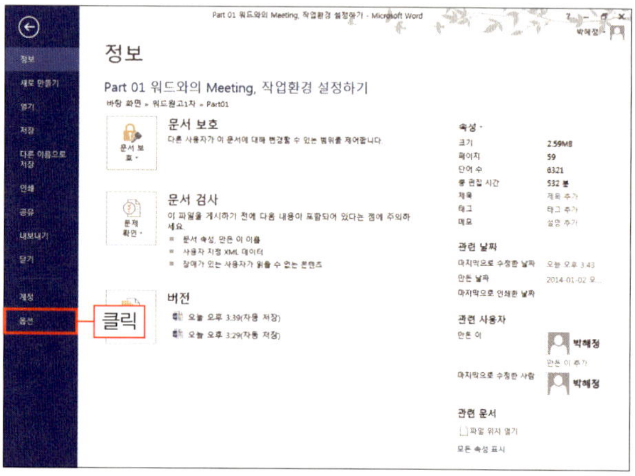

02. 시스템에 추가로 설치된 글꼴을 파일에 포함시키기 위해 [옵션] 대화 상자의 [저장]탭을 선택합니다. [파일의 글꼴 포함] 확인란을 체크하고 [확인]을 클릭합니다.

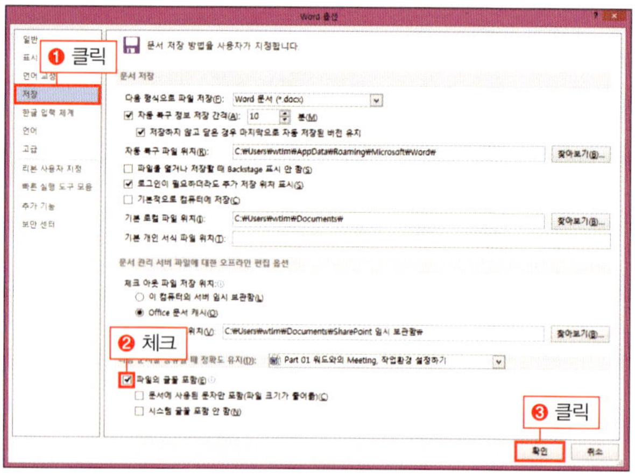

연관검색 [Word 옵션] 대화상자 기능에 대한 설명은 기초탄탄 46P을 참고하세요.

LESSON 04

화면 보기 상태 변경하여 작업 환경 조성하기

레벨 ● ● ●

[보기] 탭에는 워드로 작업할 때, 작업 환경을 구성하는 기능이 모여 있습니다. 텍스트의 모양이나 인쇄 상태에는 영향을 주지 않습니다. 화면을 읽기 모드, 인쇄 모양, 웹 모양, 개요, 초안 등의 보기 상태로 변경하여 사용자의 취향에 따라 더욱 편리하게 작업 환경을 구성할 수 있습니다.

기초탄탄 ▶ [보기] 탭

■ [보기] 탭

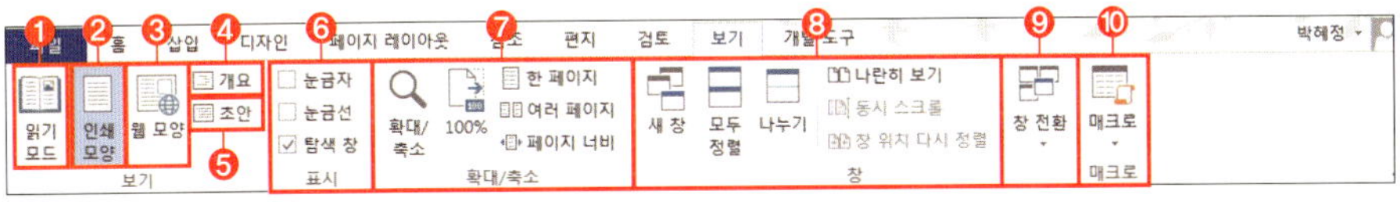

❶ **읽기 모드** : 워드 2013의 새로운 기능으로 문서를 읽을 때 적합하도록 표시합니다.

❷ **인쇄 모양** : 문서를 인쇄할 경우 예상되는 모양으로 표시합니다.

❸ **웹 모양** : 웹 페이지에 나타나는 대로 문서를 표시합니다.

❹ **개요** : 내용이 글머리 기호로 표시되는 개요 형식으로 문서를 표시합니다.

❺ **초안** : 문서에 텍스트만 표시하도록 보기를 전환합니다.

❻ **[표시] 그룹** : 화면에 눈금자, 눈금선, 탐색 창의 표시 여부를 결정합니다.

❼ **[확대/축소] 그룹** : [확대/축소] 대화상자를 열거나, 화면을 100%로 만드는 등의 화면 크기를 제어할 수 있습니다.

❽ **[창] 그룹** : 새 창, 모두 정렬, 나누기, 나란히 보기, 동시 스크롤, 창 위치 다시 정렬 등의 창 제어를 할 수 있습니다.

❾ **창 전환** :실행 중인 워드 창 간의 작업 전환을 할 수 있습니다.

❿ **[매크로] 그룹** : 리본 메뉴에 기본적으로 등록되어 있지 않는 [개발 도구] 탭을 꺼내지 않고도 매크로를 기록하고 실행할 수 있습니다.

■ 읽기 모드로 수행할 수 있는 것은?

일반적인 읽기 도구가 내장되어 주석을 추가 단어를 정의하고, 번역, 복사하거나, 텍스트를 강조하고, 빙(Bing)을 검색할 수 있습니다. 확장 또는 축소 세션, 또는 포함된 동영상을 감상, 이미지 및 기타 개체에 대한 확대 및 축소, 열, 페이지 색, 레이아웃을 조장합니다. 신속하게 문서에서 [이동], [탐색] 창을 엽니다.

STEP 01 • 다양한 보기 상태 변경 및 목적 이해하기

워드 2013에서 제공하는 읽기 모드, 인쇄 모양, 웹 모양, 개요, 초안 중 하나를 선택하여 상황에 맞는 환경으로 만들어 작업합니다. 워드 2013에서 새롭게 제공되는 읽기 모드로 전환하여 그 특징을 살펴 봅니다.

예제 파일 | CD₩Part 01₩1-4화면보기.docx

01. [보기] 탭-[보기] 그룹-[읽기 모드]를 클릭합니다.

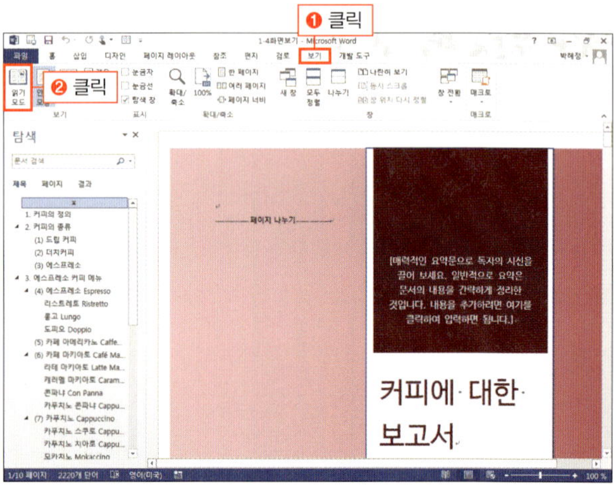

02. 읽기 모드에서 이전/다음 페이지로 넘기려면 화면의 가장자리에 있는 화살표 아이콘(▶)을 클릭하거나 마우스 휠을 드래그합니다.

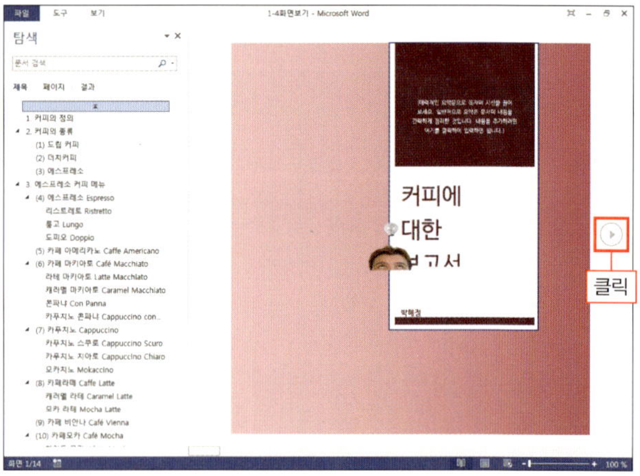

03. 문서의 그림, 표, 차트 등을 크게 보고 싶다면 해당 개체를 더블 클릭합니다.

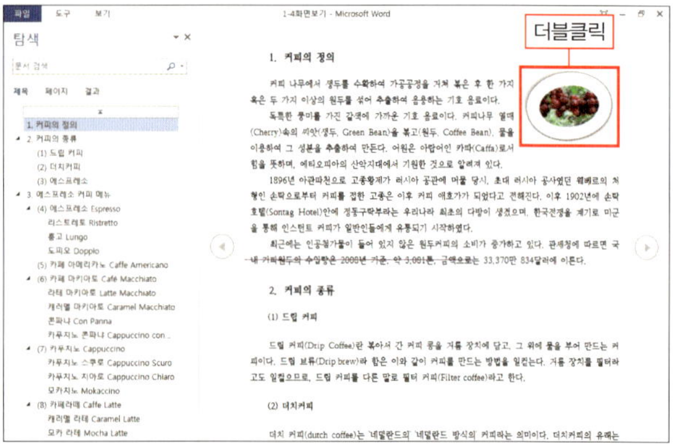

04. 돋보기 아이콘(🔍)을 클릭하여 더 크게 만듭니다.

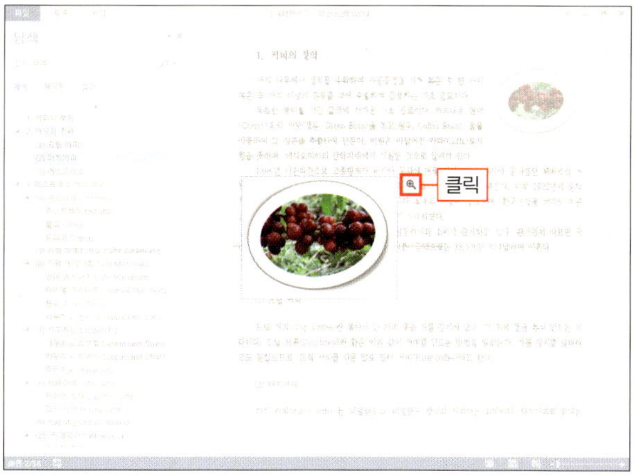

05. 문서에 메모가 있는 경우, 메모를 보려면 [코멘트 읽기]를 클릭합니다. 모든 메모를 보려면 [보기] 탭-[보기] 그룹-[메모 표시]를 클릭합니다.

> **TIP :** 코멘트를 확인할 때 자신의 코멘트를 추가하려면 코멘트 풍선에 바로 가기 메뉴 [새 메모]를 입력하거나 답장 아이콘(↩)을 클릭하고 입력합니다.

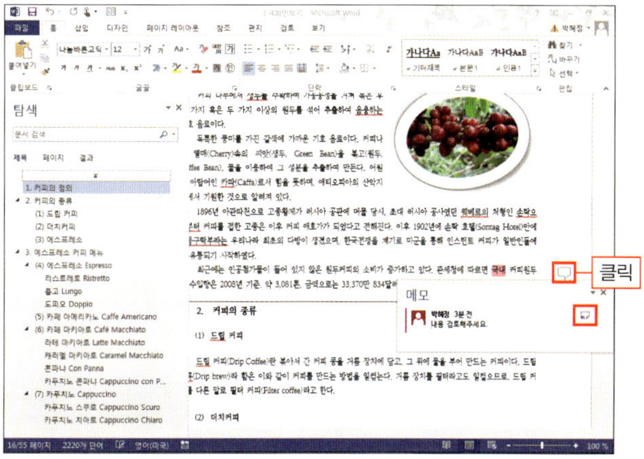

06. 확장 및 축소를 하려면 Ctrl 을 누른 채로 마우스의 휠을 드래그하거나 [확장/축소 화살표]를 클릭합니다.

> **TIP :** Esc 를 눌러 [읽기 모드]를 [인쇄 모양]으로 변경합니다.

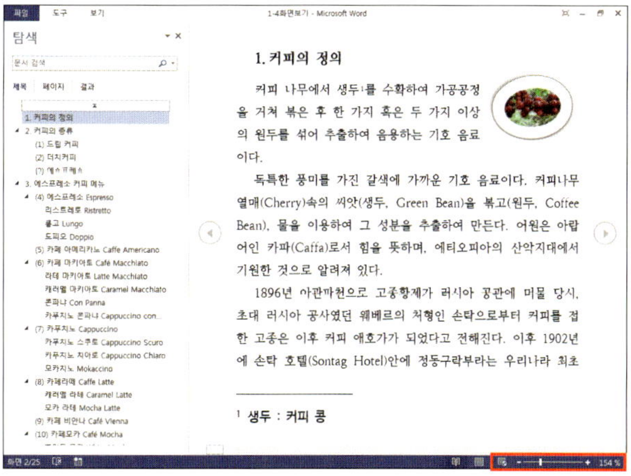

STEP 02 • 서로 다른 창으로 문서 열고 정렬하기

MS Office 2013은 기본적으로 같은 종류의 프로그램 문서를 각각 다른 창으로 열 수 있습니다. 이번 작업은 동일한 문서를 2개의 창으로 열고 나란히 정렬해 봅니다.

예제 파일 | CD₩Part 01₩1-4화면보기.docx

01. [보기] 탭-[창] 그룹-[새 창]을 클릭합니다.

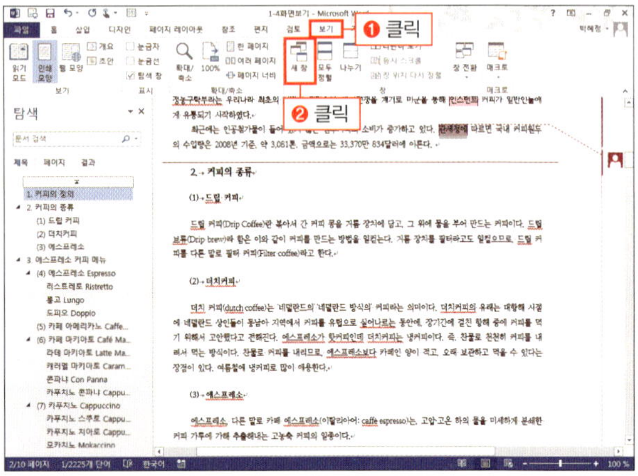

02. 같은 문서가 2개의 창으로 열립니다. 작업 표시줄에 워드 작업 창 하나가 추가됩니다.

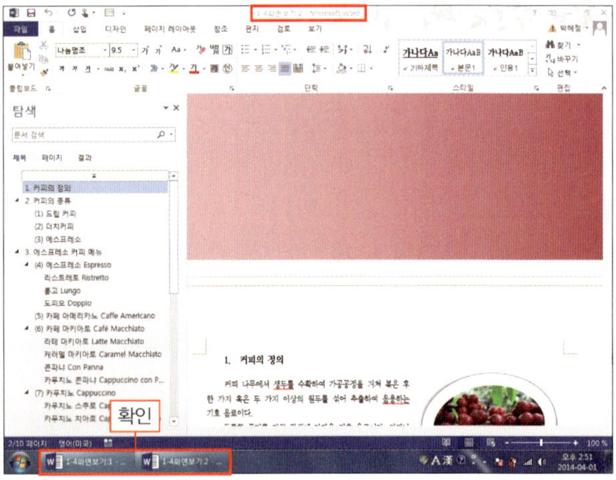

TIP : '1-4화면보기:1'과 '1-4화면보기:2'로 2개의 창이 표시됩니다.

03. 2개의 창을 모두를 화면에 표시하기 위해 [보기] 탭-[창] 그룹-[모두 정렬]을 클릭합니다. 같은 문서가 2개의 창으로 가로 형태로 정렬되어 나타납니다.

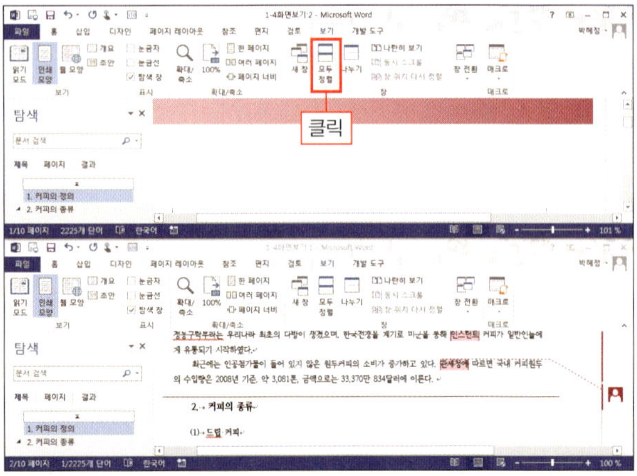

04. 세로로 정렬하려면 [보기] 탭-[창] 그룹-[나란히 보기]를 클릭합니다.

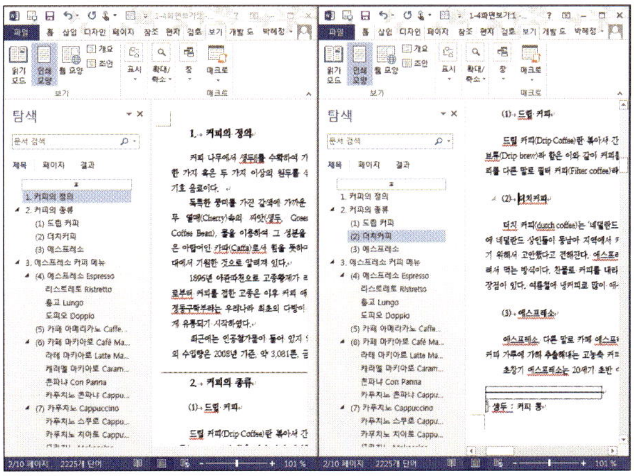

05. [보기] 탭-[창] 그룹-[동시 스크롤]을 클릭하면 휠을 드래그할 때 2개의 창 화면이 동시에 스크롤됩니다.

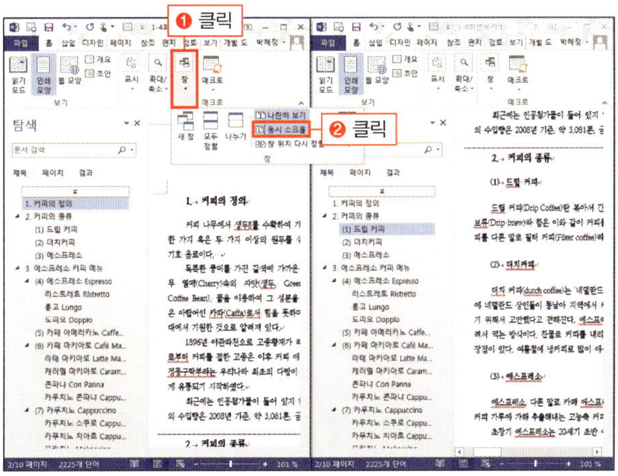

TIP : 어떤 창에서 작업하더라도 변경 내용이 모두 반영됩니다.

06. 왼쪽 창을 닫으면 다시 하나의 창이 됩니다.

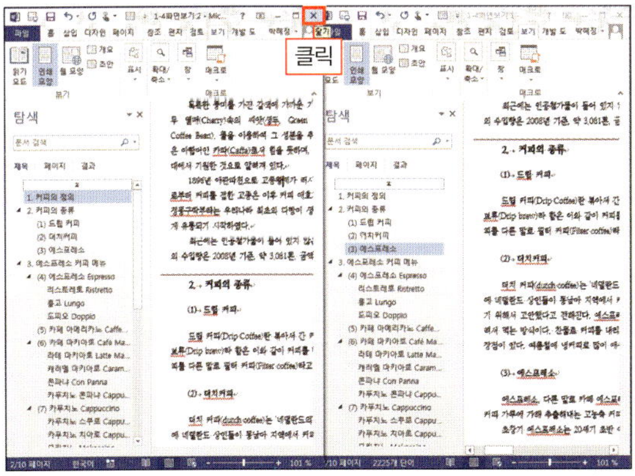

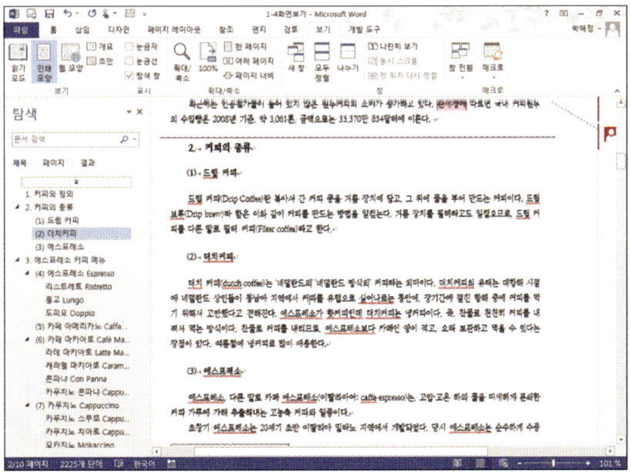

STEP 03 • 탐색 창 활용하기

워드 2013의 [탐색] 창을 이용해 구조화된 텍스트 간 이동, 페이지 이동, 텍스트 검색을 더욱 편리하고 쉽게 할 수 있습니다. [탐색] 창을 활용하는 방법을 살펴봅니다.

예제 파일 I CD₩Part 01₩1-4화면보기.docx

01. 먼저 [탐색] 창을 화면에 배치하기 위해 [보기] 탭-[표시] 그룹-[탐색 창]을 체크합니다.

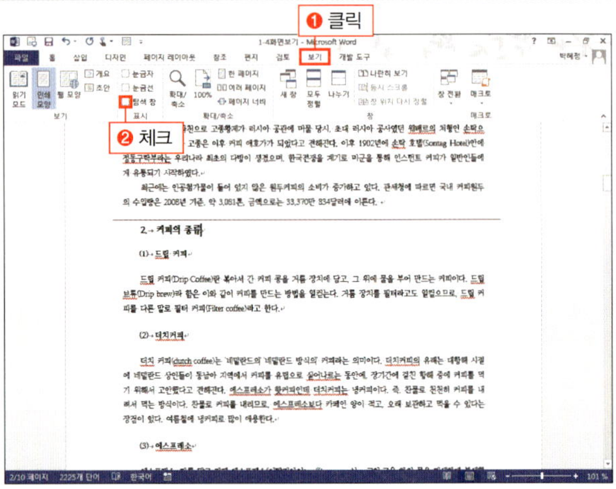

02. 왼쪽에 [탐색] 창이 나타납니다. [탐색] 창에는 문서 검색 입력 창과 제목, 페이지, 검색의 결과를 나타내는 결과 탭으로 구성되어 있습니다.

TIP : [탐색] 창에 선택된 [제목] 탭은 입력한 내용이 수준으로 설정됐거나, 제목 스타일이 적용됐을 때 단락의 텍스트가 나타나며 클릭하면 쉽게 그 단락으로 이동할 수 있도록 합니다.

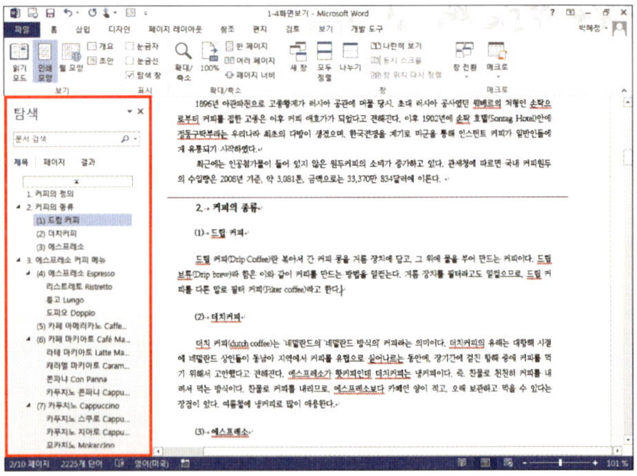

03. [검색] 창에 '에스프레소'를 입력하면 입력과 동시에 검색 내용이 검색되어 노란색으로 표시됩니다.

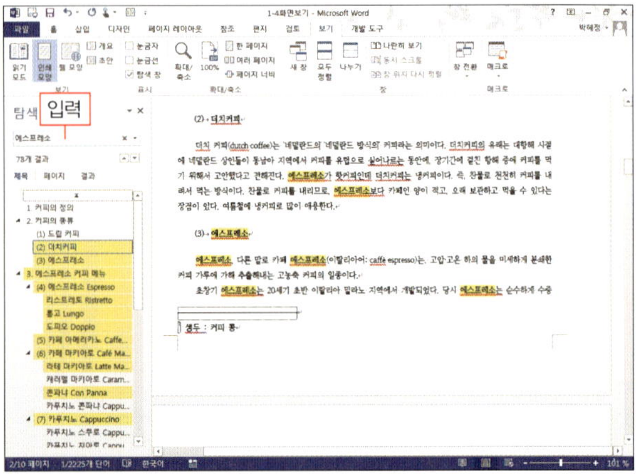

04. [결과] 탭을 클릭하면 검색어가 포함된 문장이 나타납니다.

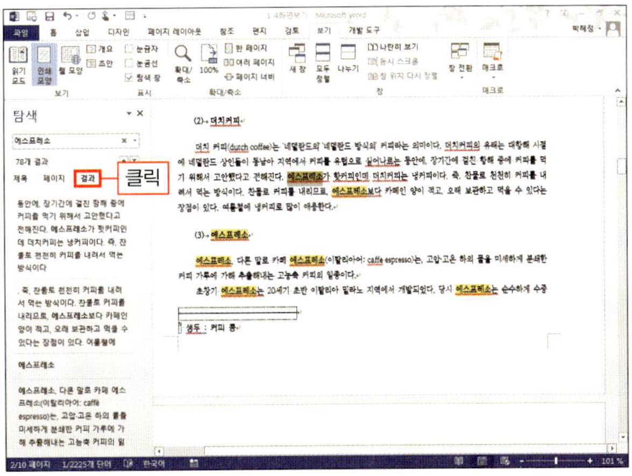

05. [탐색 창의 [결과] 탭에서 목록을 클릭하면 해당 문장으로 커서를 이동시킵니다.

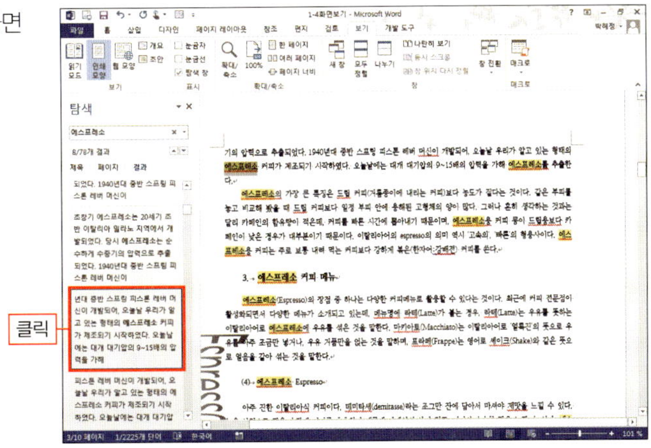

06. [페이지] 탭을 클릭하면 작은 페이지 모양이 나타나며, 클릭하여 페이지 간의 이동을 원활하게 합니다.

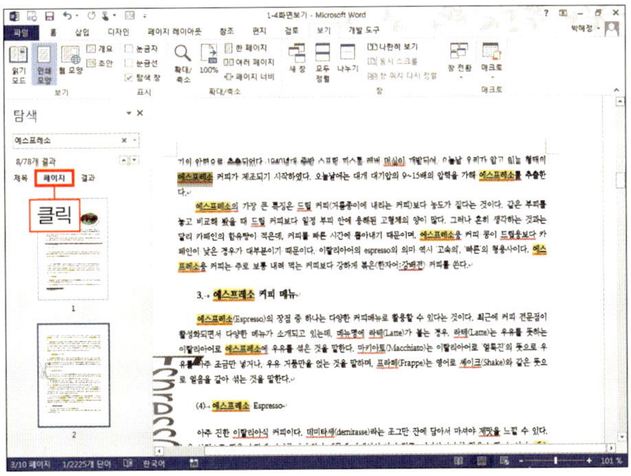

LESSON 05

내 자료 안전하게! 파일 암호 지정하고 인쇄하기

레 벨 ● ● ●

작성된 문서를 안전하게 파일의 암호를 넣어 저장하는 방법 및 인쇄 관련 기능을 알아봅니다.

기초탄탄 문서 보호 옵션 설정하기

■ 암호로 문서 보호

워드 2013에서는 사용자 실수나 고의로 문서의 중요한 데이터를 변경, 이동 또는 삭제할 수 없도록 문서에 암호를 넣어 저장할 수 있습니다. 전체에 암호를 넣어 저장하거나 문서의 일부의 편집을 제한하도록 설정할 수도 있습니다.

■ 문서의 일부에 대한 보호 및 암호화 65P

[검토] 탭–[보호] 그룹–[편집 제한]을 클릭한 후 나타나는 [서식 제한] 대화상자에서 [서식을 선택할 스타일로 제한]을 체크하면 여러 옵션을 사용할 수 있습니다.

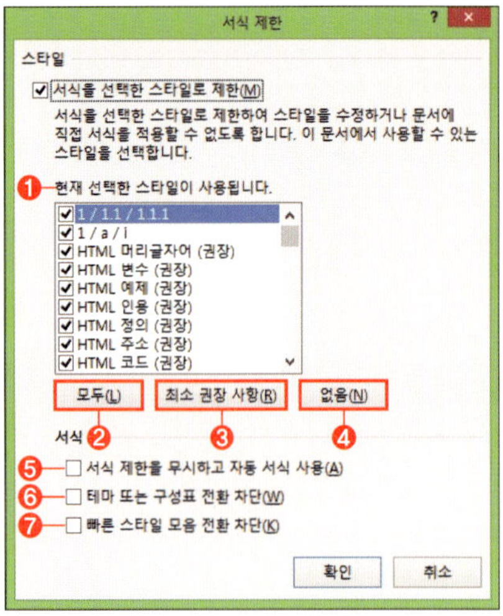

❶ **현재 선택한 스타일이 사용됩니다.** : 아래 목록에서 선택한 스타일만 사용이 허용됩니다.

❷ **모두** : [현재 선택한 스타일이 사용됩니다.] 목록의 모든 항목을 체크합니다.

❸ **최소 권장 사항** : [현재 선택한 스타일이 사용됩니다.] 목록에서 최소 권장 사항 항목만 체크합니다.

❹ **없음** : [현재 선택한 스타일이 사용됩니다.] 목록의 모든 항목의 체크를 해제합니다.

❺ **서식 제한을 무시하고 자동 서식 사용 :** 제한한 서식을 무시하고 자동 서식을 적용합니다.

❻ **테마 또는 구성표 전환 차단 :** 테마, 테마 색, 테마 글꼴의 변경을 차단합니다.

❼ **빠른 스타일 모음 전환 차단 :** 빠른 스타일 모음을 변경하지 못하도록 차단합니다.

■ 문서 암호화 68P

[파일] 탭–[다른 이름으로 저장]–[찾아보기]를 클릭하여 나타나는 [다른 이름으로 저장] 대화상자에서 [도구]–[일반 옵션]을 클릭하면 열기 및 쓰기 암호를 설정할 수 있습니다.

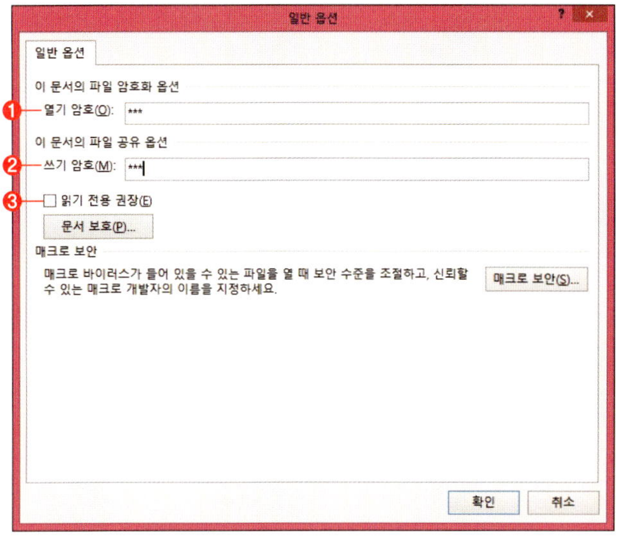

❶ **열기 암호 :** 파일을 열 때 필요한 암호를 설정합니다.

❷ **쓰기 암호 :** 파일을 열어 읽는 것은 허용하나, 내용을 수정하기 위해서 필요한 암호를 설정합니다.

❸ **읽기 전용 권장 :** 체크하면 열기, 쓰기 암호를 입력하여 열어도 읽기 전용을 권장하는 알림 창이 나타납니다.

■ 제한된 보기의 정의 69P

인터넷 및 기타 안전하지 않은 위치에서 가져온 파일은 컴퓨터를 손상시키는 바이러스, 웜 또는 다른 종류의 맬웨어를 포함할 수 있습니다. 컴퓨터를 보호하기 위해 이러한 안전하지 않은 위치에서 가져온 파일은 제한된 보기에서 열립니다. 제한된 보기를 사용하면 위험을 줄이면서 파일을 읽고 내용을 확인할 수 있습니다. 제한된 보기에서 열리는 이유는 제한된 보기는 대부분의 편집 기능을 사용할 수 없도록 설정된 읽기 전용 모드이기 때문입니다. 파일이 제한된 보기에서 열리는 이유는 여러 가지가 있습니다.

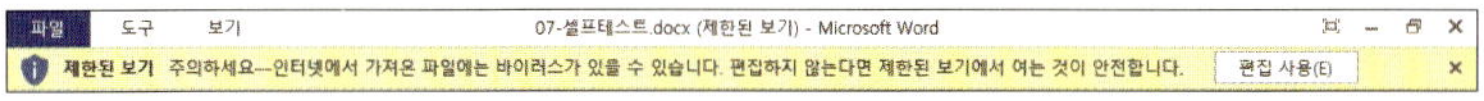

- 파일이 인터넷 위치에서 열린 경우 : 인터넷에서 파일을 연 경우 '이 파일은 인터넷 위치에서 가져온 것이며 안전하지 않을 수 있습니다. 자세한 내용을 보려면 클릭하십시오.'라는 메시지가 제한된 보기에 표시됩니다. 인터넷에서 가져온 파일에는 바이러스 및 기타 유해한 콘텐츠가 포함되어 있을 수 있습니다. 따라서 해당 콘텐츠를 신뢰하는 경우에만 문서를 편집하는 것이 좋습니다.
- 파일을 Outlook 첨부 파일로 받고 컴퓨터 정책에서 보낸 사람을 안전하지 않음으로 정의한 경우 : 안전하지 않은 보낸 사람으로부터 파일을 받은 경우 '이 파일은 전자 메일 첨부 파일로 가져온 것이며 안전하지 않을 수 있습니다. 자세한 내용을 보려면 클릭하십시오.'라는 메시지가 제한된 보기에 표시됩니다.
- 파일이 안전하지 않은 위치에서 열린 경우 : 안전하지 않은 폴더에서 파일을 연 경우 '위험성이 있는 위치에서 이 파일을 열었습니다. 자세한 내용을 보려면 클릭하십시오.'라는 메시지가 제한된 보기에 표시됩니다. 안전하지 않은 위치로는 임시 인터넷 파일 폴더 등이 해당됩니다.
- 파일이 고급 파일 설정으로 차단된 경우 : 편집할 수 없습니다.
- 파일 유효성 검사 실패 : 파일 유효성 검사에 실패한 경우 '이 파일에 문제가 있습니다. 파일을 편집하면 컴퓨터가 손상될 수 있습니다. 자세한 내용을 보려면 클릭하십시오.'라는 메시지가 제한된 보기에 표시됩니다.
- 파일이 제한된 보기에서 열기 옵션을 사용하여 제한된 보기에서 열린 경우 : 제한된 보기에서 파일을 열도록 선택한 경우 '이 파일을 제한된 보기에서 열었습니다. 자세한 내용을 보려면 클릭하십시오.'라는 메시지가 제한된 보기에 표시됩니다. 제한된 보기에서 열기 옵션을 사용하여 파일을 제한된 보기에서 열 수 있습니다.

STEP 01 • 문서에 암호 넣어 저장하기

문서 전체에 암호를 넣어 저장해 봅니다.

예제 파일 | CD\Part 01\1-5보안1.docx **완성 파일 |** CD\Part 01\1-5보안1_완성.docx

01. [파일] 탭-[정보]-[문서 보호]-[암호 설정]을 클릭합니다.

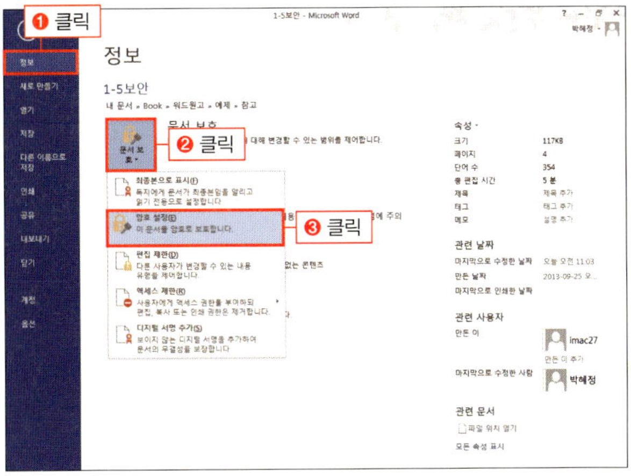

02. [문서 암호화] 창에서 암호에 '153'을 입력하고 [확인]을 클릭합니다. 암호 확인에 '153'을 한 번 더 입력하고 [확인]을 클릭합니다.

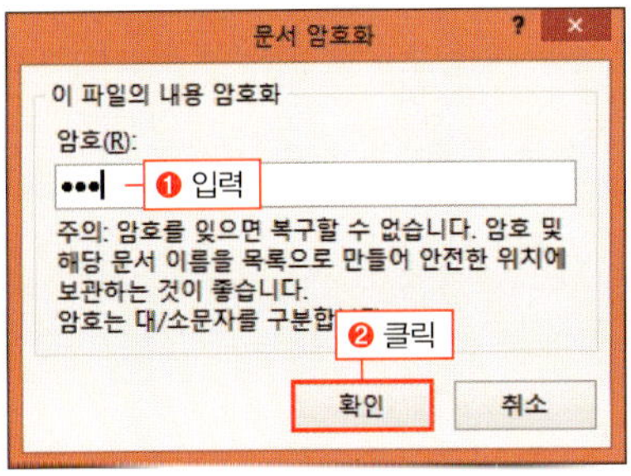

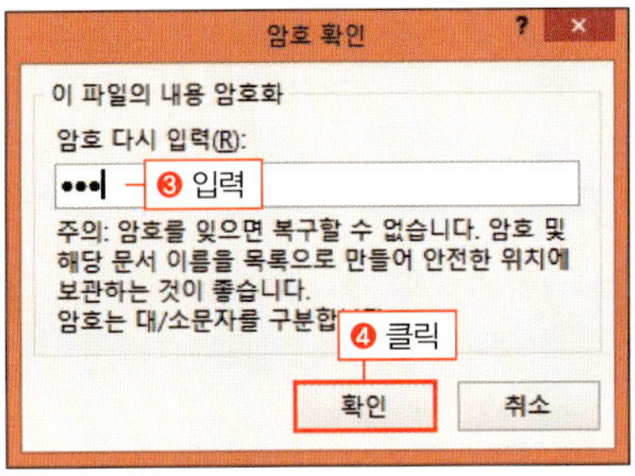

03. 문서에 암호가 적용됩니다. 문서를 닫습니다.

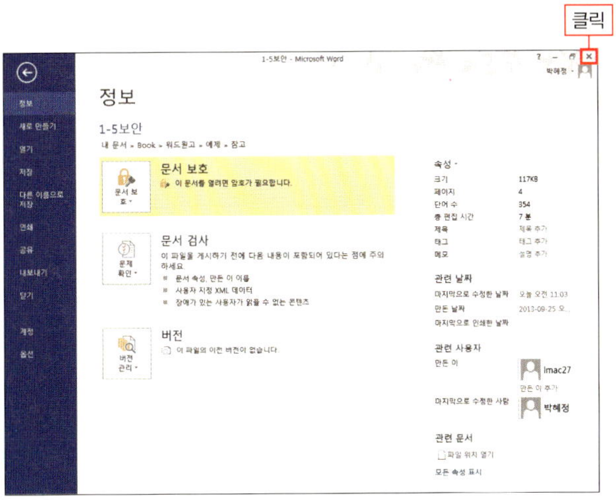

STEP 02 • 암호 문서 열고 암호 풀어 다시 저장하기

암호를 넣어 저장한 문서를 열고 암호를 풀어 다시 저장하는 과정입니다.

예제 파일 | CD\Part 01\1-5보안2.docx **완성 파일 |** CD\ Part 01\1-5보안2_완성.docx

01. 암호가 적용된 문서를 열기 위해 [파일] 탭-[열기]-[컴퓨터]-[찾아보기]를 클릭하여 해당 문서를 선택하고 [열기]를 클릭합니다.

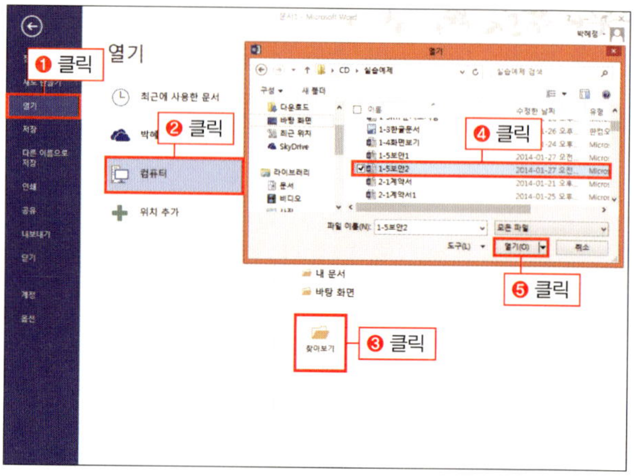

02. [암호] 대화상자에 문서 암호 '153'을 입력하고 [확인]을 클릭합니다.

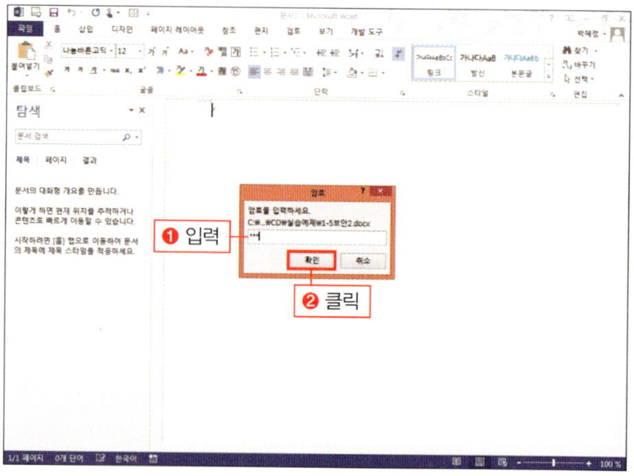

03. 문서가 열립니다.

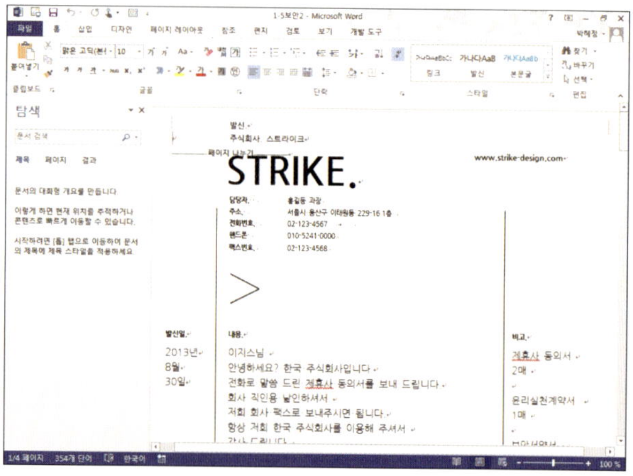

04. 암호를 풀기 위해 [파일] 탭-[정보]-[문서 보호]-[암호 설정]를 클릭합니다.

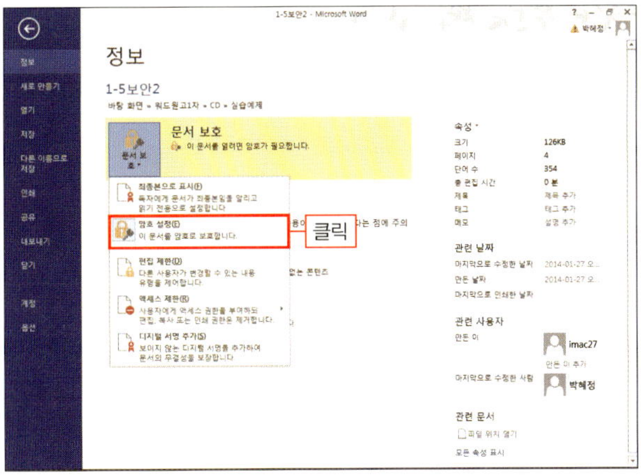

05. 등록된 암호를 Delete를 눌러 지우고 [확인]을 클릭합니다.

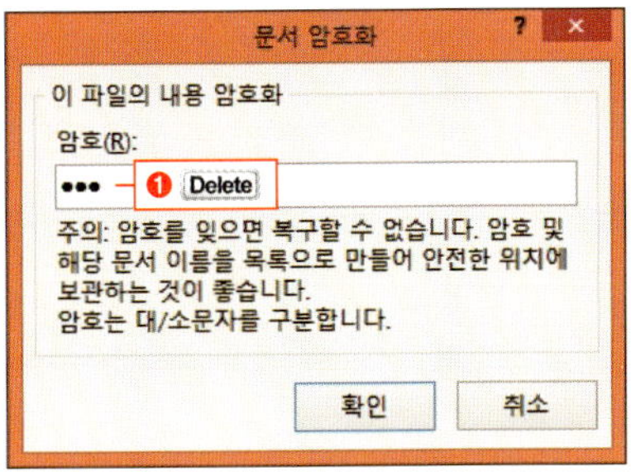

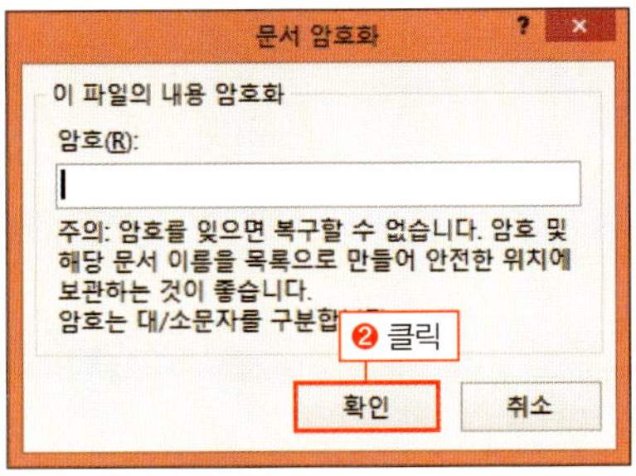

06. 암호를 지우고 문서를 저장하면 암호가 풀립니다. 문서를 열 때 더 이상 암호를 묻지 않습니다.

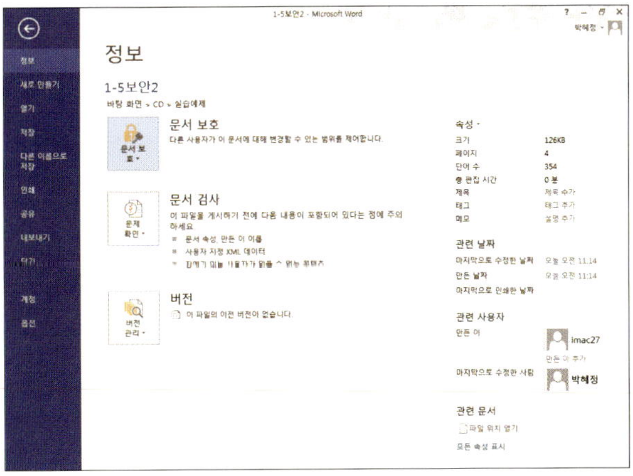

STEP 03 • 쓰기 암호 지정하기

이번에는 문서의 열기는 가능하지만 수정은 할 수 없도록 쓰기 암호를 설정해 봅니다.

예제 파일 | CD₩Part 01₩1-5보안3.docx **완성 파일 |** CD₩Part 01₩1-5보안3_완성.docx

01. [파일] 탭–[다른 이름으로 저장]–[컴퓨터]–[찾아보기]를 클릭합니다. [다른 이름으로 저장] 대화상자에서 [도구]–[일반 옵션]을 클릭합니다.

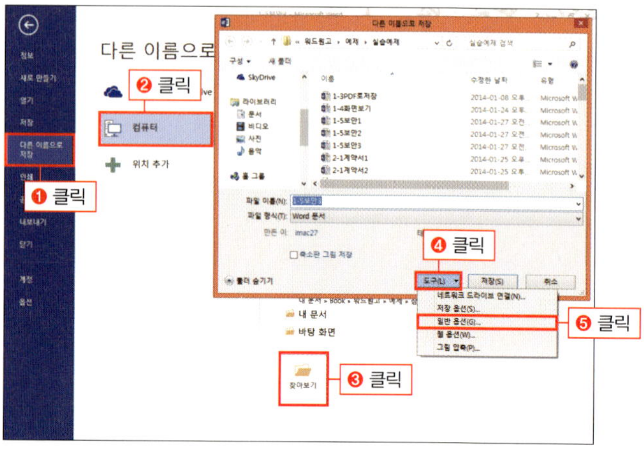

02. [일반 옵션] 대화상자에서 [쓰기 암호]에 '153'을 입력한 다음 [확인]을 클릭합니다. 다시 한번 '153'을 입력하고 [확인]을 클릭합니다.

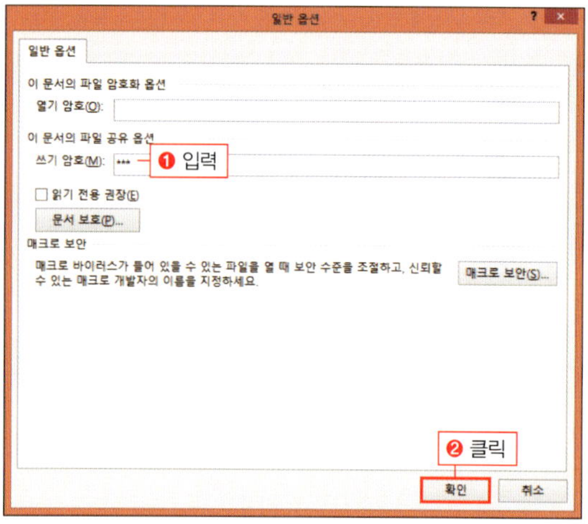

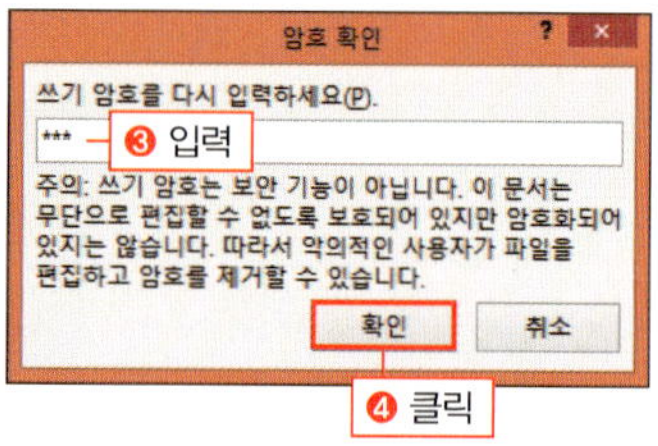

03. 이렇게 저장된 파일을 열 때는 암호를 묻지만 암호를 넣지 않고도 [읽기 전용]을 클릭해 '읽기 전용'으로 문서를 열 수 있습니다.

TIP : 암호를 입력하면 편집도 가능합니다.

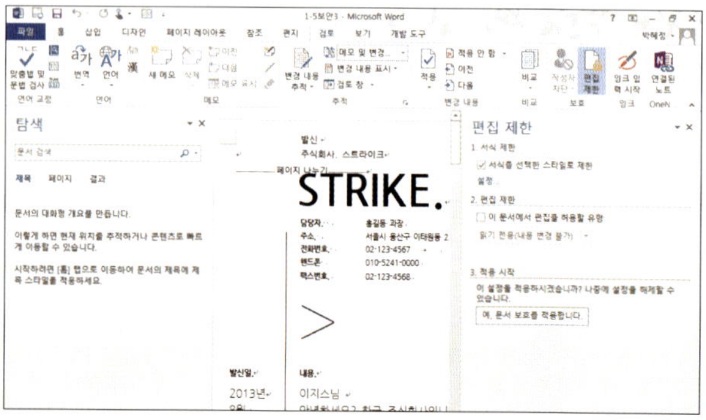

STEP 04 • 서식 및 편집 제한하기

문서 보호에는 서식 제한과 편집 제한이 있습니다. 문서를 보호할 때 암호를 설정하여 암호를 아는 사람만 문서 보호를 해제할 수 있도록 설정할 수 있습니다. 문서를 보호하여 다른 사람이 문서의 서식이나 스타일을 변경하지 못하도록 서식을 제한하여 보호하도록 설정합니다.

예제 파일 | CD₩Part 01₩1-5보안3.docx **완성 파일 |** CD₩Part 01₩1-5보안3_완성.docx

01. 앞선 작업에 이어하거나, 새 문서를 열어 작업합니다. [검토] 탭-[보호] 그룹-[편집 제한]을 클릭합니다. [편집 제한] 창의 [1. 서식 제한]에서 [서식을 선택한 스타일로 제한]을 체크한 다음 [설정]을 클릭합니다.

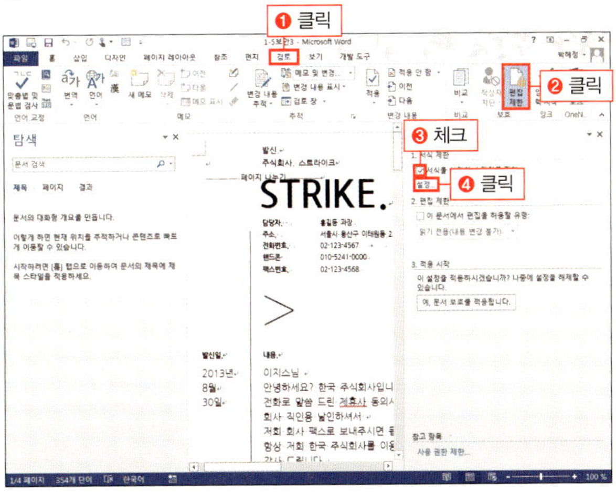

02. [서식 제한] 대화상자에서 [서식을 선택한 스타일로 제한]이 체크되어 있는지 확인을 하고 [현재 선택한 스타일이 사용됩니다.]에 [없음]을 클릭해 모든 항목을 체크 해제한 다음 [제목(권장)]과 [제목1(권장)]만 체크합니다. [서식]에서는 [빠른 스타일 모음 전환 차단]만 체크하고 [확인]을 클릭합니다.

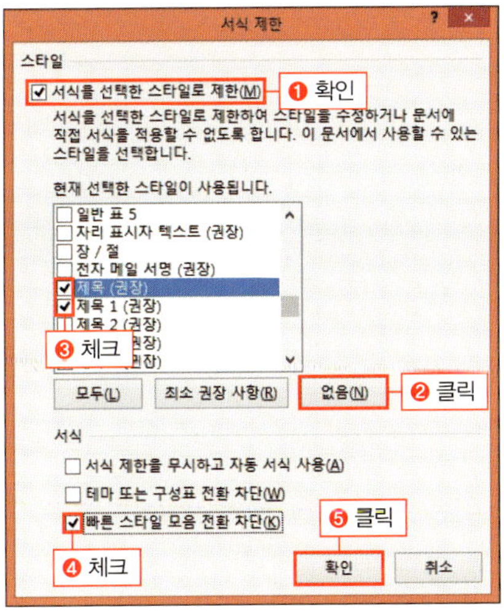

03. 다음과 같은 메시지가 나타나면 [아니요]를 클릭합니다.

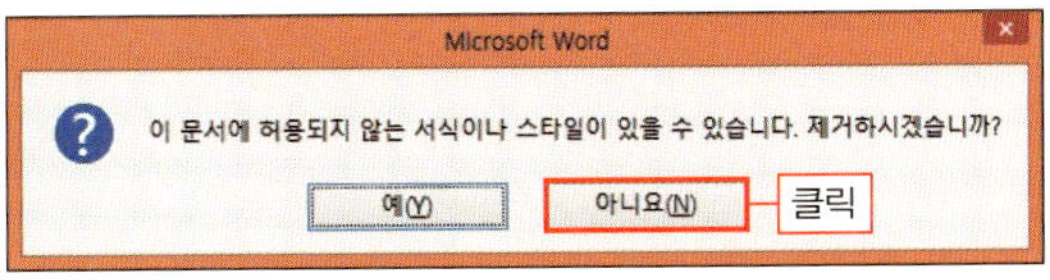

TIP : 메시지 창

[예] : [서식 제한] 대화상자에서 허용하지 않는 스타일 및 서식을 현재 문서에서 제거합니다.

[아니요] : 문서에서 해당 서식이나 스타일을 유지합니다. 사용자가 문서를 편집할 때 해당 스타일이나 서식은 사용할 수 없습니다.

04. [편집 제한] 창의 [3. 적용 시작]에서 [예, 문서 보호를 적용합니다.]를 클릭합니다.

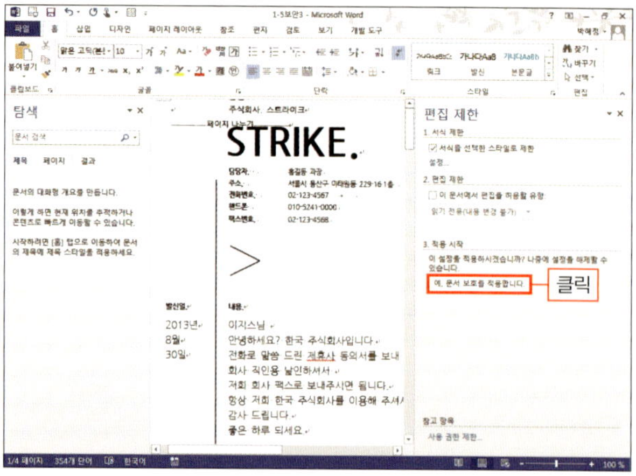

문제 해결 **[편집 제한] 창의 [2. 편집 제한]에서 [이 문서에서 편집 허용할 유형] 선택 시 목록**

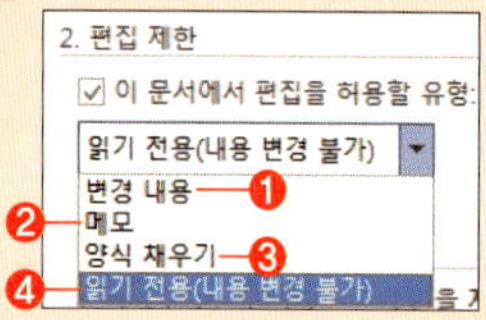

❶ **변경 내용** : 다른 사용자들이 변경한 내용을 추적하여 검토할 수 있으나, 변경 내용 추적 기능을 해제하거나 적용 또는 취소는 할 수 없도록 제한합니다.
❷ **메모** : 다른 사용자들의 문서 편집은 제한하고, 메모만 삽입 및 편집할 수 있도록 합니다.
❸ **양식 채우기** : 다른 사용자들이 양식 필드에 값을 입력할 수는 있지만 양식을 편집할 수 없도록 제한합니다.
❹ **읽기 전용(내용 변경 불가)** : 문서를 읽기 전용으로 만들어 다른 사용자들이 문서를 전혀 변경하지 못하도록 제한합니다.

05. [문서 보호 적용] 대화상자에서는 문서에 암호를 설정하여 암호를 아는 사용자만 보호 해제할 수 있도록 하려면 새 암호를 입력합니다. 암호에 '153'를 두 번 입력하고 [확인]을 클릭합니다.

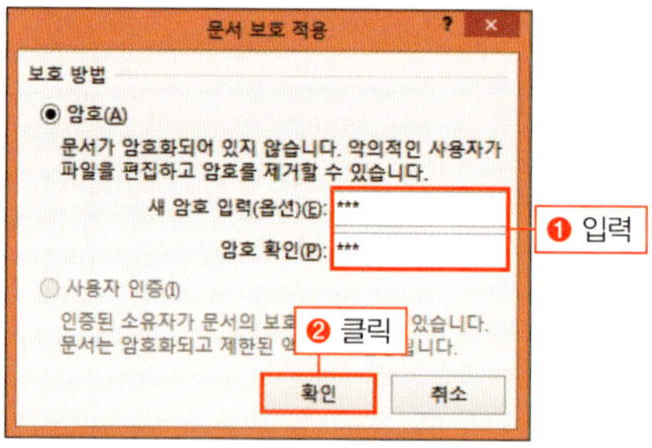

06. [홈] 탭-[스타일] 그룹-[스타일 변경]-[스타일 모음]으로 이동하면 빠른 스타일 모음 목록이 표시되지 않음을 확인할 수 있습니다.

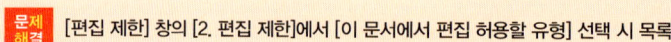

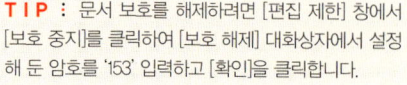

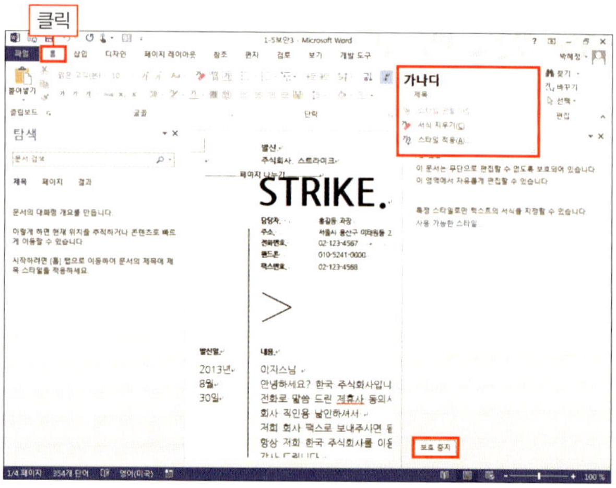

TIP : 문서 보호를 해제하려면 [편집 제한] 창에서 [보호 중지]를 클릭하여 [보호 해제] 대화상자에서 설정해 둔 암호를 '153' 입력하고 [확인]을 클릭합니다.

STEP 05 • 문서의 일부만 인쇄하기

문서나 구역의 처음부터 세어 '2-4'처럼 페이지 번호를 입력하거나 '2, 3, 4'처럼 페이지를 쉼표(,)로 구분하여 입력합니다.

예제 파일 | CD₩Part 01₩1-5인쇄.docx

01. [파일] 탭-[인쇄]를 클릭합니다. 오른쪽 아래의 페이지 확대/축소 아이콘(⊡)을 클릭하면 모니터에 맞게 표시됩니다.

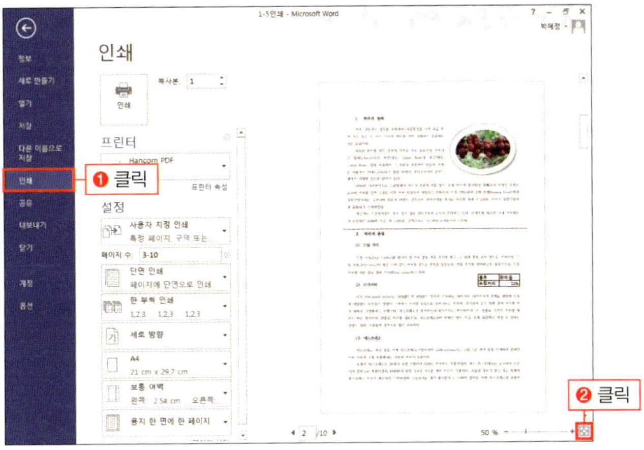

TIP : 마우스의 휠을 드래그하면 다음 페이지/이전 페이지로 전환되고 Ctrl+휠을 드래그하면 화면이 확대/축소됩니다.

02. [프린터] 목록을 클릭하여 인쇄할 프린터 종류를 선택합니다.

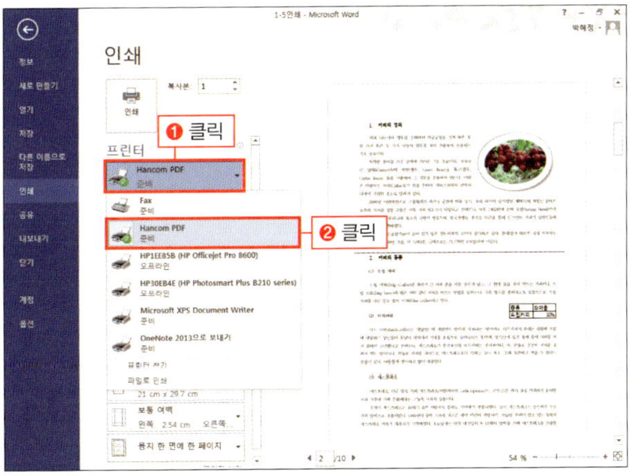

TIP : 문서의 일부를 선택하고 [파일] 탭-[인쇄]-[설정]-[선택 영역 인쇄]를 클릭하여 선택한 영역만 인쇄할 수도 있습니다.

03. 3페이지부터 10페이지까지 인쇄하려면 [페이지] 입력 창에 '3-10'을 입력한 다음 미리보기를 확인하고 [인쇄]를 클릭합니다.

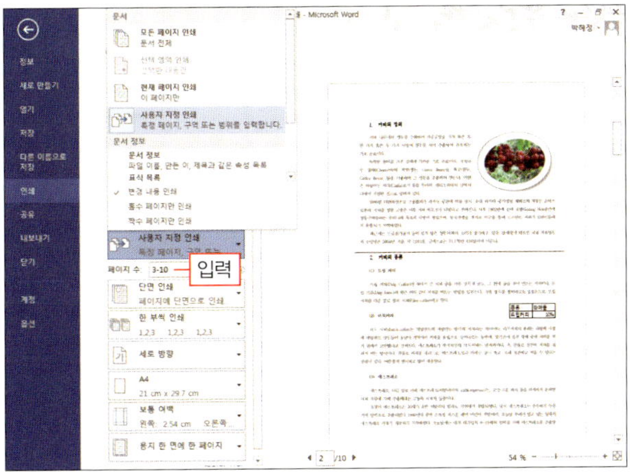

TIP : 페이지, 구역을 구분하여 '3구역의 5페이지부터 7페이지까지' 프린트하려면 'p5s3 ~ p7s3'처럼 설정합니다. P는 페이지 번호를 S는 구역 번호를 의미합니다.

- OneDrive는 윈도우 8의 클라우드 서비스로 OneDrive에 MS Office 파일을 저장하면 클라우드 공간에 저장되기 때문에 어떤 컴퓨터를 사용하던지 인터넷만 가능하다면 문서를 불러와서 사용할 수 있다는 장점이 있습니다. 그리고 MS Office 2013에서는 저장 시 OneDrive로 바로 연결할 수 있습니다. 18P
- Alt 키를 이용하여 워드 2013의 단축키를 실행할 수 있고 단축키를 사용자가 만들어 쓸 수 있습니다. 41P
- [Word 옵션] 대화상자를 통해 불편한 사항을 해결하고, 리본 메뉴를 사용자의 취향에 따라 재구성할 수 있습니다. 46P
- 한글과 영문이 자동으로 바뀌지 않도록 설정할 수 있습니다.
- 워드 2013에서 아래아 한글 파일을 열 수 있습니다. 51P
- 워드 2013 문서를 PDF로 저장하고 PDF 파일을 워드에서 열 수 있습니다. 53P
- 워드 2013의 탐색 창은 페이지 간 이동은 물론이고 수준이 적용된 단락의 제목을 확인하고 쉽게 이동할 수 있습니다. 60P
- 탐색 창에서 삽입한 개체 간 이동 메뉴도 쉽게 할 수 있습니다. 60P
- 워드 2013에서 제공하는 읽기 모드로 문서의 내용을 검토할 수 있습니다. 56P
- 문서 파일에 읽기, 쓰기 암호를 넣어 저장할 수 있습니다. 65P
- 문서의 일부 텍스트에 서식 및 편집 제한을 적용할 수 있습니다. 69P
- 문서의 일부 페이지만 지정하여 인쇄할 수 있습니다. 71P

01 새 문서를 열고 그림 삽입 기능에 단축키를 만들어 모든 문서에서 사용할 수 있도록 저장하세요.

단축키 : Alt + I
저장위치 : Normal.dotm

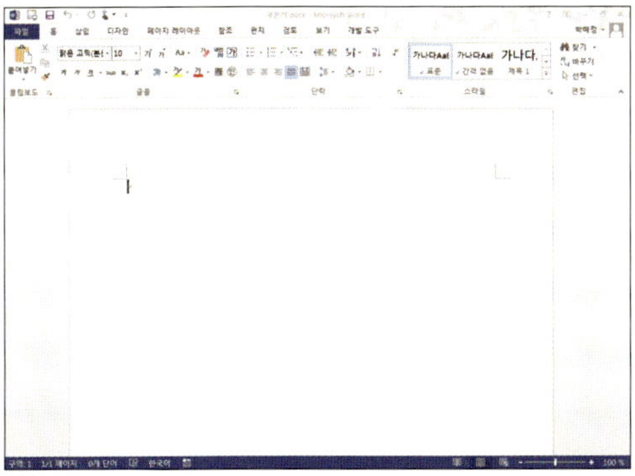

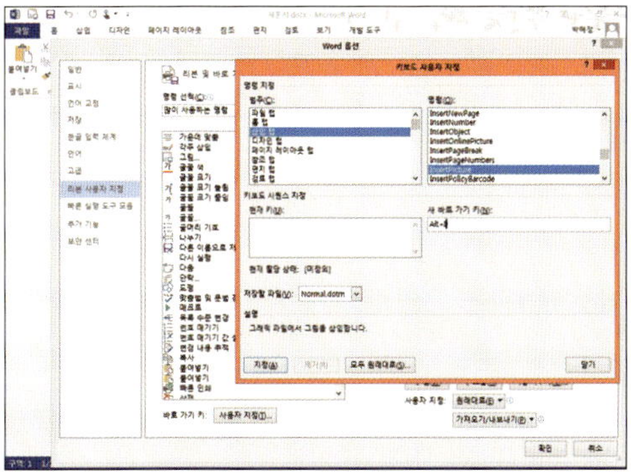

HINT

- [파일]탭-[Word옵션]-[리본 사용자 지정]에 바로 가기 키 [사용자 지정] 대화 상자에서 작업
- 그림 삽입 기능의 명령 범주는 [삽입 탭], 명령 이름은 [InsertPicture]

02 파일에 쓰기 암호를 넣어 저장하세요.

예제파일 : CD₩Test₩Part01₩01-셀프테스트.docx
완성파일 : CD₩Test₩Part01₩01-셀프테스트_완성.docx
동영상파일 : CD₩Test₩Part01₩Part01.avi

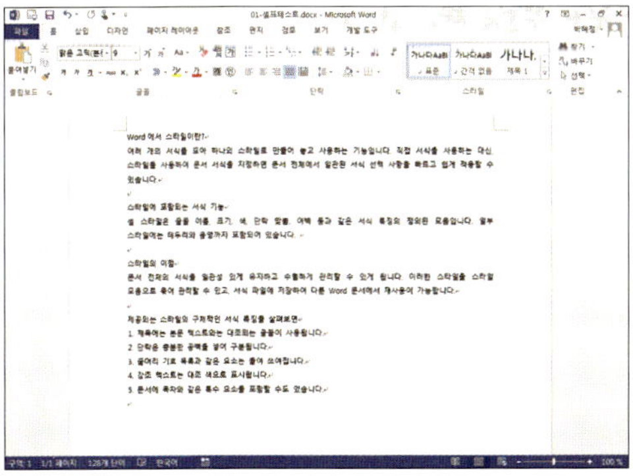

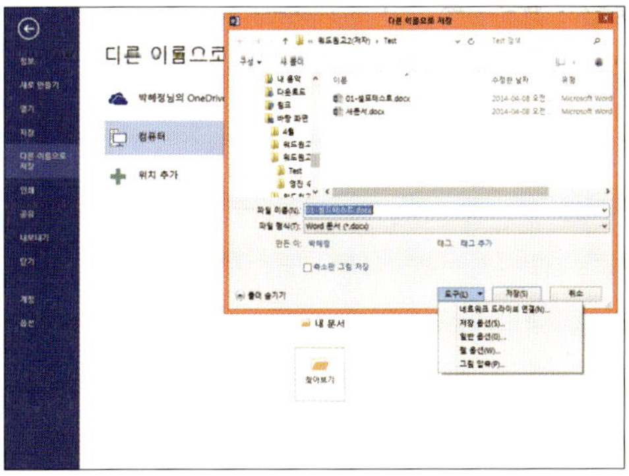

HINT

[파일]탭-[다른 이름으로 저장]-[찾아보기]를 눌러 다른 이름으로 저장 대화 상자를 열고 [도구]-[일반 옵션]에서 작업

02 ▶ PART

문서 전체를 디자인하다!

W O R D · 2 0 1 3

문서를 작성하기 전에 문서의 전체적인 디자인이 필요합니다. 어떤 용지를 사용할 것인지를 시작으로 용지 방향, 사방 여백, 머리글/바닥글의 삽입 위치 등의 작업 영역을 설정합니다. 그리고 어떤 색, 글꼴, 배경, 효과를 사용할 것인지에 대한 테마를 적용합니다. 이렇듯 문서에 대한 전체적인 디자인을 한 후에 MS 워드에 글자를 입력합니다. 이번 Part에서는 프로그램이 기능을 적용하는 단위를 이해하고 문서 전체에 서식을 디자인하는 각종 기술에 대해 알아봅니다.

LESSON 01

워드의 작업 적용 단위의 이해 및 구조화

레벨 ● ● ●

프로그램이 기능을 적용하는 단위를 이해하면 MS 워드가 제공하는 메뉴에 대한 이해도 수월해집니다. 글자를 입력하고 관련된 글자를 단락, 구역, 다단, 페이지로 나누어 관리해 봅니다.

기초탄탄 워드의 구조

■ 작업 단위에 대한 이해

작업 단위

단락이란 단락 기호까지를 의미합니다. 한 단락은 한 줄 이상으로 구성됩니다. 문자가 모여 단어가, 단어가 모여 문장이, 문장이 모여 단락이, 여러 개의 단락이 모여 하나의 문서를 이룹니다.

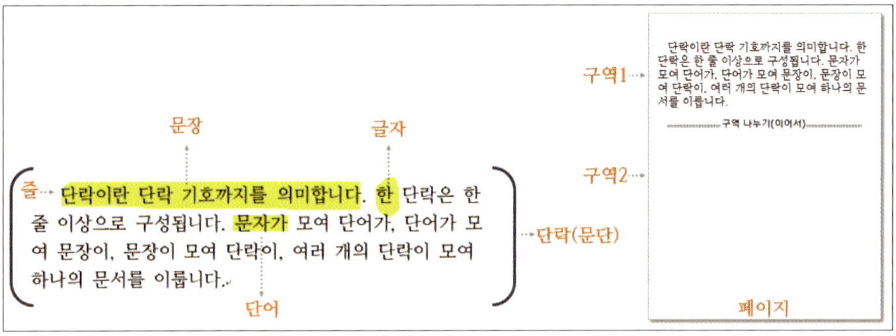

구성 요소의 선택 방법

단위	나눔의 기준	포인터 모양	설명
글자	A, 가, 1, …	I	마우스를 드래그하여 선택합니다.
단어	홍길동	I	단어 위에서 더블클릭합니다.
줄	가로 텍스트	↗	왼쪽 여백 공간에 해당 줄에서 클릭합니다.
문장	마침표(.)	I	Ctrl 을 누른 채로 문장에 일부인 글자를 클릭합니다.
단락	Enter	I	문단 내의 글자를 세 번 클릭합니다.
구역	구역 나누기	구역 단위 작업은 구역 안에 커서를 옮기고 작업합니다.	
페이지	용지	페이지 단위 작업은 페이지 안에 커서를 옮기고 작업합니다.	

키보드로 텍스트 블록 선택 방법

현재 커서 위치를 기준으로 합니다.

선택 방법	설명
Shift+마우스 클릭	클릭한 곳까지 블록이 선택됩니다.
Shift+키보드 방향키	해당 방향으로 선택됩니다.
Shift+Home	왼쪽 끝까지 선택됩니다.
Shift+End	오른쪽 끝까지 선택됩니다.
Shift+Ctrl+Home	문서 처음까지 선택됩니다.
Shift+Ctrl+End	문서 끝까지 선택됩니다.
Ctrl+A	문서 전체가 선택됩니다.

■ 구역 및 페이지 나누기 84P

[페이지 레이아웃] 탭–[페이지 설정] 그룹–[나누기]를 클릭하면 페이지 나누기 및 구역 나누기를 실행할 수 있습니다.

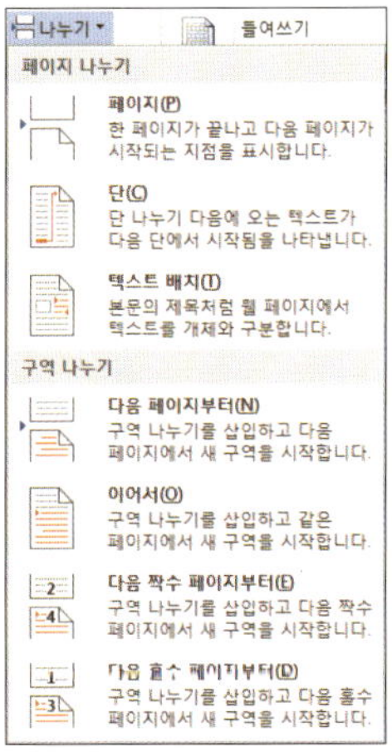

	페이지 나누기	나누기 표시
❶	페이지 (Ctrl+Enter)	페이지 나누기
❷	단 (Shift+Ctrl+Enter)	단 나누기
❸	텍스트 배치 (Shift+Enter)	↓
	구역 나누기	**나누기 표시**
❹	다음 페이지부터	구역 나누기(다음 페이지부터)
❺	이어서	구역 나누기(이어서)
❻	다음 짝수 페이지부터	구역 나누기(다음 짝수 페이지부터)
❼	다음 홀수 페이지부터	구역 나누기(다음 홀수 페이지부터)

❶ **페이지** : 현재 커서 위치부터 다음 페이지로 페이지가 강제로 나뉘어 집니다.

❷ **단** : 현재 커서 위치부터 나뉘어진 다음 단으로 내용이 옮겨집니다.

❸ **텍스트 배치** : 현재 커서 위치부터 다음 줄로 강제로 이동됩니다. 허나, 단락은 유지됩니다.

❹ **다음 페이지부터** : 현재 커서 위치부터 다음 페이지로 페이지가 나누면서 동시에 다음 페이지부터 새 구역이 시작되며, 주로 페이지 단위로 다른 서식을 꾸밀 때 사용합니다. 구역이 나뉜 위치에 '구역 나누기(다음 페이지부터)' 구분선이 표시됩니다. 문서에서 새 장을 시작할 때 특히 유용합니다.

❺ **이어서** : 한 페이지가 여러 구역으로 나뉘며, 주로 한 페이지에 여러 개의 단을 만들 때 사용합니다. 구역이 나뉜 위치에는 '구역 나누기(이어서)' 구분선이 표시됩니다. 페이지 일부의 단 수를 변경하는 경우와 같이 서식을 변경할 때 유용합니다.

❻ **다음 짝수 페이지부터** : 짝수 페이지에서 구역을 나누면 다음 짝수 페이지부터 새 구역이 나뉘고 중간에 빈 홀수 페이지가 추가됩니다. 구역이 나뉜 위치에는 '구역 나누기(다음 짝수 페이지부터)' 구분선이 표시됩니다. 문서의 장을 항상 홀수 페이지나 짝수 페이지에서 시작하려면 다음 홀수 페이지부터 또는 다음 짝수 페이지부터 구역 나누기 옵션을 사용합니다.

❼ **다음 홀수 페이지부터** : 홀수 페이지에서 구역을 나누면 다음 홀수 페이지부터 새 구역이 나뉘고 중간에 빈 짝수 페이지가 추가됩니다. 구역이 나뉜 위치에는 '구역 나누기(다음 홀수 페이지부터)' 구분선이 표시됩니다. 문서의 장을 항상 홀수 페이지나 짝수 페이지에서 시작하려면 다음 홀수 페이지부터 또는 다음 짝수 페이지부터 구역 나누기 옵션을 사용합니다.

■ 구역 나누기의 장점

구역 나누기의 독립성

나뉘어진 구역마다 독립성을 부여할 수 있습니다. 구역 나누기를 사용하여 문서 일부의 레이아웃이나 서식을 변경할 수 있습니다. 구역 나누기를 적용하여 구역마다 변경할 수 있는 기능은 다음과 같습니다.

여백, 용지 크기 또는 방향, 프린터의 용지 공급, 페이지 테두리, 페이지의 텍스트 세로 맞춤, 머리글 또는 바닥글, 단, 페이지 번호 매기기, 줄 번호 매기기, 각주 및 미주입니다.

TIP : 구역 나누기는 그 앞에 있는 텍스트의 구역 서식을 제어합니다. 구역 나누기를 삭제하면 구역 나누기 앞에 있는 텍스트의 구역 서식도 삭제됩니다. 이러한 텍스트는 다음 구역의 일부가 되어 해당 구역의 서식을 따릅니다. 예를 들어 구역 나누기를 사용하여 문서의 장을 나눈 경우 2장 앞에 있는 구역 나누기를 삭제하면 1장과 2장이 같은 구역이 되며 2장에만 사용되었던 서식이 1장과 2장에 모두 적용됩니다. 문서에서 마지막 부분의 서식을 제어하는 구역 나누기는 문서의 일부로 표시되지 않습니다. 문서 서식을 변경하려면 문서의 마지막 단락을 클릭합니다.

단락, 페이지 나누기 삭제 요령

워드 2013에서 자동으로 삽입된 페이지 나누기는 삭제할 수 없습니다만, 사용자가 수동으로 삽입한 페이지 나누기는 삭제할 수 있습니다.

01 [인쇄 모양] 상태에서

02 점선 옆의 여백을 클릭하여 페이지 나누기를 선택합니다.

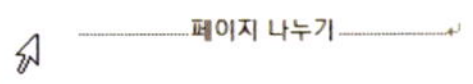

03 Delete를 누릅니다.

워드 2013에서 자동 페이지 나누기를 넣는 위치 제어 방법

여러 페이지로 된 문서에서 수동으로 페이지 나누기를 삽입한 경우 편집하는 중에 페이지 나누기를 변경해야 하는 경우가 발생할 수 있습니다. 자동 페이지 나누기의 위치를 조정하는 옵션을 [단락] 대화상자에서 설정하면 페이지 나누기를 수동으로 변경하지 않아도 됩니다.

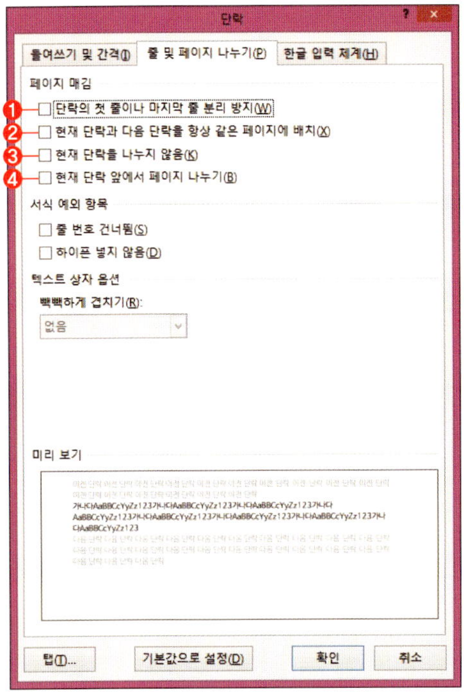

❶ **단락의 첫 줄이나 마지막 줄 분리 방지 :** 문서의 페이지 끝에 새 단락의 첫 줄만 있거나 페이지 시작에 앞 페이지에서 이어지는 단락의 마지막 줄만 있으면 보기에 좋지 않습니다. 페이지 맨 위에 단락의 마지막 줄이 있는 것을 단락의 마지막 줄 분리라고 하며 페이지의 맨 아래에 단락의 첫 줄이 있는 것을 단락의 첫 줄 분리라고 합니다.

❷ **현재 단락과 다음 단락을 항상 같은 페이지에 배치 :** 커서가 위치한 단락과 그 커서의 다음 단락을 같은 페이지에 위치하도록 합니다.

❸ **현재 단락을 나누지 않음 :** 커서가 위치한 단락을 같은 페이지에 위치하도록 합니다.

❹ **현재 단락 앞에서 페이지 나누기 :** 커서가 위치한 단락 앞에서 반드시 페이지가 나눠지도록 합니다.

STEP 01 • 텍스트 단위별로 선택하기

워드 프로세서에서 주인공은 텍스트입니다. 워드 2013은 입력한 텍스트를 글자, 단어, 문장, 단락, 구역, 페이지 단위로 구분하여 서식을 설정하고, 기능을 실행합니다. 흔히는 마우스를 드래그하여 텍스트를 선택합니다. 그 외에 입력한 텍스트를 구분하여 선택하는 다양한 방법을 알아봅니다.

예제 파일 | CD₩Part 02₩2-3선택.docx

01. 한 단어를 선택하려면 선택하려는 단어 '수확하여' 위에서 마우스 왼쪽 단추를 더블클릭합니다.

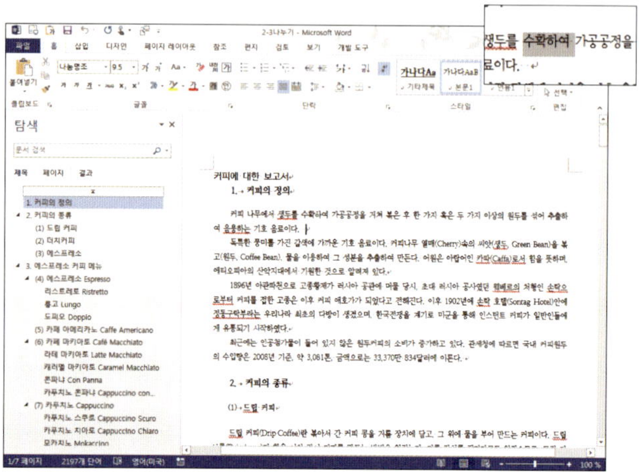

TIP : 같은 단락 내에서 특정 위치에서부터 다음 줄로 넘기고 싶다면 Shift+Enter를 누르거나 [페이지 레이아웃] 탭-[페이지 설정] 그룹-[나누기]-[텍스트 배치]를 클릭합니다.

02. '독특한 풍미를 가진 갈색에 가까운 기호 음료이다.'까지 문장을 선택하고 싶다면 Ctrl 을 누른 채로 문장 내에 텍스트를 클릭합니다.

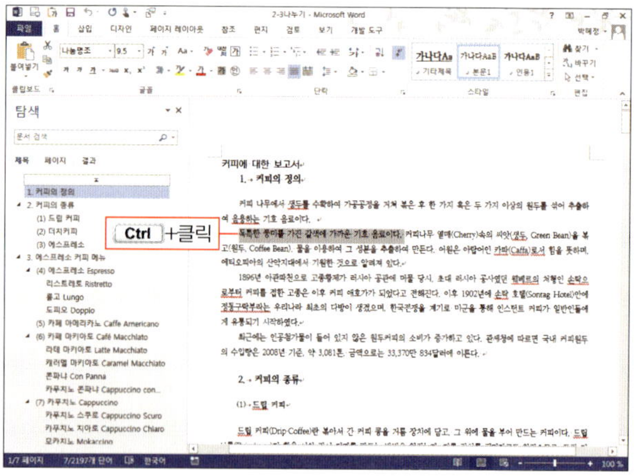

03. '독특한 풍미를~'에 단락 전체를 선택하려면 단락 위에서 세 번 클릭합니다. Esc 나 방향키를 누르면 선택 상태가 해제됩니다.

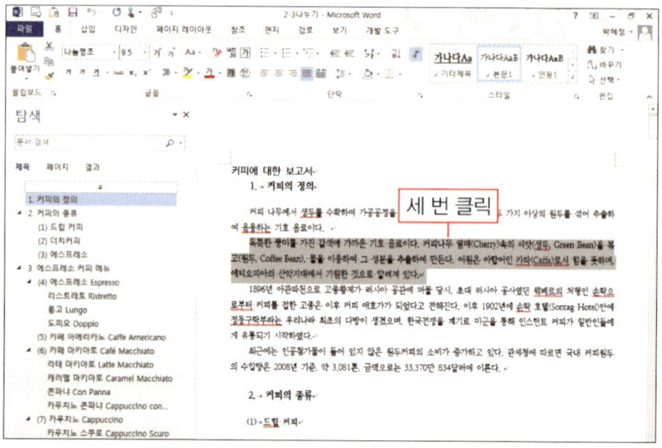

04. 줄 단위로 선택하려면 페이지의 왼쪽 빈 공간에 마우스 포인터를 위치시키고 나타나는 오른쪽을 가리키는 포인터(↗) 상태에서 해당 줄을 클릭합니다. 여러 줄을 선택하려면 아래로 드래그합니다.

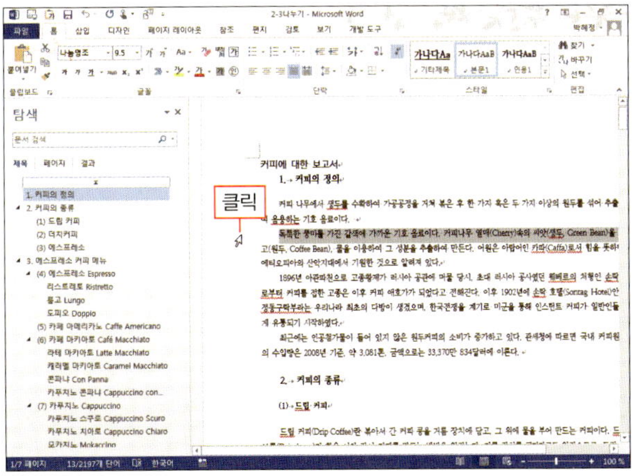

05. Shift 를 이용하여 텍스트를 선택할 수도 있습니다. 커서를 선택하려는 맨 첫 글자 앞에 위치시키고, Shift 를 누른 채로 마지막 글자를 마우스 왼쪽 단추로 한 번 클릭합니다.

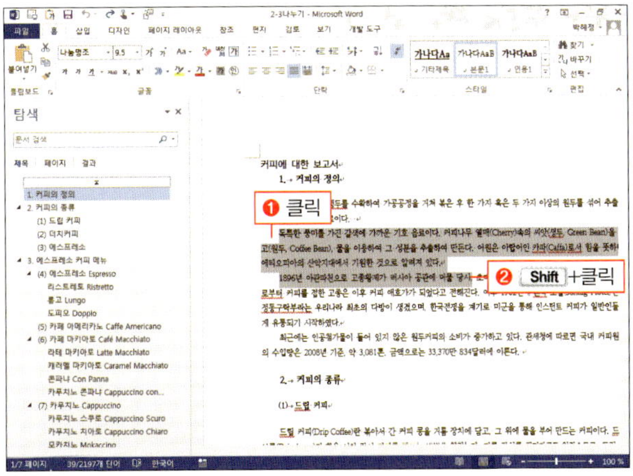

06. Alt 를 누른 채로 마우스를 드래그하면 문장의 일부를 선택할 수 있습니다.

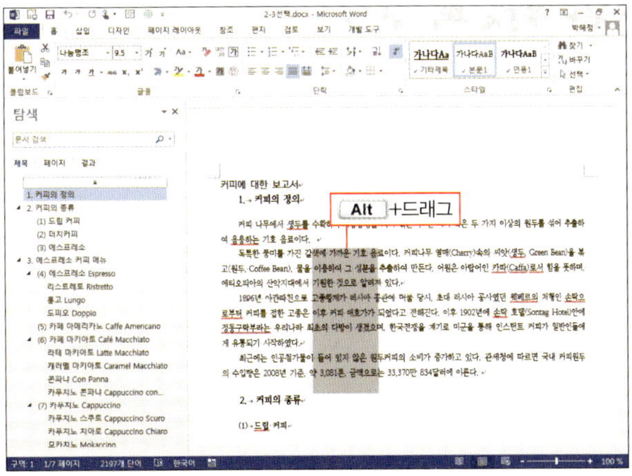

STEP 02 • 구역 나누기 삽입하기

구역 나누기를 사용하여 문서에서 각각의 구역에 텍스트 방향, 여백, 용지 방향, 크기, 단, 줄 번호 등의 페이지의 레이아웃이나 서식을 변경할 수 있습니다. 예를 들어 신문 기사처럼 한 단으로 된 페이지의 일부를 여러 단으로 배치할 수 있습니다. 또 각 장의 페이지 번호가 1부터 시작하도록 문서의 장을 분리하거나 문서의 한 구역에 머리글이나 바닥글을 다르게 설정할 수 있습니다.

예제 파일 | CD\Part 02\2-3나누기1.docx **완성 파일 |** CD\ Part 02\2-3나누기1_완성.docx

01. '1. 커피의 정의' 부분을 독립적인 구역으로 만들기 위해 '~보고서' 뒤에 커서를 위치시키고 [페이지 레이아웃] 탭-[페이지 설정] 그룹-[나누기]-[이어서]를 클릭합니다.

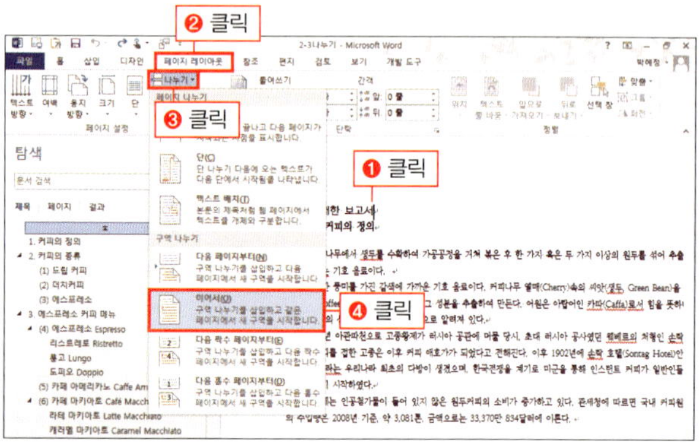

02. 이번에는 '~이른다.' 뒤에 커서를 위치시키고 [페이지 레이아웃] 탭-[페이지 설정] 그룹-[나누기]-[다음 페이지부터]를 클릭합니다.

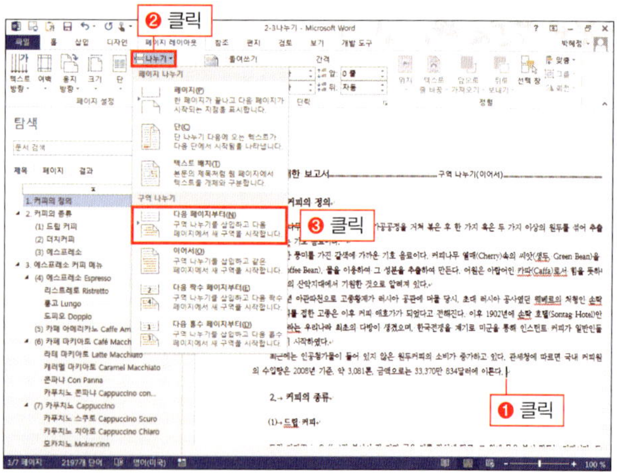

TIP : 편집 기호가 나타나지 않는다면 [홈] 탭-[단락] 그룹-[편집 기호 표시/숨기기](¶)를 클릭합니다.

03. [구역 나누기] 편집 기호가 나타나고 커서 이후의 텍스트는 다음 페이지로 넘어갑니다. 이렇듯 한 페이지의 내용을 구역으로 나눌 수도 있고, 다음 페이지로 넘겨 페이지 단위로 구역을 나눌 수도 있습니다.

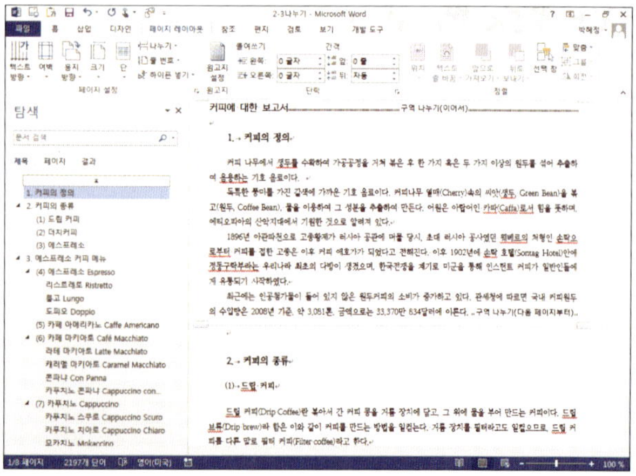

TIP : 구역을 취소하려면 나타난 구역 나누기 편집 기호를 Delete 나 Back Space 를 눌러 삭제합니다.

STEP 03 • 다단 나누기

한 페이지 내에 일부 문단을 두 단으로 나눈 다음 특정 위치의 텍스트부터 다음 단으로 옮겨지도록 설정해 봅니다.

예제 파일 | C:₩Part 02₩2-3나누기2.docx **완성 파일 |** C:₩ Part 02₩2-3나누기2_완성.docx

01. [인쇄 모양] 보기로 전환한 다음 '커피 나무에서 '~이른다'까지 선택합니다. [페이지 레이아웃] 탭-[페이지 설정] 그룹-[단]-[둘]을 클릭하여 두 단으로 설정합니다.

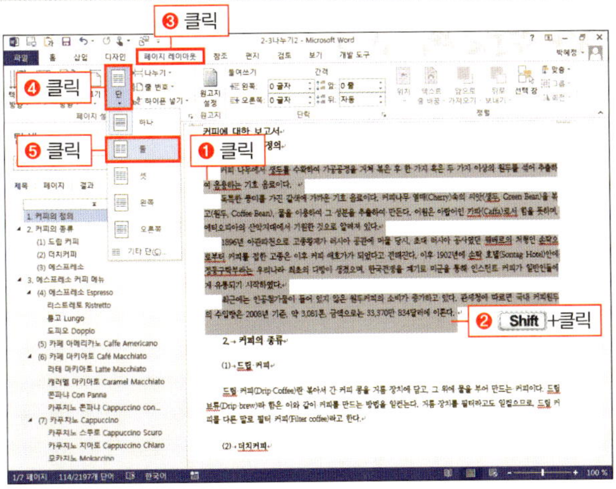

TIP : 단을 만들 단락을 선택하고 작업을 진행하지 않으면 전체 페이지를, 구역이 나눠져 있다면 커서 위치의 해당 구역을 상대로 단을 만듭니다.

02. 나눠진 두 단 중 오른쪽으로 보낼 텍스트의 시작 '1896' 앞에 커서를 위치시키고, [페이지 레이아웃] 탭-[페이지 설정] 그룹-[나누기]-[페이지 나누기]-[단]을 클릭합니다.

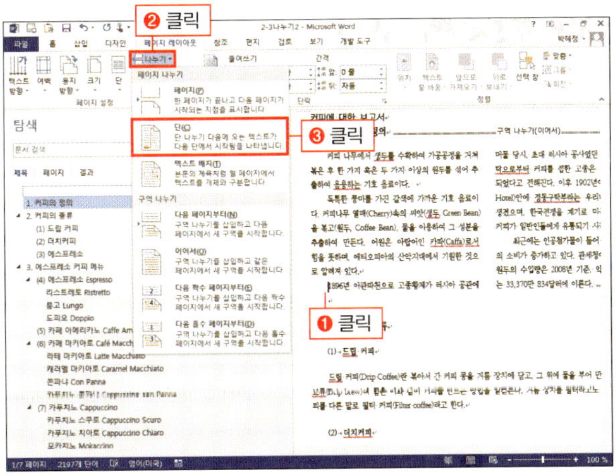

TIP : 단 나누기 단축키는 Ctrl + Shift + Enter 입니다.

03. [단 나누기] 편집 기호가 나타나고 커서 위치부터 생성된 다음 단으로 내용이 옮겨갑니다.

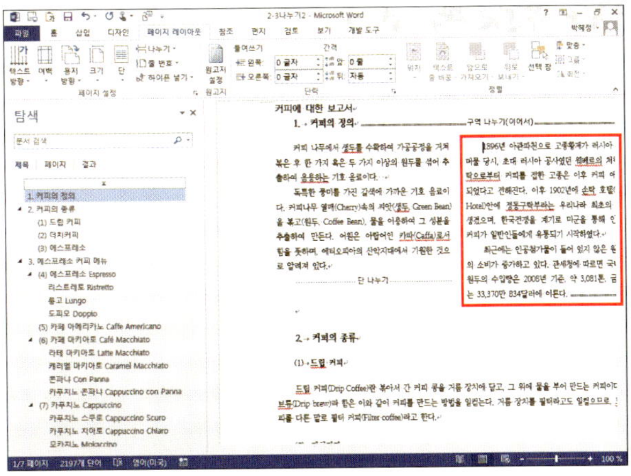

STEP 04 • 페이지 나누기

페이지 끝에 도달하는 경우 페이지 나누기가 자동으로 삽입됩니다. 그러나 때로는 페이지의 내용이 다 채워지지 않은 상태에서도 다음 페이지로 이동해야 할 때가 있습니다. 원하는 위치에서 수동으로 다음 페이지로 내용을 옮겨 봅니다.

예제 파일 | CD₩Part 02₩2-3나누기3.docx **완성 파일 |** CD₩Part 02₩2-3나누기3_완성.docx

01. 수동으로 페이지 나누기를 하려면 먼저 다음 페이지로 넘길 텍스트인 '1. 커피의 정의' 앞에 커서를 위치시키고, [페이지 레이아웃] 탭-[페이지 설정] 그룹-[나누기]-[페이지]를 클릭합니다.

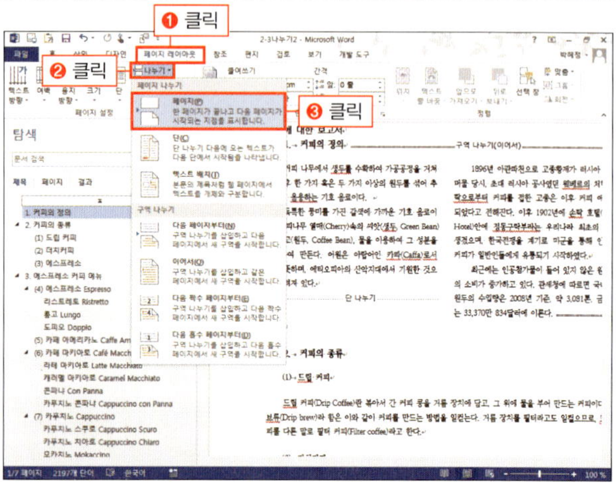

TIP : 페이지 나누기 단축키는 Ctrl + Enter 입니다.

02. 커서의 위치부터 다음 페이지로 옮겨집니다. 새로운 페이지를 삽입하는 또 다른 방법도 있습니다. '커피에 대한 보고서' 뒤에 커서를 위치시키고 [삽입] 탭-[페이지] 그룹-[새 페이지]를 클릭합니다.

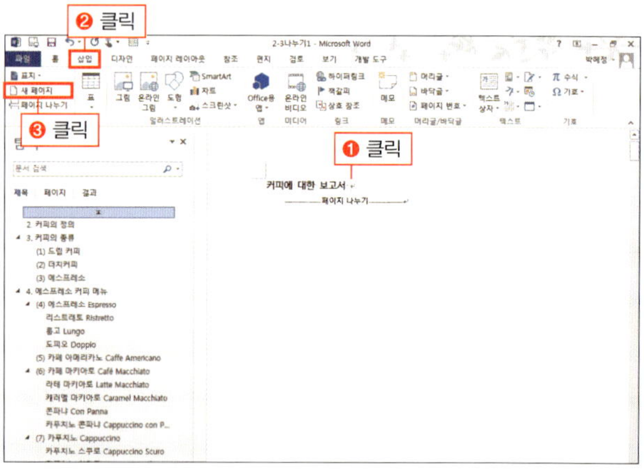

03. 새로운 페이지가 삽입된 것을 [보기] 탭-[확대/축소] 그룹-[여러 페이지]를 클릭해 확인합니다.

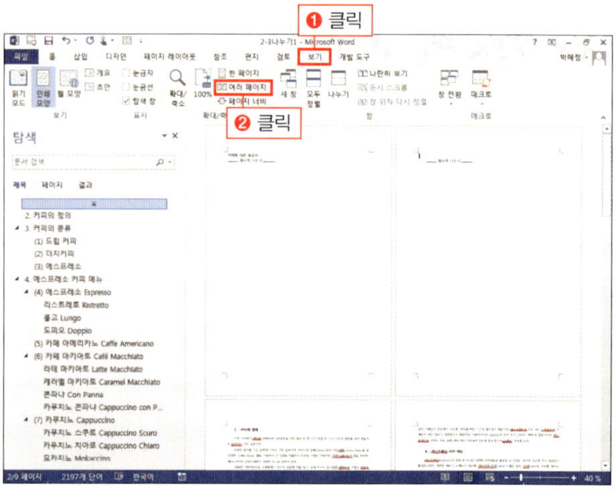

구역 나누고 용지 방향(가로/세로) 변경하기

실무에선 이렇게!

하나의 문서에 구역을 나누고, 서로 다른 용지 방향을 설정해 봅니다.

예제 파일 | CD₩Part 02₩2-3나누기4.docx **완성 파일 |** CD₩Part 02₩2-3나누기4_완성.docx

01. [보기] 탭-[표시] 그룹-[탐색 창]을 체크해 [탐색] 창을 열고, [제목] 탭을 클릭하여 문서의 구조를 확인하고 [탐색] 창의 목록에서 '1. 커피의 정의'를 클릭합니다.

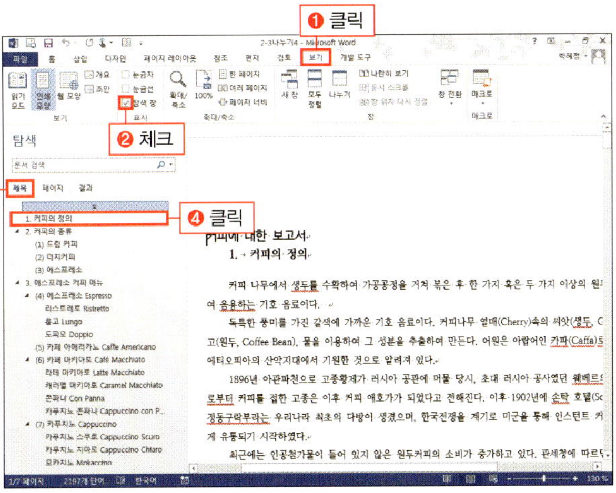

연관검색 [제목]탭에 문서의 구조의 생성 방법은 Part 04 Lesson 03 [실무에선 이렇게] 참조(199P).

02. 커서가 '커' 앞으로 옮겨집니다. [페이지 레이아웃] 탭-[페이지 설정] 그룹-[나누기]-[다음 페이지부터]를 클릭하여 구역과 페이지를 나눕니다.

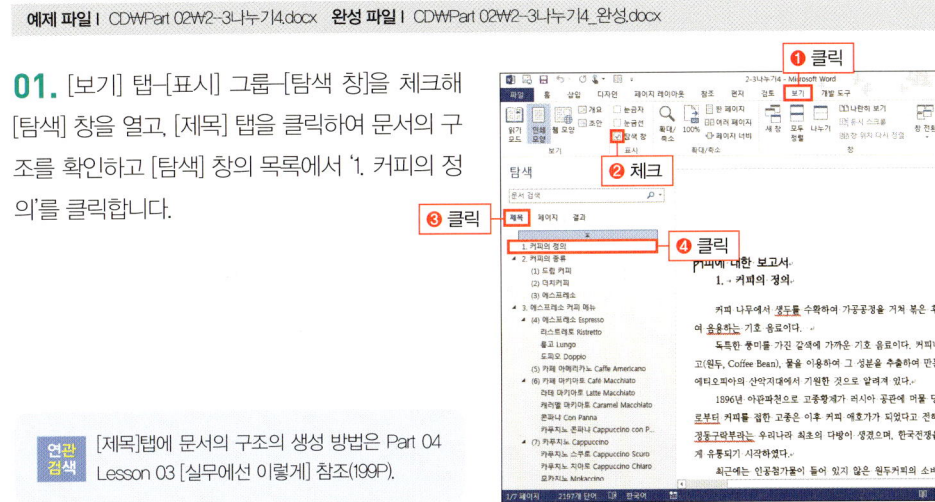

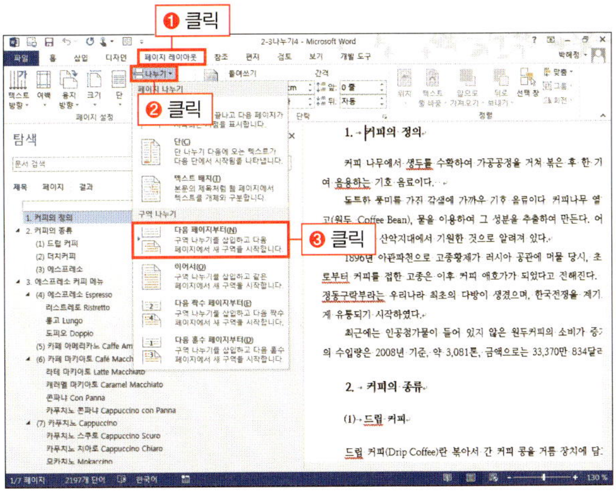

03. 이번에는 [탐색] 창 목록에서 '2. 커피의 종류'를 클릭하고 Ctrl + Enter 를 눌러 페이지만 나눕니다. 같은 방법으로 '3. 에스프레소 커피 메뉴'를 선택하고 Ctrl + Enter 를 눌러 페이지를 나눕니다.

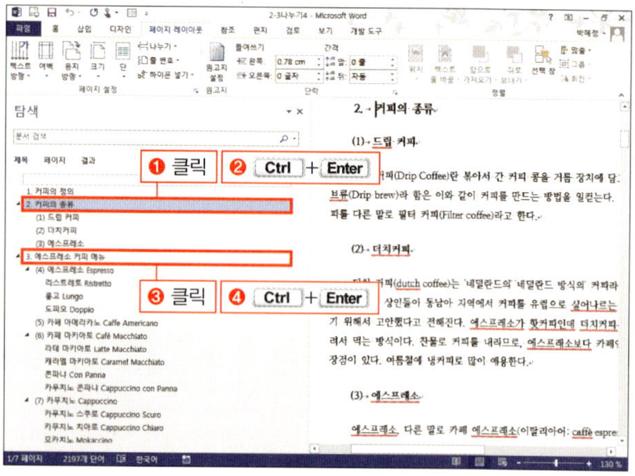

04. [탐색] 창에서 [페이지] 탭을 클릭하고 첫 페이지로 이동합니다. 첫 페이지의 용지 방향을 변경하기 위해 [페이지 레이아웃] 탭-[페이지 설정] 그룹-[용지 방향]-[가로]를 클릭합니다.

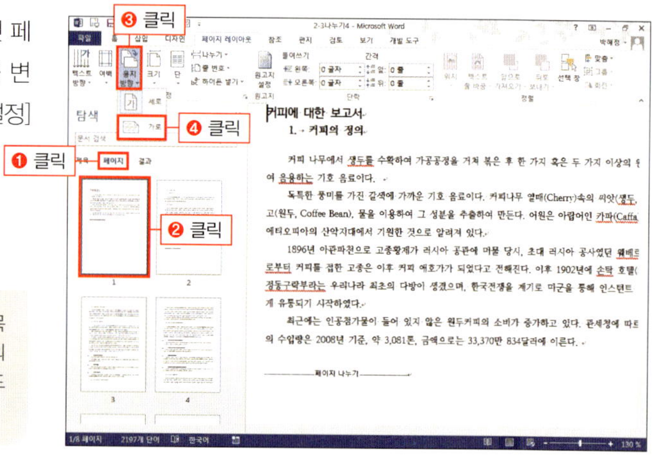

TIP : [탐색] 창에 제목이 나타나도록 하려면 [제목 스타일] 또는 [수준]이 정의되어 있어야 합니다. 문서의 제목인 '커피에 대한 보고서'는 스타일도 수준 작업도 하지 않았기 때문에 [탐색] 창에는 나타나지 않습니다.

05. 용지의 방향이 첫 페이지만 가로로 변경됩니다.

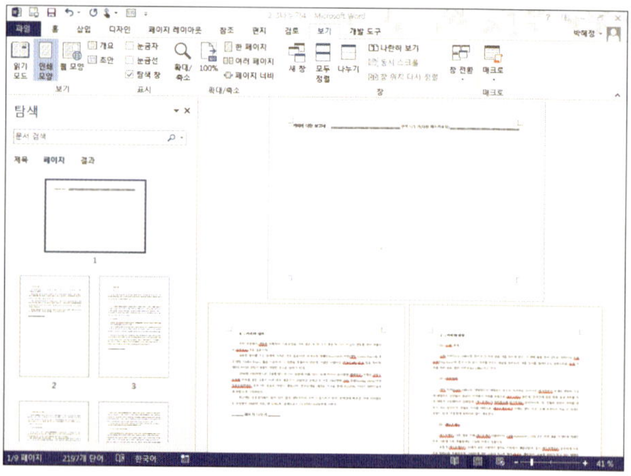

LESSON

02 페이지 설정하기

레벨 ● ● ●

문서 디자인의 구체적인 예를 들자면 용지 크기 및 방향, 사방 여백, 머리글/바닥글의 삽입 위치 등의 작업 영역 설정과 색, 글꼴, 배경, 효과 등의 서식을 결정하는 테마 작업입니다. 이번 Lesson에서는 작업 영역 설정에 관련된 작업을 진행합니다.

기초탄탄 ◗ 페이지 설정 기능과 [페이지 설정] 대화상자

■[페이지 레이아웃] 탭–[페이지 설정] 그룹

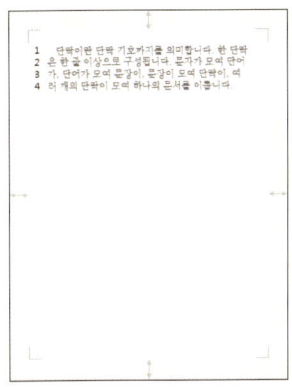

▲ 용지 : 세로 방향

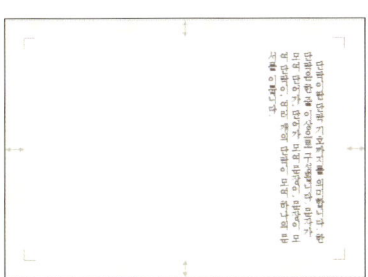

▲ 용지 : 가로 방향

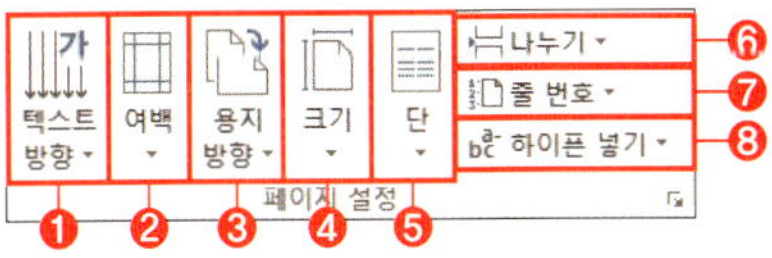

❶ **텍스트 방향** : 텍스트를 왼쪽에서 오른쪽으로 입력할지 아니면 위에서 아래로 입력할지를 선택합니다.

❷ **여백** : 위쪽/아래쪽/왼쪽/오른쪽에 작업하지 않는 공간을 설정합니다.

❸ **용지 방향** : A4 용지를 예로 들면 세로 방향보다 가로 방향으로 설정하면 가로 방향, 반대로 하면 세로 방향이 됩니다.

❹ **크기** : A3, A4 등의 페이지 전체 크기를 설정합니다.

❺ **단** : 일부 구역이나 페이지 전체를 2개 이상으로 구분하여 텍스트를 입력합니다.

❻ **나누기** : 구역이나 페이지를 나누는 기능입니다.

❼ **줄 번호** : 구역이나 페이지 일부에 줄 번호를 삽입하여 내용을 쉽게 확인할 수 있도록 합니다.

❽ **하이픈 넣기** : 줄의 입력 영역이 부족해 잘리는 한 단어를 이어주기 위해 하이픈(–)을 삽입하도록 설정합니다.

■[페이지 설정]대화상자 91P

[페이지 설정] 대화상자의 [여백] 탭

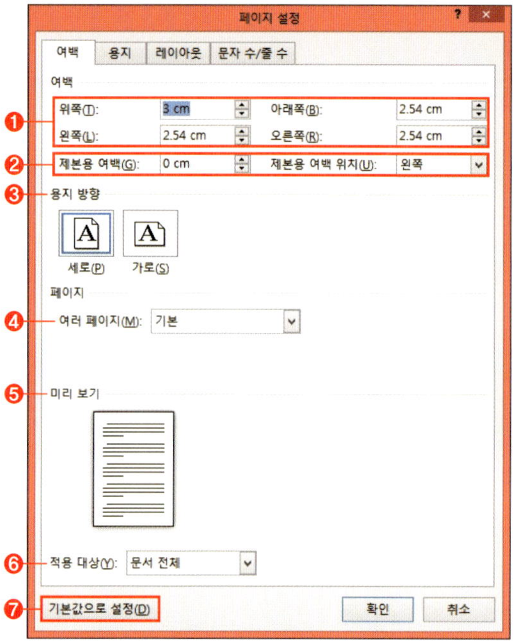

❶ 위쪽/아래쪽/왼쪽/오른쪽 : 위쪽/아래쪽/왼쪽/오른쪽의 사용하지 않을 여백을 설정합니다.

❷ 제본용 여백, 제본용 여백 위치 : 제본을 위한 여백을 설정합니다.

❸ 용지 방향 : 용지의 방향을 세로방향으로 할지 가로방향으로 할지 설정합니다.

❹ 여러 페이지 : 기본, 페이지 마주 보기, 용지 한 면에 두 페이지, 책 접기, 책 접기 거꾸로 중에 선택합니다.

❺ 미리 보기 : 설정한 여백, 용지 방향, 여러 페이지를 적용한 결과를 확인할 수 있습니다.

❻ 적용 대상 : 앞에서 적용한 내용을 문서 전체에 적용할지 현재 위치 다음부터 적용할지를 선택할 수 있고, 구역이 나뉘어져 있다면 '이 구역'이란 목록이 추가되어 나타납니다.

❼ 기본값으로 설정 : [기본 값으로 설정]을 클릭하면 Normal.dotx 기본 서식 파일에 저장하여 새 문서에서 사용할 수 있습니다.

[페이지 설정] 대화상자의 [용지] 탭

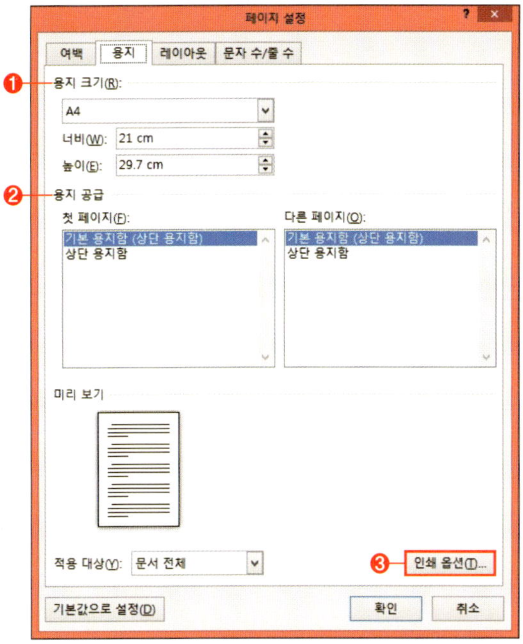

❶ **용지 크기** : A4, A3 등 용지 크기를 설정할 수 있습니다. 너비와 높이를 입력하여 사용자가 원하는 용지 크기를 만들 수도 있습니다.

❷ **용지 공급** : 문서의 첫 페이지와 다른 페이지의 프린터 용지 공급함을 따로 지정할 수 있습니다.

❸ **인쇄 옵션** : 워드 2013에서 만든 그림 인쇄, 배경색 및 이미지 인쇄, 문서 속성 인쇄, 숨겨진 텍스트 인쇄, 인쇄 전 필드 업데이트, 인쇄 전 연결된 데이터 업데이트 등의 옵션을 설정할 수 있습니다.

[페이지 설정] 대화상자의 [레이아웃] 탭

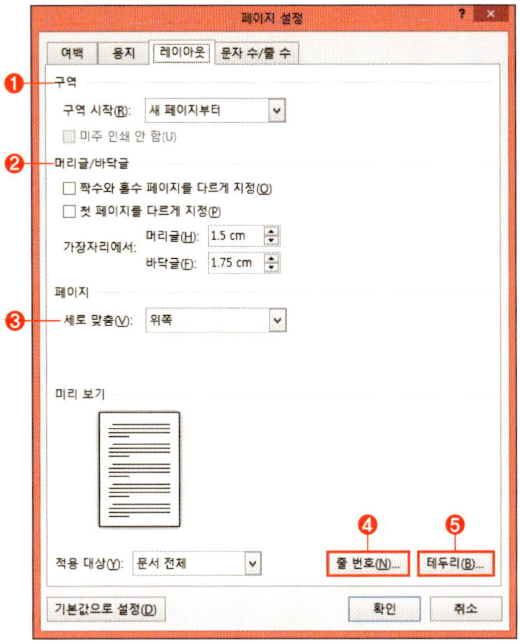

❶ **구역** : 한 페이지를 여러 구역으로 나눌 수 있습니다.

❷ **머리글/바닥글** : 짝수와 홀수 페이지를 다르게 설정하거나 첫 페이지를 다르게 설정할지에 대한 여부를 결정하고, 머리글 및 바닥글의 여백을 설정할 수 있습니다.

❸ **세로 맞춤** : 입력한 텍스트를 페이지를 기준으로 위쪽, 가운데, 양쪽, 아래쪽 중에 선택할 수 있습니다.

❹ **줄 번호** : 줄 왼쪽에 줄 번호를 셀 수 있습니다. 줄 번호 표시 방법을 사용자가 선택할 수도 있습니다. 예를 들어 줄 번호를 문서 전체에 표시하거나 문서 일부에만 표시할 수 있습니다. 또는 열 줄 단위(10, 20, 30 등)와 같은 일정한 간격으로 줄 번호를 표시할 수도 있습니다.

❺ **테두리** : 각종 테두리 및 음영을 설정할 수 있는 [테두리] 대화상자가 나타납니다.

STEP 01 • 용지 크기 및 상하좌우 여백 설정하기

용지 크기와 여백은 기본 제공되는 갤러리를 사용할 수도 있고, [페이지 설정] 대화상자를 열어 직접 입력할 수도 있습니다. 두 가지 방법 모두를 이용해 용지에 크기 및 상하좌우 여백을 설정해 봅니다.

01. 워드 2013을 실행하고 [페이지 레이아웃] 탭-[페이지 설정] 그룹-[크기]-[A4]를 클릭합니다.

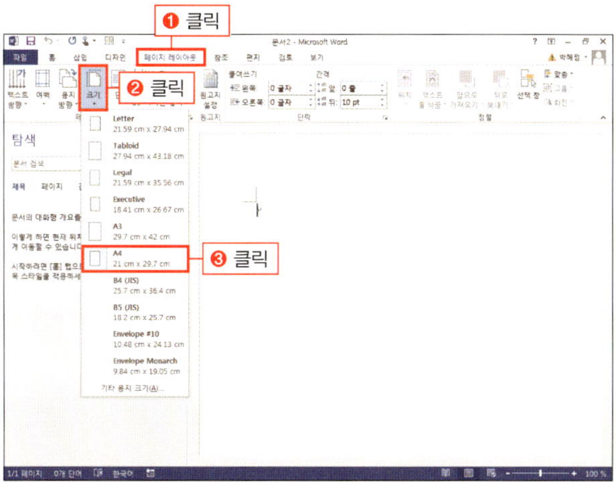

02. 여백을 설정하기 위해 [페이지 레이아웃] 탭-[페이지 설정] 그룹-[여백]-[보통]을 클릭합니다.

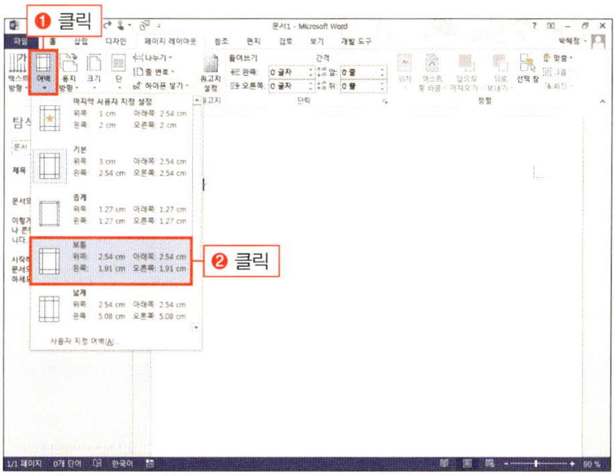

TIP : 기본 설정 여백은 위는 3cm, 나머지는 2.54cm입니다.

03. 용지 여백을 수정하기 위해 [페이지 레이아웃] 탭-[페이지 설정] 그룹의 대화상자 표시 아이콘 (⧉)을 클릭합니다. [페이지 설정] 대화상자에서 [여백] 탭을 클릭하여 [왼쪽], [오른쪽], [위쪽], [아래쪽] 모두를 '2'로 입력한 다음 [확인]을 클릭합니다.

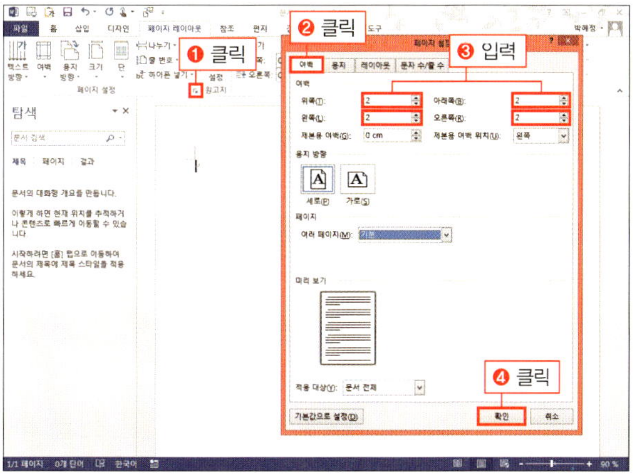

TIP : 문서에 여러 구역이 포함되어 있는 경우 설정한 여백은 현재 구역에만 적용됩니다. 문서 전체에 적용하려면 [적용 대상]을 '문서 전체'로 선택합니다.

STEP 02 • 머리글/바닥글 여백 설정하고 기본 값으로 설정하기

머리글/바닥글이 입력되는 영역은 기본적으로 페이지의 위, 아래를 기준으로 '1.25cm', 1.75cm'로 설정되어 있습니다. 물론 이 수치를 변경할 수도 있습니다. 수치를 변경하고 Step 01, Step 02에서 적용한 여백을 새로운 문서의 기본 값으로 설정해 봅니다.

01. 앞의 과정에 이어서 작업합니다. [페이지 레이아웃] 탭–[페이지 설정] 그룹의 대화상자 표시 아이콘(⊡)을 클릭한 후 [페이지 설정] 대화상자에서 [레이아웃] 탭을 클릭한 다음 [머리글], [바닥글]을 '1'로 입력하고 [기본값으로 설정]을 클릭합니다.

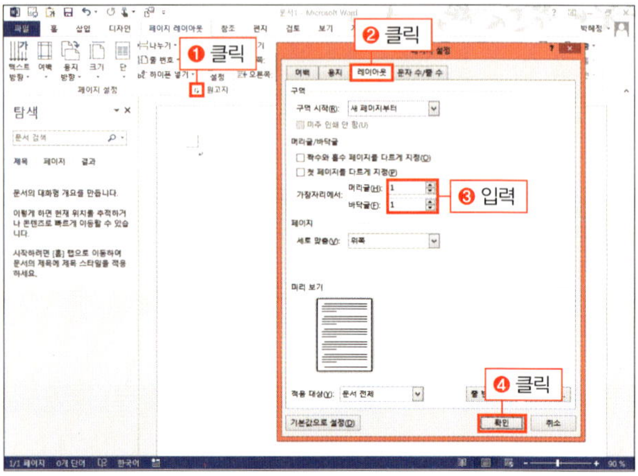

02. [예]를 클릭합니다. 새 문서를 열어 변경 사항이 반영되는지 여부를 확인합니다.

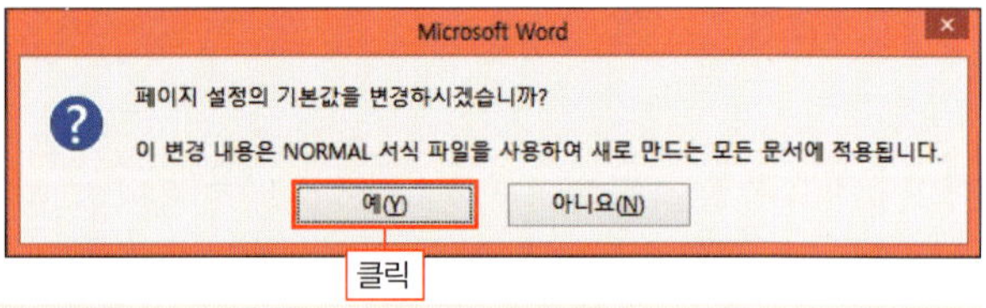

TIP : 변경 사항이 Normal.dotx 기본 서식 파일에 저장되고 새로운 문서를 열 때마다 현재 설정한 여백을 사용합니다.

문제해결 **여백이 인쇄할 수 있는 영역을 '벗어났습니다'라는 메시지가 표시됩니다.**

대부분의 프린터에서는 페이지의 맨 바깥쪽 가장자리를 인쇄할 수 없기 때문에 여백으로 설정된 최소한의 너비가 필요합니다. 여백을 너무 좁게 설정하면 일부 이와 같은 메시지가 표시됩니다. 이럴 경우 [수정]을 클릭하고 여백을 적절하게 늘립니다. 최소 여백 설정은 프린터, 프린터 드라이버, 용지 크기에 따라 다릅니다.

문제해결 **여백 측정 단위를 변경하고 싶어요.**

인치, 센티미터, 밀리미터, 포인트, 파이카 중 가장 편리한 여백 측정 단위를 설정할 수 있습니다.

❶ [파일] 탭–[옵션]–[고급]을 클릭합니다.

❷ [화면 표시]의 단위 표시에서 원하는 단위를 선택합니다.

STEP 03 • 줄 번호 설정하기

MS 워드 2013을 사용하면 문서의 줄 수를 자동으로 확인하고 텍스트 줄 옆에 해당하는 줄 번호를 표시할 수 있습니다. 줄 번호 기능은 스크립트나 법률 계약서 같은 문서에서 특정 줄을 찾으려 할 때 유용합니다. 기본적으로 워드에서는 문서의 각 줄에 번호를 매깁니다. 이때 표, 각주, 미주, 텍스트 상자, 머리글 또는 바닥글의 줄은 제외됩니다. 텍스트 상자 안에 포함된 텍스트 줄 수는 계산되지 않습니다.

예제 파일 | CD₩Part 02₩2-1계약서1.docx

01. 전체 문서에 줄 번호를 추가하려면 [페이지 레이아웃] 탭-[페이지 설정] 그룹-[줄 번호]-[이어서 매기기]를 클릭합니다.

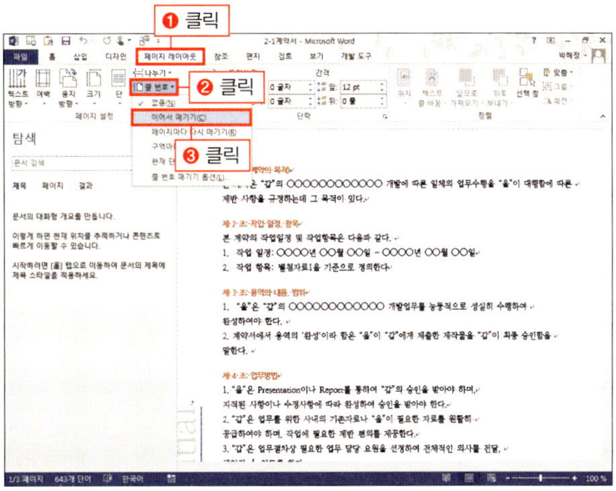

TIP : 줄 번호의 적용 최소 단위는 구역입니다. 구역이 나뉘어져 있다면 구역별로 줄 번호를 새로 설정할 수 있습니다.

02. 줄 번호에 대한 다양한 옵션을 설정하려면 [줄 번호] 대화상자를 이용해야 합니다. [페이지 레이아웃] 탭-[페이지 설정] 그룹의 대화상자 표시 아이콘(⧉)을 클릭한 후 [페이지 설정] 대화상자에서 [레이아웃] 탭-[줄 번호]를 클릭합니다.

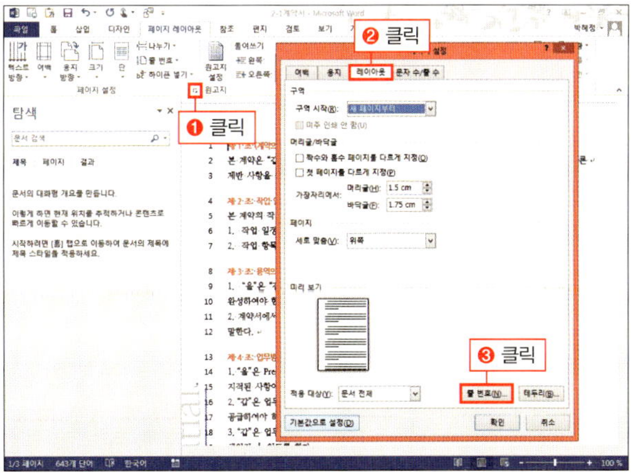

03. [줄 번호] 대화상자에서 [줄 번호 추가]를 체크한 다음 [시작 번호]는 '1', [텍스트와의 간격]은 '자동'으로 선택하고, [번호 매기기]는 [페이지마다 다시 매기기]를 클릭하고 [확인], [확인]을 클릭하여 모든 대화상자를 닫습니다.

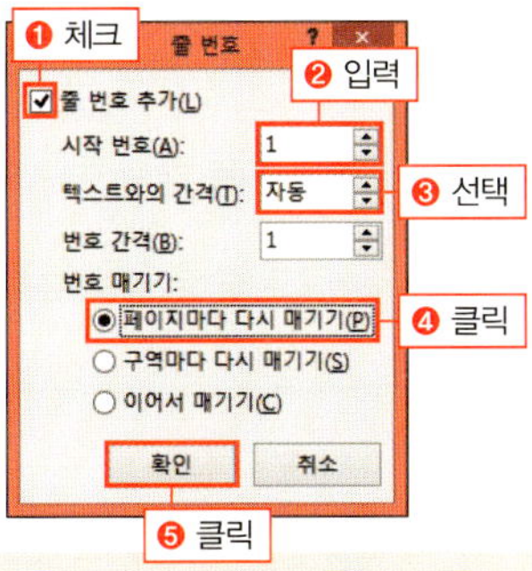

TIP : 각 구역 나누기 뒤에서 줄 번호를 1부터 시작하려면 [구역마다 다시 매기기]를 클릭합니다.

04. 확인을 위해 [보기] 탭-[확대/축소] 그룹-[여러 페이지]를 클릭합니다. 페이지마다 1부터 번호가 매겨집니다.

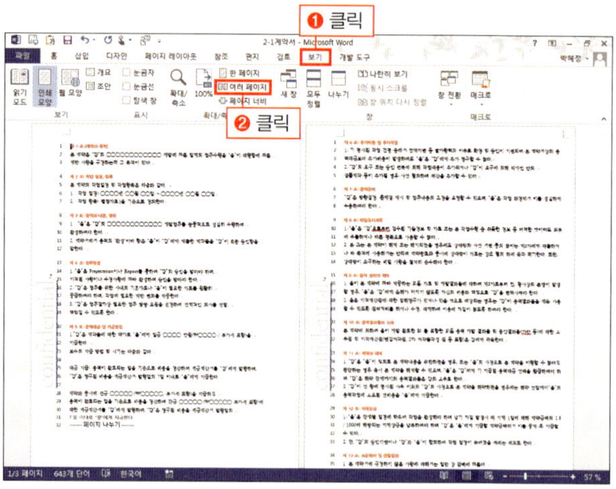

문제 해결 **두 구역을 선택하여 줄 번호를 이어서 삽입하고 싶어요.**

한 구역 또는 여러 구역에 줄 번호로 추가하려면 한 구역을 클릭하거나 여러 구역을 선택하고 [페이지 레이아웃] 탭-[페이지 설정] 그룹-[줄 번호]-[이어서]를 클릭합니다.

05. 전체 문서나 구역 또는 단락에서 줄 번호를 제거하기 위해 [페이지 레이아웃] 탭-[페이지 설정] 그룹-[줄 번호]-[없음]을 클릭합니다.

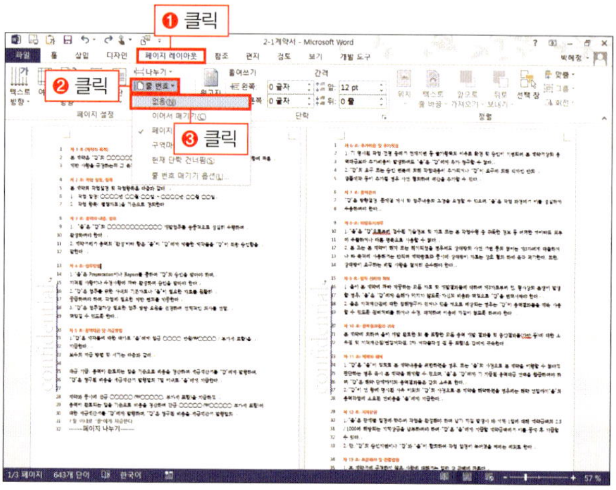

TIP : 이 문서는 하나의 구역으로 구성되어 있기 때문에 선택의 과정 없이 줄 번호 제거를 실행합니다.

06. 모든 페이지에 줄 번호가 삭제됩니다.

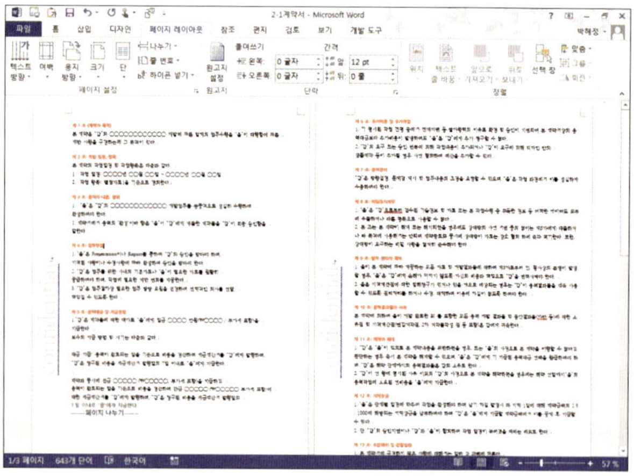

TIP : 여러 구역에서 줄 번호를 제거하려면 해당 구역을 모두 선택합니다.

STEP 04 • 영문 하이픈 넣기

워드에는 단어가 너무 길어 줄 끝에서 잘리는 경우, 단어에 하이픈(-)을 삽입하는 대신 단어 전체를 다음 줄의 시작 부분으로 이동합니다. 그러나 하이픈 넣기 기능을 사용하면 텍스트에 자동으로 하이픈을 넣거나 사용자 설정 하이픈(록-예)을 넣을 수 있습니다. 또한 단어에 하이픈을 삽입하지 않고 단어와 오른쪽 여백 사이에 허용되는 최대 간격을 설정할 수 있습니다.

예제 파일 | CD₩Part 02₩2-1하이픈.docx **완성 파일 |** CD₩Part 02₩2-1하이픈_완성.docx

01. 영문 하이픈을 적용할 문자 범위를 선택한 후 [페이지 레이아웃] 탭-[페이지 설정] 그룹-[하이픈 넣기]-[수동]을 클릭합니다.

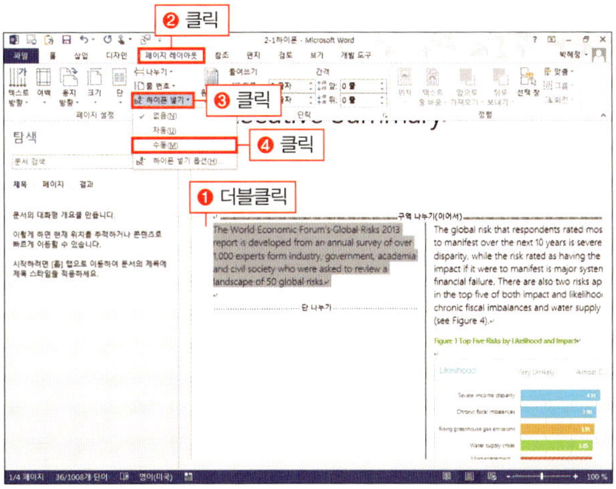

TIP : 문단 내에서 마우스 왼쪽 단추를 더블클릭하면 해당 문단을 선택할 수 있습니다.

02. 하이픈 위치를 확인하고 [예]를 클릭합니다. 원하지 않으면 [아니오]를 클릭합니다.

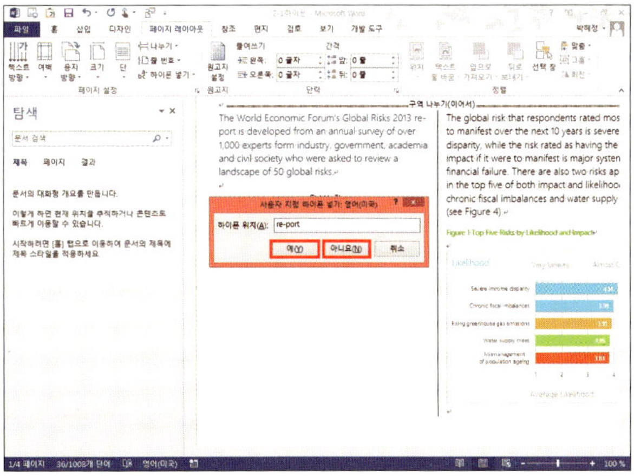

문제 해결 **줄 바꿈하지 않는 하이픈을 삽입하고 싶어요.**

줄 바꿈하지 않는 하이픈을 사용하면 하이픈을 넣은 단어, 숫자 또는 구가 텍스트의 줄 끝에 와도 줄 바꿈되지 않습니다. 예를 들어 '555-0123'을 줄 바꿈하는 대신 전체 항목이 다음 줄의 시작 부분으로 이동되도록 할 수 있습니다.

• 줄 바꿈하지 않는 하이픈을 삽입할 위치를 클릭하고 Ctrl+Shift+하이픈(-)을 누릅니다.

03. 하이픈 위치를 확인하고 [예]를 클릭합니다. 다른 부분도 검사하려면 [예], 중단하려면 [아니오]를 클릭합니다. [아니오], [확인]을 차례로 클릭합니다.

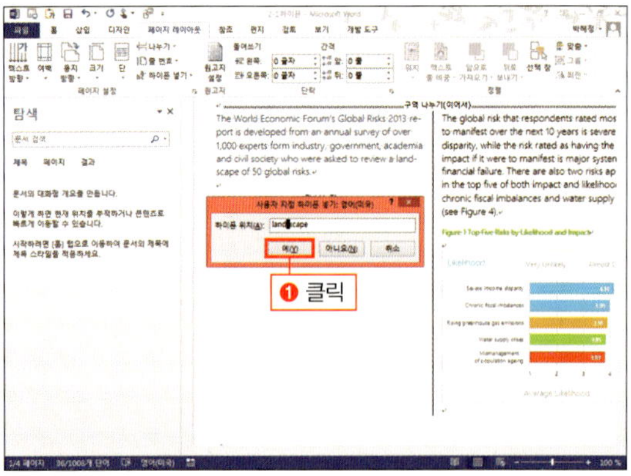

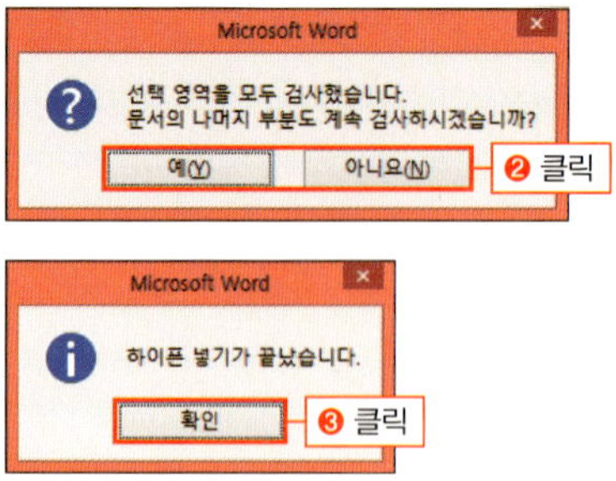

04. 하이픈이 삽입됩니다.

TIP : 사용자 설정 하이픈(록–에)은 줄 끝에서 단어나 구가 줄 바꿈되는 위치를 제어하는 데 사용되는 하이픈입니다. 예를 들어 'nonprinting'이라는 단어를 'nonprint–ing'이 아닌 'non–printing'으로 줄 바꿈되도록 설정할 수 있습니다. 줄 끝에 있지 않은 단어에 [사용자 설정 하이픈을 삽입]하면 [편집 기호 표시/숨기기](¶)를 설정한 경우에만 하이픈이 표시됩니다. 단축키는 Ctrl + - 입니다.

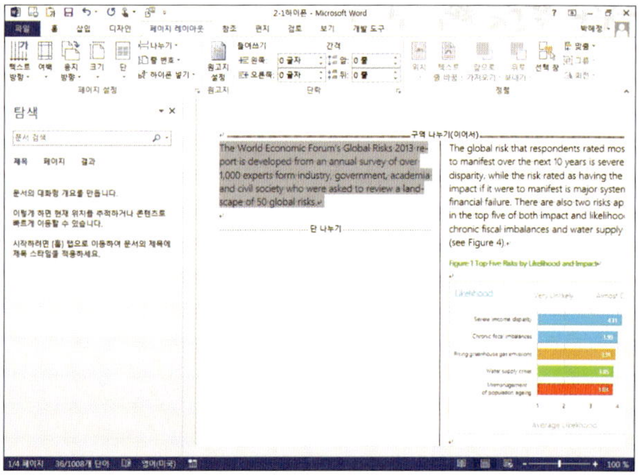

문제 해결 **사용자 설정 하이픈 제거하는 방법을 알고 싶어요.**

사용자 설정 하이픈을 제거하는 방법은 다음을 따릅니다.

❶ [홈] 탭–[편집] 그룹–[바꾸기]를 클릭합니다.
❷ 옵션 단추가 표시되지 않은 경우 [자세히]를 클릭합니다.
❸ [옵션]을 클릭한 후 [사용자 설정 하이픈]을 클릭합니다.
❹ 바꿀 내용 상자를 비워 둡니다.
❺ [다음 찾기], [바꾸기], [모두 바꾸기] 중 하나를 클릭합니다.

페이지 당 줄 수 설정하기

실무에선 이렇게!

페이지별로 하나의 줄에 입력되는 문자 및 줄 수를 설정해 봅니다.

예제 파일 I CD₩Part 02₩2-1계약서2.docx **완성 파일 I** CD₩Part 02₩2-1계약서2_완성.docx

01. 작업에 앞서 화면에 눈금자를 표시하기 위해 [보기] 탭-[표시] 그룹-[눈금자]를 체크합니다.

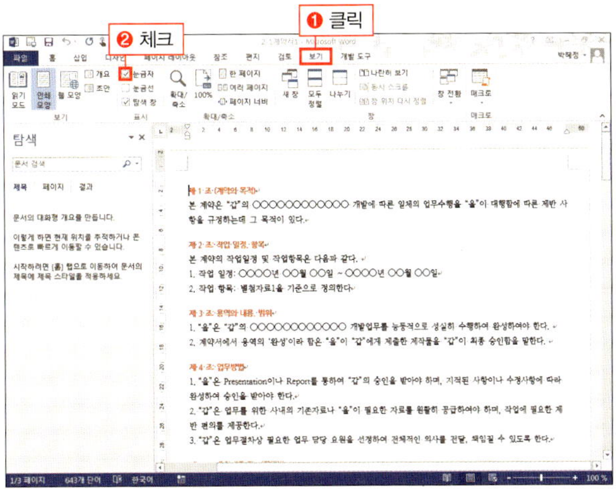

TIP : 눈금자에서 표시되는 숫자는 cm가 아니고 문자 수입니다. 눈금자에 표시되는 숫자는 1줄에 입력할 수 있는 문자의 수를 알려주는 역할을 합니다.

02. [페이지 레이아웃] 탭-[페이지 설정] 그룹의 대화상자 표시 아이콘(⧉)을 클릭한 후 [페이지 설정] 대화상자에서 [문자 수/줄 수] 탭을 클릭합니다. [눈금]에서 [줄 및 문자 눈금 설정]을 클릭하고 [문자 수]-[한 줄당]에 '40'을 입력하고 [확인]을 클릭합니다.

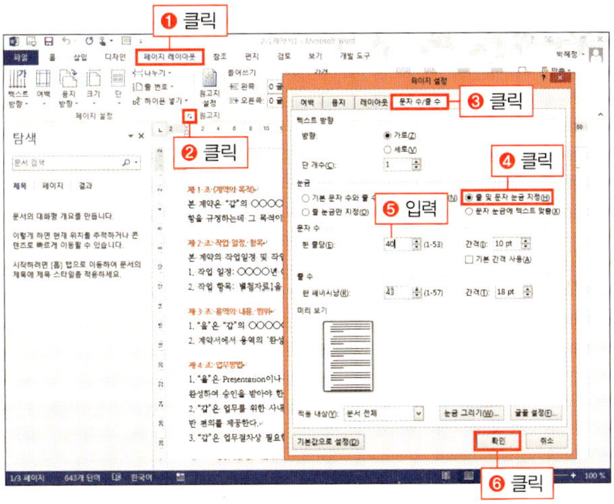

TIP : 변경하기 전에 다른 위치에 기본 설정 값을 저장해 두는 것이 좋습니다. 이렇게 하면 원래의 설정을 되살리고 싶을 때, 저장 값을 불러와서 언제든 되돌릴 수 있습니다.

03. 하나의 줄에 입력되는 글자 수가 제한되어 글자 간 간격이 넓어집니다.

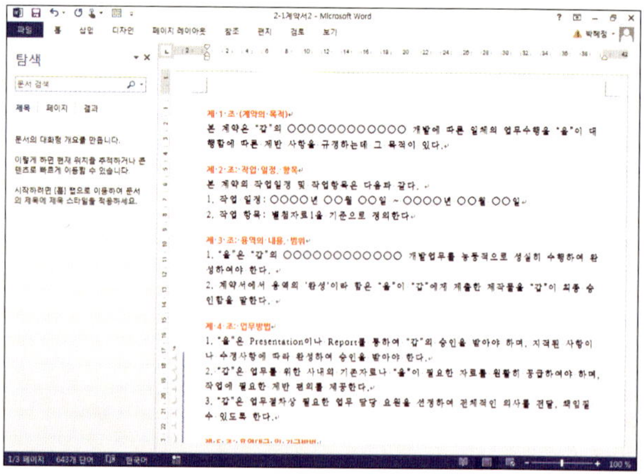

TIP : 문자 수의 [한 줄당]에서 문자 수를 바꾸면 바뀐 설정 값에 맞게 문자 간격이 자동으로 조정됩니다. 문자 수의 간격 상자에 문자 사이의 간격에 대한 포인트, 문자 간격을 바꾸면 바뀐 설정 값에 맞게 줄당 문자 수가 자동으로 바뀝니다.

LESSON

03 문서 전체의 서식 디자인하기

레벨 ● ● ●

페이지 설정과 더불어 문서 작성을 하기 전에 테마 작업도 진행합니다. 이번 Lesson에서는 문서 전체에 영향을 줄 색, 폰트, 단락 간격, 효과 등의 테마를 만들어 문서 전체의 서식을 디자인하고 워터마크, 페이지 색, 페이지 테두리 작업까지 학습해 봅니다.

기초탄탄 ▶ 테마의 정의, 디자인 탭 설명

■ 테마란? 102P

문서 테마는 고유한 색, 글꼴, 효과 집합이라고 정의할 수 있습니다. 문서 테마는 테마 색 모음, 테마 글꼴 모음(제목 및 본문 텍스트 글꼴 포함) 및 테마 효과 모음(선 및 채우기 효과 포함)으로 구성된 서식 모음입니다. 테마를 변경하면 표지, 기본 테마 색, 기본 테마 색으로 만들어지는 각종 기본 제공 스타일에 영향을 미칩니다.

테마의 이점

테마를 사용하면 모든 MS Office system 문서를 전문가 수준의 세련된 디자인으로 빠르고 간단하게 꾸밀 수 있습니다.

테마의 특징

- MS Office 파워포인트, 워드 또는 엑셀을 사용하여 만드는 모든 문서에는 테마가 포함됩니다. 새 문서의 경우에도 마찬가지입니다.
- 테마는 Office 프로그램에서 공유되므로 모든 Office 문서를 통일된 모양으로 만들 수 있습니다.
- 텍스트, 표, SmartArt 그래픽 등의 모든 콘텐츠가 테마에 동적으로 연결되므로 별도로 사용자 설정하지 않는 한 테마를 변경하면 콘텐츠의 모양도 자동으로 변경됩니다.

■ 색 모델 : RGB와 HSL

컴퓨터 공간에서 각 컬러를 규정지어 재현할 수 있는 색 공간으로 대표적인 색 공간에는 RGB와 CMYK 모델이 있습니다. 이들은 각각 가법 혼색과 감법 혼색의 원리에 의해 표시됩니다. MS Office에서는 RGB와 HSL 모델을 지원합니다.

- RGB : 빨강(Red), 초록(Green), 파랑(Blue)을 이용하여 색을 표현합니다. 빛의 삼원색을 이용하여 색을 표현하는 방식으로 RED, GREEN, BLUE 세 종류의 광원(光源)을 이용하여 색을 혼합하며 색을

섞을수록 밝아지기 때문에 '가산혼합'이라고 합니다. 어떤 이미지라도 R, G, B 세 가지 색으로 분리하는 것이 가능합니다.

- HSL : 색상(Hue), 채도(Saturation), 광도(Luminance)의 앞 글자를 딴 것으로 RGB 모델과 유사합니다. 인간이 색을 구분할 때에는 어떤 색상인가(Hue), 얼마나 선명한 색인가(Saturation), 얼마나 밝은 색인가(Brightness) 등을 기준으로 한다고 합니다.

■ [디자인] 탭 105P

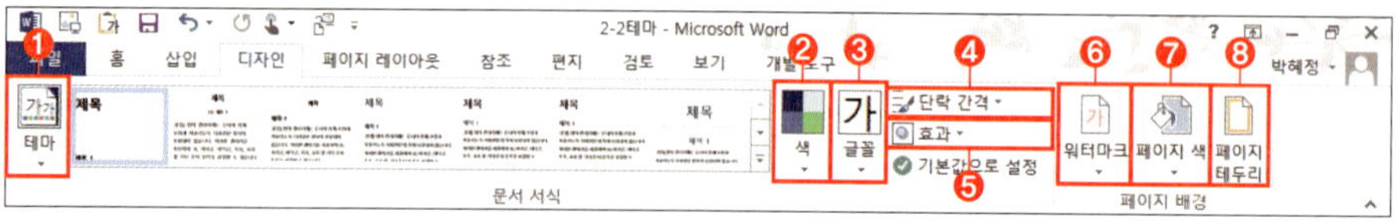

❶ **테마** : MS office가 제공하는 기본 테마를 적용할 수 있고, 사용자가 만든 테마를 등록하기도 하며 외부에서 다른 문서의 테마를 불러들여 사용할 수도 있습니다.

❷ **색** : 테마의 구성 요소의 하나인 테마 색을 바꾸거나 새로 만들 수 있습니다.

❸ **글꼴** : 테마의 구성 요소의 하나인 테마 폰트를 바꾸거나 새로 만들 수 있습니다.

❹ **단락 간격** : 문서 전체의 단락 간격을 조정할 수 있습니다.

❺ **효과** : 테마의 구성 요소의 하나인 테마 효과를 변경할 수 있습니다. 여기서 효과는 삽입된 개체의 그림자, 3차원, 반사, 부드러운 가장자리 등의 각종 효과를 미리 설정한 것을 말합니다.

❻ **워터마크** : 문서 뒤에 '기밀' 또는 '긴급'과 같은 텍스트를 추가하는 것으로 글자와 개체와는 별개로 동작합니다. 문서를 특별히 취급해야 한다는 사실을 전달하는 데 유용합니다.

❼ **페이지 색** : 모든 페이지에 적용하는 색을 설정할 수 있습니다. 구역별로 따로 페이지 색을 설정할 수 없습니다.

❽ **페이지 테두리** : 일부 페이지나 전체 페이지에 페이지의 테두리를 설정할 수 있습니다. 테두리를 적용하면 문서를 주목하게 하는 효과가 있습니다.

■ [워터마크] 대화상자 110P

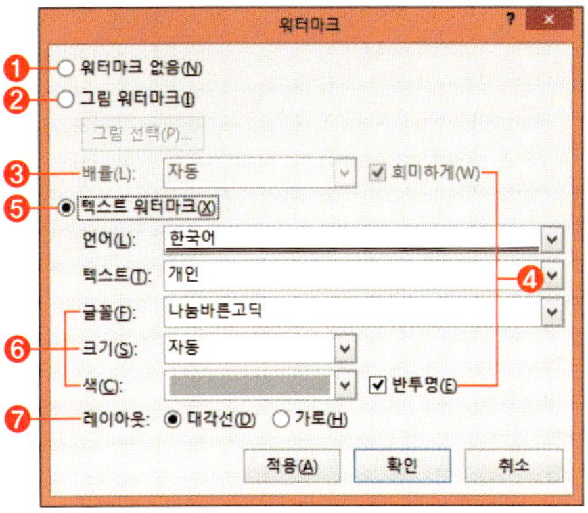

❶ 워터마크 없음 : 설정된 워터마크를 제거합니다.

❷ 그림 워터마크 : [그림 선택]을 클릭하여 그림을 찾아 삽입합니다.

❸ 배율 : 기본적으로 '자동'이며, 그림의 크기를 배율 값으로 변경합니다.

❹ 희미하게/반투명 : 그림이나 텍스트 워터마크가 흐리게 표시되어 본문 내용이 잘 보이도록 합니다.

❺ 텍스트 워터마크 : [텍스트]에 설정한 텍스트 워터마크를 삽입합니다.

❻ 글꼴, 크기, 색 : 텍스트 워터마크의 서식을 변경합니다.

❼ 레이아웃 : 텍스트 워터마크를 대각선 또는 가로 방향으로 표시합니다.

STEP 01 • 테마 만들어 적용하고 저장하기

워드 문서의 전반적인 모양을 바꾸려면 테마와 스타일 모음을 모두 변경해야 합니다. 그런 다음 변경된 모양을 모든 새 문서의 기본 값으로 설정할 수 있습니다. 워드에서 스타일 모음의 디자인은 테마에 사용되는 글꼴 및 색과 밀접하게 관련되어 있으므로 테마 글꼴 및 테마 색은 [홈] 탭-[스타일] 그룹에 있는 스타일 변경과 [디자인] 탭-[테마] 그룹을 사용하여 변경할 수 있습니다. [디자인] 탭-[문서 서식] 그룹의 테마로는 전체 테마를 변경할 수도 있습니다.

예제 파일 I CD₩Part 02₩2-2테마.docx **완성 파일 I** CD₩Part 02₩2-2테마_완성.docx

■ 제공 테마 적용하기

01. 워드 2013이 제공 테마를 적용하기 위해 [디자인] 탭-[문서 서식] 그룹-[테마]의 기본 제공 Office 목록 중에서 [디지털 테마]를 클릭합니다.

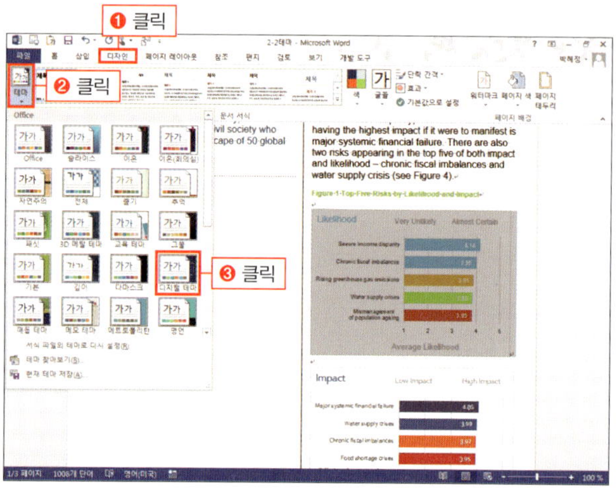

02. 실행 중인 문서의 색, 테마 글꼴, 효과 및 단락 간격이 [디지털 테마]의 값으로 변경됩니다.

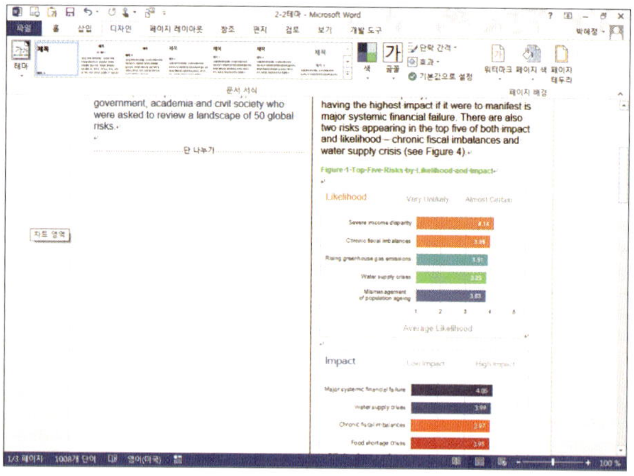

03. 이번에는 테마의 구성 요소 중 색을 새로 만들어 적용하기 위해 [디자인] 탭-[문서 서식] 그룹-[색]-[색 사용자 설정]을 클릭합니다.

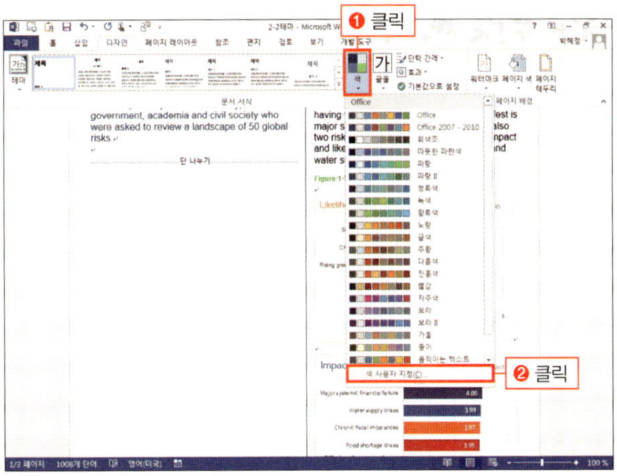

04. [새 테마 색의 이름]을 '보고서 1'로 입력한 후 [테마 색]에서 변경하려는 테마 색 요소인 [강조1]을 클릭하고 [다른 색]을 클릭합니다.

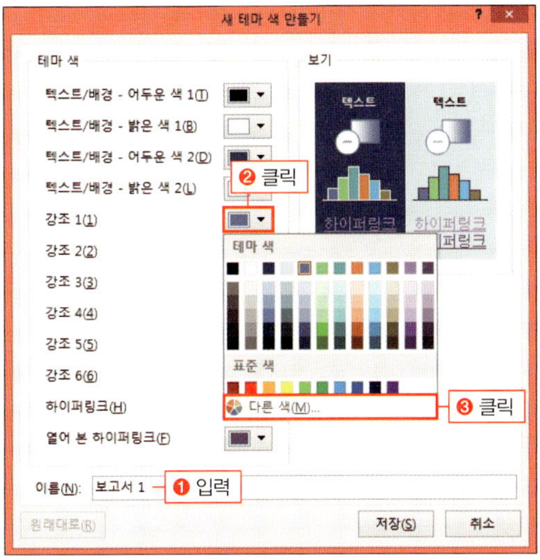

TIP : 테마 색에는 4개의 텍스트 및 배경색, 6개의 강조색 및 2개의 하이퍼링크 색이 포함됩니다. 테마 색 단추 모양의 색은 현재의 텍스트 및 배경 색을 나타냅니다.

05. [사용자 설정] 탭을 클릭하고 [빨강]은 '241', [녹색]는 '90', [파랑]는 '34'를 입력한 다음 [확인]을 클릭합니다.

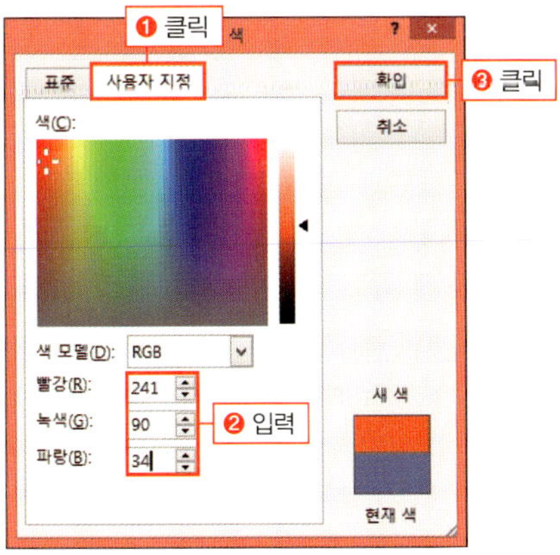

06. 참고 색상 RGB 표를 참고하여 다른 강조 색도 **04.**~**05.** 를 반복하여 강조 색을 입력한 후 [저장]을 클릭합니다.

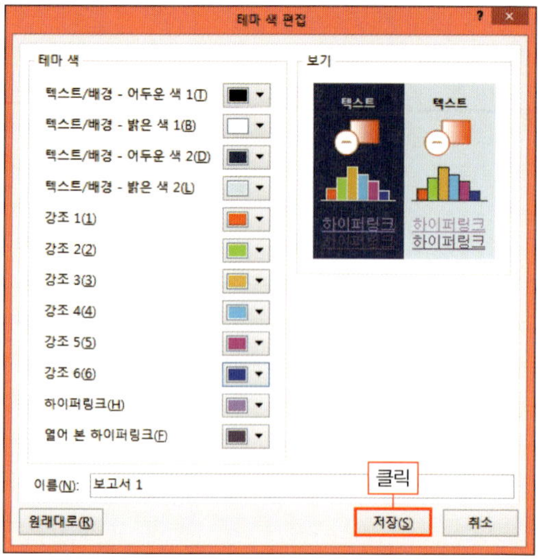

TIP : 모든 테마 색 요소를 원래 테마 색으로 되돌리려면 저장을 클릭하기 전에 [원래대로]를 클릭합니다.

TIP : 참고 색상 RGB 표

리본 메뉴 오른쪽 위에 위치하고 있는 리본 메뉴 표시 옵션에는 리본 메뉴 자동 숨기기, 탭 표시, 탭 및 명령 표시로 구성되어 있습니다.

	강조1	강조2	강조3	강조4	강조5	강조6
R	241	186	241	92	241	34
G	90	241	193	204	34	83
B	34	34	34	245	186	241

07. [디자인]탭–[문서 서식]그룹–[색]목록에 사용자 지정 범주가 생성되고 [보고서 1]색 테마가 등록됩니다. 사용자가 삭제하기 전까지 위치합니다.

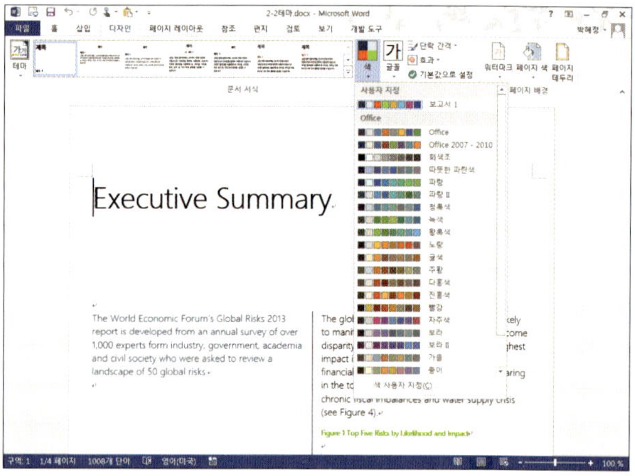

TIP : [홈]탭 [글꼴]그룹–[글꼴 색]목록을 눌러 테마 색이 변화를 확인합니다.

■ 테마 글꼴 만들어 적용하여 테마 파일로 저장하기

01. 새로운 테마 글꼴을 만들기 위해 [디자인] 탭-[문서 서식] 그룹-[글꼴]-[글꼴 사용자 설정]을 클릭합니다.

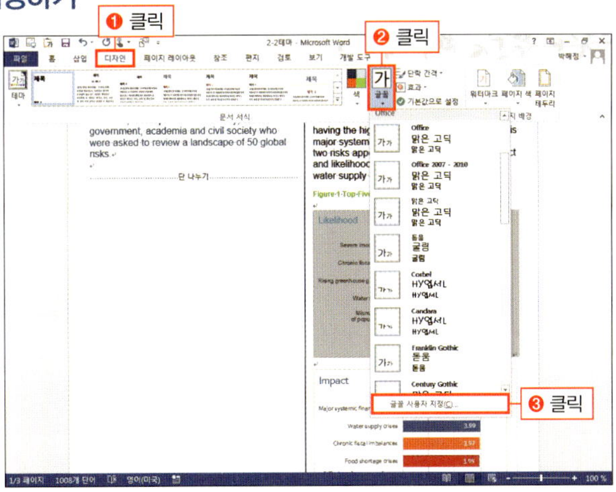

02. 사용할 한글과 영문 글꼴을 제목과 본문을 구분하여 선택하고 [이름]을 '보고서 1'로 변경한 다음 [저장]을 클릭합니다. 보기의 샘플이 선택한 글꼴로 업데이트됩니다.

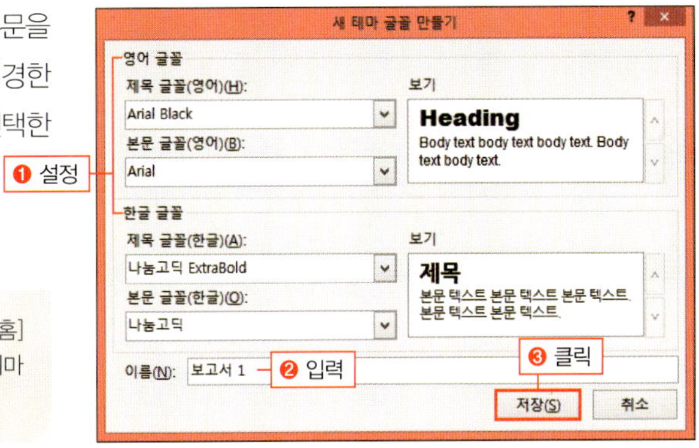

> **TIP** : 새로운 테마 글꼴을 만들어 적용하면 [홈] 탭-[글꼴] 그룹-[글꼴]-[테마 글꼴]로 등록되고, 테마 글꼴을 사용했던 모든 문자가 변경됩니다.

03. 이번에는 테마 효과를 선택하기 위해 [디자인] 탭-[문서 서식] 그룹-[효과]-[서리 덮인 유리]를 클릭합니다.

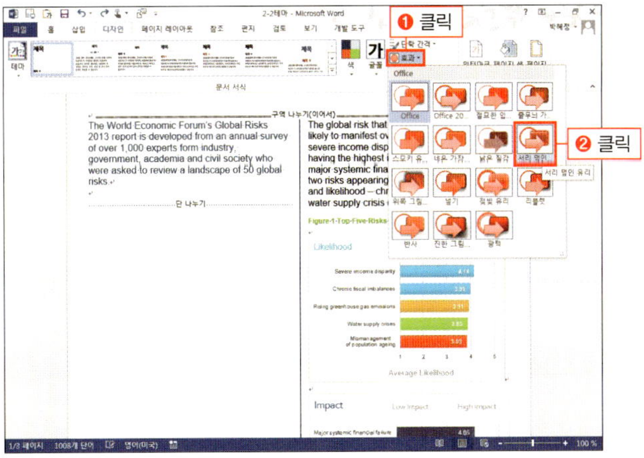

> **TIP** : 테마 효과는 선 및 채우기 효과 모음입니다. 기본 제공되는 서식 스타일은 테마 색, 폰트, 효과를 사용하여 재구성됩니다. 사용자 설정 테마 효과 모음을 만들 수는 없지만 자신의 문서 테마에서 사용할 테마 효과를 선택할 수는 있습니다.

04. 문서 테마의 색, 글꼴, 선 및 채우기 효과를 변경한 후 변경 내용을 사용자 설정 문서 테마로 저장하여 다른 문서에 적용할 수 있습니다. 적용한 테마 색, 글꼴, 효과를 테마로 저장하기 위해 [디자인] 탭-[문서 서식] 그룹-[테마]-[현재 테마 저장]을 클릭합니다.

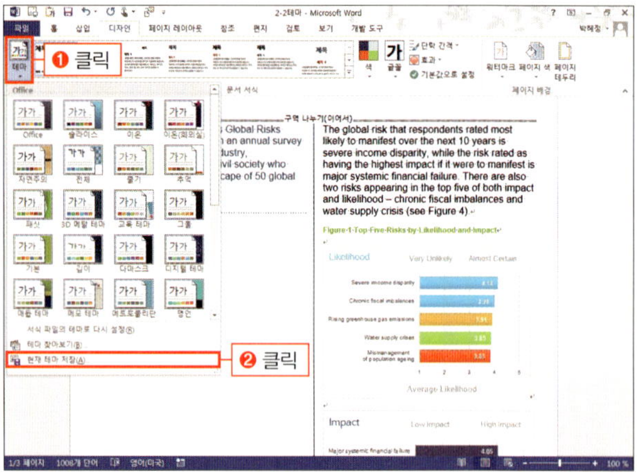

05. [현재 테마 저장] 대화상자에서 저장 위치를 기본 값인 'Template₩Document Themes'로 그대로 유지하고 [파일 이름]에 테마 이름을 적절히 입력한 다음 [저장]을 클릭합니다.

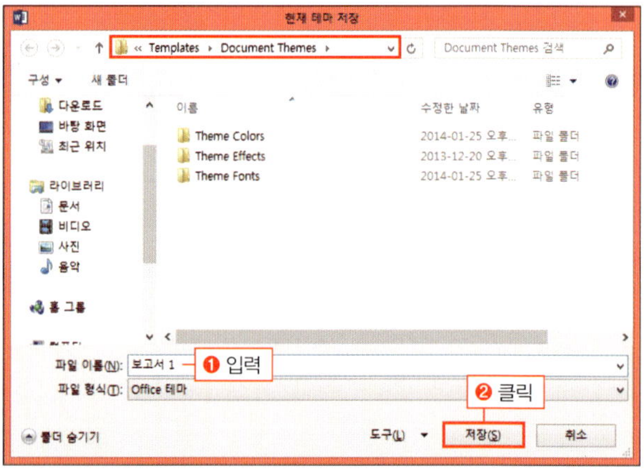

06. 사용자 설정 문서 테마를 'Template₩Document Themes' 폴더에 저장하면 [디자인] 탭-[테마]에 [사용자 설정 테마]로 자동으로 추가되어 MS Office 모든 프로그램에서 사용할 수 있습니다.

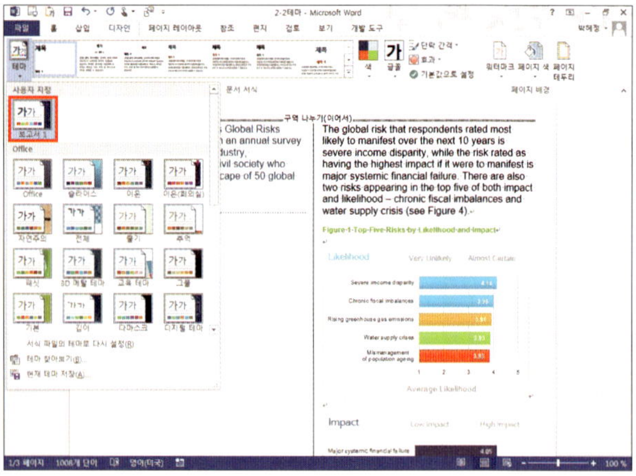

STEP 02 • 문서 스타일 서식 적용하기

문서 스타일은 앞선 과정에서 적용한 테마에 의해 재구성됩니다. 스타일 모음을 변경하면 전체 문서의 글꼴과 단락 속성이 변경됩니다. 이렇게 만들어진 스타일 중 원하는 스타일을 설정하면 [홈] 탭–[스타일] 그룹에 기본 제공 스타일이 정의됩니다. [디자인] 탭–[문서 서식] 그룹–[스타일]을 변경하고 변경한 스타일이 [홈] 탭–[스타일]에 반영되는지 확인해 봅니다.

예제 파일 | CD₩Part 02₩2-2문서스타일서식.docx **완성 파일 |** CD₩Part 02₩2-2문서스타일서식_완성.docx

01. [디자인] 탭–[문서 서식] 그룹–[스타일]의 자세히 단추(▾)를 클릭하고 [펜시]를 클릭하여 적용합니다.

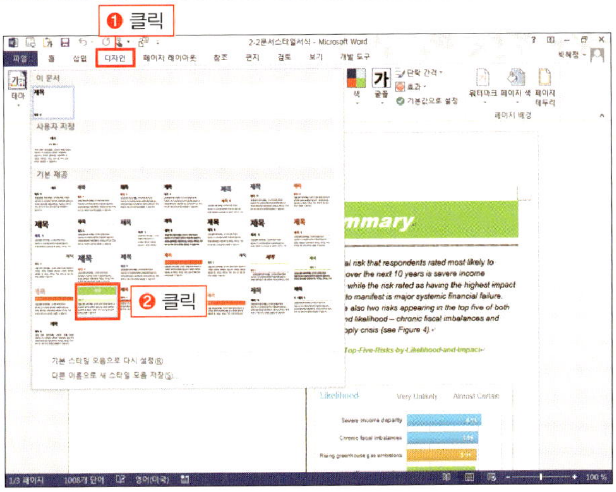

TIP : 스타일 위에 마우스 포인터를 위치시키면 풍선 도움말로 스타일 이름을 표시합니다.

02. 문서의 내용을 테마와 스타일을 이용하여 서식을 적용했다면 다음처럼 문서의 서식이 변경됨은 물론이고 [홈] 탭–[스타일] 그룹–[스타일]도 선택한 [펜시]로 변경되어 표시됩니다.

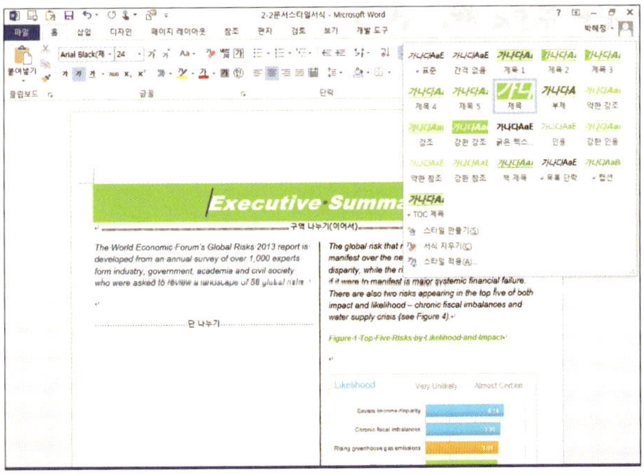

TIP : [홈] 탭–[스타일] 그룹의 기본 제공 스타일은 [디자인] 탭–[문서 서식] 그룹–[스타일]에 의해 결정됩니다.

STEP 03 • 페이지 색 적용하기

배경 색은 모든 페이지에 적용됩니다. 구역을 나눠도 페이지별로 다르게 넣을 수 없습니다. 페이지 레이아웃의 페이지 색은 단지 프린트 용지를 색지로 사용하는 것과 같은 효과입니다.

예제 파일 | CD₩Part 02₩2-2페이지배경.docx **완성 파일 |** CD₩Part 02₩2-2페이지배경_완성.docx

01. STEP 01 작업에 이어 [디자인] 탭-[페이지 배경] 그룹-[페이지 색]을 클릭한 다음 [황금색, 강조]을 클릭합니다.

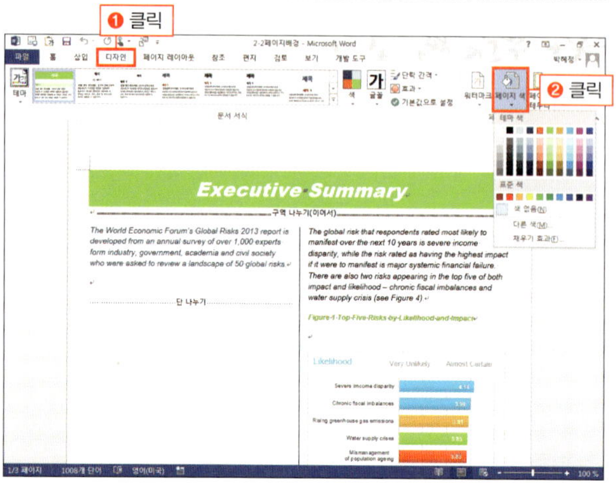

> **TIP :** 사용자가 만들어 적용한 '보고서1' 테마 색이 페이지 색 목록에 나타납니다. [황금색, 강조3]이 목록에 없으면 임의의 테마 색을 선택합니다.

02. 전체 페이지에 배경 색이 적용됩니다.

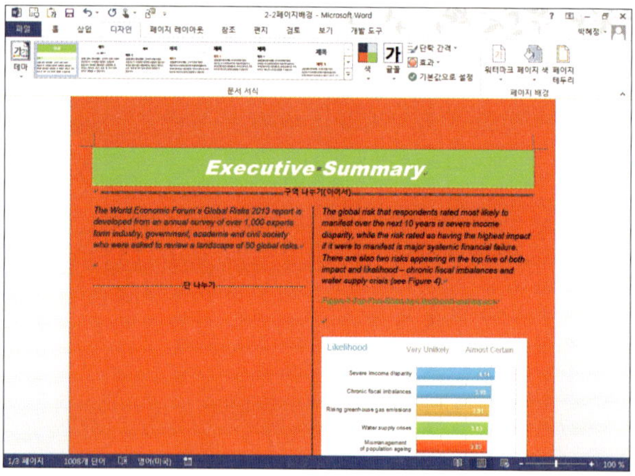

03. [보기] 탭-[확대/축소] 그룹-[여러 페이지]를 클릭하여 문서 전체에 적용된 페이지 색을 확인합니다.

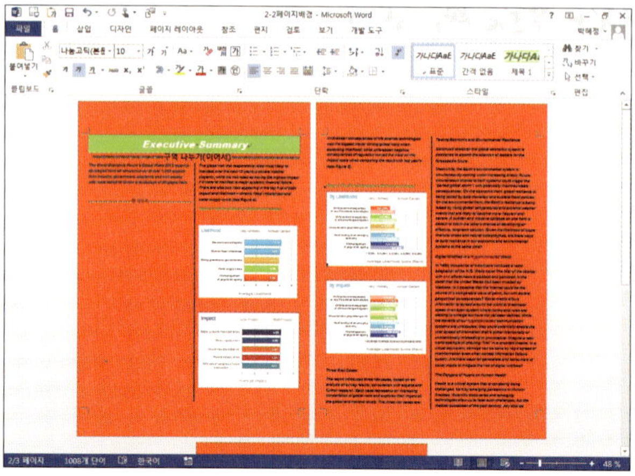

STEP 04 • 페이지 테두리 적용하기

테두리를 사용하여 문서의 여러 부분을 눈에 띄게 만들거나 강조할 수 있습니다. 테두리는 문서의 각 페이지에서 원하는 방향 또는 모든 방향(상하좌우)에 추가하거나, 한 구역에 있는 모든 페이지에 추가하거나, 첫 페이지에만 추가하거나 첫 페이지를 제외한 모든 페이지에 추가할 수 있습니다.

완성 파일 | CD₩Part 02₩2-2페이지배경_완성.docx

01. [디자인] 탭-[페이지 배경] 그룹-[페이지 테두리]를 클릭합니다. [설정]에서 [상자]를 선택하고 [두께]는 '1½pt'로, [적용 대상]은 '문서 전체'를 선택하고 페이지에서 테두리의 위치를 정확히 설정하기 위해 [옵션]을 클릭합니다.

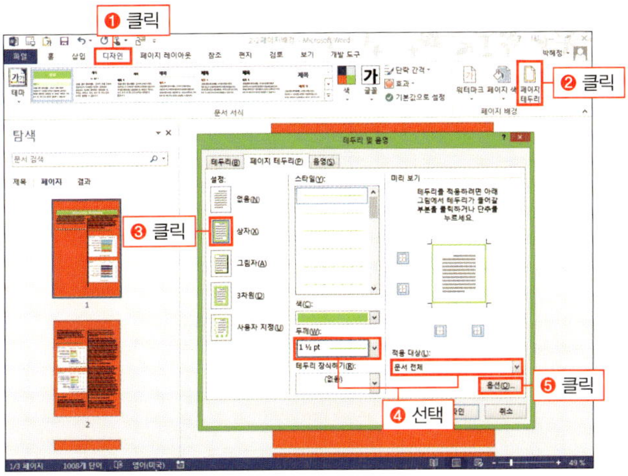

TIP : [테두리 및 음영] 대화상자에서 [페이지 테두리] 탭이 선택되어 있는지 확인합니다. 나무 무늬와 같이 멋진 테두리를 설정하려면 [테두리 장식하기]에서 옵션을 선택합니다. 구역이 나눠져 있는 문서라면 구역별로 페이지 테두리를 설정할 수 있습니다.

02. [테두리 및 음영 옵션] 대화상자에서 [기준]은 '텍스트'로 선택하고, [여백]의 [위쪽], [아래쪽]은 '10', [왼쪽], [오른쪽]은 각각 '5'로 입력한 다음 [확인]을 클릭합니다.

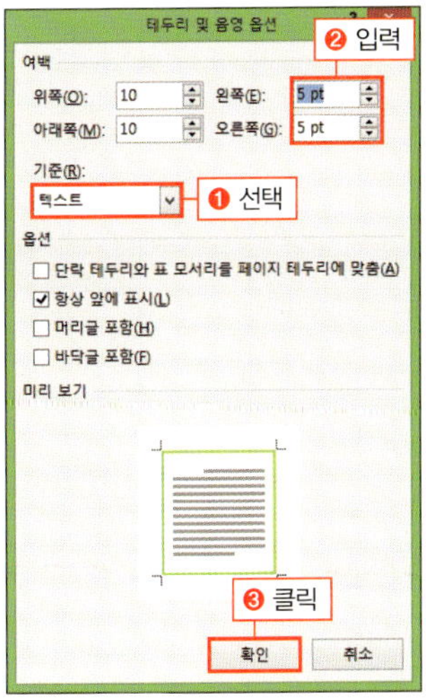

03. 문서에 입력된 텍스트를 기준으로 설정한 간격을 적용하여 페이지 테두리가 만들어집니다.

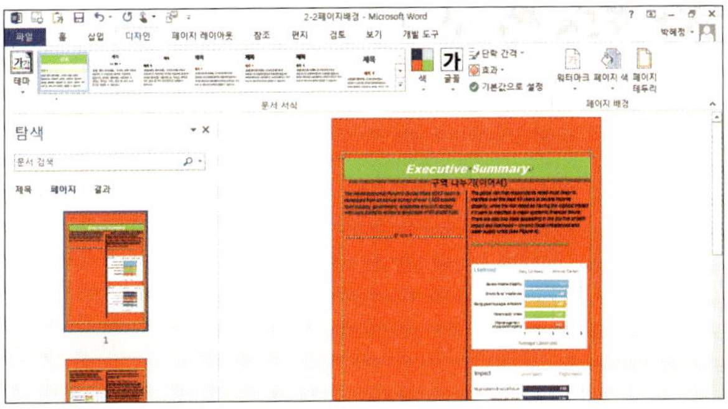

TIP : [보기] 탭-[보기] 그룹-[인쇄 모양]을 클릭해 문서를 표시하면 페이지 테두리를 화면에서 볼 수 있습니다.

워터마크 적용하기

실무에선 이렇게!

초안, 대외비 등의 텍스트 워터마크를 문서에 추가할 수 있습니다. 워드 2013에서 제공하는 즉시 사용 가능한 워터마크 갤러리를 사용할 수도 있고, 회사 로고 등의 사용자 설정 워터마크를 직접 만들 수도 있습니다. 워터마크는 문서 텍스트 뒤에 나타나는 텍스트나 그림으로, 문서에 장식적인 효과를 추가하거나 문서를 초안으로 표시하는 등 문서 상태를 나타냅니다.

예제 파일 | CD₩Part 02₩2-2워터마크.docx **완성 파일 |** CD₩Part 02₩2-2워터마크_완성.docx

01. 'Coffee'라는 텍스트를 직접 넣어 워터마크를 삽입하기 위해 [디자인] 탭-[페이지 배경] 그룹-[워터마크]-[사용자 설정 워터마크]를 클릭합니다.

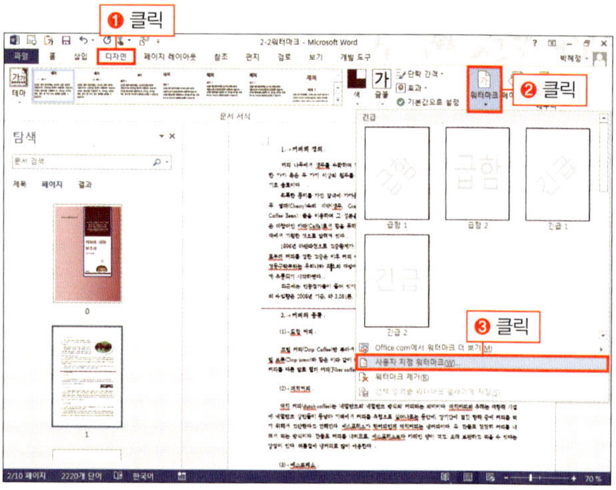

TIP : 페이지마다 다른 워터마크를 삽입하려면 문서를 구역으로 구분해야 합니다. 예를 들어 문서의 목차 부분에만 워터마크를 적용하려면 표지 구역, 목차 구역 및 나머지 문서 텍스트 구역 등 3개의 구역을 만들어야 합니다.

02. [워터마크] 대화상자에서 [텍스트 워터마크]를 클릭하고 [텍스트]는 'Coffee', [글꼴]은 '나눔손글씨 펜', [크기]는 '자동', [색]은 '진한보라, 강조1'로 선택한 다음 [적용], [확인]을 클릭합니다.

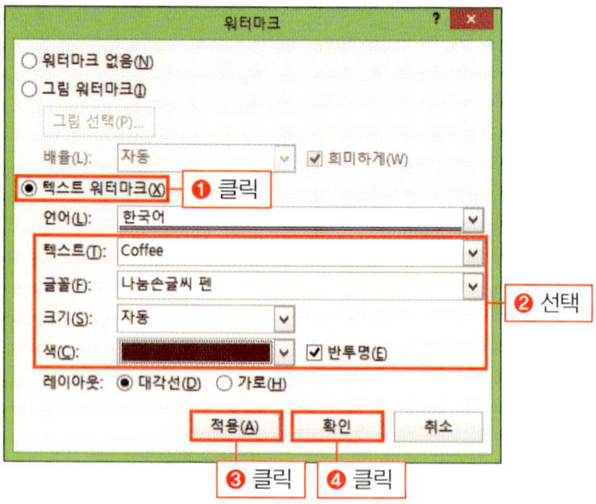

TIP : 워터마크는 인쇄 모양 보기 및 전체 화면 읽기 보기와 인쇄된 페이지에서만 표시됩니다.

03. 그림, 클립아트 또는 사진을 문서 브랜딩이나 장식에 사용할 수 있는 워터마크로 변환할 수 있습니다. 그림을 워터마크로 변환하기 위해, [디자인] 탭-[페이지 배경] 그룹-[워터마크]-[사용자 설정 워터마크]를 클릭합니다.

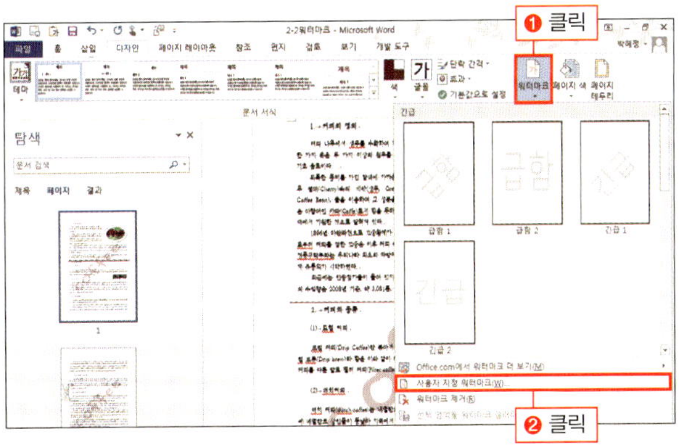

04. [워터마크] 대화상자에서 [그림 워터마크]를 클릭한 다음 [그림 선택]을 클릭합니다. 원하는 그림을 찾아 선택하고 [삽입]을 클릭합니다.

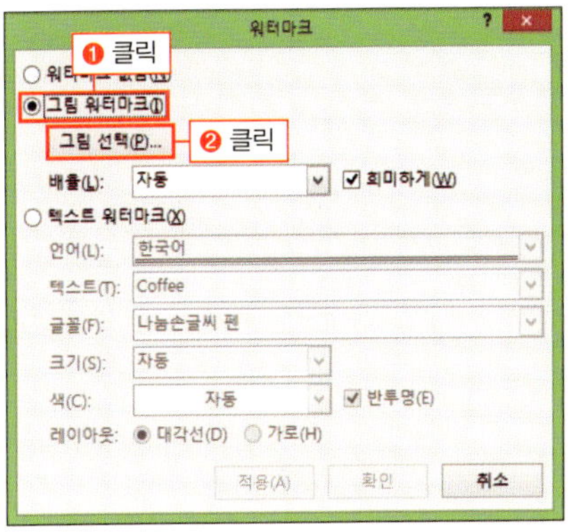

05. [워터마크] 대화상자에서 [확인]을 클릭합니다. 선택한 그림이 전체 문서에 워터마크로 적용됩니다.

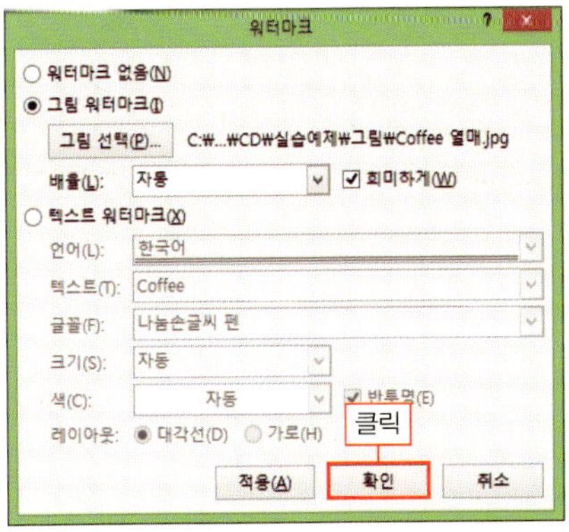

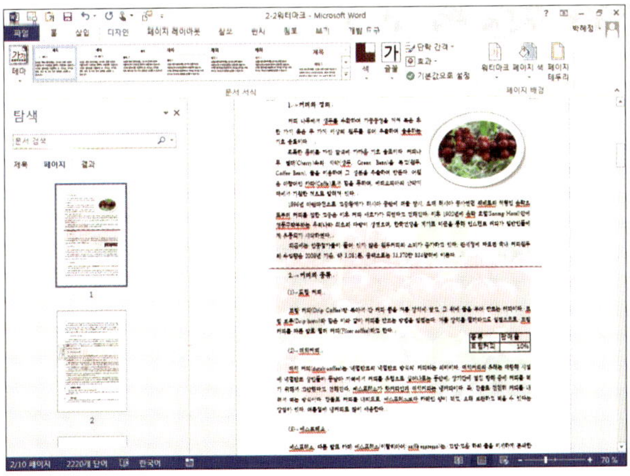

TIP : 그림을 특정 크기로 삽입하려면 [배율]에서 백분율을 선택하고 텍스트가 잘 보이도록 그림의 밝기를 조정하려면 [희미하게]를 체크합니다.

PART SUMMARY

- 워드 2013에서 처리하는 작업의 단위에는 글자, 단어, 문장, 줄, 문단, 구역, 페이지가 있습니다. 76P
- 글자, 단어, 문장, 줄, 문단을 마우스를 이용하여 쉽게 선택할 수 있는 방법이 있습니다. 80P
- End, Home 키를 이용하여 줄의 맨 앞과 뒤로 커서를 이동할 수 있습니다. 78P
- 문서에 내용을 입력하기 전에 페이지와 테마 작업으로 문서 전체를 디자인합니다.
- 페이지 설정 대화상자에서 용지 크기, 여백, 머리글/바닥글 여백 등을 지정합니다. 88P
- 페이지 설정 대화상자에서의 작업은 기본값으로 지정할 수 있습니다. 88P
- 페이지에 줄 번호를 넣어 인쇄하여 여러 사람이 문서를 쉽게 검토할 수 있습니다. 87P
- 영문에 하이픈을 넣어 줄 간격을 자연스럽게 조정할 수 있습니다. 95P
- Ctrl + Enter 키를 눌러 강제로 페이지를 나눌 수 있습니다. 77P
- 한 페이지의 내용을 구역으로 나눠서 여백을 다르게 지정할 수 있습니다. 91P
- 여러 장의 페이지를 구역으로 나누면 구역 별로 서로 다르게 용지 크기, 여백, 머리글/바닥글, 페이지 번호를 적용할 수 있습니다. 92P
- 문서 테마는 고유한 색, 글꼴, 효과 집합입니다. 99P
- 적용한 테마를 바탕으로 표지 및 기본 제공 스타일이 재구성됩니다. 102P
- 문서 전체에 페이지 테두리를 적용할 수 있습니다. 109P
- 워터마크 기능을 이용하면 문서에 중요성을 나타내거나 문서의 복제를 방지할 수 있습니다. 110P

01 새 문서에 문서 용지를 설정하고 기본 값으로 지정하세요.

완성파일 : CD₩Test₩Part02₩02-셀프테스트_완성.docx
동영상파일 : CD₩Test₩Part01₩Part02.avi

- 용지 크기 : A4
- 여백 : 위, 아래, 왼쪽, 오른쪽 모두 2cm
- 문자 수/줄 수 : 문자 줄 수는 기본 값으로 두고 줄 수만 한 페이지당 '30'으로 지정

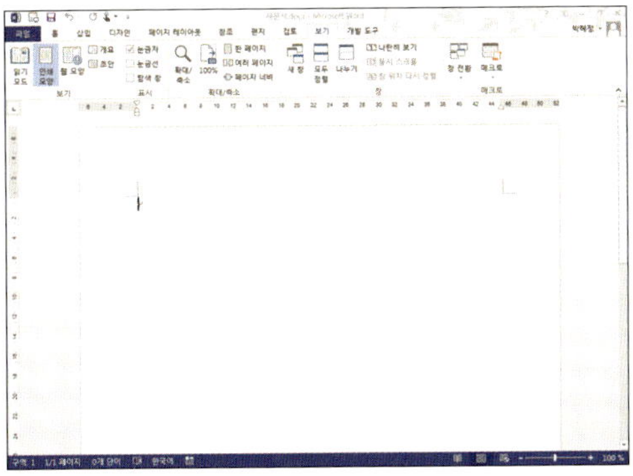

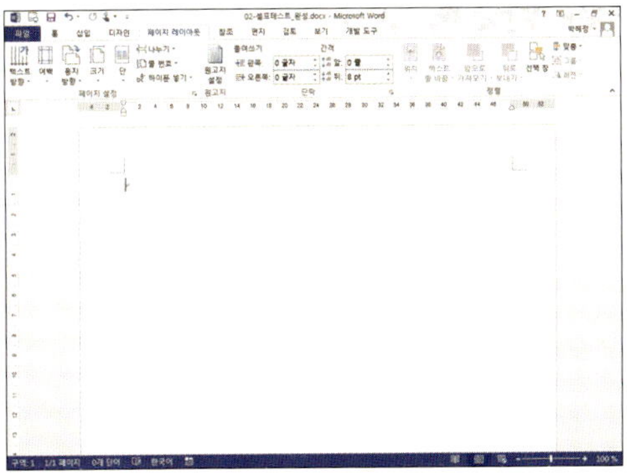

02 테마를 '발전 테마'로, 문서 스타일은 '음영'으로 지정하세요.

완성파일 : CD₩Test₩Part02₩02-셀프테스트_완성.docx
동영상파일 : CD₩Test₩Part01₩Part02.avi

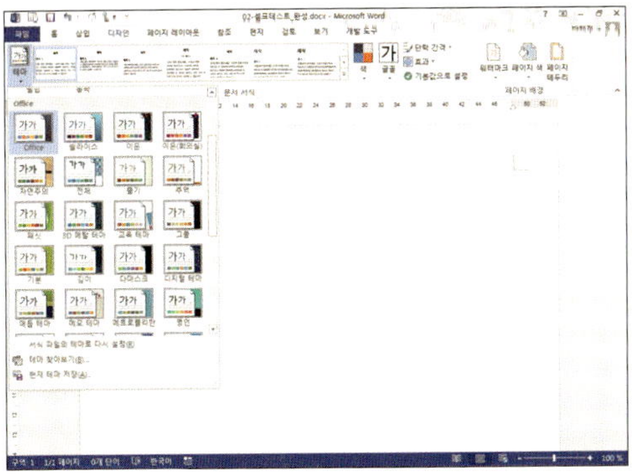

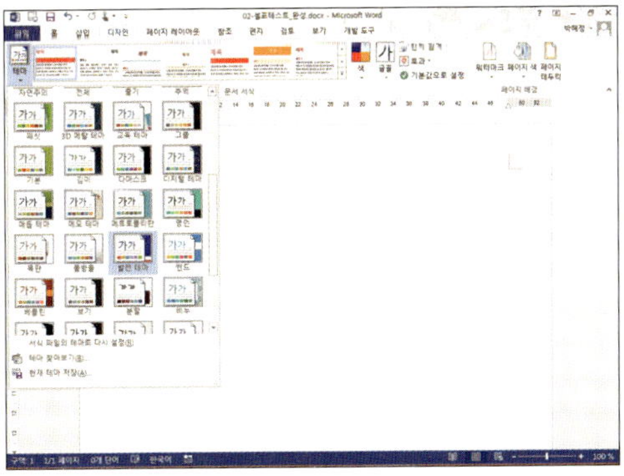

03 ▶ PART

빠른 서식 적용을 위한 텍스트의 구조화

W O R D · 2 0 1 3

정보 처리 작업을 할 때는 서식이 별로 중요하지 않습니다. 사실상 서식이 간단할수록 여러 가지 다른 설정에서 해당 정보를 재사용하기가 쉽습니다. 텍스트 작업을 할 때 서식이 지정되지 않은 정보를 일반 텍스트라고 합니다. 그러나 이렇게 열거된 일반 텍스트는 처리 과정에서는 유리하지만 내용에 개성이 없기 때문에 쉽게 내용을 파악하기 힘듭니다. MS 워드에서 제공하는 서식 기능으로 텍스트 간의 중요도에 따라 논리적인 구조를 만들고 텍스트를 돋보이게 할 수 있습니다. 그리고 서식 작업을 빠르게 처리할 수 있는 강력한 스타일 기능에 대해 살펴 볼 것입니다. 서식 작업을 할 때 테마 색, 글꼴, 효과가 기반이 될 것입니다.

LESSON

01 글꼴 서식 설정하기

레벨 ● ● ●

Part 02에서 문서 전체를 디자인 했다면 설정한 전체 서식을 바탕으로 입력한 텍스트에 각종 서식을 설정하여 더욱 보기 좋게 문서를 작업하는 방법입니다. 워드 2013이 제공하는 텍스트 서식의 종류는 어떤 것이 있는지 살펴봅니다.

기초탄탄 [글꼴] 대화상자, 테마 글꼴 이해하기

■ [홈] 탭–[글꼴] 그룹 119P

[홈] 탭–[글꼴] 그룹에는 하나의 글자를 적용 단위로 각종 서식을 제공합니다.

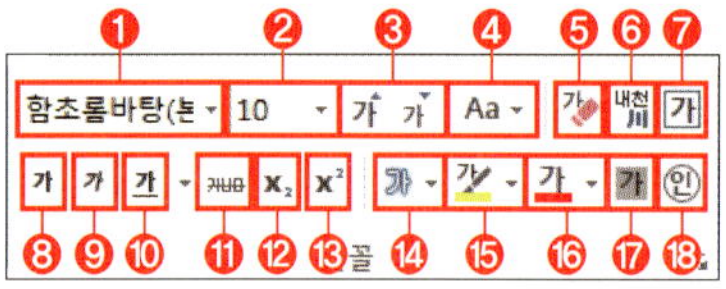

❶ **글꼴** : 목록을 클릭해 선택하거나 직접 입력합니다.

❷ **글꼴 크기** : 목록을 클릭해 선택하거나 직접 입력합니다.

❸ **글꼴 크기 크게, 글꼴 크기 작게** : 클릭할 때마다 폰트 크기가 1~4까지 크게/작게 바뀝니다.

❹ **대/소문자 바꾸기** : 입력한 영문의 대소문자를 변경합니다.

❺ **모든 서식 지우기** : 윗주 달기, 원문자, 텍스트 강조색을 제외한 모든 서식을 지웁니다.

번호	적용 전	적용 후	번호	적용 전	적용 후
❻	윗주 달기	1 2 3 4 윗주 달기	⓬	아래 첨자	아래 첨자
❼	글자 테두리	글자 테두리	⓭	위 첨자	위 첨자
❽	굵게	**굵게**	⓯	텍스트 강조색	텍스트 강조색
❾	기울임	*기울임*	⓰	글꼴 색	글꼴 색
❿	밑줄	밑줄	⓱	음영	음영
⓫	취소선	~~취소선~~	⓲	원문자	㉯ 문 자 ㊾

❻ **윗주 달기** : 단어 위에 텍스트를 추가합니다.

❼ **글자 테두리** : 텍스트 주위에 네모난 테두리를 만듭니다.

❽ **굵게** : 텍스트를 굵게 만듭니다. 굵기는 적용한 폰트에 따라 다릅니다.

⑨ **기울임** : 클릭할 때마다 적용/해제를 반복합니다.

⑩ **밑줄** : 클릭하면 실선 밑줄이 기본으로 적용되고, 목록을 클릭해 밑줄 종류를 선택하여 적용할 수도 있습니다.

⑪ **취소선** : 텍스트 중간에 취소선을 긋습니다.

⑫/⑬ **아래 첨자/위 첨자** : 선택한 텍스트를 아래 첨자/위 첨자로 만듭니다. 다시 클릭하면 적용이 해제됩니다.

⑭ **텍스트 효과와 타이포그래피** : 텍스트를 멋지게 꾸미는 효과 집합입니다.

⑮ **텍스트 강조색** : 텍스트에 형광펜을 칠한 효과입니다. 15개의 색이 제공됩니다. 적용한 강조색을 없애려면 [색 없음]을 선택합니다.

⑯ **글꼴 색** : 텍스트에 색을 입힙니다. 목록을 클릭해 원하는 색을 선택합니다.

⑰ **음영** : 선택한 텍스트에 배경에 음영을 넣습니다.

⑱ **원문자** : 원에 문자를 넣어 강조합니다.

■ [글꼴] 대화상자 121P

기준 크기가 10포인트(pt, 3.5mm)이며 크기를 조절하면 가로와 세로가 함께 변합니다.
[글꼴] 대화상자에는 [홈] 탭–[글꼴] 그룹에 등록된 기능을 포함하고 추가적인 서식 작업이 가능합니다.

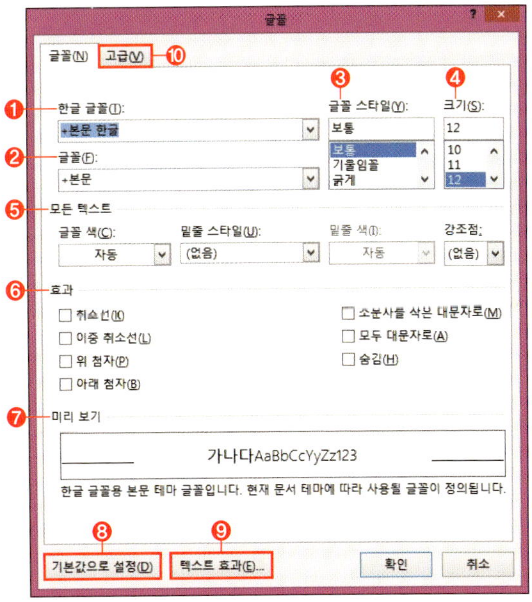

❶ **한글 글꼴** : 선택한 범위에 적용할 한글 글꼴을 선택합니다. 기본 값은 테마에 등록한 한글 본문 폰트를 따릅니다.

❷ **글꼴** : 한글 글꼴을 제외한 다른 글자에 사용할 글꼴을 선택합니다.

❸ **글꼴 스타일** : 보통, 기울임꼴, 굵게, 굵게 기울임을 적용합니다.

❹ **크기** : 글자 크기를 설정합니다. 크기를 직접 입력할 수 있습니다.

❺ **모든 텍스트** : 글꼴 색, 밑줄 스타일, 밑줄 색, 강조점을 적용합니다.

❻ **효과** : 각종 효과를 적용할 수 있습니다.

❼ **미리 보기** : 기능이 적용된 모양을 미리 확인할 수 있습니다.

❽ **기본값으로 설정** : [글꼴] 대화상자에서 적용한 내용을 기본 값으로 설정합니다.

❾ **텍스트 효과** : 타이포그래피할 수 있는 [텍스트 효과 서식] 대화상자가 나타납니다.

❿ **[고급] 탭** : 선택하면 자간, 장평, 글꼴 커닝, 오픈 타입 기능을 설정할 수 있습니다.

■ 테마 글꼴

글자를 입력하고 글꼴을 변경할 때 [홈] 탭-[글꼴] 그룹-[글꼴]이나 [글꼴] 대화상자를 이용합니다. 목록을 선택하면 [테마 글꼴], [최근에 사용한 글꼴], [모든 글꼴] 세 범주로 나뉘어 표시됩니다.

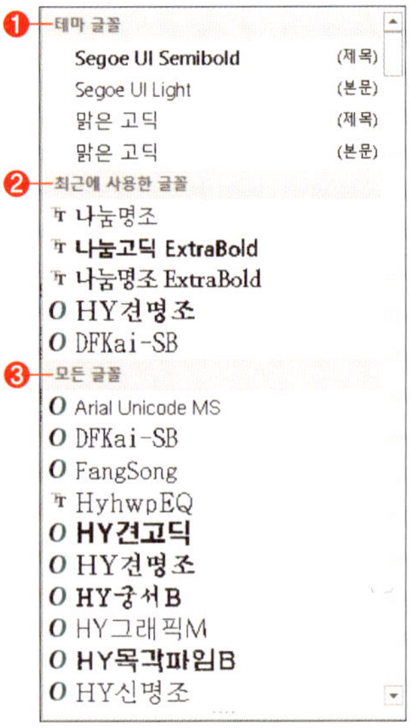

❶ **테마 글꼴** : [디자인] 탭에서 선택한 테마 폰트에 따라 다르게 나타납니다. 테마 글꼴에 글꼴을 적용하면 테마를 변경할 때 함께 변경됩니다.

❷ **최근에 사용한 글꼴** : 사용한 글꼴이 나타납니다.

❸ **모든 글꼴** : 사용할 수 있는 모든 글꼴로 설치한 프로그램의 버전 및 운영체제에 따라 달라집니다. 물론 사용자가 시스템 제공 글꼴과는 별개로 따로 설치하여 사용할 수도 있습니다.

■ 글꼴 서식에서 사용하는 용어 정리

용어	설명
글꼴	글꼴은 일관성 있게 설계된 글자 모양을 이루는 하나의 집합입니다. 비슷한 말로 서체 또는 폰트(font)가 있지만, 최근에는 이를 구분하지 않고 같은 뜻으로 사용할 때가 많습니다.
자간	글자와 글자 간의 간격을 말합니다.
장평	글자의 가로 크기를 말하며 글자 크기와는 무관합니다.
첨자	화학식과 수식 조판에 사용되는 H_2O와 M_2처럼 글자의 오른쪽 위와 아래에 붙는 작은 문자(suffix)를 통틀어 일컫는 것으로, 덧글자라고도 합니다. 소리의 차이나 변수를 나타내기 위하여 덧붙이는 소문자. 문자의 좌우(左右)의 상하(上下)에 붙이는 것으로 'X*i*', 'Xh' 에 쓰인 i, h 따위입니다.
음영	색조나 느낌 따위의 미묘한 차이에 의하여 드러나는 깊이와 정취로 워드에서의 음영은 글자 뒤에 사각형으로 만들어지는 색 영역입니다.
타이포그래피	활자를 사용한 디자인, 즉 글자꼴의 디자인입니다. 워드는 글자꼴을 디자인할 수 있는 다양한 기능을 제공합니다.
원 문자	원이나, 네모 안에 문자를 기록하는 것을 말합니다.
윗주	본문의 위쪽에 밝히는 주해나 참조 글을 말합니다.
커닝(Kerning)	앞/뒤의 문자 형태로 인한 빈 공간에 따라 자동으로 자간이 조절되는 것, 즉 워드에서 단어 간에 끊어지는 현상이 없도록 글자 간격을 줄이거나 늘리도록 합니다.
합자(Ligature)	두 글자 또는 세 글자를 합하여 한 글자로 만드는 것으로 현대 한글 활자꼴의 'ㅃ'의 경우 세로줄기 하나가 생략되어 사용되는 경우가 있는데 이런 경우를 이음자라 합니다.

■ 합자기능(Ligature)이란?

OpenType Font의 Feature(GSUB) 기능 중 하나로 2개 이상의 연속된 글자를 합쳐서 하나의 다른 글자로 합쳐지는 기능을 뜻합니다. 글꼴 디자이너는 글꼴을 만들 때 특수 기능을 위한 디자인을 추가하는 경우가 많습니다. 일부 오픈타입 글꼴에는 아래의 기능이 일부 또는 모두 포함되며, 자세한 내용은 글꼴 공급자에게 문의하면 됩니다. 이와 같은 글꼴을 사용하는 경우 이러한 기능을 텍스트에 적용하여 텍스트를 너욱 세련되고 읽기 쉽게 만들 수 있습니다. 예를 들어 Microsoft ClearType의 글꼴 모음(Calibri, Cambria, Candara, Consolas, Constantia, Corbel)에는 작은 대문자, 합자, 숫자 형식 및 숫자 간격을 비롯한 여러 오픈타입 기능이 포함됩니다. 윈도우 7에서 처음 제공되는 새로운 글꼴인 Cabriola에는 폭넓은 스타일 모음을 비롯하여 보다 다양한 오픈타입 기능에 대한 지원이 포함됩니다.

■ 폰트의 타입

트루타입(True Type) 폰트란?

윈도우에서 사용하는 화면에 문자를 표시하거나 인쇄할 수 있는 아웃라인 폰트(글꼴)를 말합니다. 윈도우 상에서 어떤 애플리케이션 소프트웨어에서도 공유해 사용할 수 있고 인쇄 폰트와 화면 디스플레이 폰트가 동일하여 전자출판에 유용합니다. 애플이 처음 개발한 트루타입 폰트는 손쉽게 저장하고 작업을 진행할 수 있도록 하는데 초점을 맞추었습니다. 또 기존 폰트 부문의 기술들을 모두 수용했고 이미 개발돼 있는 폰트를 트루타입 포맷으로 변환하는 것도 용이하게 설계되었습니다.

트루 타입(True Type) 폰트와 오픈타입(Open Type) 폰트의 차이점

트루 타입(True Type) 폰트는 마이크로소프트와 매킨토시가 1980년대 말 어도비(PostScript format) 폰트와 경쟁하기 위해 함께 개발하여 만들어졌습니다. 트루 타입(True Type) 폰트는 작업용 스크린과 프린트되었을 때의 표시 데이터를 동시에 가진 최초의 폰트였습니다(보통 폰트 파일 이름 뒤에 .ttf로 사용되어지고 있습니다).

오픈타입(Open Type) 폰트는 트루 타입 이후에 만들어져 처음에는 폰트에 있어서 경쟁관계였던 MS와 Adobe가 함께 손잡고 개발하게 됩니다. 오픈폰트도 작업용 스크린과 프린트되었을 때의 표시 데이터를 동시에 가지고 있습니다.

STEP 01 • 글꼴, 글꼴 크기 적용하기

워드에서 자주 사용하는 글꼴, 글자 크기, 그 외 서식을 적용하는 과정을 반복하지 않으려면, 기본 값으로 설정하면 됩니다. 글자의 각종 서식을 적용하고 기본 서식으로 등록해 봅니다.

예제 파일 | CD₩Part 03₩3-1글꼴서식1.docx **완성 파일 |** CD₩Part 03₩3-1글꼴서식1_완성.docx

01. 글꼴을 변경할 텍스트 '문서 속제목'을 선택하고, [홈] 탭-[글꼴] 그룹-[글꼴]의 목록 단추를 클릭해 '나눔고딕 ExtraBold'를 선택하고, [글꼴 크기]를 '20'으로 입력합니다.

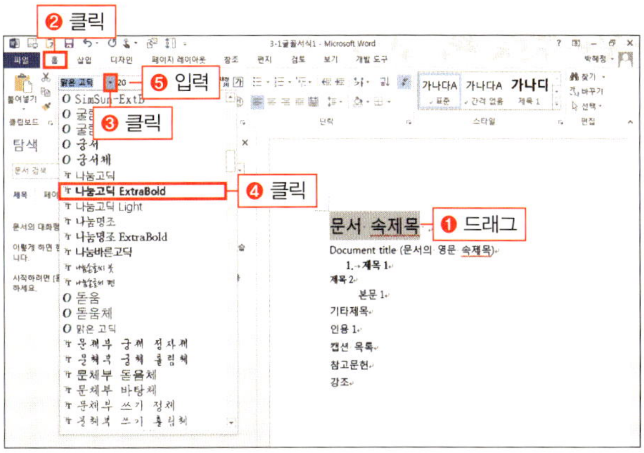

문제 해결 **나눔 폰트를 사용하고 싶다면?**

'http://hangeul.naver.com/'에 접속하여 제공하는 무료 폰트를 설치합니다.

TIP : 변경한 글꼴과 크기를 모든 워드에서 기본 글꼴로 지정하려면?

❶ [홈] 탭-[글꼴] 그룹의 대화상자 표시 아이콘(⧉)을 클릭한 후 [글꼴] 대화상자를 열어 [글꼴] 탭-[기본값으로 설정]을 클릭하여 적용합니다.
❷ [Normal.dotm 서식 파일을 사용하는 모든 문서]를 클릭합니다.
❸ 기본 값으로 지정한 다음 텍스트를 입력해 보면 기본 값을 지정한 글꼴과 글꼴 크기가 적용됩니다.

02. 같은 방법으로 [글자 서식 적용 표]와 **03**번 결과 이미지를 참고하여 서식을 설정합니다.

대상	폰트	크기	강조 효과
문서 속제목	나눔명조 ExtraBold 또는 HY견명조	20	
Document title(문서의 영문 속제목)	나눔명조 ExtraBold 또는 HY견명조	12	
제목1	나눔명조 ExtraBold 또는 HY견명조	11	
제목2	나눔명조 또는 HY견명조	9.5	굵게
본문1	나눔명조 또는 HY견명조	9.5	
기타제목	나눔명조 ExtraBold 또는 HY견명조	11	밑줄
인용1	나눔명조 ExtraBold 또는 HY견명조	9.5	
캡션 목록	나눔고딕 또는 맑은고딕	7.5	
참고문헌	나눔명조 또는 HY견명조	8.5	
강조	나눔명조 또는 HY견명조	9.5	빨강

▲ 글자 서식 적용 표

TIP : 필요한 모든 기능이 [홈] 탭-[글꼴] 그룹에 위치합니다. 목록에 없는 [글꼴 크기]는 입력 창에 직접 입력합니다.

03. 모든 서식을 적용한 결과입니다.

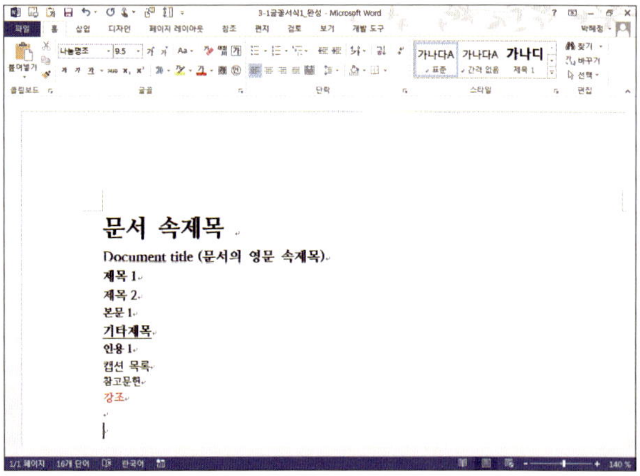

STEP 02 • 밑줄, 진하게, 굵게, 취소선, 위 첨자 및 아래 첨자 설정하기

문서의 내용이나 특별히 텍스트를 강조하기 위해 굵게, 기울림꼴, 밑줄 등의 서식을 설정합니다. 위 첨자, 아래 첨자는 같은 줄에 있는 텍스트보다 위치가 높거나 낮은 숫자로 수학식이나 과학 공식 등의 문자열에서 지수나 공학 수식에 많이 사용합니다.

예제 파일 | CD₩Part 03₩3-1글꼴서식2.docx

01. 이중 밑줄을 적용하기 위해 텍스트를 선택하고 [홈] 탭-[글꼴] 그룹-[밑줄]의 목록 단추를 클릭하고 [이중 밑줄]을 클릭합니다.

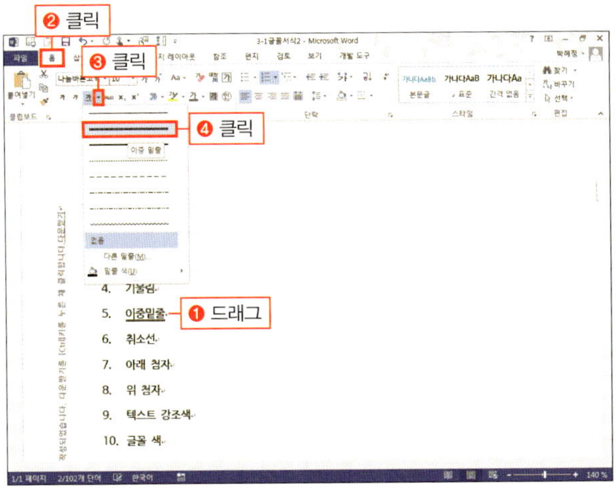

TIP : 밑줄에 색을 적용하려면 먼저 [홈] 탭-[글꼴] 그룹-[밑줄]의 목록 단추를 클릭하여 [밑줄 색]을 클릭한 후 색을 적용한 후에 01 과정을 진행합니다.

02. 입력한 텍스트를 위 첨자로 만들기 위해 텍스트를 선택하고 [홈] 탭-[글꼴] 그룹-[위 첨자]를 클릭하여 적용합니다.

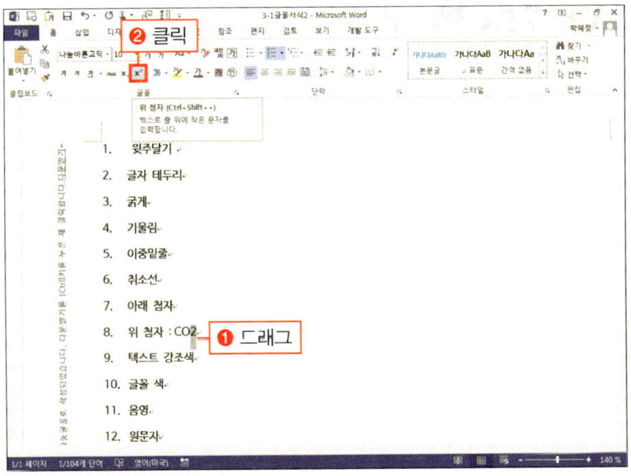

TIP : 위 첨자와 아래 첨자는 기존 텍스트의 1/4 크기로 만들어 집니다.

03. 이중 밑줄과 위 첨자가 적용됩니다.

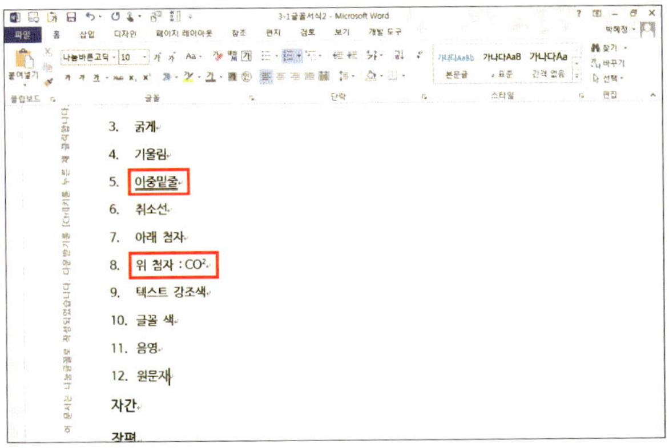

TIP : 적용한 밑줄, 진하게, 굵게, 취소선, 위 첨자 및 아래 첨자 기능을 적용하지 않으려면 텍스트를 선택한 다음 기능을 한 번 더 클릭합니다.

STEP 03 • 텍스트 강조 색, 글꼴 색, 음영 설정하기

선택한 텍스트의 색 및 배경을 적용하여 텍스트를 도드라지도록 강조 색과 음영을 설정합니다.

01. 텍스트 강조색을 적용하기 위해 해당 텍스트를 선택한 다음 [홈] 탭-[글꼴] 그룹-[텍스트 강조 색]의 목록 단추를 클릭하고 [노랑]을 클릭합니다. 적용한 강조 색을 없애려면, [텍스트 강조 색]에서 [색 없음]을 클릭합니다.

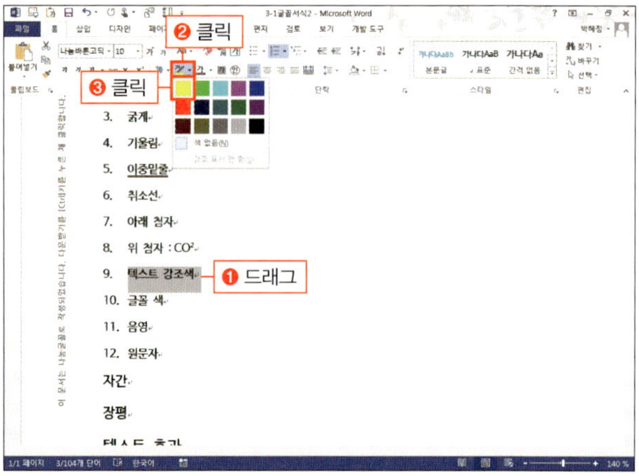

TIP : 번호 매기기에는 강조 색을 적용하지 않으려면 문자를 선택할 때 문단 기호(↵)는 제외하고 선택합니다.

02. 글꼴 색을 변경하기 위해 해당 텍스트를 선택한 다음 [홈] 탭-[글꼴] 그룹-[글꼴 색]의 목록 단추를 클릭하고 [빨강, 강조2]를 클릭합니다.

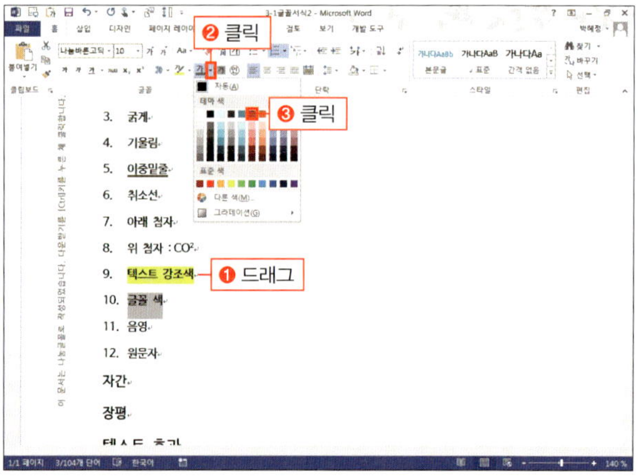

TIP : 단락 기호를 제외한 선택이 쉽지 않으면 포함하여 선택하고 Shift를 누른 채로 ←를 한 번 눌러 문단 기호를 제외합니다.

03. 음영을 적용하기 위해 해당 텍스트를 선택한 다음 [홈] 탭-[글꼴] 그룹-[음영]을 클릭합니다. 제공되는 음영은 회색 뿐입니다.

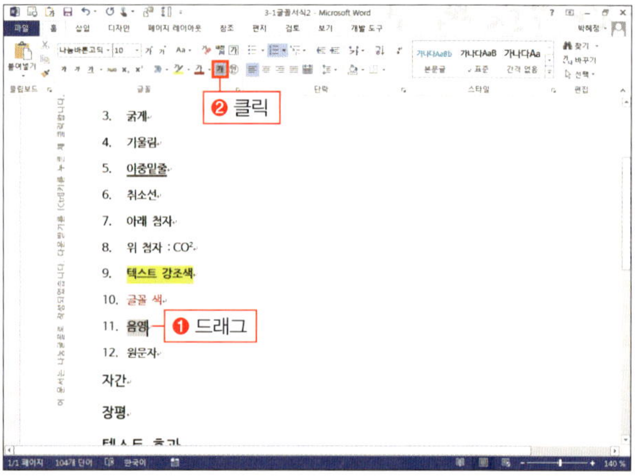

TIP : 적용한 음영을 없애려면 [홈] 탭-[글꼴] 그룹-[음영]을 한 번 더 클릭합니다.

STEP 04 • 자간 및 장평 조정하기

장평을 조정하면 텍스트의 크기는 유지하면서 글자의 가로 너비를 조절하여 글자의 모양에 변화를 줄 수 있습니다. 자간을 이용하면 글자의 가로/세로 비율을 유지하면서 글자 간의 간격을 줄여 더 많은 글자를 1줄에 입력할 수 있습니다. 자간과 장평은 선택한 글자만 반영됩니다.

01. 자간을 조정하려는 텍스트를 드래그하여 선택한 후 [홈] 탭-[글꼴] 그룹의 대화상자 표시 아이콘(◲)을 클릭한 후 [글꼴] 대화상자에서 [고급] 탭을 클릭하고 [간격]에서 '좁게'를 선택하고 [확인]을 클릭합니다.

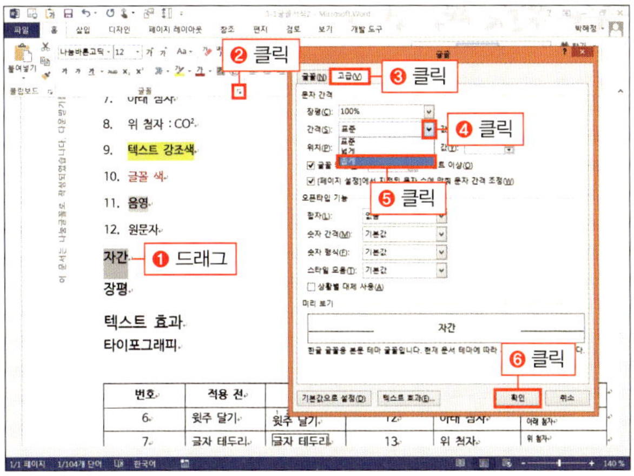

> **TIP :** 기본 제공되는 '표준', '넓게', '좁게'를 선택하여 설정할 수도 있고, [값]을 입력할 수도 있습니다.

02. 이번에는 장평을 조정하려는 텍스트를 드래그하여 선택한 후 [글꼴] 대화상자에서 [고급] 탭을 클릭하고 [장평]을 '150%'로 입력한 다음 [확인]을 클릭합니다.

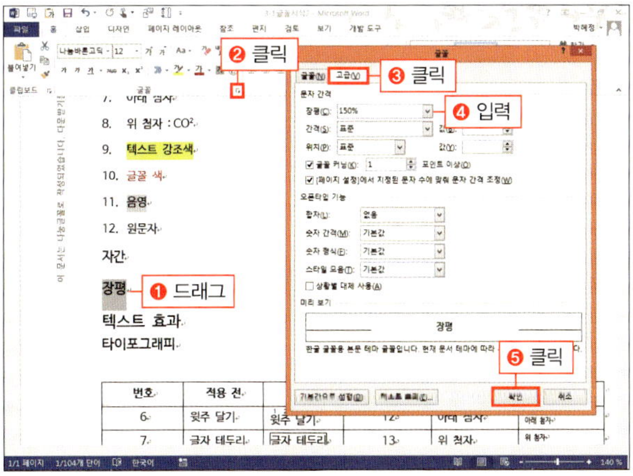

> **TIP :** 기본 장평은 '100%'입니다. 글자의 비율(장평)에서 '100%'가 넘으면 평체이고 '100%'미만이면 장체입니다.

03. 결과를 확인하여 자간과 장평의 차이를 확인합니다.

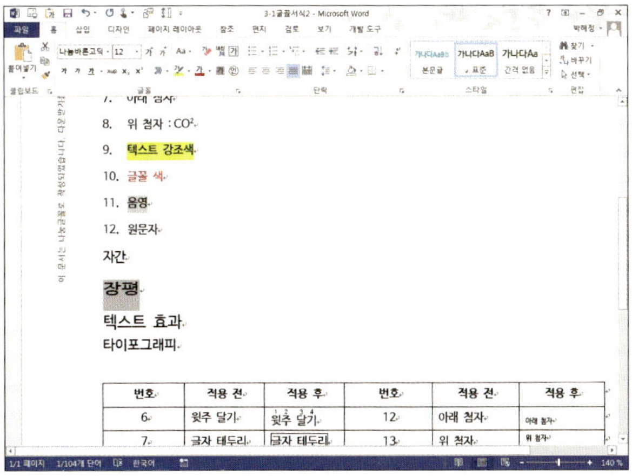

STEP 05 • 텍스트 효과 적용하기

그림자나 네온 같은 텍스트 효과를 적용하여 텍스트를 꾸밉니다. 한글 입력 체계 설정을 변경해 합자를 사용하거나 스타일 집합을 선택할 수도 있습니다.

완성 파일 | CD\Part 03\3-1글꼴서식2_완성.docx

01. 효과를 적용할 텍스트를 선택하고 [홈] 탭-[글꼴] 그룹-[텍스트 효과와 타이포그래피]의 목록 단추를 클릭하여 [반사]-[근접 반사, 터치]를 클릭합니다.

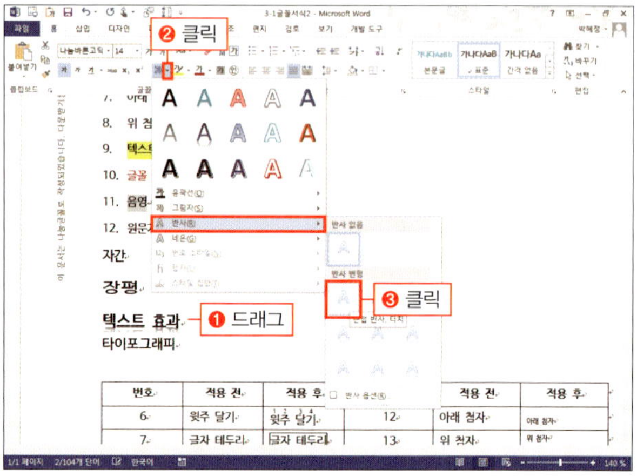

02. 텍스트에 반사 효과가 적용됩니다. 이번에는 네온 효과를 적용하기 위해 [홈] 탭-[글꼴] 그룹-[텍스트 효과와 타이포그래피]의 목록 단추를 클릭하여 [네온]-[빨강, 8pt 네온, 강조색2]를 클릭합니다.

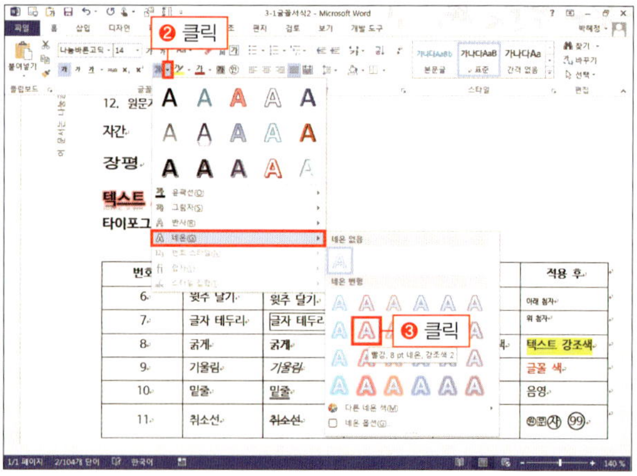

03. 네온 효과가 적용됩니다. 적용한 텍스트 효과를 모두 없애려면 [홈] 탭-[글꼴] 그룹-[모든 서식 지우기]를 클릭합니다.

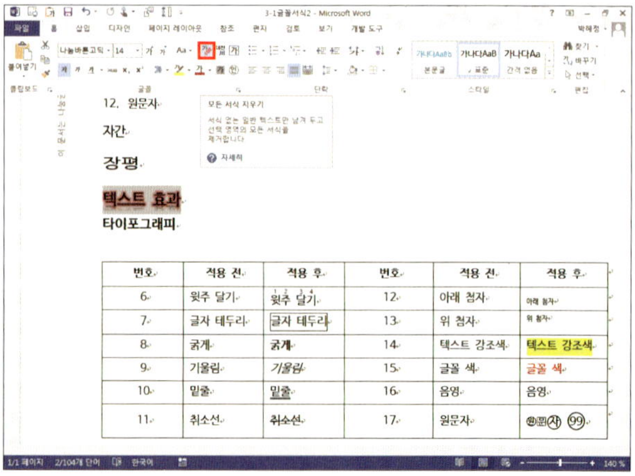

TIP : [모든 서식 지우기]를 클릭하면 텍스트 강조색, 음영, 원 문자, 윗주를 제외하고 적용한 모든 서식을 지웁니다.

원문자 만들고, 영문 대소문자 바꾸기

실무에선 이렇게!

[삽입] 탭-[기호]에서 제공하는 원문자는 제한적입니다. 그래서 제공되지 않는 숫자를 원문자로 만들고 싶을 때 원문자 만들기를 사용합니다. 워드 2013은 이 외에도 이미 입력한 영문의 대소문자 바꾸기 기능을 제공하고, 이렇게 적용한 모든 서식을 지우는 서식 지우기 기능도 제공합니다.

예제 파일 | CD₩Part 03₩3-1원문자대소문자.docx **완성 파일 |** CD₩완성예제₩3-1원문자대소문자_완성.docx

■ 두 자리 수 원문자 만들기

01. [홈] 탭-[글꼴] 그룹-[원문자]를 클릭한 후 [원 문자] 대화상자에서 [원문자 스타일]은 [기호를 크게]로 선택하고 [텍스트]는 '99'로 입력합니다. [모양]은 '동그라미'로 선택하고 [확인]을 클릭합니다.

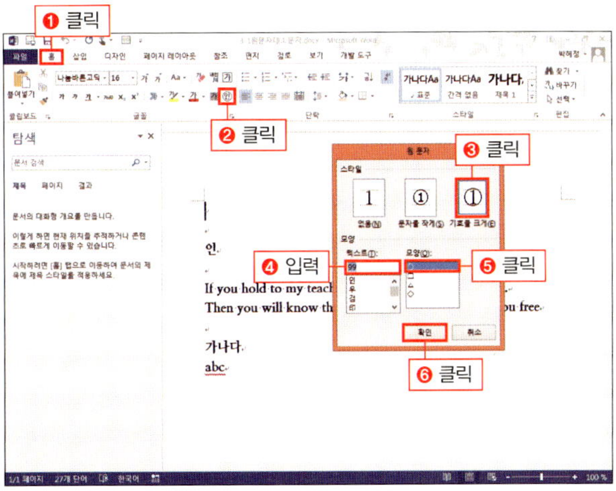

TIP : 두 자리 수 '99'까지 원문자로 만들 수 있습니다. 세 자리는 원문자로 만들 수 없습니다.

02. 원문자가 만들어 집니다. '㉥'과 같은 한글 한 글자를 원문자로 만들기 위해 '인'을 먼저 입력하고 선택한 다음 [홈] 탭-[글꼴] 그룹-[원문자]를 클릭합니다. '인'이 [텍스트]에 표시되는지 확인하고 [확인]을 클릭합니다.

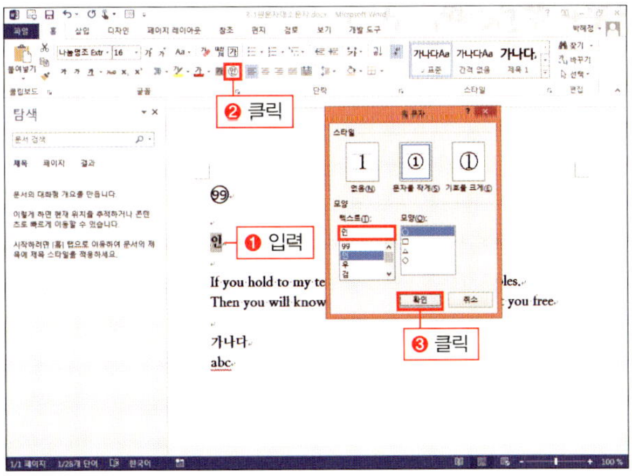

03. 숫자와 문자로 만든 원문자입니다.

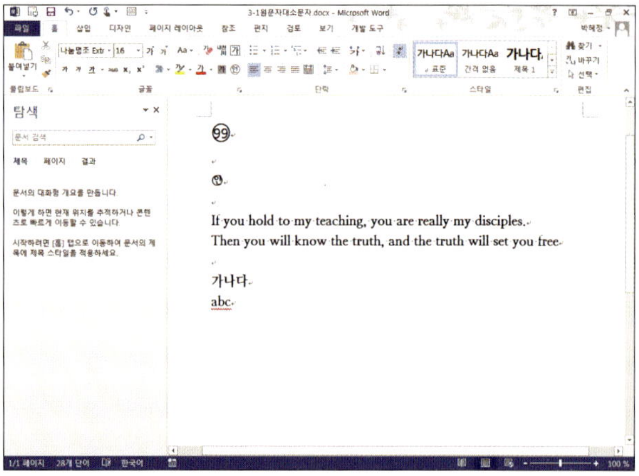

> **TIP :** 원문자는 [모든 서식 지우기]를 클릭해 취소할 수 없습니다.

■ 영문 대소문자 바꾸기

01. 모두 대문자로 입력된 문장을 문장의 첫 글자를 제외한 나머지를 소문자로 만들기 위해 문장을 Ctrl +클릭하여 선택한 다음 [홈] 탭-[글꼴] 그룹-[대/소문자 바꾸기]-[각 단어를 대문자로]를 클릭합니다.

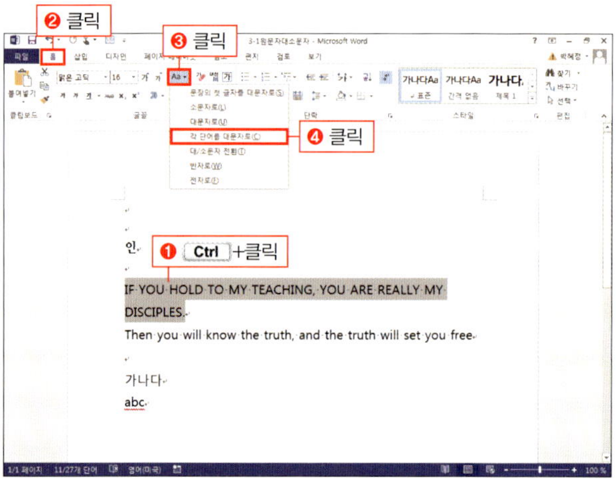

02. 영문은 대부분 한 글자가 가로와 세로의 비율이 2:1인 반자로 형성됩니다. 한글은 가로와 세로의 비율이 1:1입니다. 영문을 전자로 만들어 한글과의 비율을 맞추기 위해 'abc'를 선택하고 [홈] 탭-[글꼴] 그룹-[대/소문자 바꾸기]-[전자]로 클릭합니다.

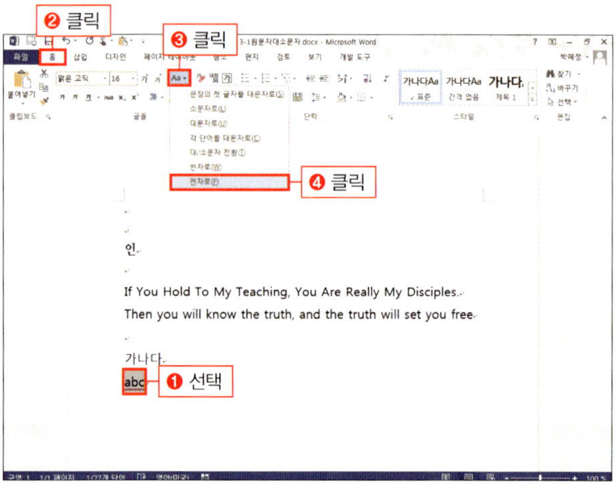

03. 입력된 '가나다'와 너비가 같아집니다.

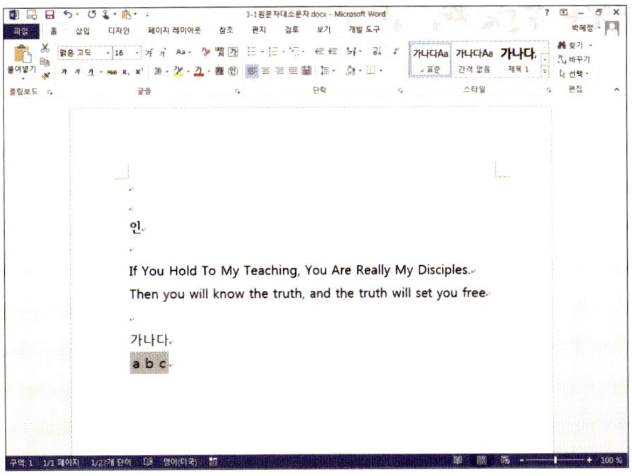

LESSON

02 단락 서식 지정하기

레벨 ● ● ●

워드를 포함하여 대부분의 워드 프로세서는 텍스트를 서식할 때 한 글자 단위로 기능을 적용하는 글꼴 그룹과 Enter로 구분하면 단락으로 취급하는 단락 그룹, 이 두 그룹을 나눠서 서식을 적용합니다.

기초탄탄 [단락] 대화상자, 단락 기호 표시하기

■ [홈] 탭–[단락] 그룹 133P

[홈] 탭–[단락] 그룹의 메뉴들은 단락(문단) 단위로 적용되는데, 기능을 적용하기 위해 단락 내에 커서를 위치시키면 됩니다. 이전 이후 단락에는 아무런 영향을 미치지 않습니다.

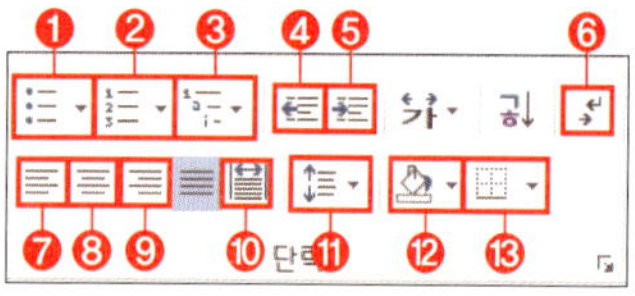

❶ 글머리 기호 : 글머리 기호는 단락의 첫 줄 왼쪽에 만들어 집니다.

❷ 번호 매기기 : 단락의 첫 줄 왼쪽에 번호를 만듭니다.

❸ 다단계 번호 매기기 : 여러 수준의 목록을 만들어 항목을 정리하거나 개요를 만듭니다.

❹ 들여쓰기 : 단락이 왼쪽 여백에서 멀어지도록 들여 씁니다.

❺ 내어쓰기 : 단락이 왼쪽 여백에서 가까워지도록 거리를 좁힙니다.

❻ 편집 번호 표시/숨기기 : 단락 기호 및 기타 숨겨진 서식 기호를 표시합니다.

❼ 왼쪽 맞춤 : 텍스트를 가로 중심으로 왼쪽으로 맞춥니다.

❽ 가운데 맞춤 : 텍스트를 가로 중심으로 가운데로 맞춥니다.

❾ 오른쪽 맞춤 : 텍스트를 가로 중심으로 오른쪽으로 맞춥니다.

❿ 균등 분할 맞춤 : 텍스트를 왼쪽과 오른쪽 여백 사이에 균일하게 배분하여 문서의 가장자리를 정돈합니다.

⓫ 선 및 단락 간격 : 텍스트 줄 또는 단락 사이의 간격을 설정합니다.

⓬ 음영 : 선택한 텍스트는 물론이고 단락 또는 표 셀의 배경을 변경합니다.

⓭ 테두리 : 선택한 텍스트는 물론이고 단락 또는 표 셀의 테두리를 설정합니다.

■ [단락] 대화상자 135P

[홈] 탭-[단락] 그룹의 대화상자 표시 아이콘(⧉)을 클릭하면 [단락 서식] 대화상자를 열 수 있습니다.

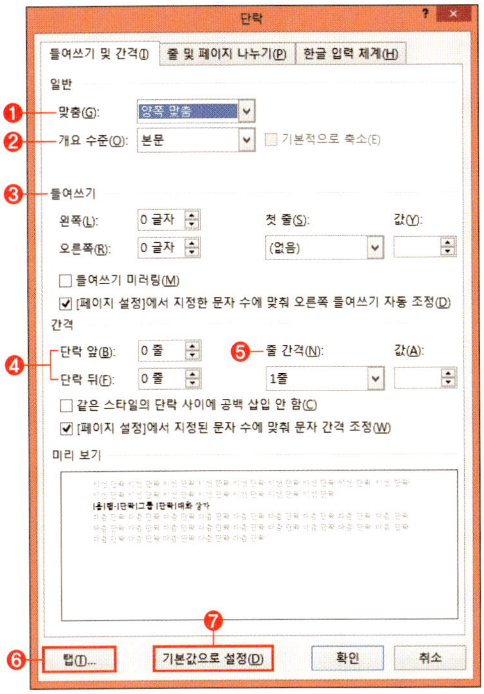

❶ **맞춤** : 커서를 기준으로 해당 단락에 왼쪽, 가운데, 오른쪽, 양쪽, 균등 분할 중 하나를 선택하여 적용합니다.

❷ **개요 수준** : [보기] 탭-[보기] 그룹-[개요] 창에서 작업하는 수준 작업과 동일한 작업으로 수준을 설정하면 후에 목차로 불러들이는 등의 다른 작업과 연계하여 사용합니다.

❸ **들여쓰기** : 단락의 왼쪽, 오른쪽 여백 및 첫 줄 여백을 수치를 넣어 설정할 수 있습니다.

❹ **단락 앞/단락 뒤** : 커서를 기준으로 해당 단락에 단락 위나 뒤에 여백을 수치를 넣어 설정할 수 있습니다.

❺ **줄 간격** : 현재 단락의 줄 사이 간격을 설정하는 기능으로 같은 단락 안에서 줄 간격은 모두 일정합니다.

❻ **[탭]** : 기본 8글자만큼 이동하는 탭의 이동 위치를 지정할 수 있습니다.

❼ **[기본값으로 설정]** : 글자에 적용된 단락 기능을 기본 값으로 만듭니다.

■ 줄 간격 옵션 140P

줄에 큰 글자, 그래픽 또는 수식이 있는 경우 이 줄의 간격이 늘어납니다. 단락 안의 모든 줄 간격을 똑같이 조정하려면 고정 간격을 사용하고 줄에서 가장 큰 글자나 그래픽을 수용할 수 있을 만큼 충분한 간격을 설정합니다. 항목이 잘리면 간격을 늘립니다.

줄 간격	설명
1줄	이 옵션은 줄에서 가장 큰 글꼴에 약간의 공간을 추가하여 줄 간격을 설정합니다. 추가되는 공간은 사용된 글꼴에 따라 다릅니다.
1.5줄	1줄 간격의 1.5배 크기의 줄 간격을 설정합니다.
2줄	1줄 간격의 2배 크기의 줄 간격을 설정합니다.
최소	줄에서 가장 큰 글꼴이나 그래픽에 맞는 최소 줄 간격을 설정합니다.
고정	이 옵션은 고정된 줄 간격(포인트로 표시)을 설정합니다. 예를 들어 텍스트가 10포인트 글꼴인 경우 12포인트를 줄 간격으로 설정할 수 있습니다.
배수	이 옵션은 1보다 큰 숫자로 표시될 수 있는 줄 간격을 설정합니다. 예를 들어 줄 간격을 1.15로 설정하면 간격이 15% 늘어나고 줄 간격을 3으로 설정하면 간격이 300%(3배 간격) 늘어납니다.

■ 단락 간격 옵션 140P

다음의 표에 나와 있는 간격은 맑은 고딕, 10포인트 텍스트를 기준으로 한 것입니다.

옵션	단락 뒤 간격	단락 내 줄 간격	옵션	단락 뒤 간격	단락 내 줄 간격
단락 간격 없음	0	1	넓게	10	1.15
좁게	4	1	보통	6	1.5
빽빽하게	6	1.15	2줄	8	2

■ 용어 정리

용어	설명
줄	글자의 가로 모임입니다.
단락	글자들의 묶음으로 Enter로 단락을 구분합니다.
들여쓰기	문장을 쓸 때 문자열을 오른쪽으로 당겨 주변의 문장과 구분하는 것을 말합니다.
내어쓰기	문장을 쓸 때 문자열을 왼쪽으로 당겨 주변의 문장과 구분하는 것을 말합니다.
편집 기호	Enter, Ctrl+Enter, Shift+Enter, 띄어쓰기, 구역 나누기 등을 화면에 표시합니다.
글머리 기호	단락의 첫 줄에 기호나 번호를 넣습니다.
줄 간격	줄과 줄을 나누는 수직의 간격으로 정확한 값은 글꼴의 크기에 비례합니다.

■ 단락 나눔 기호와 텍스트 배치 기호

Enter를 누르면 단락이 나눠지면서 단락 기호(↵)가 표시됩니다. Shift+Enter를 누르면 나타나는 텍스트 배치 기호(↓) 단락을 유지한 채로 다음 줄로 이동합니다.

■ 눈금자의 마커(또는 탭 키) 138P

눈금자와 마커(탭)

❶ 탭 선택기 : 현재 오른쪽 탭. 원하는 탭 유형이 나타날 때까지 눈금자의 왼쪽 끝에 있는 탭 선택기를 클릭하고

❷ 눈금자 클릭 : 원하는 위치에서 눈금자를 클릭하여 신속하게 탭을 설정할 수 있습니다.

❸ [탭] 대화상자를 표시하려면 눈금자에서 탭을 두 번 클릭합니다.

[탭] 대화상자

눈금자 클릭으로는 선택할 수 없는 정확한 위치에 탭을 설정하려는 경우나 탭 앞에 특정 문자(채움선)를 넣으려는 경우 [탭] 대화상자를 사용할 수 있습니다.

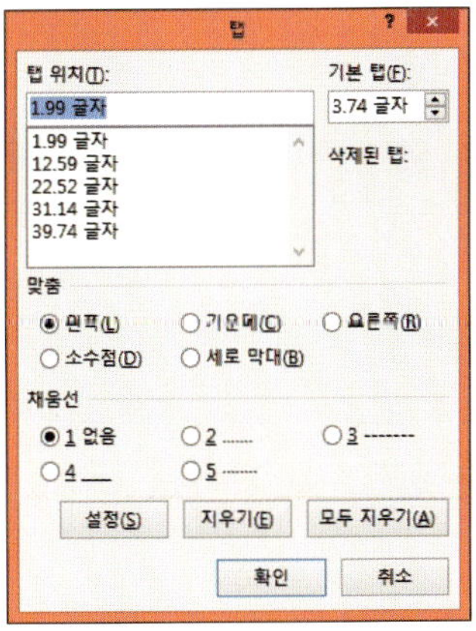

마커(탭)의 종류 및 역할

종류	설명
	왼쪽 탭은 텍스트의 시작 위치를 설정합니다. 텍스트를 입력하면 이 위치로부터 오른쪽으로 텍스트가 입력됩니다.
	가운데 탭은 텍스트의 가운데 위치를 설정합니다. 텍스트를 입력하면 이 위치를 중심으로 텍스트가 정렬됩니다.
	오른쪽 탭은 텍스트의 오른쪽 끝을 설정합니다. 텍스트를 입력하면 텍스트가 왼쪽으로 이동합니다.
	소수점 탭은 소수점 숫자를 정렬합니다. 자릿수에 관계없이 소수점은 같은 위치에 있습니다. 소수점 문자의 숫자만 정렬할 수 있으며 하이픈(-)이나 앰퍼샌드(&) 기호와 같은 다른 문자로 숫자를 정렬할 수 없습니다.
	줄 탭은 텍스트 위치를 지정하지 않으며 탭 위치에 세로 막대를 삽입합니다.

가로 눈금자를 사용하여 탭 설정

문서에 눈금자를 이용해 탭을 사용하려면 [보기] 탭–[보기] 그룹–[눈금자]가 선택되어 있는지 확인해야 합니다.

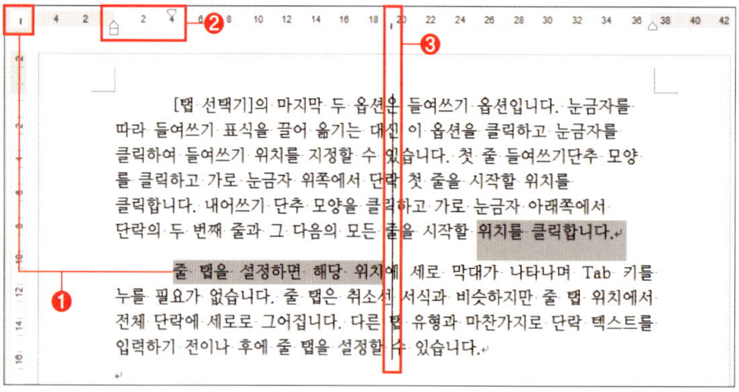

❶ 적용할 단락을 선택하고 마커(탭)의 종류를 체크합니다.

❷ [탭 선택기]의 마지막 두 옵션은 들여쓰기 옵션입니다. 눈금자를 따라 들여쓰기 표식을 끌어 옮기는 대신 이 옵션을 클릭하고 눈금자를 클릭하여 들여쓰기 위치를 설정할 수 있습니다. 첫 줄 들여쓰기 단추 모양을 클릭하고 가로 눈금자 위쪽에서 단락 첫 줄을 시작할 위치를 클릭합니다. 내어쓰기 단추 모양을 클릭하고 가로 눈금자 아래쪽에서 단락의 두 번째 줄과 그 다음의 모든 줄을 시작할 위치를 클릭합니다.

❸ 줄 탭을 설정하면 해당 위치에 세로 막대가 나타나며 Tab 을 누를 필요가 없습니다. 줄 탭은 취소선 서식과 비슷하지만 줄 탭 위치에서 전체 단락에 세로로 그어집니다. 다른 탭 유형과 마찬가지로 단락 텍스트를 입력하기 전이나 후에 줄 탭을 설정할 수 있습니다.

[탭] 이동 및 삭제하기

눈금자에서 탭을 위나 아래로 끌어 탭을 제거할 수 있습니다. 마우스 단추에서 손을 놓으면 탭이 사라집니다. 눈금자를 따라 기존 탭을 왼쪽이나 오른쪽으로 끌어 다른 위치로 이동할 수도 있습니다.

STEP 01 • 글머리 기호 및 번호 적용하기

글머리 기호 및 번호를 지정하는 최소 단위는 단락입니다. 적용하기 원하는 단락의 어떤 위치든 커서를 위치 시킨 다음 작업을 진행하면 됩니다. 글머리 기호와 번호 매기기의 번호는 적용하면 단락의 첫 줄에 왼쪽에 위치합니다.

예제 파일 | CD\Part 03\3-2단락기능1.docx **완성 파일 |** CD\Part 03\3-2단락기능1_완성.docx

01. 번호 매기기를 적용할 '서론01', '본론12', '결론45'를 Ctrl 을 누른 채로 선택한 다음 [홈] 탭-[단락] 그룹-[글머리 기호]의 목록 단추를 클릭하여 [새 번호 서식 정의]를 클릭합니다.

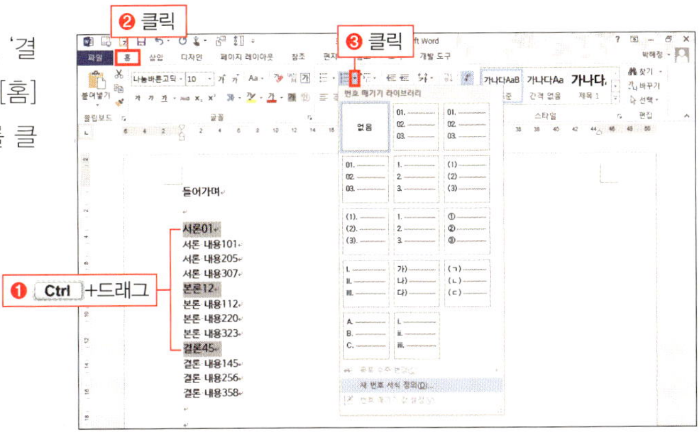

02. [새 번호 서식 정의] 대화상자에서 [번호 서식]의 '1' 앞에 커서를 위치시키고 '0'을 입력하여 '01'처럼 만들고 [확인]을 클릭합니다.

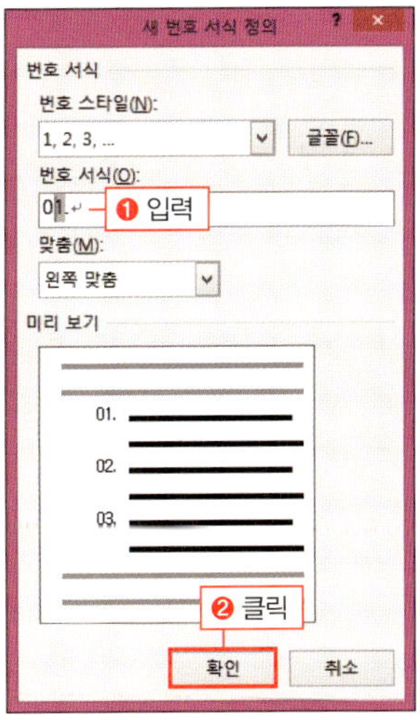

TIP : 번호의 글꼴을 따로 설정하지 않으면 선택한 단락의 글꼴이 반영됩니다.

03. 시작 번호를 변경하려면 해당 단락에 커서를 위치시키고 바로 가기 메뉴에서 [번호 매기기 값 설정]을 클릭하거나 [홈] 탭-[단락] 그룹-[번호 매기기]의 목록 단추를 클릭하여 [번호 매기기 값 설정]을 클릭합니다.

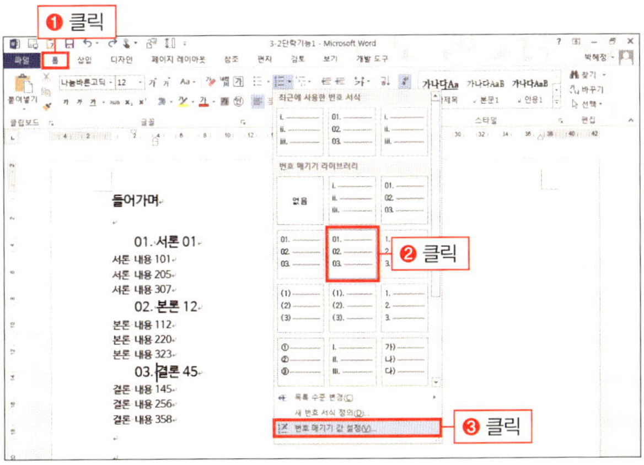

04. [번호 매기기 값 설정] 대화상자에서 [시작 번호]를 입력합니다.

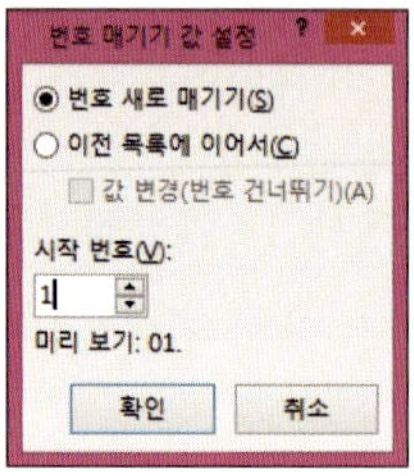

05. 선택한 단락의 시작 번호가 '01'로 수정됩니다.

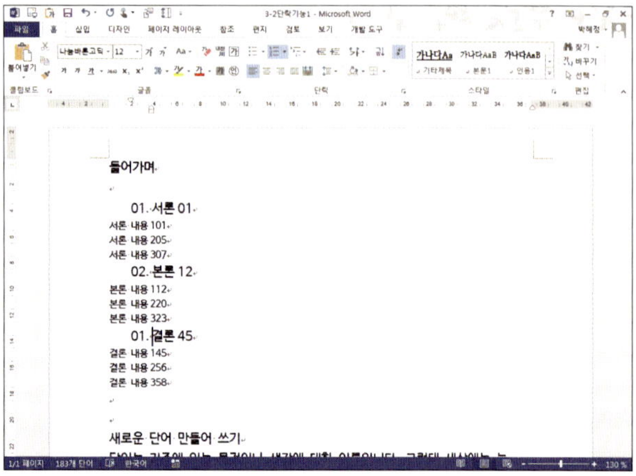

STEP 02 • 눈금자에 탭으로 들여쓰기/내어쓰기 적용하기

단락의 들여쓰기나 여백은 정확한 글자 수를 입력해서 조정할 수도 있고, 문서 창에 눈금자 보기 상태에서 탭을 이용하여 조정할 수도 있습니다. 눈금자에 나타난 첫 줄 들여쓰기 마커와 왼쪽 들여쓰기 마커를 이용합니다.

예제 파일 I CD₩Part 03₩3-2단락기능2.docx **완성 파일 I** CD₩Part 03₩3-2단락기능2_완성.docx

01. 먼저 [보기] 탭-[표시] 그룹-[눈금자]를 체크해 문서에 눈금자를 표시합니다.

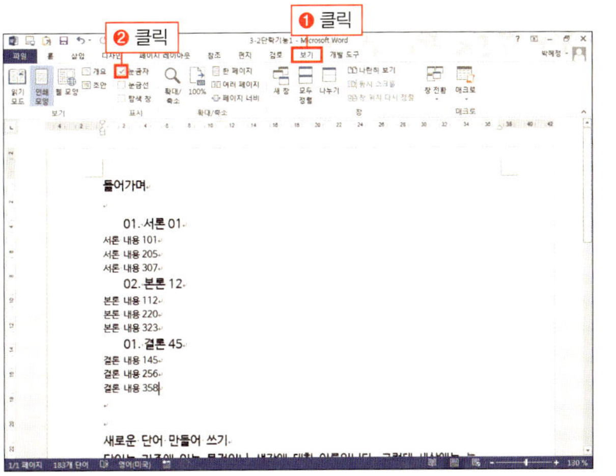

02. '새로운 단어 만들어 쓰기' 줄부터 '~있습니다' 단락까지 드래그하여 선택한 다음 눈금자에 [왼쪽 들여쓰기]를 '4'까지 드래그합니다.

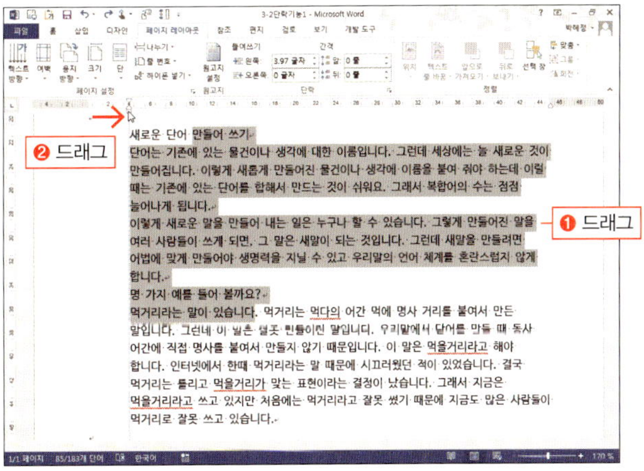

03. 선택한 상태에서 눈금자에 [오른쪽 들여쓰기]를 '38'까지 드래그합니다.

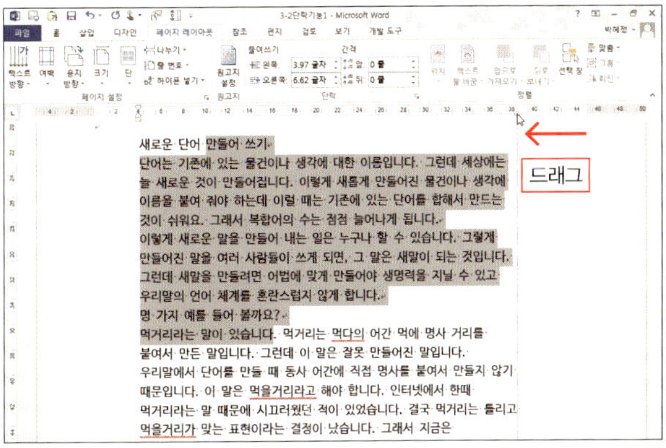

04. 계속해서 [첫 줄 들여쓰기]를 '8'까지 드래그합니다. 선택한 범위의 단락의 첫 줄의 글자들이 오른쪽으로 '8'까지 이동됩니다.

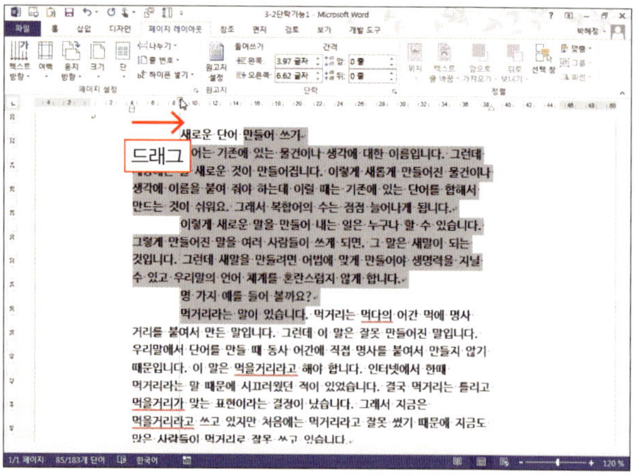

TIP : Alt 를 누른 채로 드래그하면 실제 수치를 확인하면서 세밀한 조정이 가능합니다.

05. 선택 상태를 유지하고 [내어쓰기] 탭인 아래 세모에 마우스 포인터를 옮기고 오른쪽으로 드래그하면 단락의 첫 줄을 제외한 나머지 줄이 오른쪽으로 이동됩니다.

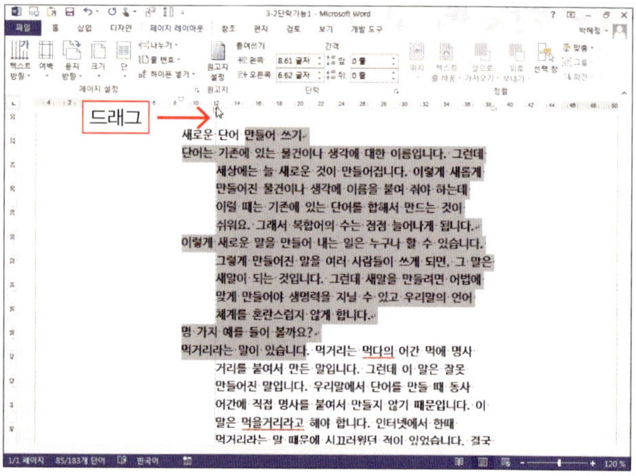

06. 이번에는 직접 수치를 넣어 첫 줄을 들여쓰기하기 위해, [홈] 탭–[단락] 그룹의 대화상자 표시 아이콘(⧉)을 클릭합니다.

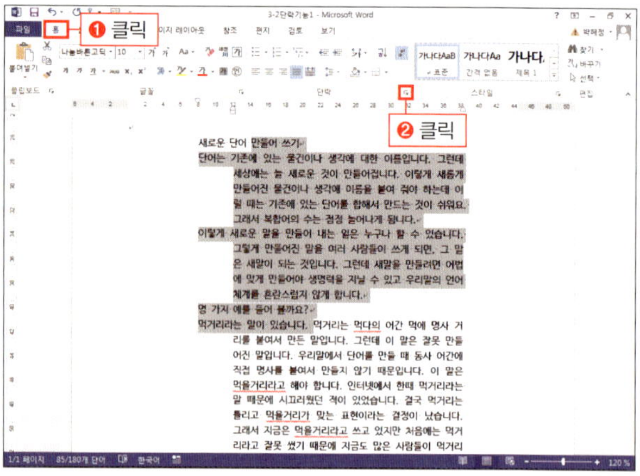

07. [단락] 대화상자에서 [첫 줄]을 '첫 줄'로 선택하고 [값]을 '2글자'로 입력한 다음 [확인]을 클릭합니다.

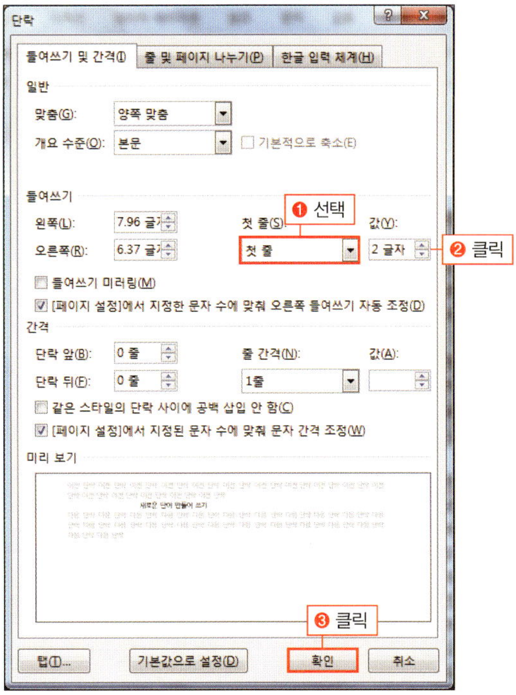

08. 첫 줄 왼쪽에 2글자 너비의 공간이 추가됩니다.

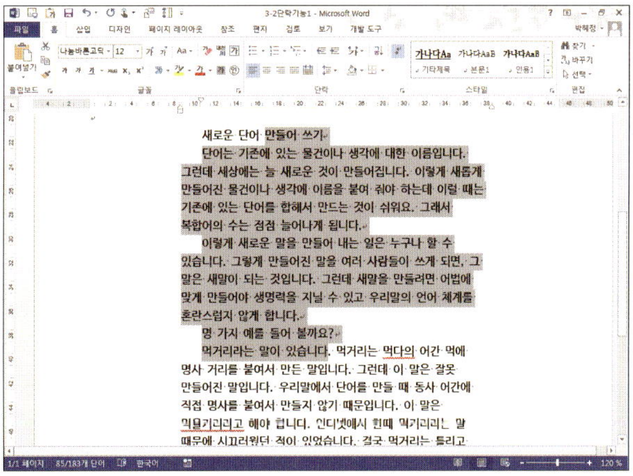

STEP 03 • 줄 간격 및 단락 간격 조정하기

기본적으로 워드의 줄은 1줄 간격으로 설정되어 있고, 각 단락이 끝날 때마다 약간의 공간이 더 추가됩니다. 줄 간격과 단락을 구분하여 기본 설정된 값을 변경해 봅니다.

예제 파일 I CD₩Part 03₩3-2단락기능2.docx **완성 파일 I** CD₩Part 03₩3-2단락기능2_완성.docx

01. 다음을 참고해 단락의 앞과 뒤의 간격을 설정할 '01 서론', '02 본론', '03 결론'을 Ctrl 을 누른 채로 드래그하여 선택합니다. [홈] 탭-[단락] 그룹-[선 및 단락 간격]-[줄 간격 옵션]을 클릭하여 대화상자를 엽니다.

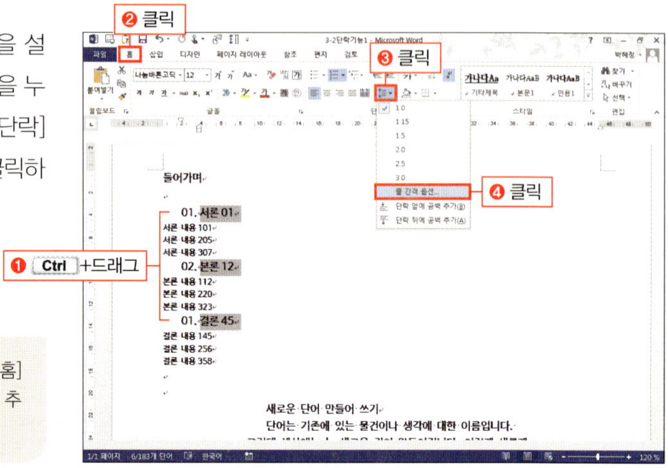

TIP : 단락 사이의 간격을 쉽게 설정하려면 [홈] 탭-[단락] 그룹-[선 및 단락 간격]-[단락 앞에 공백 추가/단락 뒤에 공백 추가]를 클릭해 적용합니다.

02. [단락] 대화상자에서 [단락 앞]과 [단락 뒤]는 각각 '10pt'로, [줄 간격]은 '배수'로 선택하고 [값]을 '1.15'로 입력한 다음 [확인]을 클릭합니다.

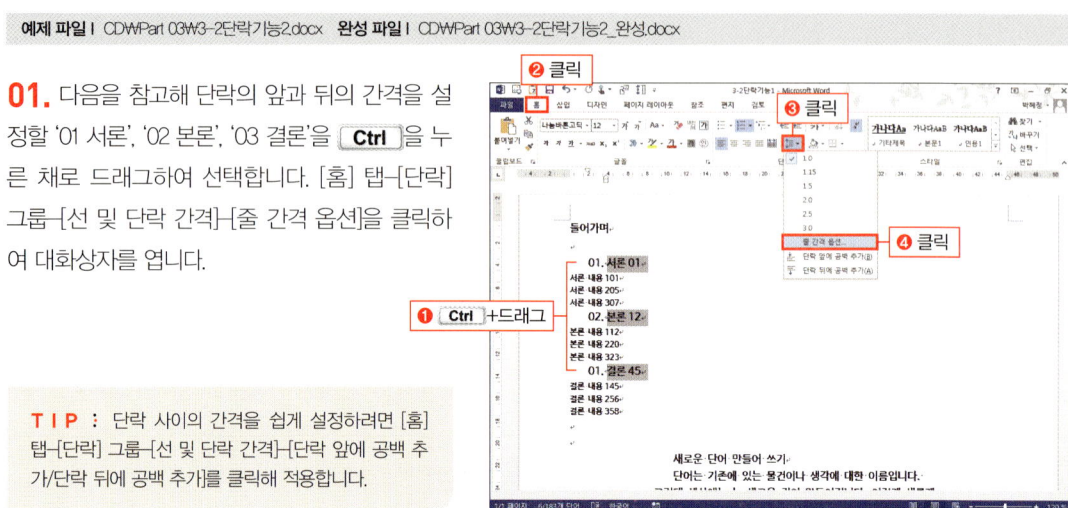

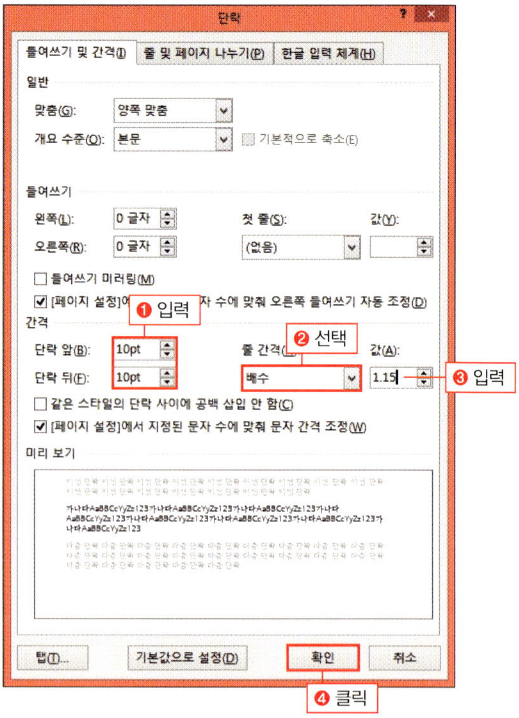

TIP : pt(point) 단위와 줄 단위 모두 사용할 수 있습니다.

03. 선택한 단락의 앞/뒤에 공백이 추가되고, 줄 간격도 적용되었습니다.

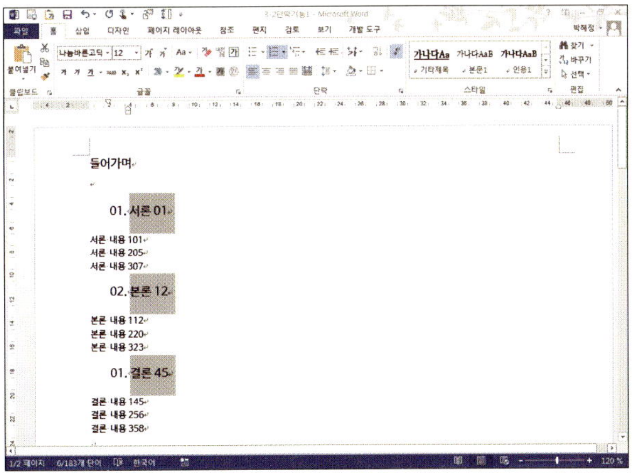

TIP : 단락 앞/뒤나 줄 간격으로 추가된 공간은 Enter로 공간을 만든 것이 아니기 때문에 단락 기호가 나타나지 않습니다.

탭이 가는 길 설정하기

눈금자를 사용하여 문서의 왼쪽, 가운데 및 오른쪽에 수동 탭을 설정할 수 있습니다. 만들어진 탭은 키보드의 Tab 이 눌러질 때의 커서 이동 위치가 됩니다. 탭을 만들어 놓지 않은 상태에서의 Tab 은 한글 네 글자만큼 이동합니다.

예제 파일 | CD₩Part 03₩3-2단락기능2.docx **완성 파일 |** CD₩Part 03₩3-2단락기능2_완성.docx

01. '01 서론 01'부터 마지막까지 드래그하여 범위를 지정하고 가로 눈금자 [왼쪽] 탭을 두 번 클릭해 [오른쪽] 탭으로 만든 다음 '38'을 클릭합니다.

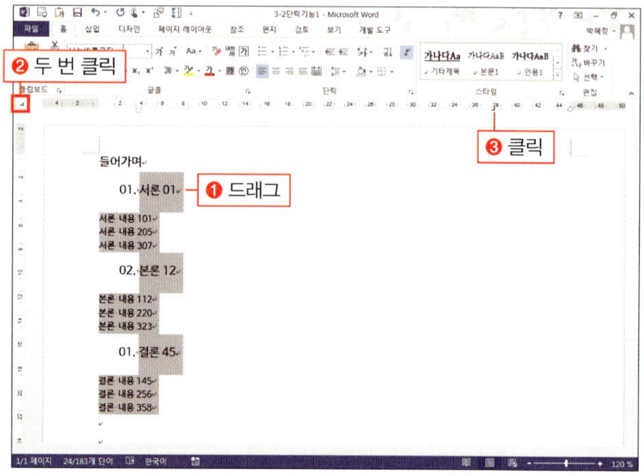

TIP : 문서 위쪽에 가로 눈금자가 없는 경우 세로 스크롤 막대 위쪽에 있는 [눈금자 보기]를 클릭합니다.

02. 눈금자 '38' 위치에 [오른쪽] 탭이 추가됩니다. '01 서론 01'의 '론'과 '0' 사이에 커서를 위치시키고 Tab 을 누릅니다.

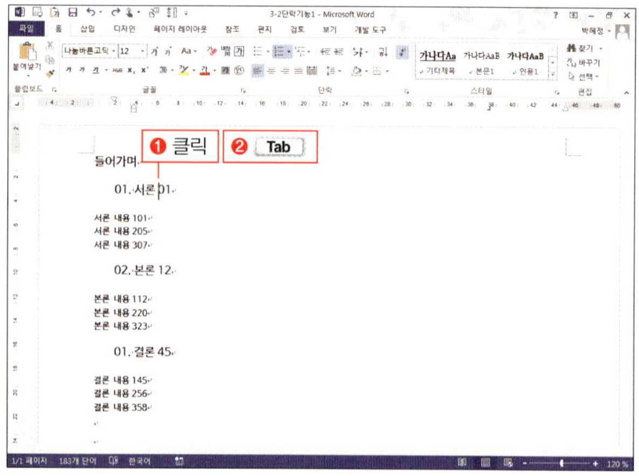

TIP : [오른쪽] 탭을 드래그하여 위치를 변경할 수도 있고, [오른쪽] 탭을 키를 눈금자 영역 밖으로 드래그하면 탭을 제거할 수도 있습니다.

03. 나머지도 제목과 페이지 번호 사이에 커서를 위치시키고 Tab 을 눌러 간격을 조정합니다.

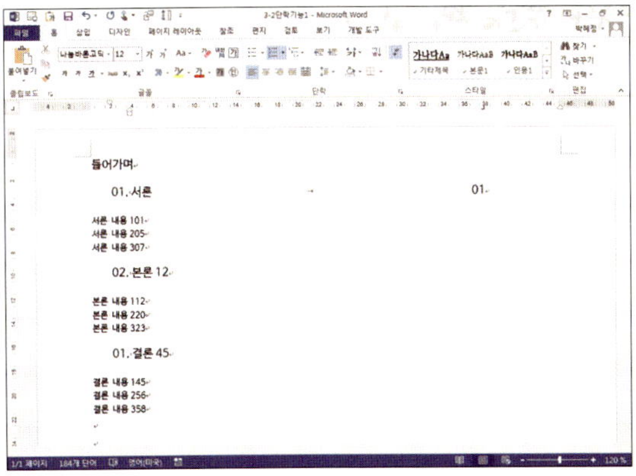

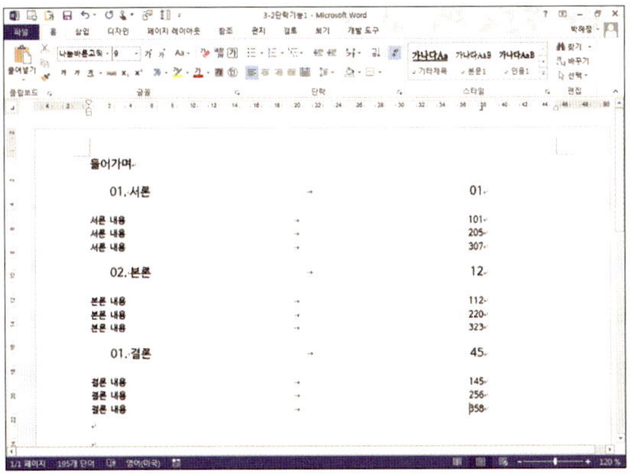

04. 다음을 참고해 '01 서론', '02 본론', '03 결론'을 Ctrl 을 누른 채로 드래그하여 선택합니다. 눈금자의 '38' 위치에 [오른쪽] 탭을 '34' 위치로 조정합니다.

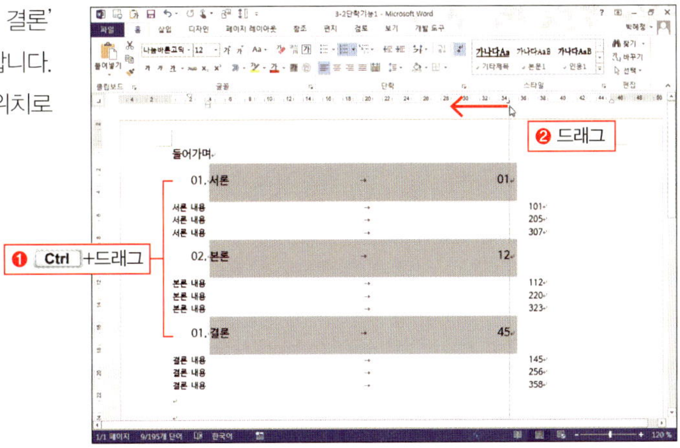

05. 이번에는 Tab 으로 띄워진 제목과 페이지 번호 사이를 점으로 채우기 위해 '01 서론', '02 본론', '03 결론'이 선택된 상태를 유지하고 [홈] 탭-[단락] 그룹의 대화상자 표시 아이콘(⊡)을 클릭합니다. [단락] 대화상자에서 [들여쓰기 및 간격] 탭을 클릭하고 [탭]을 클릭합니다.

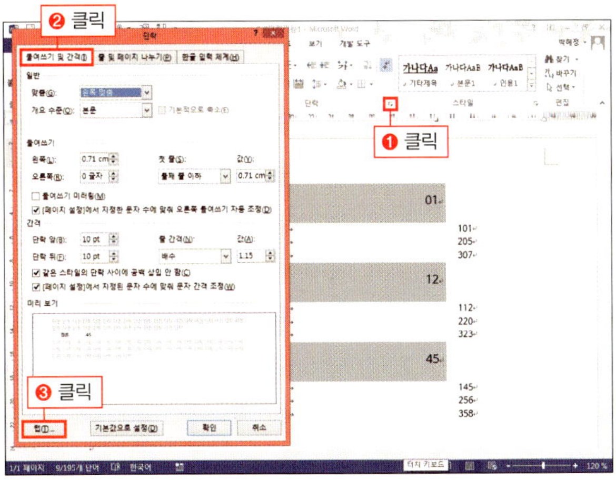

06. 눈금자 공간을 이용해 적용한 탭의 위치나 채움선을 설정할 수 있는 [탭] 대화상자가 나타납니다. 선택된 상태에서 채움선을 [2 ...]로 선택하고 [확인]을 클릭합니다. 선택한 채움선이 삽입됩니다.

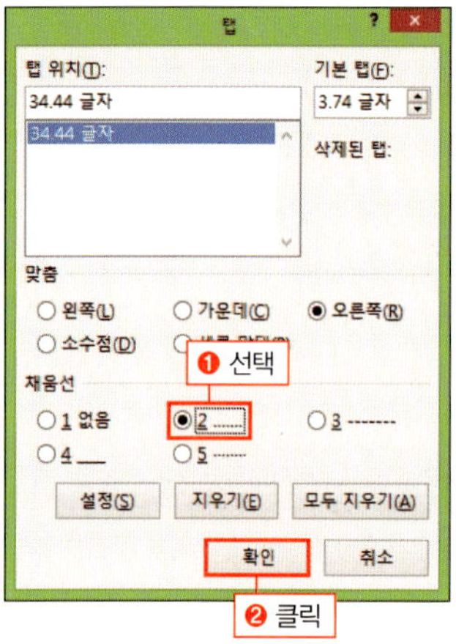

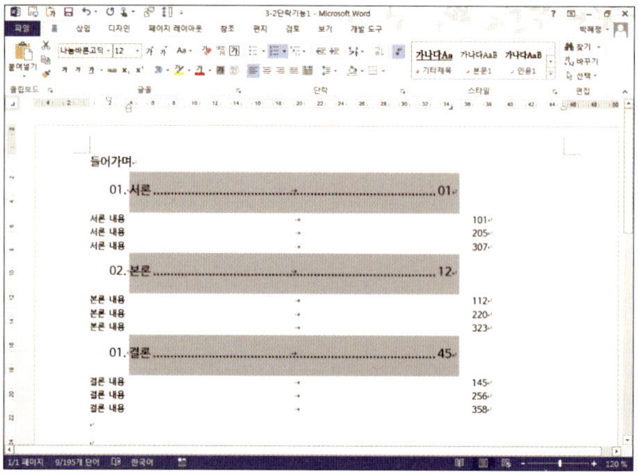

TIP : [탭] 대화상자를 이용하여 수동 탭을 설정할 수도 있고, 적용한 탭을 수정 및 삭제할 수도 있습니다.

LESSON
03 스타일 만들어 서식 적용하고 빠르게 변경하기

레벨 ●●●

앞서 배운 Lesson 02, Lesson 03의 서식 기능들의 조합을 나만의 스타일로 이름을 만들어 사용할 수 있습니다. 스타일을 통해 시간을 절약하고 멋진 문서를 작성하는 방법과 스타일과 두 가지 다른 기능인 빠른 스타일/테마를 비교해서 설명합니다.

기초탄탄 ▶ 스타일 적용 창

■ 스타일 적용 창 활용 149P

워드 2013 새 문서를 실행하고 [홈] 탭–[스타일] 그룹의 [스타일] 창 표시 아이콘(◲)을 클릭하면 오른쪽에 스타일 작업을 더 쉽게 하기 위한 창이 나타납니다.

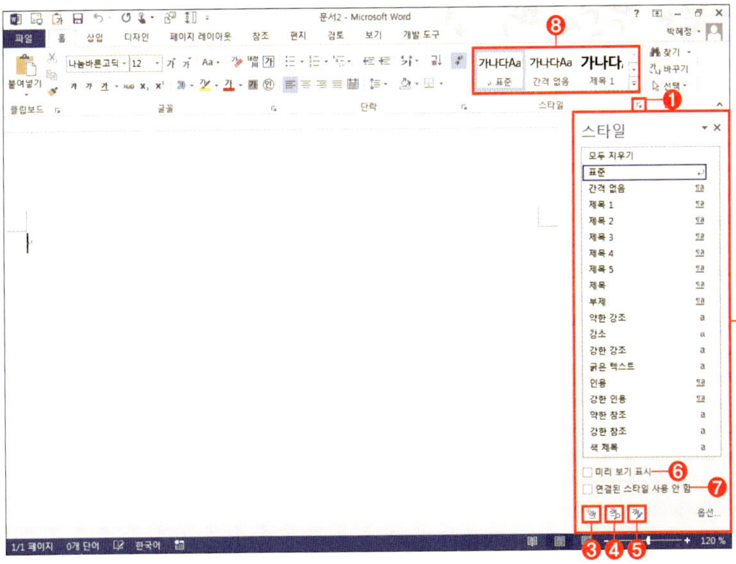

❶ [스타일] 창 열기 : [홈] 탭–[스타일] 그룹의 대화상자 표시 아이콘(◲)을 클릭합니다.

❷ [스타일] 창 : 스타일 작업을 쉽게 할 수 있습니다.

❸ [새 스타일] : [서식에서 새 스타일 만들기] 대화상자가 나타납니다.

❹ [스타일 검사기] 창 : 단락과 텍스트 수준의 서식 스타일을 찾고 없애는 창이 나타납니다.

❺ [스타일 관리] : [스타일 관리] 대화상자가 나타납니다. 다른 문서의 스타일을 가져오고, 현재 문서의 스타일을 내보낼 수 있습니다.

❻ **미리 보기 표시** : 체크하면 적용된 스타일 이름에 서식을 반영합니다.

❼ **연결된 스타일 사용 안 함** : 워드 스타일은 단락, 문자, 연결(단락 및 문자), 표, 목록으로 형식을 구분하여 만들 수 있습니다. [연결된 스타일 사용 안 함]을 체크하면 [연결(단락 및 문자)] 스타일 형식으로 지정하여 만든 스타일을 사용할 수 없습니다. [연결(단락 및 문자)] 스타일 형식은 문자와 단락 둘의 형식을 사용할 수 있습니다. 긴 문장에서 일부만 문자 스타일 형식과 같이 지정하여 목차에 제목으로 활용할 수 있습니다.

❽ **스타일 갤러리** : [디자인] 탭–[문서 서식] 그룹에 선택한 스타일 모음 갤러리가 나타납니다.

■ 제목 스타일이란?

일반 워드 문서에서는 텍스트를 크고 굵게 표시하는 '제목 1' 단락 스타일을 사용하여 텍스트를 돋보이게 할 수 있습니다. 그러나 워드 프로세싱 데이터의 경우 제목은 학교에서 작성한 보고서의 개요처럼 문서의 논리적 구조를 나타냅니다.

제목 스타일의 특징

- [단락] 대화상자에 [들여쓰기 및 간격] 탭에 [개요 수준]이 정의됩니다.
- 개요 수준이 적용되면 [탐색] 창에 [제목] 창에 나타납니다.
- [목차]를 만들 때에도 활용됩니다.
- 다단계 번호 매기기와도 연계하여 작업합니다.

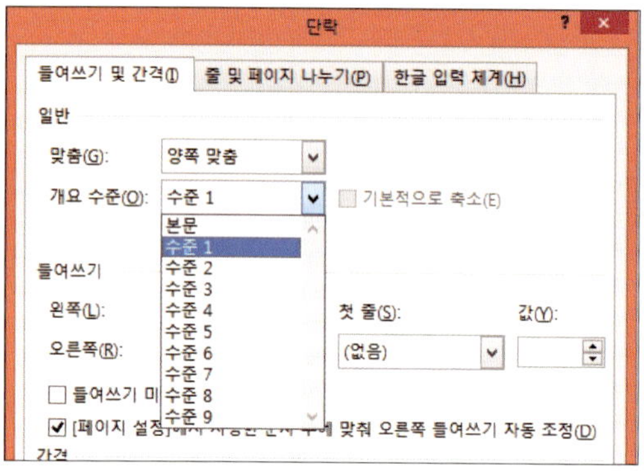

스타일 목록

스타일 이름 옆의 목록 단추를 클릭하면, 다음과 같은 목록이 나타납니다.

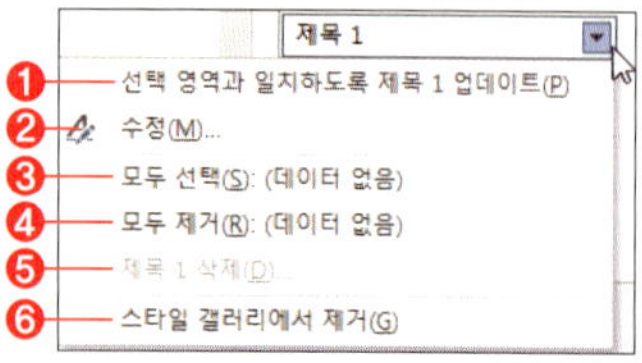

❶ **선택 영역과 일치하도록 제목 1 업데이트** : 커서가 위치한 문자의 서식과 같도록 스타일을 업데이트합니다.

❷ **수정** : [스타일 수정] 대화상자를 엽니다.

❸ **모두 선택** : 같은 스타일을 사용하는 모든 단락 및 문자를 엽니다.

❹ **모두 제거** : 모두 제거하면 '제목 1'을 사용하는 단락 및 문자를 '표준' 스타일로 변경합니다. 만약 스타일을 영구적으로 삭제하는 것이 아니라 빠른 스타일 갤러리에서만 제거하려면 [스타일 갤러리에서 제거]를 클릭합니다.

❺ **제목 1 삭제** : MS 워드 2013이 제공하는 기본 스타일은 삭제할 수 없습니다.

❻ **스타일 갤러리에서 제거** : 스타일 갤러리 공간에 스타일을 표시하지 않습니다.

■ [새 스타일 만들기] 대화상자 149P

[홈] 탭-[스타일] 그룹-[스타일]의 자세히 단추(▭)를 클릭하여 [새 스타일 만들기]를 클릭하면 [새 스타일 만들기] 대화상자가 열리며 기존에 없는 새로운 스타일을 만들 수 있고 직접 만든 스타일을 삭제할 수 있습니다.

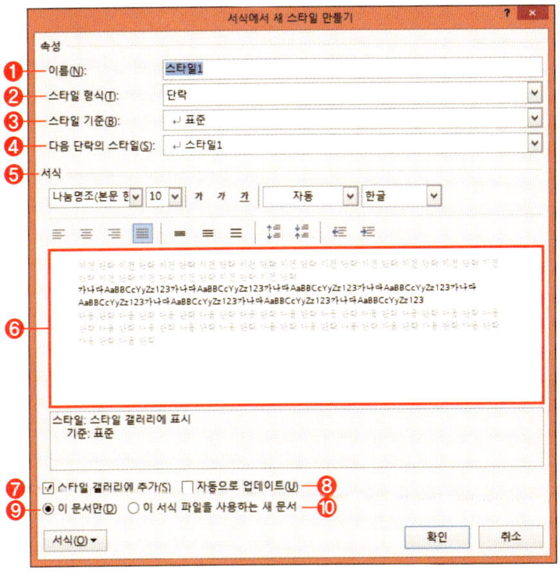

❶ **이름** : 새 스타일의 이름을 알아보기 쉽게 입력합니다.

❷ **스타일 형식** : 단락(단락 단위로 적용할 스타일), 문자(문자 단위로 적용할 스타일), 연결(단락 및 문자)(단락 스타일과 문자 스타일을 연결하는 스타일), 표(표에 적용할 스타일), 목록(목록에 적용할 스타일) 중에서 형식을 선택합니다.

❸ **스타일 기준** : 현재 선택한 단락에 설정되어 있는 서식 및 스타일에 새로운 서식이 추가되어 새 스타일이 완성됩니다.

❹ **다음 단락의 스타일** : 현재 스타일이 적용되어 있는 단락 끝에서 Enter를 눌러 새 단락을 추가한 경우에 새 다음 단락에 표시할 스타일을 선택합니다. 현재 단락의 스타일을 이어서 표시하려면 동일한 이름의 스타일을 선택하고, 빈 서식의 새 단락을 추가하려면 '표준'을 선택합니다.

❺ **서식** : 자주 사용하는 글꼴 및 단락 서식을 빠르게 설정합니다.

❻ **미리 보기** : 현재 스타일에 추가한 서식의 적용 결과를 미리 확인할 수 있으며, 상세 서식 정보가 표시됩니다.

❼ **스타일 갤러리에 추가** : 기본적으로 선택되어 있으며, 새 스타일을 빠른 스타일 목록에 추가합니다.

❽ **자동으로 업데이트** : 현재 스타일의 서식을 변경한 경우 스타일이 적용되어 있는 모든 위치의 서식이 자동으로 적용됩니다.

❾ **이 문서만** : 현재 스타일이 현재 문서에만 추가됩니다.

❿ **이 서식 파일을 사용하는 새 문서** : 현재 스타일이 포함되어 있는 서식 파일로 새 문서를 만들어 사용할 수 있습니다.

■ [스타일 수정] 대화상자의 [서식] 151P

[홈] 탭-[스타일] 그룹-[스타일]의 자세히 단추(▾)를 클릭하여 [스타일 적용] 창이 열리면, [수정]을 클릭하여 [스타일 수정] 대화상자를 열 수 있습니다. [새 스타일 만들기] 대화상자와 동일한 구성이며 아래쪽의 [서식]을 클릭하면 서식을 구체적으로 변경 및 수정할 수 있습니다.

❶ **글꼴** : 글꼴, 글꼴 크기, 글꼴 색, 밑줄, 밑줄 색, 강조점, 효과 등의 글꼴 서식을 설정합니다.

❷ **단락** : 맞춤, 들여쓰기, 단락 간격 등의 단락 서식을 설정합니다.

❸ **탭** : Tab 을 눌렀을 때 이동 간격을 설정합니다.

❹ **테두리** : 단락이나 텍스트 주위에 테두리 및 음영 서식을 설정합니다.

❺ **언어** : 사용할 언어를 선택할 수 있고, 맞춤법 및 문법 검사 여부를 설정할 확인란이 제공됩니다.

❻ **틀** : 텍스트를 틀 안에 넣을 수 있는 서식으로 문단의 첫 문자 장식 기능이 이 틀을 이용하여 만들어집니다.

❼ **번호 매기기** : 번호 서식이나 글머리 기호를 설정합니다.

❽ **바로 가기 키** : 현재 스타일에 바로 가기 키를 설정합니다.

❾ **텍스트 효과** : [홈] 탭-[글꼴] 그룹의 [텍스트 효과]와 같습니다.

STEP 01 • 새 스타일 만들기

빠른 스타일에 없는 새 스타일을 사용자가 만들어 사용할 수 있습니다. 새 스타일을 만들 때는 커서의 위치를 주의 깊게 확인해야 합니다. 기본적으로 현재 텍스트에 적용되어있는 서식을 기초로 새 스타일이 생성되기 때문입니다. 새 스타일을 만든 후 다른 텍스트에 적용해 봅니다.

예제 파일 | CD₩Part 03₩3-3스타일만들기1.docx **완성 파일 |** CD₩Part 03₩3-2스타일만들기1_완성.docx

01. 먼저 [홈] 탭-[스타일] 그룹의 대화상자 표시 아이콘(⧉)을 클릭합니다. 스타일로 등록할 서식이 적용된 '문서 속제목'에 커서를 위치시킨 후 '제목' 스타일의 목록 단추를 클릭하고 '선택 영역과 일치하도록 제목 업데이트'를 선택합니다.

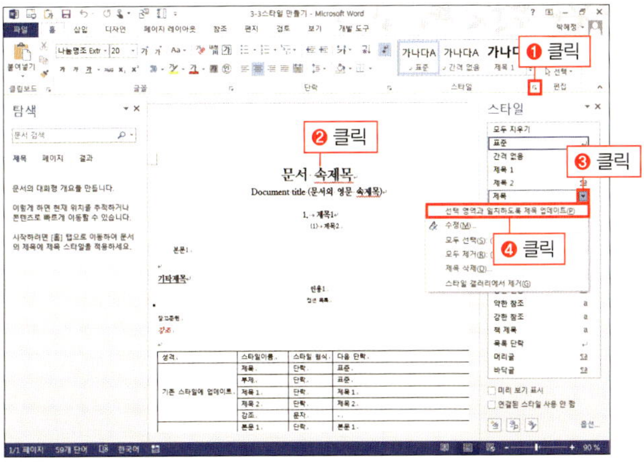

02. 변경한 '제목' 스타일의 일부 내용을 조정하기 위해 '제목' 스타일 목록 단추를 클릭하고 [수정]을 선택합니다.

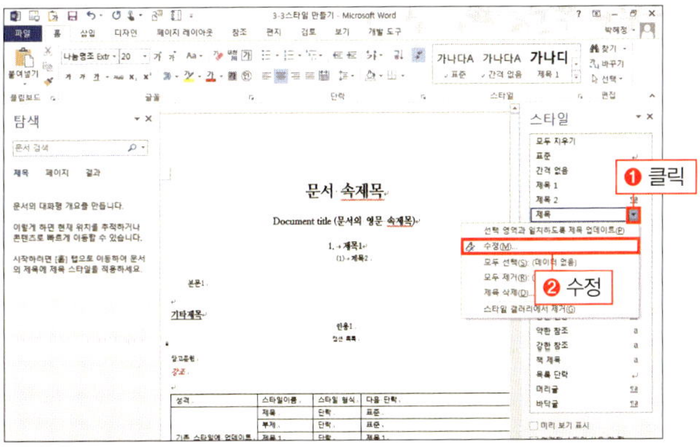

03. [스타일 수정] 대화상자에서 [다음 단락 스타일]을 '부제'로 선택하고 [확인]을 클릭합니다.

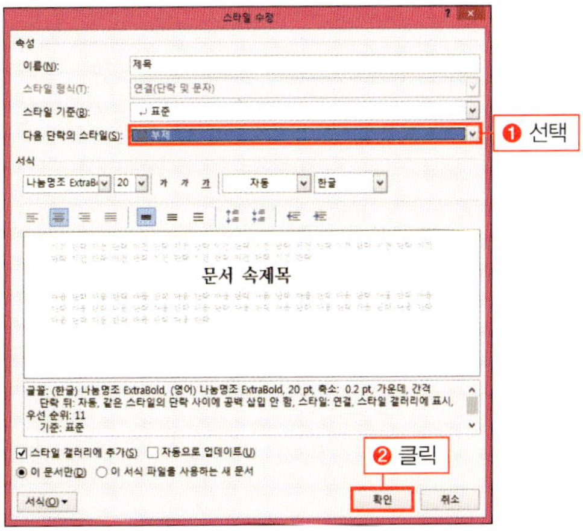

04. '부제', '제목1', '제목2', '강조'를 **02**번~**03**과정을 반복하여 만들어진 기존 스타일에 반영합니다.

성격	스타일 이름	스타일 형식	다음 단락
기존 스타일에 업데이트	제목	단락	표준
	부제	단락	표준
	제목1	단락	제목1
	제목2	단락	제목2
	강조	문자	–
새로 만들기	본문1	단락	본문1
	기타제목	단락	기타제목
	인용1	단락	인용1
	캡션목록	단락	캡션목록
	참고문헌	단락	참고문헌

06. 이번에는 기존에 없는 새로운 스타일을 만드는 방법입니다. 스타일로 등록할 서식이 적용된 '본문1'에 커서를 위치시킨 후 [새 스타일]을 클릭합니다. 커서가 위치한 '본문1'의 서식이 적용되어 나타납니다.

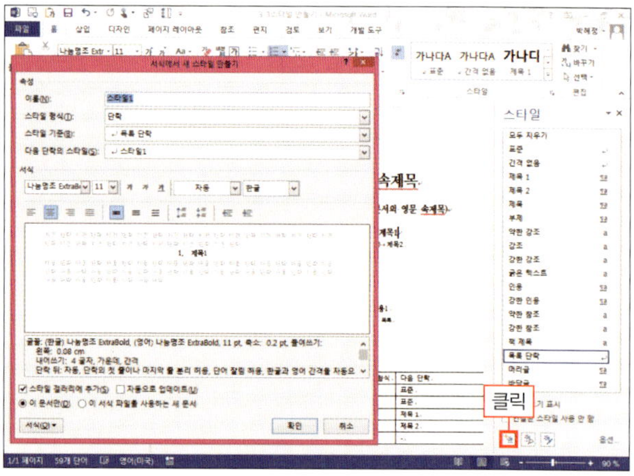

07. [이름]을 '본문1', [스타일 형식]을 '단락', [스타일 기준]은 기본 값 그대로, [다음 단락의 스타일]을 '본문1'로 선택한 다음 [확인]을 클릭합니다.

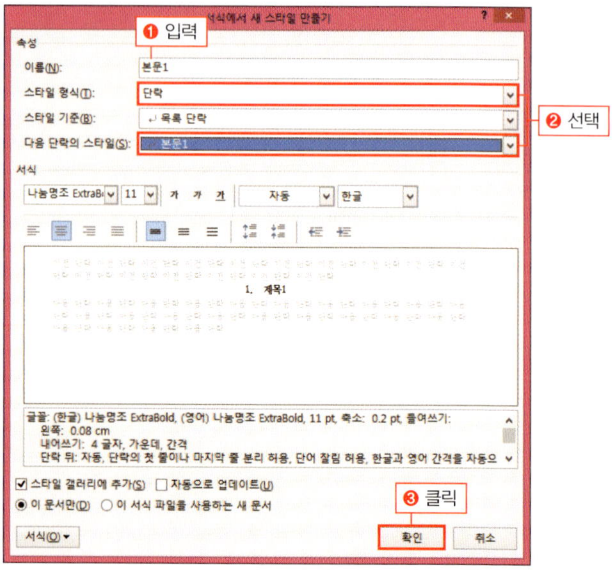

08. '기타제목', '인용1', '캡션목록', '참고문헌'을 **06~07** 과정을 반복하여 나머지 스타일을 새로 만듭니다. [스타일] 창에 새로 만든 스타일이 나타납니다.

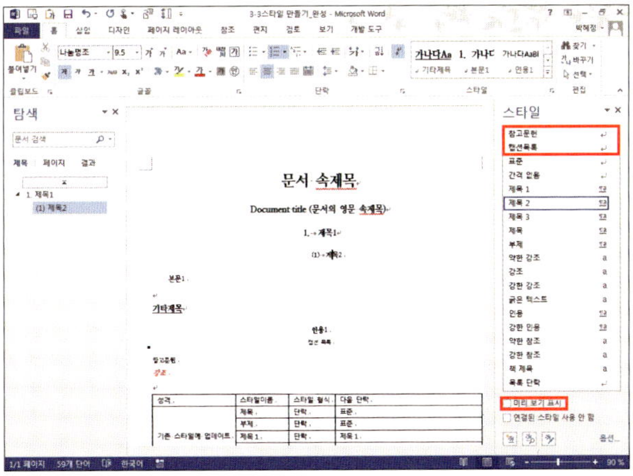

TIP : [미리 보기 표시]를 클릭하여 체크하면 적용한 서식을 확인할 수 있습니다.

STEP 02 • 새 스타일 모음 저장하기

Step 01에서 새롭게 구성된 스타일들의 모음을 '학위논문'이란 이름으로 저장해 봅니다. 저장된 '학위논문' 스타일 모음은 다른 워드 문서에서 사용할 수 있습니다.

예제 파일 | CD\Part 03\3-3스타일만들기2.docx **완성 파일 |** CD\Part 03\3-2스타일만들기2_완성.docx

01. 스타일이 등록된 문서가 열린 상태에서 [디자인] 탭-[문서 서식] 그룹-[문서 서식]의 자세히 단추(▾)를 클릭하고 [다른 이름으로 새 스타일 모음 저장]을 클릭합니다.

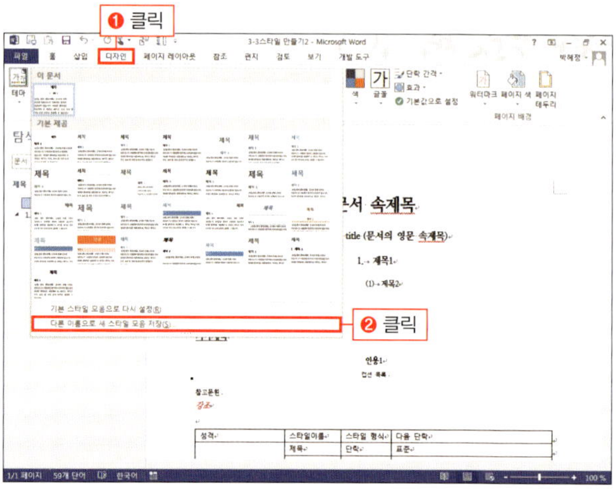

02. [새 스타일 모음 저장] 대화상자에 나타나는 경로는 그대로 두고, [파일 이름]을 '학위논문'으로 입력하고 [저장]을 클릭합니다.

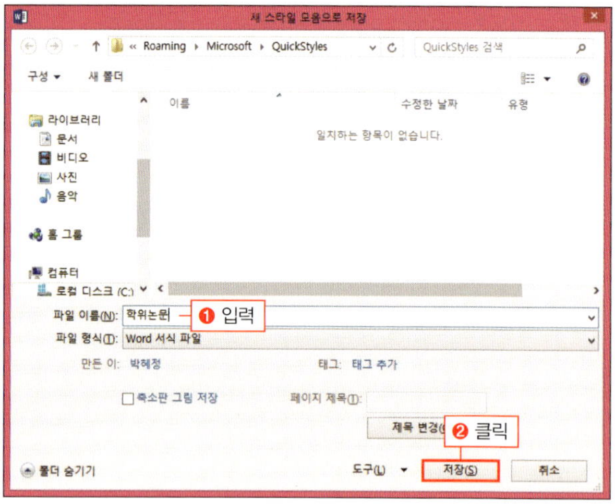

03. [디자인] 탭-[문서 서식] 그룹-[문서 서식]의 자세히 단추(▾)를 클릭하면 [사용자 지정] 범주가 나타나고 저장한 '학위논문' 스타일이 나타납니다. [학위논문] 스타일을 클릭해 적용하면 [홈] 탭-[스타일] 그룹에 '학위논문' 스타일 모음이 스타일 갤러리에 나타납니다.

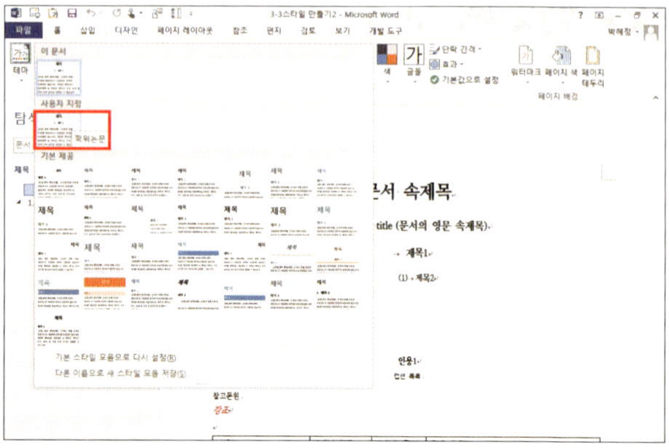

TIP : [기본값으로 설정]을 클릭하면 선택한 사용자 정의 스타일 '학위논문'이 모든 새 문서에 [홈] 탭-[스타일 갤러리]에 나타납니다.

STEP 03 • 스타일 적용하고 수정 및 업데이트하기

스타일의 가장 큰 장점은 서식의 빠른 수정입니다. 즉 스타일에서 일부 서식을 변경하면 해당 스타일이 적용되어 있는 모든 위치의 서식이 한꺼번에 변경됩니다. '제목2' 스타일의 서식을 '제목1' 스타일과 서식이 일치되도록 설정하고 '종류' 스타일의 서식을 변경해 봅니다.

예제 파일 | CD₩Part 03₩3-3스타일적용.docx **완성 파일 |** CD₩Part 03₩3-3스타일적용_완성.docx

01. 먼저 Step 02에서 저장한 '학위논문' 스타일 모음을 문서에 적용하기 위해 [디자인] 탭-[문서 서식] 그룹에 자세히 단추(▾)를 클릭하고 [사용자 지정]에 [학위논문]을 클릭합니다.

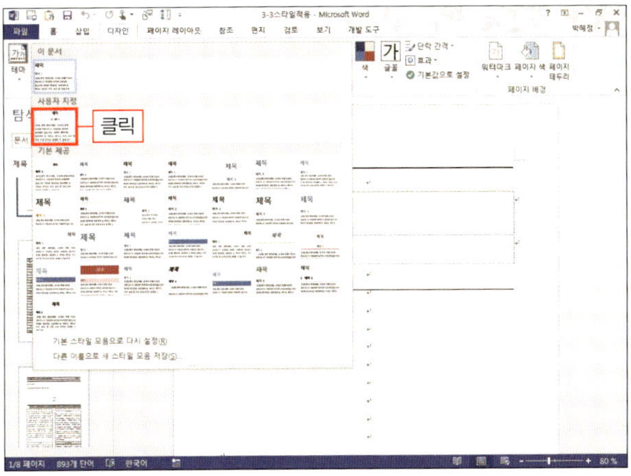

02. [홈] 탭-[스타일] 그룹의 [스타일] 창 표시 아이콘(↘)을 클릭하고 [스타일] 창을 잘 배치합니다.

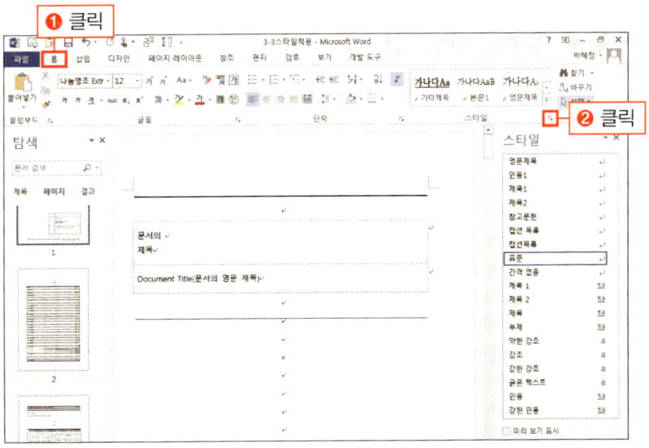

03. [스타일] 창이 나타나면 1페이지의 '문서의 제목'이 입력된 두 단락을 선택한 다음 '제목' 스타일을 선택합니다. 'Document Title(문서의 영문 제목)' 단락에 커서를 위치시키고 '부제' 스타일을 클릭합니다.

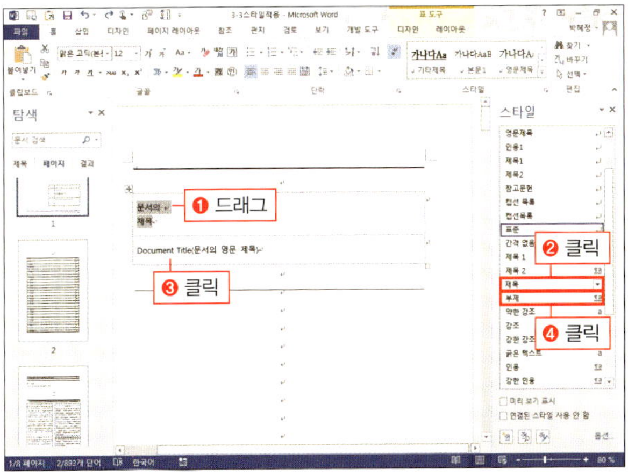

04. [탐색] 창의 [페이지] 탭에서 3페이지를 선택하고 '문서 속제목' 단락에는 '제목' 스타일을 'Document Title(문서의 영문 제목)' 단락에는 '부제' 스타일을 선택해 적용합니다.

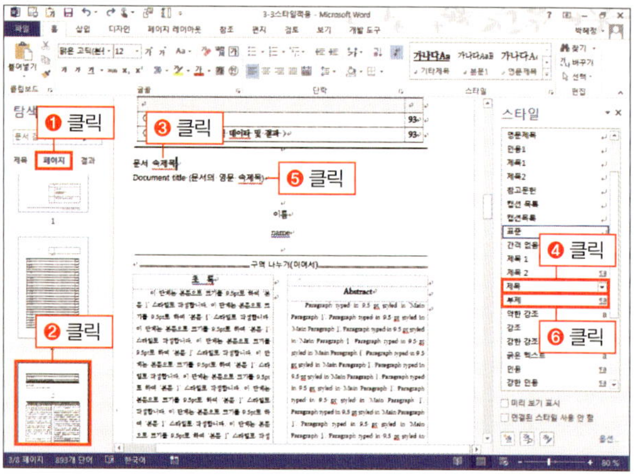

05. 이번에는 '부제' 스타일이 적용된 'Document Title(문서의 영문 제목)'에 서식을 변경하고 스타일을 업데이트하기 위해 'Document Title(문서의 영문 제목)'을 드래그하여 선택하고 [홈] 탭-[글꼴] 그룹-[글꼴 색]-[빨강]을 클릭합니다.

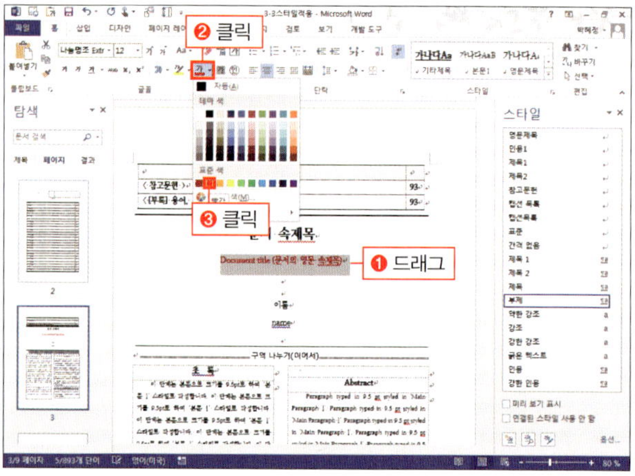

06. [스타일] 창에서 '부제' 스타일 목록 단추를 클릭하고 '선택 영역과 일치하도록 부제 업데이트'를 선택합니다.

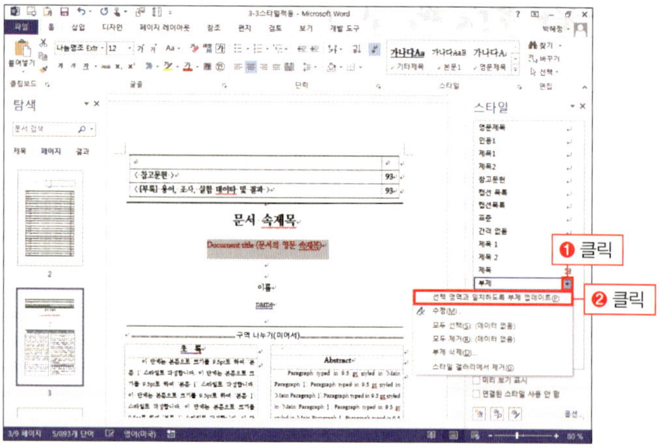

07. 1페이지를 클릭해 보면 'Document Title(문서의 영문 제목)'도 변경됨을 확인할 수 있습니다.

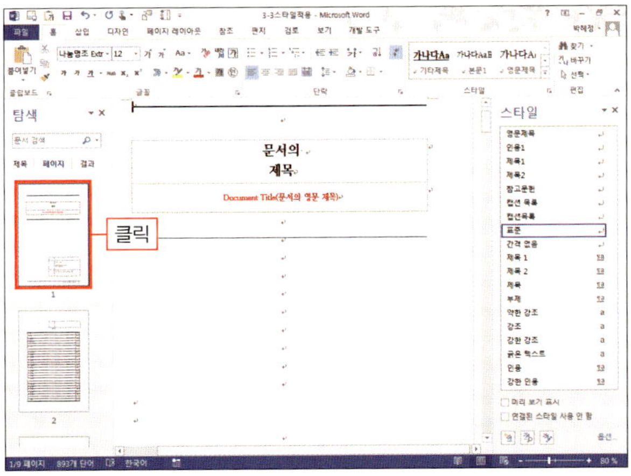

08. 이번에는 '제목' 스타일의 서식을 [수정] 창을 열어 변경하기 위해 [스타일] 창에서 '제목' 스타일 목록 단추를 클릭하여 [수정]을 선택합니다.

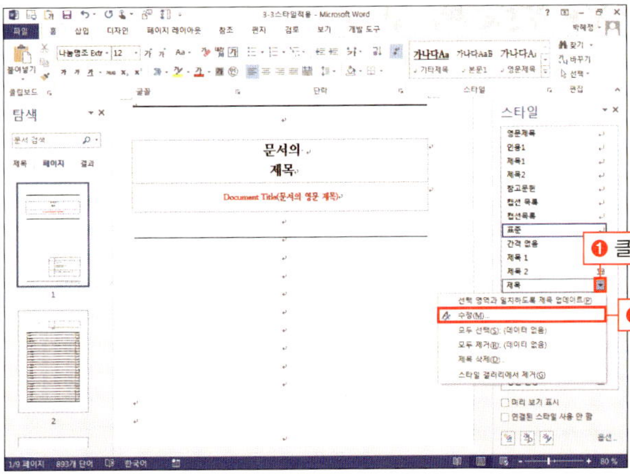

09. [스타일 수정] 대화상자에서 [서식]을 클릭하면 워드 2013의 모든 서식을 '제목' 스타일에 반영할 수 있습니다. 서식을 수정하고 [확인]을 클릭합니다.

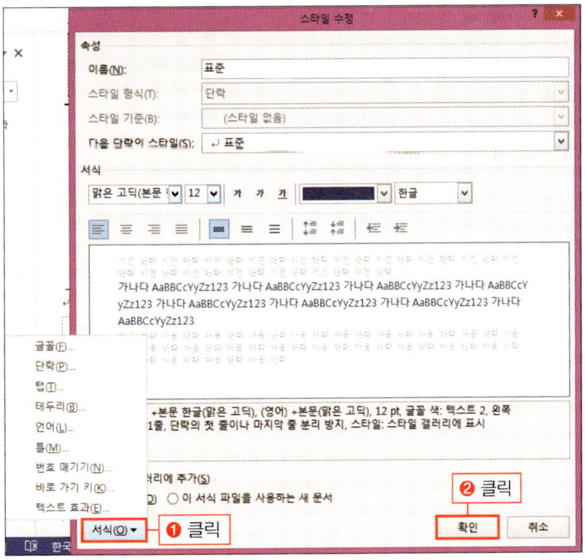

STEP 04 • 문서 간 스타일 주고 받기

저장해둔 서식 파일 및 워드 문서에서 특정 스타일만 복사해 사용하거나, 서식 파일 자체를 현재 문서에 첨부하여 사용할 수 있습니다. 빠른 스타일 모음을 원하는 위치에 서식 파일로 저장하여 새 문서 및 다른 문서에서 재사용이 가능합니다.

예제 파일 | CD₩Part 03₩3-3스타일가져오기.docx

01. 워드 2013을 실행하고 [홈] 탭-[스타일] 그룹의 [스타일] 창 표시 아이콘()클릭하여 화면에 표시하고 기본 제공되는 스타일을 확인합니다.

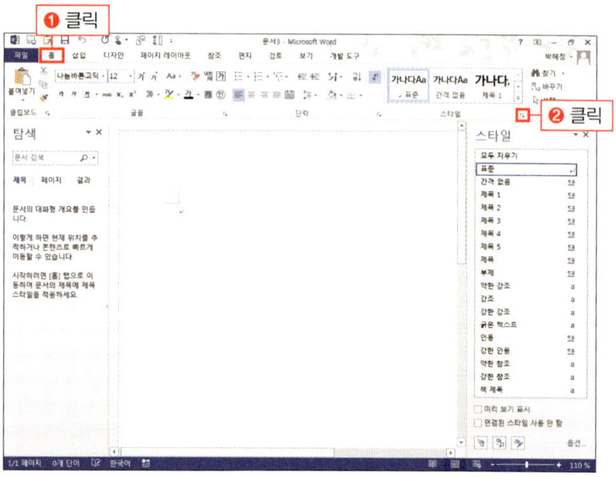

02. [스타일] 창에서 [스타일 관리]()를 클릭하고 [스타일 관리] 대화상자의 [편집] 탭-[가져오기/내보내기]를 클릭합니다.

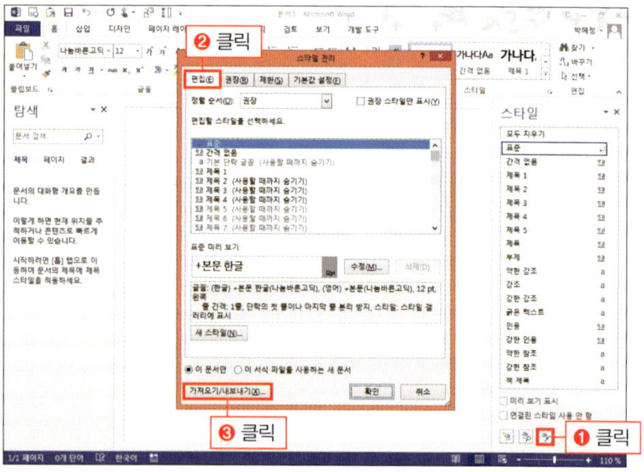

03. [구성 도우미] 대화상자에서 왼쪽의 [원본]은 현재 문서를 의미하고, 오른쪽의 [원본]은 가져올 스타일 모음이 있는 서식 파일을 의미합니다. 오른쪽의 [원본]에는 기본 서식 파일(Normal.dotm)이 표시되어 있습니다. [파일 닫기]를 클릭한 후 기본 서식 파일이 닫히면 [파일 열기]를 클릭합니다.

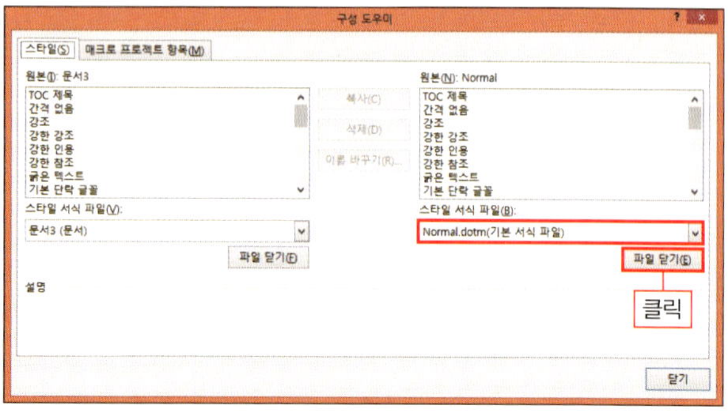

04. [열기] 대화상자에서 [모든 파일]을 선택하고 파일 경로(CD₩Part 03₩3-3스타일가져오기)를 찾아 파일을 선택한 다음 [열기]를 클릭합니다.

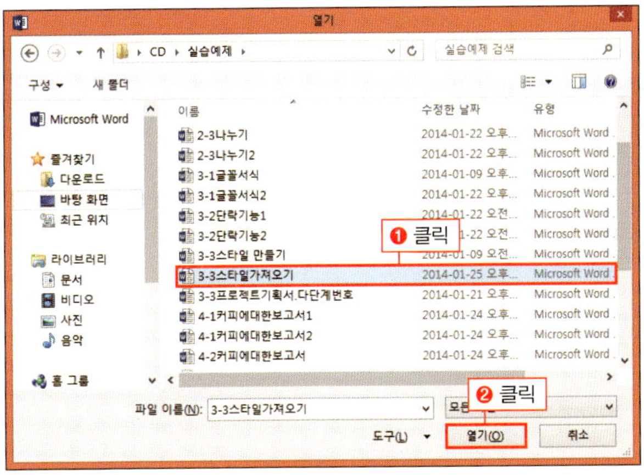

> **TIP :** [열기] 대화상자의 파일 형식이 '모든 Word 서식 파일'로 표시됩니다. 워드 문서(.docx)을 열려면 [모든 파일]을 선택합니다.

05. [구성 도우미] 대화상자의 오른쪽 [원본]에 '.docx' 문서의 스타일 목록이 나타납니다. '제목' 스타일을 선택하고 Ctrl 을 누른 채로 '본문1', '부제', '인용제목', '인용' 스타일을 동시에 선택한 다음 [복사]를 클릭합니다.

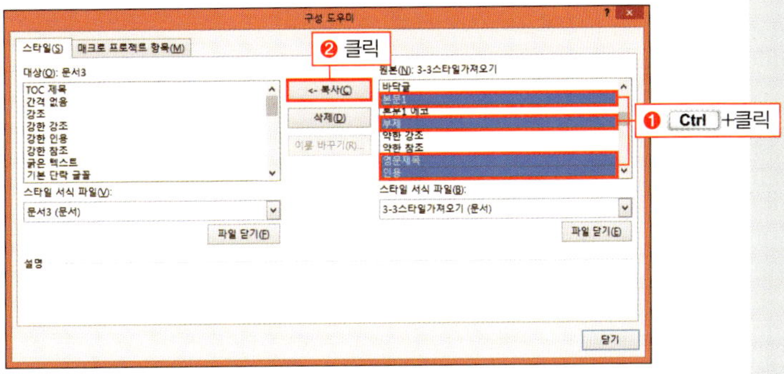

> **TIP : [구성 도우미] 대화상자**
> - 대상 : 스타일을 복사할 현재 문서입니다.
> - 원본 : 스타일을 가져올 원본 문서입니다.
> - [복사] : 원본 문서에서 선택한 스타일을 대상 문서로 복사합니다.
> - [삭제] : 선택한 스타일을 삭제합니다.
> - [이름 바꾸기] : 선택한 스타일의 이름을 변경합니다.

06. 복사하는 스타일들이 대상 문서에도 존재하므로 덮어쓸 것인지를 묻는 대화상자가 나타납니다. [모두 예]를 클릭합니다.

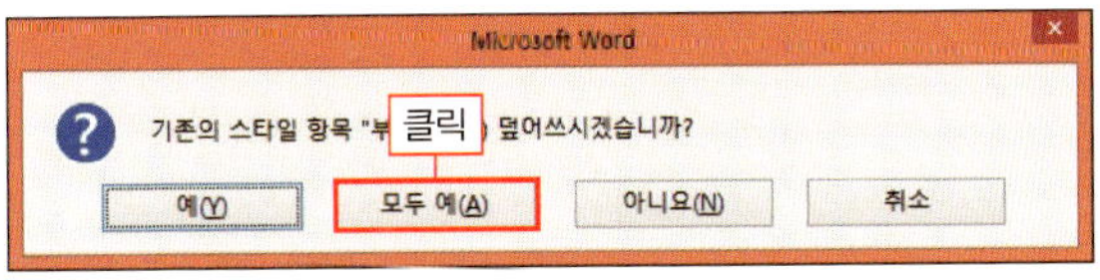

07. [대상] 문서에 포함됐는지 확인하고 [닫기]를 클릭합니다.

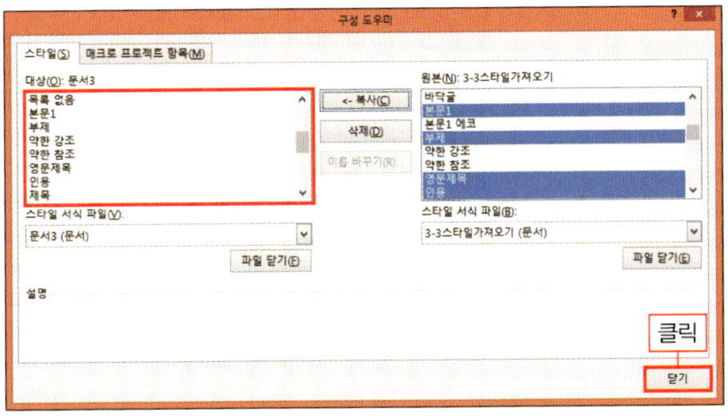

08. 빠른 스타일 모음이 복사한 스타일로 대체되고 '제목' 스타일이 적용되어 있다면 해당 단락의 서식도 업데이트됩니다.

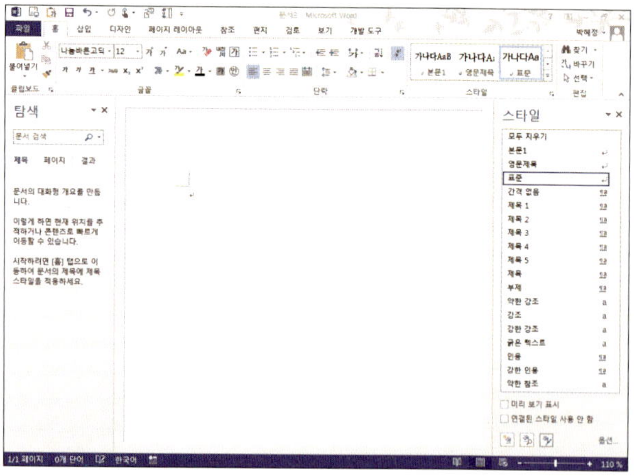

STEP 05 • 서식 파일 첨부 및 서식 파일로 저장하기

서식 파일에는 빠른 스타일 모음 외에 상용구 항목, 자동 고침 항목, 매크로, 도구 모음, 사용자 지정 메뉴 설정 및 바로 가기 키 등이 저장됩니다. 추가 기능을 통해 다른 서식 파일의 속성을 현재 문서에 첨부하거나 추가할 수 있으며, 첨부된 서식 파일은 현재 문서에만 첨부된 상태로 유지됩니다. 첨부된 서식 파일의 서식을 기반으로 문서를 작성할 수 있고, 첨부한 서식 파일은 문서에 지속적인 영향을 미칩니다.

예제 파일 | CD₩Part 03₩3-3보고서.docx **완성 파일 |** CD₩Part 03₩3-3스타일 연결_완성.docx

01. 워드 2013 새 문서를 실행하고 [파일] 탭-[옵션]을 클릭합니다.

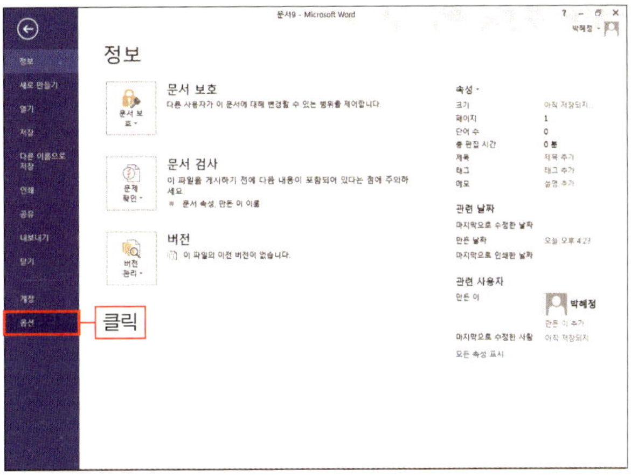

02. [옵션] 대화상자에서 [추가 기능]-[관리]의 목록 단추를 클릭하고 '서식 파일'을 선택한 후 [이동]을 클릭합니다.

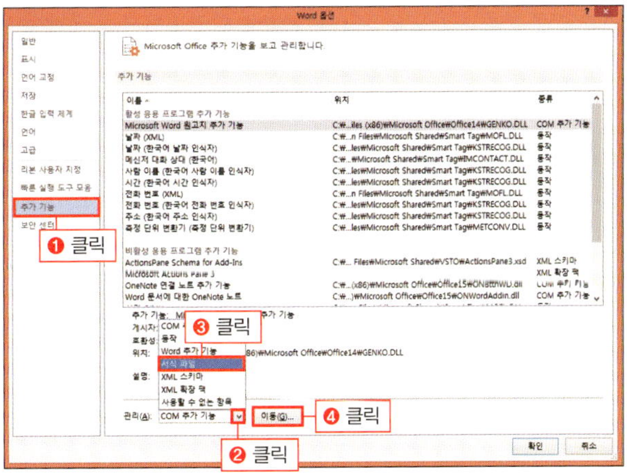

03. [서식 파일 및 추가 기능] 대화상자의 [서식 파일] 탭에서 [첨부]를 클릭합니다.

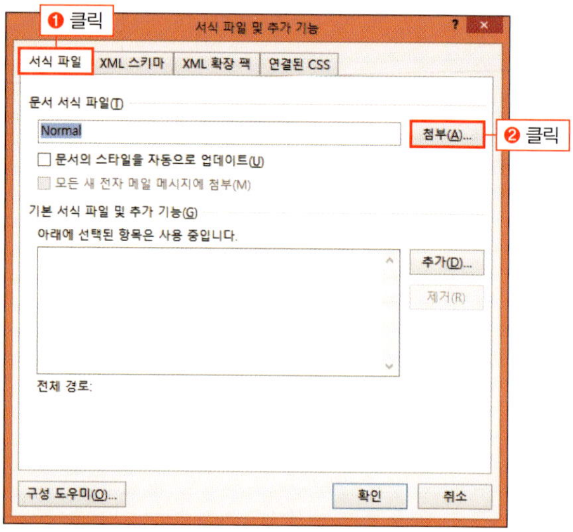

TIP : [서식 파일 및 추가 기능] 대화상자

- [첨부] : 현재 문서에 Normal.dotm 기본 서식 문서를 제거하고 다른 서식 파일로 대체합니다.
- 문서의 스타일을 자동으로 업데이트 : 첨부된 원본 서식 문서의 스타일 서식이 변경되면 현재 문서의 스타일이 자동으로 업데이트됩니다.
- [추가] : 현재 문서에 다른 서식 파일의 모든 속성을 추가합니다.
- [제거] : 선택한 추가 서식 파일을 제거합니다.
- [구성 도우미] : 현재 문서의 다른 서식 파일의 일부 스타일을 추가합니다.

04. [서식 파일 첨부] 대화상자에서 [파일 형식]을 '모든 파일'로 선택하고 파일 경로(CD₩Part 03₩3-3보고서.dotx)를 찾아 선택하고 [열기]를 클릭합니다.

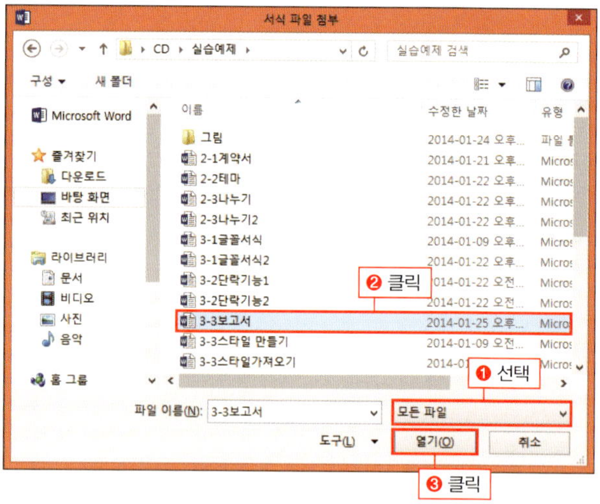

05. [문서의 스타일을 자동으로 업데이트]를 체크하고 [확인]을 클릭합니다.

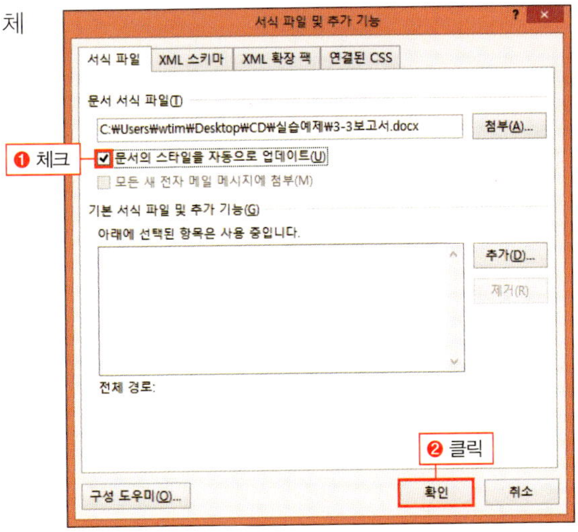

06. [홈] 탭-[스타일] 그룹-[스타일]의 자세히 버튼( )을 클릭해 빠른 스타일 목록을 살펴보면 빠른 스타일 모음이 변경된 것을 확인할 수 있습니다. '3-3보고서.docx'의 스타일 서식이 변경되면 현재 문서의 스타일도 자동 업데이트됩니다.

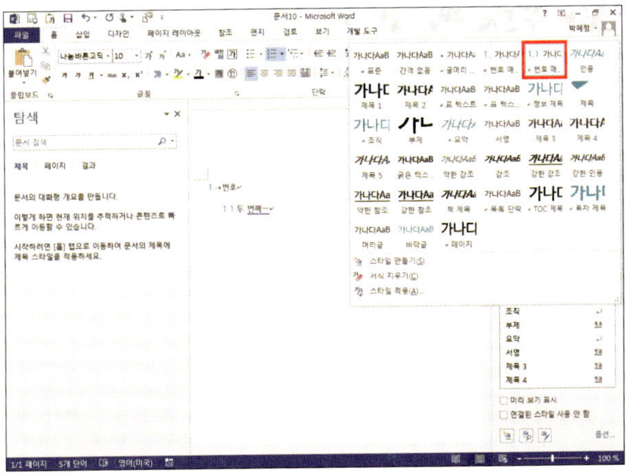

스타일에 단축키 설정하기

만들어진 스타일마다 단축키를 설정하여 사용할 수 있습니다. 새 문서에 기본 제공되는 '제목1' 스타일에 단축키를 설정해 봅니다.

01. 워드 2013 새 문서를 열고 [홈] 탭–[스타일] 그룹의 [스타일] 창 표시 아이콘(◲)을 클릭합니다. [스타일] 창의 '제목1' 스타일 목록 단추를 클릭하고 [수정]을 클릭합니다.

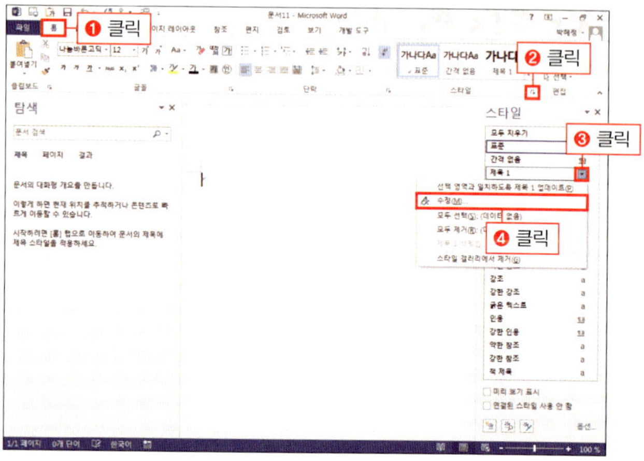

02. [스타일 수정] 대화상자에서 [서식]을 클릭하고 [바로 가기 키]를 클릭합니다.

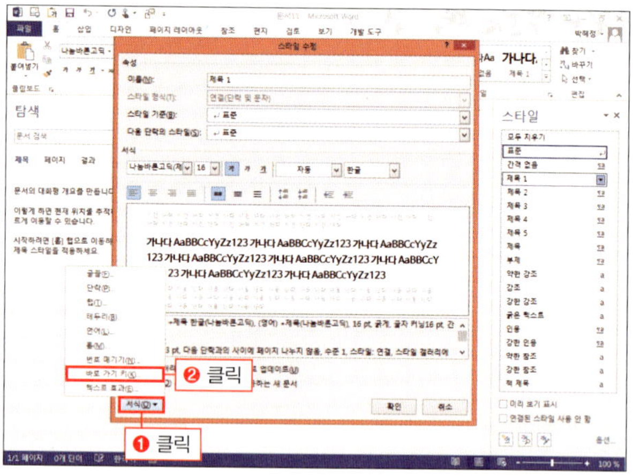

03. [새 바로 가기 키]에 커서를 위치시키고 Ctrl+1을 눌러 입력하고 [지정]을 클릭한 다음 [확인]을 클릭합니다.

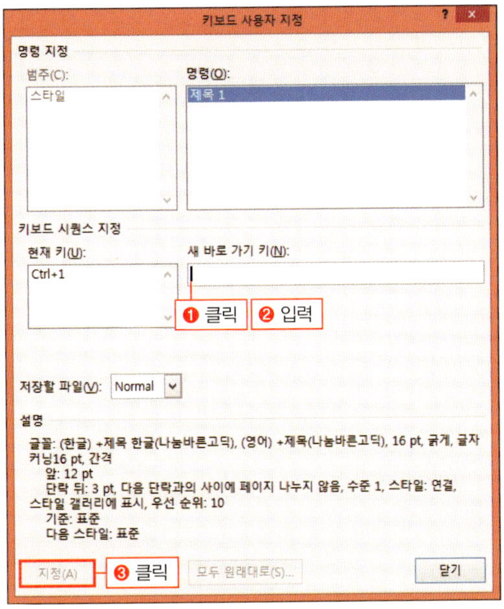

TIP : 스타일을 지정할 단락에 커서를 위치시키고 Ctrl+1을 누르면 '제목1' 스타일이 적용됩니다.

- 글꼴 기능을 적용할 때는 반드시 드래그하여 선택한 다음 기능을 실행합니다.
- 적용된 여러 서식을 한꺼번에 지우려면 모든 서식 지우기 기능을 사용합니다. 116P
- 원문자를 이용하여 ⑲까지 원문자 번호를 만들 수 있습니다. 127P
- 텍스트 효과를 이용하여 멋지게 텍스트를 꾸밀 수 있습니다. 126P
- 단락 기능은 기본 적용 단위가 커서 위치의 한 단락입니다. 때문에 여러 단락에 같은 작업을 할 때만 여러 단락을 드래그하여 선택합니다.
- 단락은 Enter 키로 나눕니다. 133P
- 단락을 나누지 않고 다음 줄로 넘기려면 Shift + Enter 키를 누릅니다. 133P
- 눈금자에 나타난 탭으로 들여쓰기/내어쓰기를 쉽고 빠르게 적용할 수 있으며 구체적인 적용 수치는 단락 대화상자에서 확인할 수 있습니다. 131P
- 글머리 기호와 번호 매기기는 단락의 첫 줄 왼쪽에 적용됩니다. 135P
- 입력한 숫자가 자동으로 번호 매기기로 전환되는 것을 막으려면 Ctrl + Z 를 누릅니다.
- 단락에 개요 수준을 적용하여 [탐색 창]-[제목]에 제목을 나타나도록 할 수 있습니다. 146P
- 탭 기능을 사용하여 Tab 이 가는 길을 만들 수 있습니다. 142P
- 글꼴, 단락 서식 기능을 스타일로 만들어 사용하면 많은 양의 텍스트를 쉽게 제어할 수 있습니다. 149P
- 스타일 형식에는 단락, 문자, 연결(단락 및 문자), 표, 목록이 있으며 형식에 따라 제공되는 메뉴와 역할이 있습니다. 149P
- 새로 만든 스타일을 모든 문서에서 사용하려면 'Normal.dotm(기본 서식 파일)'에 저장합니다. 156P
- 내 PC에서 만든 스타일을 다른 PC 또는 노트북에서 사용하려면 [가져오기/내보내기]를 이용합니다. 156P

01 첫 번째 단락에 글꼴 및 단락 서식을 적용하세요.

예제파일 : CD₩Test₩Part03₩03-셀프테스트1.docx
완성파일 : CD₩Test₩Part03₩03-셀프테스트_완성.docx
동영상파일 : CD₩Test₩Part01₩Part03.avi

- 글꼴 서식 : 크기 11.5point , 굵게, 글자 색은 파랑
- 단락 서식 : 줄 간격 1글자, 단락 앞 10point, 단락 뒤 6point

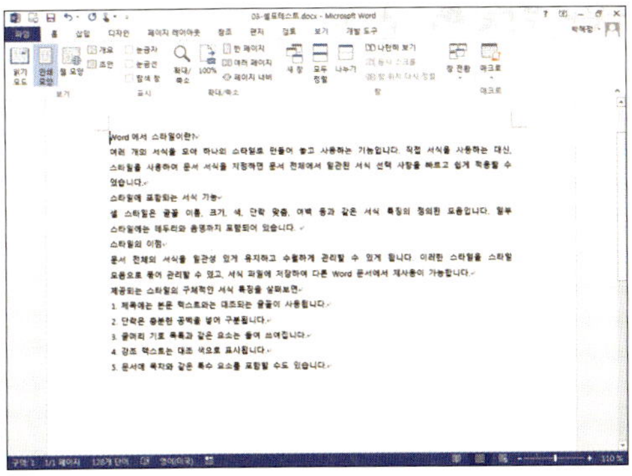

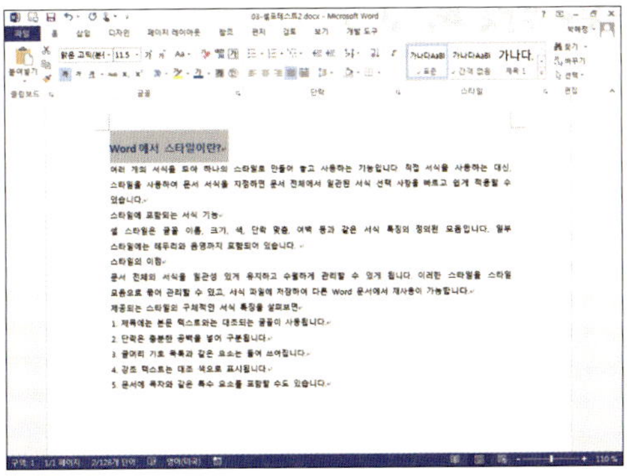

02 현재 문서에서만 사용할 수 있는 새 스타일을 만들고 그림을 참고하여 적용하세요.

예제파일 : CD₩Test₩Part03₩03-셀프테스트2.docx
완성파일 : CD₩Test₩Part03₩03-셀프테스트_완성.docx
동영상파일 : CD₩Test₩Part01₩Part03.avi

- 이름 : 큰제목
- 스타일 형식 : 단락
- 스타일 기준 및 다음 단락의 스타일 : 표준

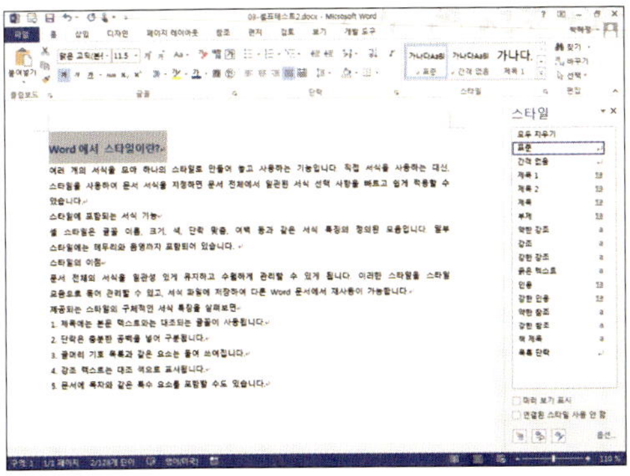

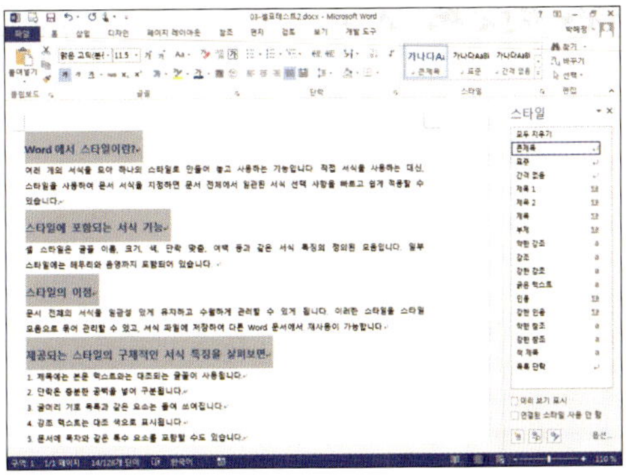

04

▶ PART

텍스트
편집 기술

W O R D · 2 0 1 3

워드프로세서는 접근은 쉽지만 사용은 쉽지 않은 프로그램인 것 같습니다. 프로그램의 주된 일은 텍스트를 담는 일이고 그 일이 가장 중요하다고 말할 수 있습니다. 이런 이유로 워드프로세서 프로그램을 한 번도 공부해 본 적 없는 사람도 쉽다고 인식합니다. 그렇지만 조금 더 작업을 하려는 순간 참 어려운 프로그램이라고 느끼게 됩니다. Part 4에서는 데이터의 표현 형식을 재배열하는 편집 기술을 학습하게 될 것입니다. 입력된 문자를 입력, 수정, 삭제, 검색, 및 대체하는 작업은 물론이고 보이지 않아 다루기 어려운 서식 편집 기호 또한 명확하게 제어할 수 있도록 합니다.

LESSON

01 복사 및 붙여넣기

레벨 ● ● ●

텍스트는 문자, 문장, 단락, 구역, 페이지 등으로 구분하여 내용과 더불어 각종 기능과 서식이 반영됩니다. 이번 Lesson에는 이렇듯 내용과 서식 그리고 기능을 포함한 텍스트를 복사하여 붙여넣는 방법을 학습합니다.

기초탄탄 Delete VS Back Space, [선택하여 붙여넣기] 옵션 설명

■ Delete VS Back Space로 텍스트 삭제하기

커서를 기준으로 설명합니다.

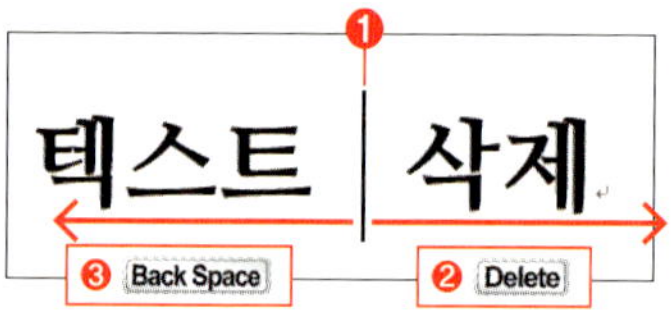

❶ 커서(Cursor) : 데이터나 개체가 삽입되는 위치를 표시할 때 사용하는 기호입니다.

❷ Delete : 누르면 커서 뒤의 텍스트나 개체를 지웁니다.

❸ Back Space : 누르면 커서 앞의 텍스트나 개체를 지웁니다.

TIP : Insert가 눌러질 때마다 겹침 모드와 삽입 모드로 변경됩니다. 겹침 모드가 되면 텍스트가 지워지면서 입력됩니다.

■ [선택하여 붙여넣기] 대화상자 175P

텍스트를 복사한 후 [홈] 탭-[클립보드] 그룹-[붙여넣기]의 목록 단추를 클릭하여 [선택하여 붙여넣기]를 클릭하면 대화상자가 열립니다.

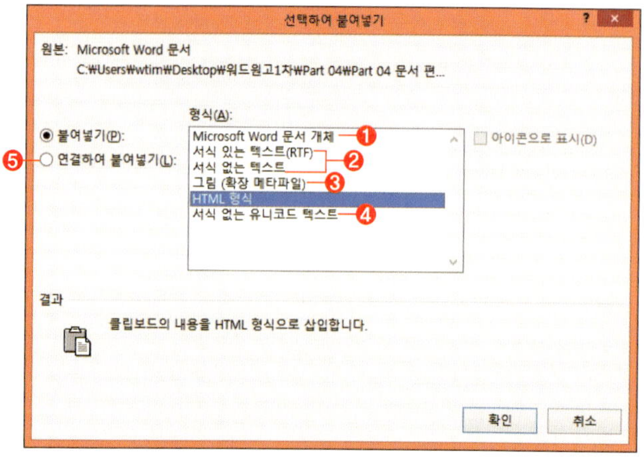

❶ **Microsoft Word 문서 개체** : 복사한 내용을 포함한 텍스트 개체가 삽입됩니다. 이 개체는 독립적으로 다룰 수 있습니다.

❷ **서식 있는 텍스트(RTF)/서식 없는 텍스트** : 서식을 포함/포함하지 않는 형식으로 텍스트를 붙여넣습니다.

❸ **그림(확장 메타 파일)** : 확장 메타 파일이란 2차원 도형 데이터를 다루는 국제 표준 규격인 도형 핵심 시스템(GKS)으로 생성된 도형 데이터와 관련된 파일 규격입니다.

❹ **서식 없는 유니코드 텍스트** : 유니코드는 국제표준으로 제정된 2바이트계의 만국 공통의 국제 문자부호 체계(UCS: Universal Code System)를 말합니다.

❺ **연결하여 붙여넣기** : 텍스트 형식만 가능하며 내용을 연결하여 붙여넣으면 원본을 필드 형식으로 붙여넣습니다. 원본을 수정하면 문서에 반영됩니다.

■ [붙여넣기 옵션] 스마트 태그 설명 171P

텍스트를 복사한 후 [붙여넣기]를 실행하면 [붙여넣기] 스마트 태그가 나타납니다.

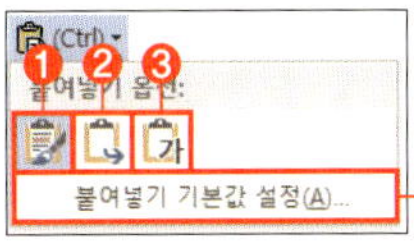

❶ **원본 서식 유지** : 원본 내용과 서식을 그대로 유지하여 붙여넣습니다.

❷ **주변 서식에 맞추기** : 원본 내용은 그대로 나타나고 서식은 붙여넣기한 위치의 서식으로 대체됩니다.

❸ **텍스트만 유지** : 원본 내용은 그대로 나타내고 서식은 모두 제거됩니다.

❹ **붙여넣기 기본값 설정** : [Word 옵션] 대화상자의 [고급] 탭이 실행되어 잘라내기/복사/붙여넣기 옵션을 확인하고 변경할 수 있습니다.

■ [잘라내기/복사/붙여넣기] 옵션의 의미 및 변경 방법

[붙여넣기] 스마트 태그에서 [붙여넣기 기본값 설정]을 클릭하거나 [Word 옵션] 대화상자를 열어 [고급]-[잘라내기/복사/붙여넣기]에서 설정합니다.

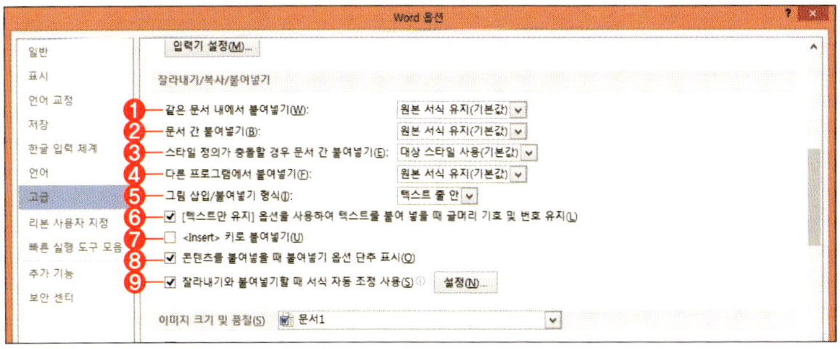

❶ **같은 문서 내에서 붙여넣기** : 같은 문서에서 붙여넣기 기본 값을 선택합니다.

❷ **문서 간 붙여넣기** : 다른 문서로 붙여넣을 기본 값을 선택합니다.

❸ **스타일 정의가 충돌할 경우 문서 간 붙여넣기 :** 다른 문서로 붙여넣을 때 동일한 스타일 이름으로 충돌할 경우 기본 값을 선택합니다.

❹ **다른 프로그램에 붙여넣기 :** 워드 문서에 복사한 다음 다른 프로그램으로 붙여넣을 때 기본 값을 선택합니다.

❺ **그림 삽입/붙여넣기 형식 :** 문서에 그림을 삽입하거나 붙여넣을 때 기본 텍스트 배치를 선택합니다. 기본값은 텍스트 줄 안입니다.

❻ **[텍스트만 유지] 옵션을 사용하여 텍스트를 붙여 넣을 대 글머리 기호 및 번호 유지 :** 복사 및 붙여넣기한 다음 [붙여넣기 옵션] 스마트 태그를 클릭해 [텍스트만 유지] 옵션을 선택한 경우 글머리 기호 및 번호 목록의 서식은 유지됩니다.

❼ **Insert 키로 붙여넣기 :** 잘라내기 및 복사 후 Insert를 누르면 붙여넣기가 실행됩니다.

❽ **붙여넣기 옵션 단추 표시 :** 붙여넣기 후 [붙여넣기 옵션] 스마트 태그의 표시 옵션을 설정합니다.

❾ **잘라내기와 붙여넣기할 때 서식 자동 조정 사용 :** [설정] 단추를 클릭하여 잘라내기 및 붙여넣기할 때 자동으로 바뀌는 서식을 변경합니다.

■ 텍스트 편집 단축키

편집 작업에는 입력, 수정, 삭제, 검색 및 대치, 저장 및 재생 등이 있습니다.

단축키	용도	단축키	용도
Ctrl+C	복사하기	Ctrl+Shift+C	서식 복사하기
Ctrl+V	붙여넣기	Ctrl+Shift+V	서식 붙여넣기
Ctrl+X	잘라내기	Ctrl+G	[이동] 대화상자
Ctrl+Z	이전 작업으로	Ctrl+F	[찾기] 대화상자
Ctrl+Y	다음 작업으로	Ctrl+H	바꾸기

STEP 01 • 마우스로 텍스트 이동하기 VS 복사하기

텍스트를 이동하거나 복사하는 방법으로 주로 단축키나 바로 가기 메뉴를 사용합니다. 여기서는 마우스로 텍스트를 이동하고 복사하는 방법을 알아 봅니다.

예제 파일 I CD\Part 04\4-1이동복사.docx

01. 텍스트의 위치를 이동하기 위해 이동할 텍스트를 더블클릭하여 체크하고 마우스 왼쪽 단추를 클릭한 채로 드래그(이동 아이콘)하여 이동할 위치에서 마우스에서 손을 뗍니다.

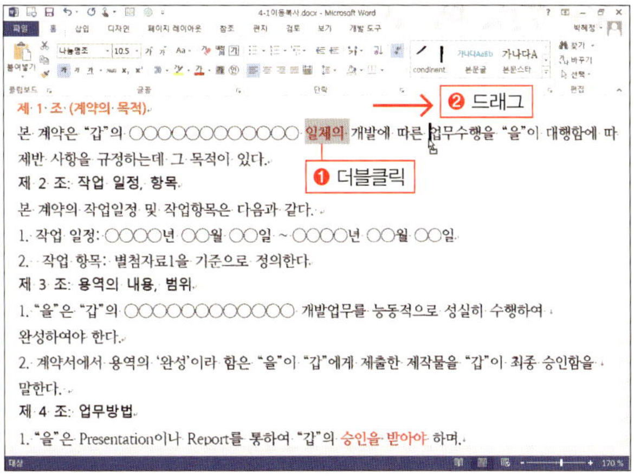

TIP : 단축키로 복사하는 방법은 텍스트를 선택한 후 Ctrl+X/C를 눌러 이동, 원하는 위치에서 Ctrl+V를 누릅니다.

02. 텍스트를 마우스로 이용하여 복사하기 위해 복사할 텍스트를 드래그하여 선택하고 Ctrl을 누른 채로 마우스 왼쪽 단추를 클릭한 채로 복사할 위치에 드래그(복사 아이콘) 앤 드롭합니다.

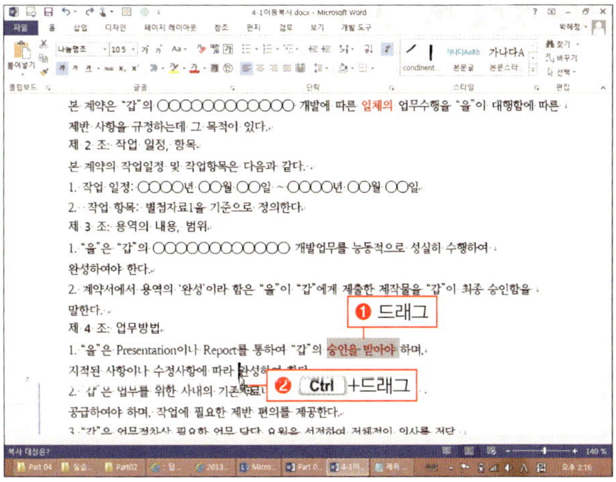

TIP : 2개 이상의 단어를 선택할 때는 더블클릭을 사용할 수 없습니다.

03. 텍스트가 원본 서식이 유지되어 복사됩니다. 복사 후에 나타나는 스마트 태그((Ctrl)▾)를 이용하면 붙여넣기 옵션을 변경할 수도 있습니다.

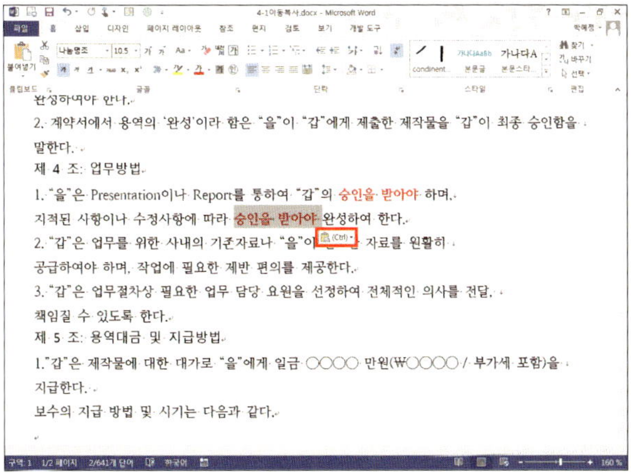

STEP 02 • 서식 복사하기

글자에 적용한 서식만 복사하여 붙여넣기할 수 있습니다. [서식 복사] 도구와 단축키를 이용하여 서식 복사하는 방법에 대하여 알아봅니다.

예제 파일 | CD₩Part 04₩4-1편집.docx **완성 파일 |** CD₩Part 04₩4-1편집_완성.docx

01. 서식이 적용된 텍스트를 선택하고 [홈] 탭-[클립보드] 그룹-[서식 복사](🖌)를 더블클릭합니다.

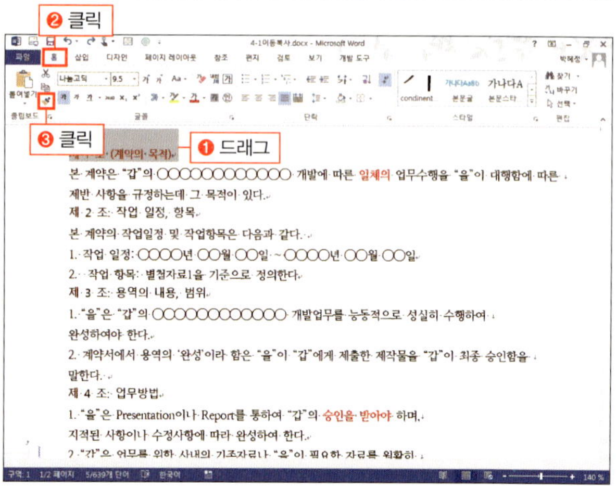

TIP : 클릭하면 한 번 사용할 수 있고 더블클릭하면 서식 복사 모드를 계속 유지할 수 있습니다. 서식 복사/붙여넣기 단축키는 Ctrl+Shift+C, Ctrl+Shift+V입니다.

02. 마우스 포인터가 서식 복사(🖌)로 바뀌면 서식을 적용할 텍스트를 드래그합니다.

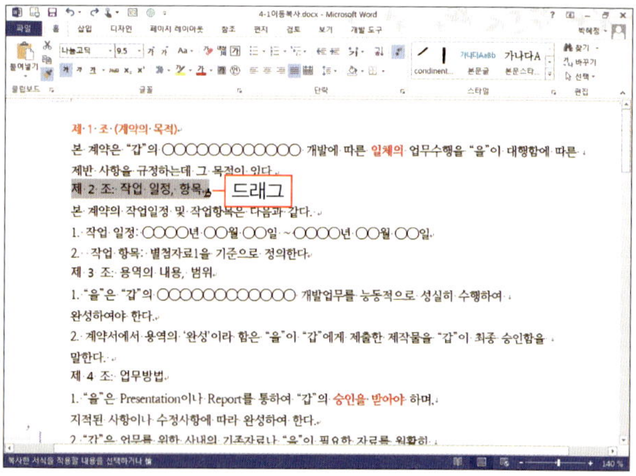

03. 텍스트의 내용은 유지되고 서식만 복사됩니다. 서식 복사가 끝나면 Esc를 누르거나 [홈] 탭-[클립보드] 그룹-[서식 복사](🖌)를 한 번 클릭합니다.

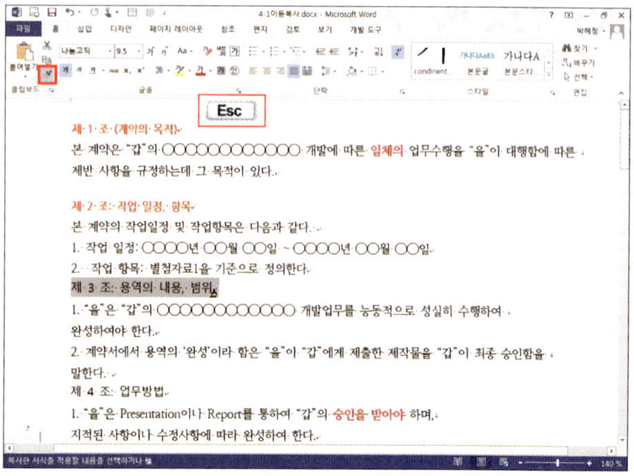

STEP 03 • 서식 지우기

내용은 유지하고 텍스트에 적용한 서식만 삭제할 수도 있습니다.

예제 파일 | CD₩Part 04₩4-1서식지우기.docx **완성 파일 |** CD₩Part 04₩4-1서식지우기_완성.docx

01. 서식을 지울 텍스트를 선택하고 [홈] 탭-[글꼴] 그룹-[모든 서식 지우기](가)를 클릭합니다.

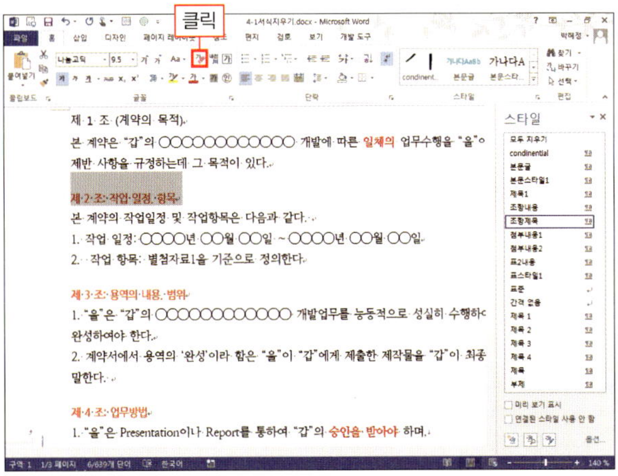

TIP : 원문자, 위주 달기, 텍스트 강조 색을 제외하고 모든 [글꼴], [단락] 대화상자를 통해서 적용한 모든 서식이 지워집니다.

02. 이번에는 스타일을 이용하여 서식을 지우기 위해 텍스트를 선택하고 [홈] 탭-[스타일] 그룹의 [스타일] 창 표시 아이콘(◲)을 클릭하고 [스타일] 창에서 '표준 스타일'을 선택합니다.

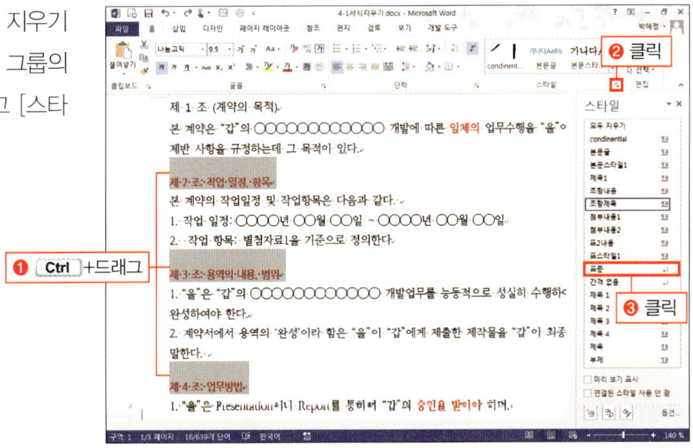

03. '표준' 스디일이 적용됩니다.

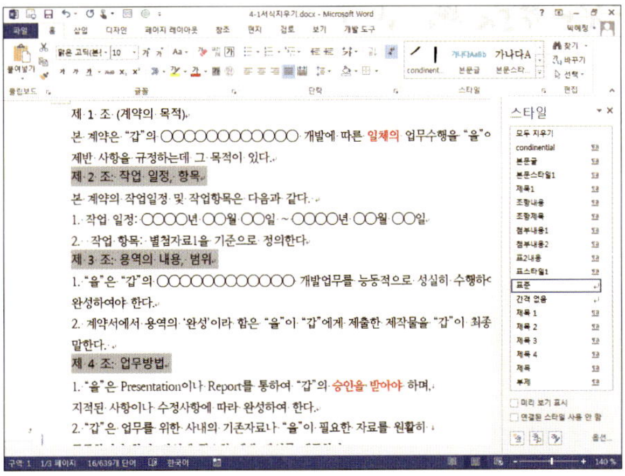

TIP : 텍스트를 입력하고 스타일을 적용하지 않더라도 기본적으로 '표준' 스타일이 적용됩니다. [서식 지우기] 또한 '표준' 스타일로 바꾸는 것과 같습니다. 결론적으로 두 작업의 결과는 같습니다.

STEP 04 • 인터넷에서 자료를 긁어 복사 후 붙여넣기

인터넷 창에서 복사한 내용을 [원본 서식 유지], [서식 병합], [텍스트만 유지] 세 가지 옵션으로 붙여넣기를 실행하고 그 결과를 확인하여 상황에 따라 적절히 선택하여 붙여넣기를 실행하도록 준비합니다.

완성 파일 | CD₩Part 04₩4-1인터넷내용복사_완성.docx

01. 웹 사이트를 열고 검색 창에 내용을 입력한 다음 복사할 내용을 드래그하여 선택합니다.

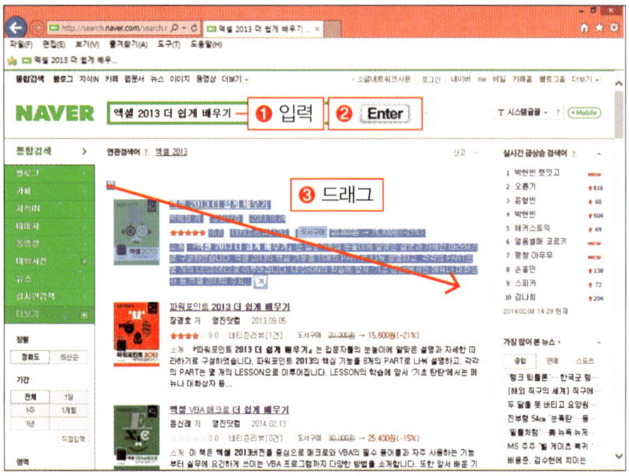

02. 워드 2013을 실행하고 [홈] 탭-[클립보드] 그룹-[붙여넣기]의 목록 단추를 클릭하고 [원본 서식 유지]( )를 클릭합니다. 웹 화면 그대로 유지하며 가져옵니다.

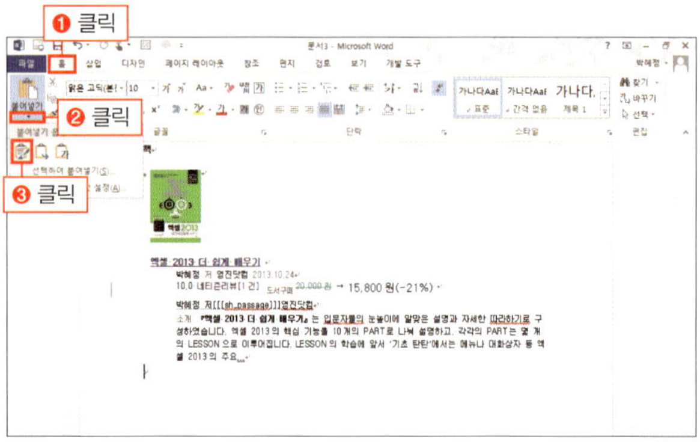

03. [홈] 탭-[클립보드] 그룹-[붙여넣기]의 목록 단추를 클릭하고 차례대로 [서식 병합], [텍스트만 유지]를 클릭하고 결과를 확인합니다. [서식 병합]( )은 현재 문서의 테마와 스타일에 따라 모양을 바꾸고, [텍스트만 유지]( )는 텍스트만 가져옵니다.

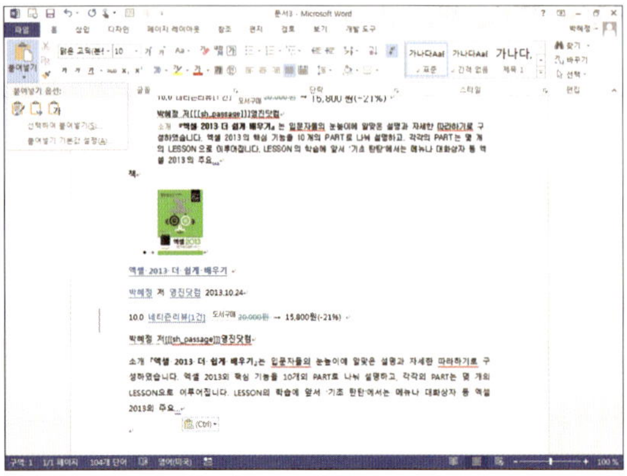

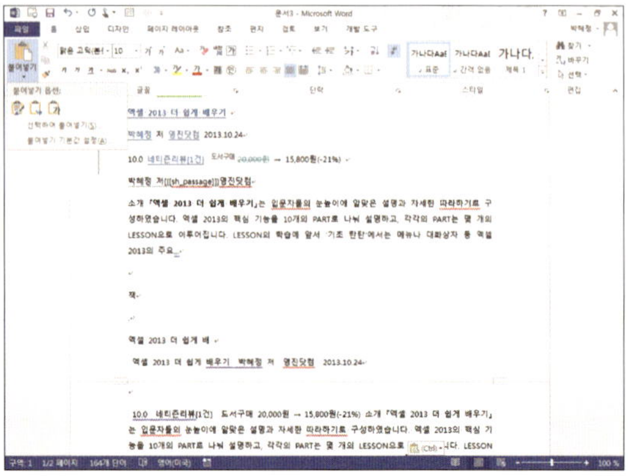

STEP 05 • 다른 문서의 내용을 연결하여 붙여넣기

현재 문서에 다른 워드 문서의 내용을 연결하여 붙여넣고 원본을 수정한 다음 변경 사항을 현재 문서에 반영해 봅니다.

예제 파일 | CD₩Part 04₩4-1연결하여붙여넣기.docx, 4-1연결문서.docx **완성 파일 |** CD₩Part 04₩4-1연결하여붙여넣기_완성.docx

01. 2개의 문서를 열고 '4-1연결문서.docx'에 첫 문단을 선택한 다음 Ctrl+C를 누릅니다.

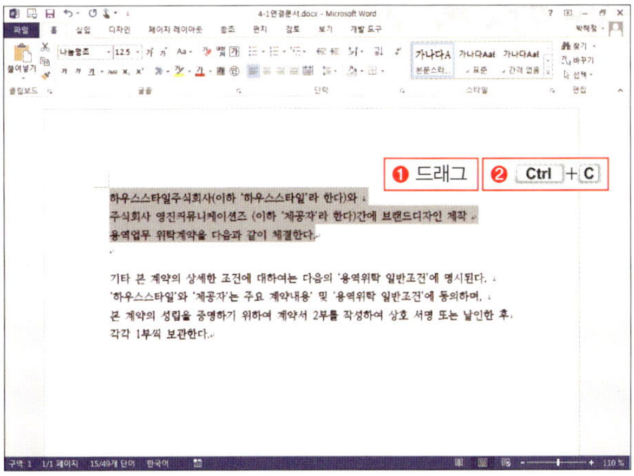

02. 문서 '4-1연결하여붙여넣기.docx'에 붙여넣을 곳에 커서를 위치시키고 [홈] 탭-[클립보드] 그룹-[붙여넣기]의 목록 단추를 클릭하고 [선택하여 붙여넣기]를 클릭합니다.

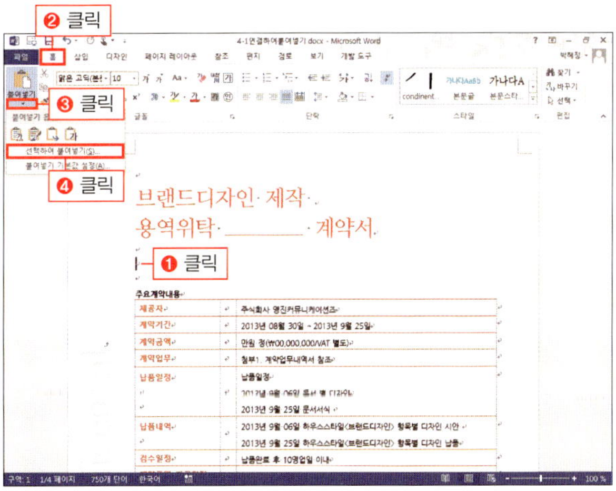

03. [선택하여 붙여넣기] 대화상자에서 [연결하여 붙여넣기]를 클릭한 후 [형식] 목록에서 '서식 있는 텍스트(RTF)'를 선택하고 [확인]을 클릭합니다.

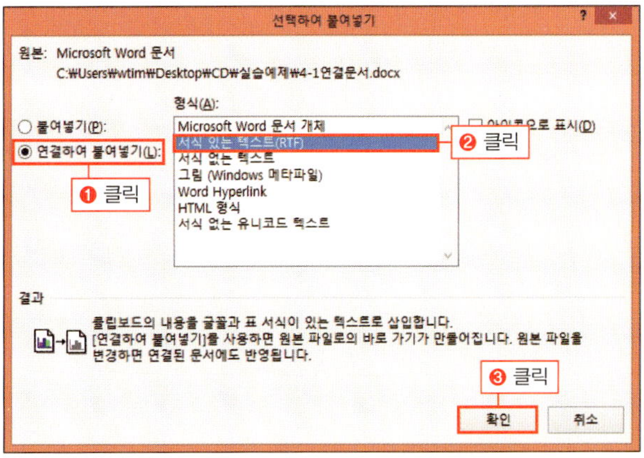

04. 복사한 내용이 필드 형식으로 붙여넣기됩니다.

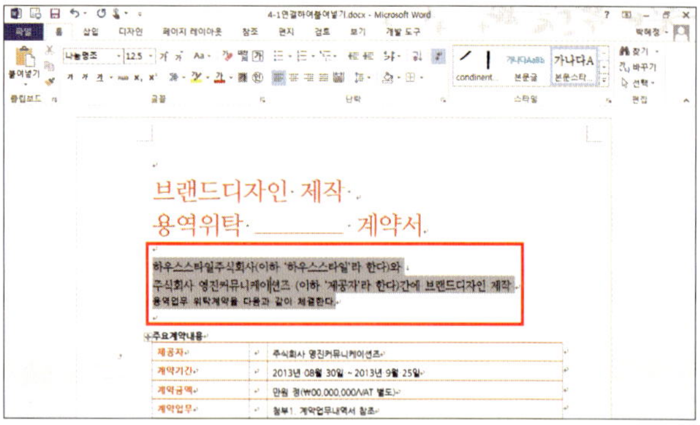

05. 복사했던 내용을 수정하고 연결이 되는지 확인하기 위해 '4-1연결문서.docx'에 내용을 수정합니다.

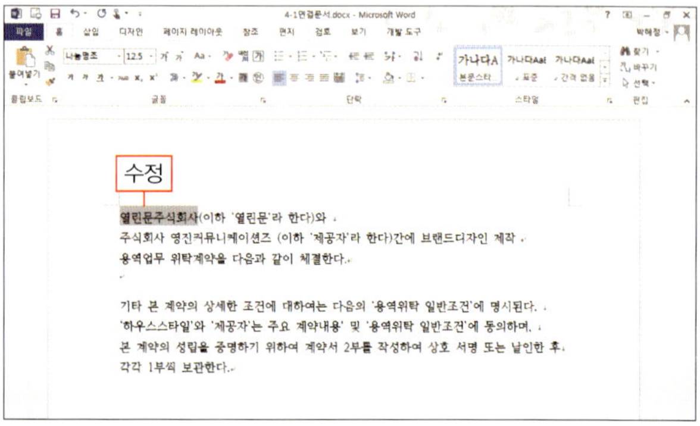

06. '4-1연결하여붙여넣기.docx' 문서로 돌아와 연결된 필드 마우스 오른쪽 단추를 클릭해 [연결 업데이트]를 클릭합니다.

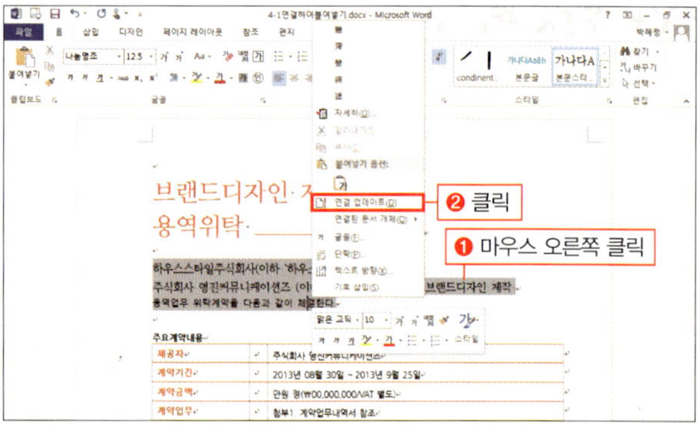

07. 수정한 내용이 문서에 반영됩니다.

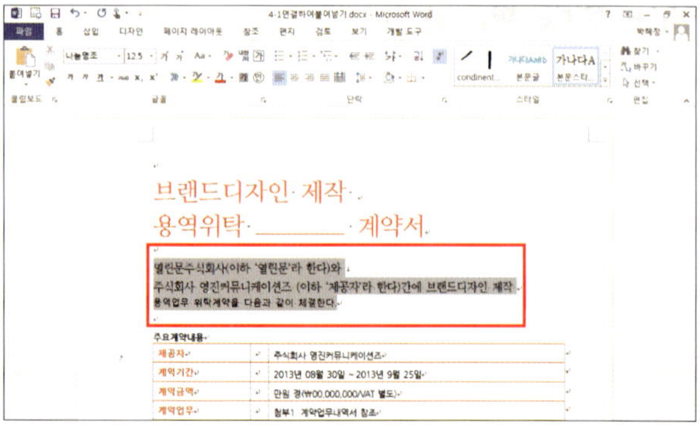

붙여넣기 기본값 설정하기

실 무 에 선 이 렇 게 !

앞선 과정을 학습했다면 붙여넣기 옵션이 의미하는 바를 알 수 있을 겁니다. 붙여넣기 기본값을 바꾸는 방법을 학습하고 상황에 맞도록 설정합니다.

01. 워드 2013을 열고 [홈] 탭–[클립보드] 그룹–[붙여넣기]의 목록 단추를 클릭하고 [붙여넣기 기본값 설정]을 클릭합니다.

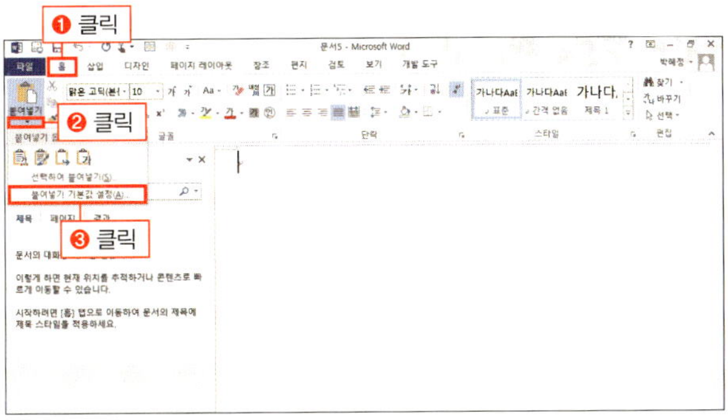

02. [Word 옵션] 대화상자의 [고급] 탭이 나타나며 [잘라내기/복사/붙여넣기]의 기본값을 확인할 수 있습니다. [다른 프로그램에서 붙여넣기]는 '텍스트만 유지', [그림 삽입/붙여넣기 형식]은 '정사각형'을 선택하고 [확인]을 클릭합니다.

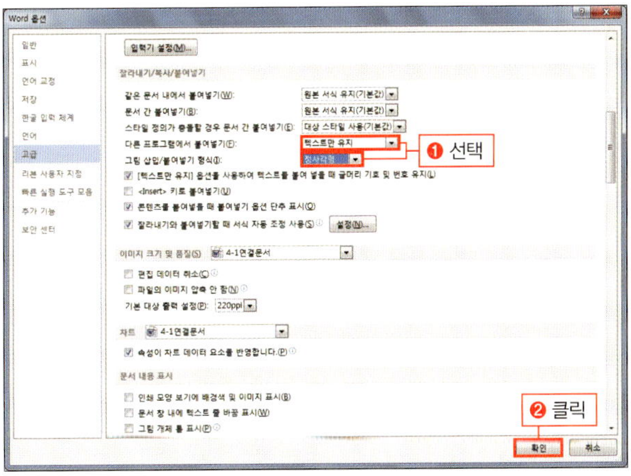

03. Step 04에서처럼 인터넷 사이트에서 내용을 복사해 붙여넣어 보면 서식 없이 텍스트만 복사되는 것을 확인할 수 있습니다.

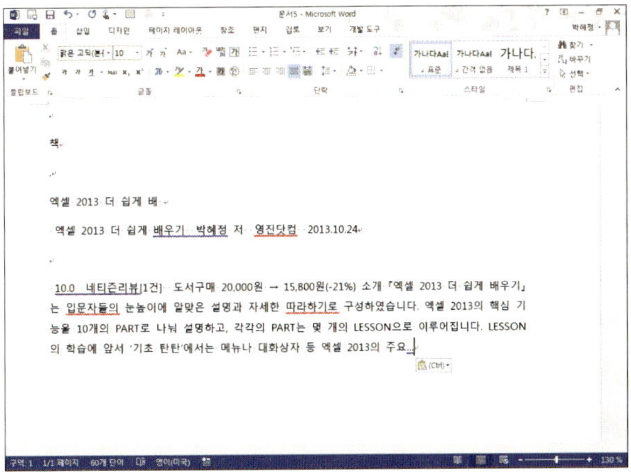

LESSON

02 문서의 구성 요소 찾기 및 바꾸기

레벨 ● ● ●

문서의 구성 요소를 구분하여 쉽게 찾거나 바꿀 수 있습니다. 특별히 텍스트에 서식만 다른 서식으로 일괄적으로 찾아 바꾸거나, 쉽게 식별할 수 없는 단락 기호 및 텍스트 줄 바꿈 기호 등의 특수 기호를 찾아 다른 서식 및 다른 특수 기호로 찾아 바꿀 수 있습니다.

기초탄탄 텍스트의 다양한 삭제 방법, [찾기 및 바꾸기] 대화상자

■ 서식 기호란?

워드 프로세서에서 말하는 서식 기호란 띄어쓰기, 문단 나누기 등과 같은 텍스트가 아닌 작업 정보입니다. 텍스트도 삽입된 개체도 아니지만 서식 기호 또한 문서의 구성 요소입니다. 이들은 표시할 수도 있고 감출 수도 있습니다. 화면에 표시했더라도 인쇄된 페이지에는 포함되지 않습니다.

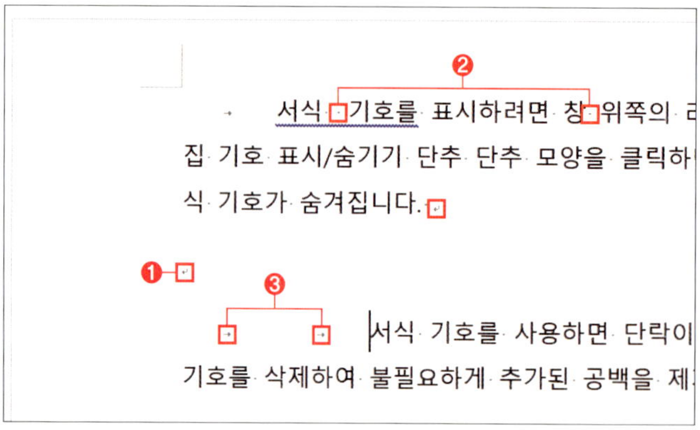

❶ 단락 표시(↵) 모양 : 워드 프로세서에서는 새 단락을 시작하기 위해 Enter를 눌러 텍스트를 입력할 수 있는 길을 만들며 키를 누를 때마다 단락 기호가 삽입되어 단락의 나뉨 정보를 표시합니다. 그림에는 두 단락 사이에 단락 기호가 2개 있는데 이는 Enter를 두 번 눌러 불필요한 공백이 생겼음을 의미합니다. 단락 기호 중 하나를 삭제하면 단락 사이의 필요 없는 공백을 제거할 수 있습니다.

❷ 점(·) : 각 단어 사이에 Space Bar를 몇 번 눌렀는지 또는 한 단어를 입력하면서 중간에 실수로 Space Bar를 눌렀는지를 보여 줍니다. 점 1개는 공백 하나를 나타내고 점 2개는 공백 2개를 나타냅니다. 일반적으로는 각 단어 사이에는 하나의 공백만이 있어야 합니다. 단어 사이에 표시되는 점은 문장 끝에 나오는 마침표와는 다릅니다. 마침표는 줄 아래쪽에 표시되지만 점은 줄 가운데 표시됩니다.

❸ 단일 화살표 모양(→) : Tab 을 누를 때마다 하나씩 표시됩니다. 위 그림에서 첫 번째 단락에는 화살표가 하나 있고 두 번째 단락에는 화살표가 2개 있기 때문에 두 번째 단락에서는 Tab 을 두 번 누른 것입니다.

■ 서식 기호의 장점

- 텍스트를 입력할 때 자동으로 삽입되는 서식 기호를 살펴보면 어떤 문제가 있는지 쉽게 알 수 있습니다.
- 서식 기호를 사용하면 단락이나 공백을 구분할 수 있을 뿐만 아니라 필요 없는 기호를 삭제하여 불필요하게 추가된 공백을 제거할 수도 있습니다.

■ 서식 기호 삽입하기

서식 기호들은 대부분 키보드의 단축키나 [삽입] 탭–[기호] 그룹–[기호]를 클릭하여 특수 문자로 입력합니다. 키가 없는 것은 [바로 가기 키]나 [자동 고침]에 추가해 사용할 수 있습니다. 워드 2013에는 설명한 표시 기호 외에도 다양한 편집 기호, 서식 기호가 있습니다.

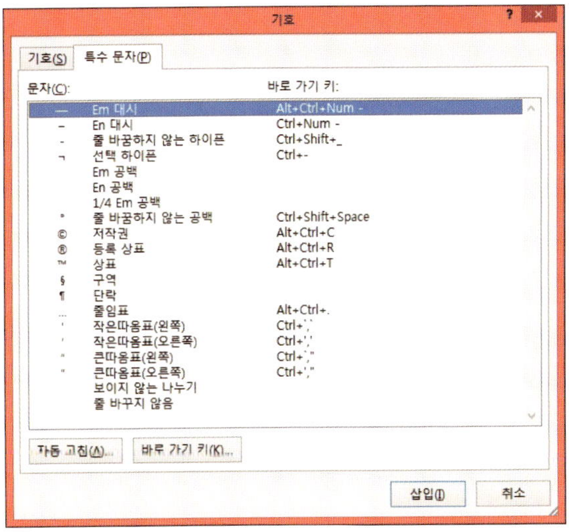

▲ [기호] 대화상자

■ 화면에 항상 표시할 서식 기호 옵션

[파일] 탭–[옵션]–[Word 옵션] 대화상자에서 [표시]를 선택하면 화면에 항상 표시할 서식 기호를 설정할 수 있습니다. 문서에 편집 기호를 표시하려면 [홈] 탭–[단락] 그룹–[편집 기호 표시/숨기기](↲)를 클릭하거나 Ctrl+Shift+8 또는 Ctrl+*을 누릅니다.

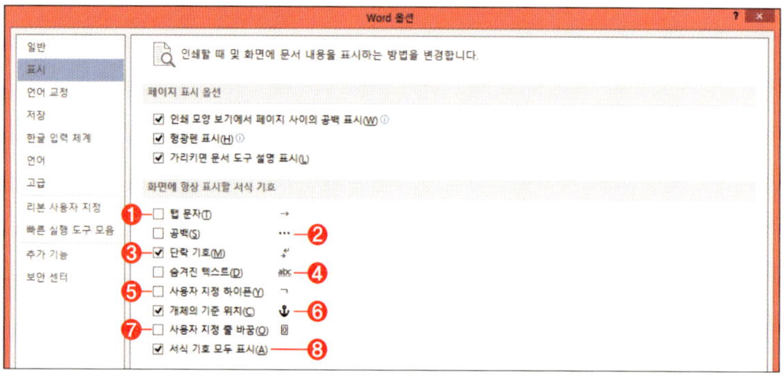

❶ 탭 문자 : Tab 을 누르면 나타나는 문자로 화살표(→)로 표시됩니다.

❷ 공백 : Space Bar 를 누르면 나타나는 문자로 단어 사이에 점(·)으로 표시됩니다.

❸ 단락 기호 : 단락 기호는 단락 끝에 표시되며 단락 서식 정보를 포함합니다.

❹ 숨겨진 텍스트 : [홈] 탭–[글꼴] 그룹의 대화상자 표시 아이콘(⧉)을 클릭하여 대화상자를 이용하면 텍스트를 숨김 처리할 수 있습니다. 이 기능은 숨김 처리된 숨은 텍스트를 모두 표시합니다. 표시 단축키는 Ctrl+Shift+H입니다.

❺ 사용자 지정 하이픈 : 단어나 구가 줄 끝에 올 경우 줄 바꿈 위치를 제어하는 데 사용됩니다.

❻ 개체의 기준 위치 : 삽입된 개체의 삽입 단락 위치를 표시합니다.

❼ 사용자 지정 줄 바꿈(▯) : Shift+Enter와는 다른 [보이지 않는 나누기]입니다.

❽ 서식 기호 모두 표시 : 위의 서식 기호와 기타 편집 기호를 모두 표시합니다. [홈] 탭–[단락] 그룹–[편집 기호 표시/숨기기](↲)와 같습니다.

■ 찾기 및 고급 찾기 목록 185P

[홈] 탭–[편집] 그룹–[찾기]의 목록에서 실행합니다.

[찾기] 목록

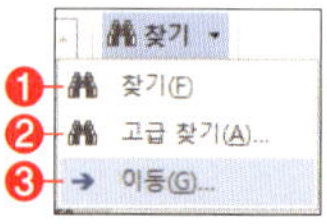

❶ 찾기 : 클릭하면 왼쪽에 [탐색] 창이 나타납니다. 또는 Ctrl+F입니다.

❷ 고급 찾기 : 클릭하면 [찾기 및 바꾸기] 대화상자가 [찾기] 탭이 선택된 상태로 나타납니다. 단축키는 Ctrl+H입니다.

❸ 이동 : 클릭하면 [찾기 및 바꾸기] 대화상자가 [이동] 탭이 선택된 상태로 나타납니다. 단축키는 Ctrl + G 입니다.

[찾기 및 바꾸기] 대화상자의 [찾기] 탭

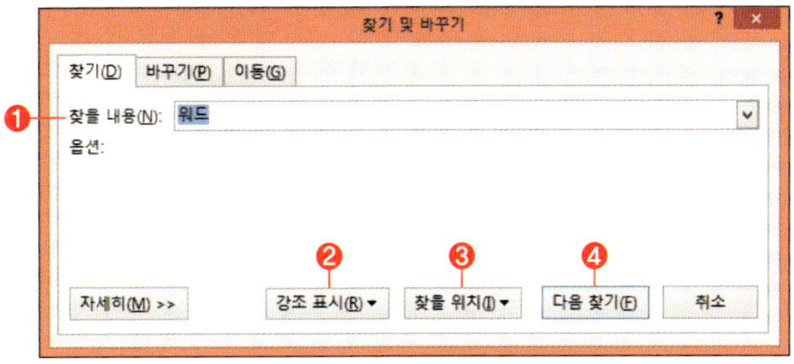

❶ 찾을 내용 : 내용을 입력할 수 있습니다. 패턴 일치(와일드카드)를 사용할 수 있습니다.

❷ 강조 표시 : 선택하면 내용이 노란색으로 표시됩니다.

❸ 찾을 위치 : 현재 선택 영역, 주 문서 중에서 선택하여 찾을 범위를 설정합니다.

❹ 다음 찾기 : 커서가 있는 위치부터 시작하여 차례로 찾을 내용을 찾아 선택합니다.

[찾기 및 바꾸기] 대화상자의 [바꾸기] 탭

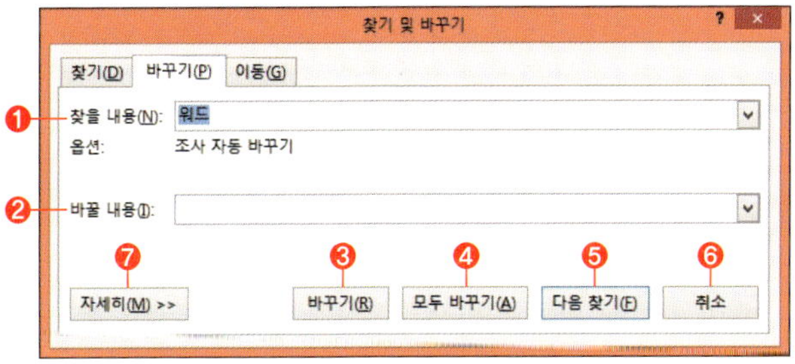

❶ 찾을 내용 : 내용을 입력할 수 있습니다. 패턴 일치(와일드카드)를 사용할 수 있습니다.

❷ 바꿀 내용 : 변경할 텍스트를 선택합니다.

❸ 바꾸기 : 찾은 텍스트를 클릭할 때마다 하나씩 변경합니다.

❹ 모두 바꾸기 : 찾을 내용에 입력한 모든 텍스트를 바꿉니다.

❺ 다음 찾기 : 커서가 있는 위치부터 시작하여 차례로 찾을 내용을 찾아 선택합니다.

❻ 취소 : 바꾸기가 적용되지 않습니다.

❼ 자세히 : 클릭하면 [간단히]로 바뀌고 다양한 검색 옵션이 나타납니다.

[찾기 및 바꾸기] 대화상자의 [자세히]-[검색 옵션]

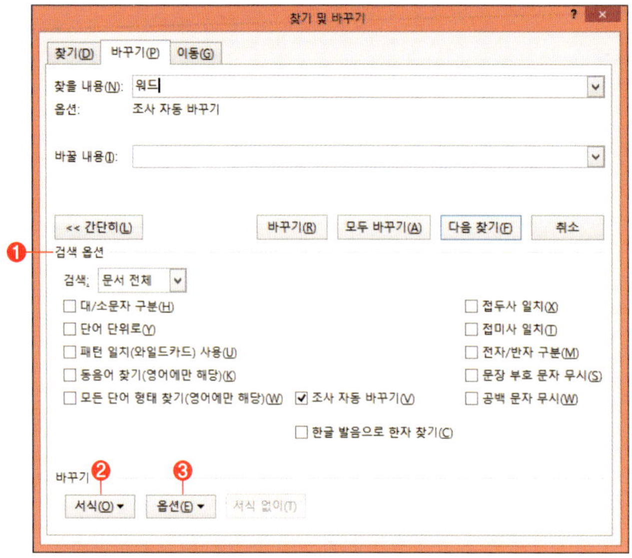

❶ **검색 옵션** : 검색 방향 및 다양한 검색 옵션을 선택해 찾기 및 바꾸기를 실행합니다.

❷ **서식** : 워드 2013에서 제공하는 서식을 찾을 [찾을 내용]이나 [바꿀 내용]에 적용할 수 있습니다.

❸ **옵션** : [찾을 내용]과 [바꿀 내용]에 서식 기호 코드를 입력할 수 있습니다.

■ 서식 기호 코드 표 188P

다음 코드를 사용하여 글자, 서식, 필드 또는 특수 문자를 찾습니다. 일부 코드는 패턴 일치(와일드카드) 사용 옵션이 설정되어 있거나 해제된 경우에만 사용할 수 있습니다.

[찾을 내용]와 [바꿀 내용] 모두에서 사용할 수 있는 서식 코드

서식 기호/표시	코드	설명
단락 기호(↵)	^p 또는 ^13	Enter 를 통해 입력한 서식 기호로 [패턴 일치(와일드카드) 사용]이 체크된 경우에는 [찾을 내용]에서 작동하지 않습니다.
탭 문자(→)	^t 또는 ^9	Tab 을 누른 서식 기호를 의미합니다.
문자(문장 부호 및 공백 포함)	?	[패턴 일치(와일드카드) 사용]이 체크된 경우에 하나의 문자, 개체, 모든 서식 기호를 의미합니다.
구역(§)	^%	[삽입] 탭-[기호] 그룹-[기호]를 클릭하고 열리는 [기호] 대화상자의 [특수 기호] 탭을 통해 입력되며 인쇄됩니다.
단락(¶)	^v	
단 나누기	^n 또는 ^14	Ctrl + Shift + Enter 를 통해 단 나누기 다음에 오는 텍스트가 다음 단에서 시작됨을 나타냅니다.
줄임표(…)	^i	Alt + Ctrl + . 을 통해 입력된 대시를 의미합니다.
Em 대시(—)	^+	Alt + Ctrl + Num Lock 을 통해 입력된 대시를 의미합니다.

1/4 Em 공백(▯)	^q	[특수 기호]를 이용해 입력하며 일반 공백보다 너비가 작고 인쇄되지 않는 특징이 있습니다.
En 대시(−)	^=	Ctrl + Num Lock 을 통해 입력된 대시를 의미합니다.
사용자 지정 줄 바꿈(↓)	^l 또는 ^11	Shift + Enter 를 통해 입력된 줄 바꿈을 의미합니다.
줄 바꾸지 않음(▯)	^z	[삽입] 탭-[기호] 그룹-[기호]를 클릭하고 열리는 [기호] 대화상자의 [특수 기호] 탭-[보이지 않는 나누기]를 클릭하여 삽입한 서식 기호를 의미합니다.
보이지 않는 나누기(▯)	^l	인터넷의 URL이 길어질 때 Shift + Enter (↓)로 나누면 링크하지 못하는 반면 [보이지 않는 나누기]를 삽입한 문장은 링크를 따라갑니다.
사용자 지정 페이지 나누기	^m	[패턴 일치(와일드 카드) 사용]이 체크된 경우에는 구역 나누기도 찾거나 바꿉니다.
줄 바꿈하지 않는 하이픈(-)	^~	Ctrl + Shift + - 를 통해 줄 바꿈하지 않는 하이픈(-)을 사용하면 하이픈이 포함된 단어, 숫자 또는 구가 줄 끝에 올 경우 줄 바꿈되지 않습니다.
줄 바꿈하지 않는 공백(°) Ctrl + Shift + Space Bar	^s	단어 사이에 작은 원으로 표시됩니다. 줄 바꿈하지 않는 공백은 텍스트 줄 끝에 표시되는 둘 이상의 단어를 1줄에 표시하려는 경우에 사용합니다. 예를 들어 'Microsoft Office'라는 두 단어 사이에 줄 바꿈하지 않는 공백을 삽입하면 두 단어가 다음 줄로 함께 이동합니다.
사용자 지정 하이픈 또는 선택 하이픈(¬)	^_	단어나 구가 줄 끝에 올 경우 줄 바꿈 위치를 제어하는 데 사용됩니다.
구역 나누기	^b	네 가지 구역 나누기인 다음 구페이지부터, 이어서, 다음 짝수 페이지부터, 다음 홀수 페이지부터 구역 나누기를 합니다.
그림 또는 그래픽 (인라인만 해당)	^g	[패턴 일치(와일드카드) 사용]이 체크된 경우 [찾을 내용]에서만 사용할 수 있는 코드입니다.

패턴 일치(와일드카드) 사용을 하지 않은 경우 [찾을 내용]에서만 사용할 수 있는 코드

서식 기호/표시	코드	설명
각주 표시	^f 또는 ^2	본문에 표시된 각주 표시를 의미합니다.
미주 표시	^e	본문에 표시된 미주 표시를 의미합니다.
필드	^d	예를 들어, 필드 코드 괄호가 '{DOCPROPERTY "Manager" ₩* Upper}'로 표시되거나 하이퍼링크가 'abc@mailaccount.com' 대신 '{HYPERLINK "mailto:abc@mailaccount.com"}'로 표시되거나 목차가 일반적인 모양이 아닌 '{TOC₩o"1-3"₩h₩z₩u}'로 표시될 수 있습니다.
구역 나누기	^b	네 가지 구역 나누기인 다음 구페이지부터, 이어서, 다음 짝수 페이지부터, 다음 홀수 페이지부터 구역 나누기를 합니다.
문자(문장 부호 및 공백 포함)	^?	[보이지 않는 나누기], [줄 바꾸지 않음], [선택 하이픈]을 제외한 모든 문자를 의미합니다.
모든 숫자	^#	하나의 숫자를 의미합니다.
모든 영어 글자	^$	하나의 영문자를 의미합니다.
캐럿 기호	^^	서식 코드가 실제 캐럿(^)를 의미합니다.

[찾기 및 바꾸기] 대화상자에서 사용할 수 있는 패턴 일치(와일드카드)와 사용 방법

[패턴 일치(와일드카드) 사용]을 체크한 경우 워드 2013에서는 설정한 텍스트와 정확히 일치하는 텍스트만 찾습니다. 대/소문자 구분 및 단어 단위로 확인란은 흐리게 표시되어 사용할 수 없습니다. 해당 옵션은 자동으로 설정되어 사용자가 해제할 수 없습니다.

① 와일드카드로 정의된 문자를 검색하려면 해당 문자 앞에 백슬래시(₩)를 입력합니다.
사용 예) 물음표를 찾으려면 '₩?'를 입력합니다.

② 괄호를 사용하여 와일드카드 문자 및 텍스트를 그룹화하고 평가 순서를 설정할 수 있습니다.
사용 예) 'presorted'와 'prevented'를 찾으려면 '〈(pre)*(ed)〉'를 입력합니다.

③ [₩n] 와일드카드를 사용하여 식을 검색하고 다시 정렬한 식으로 바꿀 수 있습니다.
사용 예) [찾을 내용]에 '(Ashton) (Chris)'를 입력하고 [바꿀 내용]에 '₩2 ₩1'을 입력하면 워드 2013에서 'Ashton Chris'를 찾아서 'Chris Ashton'으로 바꿉니다.

다양한 패턴 일치(와일드카드) 사용 예

찾을 대상	형식	예제
임의의 한 문자	?	'S?t'는 sat와 set을 찾습니다.
임의의 문자열	*	's*d'는 sad와 started를 찾습니다.
단어 시작 부분	〈	'〈(inter)'는 interesting과 intercept를 찾지만 splintered는 찾지 못합니다.
단어 끝 부부	〉	'(in)〉'은 in과 within은 찾지만 interesting은 찾지 못합니다.
지정된 문자 중 하나	[ ]	'W[io]n'은 win과 won을 찾습니다.
해당 범위에 잇는 한 문자	[-]	'[r-t]ight'는 right와 sight를 찾습니다. 범위는 오름차순으로 정렬되어 있어야 합니다.
대괄호 안에 있는 범위의 문자를 제외한 한 문자	[!x-z]	'T[!a-m]'는 tock과 tuck을 찾지만 tack와 tick은 찾지 못합니다.
이전 문자 또는 식이 정확히 n번 반복되는 항목	{n}	'Fe{2}d'는 feed는 찾지만 fed는 찾지 못합니다.
이전 문자 또는 식이 적어도 n번 반복되는 항목	{n,}	'Fe{1,}d'는 fed와 feed를 찾습니다
이전 문자 또는 식이 n-m번 반복되는 항목	{n,m}	'10{1,3}'은 10, 100 및 1000을 찾습니다
이전 문자 또는 식이 한 번 이상 반복되는 항목	@	'lo@t'는 lot와 loot를 찾습니다.

STEP 01 • [탐색] 창에서 원하는 글자 찾기

워드 2013에서 찾기 기능을 실행하면 왼쪽 [탐색] 창의 문서 검색 공간을 이용할 수 있습니다. 입력한 텍스트의 검색 결과를 쉽게 찾아 갈수 있도록 강조 표시 및 연결해 줍니다. 또한 [탐색] 창 목록을 이용하여 각종 옵션을 설정하여 찾을 수도 있습니다. [탐색] 창을 이용하여 원하는 데이터를 찾아 봅니다.

예제 파일 | CD\Part 04\4-2찾기.docx **완성 파일 |** CD\Part 04\4-2찾기_완성.docx

01. [보기] 탭-[표시] 그룹-[탐색 창]을 체크하여 체크한 후 검색란에 '승인'을 입력하고 Enter 를 누릅니다.

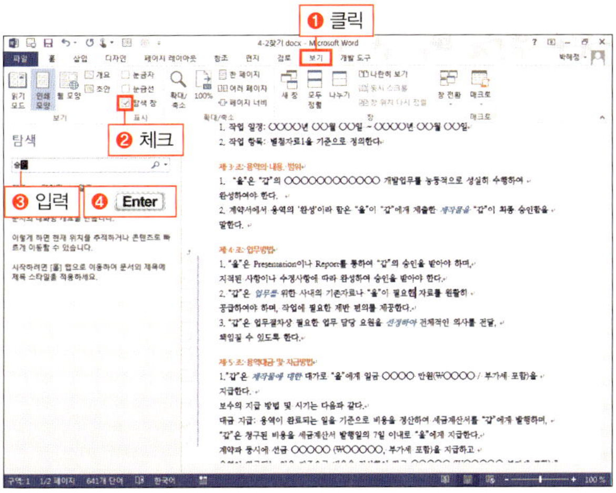

TIP : [홈] 탭-[편집] 그룹-[찾기]를 클릭하거나 Ctrl + F 를 눌러 [탐색] 창을 열 수 있습니다.

02. 검색어가 강조 표시됩니다. [탐색] 창의 [결과] 탭을 클릭합니다.

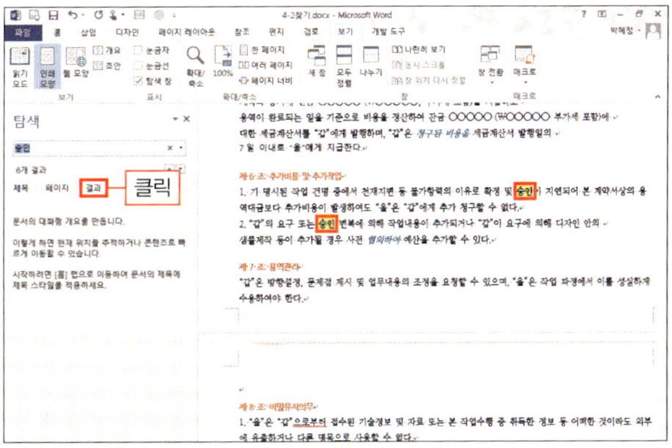

TIP : 강조 표시는 검색어가 쉽게 눈에 띄도록 화면에 표시할 수 있습니다. 화면에서는 강조 표시되지만 인쇄할 때는 표시되지 않습니다.

03. 검색어를 포함한 문장 및 단락이 표시되고, 문장을 클릭하여 해당 위치로 빠르게 이동할 수 있습니다.

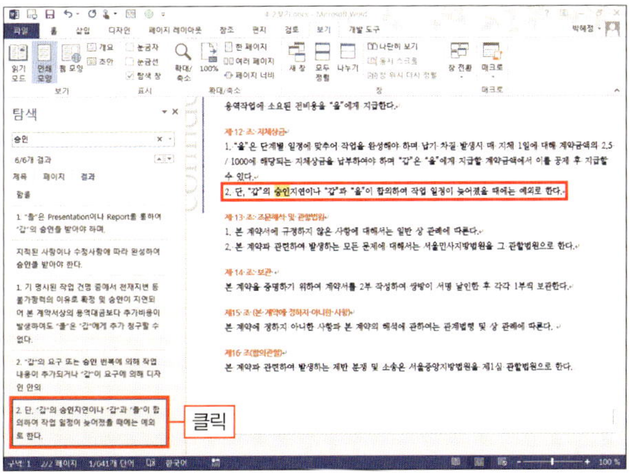

TIP : 찾기 및 바꾸기 기능은 현재 커서가 있는 위치부터 시작하여 검색을 진행한 후 다시 문서의 맨 처음부터 찾습니다. 때문에 검색 전에 검색을 시작할 위치에 커서를 위치시키는 것이 좋습니다. 커서의 위치와 상관없이 문서의 시작 위치로 이동하려면 Ctrl + Home 을 누릅니다.

STEP 02 • 텍스트에 적용한 서식으로 찾아 다른 서식으로 바꾸기

원하는 글자를 찾는 것은 기본이고, 글자에 적용된 서식을 기준으로 찾을 수도 있습니다. 적용된 서식을 기준으로 텍스트를 찾아 내용은 두고 적용된 서식만 다른 서식으로 변경해 봅니다.

예제 파일 | CD₩Part 04₩4-2찾기.docx **완성 파일 |** CD₩Part 04₩4-2찾기_완성.docx

01. 앞선 작업에 이어 [탐색] 창의 목록 단추를 클릭하여 [다른 내용 검색] 목록에서 '고급 찾기'를 선택합니다.

TIP : [고급 찾기] 실행의 다른 경로는 [홈] 탭-[편집] 그룹-[찾기]-[고급 찾기]입니다.

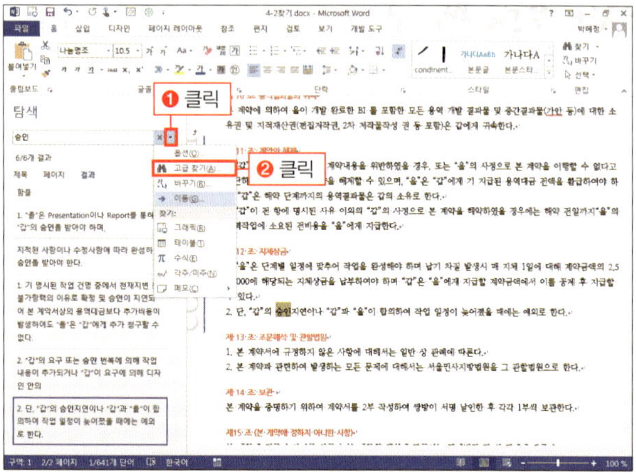

02. [찾기 및 바꾸기] 대화상자에 [찾을 내용]에 커서를 위치시키고 [서식]-[글꼴]을 클릭합니다. [글꼴 찾기] 대화상자가 열리면 [글꼴 색]은 표준색의 '파랑', [글꼴 스타일]은 '굵게 기울임꼴'로 선택하고 [확인]을 클릭합니다.

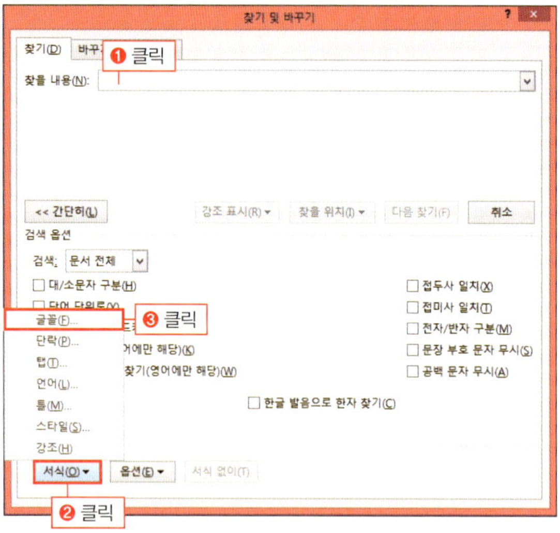

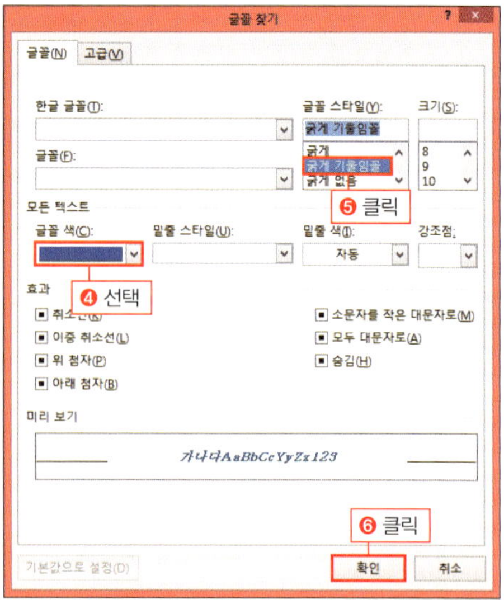

TIP : 검색 옵션이 나타나지 않으면 [자세히]를 클릭합니다.

03. 적용된 [서식]을 확인하고 [다음 찾기]를 클릭합니다. 내용과 상관없이 서식이 일치하는 텍스트를 찾습니다. 서식을 바꾸기 위해 [바꾸기] 탭을 클릭합니다.

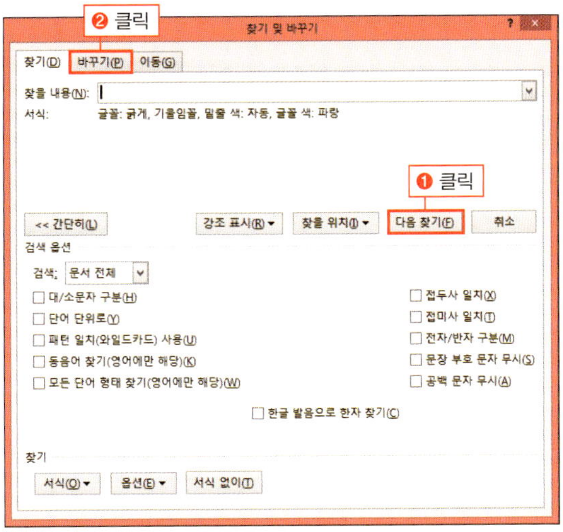

TIP : 서식 찾기를 초기화하려면 [서식 없이]를 클릭합니다.

04. [바꿀 내용] 커서를 위치시키고 [서식]-[글꼴]을 클릭해 [글꼴] 대화상자를 열고 [글꼴 색]을 '빨강'으로 변경하고 [모두 바꾸기], [확인]을 클릭합니다.

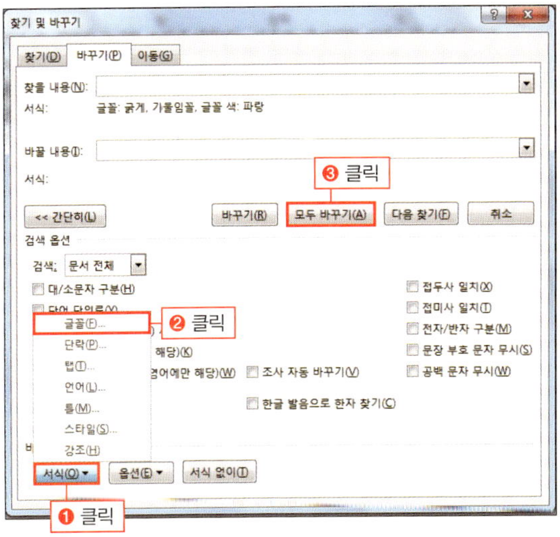

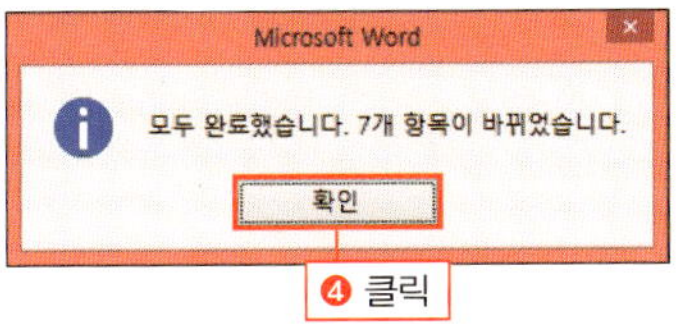

05. [찾을 내용]에 적용한 서식이 적용된 텍스트의 글꼴 색이 빨간색으로 변경됩니다.

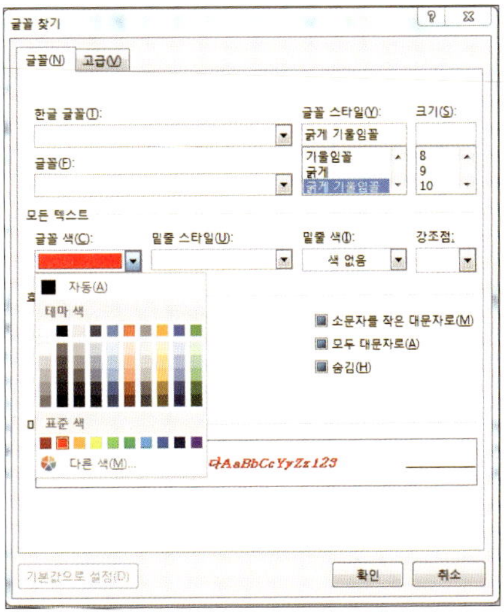

STEP 03 • 패턴 일치(와일드카드)를 사용하여 특정 문자 찾아 바꾸기

패턴 일치(와일드카드)를 사용하면 찾으려는 값에 대하여 임의의 한 문자 일치, 임의의 문자열 일치, 단어의 시작과 끝 등의 구체적인 설정이 가능합니다.

예제 파일 | CD₩Part 04₩4-2바꾸기.docx **완성 파일 |** CD₩Part 04₩4-2바꾸기_완성.docx

01. [홈] 탭-[편집] 그룹-[바꾸기]를 클릭하고 [찾기 및 바꾸기] 대화상자에서 [자세히]를 클릭합니다.

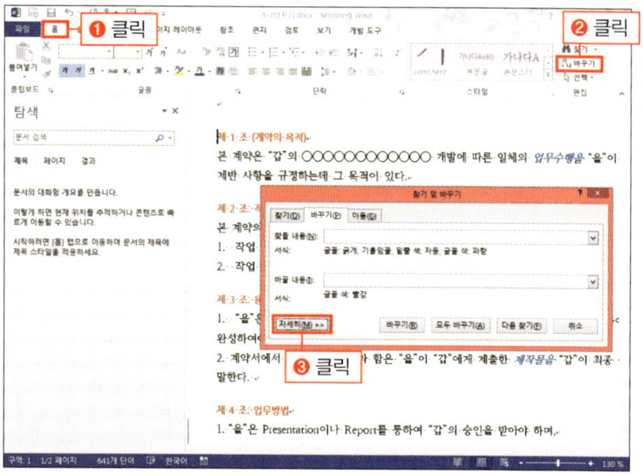

02. [패턴 일치(와일드카드) 사용]을 체크하고 적용된 서식은 [서식 없이]를 클릭하여 지운 다음 [찾을 내용]에 '제???조'를 입력, [바꿀 내용]은 비워 두고 [모두 바꾸기], [확인]을 클릭합니다.

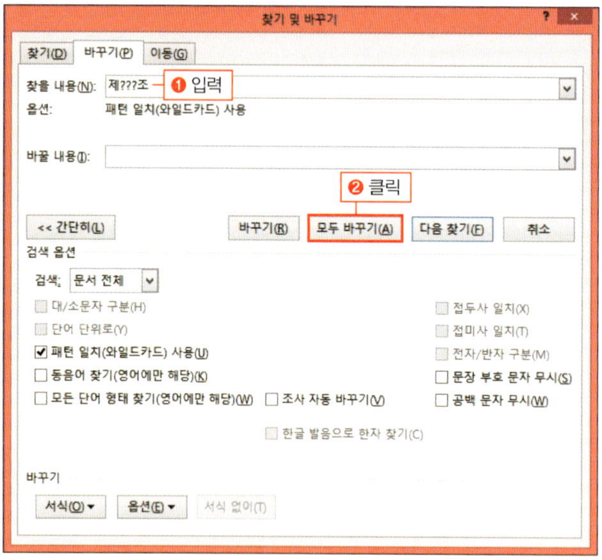

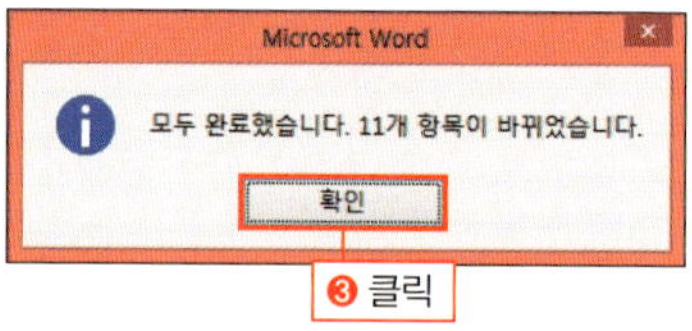

TIP : '제???조'는 '제'로 시작하고 '조'로 끝나며 '제'와 '조' 사이에 세 글자의 텍스트로 이루어진 총 다섯 글자 텍스트를 의미합니다.

03. `Esc`를 눌러 대화상자를 닫고 문서의 변경 내용을 확인합니다.

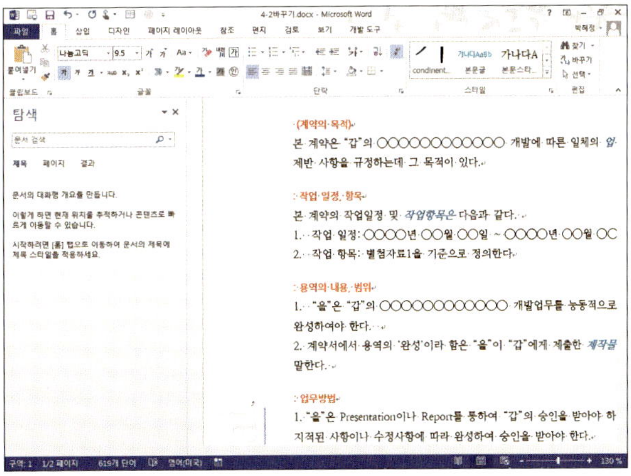

특수 기호 문자 찾아 제거하기

실무에선 이렇게!

워드 프로세서에서는 같은 기호인 것 같은데 다르게 인식하는 일이 있습니다. 워낙 경우가 다양하기 때문에 일일이 그 원인을 찾을 수 없습니다. 또한 문서 전반에 불필요한 서식 기호가 있어 그 기호를 제어해야 할 때가 있습니다. 알 수 없는 텍스트나 서식 기호를 제어하는 방법을 알아봅니다.

예제 파일 | CD₩Part 04₩4-2특수기호제거.docx **완성 파일 |** CD₩Part 04₩4-2특수기호제거_완성.docx

01. 문서에 모든 탭 기호(→)를 찾아 콜론(:)으로 변경하기 위해 [홈] 탭-[편집] 그룹-[바꾸기]를 클릭하고 [찾기 및 바꾸기] 대화상자의 [자세히]를 클릭합니다.

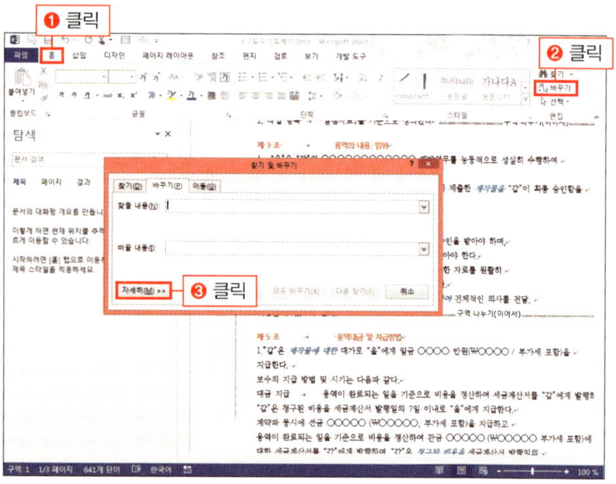

TIP : 화면에 탭 기호(→)가 표시되지 않으면 [홈] 탭-[단락] 그룹-[단락 기호 표시/숨기기](¶)를 클릭해 표시합니다.

02. [찾을 내용]에 커서를 위치 시킨 다음 [옵션]-[탭 문자]를 클릭하고, [바꿀 내용]에 '콜론(:)'을 입력한 다음 [모두 바꾸기], [확인]을 클릭합니다. [취소]를 클릭해 [찾기 및 바꾸기] 대화상자를 닫습니다.

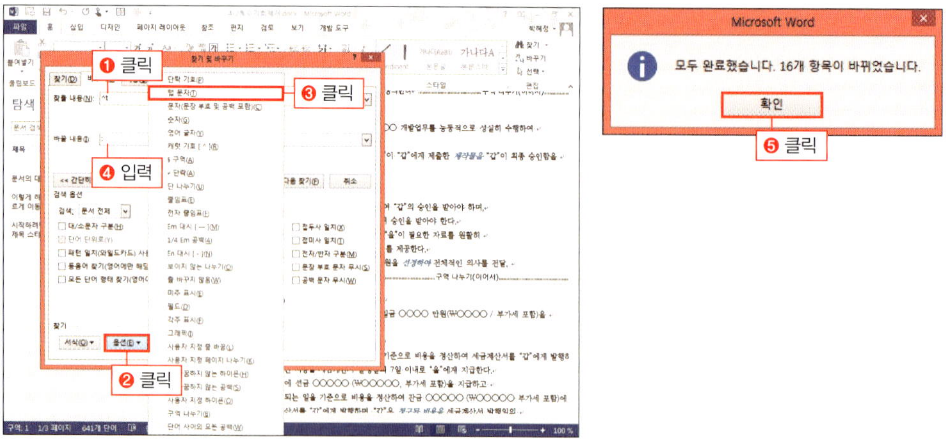

TIP : 찾을 내용에 [탭 기호]를 의미하는 서식 기호 '^t'가 입력됩니다.

03. 문서 내에 모든 탭 기호 정보가 콜론(:)으로 바뀝니다.

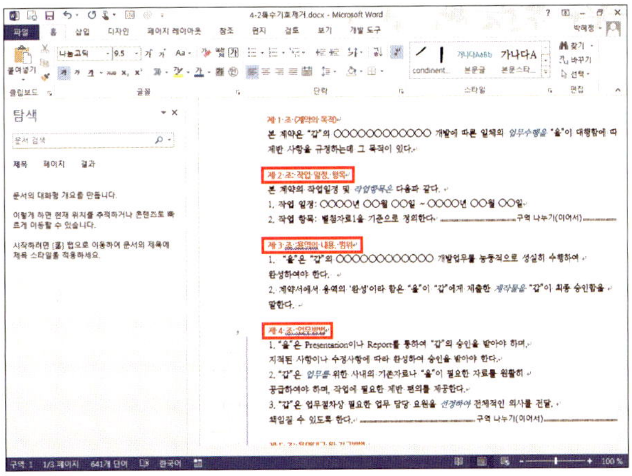

TIP : 바꾸기의 단축키는 Ctrl + H입니다.

04. 이번에는 큰 따옴표(")를 찾아 작은 따옴표(')로 변경하기 위해 큰 따옴표(")를 선택하고 [홈] 탭-[편집] 그룹-[바꾸기]를 클릭합니다. [찾기 및 바꾸기] 대화상자의 [찾을 내용]에 큰 따옴표(")가 입력된 것을 확인하고 [바꿀 내용]에 작은 따옴표(')를 입력한 다음 [모두 바꾸기]를 클릭합니다.

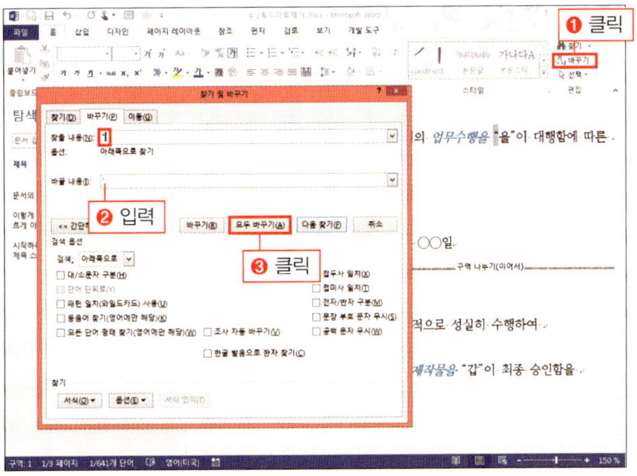

TIP : 본문에 삽입된 큰 따옴표(")는 키보드의 큰 따옴표(")를 통해 입력하면 프로그램이 찾지 못합니다.

05. [예], [확인]을 클릭합니다.

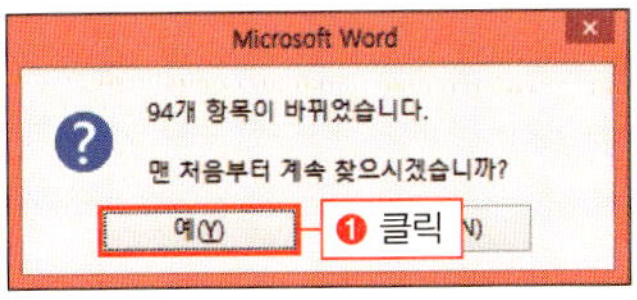

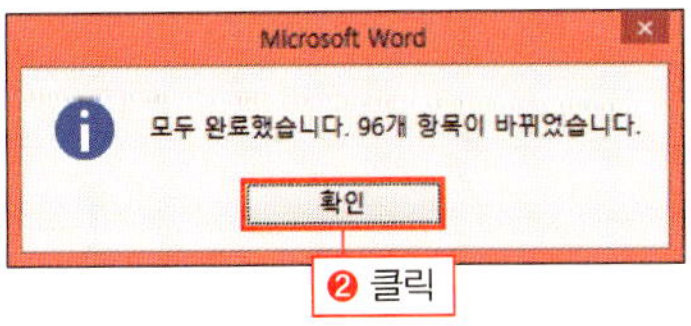

06. 문서에 모든 큰 따옴표가 작은 따옴표로 변경됩니다.

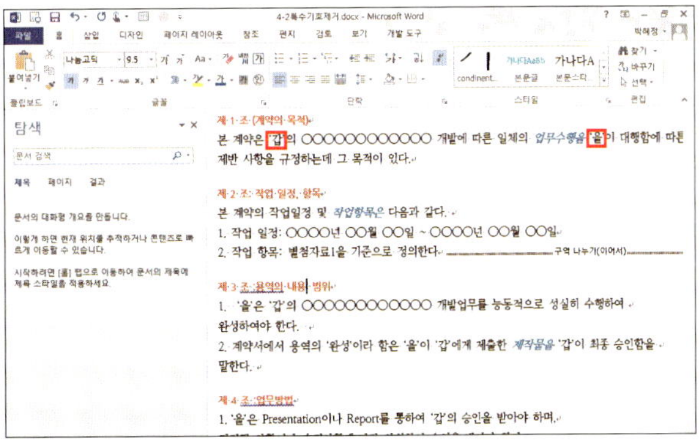

강제 페이지 나누기, 구역 등의 특수 문자 찾아 바꾸기

워드 2013으로 문서 작성을 할 때 글자의 입력 외에도 Enter, Shift+Enter를 눌러 문단을 강제로 나눈다거나, 다음 줄로 보내는 등의 작업을 하게 됩니다. 이런 작업은 텍스트나 개체가 아니기 때문에 쉽게 식별하기 어렵습니다. 이번에는 구역 나누기로 나눠진 구역 정보를 찾아 모두 삭제하여 문서를 하나의 구역으로 만들어 봅니다.

예제 파일 | CD₩Part 04₩4-2특수기호제거.docx **완성 파일 |** CD₩Part 04₩4-2특수기호제거_완성.docx

01. 문서에 구역 나누기를 확인합니다. [홈] 탭-[편집] 그룹-[바꾸기]를 클릭하고 [찾기 및 바꾸기] 대화상자에서 [자세히]를 클릭합니다.

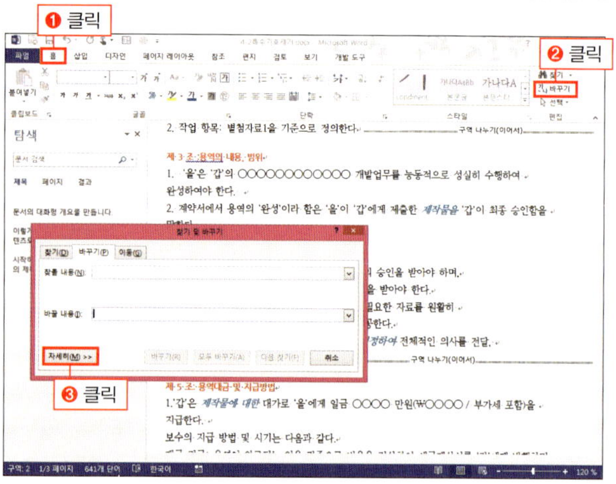

TIP : 편집 기호를 표시하려면 [홈] 탭-[단락] 그룹-[편집 기호 표시/숨기기](↵)를 클릭하거나 Ctrl+Shift+8 또는 Ctrl+*을 누릅니다.

02. [찾을 내용]에 커서를 위치시키고 [옵션]-[구역 나누기]를 클릭하고 [모두 바꾸기], [확인]을 클릭합니다.

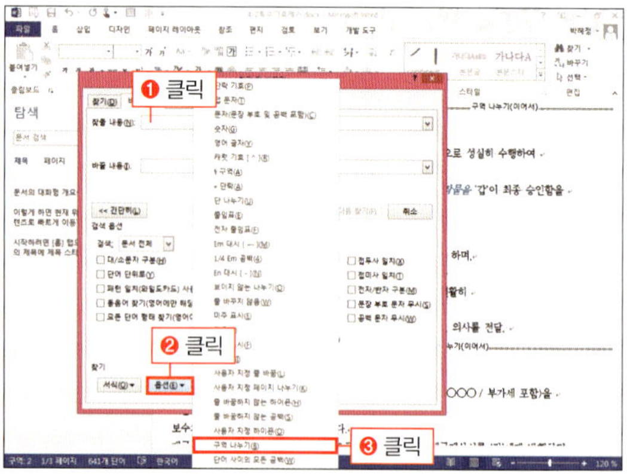

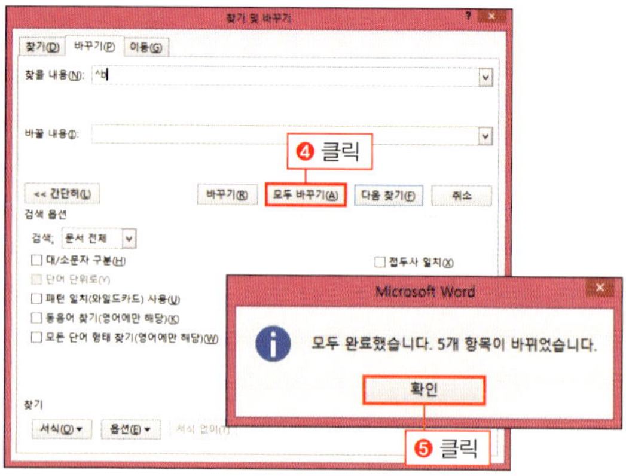

03. 문서를 살펴보면 [구역 나누기] 문단 기호가 지워진 것을 확인할 수 있습니다.

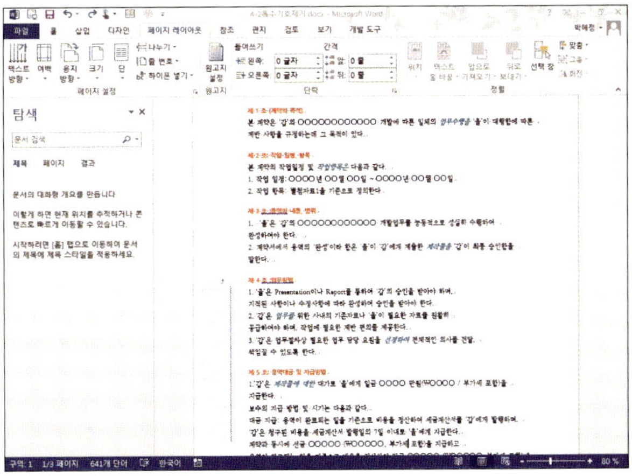

LESSON

03 문서의 구성 요소 간 이동하기

레벨 ● ● ●

[이동] 메뉴를 이용하면 문서 내에 다양한 구성 요소들 간에 이동을 쉽게 할 수 있습니다. 또한 문서 내에 어떤 구성 요소가 있는지 파악할 수도 있습니다.

기초탄탄 ▶ 커서 이동하기, 이동할 수 있는 종류

■ [찾기 및 바꾸기] 대화상자의 [이동] 탭 196P

문서의 구성 요소 간에 이동할 수 있습니다. [홈] 탭–[편집] 그룹–[찾기]–[이동]을 클릭하면 페이지, 구역, 줄, 책갈피, 메모, 각주, 미주, 필드, 표, 그래픽, 수식, 개체로 빠르고 정확하며 쉽게 이동할 수 있습니다. 현재 위치를 기준으로 이동하려면 + 또는 –를 입력합니다. 예를 들어 +4를 입력하면 4개 항목 앞으로 이동합니다.

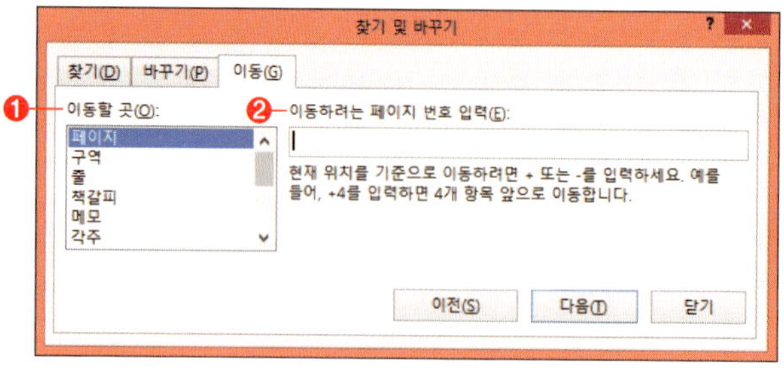

❶ 이동할 곳 : 이동 가능한 목록이 나타납니다.

❷ 이동하려는 페이지 번호 입력 : 페이지를 선택했을 때는 페이지 번호를 입력하고 책갈피를 선택하면 만들어진 책갈피 목록이 나타납니다.

이동할 수 있는 곳

이동할 곳	설명
페이지	강제(Ctrl+Enter) 또는 자동으로 나뉘어진 페이지 단위로 이동합니다.
구역	[페이지 레이아웃] 탭-[페이지 설정] 그룹-[나누기]-[구역 나누기] 기능을 이용해 나뉘어진 구역 단위로 이동합니다.
줄	강제(Shift+Enter) 또는 자동으로 나뉘어진 줄 단위로 이동합니다.
책갈피	[삽입] 탭-[링크] 그룹-[책갈피] 기능으로 만들어진 [책갈피 이름]으로 이동합니다.
메모	[검토] 탭-[메모] 그룹-[새 메모] 기능으로 삽입된 메모 단위로 이동합니다.
각주	[참조] 탭-[각주] 그룹-[각주 삽입] 기능으로 삽입된 각주 단위로 이동합니다.
미주	[참조] 탭-[각주] 그룹-[미주 삽입] 기능으로 삽입된 미주 단위로 이동합니다.
필드	[삽입] 탭-[텍스트] 그룹-[빠른 문서 요소]-[필드] 기능으로 삽입된 필드 단위로 이동합니다.
표	삽입한 표 단위로 이동합니다.
그래픽	삽입한 그림 단위로 이동합니다.
수식	[삽입] 탭-[기호] 그룹-[수식] 기능으로 삽입한 수식 단위로 이동합니다.
개체	[삽입] 탭-[텍스트] 그룹-[개체] 기능으로 삽입한 개체 단위로 이동합니다.
제목	제목 스타일을 기준으로 이동합니다.

■ 키보드로 커서 이동하기

키보드를 이용해 커서를 이동할 수 있습니다.

내용	방법	내용	방법
한 글자 이동	→, ←	한 화면의 위, 아래로	Page Up, Page Down
1줄 이동	↑, ↓	이전 페이지의 맨 위로	Ctrl+Page Up
한 단어의 왼쪽, 오른쪽으로	Ctrl+←, Ctrl+→	다음 페이지의 맨 위로	Ctrl+Page Down
한 단락의 위, 아래로	Ctrl+↑, Ctrl+↓	문서의 처음으로	Ctrl+Home
한 줄의 시작/끝으로	Home, End	문서의 끝으로	Ctrl+End
맨 왼쪽으로 이동	Home	맨 오른쪽으로 이동	End
가장 최근에 커서가 있었던 곳으로 이동. 붙여넣기 후 Shift+F5를 누르면 붙여넣기 전 커서가 있던 곳으로 이동함			Shift+F5

STEP 01 • 커서를 이동하는 다양한 방법들

키보드를 이용하여 커서의 위치를 변경해 봅니다.

예제 파일 | CD₩Part 04₩4-3이동.docx

01. Home, End 을 누르면 커서가 줄의 맨 앞, 맨 끝으로 이동합니다. Page Up, Page Down 을 누르면 페이지의 처음 단락, 맨 마지막 단락으로 이동합니다.

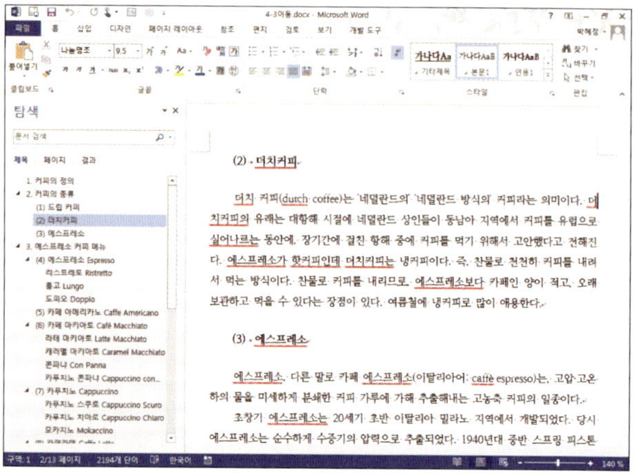

02. Ctrl + ↓ 를 누를 때마다 다음 단락의 첫 줄 맨 앞으로 이동합니다. Ctrl + ↑ 를 누를 때마다 이전 단락의 첫 줄 맨 앞으로 이동합니다.

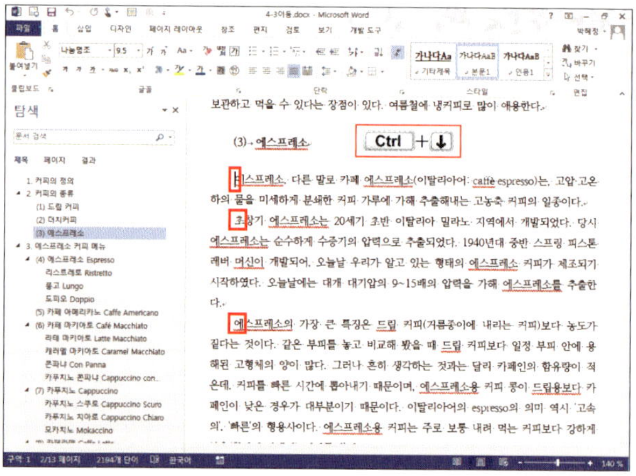

03. Ctrl + → 를 누를 때마다 단어별로 오른쪽으로 이동합니다. Ctrl + ← 를 누를 때마다 단어별로 왼쪽으로 이동합니다.

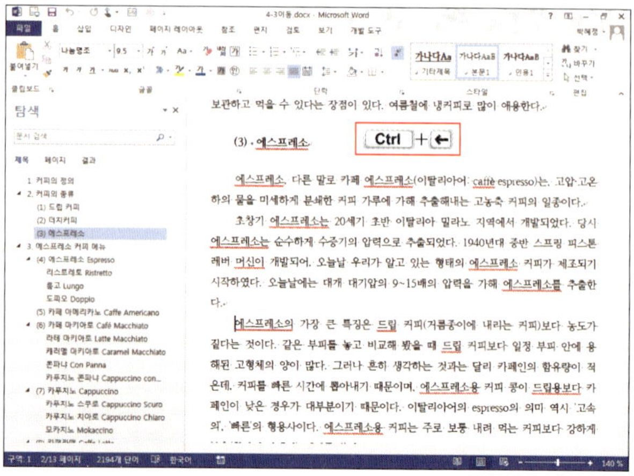

TIP : Ctrl + Shift + → 을 누르면 블록을 지정하면서 오른쪽으로 이동합니다.

STEP 02 • 줄, 구역, 페이지 단위로 이동하기

이동 메뉴를 이용하여 줄, 구역, 페이지 단위로 이동해 봅니다.

예제 파일 | CD\Part 04\4-3이동.docx

01. [탐색] 창의 [페이지] 탭을 클릭한 다음 4페이지를 클릭하여 이동합니다.

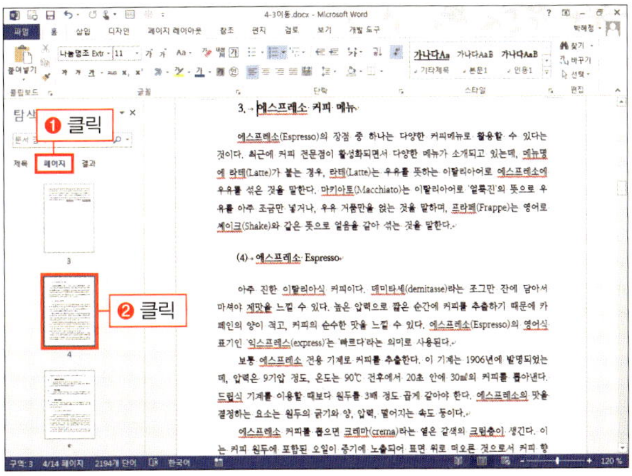

02. 페이지가 이동됩니다. 4페이지의 구역을 확인하고 Ctrl + G를 눌러 [찾기 및 바꾸기] 대화상자의 [이동] 탭을 연 후 [이동할 곳]을 '구역'으로 선택하고 [이동하려는 구역 번호]를 '2'로 입력한 다음 [이동]을 클릭합니다.

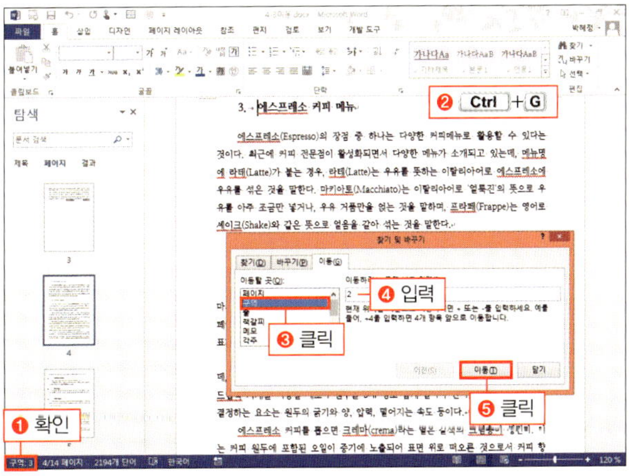

03. 구역2로 이동한 것을 상태 표시줄을 통해 확인해 봅니다.

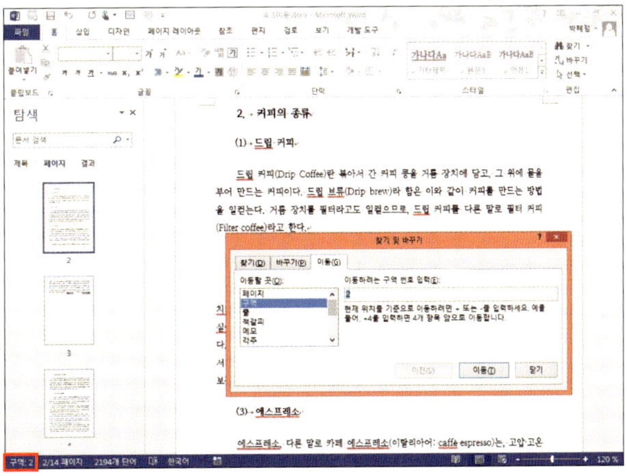

TIP : 상태 표시줄에 구역이 표시되지 않으면 상태 표시줄에서 마우스 오른쪽 단추를 클릭해 [구역]을 클릭합니다.

STEP 03 • 모두 선택, 개체 선택, [선택] 창 활용하기

[홈] 탭–[편집] 그룹–[선택]을 클릭하면 문서 내 구성 요소를 빠르고 쉽게 선택할 수 있는 다양한 툴이 있습니다. 목록에는 모두 선택, 개체 선택, 비슷한 서식의 모든 텍스트 선택, [선택] 창이 있습니다.

예제 파일 | CD₩Part 04₩4-3이동.docx

01. [탐색] 창을 이용하여 그래픽을 선택하기 위해 [탐색] 창의 목록 단추를 클릭해 [다른 내용 검색] 목록의 '그래픽'을 선택합니다.

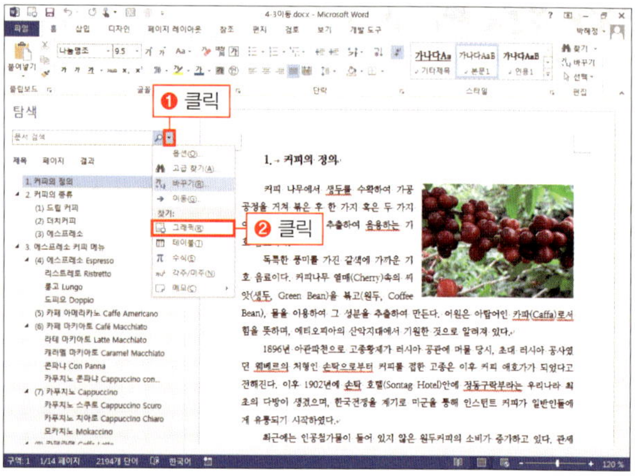

02. 그래픽이 있는 [제목]에 강조 표시가 됩니다. 이전/다음 아이콘(▲▼)을 클릭해 다음 그래픽으로 이동합니다.

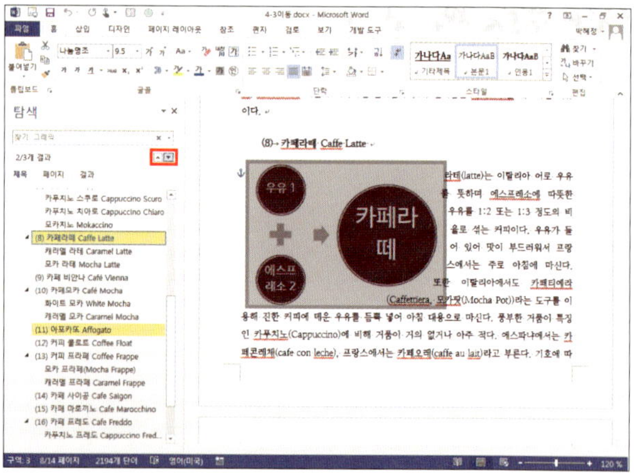

03. 다음 그래픽이 선택됩니다.

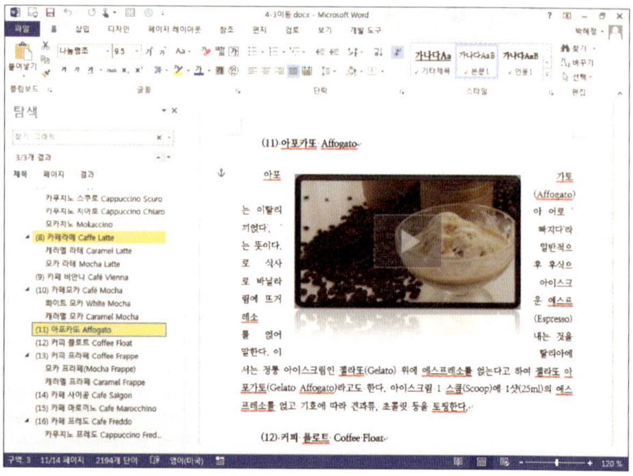

TIP : 마우스로 직접 개체를 선택할 때 잘 선택되지 않는다면 [홈] 탭–[편집] 그룹–[선택 창]을 클릭해 활용하거나 [개체 선택 모드]()로 바꾸고 선택합니다.

스타일을 지정하여 [탐색] 창에서 이동하기

실무에선 이렇게!

입력한 텍스트를 제목 스타일로 지정하거나 수준을 적용하면 [탐색] 창의 [제목] 영역에 텍스트가 등록되어 쉽게 이동할 수 있습니다.

예제 파일 | CD₩Part 04₩4-3제목이동.docx

01. [보기] 탭-[표시] 그룹-[탐색 창]을 체크하고, [홈] 탭-[스타일] 그룹의 대화상자 표시 아이콘(◲)을 클릭하여 [탐색] 창과 [스타일] 창을 화면에 표시합니다. '제 1 조 (계약의 목적)' 단락에 커서를 위치시키고 '조항제목' 스타일이 적용되어 있고 [탐색] 창의 [제목] 영역에 텍스트가 표시되지 않음을 확인합니다.

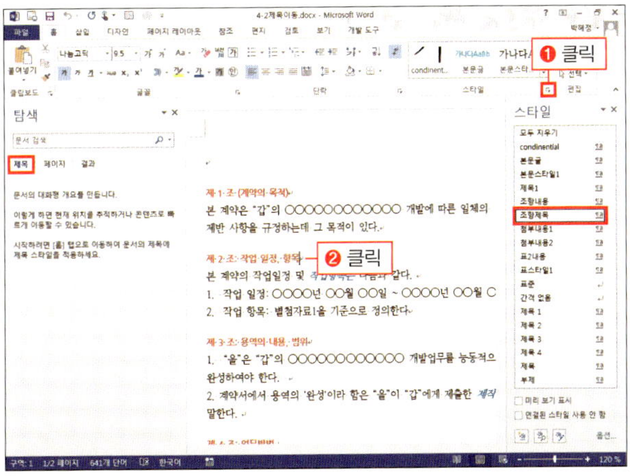

02. 수준을 적용하여 [탐색] 창-[제목] 탭에 나타내기 위해서 '제 1 조 (계약의 목적)'에 커서를 위치시키고 [홈] 탭-[단락] 그룹의 대화상자 표시 아이콘(◲)을 클릭한 후 [단락] 대화상자의 [들여쓰기 및 간격] 탭에서 [개요 수준]을 '수준 1'로 선택하고 [확인]을 클릭합니다.

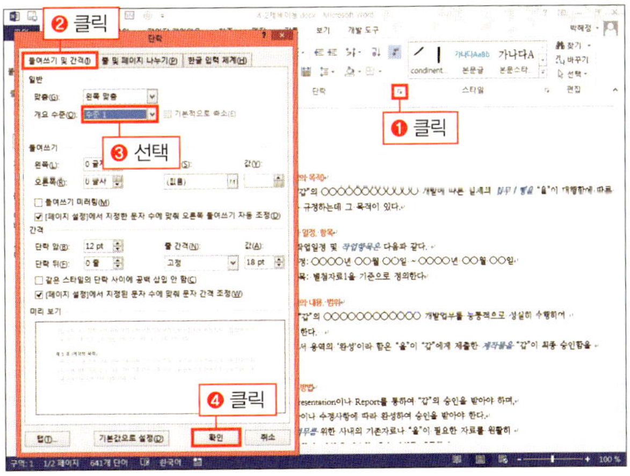

03. [탐색] 창에 '제 1 조 (계약의 목적)'이 나타납니다. 변경사항을 업데이트하여 '조항제목' 스타일이 적용된 모든 단락을 변경하기 위해 '조항제목' 스타일의 목록 단추를 클릭해 '선택 영역과 일치하도록 조항제목 업데이트'를 선택합니다.

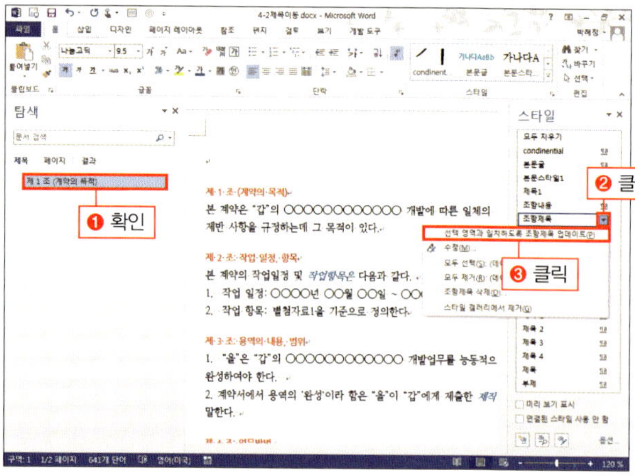

04. 스타일이 업데이트되어 '조항제목' 스타일을 사용하는 모든 단락에 수준이 적용되어 [탐색] 창에 나타납니다.

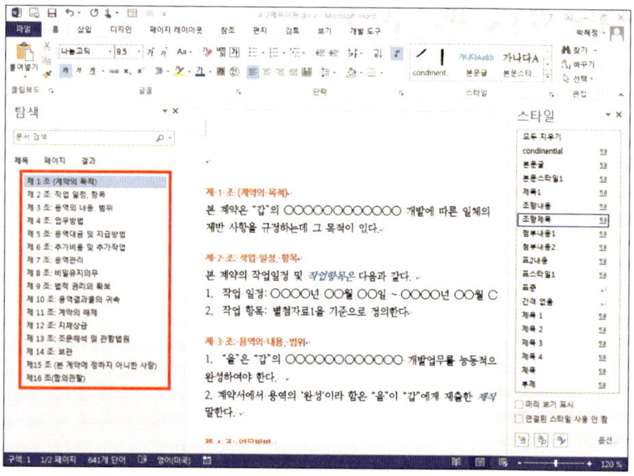

05. [탐색] 창에서 추가된 제목을 클릭하면 해당 단락으로 커서가 이동됩니다.

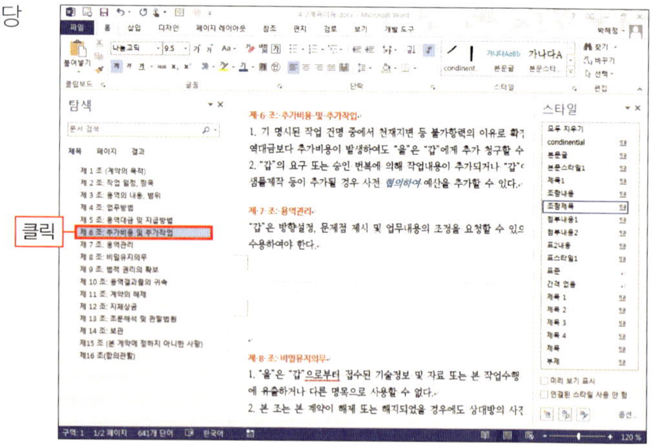

LESSON

04 맞춤법 및 문법 검사하기

레벨 ●●●

모든 MS Office 2013 프로그램에는 파일 맞춤법과 문법을 검사하는 기능이 있습니다. 주로 맞춤법 검사라고 부르는 맞춤법 및 문법 검사기는 프로그램에 따라 리본 메뉴에서 다른 위치에 있습니다.

기초탄탄 [맞춤법 및 문법 검사] 대화상자, [한글/한자 변환] 대화상자

■ 언어 교정 기능

[검토]탭에 [언어 교정], [언어] 그룹

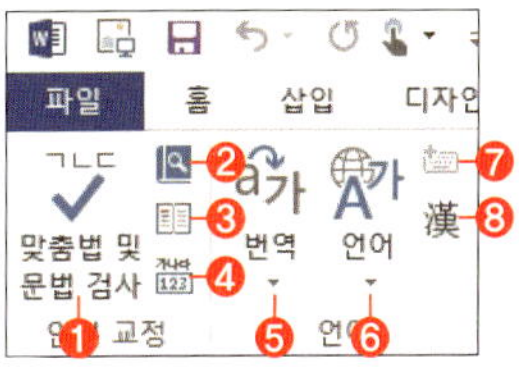

❶ 맞춤법 및 문법 검사(F7) : 잘못 입력되면 바로 맞춤법을 검사합니다.

❷ 정의(Ctrl+F7) : 입력한 단어의 뜻이 궁금하다면 클릭만으로 확인할 수 있습니다.

❸ 동의어 사전(Ctrl+F7) : 동일한 뜻의 새로운 단어를 추천합니다.

❹ 단어 개수 : 단어 수, 문자 수, 줄 수를 계산하여 보여줍니다.

❺ 번역 : 사전 또는 온라인 서비스를 사용하여 텍스트를 다른 언어로 번역합니다.

❻ 언어 : 맞춤법 검사와 같은 언어 교정 도구에 사용할 언어를 선택합니다. 편집, 표시, 도움말, 화면 설명 언어 등 다른 언어 기본 설정을 지정할 수도 있습니다.

❼ 입력기 사전 업데이트 : 선택한 단어를 나중에 인식할 수 있도록 IME사전에 추가합니다.

❽ 한글/한자 변환 : 한글 및 한자로 변환합니다.

■ [맞춤법 및 문법 검사] 표시 옵션 204P

파일에서 맞춤법 및 문법 동시 검사는 텍스트를 교정할 때 유용합니다. 가능한 오류를 확인하고 각 수정 항목을 확인할 수 있습니다.

[파일] 탭–[옵션]을 클릭하고 [Word 옵션] 대화상자에서 [언어 교정]을 클릭합니다.

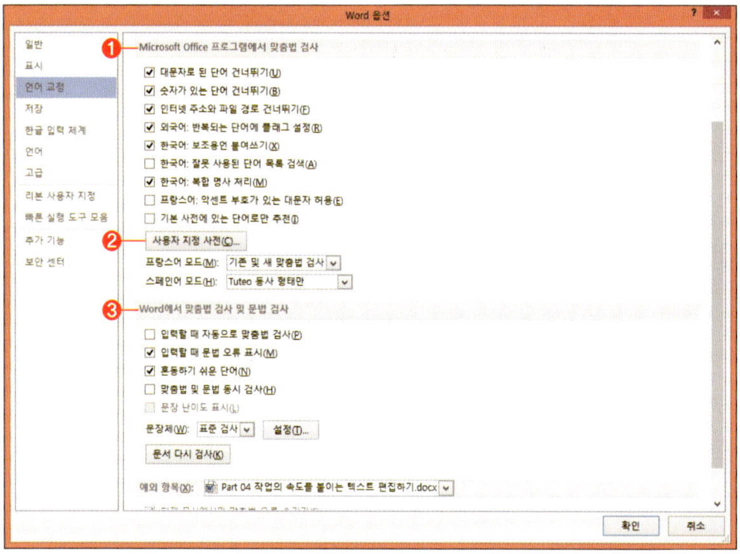

❶ Microsoft Office 프로그램에서 맞춤법 검사 : MS Office 프로그램에서 맞춤법 또는 문법 검사를 실행할 때 일부 텍스트의 오류를 건너뛰어야 할 경우가 있습니다. 또한 단일 단어나 문서 전체로 구성된 텍스트 영역에서 일부 텍스트가 문법 또는 맞춤법 검사 오류로 표시되는 이유를 이해할 수 없는 경우도 있습니다. 아웃룩, 파워포인트 및 워드에서는 비공식적인 전자 메일 메시지에서 가져온 일부 텍스트를 삽입하는 등의 경우에 맞춤법 및 문법 검사에서 해당 텍스트를 건너뛰도록 설정할 수 있습니다. 전자 메일 메시지에 완전하지 않은 문장과 속어가 포함된 경우 맞춤법 및 문법 검사 시 이 텍스트 블록의 오류는 무시하도록 설정할 수 있습니다.

❷ 사용자 지정 사전에 단어 또는 구 추가 : 맞춤법 검사기를 사용하면 문서의 단어와 기본 사전에 있는 단어가 비교됩니다. 기본 사전에는 일반적인 단어가 대부분 포함되어 있지만 고유 명사, 기술 용어, 머리글자어 등은 포함되어 있지 않을 수 있습니다. 또한 문서에 사용된 단어와 기본 사전에 있는 단어의 대/소문자가 일치하지 않는 경우도 있습니다. 특수한 단어나 대/소문자 형식이 다른 단어를 사용자 지정 사전에 추가하면 맞춤법을 검사할 때 해당 단어가 잘못된 단어로 인식되지 않습니다.

❸ Word에서 맞춤법 검사 및 문법 검사 : 워드에서 특정 유형의 콘텐츠에 맞춤법 및 문법 검사를 실행하지 않도록 하려면 추가 단계를 통해 특수 스타일을 만들면 됩니다(예: 문서에 여러 개의 컴퓨터 코드 블록 등 기술적 내용이 들어 있는 경우). 맞춤법 및 문법 검사 시 일부 텍스트를 무시하도록 설정하면 해당 텍스트 내의 맞춤법 또는 문법 오류는 인식되지 않습니다. 이 경우 해당 문서를 사용하는 다른 사용자에게 이 옵션 사용에 대한 정보를 알려 주어야 합니다.

■ 문서에 표시되는 밑줄의 의미 210P

사용자가 제대로 입력했지만 워드 2013에서 단어를 인식하지 못하는 경우 단어를 워드 사전에 추가하면 이후 해당 단어에 밑줄이 더 이상 표시되지 않습니다.

- 빨간색 밑줄 : 맞춤법 오류를 나타내거나 장소 또는 이름과 같이 워드 사전에 없는 단어를 의미합니다.
- 파란색 밑줄 : 문법의 오류를 표시합니다.

■ [한글/한자 변환] 대화상자 209P

[검토] 탭–[언어] 그룹–[한글/한자 변환]을 클릭하거나 [한자]를 누릅니다.

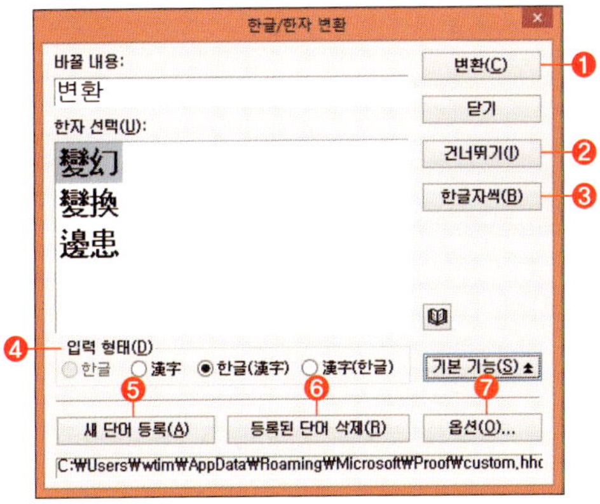

❶ 변환 : 선택한 한자로 변환합니다.

❷ 건너뛰기 : 선택된 텍스트를 건너뛰고 한자로 변경할 다음 텍스트를 찾습니다.

❸ 한글자씩 : 단어가 아닌 한 글자씩 변환할 수 있도록 해당 글자의 모든 한자가 나타납니다.

❹ 입력 형태 : [한글/한자 변환] 대화상자의 입력 형태에서 한글과 한자를 변경했을 때의 표시 방법을 선택할 수 있습니다.

❺ 새 단어 등록 : 사전에 없는 한자를 단어로 등록하여 다음에 사용할 수 있도록 합니다.

❻ 등록된 단어 삭제 : 등록된 단어를 삭제합니다. 다음에 사용할 수 없습니다.

❼ 옵션 : [옵션] 대화상자가 열리며 각종 옵션을 설정하고 사용자 사전 관리 탭을 통해 사전을 추가하거나 삭제할 수도 있습니다.

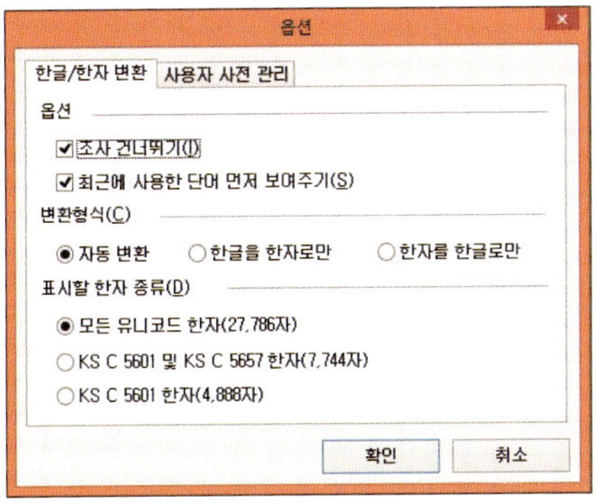

STEP 01 • 맞춤법 및 문법 검사하기

모든 MS Office 프로그램에는 파일 맞춤법과 문법을 검사하는 기능이 있습니다. 주로 맞춤법 검사라고 부르는 맞춤법 및 문법 검사기는 프로그램에 따라 리본 메뉴에서 다른 위치에 있습니다. 파일에서 맞춤법 및 문법 동시 검사는 텍스트를 교정할 때 유용합니다. 가능한 오류를 확인하고 각 수정 항목을 확인할 수 있습니다.

예제 파일 | CD₩Part 04₩4-4언어교정.docx

01. [검토] 탭-[언어 교정] 그룹-[맞춤법 및 문법 검사]를 클릭합니다. 추천 단어 중 하나를 사용하여 오류를 수정하려는 경우에는 추천 단어 및 문장 목록에서 단어를 선택하고 [변경]을 클릭합니다.

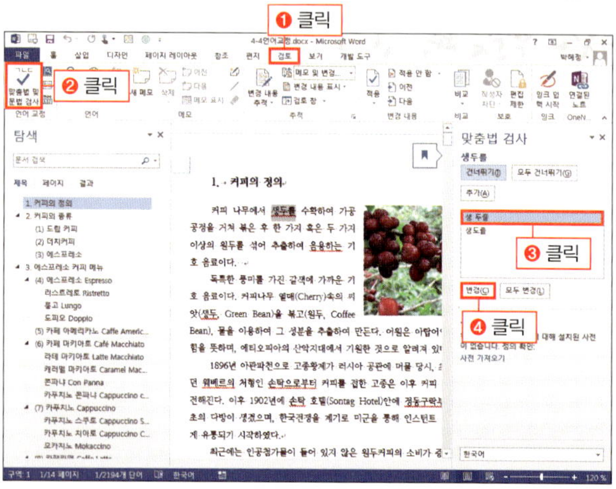

02. 추천 단어에 대한 정의를 확인하려면 [사전 가져오기]-[다운로드]를 클릭하여 사전을 설치합니다.

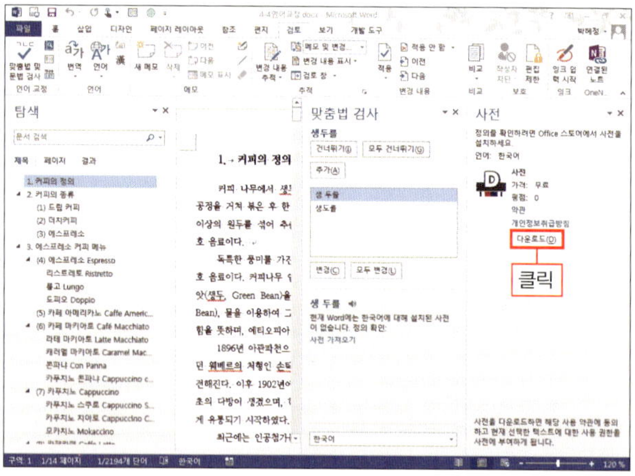

03. 추천 단어에 대한 정의가 나타납니다. 철자가 잘못된 단어가 실제로는 사용하는 단어이므로 모든 MS Office 프로그램에서 이 단어를 인식하여 오류로 처리하지 않도록 설정하려면 [추가]를 클릭해 사전에 단어를 등록합니다.

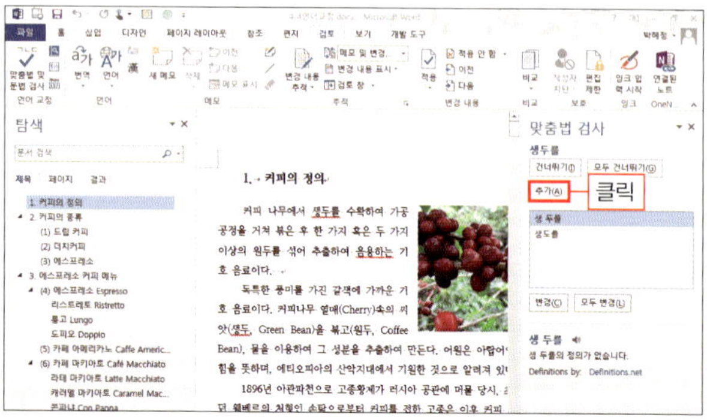

04. 철자가 잘못된 해당 단어를 건너뛰고 철자가 잘못된 다음 단어로 이동하려는 경우에는 [건너뛰기]를 클릭합니다.

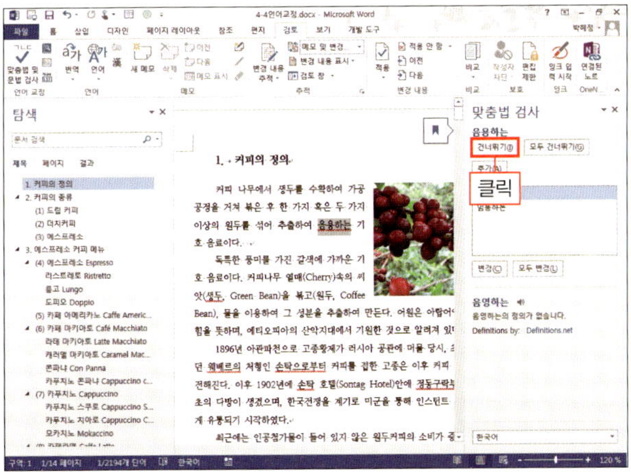

TIP : 철자가 잘못된 단어의 모든 경우를 건너뛰고 철자가 잘못된 다음 단어로 이동하려는 경우 [모두 건너뛰기]를 클릭합니다.

05. 맞춤법 오류 표시가 된 특정 단어에 마우스 오른쪽 단추를 클릭해 작업할 수도 있습니다.

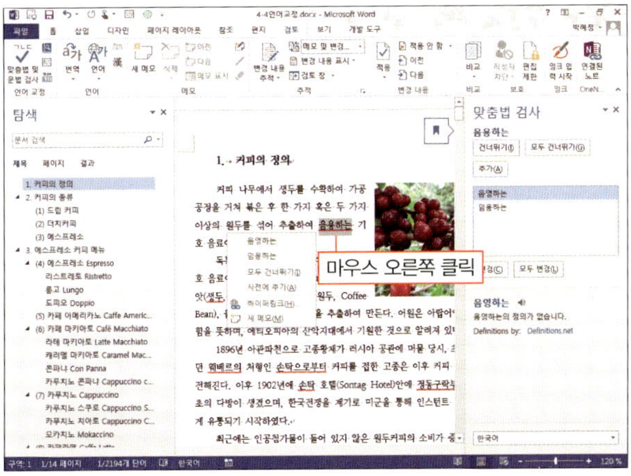

문제 해결 **자주 실수하는 단어이므로 입력할 때마다 프로그램에서 자동으로 수정하도록 설정하고 싶어요.**

[파일] 탭-[옵션]을 클릭하고 [Word 옵션] 대화상자의 [언어 교정]-[자동 고침 옵션]-[자동 고침] 목록에 등록하여 사용하는 방법도 있습니다.

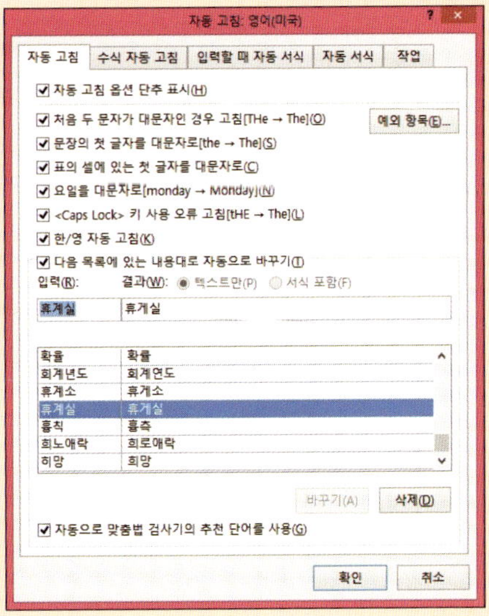

STEP 02 • 번역기 사용하기

구 또는 단락, 개별 단어, 전체 파일 등과 같은 다른 언어로 작성된 텍스트를 번역할 수 있습니다. 특정 언어에서 다른 언어로 텍스트를 번역하려면 특정 언어에 대한 운영 체제 요구 사항을 충족해야 할 수 있습니다. 번역 명령은 워드, 아웃룩, 원노트, 파워포인트, 퍼블리셔, 엑셀, 비지오와 같은 MS Office 프로그램에서만 사용할 수 있습니다.

예제 파일 l CD\Part 04\4-4언어교정.docx

01. 번역하려는 문장을 선택한 후 [검토] 탭-[언어] 그룹-[번역]-[선택한 텍스트 번역]을 클릭합니다.

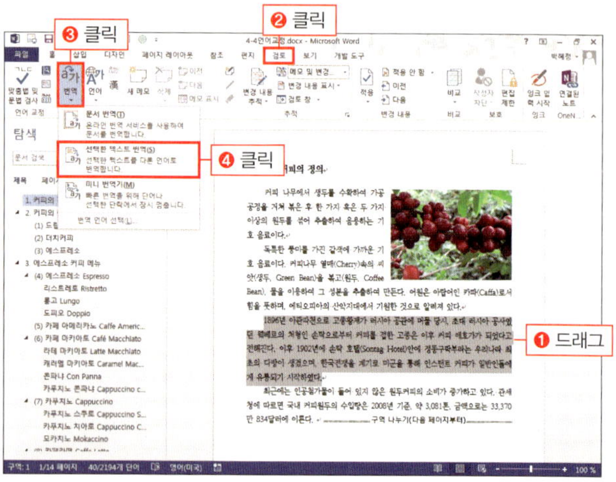

TIP : 특정 단어를 번역하려면 Alt 를 누르고 단어를 클릭합니다. [리서치] 창의 [번역] 아래에 결과가 나타납니다. 미니 번역기가 켜진 경우 번역할 단어를 가리키면 미니 번역기에 번역이 표시됩니다.

02. [리서치] 창에서 [번영 전 언어]를 '한국어'로, [번역 후 언어]를 '영어(미국)'로 선택합니다.

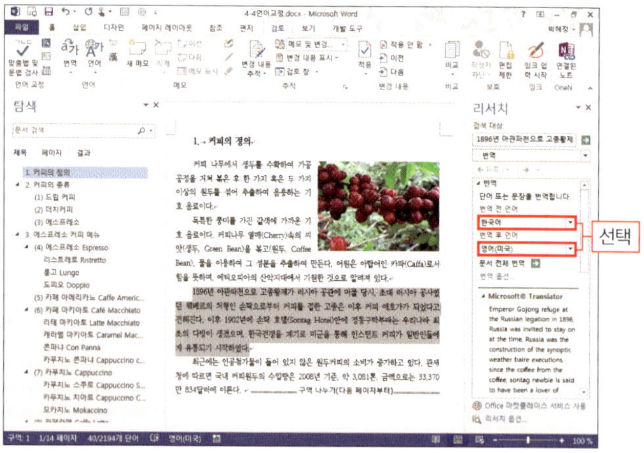

03. 번역된 내용을 문서에 삽입하기 위해 [리서치] 창 스크롤을 아래로 드래그하고 [삽입]을 클릭합니다.

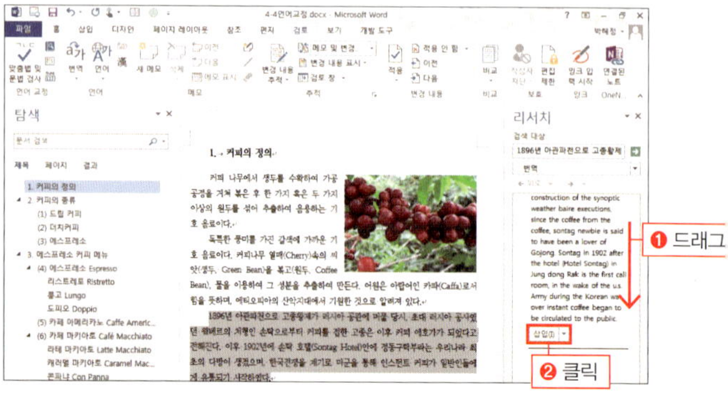

04. 번역된 내용이 문서에 삽입됩니다. [번역 전 언어]의 기본 값을 한국어로 변경하기 위해 [검토] 탭-[언어] 그룹-[언어]-[교정 언어 설정]을 클릭합니다.

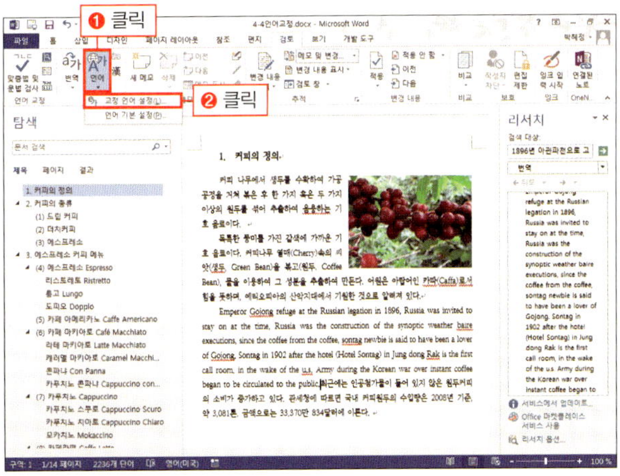

05. [언어] 대화상자에서 [사용할 언어]를 '한국어'로 선택하고 [기본값으로 설정], [예]를 차례대로 클릭합니다.

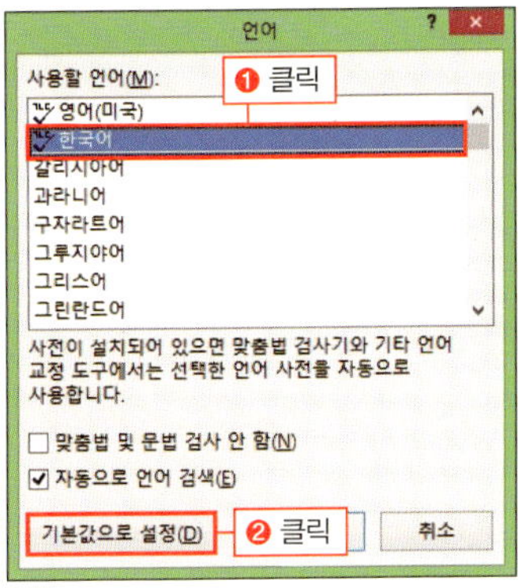

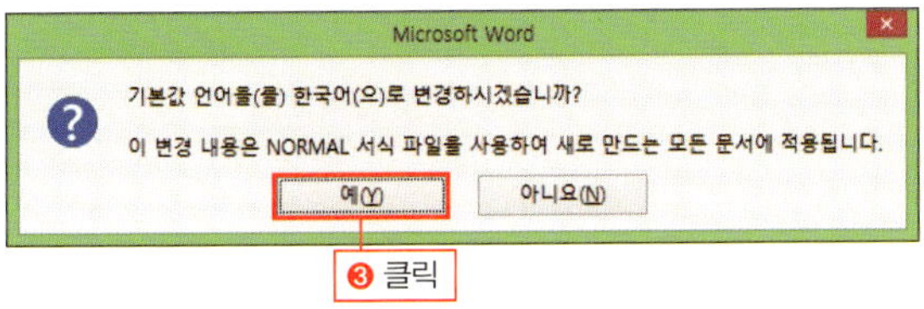

06. 다시 문서 번역을 실행하고 [리서치] 창을 확인해 보면 [번역 전 언어]에 '한국어'가 등록되었음을 확인할 수 있습니다.

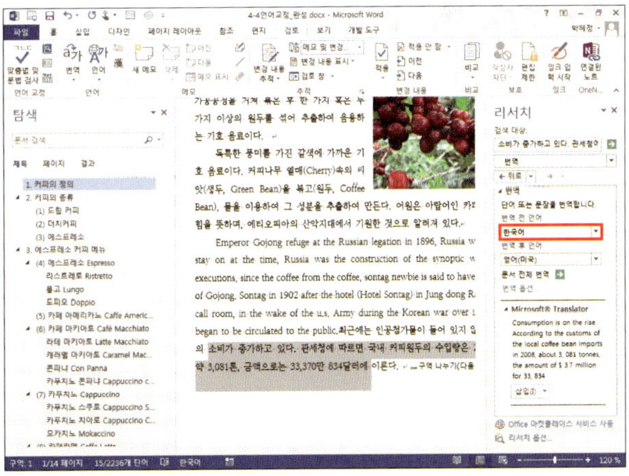

07. 문서 전체를 번역하기 위해 [문서 전체 번역] 옆의 초록색 화살표 아이콘( )을 클릭합니다.

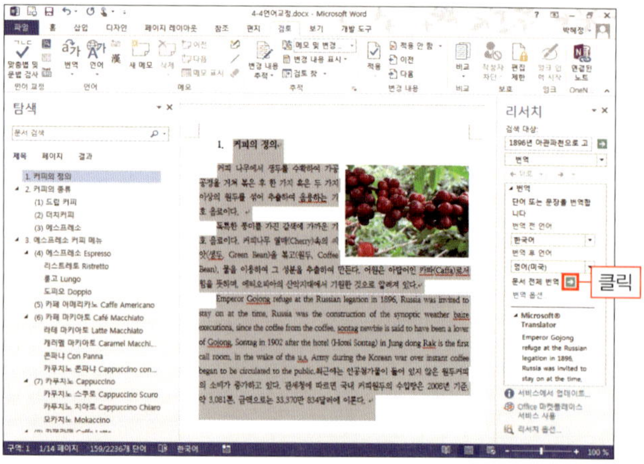

08. 번역할 문서를 웹을 통해서 'http://www.microsofttranslator.com'로 전송한다는 메시지가 표시됩니다. 계속하려면 [보내기]를 클릭합니다.

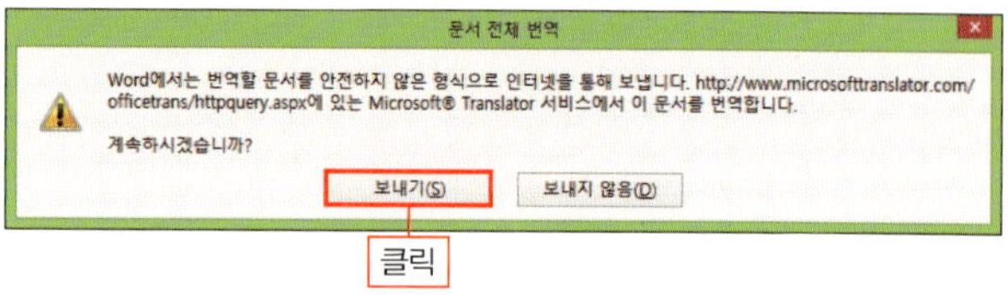

09. 인터넷 창이 열리고 번역된 문서가 표시되며 마우스를 문장 위로 위치시키면 원문이 표시됩니다.

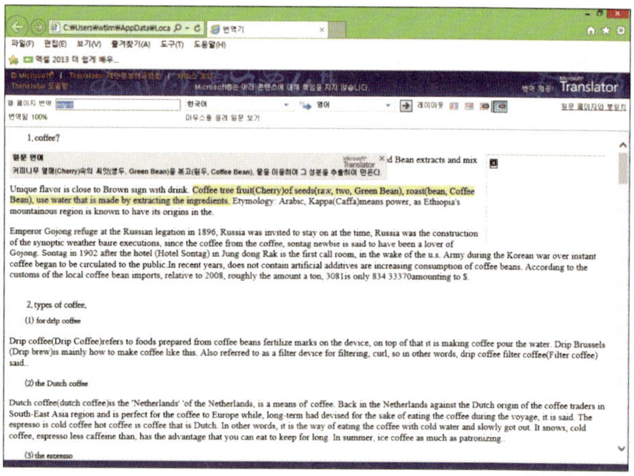

TIP : 파일의 내용이 인터넷을 통해 서비스 공급자에게 보내집니다.

STEP 03 • 한글/한자 변환하기

한자는 먼저 한글을 입력하고 변환하는 방식으로 한자를 입력합니다. 한자로 변환된 텍스트는 다시 한글로 변환할 수 있습니다. 입력한 텍스트를 한자로 변환해 봅니다.

예제 파일 | CD₩Part 04₩4-4언어교정.docx **완성 파일 |** CD₩Part 04₩4-4언어교정_완성.docx

01. 한자로 변환할 한글을 입력하거나 선택한 후 [검토] 탭-[언어] 그룹-[한글/한자 변환](漢)을 클릭합니다.

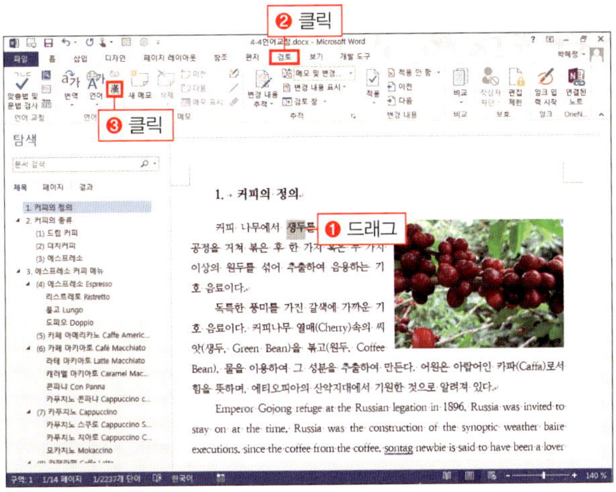

02. [한글/한자 변환] 대화상자에 [한자 선택]에 해당 한자, [입력 형태]에 [한글(한자(漢子)]을 클릭한 다음 [변환]을 클릭합니다.

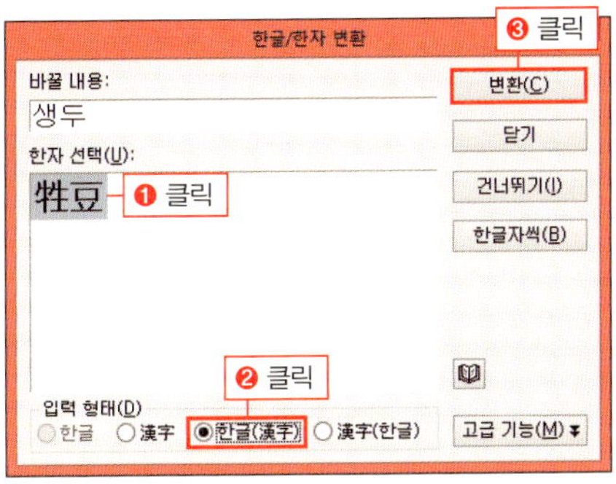

TIP : 한국어 키보드에서 한자를 사용하거나 오른쪽 Ctrl 을 눌러도 [한글/한자 변환] 대화상자가 나타납니다.

03. '생두(牲豆)'로 변환됩니다.

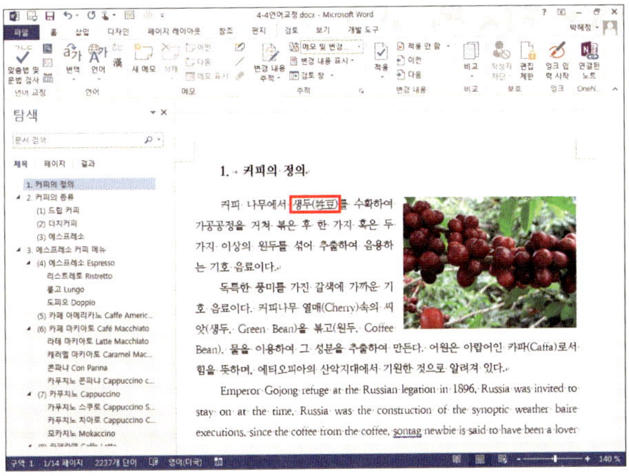

TIP : [한글/한자 변환] 대화상자에 원하는 한자 단어가 없으면 한 번에 한 글자씩 변환할 수 있습니다.

맞춤법 검사 창 활용하기

실무에선 이렇게!

워드 문서에서 빨간색 및 녹색 물결선으로 표시되는 맞춤법 및 문법 오류를 표시하지 않거나 만드는 모든 문서에서 맞춤법 및 문법 오류가 표시되지 않도록 할 수 있습니다. 현재 열려 있는 문서에 대해 자동 맞춤법 검사 및 자동 문법 검사를 하지 않도록 설정해 봅니다.

예제 파일 | CD₩Part 04₩4-4언어교정옵션.docx

01. 문서에 빨간색은 맞춤법, 파란색은 문법적으로 오류인 단어를 표시합니다. [파일] 탭-[옵션]을 클릭합니다.

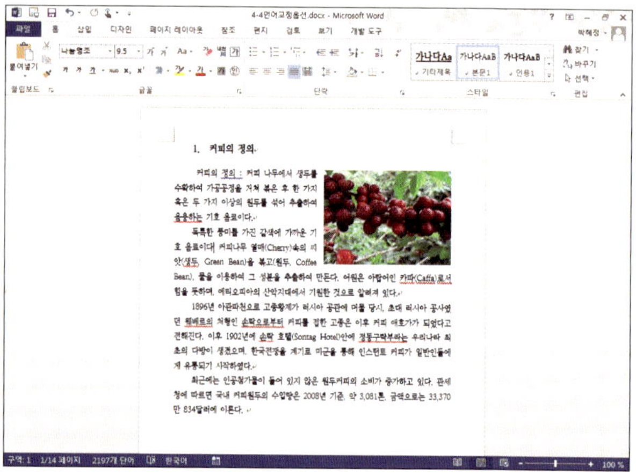

02. [Word 옵션] 대화상자에서 [언어 교정]을 선택하고 [예외 항목]에서 현재 열려 있는 파일의 이름을 클릭한 후 [현재 문서에서만 맞춤법 오류 숨기기] 및 [현재 문서에서만 문법 오류 숨기기]를 체크하고 [확인]을 클릭합니다.

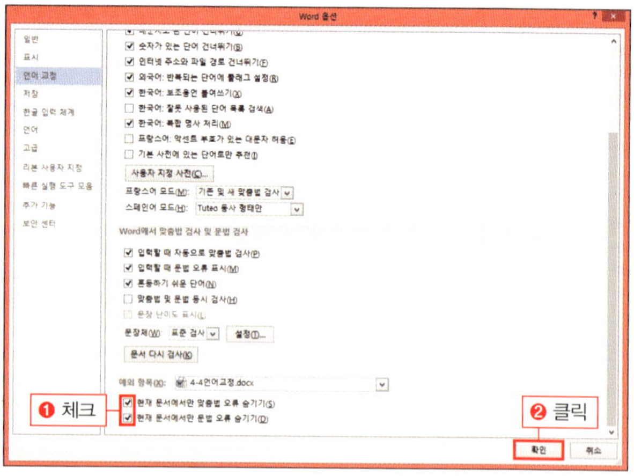

TIP : 적용 사항은 워드를 편집기로 사용하는 아웃룩 메시지에도 적용됩니다.

03. 문서에 맞춤법 및 문법 오류가 사라집니다.

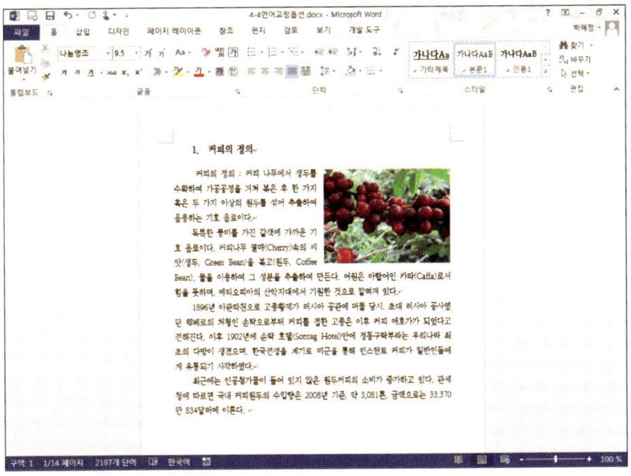

TIP : 다른 사용자와 공유하는 파일에 대해 자동 맞춤법 검사 또는 자동 문법 검사를 해제할 경우에는 해당 사용자에게 변경 내용을 알릴 수 있습니다.

- 워드의 대부분의 작업은 커서를 기준으로 합니다.
- 커서를 기준으로 오른쪽 텍스트는 Delete 키로 왼쪽 텍스트는 Back Space 키로 삭제합니다. 168P
- [홈]탭–[클립보드]그룹에 [서식 복사] 아이콘을 두 번 클릭하면 여러 번 서식 복사 기능을 사용할 수 있습니다. 172P
- 텍스트를 복사하여 붙여넣기할 때의 기본값을 [Word 옵션]대화상자에서 지정합니다. 177P
- 다른 문서의 내용을 연결하여 붙여넣기할 수 있습니다. 연결하여 붙여넣기한 내용은 원본과 함께 수정됩니다. 175P
- Ctrl + F 를 누르면 탐색 창에 문서 검색 창이 활성화 됩니다. 186P
- 문서 검색 창에 찾을 텍스트를 입력하면 문서에 노란색으로 표시됩니다. 181P
- 텍스트에 적용된 서식 기준으로 텍스트를 찾을 수 있습니다. 186P
- 찾기 및 바꾸기 기능을 사용할 때 패턴 일치(와일드 카드) 문자 '?, *'를 사용할 수 있습니다. 188P
- 찾기 및 바꾸기 대화상자에서 특수기호 문자나 편집 기호를 찾거나 다른 문자로 바꾸기 할 수 있습니다. 190P
- 이동 메뉴를 이용하면 줄, 구역, 페이지, 각종 개체 등으로 쉽게 이동할 수 있습니다. 197P
- 맞춤법이 잘못되면 빨간줄이, 문법이 잘못되면 파란줄이 표시됩니다. 203P
- 개체 선택 창을 이용하여 문서 내에 각종 개체를 찾고 선택할 수 있습니다. 198P
- [Word 옵션]대화상자에서 빨간 줄과 파란 줄을 표시하지 않도록 설정할 수 있습니다. 210P
- 번역기를 사용하여 한글을 영어로 영어를 한글로 번역할 수 있습니다. 206P

01 텍스트나 개체를 붙여넣기 할 때의 기본 값을 변경하세요.

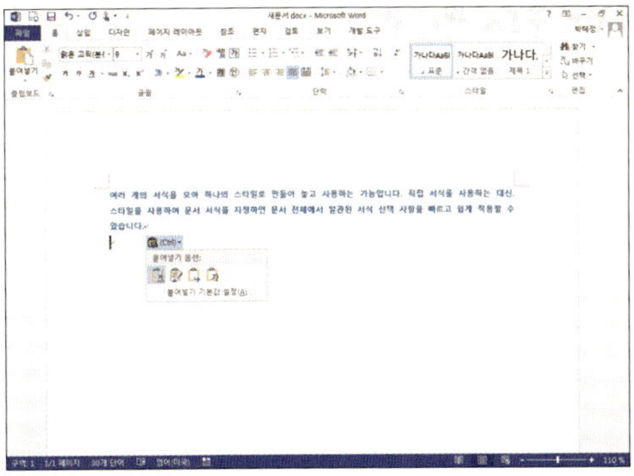

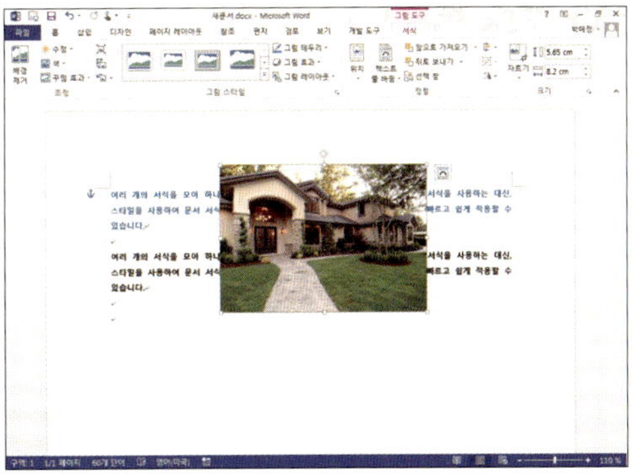

HINT

[파일]탭–[Word 옵션]에 [고급]범주에서 작업합니다.

02 '스타일'를 찾아 내용 및 서식을 바꾸기 하세요

예제파일 : CD₩Test₩Part04₩04–셀프테스트.docx
완성파일 : CD₩Test₩Part04₩04–셀프테스트_완성.docx
동영상파일 : CD₩Test₩Part01₩Part04.avi

- 바꿀내용 : 'Style'
- 서식 : 빨강, 굵은 기울임꼴

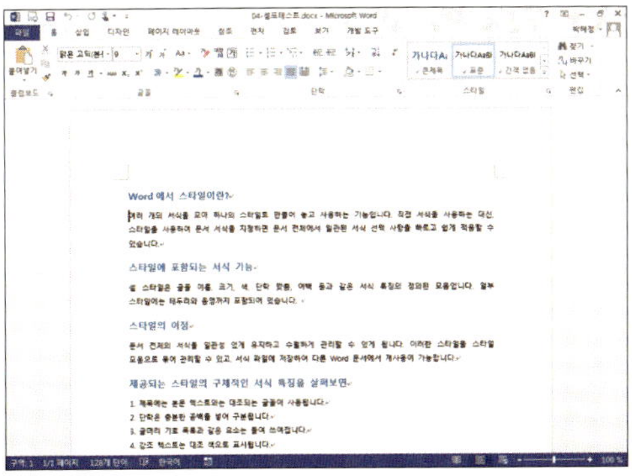

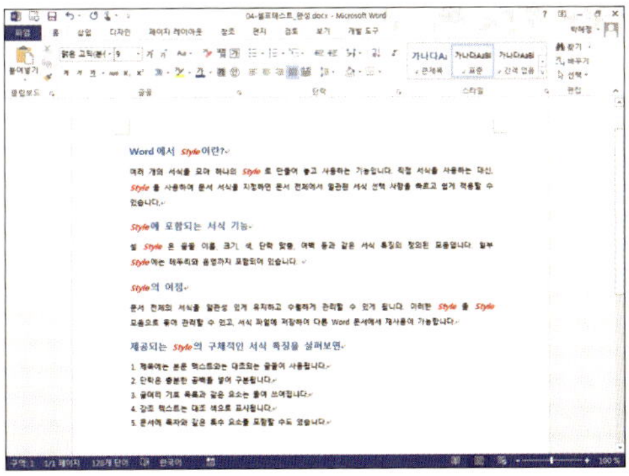

05

▶ PART

문서에 개체 삽입, 텍스트와의 관계 설정

W O R D · 2 0 1 3

워드프로세서를 사용하는 목적은 이름 그대로 단어 처리하는 것입니다. 문자를 입력하고 그것을 예쁘게 꾸미는 일이 주된 워드프로세서의 역할이지만 MS 워드 2013은 더욱 더 멋진 문서를 작성할 수 있도록 표, 노형, 차트, 그림, 온라인 비디오 문서에 삽입하고 서식할 수 있는 다양한 기능을 제공합니다. Part 04에서는 워드 2013이 제공하는 각종 콘텐츠를 삽입하고 텍스트와의 적절한 어울림을 설정하여 한층 더 멋지게 정돈된 문서를 작성해 봅니다.

LESSON 01

개체 삽입하고 텍스트와의 관계 설정하기

레 벨 ●●●

문서에 기본 커서를 이용하지 않고, [삽입] 탭을 통해 문서에 넣어지는 독립적인 하나의 덩어리를 개체라 합니다. 예를 들어 표, 그림, 도형 등을 말합니다. 문서의 주인공은 텍스트입니다. 때문에 문서에 삽입한 개체(Object)는 텍스트와의 관계 설정이 매우 중요합니다. 개체를 삽입하고 삽입한 개체와 문자와 잘 어울리도록 관계를 설정해 봅니다.

기초탄탄 ▶ 텍스트와 개체의 어울림 종류

■ [삽입] 탭 219P

[삽입] 탭의 갤러리에는 문서의 전체 모양과 어울리도록 디자인된 항목이 포함되어 있습니다. 이러한 갤러리를 사용하여 표, 머리글, 바닥글, 목록, 표지 및 기타 문서 블록을 삽입할 수 있습니다. 그림, 차트 또는 다이어그램을 만들 때도 현재 문서 모양과 어울리게 설정할 수 있습니다.

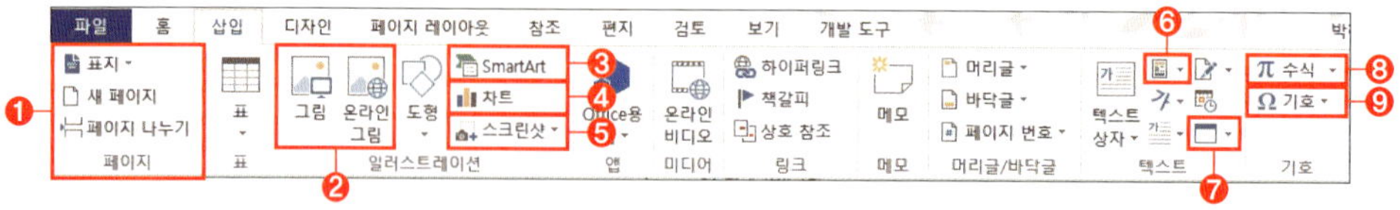

❶ [페이지] 그룹 : 표지의 삽입, 새 페이지 삽입, 페이지 분리 작업을 할 수 있습니다.

❷ 그림, 온라인 그림 : 워드 문서에 그림 파일을 삽입하는 기능으로 지원되는 그림 파일 형식에는 emf, wmf, jpg, png, bmp, gif, emz, wmz, pcz, tif, eps, pct, wpg, cgm 등이 있고 내 컴퓨터의 그림은 물론이고 온라인 그림도 삽입할 수 있습니다. 삽입한 그림은 제공되는 그림 서식 도구를 이용해 멋지게 서식할 수 있으며, 배경 제거 기능을 이용하여 불필요한 그림을 제거할 수도 있습니다.

❸ SmartArt : 정보를 시각적으로 표현하기 적절한 다양한 다이어그램, 조직도 등을 제공합니다.

❹ 차트 : 숫자 정보를 시각적으로 표현하는 다양한 차트가 제공됩니다.

❺ 스크린 샷 : 컴퓨터의 화면의 일부 이미지를 갈무리할 수 있는 기능입니다.

❻ 빠른 문서 요소 : 상용구, 문서 속성, 필드 등을 삽입하거나 만들어 문서를 편리하게 작업할 수 있습니다.

❼ 개체 : 문서에 컴퓨터에 설치된 워드 이외에 다른 프로그램 개체를 삽입할 수 있습니다.

❽ 수식 : 원 면적 또는 2차 방정식의 근을 푸는 공식과 같은 일반 수학 수식을 문서에 추가합니다.

❾ 기호 : 키보드에 없는 기호를 추가할 수 있습니다.

■ [서식] 탭–[텍스트 줄 바꿈]

[삽입] 탭의 각종 개체를 문서에 삽입하고 삽입한 개체를 선택하면, 해당 개체를 장식할 수 있는 [서식] 탭이 나타납니다.

삽입한 개체와 텍스트와의 어울림을 설정하려면 개체를 선택한 상태에서 [서식] 탭–[정렬] 그룹–[텍스트 줄 바꿈]을 이용하거나 개체 옆에 나타나는 레이아웃 옵션 아이콘(▤)을 이용합니다.

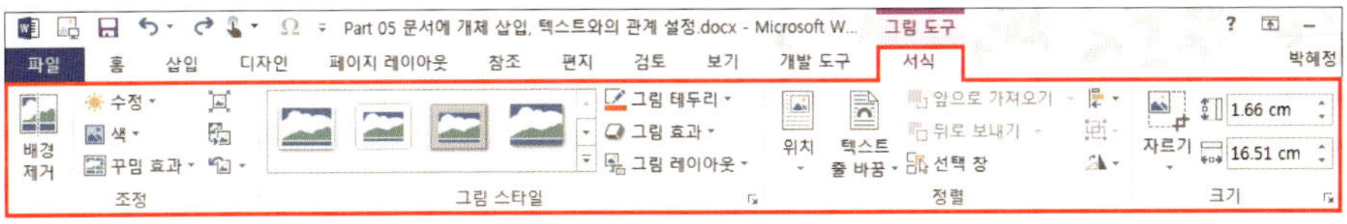

▲ 텍스트 줄 바꿈

▲ 개체 선택하고 마우스 오른쪽 단추 클릭–[레이아웃 옵션]

❶ **텍스트 줄 안** : 개체가 텍스트처럼 취급됩니다.

❷ **정사각형** : 개체를 정사각형으로 맞추고 사방에 텍스트를 배치합니다.

❸ **빽빽하게** : 불규칙한 모양의 개체 가까이에 텍스트를 배치합니다.

❹ **투과하여** : 클릭한 다음 텍스트 배치 영역 편집을 클릭하여 이미지 주위에 좀 더 가까이 텍스트가 배치되도록 이미지 가까이 배치 영역을 끌어 놓습니다. [빽빽하게]와 기능이 비슷하지만 그래픽 안에 열린 공간이 있을 경우 텍스트가 열린 공간을 통해 보입니다.

❺ **위/아래** : 이미지와 텍스트를 세로로 나란히 배치합니다.

❻ **텍스트 뒤** : 이미지 위에 텍스트를 표시합니다.

❼ **텍스트 앞** : 텍스트 위에 텍스트를 표시합니다.

❽ **텍스트 배치 영역 편집** : 텍스트가 그림 주변에 표시되는 배치 스타일에서 매우 정확하게 설정해야 할 경우에는 그래픽을 선택하고 그림 도구 모음에서 텍스트 배치 단추 모양을 클릭한 다음 [텍스트 배치 영역 편집]을 클릭합니다. 그러면 그래픽 주위에 작은 사각형이 표시됩니다. 이 사각형을 드래그해서 그래픽 주변에 텍스트가 배치되는 위치를 정확히 조정할 수 있습니다.

❾ **텍스트와 같이 이동** : 텍스트가 이동될 때 함께 이동할 수 있습니다.

❿ **페이지에 위치 고정** : 텍스트가 이동될 때도 개체의 위치가 변하지 않습니다.

⓫ 기타 레이아웃 옵션 : 텍스트 배치 탭을 클릭하여 텍스트 배치 위치 또는 텍스트와 이미지 사이의 거리를 변경합니다.

TIP : 텍스트와 그래픽 가장자리 사이의 거리를 설정할 수도 있습니다. 그러나 텍스트가 그래픽 주변에 표시되는 배치 스타일에서만 설정할 수 있습니다. 예를 들어 [텍스트 앞]을 선택한 경우 그래픽이 텍스트 위에 놓이기 때문에 이 옵션을 사용할 수 없습니다.

■ 개체 삽입 및 편집 단축키

전 작업	단축키	사용
삽입할 개체 선택 후	Shift+드래그	가로/세로 비율 유지하면서 개체 그림
삽입된 개체 선택 후	Ctrl+드래그	선택한 개체 복사
삽입된 개체 선택 후	Ctrl+D	복제 기능으로 선택한 개체를 하나 더 만듦

STEP 01 • 표지 삽입 및 그림 삽입하고 배치하기

MS 워드 2013에서 제공하는 표지는 문서의 첫 페이지를 쉽게 장식하도록 하는 기능으로 [Office.com에서 표지 더 보기] 메뉴로 기본으로 제공하지 않는 또 다른 표시도 사용할 수 있고, 적용된 표시를 제거할 수도 있으며 사용자가 만든 첫 페이지를 [선택 영역을 표지 갤러리에 저장] 메뉴를 이용해 등록할 수도 있습니다. 웹 페이지, Office.com과 같은 온라인 소스 또는 컴퓨터 등 다양한 출처에서 가져온 그림을 삽입하거나 복사할 수 있습니다. 컴퓨터에 그림을 삽입하고 텍스트와의 관계를 설정해 봅니다.

예제 파일 | CD₩Part 05₩5-1커피에대한보고서1.docx, Coffee 열매.jpg **완성 파일 |** CD₩Part 05₩5-1커피에대한보고서1_완성.docx

01. 현재 문서에 표지를 삽입하려면 [삽입] 탭-[페이지] 그룹-[표지]-[오스틴]을 클릭해 적용합니다.

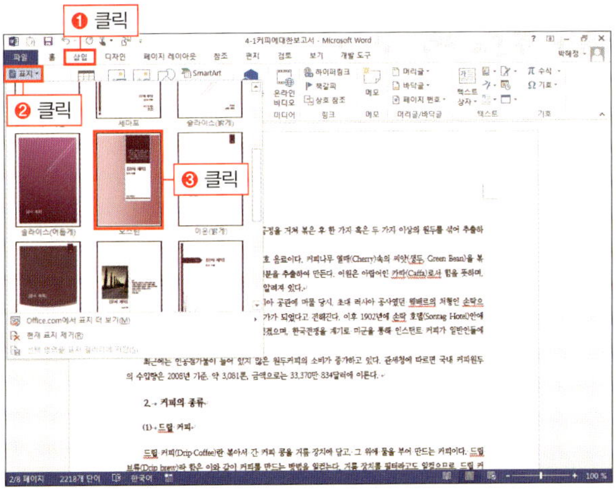

TIP : [선택 영역을 표지 갤러리에 저장]을 클릭하면 사용자가 만든 첫 페이지를 [문서 갤러리] 저장하여 프로그램에 등록하고 표지 목록에서 사용할 수 있습니다. 적용한 표지를 삭제하려면 [현재 표지 제거]를 클릭합니다.

02. 표지가 삽입됩니다. [문서 제목] 필드를 클릭하고 '커피에 대한 보고서'라고 입력합니다. 삽입된 [오스틴] 표지는 문서에 적용된 테마를 이용한 각종 도형, 필드, 배경 등의 기능으로 만들어져 있습니다.

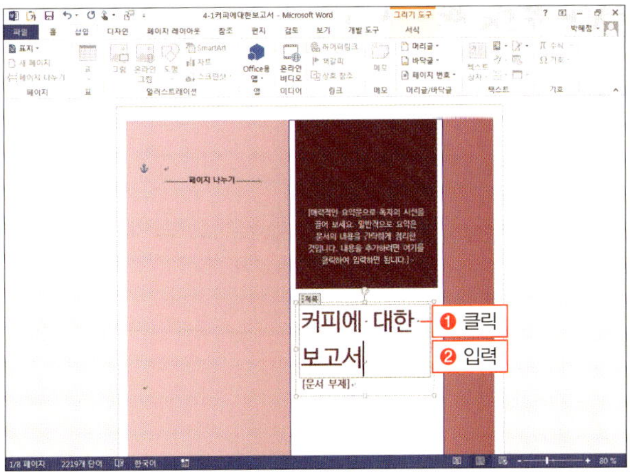

TIP : 기본 제공되는 표지는 [디자인] 탭에서 적용하는 테마와 스타일에 의해 재구성됩니다. 동일한 틀은 유지되지만 테마와 스타일에 다라 색, 폰트, 효과, 단락 간격 등이 변경됩니다.

03. 이번에는 그림을 삽입하기 위해 [탐색] 창에서 [페이지] 탭을 클릭한 다음 1페이지를 클릭합니다.

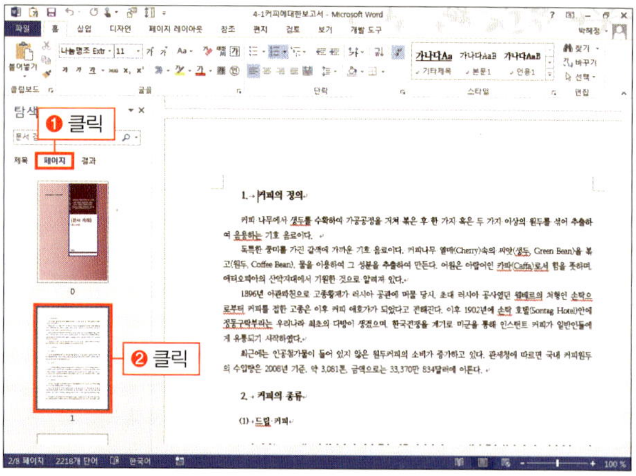

TIP : [탐색] 창을 표시하려면 [보기] 탭–[표시] 그룹–[탐색 창]을 선택합니다.

04. 커서가 두 번째 페이지에 나타납니다. 그림을 삽입하기 위해 [삽입] 탭–[일러스트레이션] 그룹–[그림]을 클릭합니다.

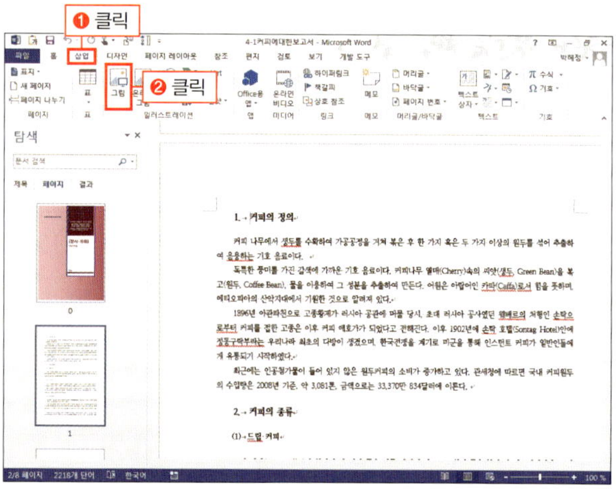

TIP : 삽입한 그림은 커서를 기준으로 [파일] 탭–[옵션]을 클릭하면 실행되는 [Word 옵션] 대화상자의 [고급]–[그림 삽입 붙여넣기 형식]에 따라 삽입됩니다.

05. 그림을 문서에 포함 및 연결하여 삽입하기 위해 [그림 삽입] 대화상자에서 삽입하려는 그림(CD₩Part 05₩그림₩Coffee 열매.jpg)을 선택하고 [삽입]–[삽입 및 연결]을 클릭합니다.

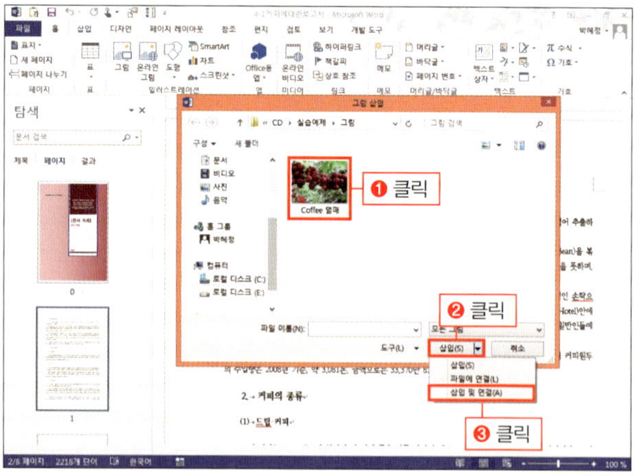

TIP : [그림 삽입] 대화상자에서 [삽입]–[파일에 연결]을 클릭하여 그림을 연결만하여 문서 크기를 줄일 수도 있습니다.

06. 그림이 커서 위치에 텍스트처럼 취급되어 삽입됩니다. 그림을 선택하고 그림의 배치 상태를 변경하기 위해 [그림 도구]-[서식] 탭-[정렬] 그룹-[텍스트 줄 바꿈]-[정사각형]을 클릭합니다.

07. 그림의 사이즈 변경을 위해 [그림 도구]-[서식] 탭-[크기] 그룹에 대화상자 표시 아이콘(⧉)을 클릭한 후 [레이아웃] 대화상자의 [가로 세로 비율 고정]을 클릭하여 해제한 다음 [높이]는 '4', 너비는 '5.5'로 입력하고 [확인]을 클릭합니다.

TIP : [가로 세로 비율 고정]을 선택하면 가로와 세로의 값을 입력해도 그림의 비율에 따라 변경됩니다.

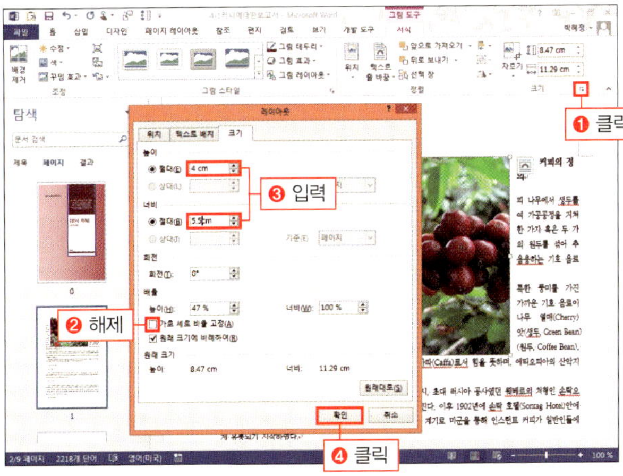

08. 용지 여백을 제외한 편집 공간을 기준으로 삽입한 그림을 정렬하기 위해 그림을 선택하고 [그림 도구]-[서식] 탭-[정렬] 그룹-[맞춤]-[여백에 맞춤]이 선택되있음을 확인하고 [오른쪽 맞춤]을 클릭합니다.

TIP : [여백에 맞춤]이 선택되어 있지 않다면 선택하고 [그림 도구]-[서식] 탭-[정렬] 그룹-[맞춤]-[오른쪽 맞춤]을 클릭합니다.

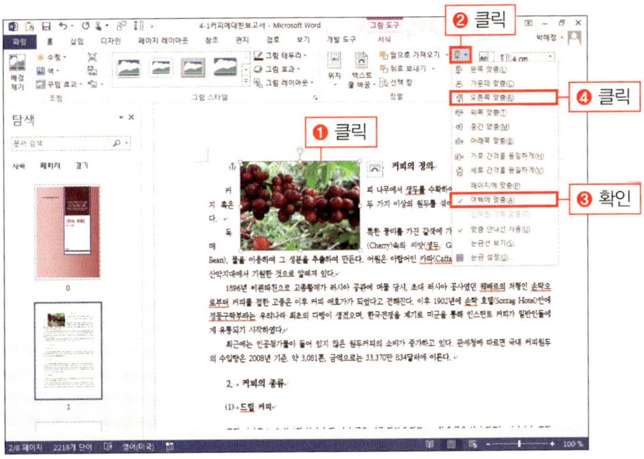

09. 마우스를 이용하여 그림을 드래그하여 [맞춤 안내선]이 안내하는 대로 텍스트와의 높이를 맞춥니다.

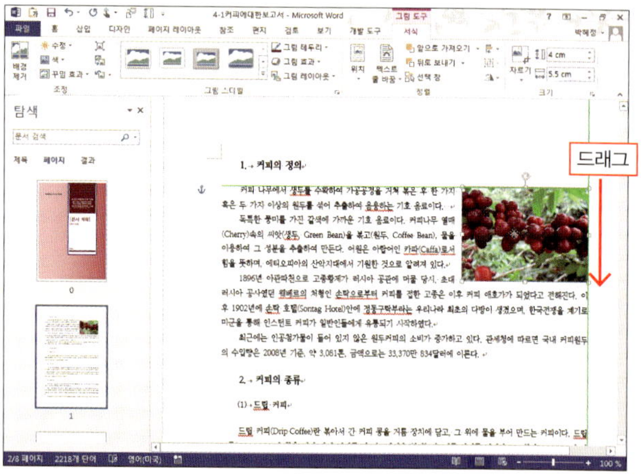

TIP : 가로/세로 위치를 수치로 넣어 설정할 수도 있습니다. 그림이 선택된 상태에서 마우스 오른쪽 단추를 선택해 바로 가기 메뉴에서 [크기 및 위치]를 클릭하고 [레이아웃] 대화상자에서 [위치] 탭을 클릭하고 [세로]-[절대 위치]에 수치를 입력합니다.

문제 해결 **[맞춤 안내선]이 나타나지 않아요.**

[맞춤 안내선]을 표시하려면 개체를 선택하고 [그림 도구]-[서식] 탭-[정렬] 그룹-[개체 맞춤]-[맞춤 안내선]을 선택합니다.

TIP : [맞춤 안내선]을 선택하면 [눈금선 보기]를 사용할 수 없습니다. 둘 중 하나의 기능을 선택해 사용합니다.

STEP 02 • 도형을 삽입하고 배치하기

문서에 선을 삽입하고 배치된 선을 텍스트와 함께 움직이도록 설정해 봅니다.

예제 파일 | CD₩Part 05₩5-1커피에대한보고서2.docx

01. [삽입] 탭-[일러스트레이션] 그룹-[도형]-[선]을 클릭합니다.

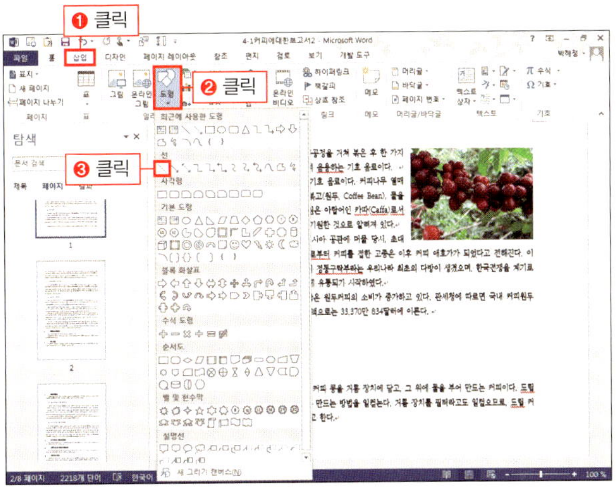

TIP : 선을 여러 개 삽입하려면 [선] 위에 마우스 포인터를 위치시키고 마우스 오른쪽 단추를 클릭해 [그리기 잠금 모드]를 클릭합니다. [그리기 잠금 모드]는 Esc 를 누르면 해제됩니다.

02. 클릭하면 마우스 포인터가 도형을 그릴 수 있는 얇은 십자(+)로 변경됩니다. Shift 를 누른 채로 드래그하여 선을 그립니다.

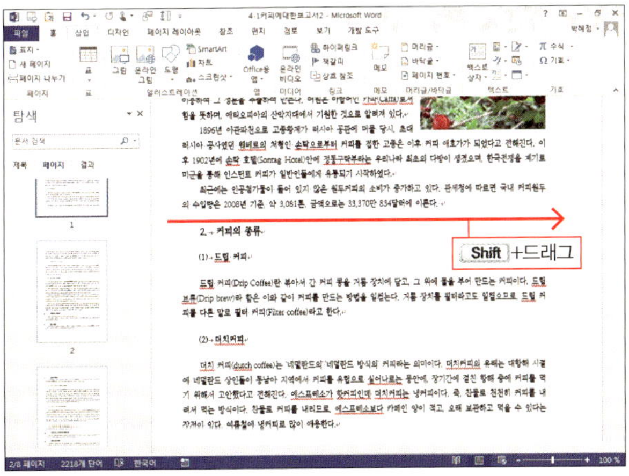

TIP : Shift 를 누르고 그리면 선을 쉽게 수평 또는 수직하게 그릴 수 있습니다. 만약 직선으로 그려지지 않았다면 선의 높이를 '0'으로 입력하여 맞춥니다.

03. 선이 텍스트에 따라서 함께 이동하게 하기 위해 선을 선택한 상태로 [그리기 도구]-[서식] 탭-[정렬] 그룹-[텍스트 줄 바꿈]-[텍스트와 같이 이동]을 클릭합니다.

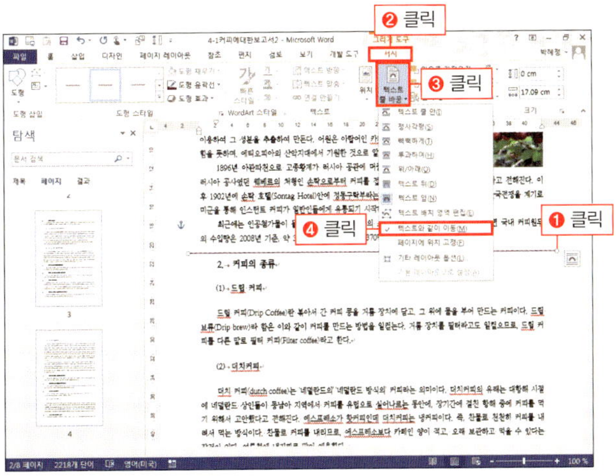

TIP : 개체의 선택이 쉽지 않다면 [그리기 도구]-[서식] 탭-[정렬] 그룹-[선택 창]을 클릭해 나타나는 [선택 창]을 통해 개체를 쉽게 선택할 수 있습니다.

STEP 03 • 텍스트 개체 삽입하기

삽입한 도형 위에 텍스트 개체를 삽입하고 삽입한 텍스트의 방향을 세로로 변경해 봅니다.

01. 표지를 제외하고 2페이지에서 작업합니다. [삽입] 탭-[텍스트] 그룹-[텍스트 상자]-[텍스트 상자 그리기]를 클릭합니다.

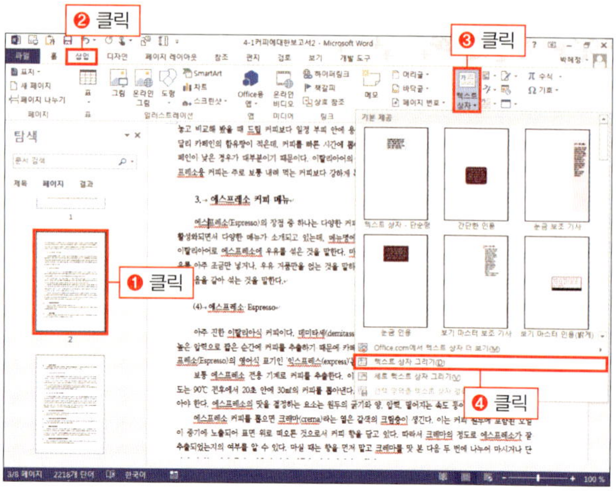

02. 텍스트 그리기 마우스 포인터( ) 상태에서 빈 곳을 드래그하거나 클릭하여 텍스트 상자를 삽입합니다.

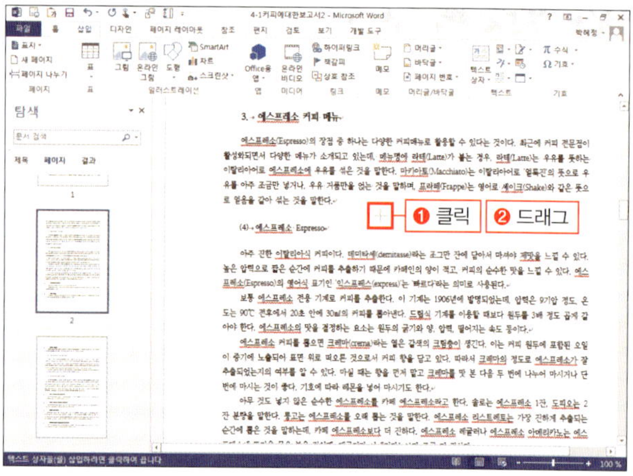

03. 텍스트 상자 안에 커서가 나타나면 'Espresso'를 입력한 다음 마우스로 텍스트 상자의 테두리를 클릭하여 커서 없이 선택한 상태에서 [홈] 탭-[글꼴] 그룹에서 [글꼴 크기]를 '30pt'로, [굵게](가)를 클릭합니다.

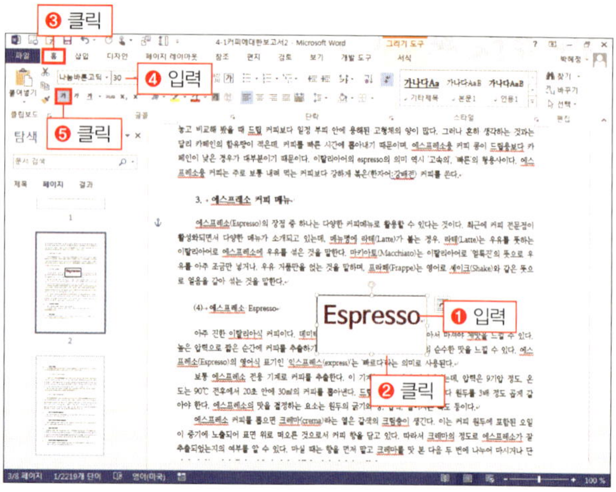

04. 이번에는 텍스트의 입력 방향을 변경하기 위해 [그리기 도구]-[서식] 탭-[텍스트] 그룹-[텍스트 방향]-[세로]를 선택합니다.

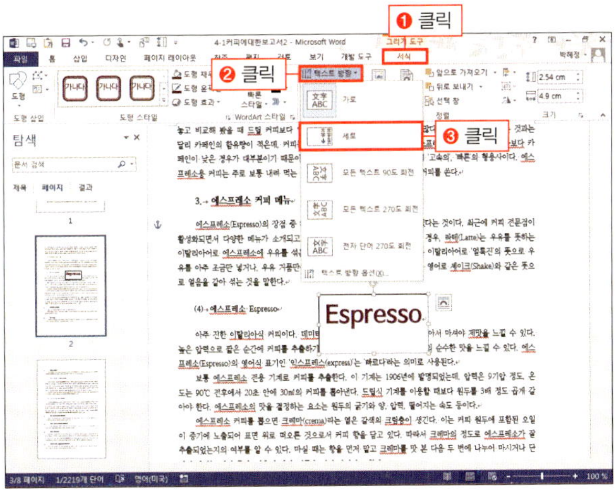

05. 이동 마우스 포인터(✥) 상태에서 드래그하여 텍스트 상자의 위치를 조정합니다.

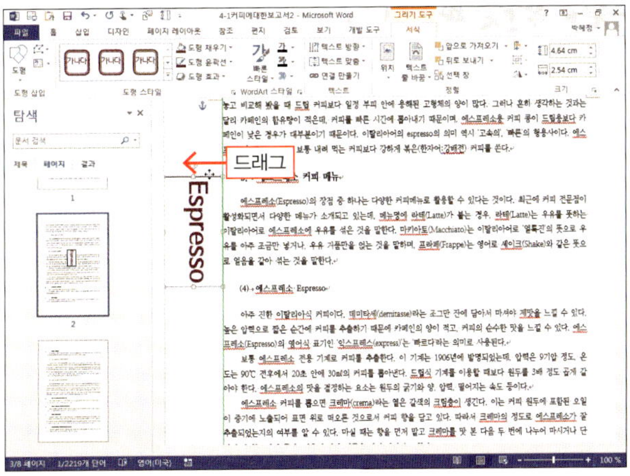

문제 해결 **그 외 다양한 텍스트를 꾸미는 방법은 무엇이 있나요?**

단락의 첫 문자 장식하기

문장이나 페이지의 첫 글자를 여러 줄에 걸쳐 크게 표시하고 싶을 때는 임의로 첫 글자의 크기를 키우는 방법보다는 단락의 첫 문자 장식 기능을 통해 작성하는 것이 쉽고, 멋스럽습니다. 이렇게 만들어진 첫 글자는 텍스트가 아닌 일반 개체로 취급됩니다.

❶ 첫 문자를 장식할 단락에 커서를 위치시키고, [삽입] 탭-[텍스트] 그룹-[단락의 첫 문자 장식]-[단락의 첫 문자 장식 옵션]을 클릭합니다.

❷ [단락의 첫 문자 장식] 대화상자에서 '본문'을 선택하고 [장식 문자 높이(줄 수)]는 '2'를 [텍스트와의 간격]은 '1cm'로 설정한 다음 [확인]을 클릭합니다.

워드아트로 제목 만들고 배치하기

워드아트는 그림자나 미러(반사) 텍스트와 같은 장식 효과를 만들기 위해 워드 문서에 추가할 수 있는 텍스트 스타일 갤러리입니다. 워드아트를 사용하면 텍스트를 좀 더 멋지게 변형할 수 있습니다. 이미 입력된 텍스트를 선택해 워드아트로 변경할 수도 있고, 워트아트를 삽입한 다음 내용을 바꿀 수도 있습니다.

❶ 워드아트를 삽입하려면 [삽입] 탭-[텍스트] 그룹-[WordArt]를 클릭합니다.

STEP 04 • 스마트아트 그래픽 삽입하기

스마트아트는 워드 2007부터 제공되는 다이어그램으로 입력한 내용들 간의 관계를 그려 더욱 쉽게 전달되도록 하는 기능입니다. 스마트아트를 삽입한 후 내용을 입력할 수도 있고, 입력된 텍스트를 잘라내어 스마트아트의 텍스트 상자 안에 붙여넣기하여 만들 수도 있습니다.

01. [탐색] 창의 [제목] 탭을 클릭한 다음 '(8)카페라떼'를 선택합니다.

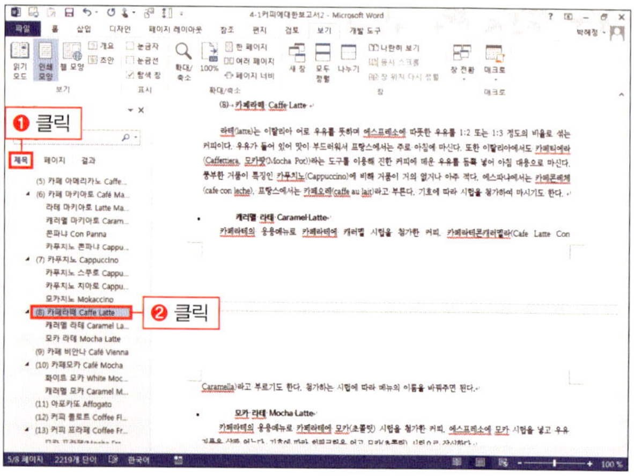

TIP : [탐색] 창이 표시되지 않으면 [보기] 탭-[표시] 그룹에 [탐색 창]을 선택합니다.

02. 스마트아트를 삽입하기 위해 [삽입] 탭-[일러스트레이션] 그룹-[SmartArt]를 클릭하고 [SmartArt 그래픽 선택] 대화상자에서 [관계형]-[세로 수식형]을 클릭한 다음 [확인]을 클릭합니다.

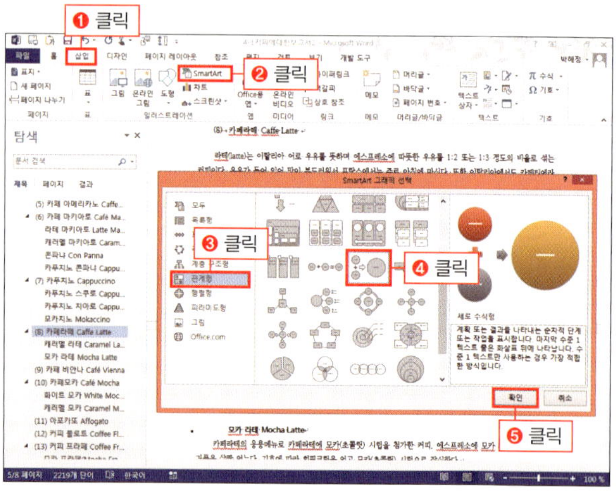

03. 스마트아트가 삽입되고 [SmartArt 서식] 도구 탭이 나타납니다. 스마트아트가 선택된 상태에서 첫 번째 원을 선택하고 '우유 1'을 두 번째 원을 선택하고 '에스프레소 2'를 세 번째 원을 선택하고 '카페라떼'를 입력합니다.

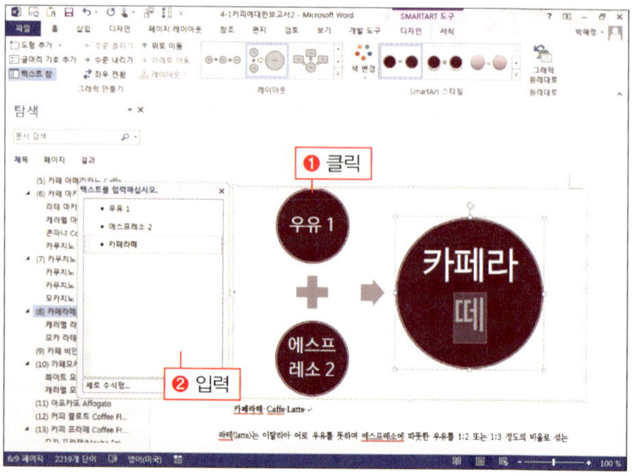

TIP : 화면에 '텍스트를 입력하십시오' 창을 통해서도 텍스트를 입력할 수 있습니다. 이 텍스트 입력 창이 화면에 나타나지 않으면 [SMART 도구]-[디자인] 탭-[그래픽 만들기] 그룹-[텍스트 창]을 클릭하여 표시합니다.

04. [세로 수식형] 스마트아트를 선택하고 [SmartArt 도구]-[서식] 탭-[크기] 그룹에서 [높이]를 '5', [너비]를 '7'로 입력합니다.

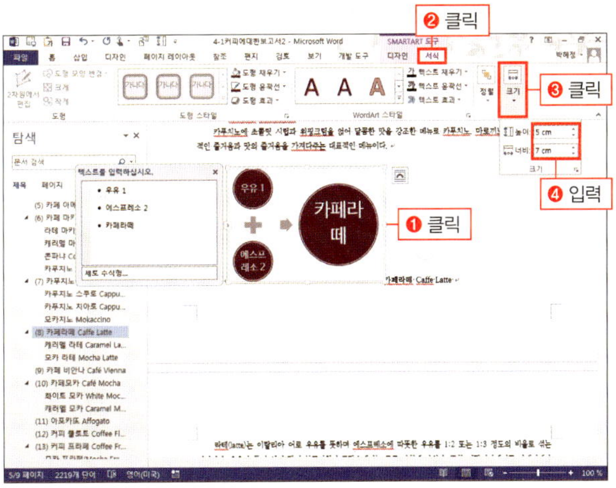

05. 개체 나타나는 레이아웃 옵션 아이콘()을 클릭하고 [빽빽하게]를 선택하고 위치를 조정합니다.

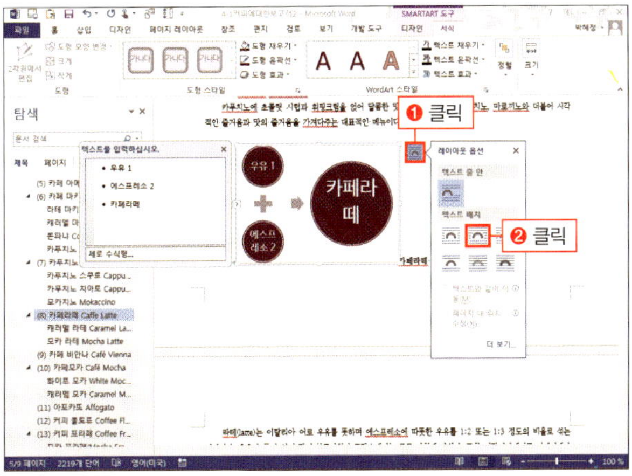

06. SmartArt 개체의 빈 틈을 텍스트가 빽빽하게 메웁니다.

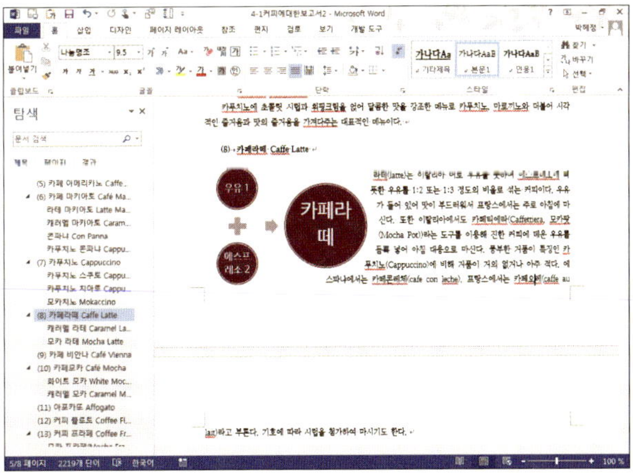

STEP 05 • 온라인 비디오 삽입하기

비디오 삽입 기능은 워드 2013에 새롭게 추가되었습니다. 비디오 삽입의 경우에는 그림과 다르게 워드에 저장할 수는 없습니다. 링크 방식으로 연결하며 인터넷이 연결되어 있어야 실행됩니다.

완성 파일 | CD₩Part 05₩5-1커피에대한보고서2_완성.docx

01. [탐색] 창의 [제목] 탭을 클릭한 다음 '(11)아포카또'를 선택하고 [삽입] 탭-[미디어] 그룹-[온라인 비디오]를 클릭합니다. [비디오 삽입] 대화 상자에 [Bing 비디오 검색]을 클릭하고 검색 란에 '아포카또'를 입력한 다음 Enter를 누릅니다.

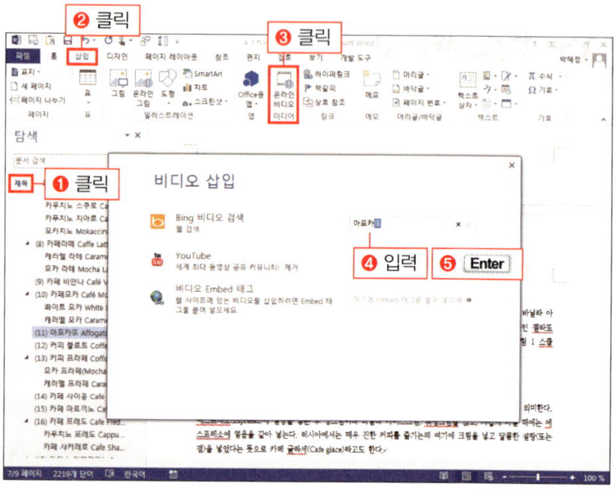

> **TIP :** MS 포털사이트인 Bing에서 비디오를 검색하여 바로 삽입이 가능할 뿐 아니라 MS Office 2013과 연동되어있는 자신의 페이스북 계정 비디오와 SkyDrive에 올려진 비디오도 검색하여 삽입 가능하고, 유튜브 비디오도 바로 검색해서 삽입이 가능해졌습니다.

02. 세번째 비디오 '아포카또 레시피'를 선택하고 [삽입]을 클릭합니다.

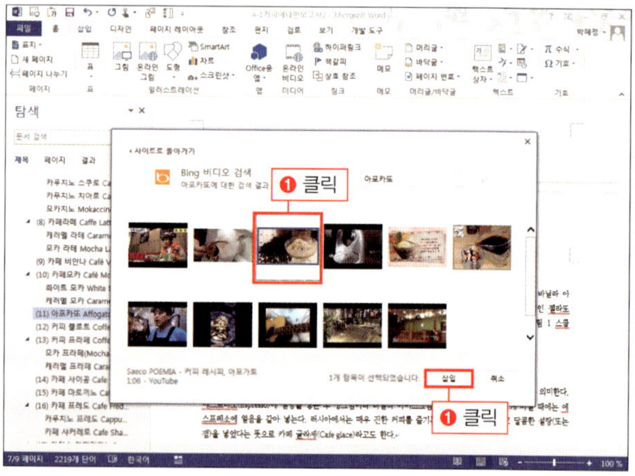

03. 비디오가 삽입됩니다. [그림 도구]-[서식] 탭-[정렬] 그룹-[텍스트 줄 바꿈]-[정사각형]을 클릭하고 크기와 위치를 조정합니다.

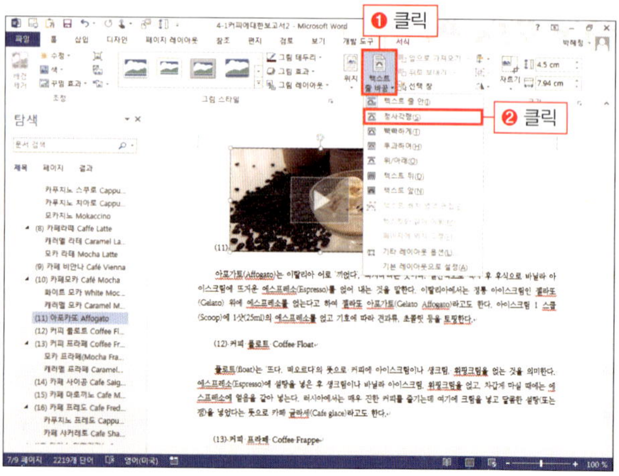

> **TIP :** 레이아웃 옵션 아이콘(▣)을 클릭해도 됩니다.

04. 화면에 플레이 버튼을 클릭하면 온라인 비디오가 실행됩니다.

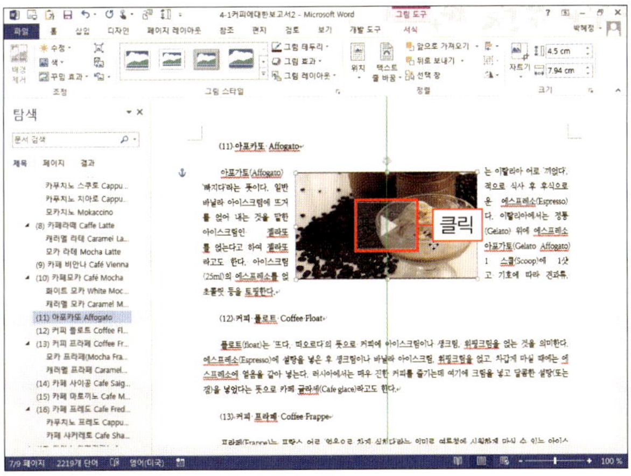

TIP : 삽입된 비디오는 다른 개체와 같이 크기 조정 및 텍스트와의 어울림 등의 설정할 수 있습니다.

문제 해결 **컴퓨터에 있는 동영상을 삽입할 순 없나요?**

MS 워드 문서에 동영상을 삽입하려면 미디어 플레이어(오디오, 동영상, 애니메이션 파일 등을 재생할 수 있는 MS Windows 보조 프로그램)와 같은 동영상 프로그램과 사운드 카드가 컴퓨터에 설치되어 있어야 합니다.

❶ 동영상을 삽입할 위치를 클릭합니다.
❷ [삽입] 탭–[텍스트] 그룹–[개체]–[파일로부터 만들기] 탭을 클릭합니다.
❸ [찾아보기]를 클릭하고 삽입할 동영상을 선택합니다.
❹ 동영상을 연결된 개체로 삽입하려면 [파일에 연결]을 선택합니다.
❺ 동영상을 아이콘으로 표시하려면 [아이콘으로 표시]를 선택합니다.

LESSON 02

개체 서식하기

레벨 ● ● ●

[삽입] 탭을 통해 문서에 배치된 개체를 개체의 특징에 따라 다르게 제공되는 [서식] 도구를 이용해 멋지게 꾸밀 수 있습니다. 이번 Lesson에서는 삽입한 다양한 개체에 따른 [서식] 대화상자를 통해 개체 서식 방법을 익혀 봅니다.

기초탄탄 [서식] 대화상자

■ 개체 서식 메뉴 사용 방법

삽입한 개체를 ❶선택하면 해당 개체를 서식할 수 있는 ❷[서식] 탭이 나타납니다. 그리고 ❸[서식] 대화상자 표시 아이콘(◲)을 클릭하면 오른쪽에 ❹[서식] 창이 나타납니다. 서식 적용은 ❷[서식] 탭과 ❹[서식] 창을 이용합니다.

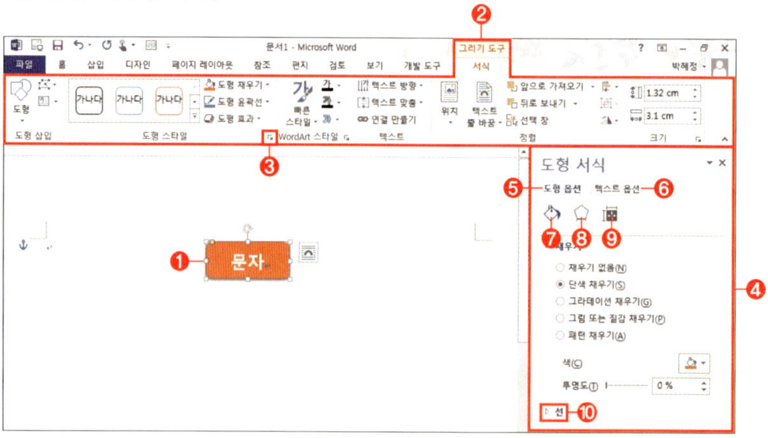

선택한 개체의 구성 요소에 따라 제공되는 기능에 차이가 있습니다. 현재 삽입된 개체의 구성 요소는 도형 면과 선, 텍스트 면과 선입니다. 그러므로 ❹[도형 서식] 창에 ❺[도형 옵션]과 ❻[텍스트 옵션] 탭이 나타납니다. ❺[도형 옵션]은 ❼[채우기 및 선], ❽[효과], ❾[레이아웃 및 속성] 세 범주로 구성되어 있습니다. ❿화살표 아이콘(▷)을 클릭하면 화살표(◢)로 바뀌면서 선택한 옵션에 따라 사용 가능하도록 표시됩니다.

STEP 01 • 면과 선이 존재하는 모든 개체의 색 적용

삽입한 개체는 도형 면과 선 그리고 텍스트의 면과 선으로 구성되어 있습니다. 도형의 면과 선은 투명으로 처리하고 텍스트의 면과 선에 다른 색을 적용합니다.

예제 파일 I CD₩Part 05₩5-2커피에대한보고서.docx

01. [탐색] 창의 [제목] 탭을 클릭하고 '3. 에스프레소 커피 메뉴'를 선택하여 페이지를 옮기고 삽입된 텍스트 개체를 커서 없이 선택합니다.

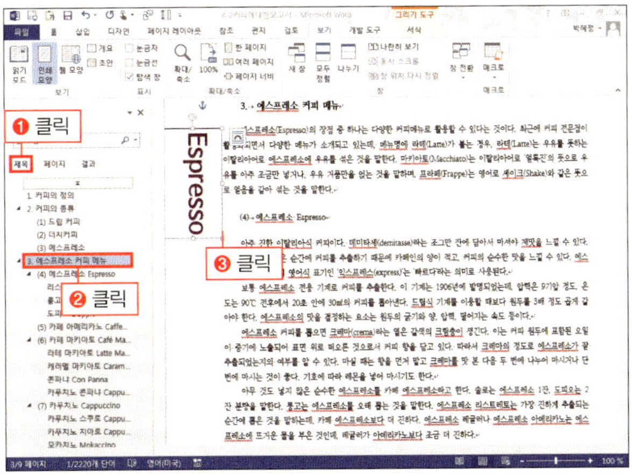

02. [그리기 도구]-[서식] 탭-[도형 스타일] 그룹-[도형 채우기]-[채우기 없음]을 클릭합니다.

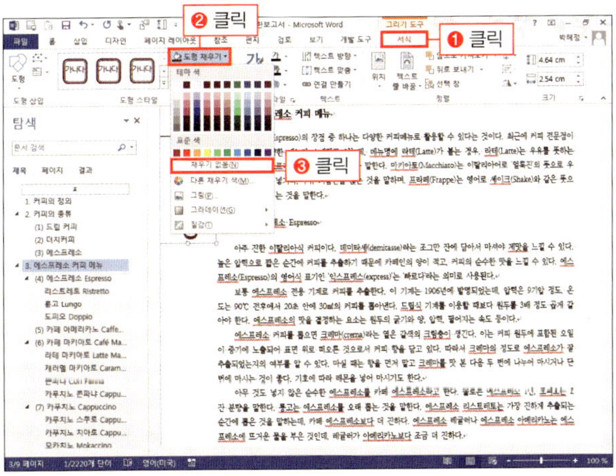

03. [그리기 도구]-[서식] 탭-[도형 스타일] 그룹-[도형 윤곽선]-[윤곽선 없음]을 클릭합니다.

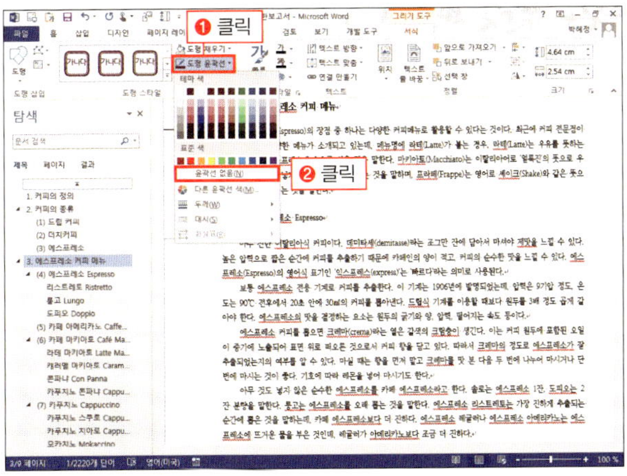

04. [그리기 도구]-[서식] 탭-[WordArt 스타일] 그룹-[빠른 스타일]-[그라데이션, 회색]을 클릭합니다.

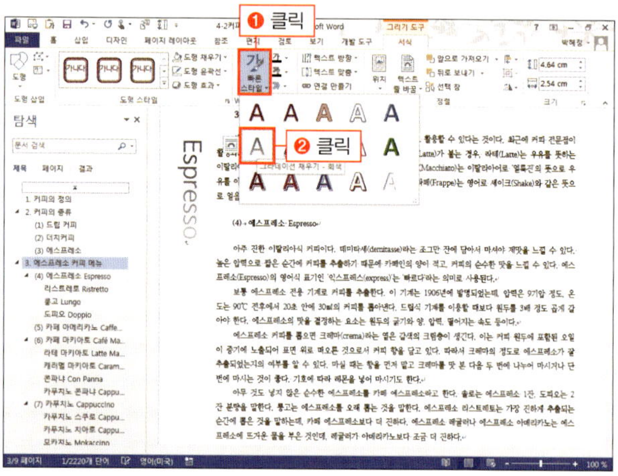

05. 텍스트 개체 효과 중에서 [변환] 효과를 적용하면 좀 더 멋진 텍스트 개체로 연출할 수 있습니다. 선택된 상태에서 [그리기 도구]-[서식] 탭-[WordArt 스타일] 그룹-[텍스트 효과]-[변환]-[수축]을 클릭합니다.

> **TIP :** [변환] 효과는 텍스트 개체에만 적용할 수 있는 기능입니다.

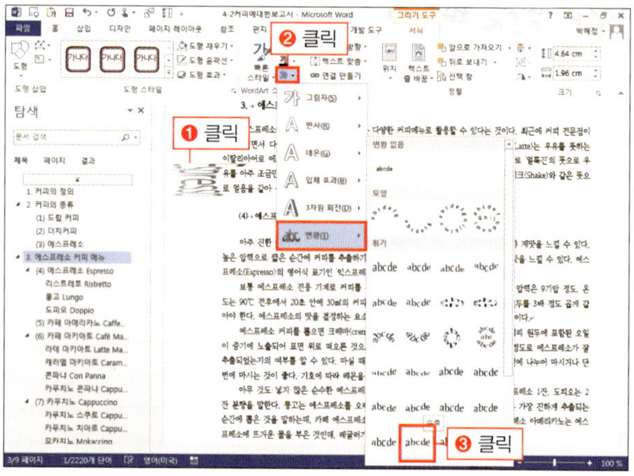

06. 개체 크기를 조절하고 적절히 배치합니다.

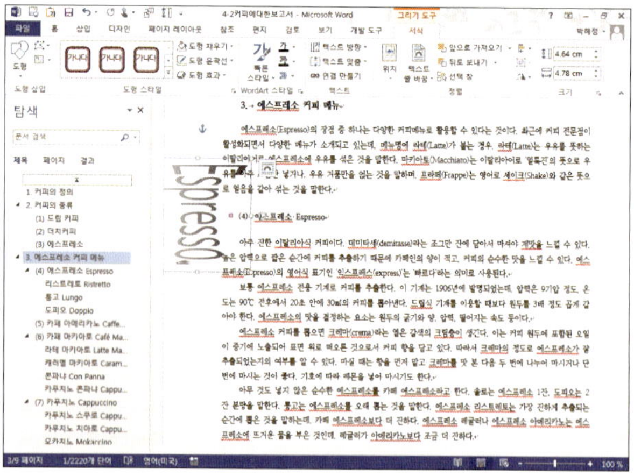

STEP 02 • 효과 적용하기

그림 도형, 그림 테두리, 그림 효과의 기능을 이용하여 전문가 수준의 그림 서식을 설정할 수 있습니다. 또한 프로그램이 제안하는 그림 스타일을 이용하여 빠르게 그림의 효과를 적용할 수 있습니다.

01. [탐색] 창의 [제목] 탭을 클릭하고 '1. 커피의 정의'를 선택하여 페이지를 이동하고 그림을 선택합니다. [그림 도구]-[서식] 탭-[그림 스타일] 그룹의 자세히 단추(▼)를 클릭하여 [회전, 흰색]을 클릭합니다.

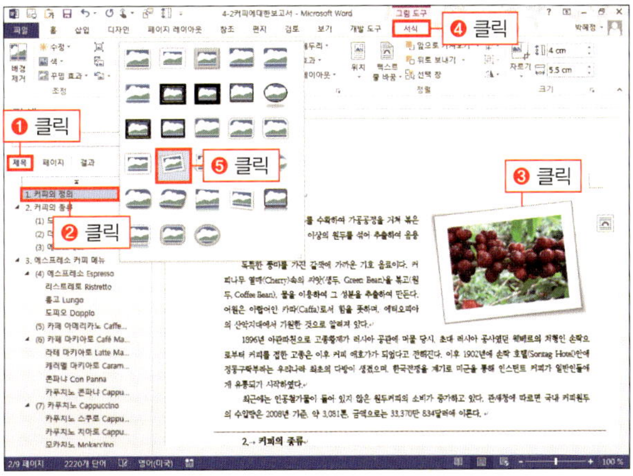

02. 이번에는 조정 기능을 사용하여 그림에 특별한 [꾸밈 효과]를 적용하기 그림을 선택하고 [그림 도구]-[서식] 탭-[조정] 그룹-[꾸밈 효과]-[시멘트]를 클릭합니다.

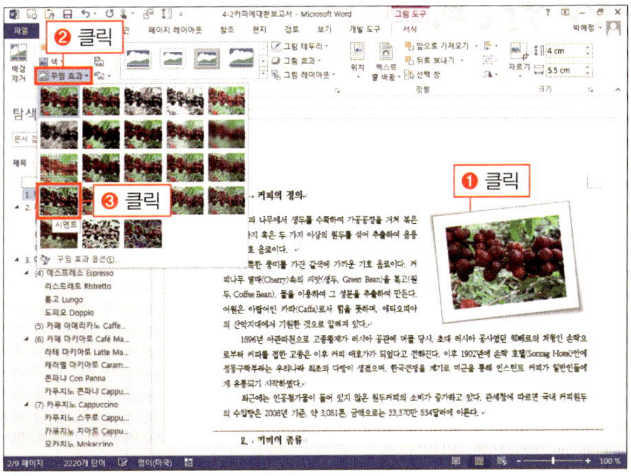

03. 그림을 동그랗게 자르기 위해 그림이 선택된 상태에서 [그림 도구]-[서식] 탭-[크기] 그룹-[자르기]의 목록 단추를 클릭하여 [도형에 맞춰 자르기]-[타원]을 클릭합니다.

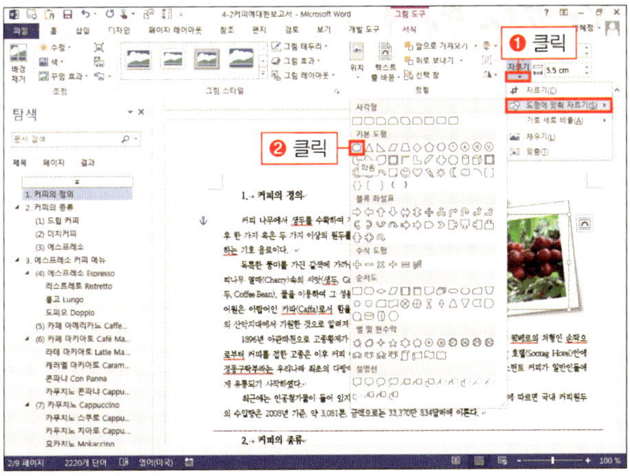

04. 그림이 원으로 바뀝니다.

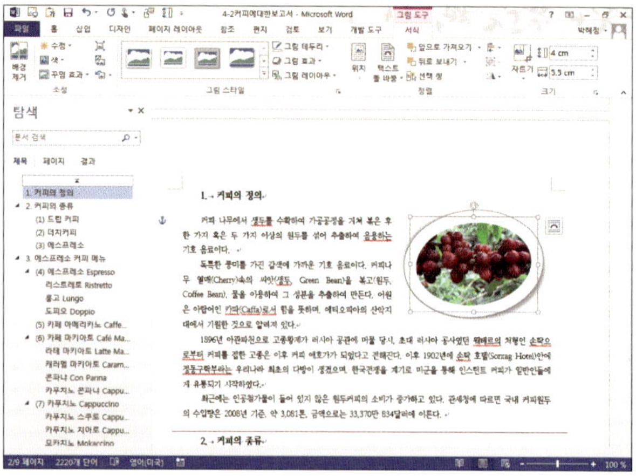

05. [그림 도구]-[서식] 탭-[조정] 그룹-[그림 원래대로]의 목록 단추를 클릭하여 [그림 원래대로]를 클릭하면 그림이 원래 그림으로 바뀝니다.

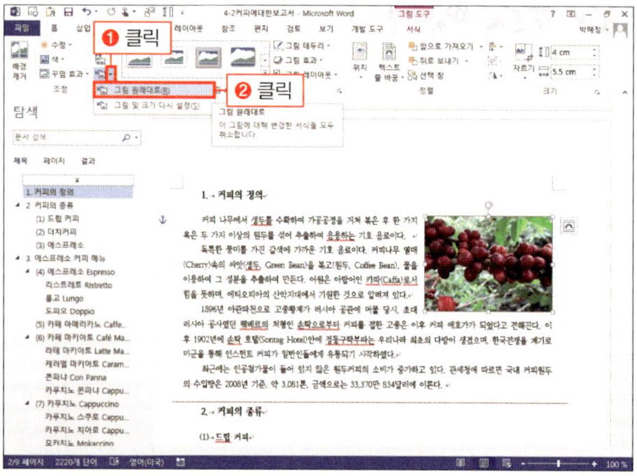

TIP : 그림의 출력 품질을 조정하여 용량을 줄이려면 [그림 도구]-[서식] 탭-[조정] 그룹-[그림 압축] 기능을 이용합니다.

06. [탐색] 창의 [제목] 탭에서 '(11)아포카또' 페이지로 이동하고 동영상을 선택합니다. [그림 도구]-[서식] 탭-[그림 스타일] 그룹의 자세히 단추(▾)를 클릭하여 [반사형 입체, 검정]을 클릭합니다.

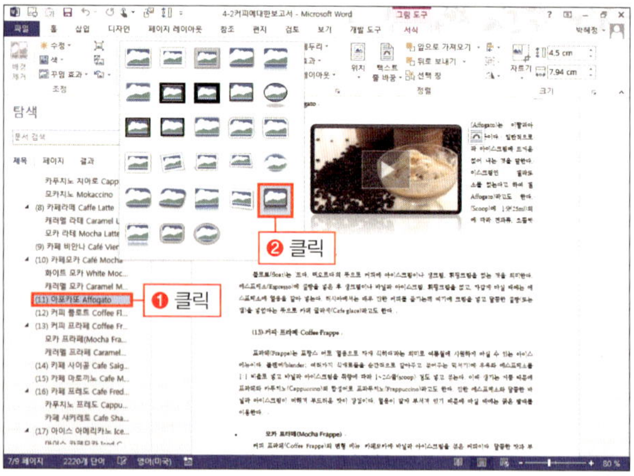

TIP : 동영상 개체에도 그림과 동일한 수준의 각종 효과를 적용할 수 있습니다.

STEP 03 • SmartArt 디자인하기

SmartArt를 적용한 테마를 이용한 스타일을 이용하여 디자인해 봅니다.

완성 파일 | CD\Part 05\5-2커피에대한보고서_완성.docx

01. [탐색] 창의 [제목] 탭에서 '(8) 카페라떼'를 선택하여 페이지를 옮기고 SmartArt를 선택한 다음 [SmartArt 도구]-[디자인] 탭-[SmartArt 스타일] 그룹-[색 변경]-[색상형 범위 – 강조색 5 또는 6]을 클릭합니다.

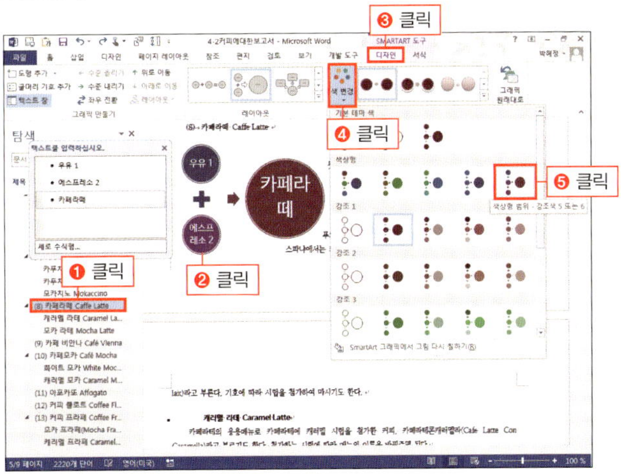

02. 이번에는 스타일을 변경하기 위해 [SmartArt 도구]-[디자인] 탭-[SmartArt 스타일] 그룹의 자세히 단추(▾)를 클릭하여 [광택 처리]를 클릭합니다.

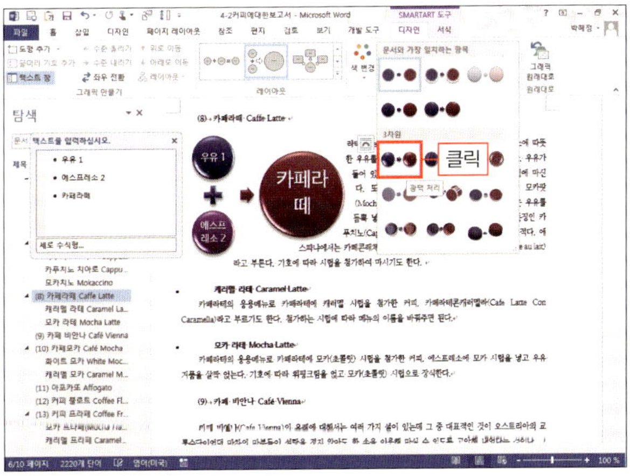

03. 이번에는 SmartArt 레이아웃을 변경하는 방법입니다. SmartArt 개체를 선택하고 [SmartArt 도구]-[디자인] 탭-[레이아웃] 그룹-[수식형]을 클릭합니다.

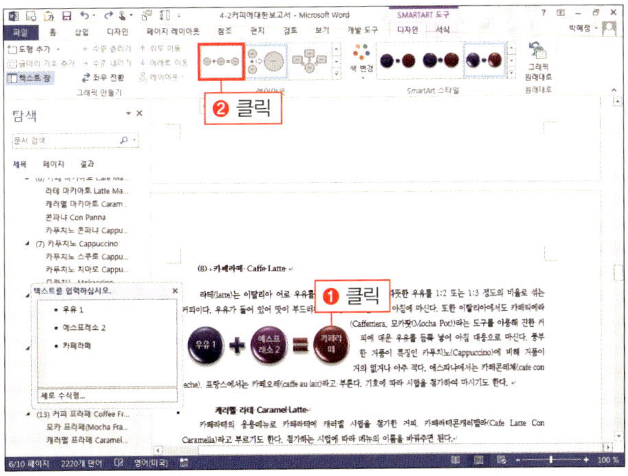

스크린 샷으로 그림 캡처하고 그림의 배경 제거하기

실무에선 이렇게!

그림에서 배경을 제거하여 그림의 주제를 강조하거나 주의를 분산시키는 세부 요소를 제거할 수 있습니다. 스크린 샷 기능으로 인터넷에서 필요한 그림의 일부를 캡처하고 그림의 배경을 제거합니다. 또한 자동 배경 제거 기능을 사용하거나 선을 그려 그림 배경에서 유지할 영역과 제거할 영역을 나타낼 수 있습니다.

예제 파일 | CD\Part 05\5-2커피에대한보고서.docx, 생각하는 사람.jpg **완성 파일 |** CD\Part 05\5-2커피에대한보고서_완성.docx

01. 스크린 샷의 사용 방법을 학습하기 위해 먼저 CD에 제공된 이미지 하나를 열겠습니다. 그림(CD\Part 05\생각하는 사람.jpg) 파일을 실행합니다.

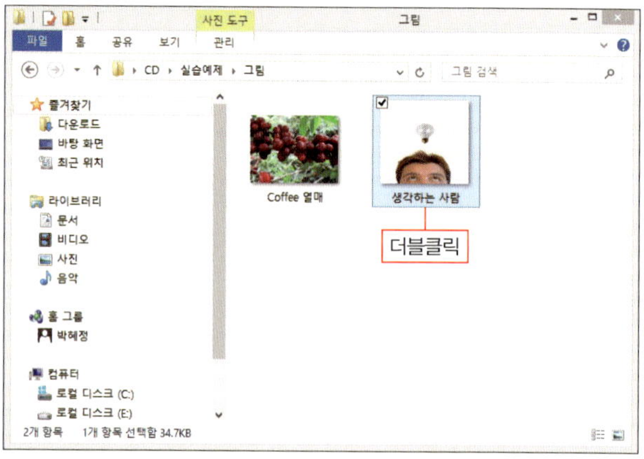

02. 캡처할 화면이 열립니다. 이처럼 [스크린 샷]을 사용하기 전에 먼저 캡처할 화면을 열고 워드 문서를 열어야 합니다.

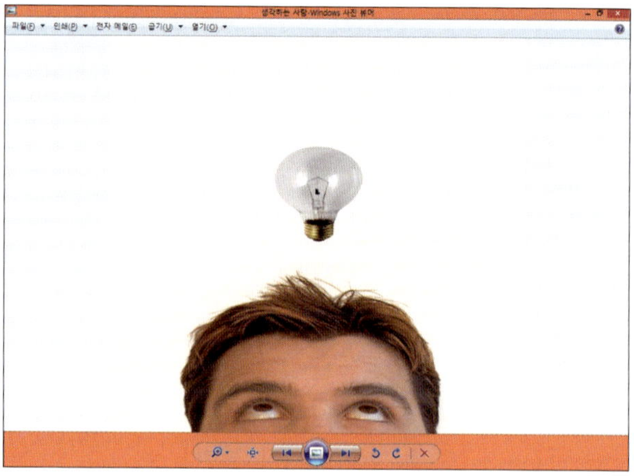

03. 문서를 열고 캡처한 그림이 삽입될 1페이지로 이동합니다. [삽입] 탭-[일러스트레이션] 그룹-[스크린 샷]-[화면 캡처]를 클릭합니다.

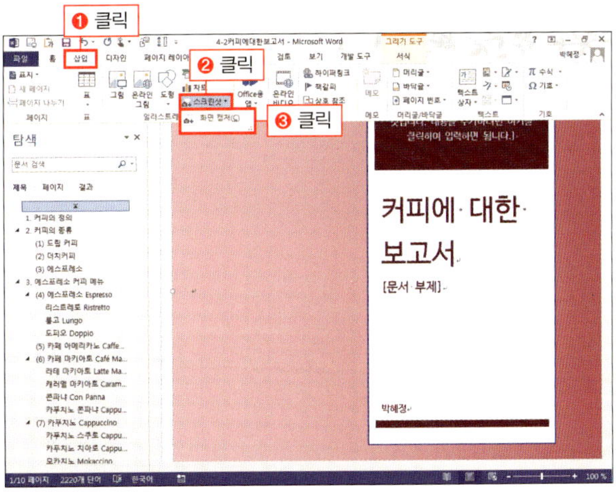

04. 실행시켜놨던 이미지 창이 열리고 화면이 흐릿하게 표시되며 십자 모양의 마우스 포인터( )가 생성됩니다. 워드로 가져올 부분을 십자 상태에서 드래그하여 선택합니다.

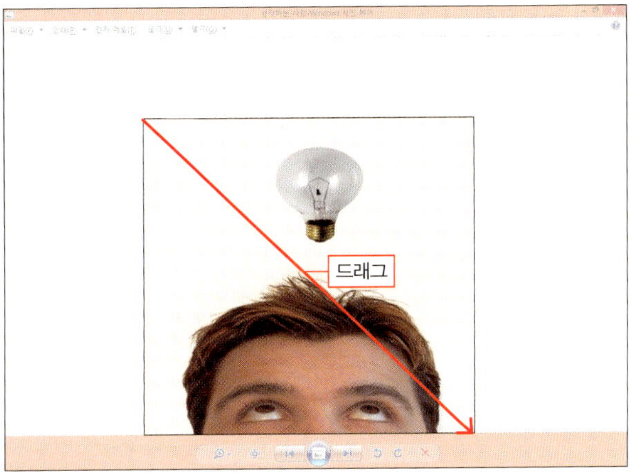

TIP : 스크린 샷은 워드 2013을 열기 전 화면에 표시된 창을 캡처합니다.

05. 마우스를 떼면 그림이 워드 문서에 나타납니다. 크기를 줄이고 배경을 제거하기 위해 [그림 도구]-[서식] 탭-[배경 제거]를 클릭합니다.

06. [배경 제거] 탭이 추가됩니다. 보라색으로 처리된 부분이 배경으로 읽혀진 부분입니다. 수정이 필요합니다. 일단 상하좌우 조절점을 이용해 영역을 늘려줍니다.

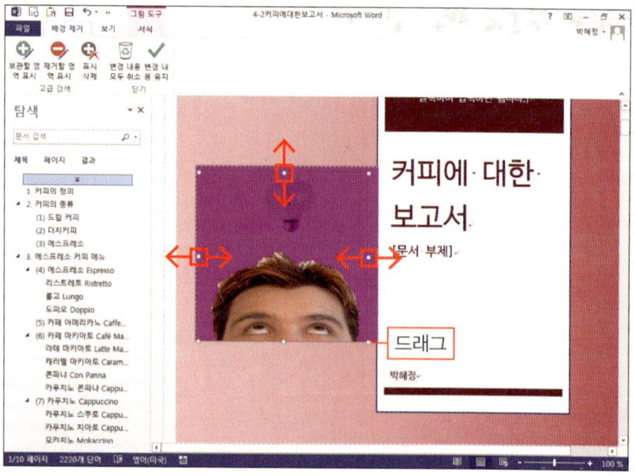

07. 배경으로 처리된 전구를 표시할 영역으로 설정하기 위해 [배경 제거] 탭-[고급 검색] 그룹-[보관할 영역 표시]를 클릭합니다. 마우스 포인터가 연필 모양으로 변경되면 연필 모양 상태에서 보관할 영역을 클릭하거나 드래그하는 방법으로 보관 영역을 설정합니다. 이런 방법으로 보관할 영역을 편집하고 [변경 내용 유지]를 클릭해 완성합니다.

TIP : 자동 배경 제거를 취소하려면 [닫기] 그룹에서 [닫기 및 변경 내용 취소]를 클릭합니다.

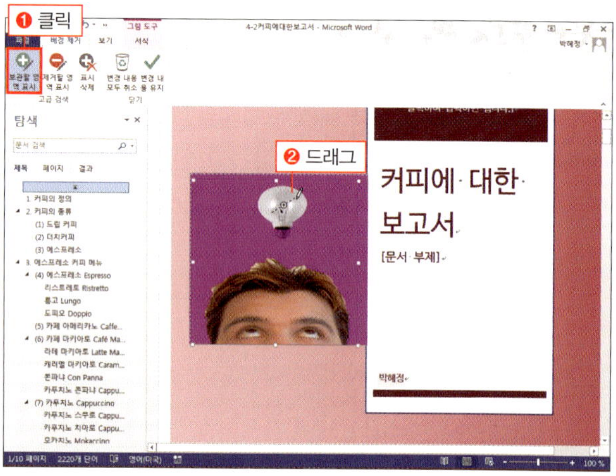

08. 배경이 투명처리됩니다.

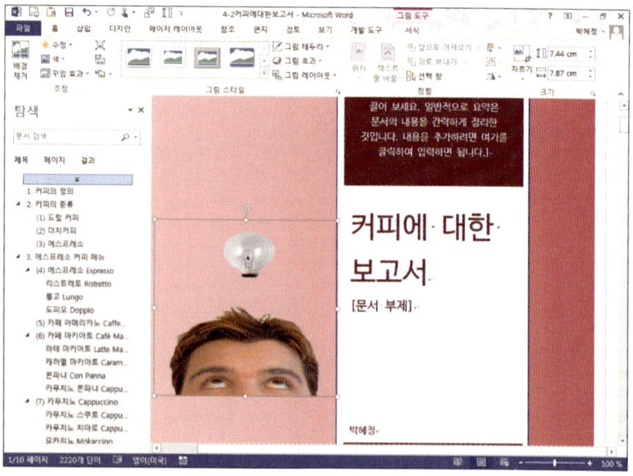

TIP : 그림을 압축하여 파일 크기를 줄이면 원본 그림에 포함된 세부 요소의 양이 변경됩니다. 즉 압축 후의 그림은 압축 전과 다르게 나타날 수 있습니다. 이런 이유 때문에 배경을 제거하기 전에 그림을 압축하고 파일을 저장해야 합니다. 작업 중인 프로그램을 닫지 않은 경우 압축 및 배경 제거가 원하는 대로 나타나지 않으면 파일을 저장한 후에도 압축을 다시 실행할 수 있습니다.

LESSON 03

워드에서 엑셀, 파워포인트 프로그램 사용하기

레벨 ● ● ●

워드 문서에서 엑셀 워크시트 개체나 차트, 파워포인트 슬라이드 및 프레젠테이션, 캘린더 컨트롤이나 다양한 클래스를 삽입하여 외부 프로그램을 워드 안에서 직접 조작할 수 있습니다. 또한 외부 파일을 개체로 삽입하거나, 아이콘으로 삽입하여 표시할 수도 있습니다.

기초탄탄 [개체 삽입] 대화상자

■ 개체 삽입이란?

현재 컴퓨터 시스템에 설치되어 있는 프로그램을 워드 2013으로 가져와 사용하는 것입니다. 예를 들어 워드에서 표를 만드는 과정 중에 함수를 사용해 처리해야 할 일이 생겼다면 엑셀 프로그램을 새로 열어 작업하기 보단 개체 삽입 기능을 사용하면 엑셀을 열지 않고 워드 안에서 엑셀을 사용할 수 있습니다. 엑셀은 물론이고 컴퓨터 시스템에 설치된 모든 프로그램을 [개체 삽입] 대화상자를 이용하여 워드에서 바로 사용할 수 있게 됩니다.

■ [개체] 대화상자 241P

[삽입] 탭-[텍스트] 그룹-[개체] 목록 단추를 클릭해 [개체]를 클릭하면 사용 가능한 개체 유형 목록이 나타납니다.

[개체] 대화상자의 [새로 만들기] 탭

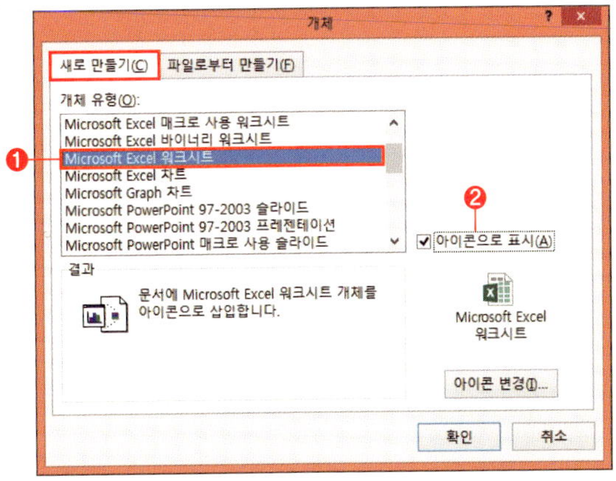

❶ Microsoft Excel 워크시트 : 선택하면 워드에 엑셀 시트가 삽입되고 워드 리본 메뉴가 엑셀 리본 메뉴로 전환됩니다.

❷ 아이콘으로 표시 : 체크하여 개체를 삽입하면 문서에 엑셀 아이콘이 표시되며 엑셀 프로그램에 바로 열려 엑셀로 문서를 작성할 수 있습니다.

[개체] 대화상자의 [파일로부터 만들기] 탭

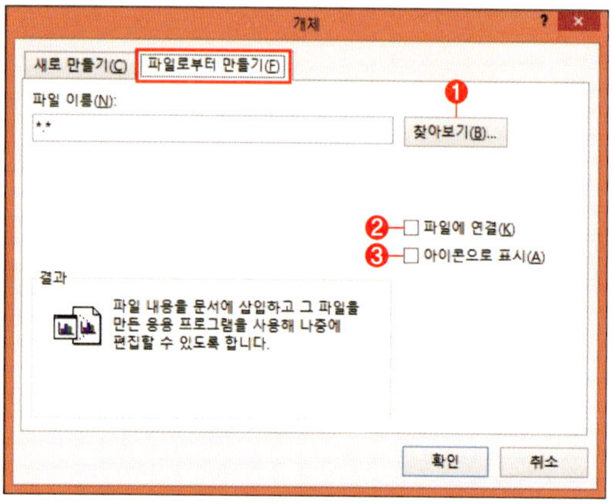

❶ 찾아보기 : 클릭하여 워드 2013에 삽입할 문서를 선택합니다.

❷ 파일에 연결 : 선택하면 [찾아보기]에서 선택한 원본 파일과 삽입한 파일 개체와 계속 연결되어 존재합니다.

❷ 아이콘으로 표시 : 선택하면 [찾아보기]에서 선택한 개체를 아이콘으로 표시합니다. 아이콘을 클릭하면 파일이 열립니다.

문서를 열면 업데이트 확인 대화 상자가 나타납니다.

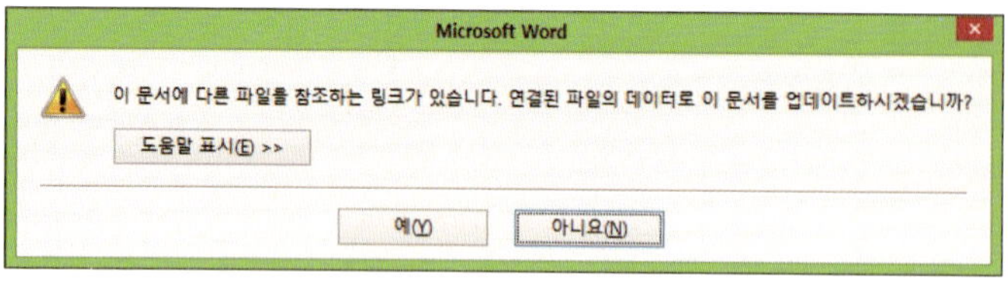

STEP 01 • 엑셀 개체 삽입하기

워드에서는 워드 이외의 다른 응용프로그램 요소를 추가하여 그 기능을 활용할 수 있습니다. 예를 들어 엑셀 워크시트나 파워포인트에 관련된 요소 등을 추가하여 엑셀, 파워포인트 프로그램이 가진 장점을 살려 문서를 더욱 쉽게 작성할 수 있습니다. 워드 안에 엑셀 워크시트를 삽입하는 방법과 기존에 있는 엑셀 문서를 삽입하는 방법입니다.

예제 파일 | CD₩Part 05₩5-3커피에대한보고서.docx **완성 파일 |** CD₩Part 05₩5-3커피에대한보고서_완성.docx

01. [탐색] 창의 [제목] 탭에 '(1)드립 커피'를 선택하여 페이지를 이동한 다음 엑셀 개체를 삽입하기 위해 [삽입] 탭–[텍스트] 그룹–[개체] 목록 단추를 클릭해 [개체]를 선택합니다.

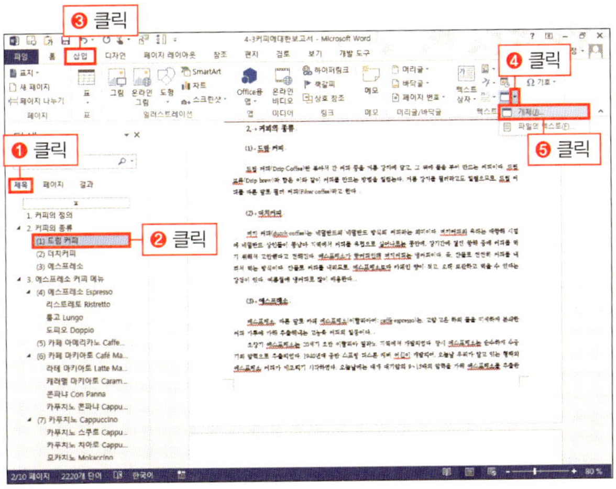

02. [개체] 대화상자의 [새로 만들기] 탭에서 'Microsoft Office Excel 워크시트'를 선택하고 [확인]을 클릭합니다.

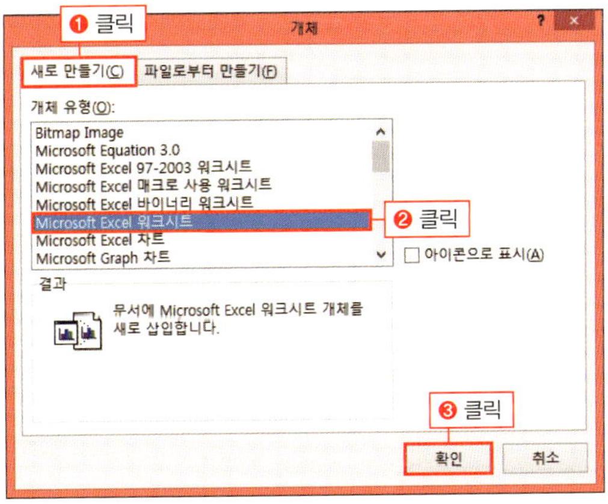

03. 엑셀 프로그램이 워드 내에서 실행되고, 리본 탭 메뉴가 엑셀로 전환됩니다. 엑셀을 이용하여 아래 작업 내용을 입력한 다음 테두리를 설정합니다. 입력 및 서식이 끝나면 개체 크기를 마우스로 드래그하여 조정한 다음 워드 문서 내 빈 곳을 클릭하여 완성합니다.

종류	판매율
드립커피	10%
더치커피	20%

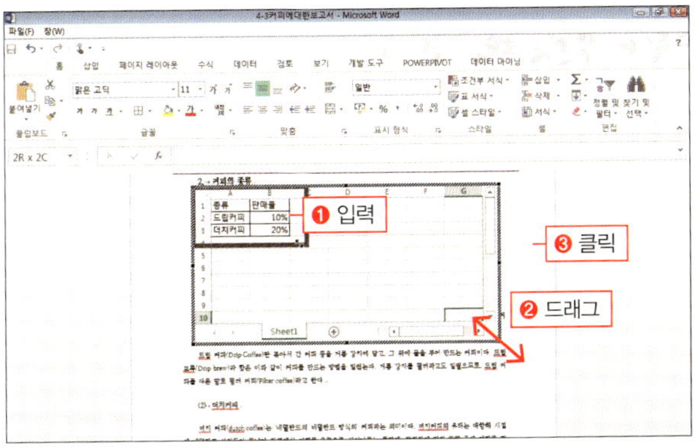

04. 엑셀 개체를 선택하고 마우스 오른쪽 단추를 클릭해 [개체 서식]을 클릭합니다.

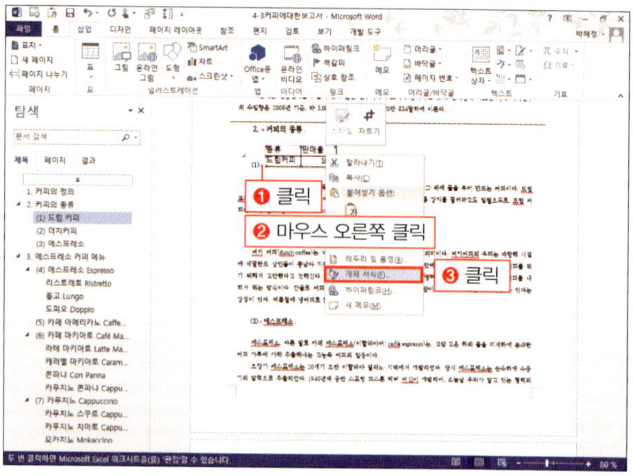

05. [개체 서식] 대화상자가 열리면 [레이아웃] 탭의 [정사각형]을 클릭한 다음 [확인]을 클릭합니다.

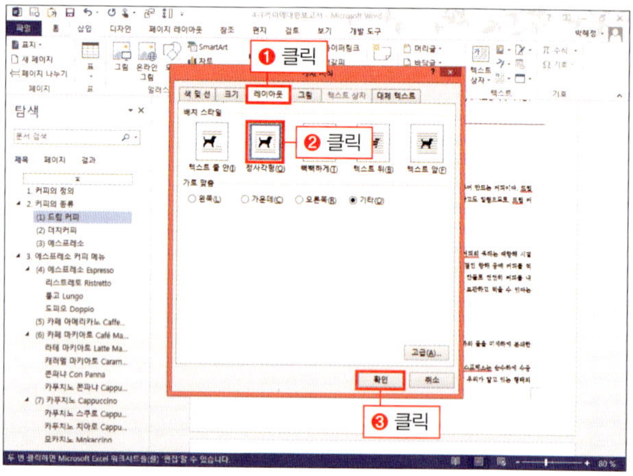

06. 마우스로 드래그하여 위치를 조정합니다.

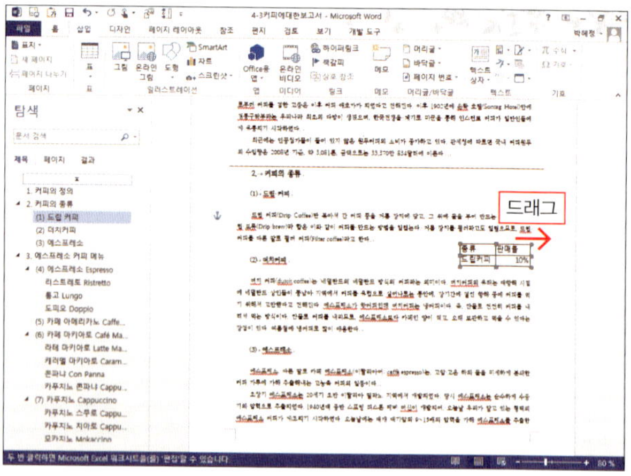

TIP : 입력한 데이터를 수정하려면 엑셀로 만든 표 개체를 더블클릭하거나 마우스 오른쪽 단추를 클릭해 [워크시트 개체]-[편집]을 클릭하여 편집합니다.

문제 해결 **기존의 엑셀 파일에서 작성한 문서를 삽입할 수 있나요?**

❶ [삽입] 탭-[텍스트] 그룹-[개체]를 클릭하고, [개체] 대화상자가 열리면 [파일로부터 만들기] 탭을 클릭합니다.
❷ [찾아보기]를 클릭하고, 삽입할 엑셀 문서를 선택한 다음 [삽입]을 클릭합니다.
[파일에 연결]을 선택하면 원본 문서에 데이터가 수정되면 삽입된 개체도 수정되고, [아이콘으로 표시]를 선택하면 문서로 삽입하는 것이 아니라 아이콘으로 삽입되며 더블클릭하면 원본 문서를 열어 확인할 수 있습니다.
❸ 삽입할 문서를 선택하고, [확인]을 클릭합니다.

STEP 02 • 파워포인트 개체를 연결하여 삽입하기

SmartArt 기능은 Office의 모든 프로그램에서 사용할 수 있지만 가장 만들기 쉬운 프로그램은 파워포인트입니다. 텍스트가 입력되고 수준 작업이 된 텍스트를 파워포인트 파일 개체를 연결하여 삽입한 다음 워드에서 파워포인트 프로그램을 이용하여 SmartArt를 삽입하고 편집해 봅니다.

예제 파일 | CD₩Part 05₩5-3커피에대한보고서.docx, 5-30에스프레소 메뉴 구성도.pptx **완성 파일 |** CD₩Part 05₩5-3커피에대한보고서_완성.docx

01. 새 문서를 열거나 '5-3커피에대한보고서' 마지막 페이지 빈 공간에서 작업합니다. 파워포인트 개체를 삽입하기 위해 [삽입] 탭-[텍스트] 그룹-[개체] 목록 단추를 클릭해 [개체]를 클릭합니다.

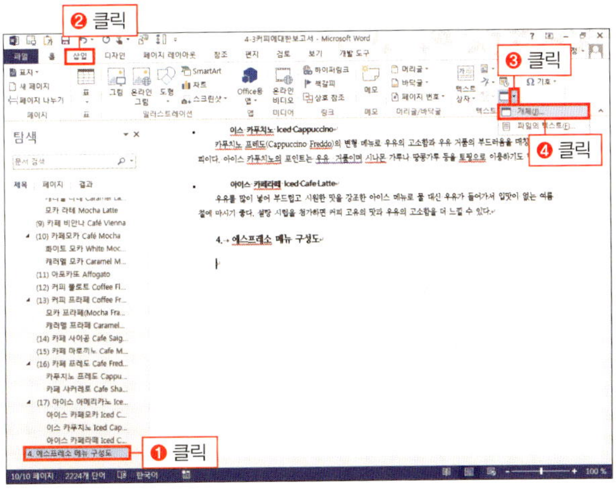

02. [개체] 대화상자에서 [파일로부터 만들기] 탭을 클릭하고 [찾아보기]를 클릭합니다.

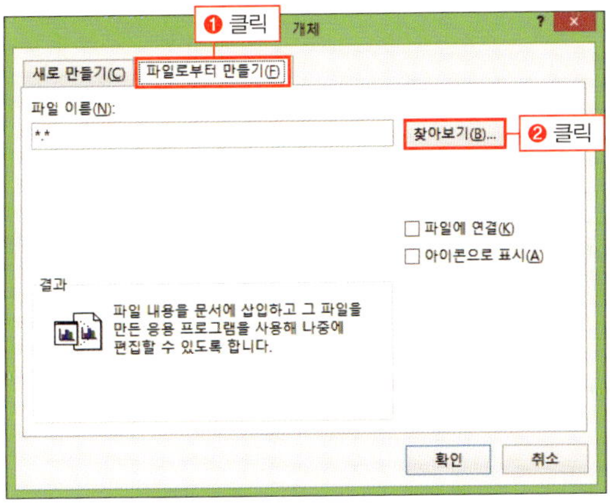

03. 삽입할 파일(CD₩Part 05₩5-30에스프레소 메뉴 구성도.pptx)을 선택하고 [확인]을 클릭합니다.

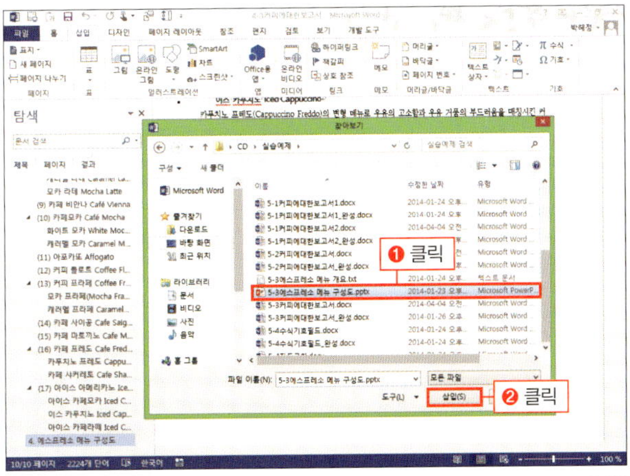

TIP : [파일에 연결]을 선택하면 파워포인트에서 수정한 내용이 워드에도 적용됩니다.

04. [파일에 연결]을 체크한 다음 [확인]을 클릭합니다.

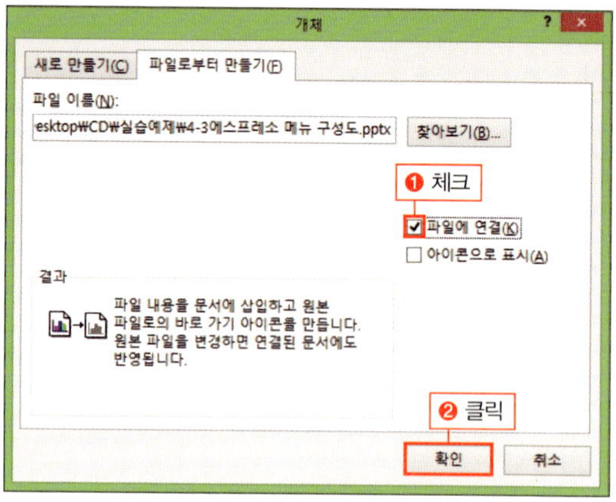

05. 파워포인트 파일 개체가 삽입되면 삽입한 파워포인트 파일을 선택하고 마우스 오른쪽 단추를 클릭해 [프레젠테이션 개체]-[편집]을 클릭합니다.

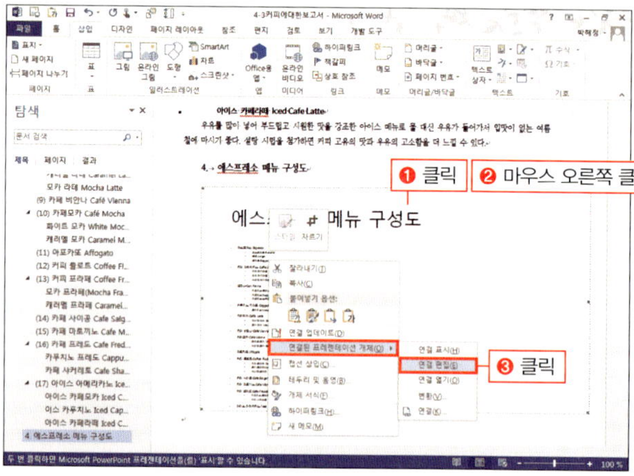

TIP : 연결을 끊고 싶다면 [연결 끊기]를 선택합니다.

06. [파일에 연결]에 선택했기 때문에 파워포인트 파일이 열립니다. 파워포인트 프로그램에 [홈] 탭-[단락] 그룹-[SmartArt 개체로 변환]-[기타 SmartArt 그래픽]을 클릭합니다.

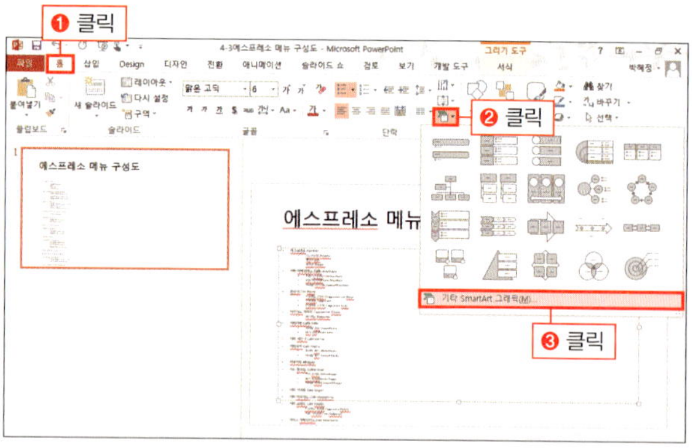

TIP : 워드 2013에는 텍스트를 SmartArt로 변환하는 메뉴를 제공하지 않습니다.

07. [SmartArt 그래픽 체크] 대화상자에서 [선이 그어진 목록형]을 선택하고 [확인]을 클릭합니다.

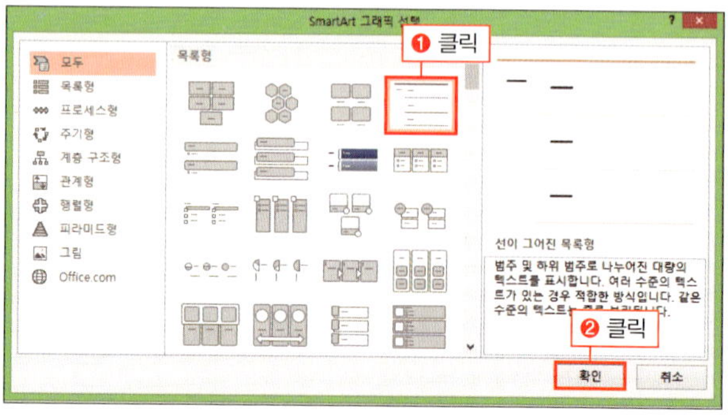

08. 텍스트가 SmartArt 개체로 변환됩니다. 이후에 제공되는 파워포인트의 SmartArt 서식 기능은 워드와 동일합니다.

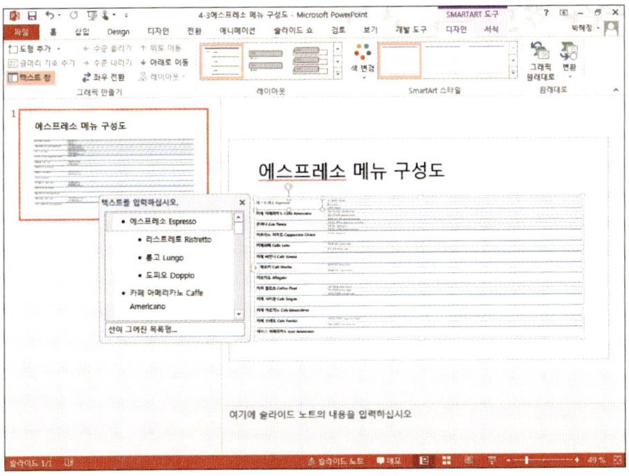

09. 파워포인트 프로그램을 닫고 워드 문서를 엽니다. 삽입한 파워포인트 개체를 업데이트해야 작업이 반영됩니다. 선택하고 마우스 오른쪽 단추를 클릭해 [연결 업데이트]를 선택합니다.

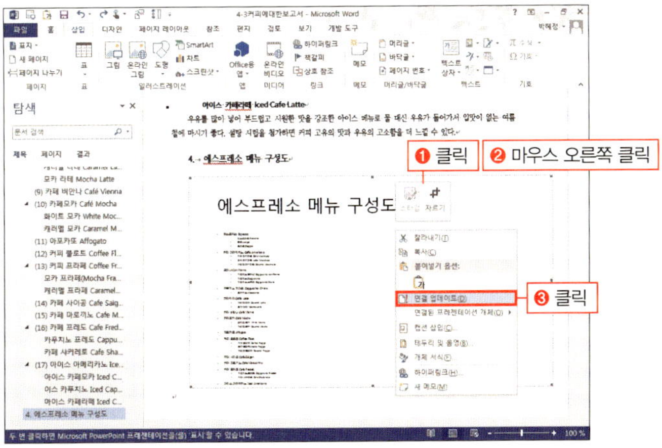

10. 파워포인트에서 했던 작업이 반영되어 워드에도 그대로 나타납니다.

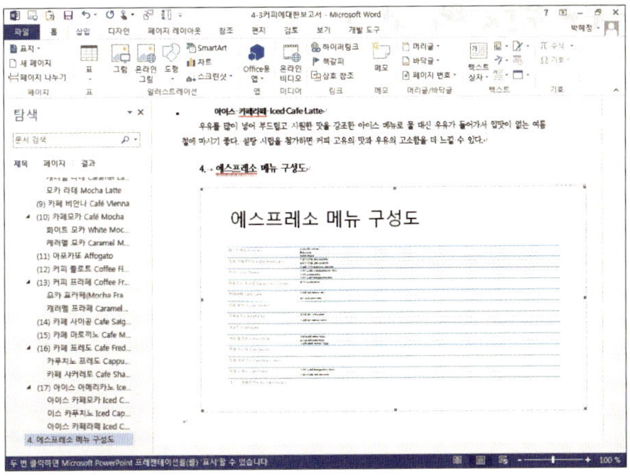

TIP : 복사하여 붙여넣기한 다음 개체 삽입처럼 전환하기

엑셀 문서의 일부를 복사해서 워드에 붙여넣기를 실행한 다음 [붙여넣기] 스마트 태그에서 [연결 및 원본 서식 유지]나 [대상 스타일 연결 및 사용]을 클릭합니다.

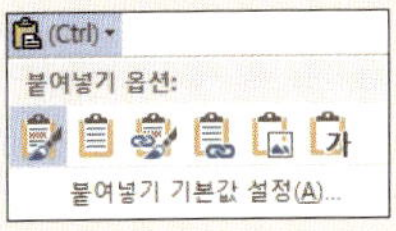

STEP 03 • 파일에 텍스트 개체 삽입하기

워드 2013에 워드에서 만들어진 문서는 물론이고, '.rtf', '.txt' 문서의 텍스트를 정갈하게 MS 워드 2013 내부로 불러올 수 있는 방법을 배워봅니다.

예제 파일 I CD₩Part 05₩5-3커피에대한보고서.docx, 5-3에스프레소 메뉴 개요.txt **완성 파일 I** CD₩Part 05₩5-3커피에대한보고서_완성.docx

01. 새 문서를 열거나 '5-3커피에대한보고서' 마지막 장에 커서를 위치시키고 [삽입] 탭-[텍스트] 그룹-[개체] 목록 단추를 클릭하고 [파일의 텍스트]를 클릭합니다.

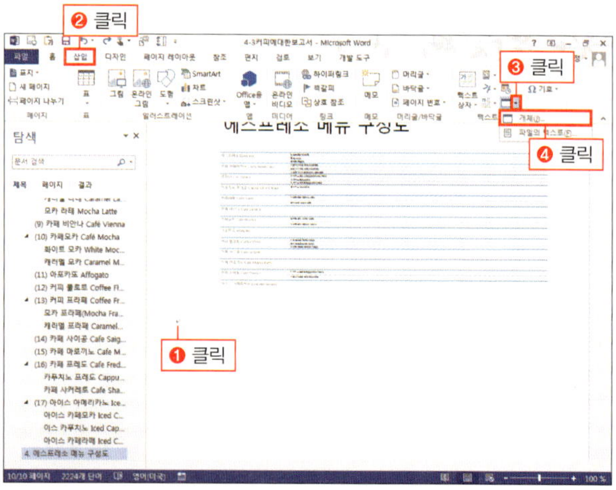

02. [파일 삽입] 대화상자에서 파일 형식 선택 목록에서 '모든 파일'을 선택합니다.

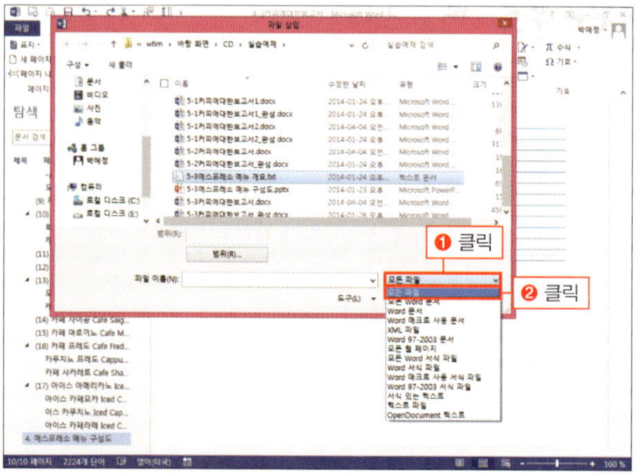

03. 파일 경로(CD₩Part 05₩에스프레소 메뉴 개요.txt)를 찾아 파일을 선택하고 [삽입]을 클릭합니다.

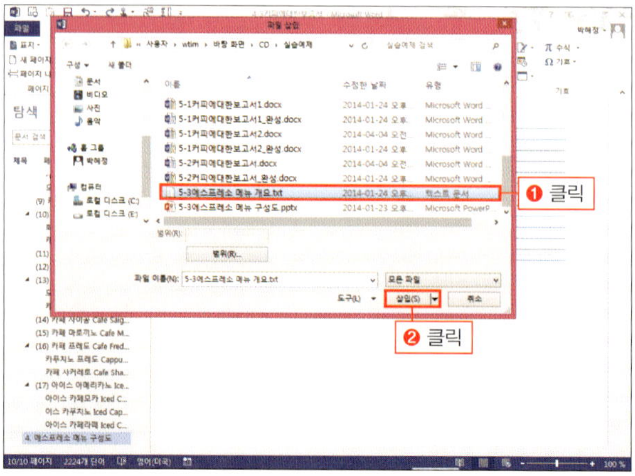

04. [파일 변환] 대화상자에서 [Windows 기본값]을 클릭하고 [확인]을 클릭합니다.

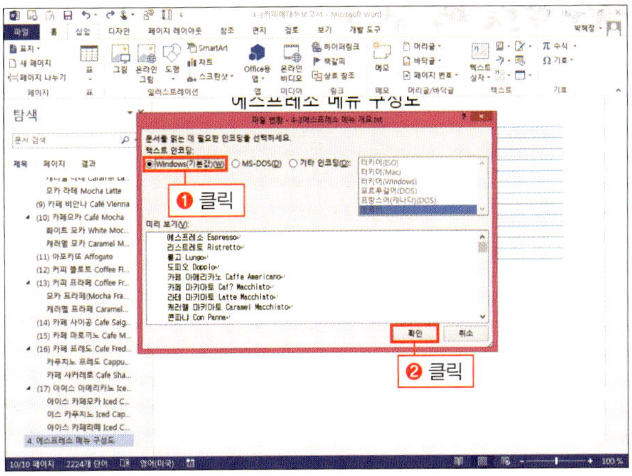

05. 현재 문서에 다른 워드 파일의 텍스트가 삽입됩니다.

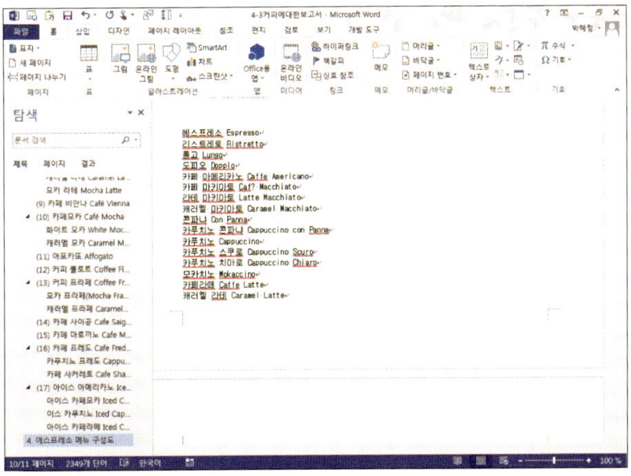

LESSON

04 문서 작성에 필요한 각종 옵션 설정하기

레벨 ● ● ●

문서 작성에 앞서 수식 삽입, 기호 삽입, 서명란 만드는 작업, 자주 사용하는 문구를 상용구로 등록하는 몇몇 편리한 기능을 학습하려고 합니다.

기초 탄탄 ▶ [Word 옵션] 대화상자, [수식] 탭

■ 필드 삽입 255P

[삽입] 탭-[텍스트] 그룹-[빠른 문서 요소 탐색]을 클릭하여 [필드] 대화상자를 열 수 있습니다.

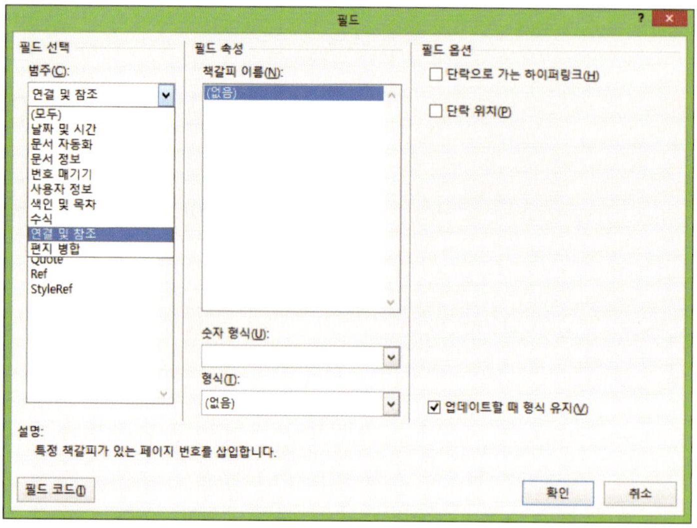

범주 목록에서 각각의 범주를 클릭하면 아래 표와 같은 작업을 할 수 있습니다.

범주	내용
(모두)날짜 및 시간	사용 가능한 모든 필드가 나타납니다. 날짜 및 시간 관련 필드로 다양한 표시 형식이 제공됩니다.
문서 자동화	조건식 작성, 매크로 실행, 명령을 프린터로 출력 등의 문서 자동화 필드가 제공됩니다.
문서 정보	만든 이, 파일 이름 및 경로, 파일 사이즈, 마지막으로 저장한 사람 등의 문서 정보가 삽입됩니다.
번호 매기기	일련 번호, 페이지 번호, 구역 번호, 구역 안에 총 페이지 수를 자동으로 카운트합니다.
사용자 정보	Office 개인 설정 옵션의 [주소], [이니셜], [이름]에 설정된 내용을 삽입합니다.

색인 및 목차	색인 및 목차에 관련한 필드를 삽입합니다.
수식	수식 및 특수 문자에 관련한 필드를 삽입합니다.
연결 및 참조	상용구, 스타일, 하이퍼링크, 각주/미주, 책갈피 등에 관련된 필드를 삽입합니다.
편지 병합	편지 병합 기능에 관련된 필드를 삽입합니다.

■ [수식] 탭 251P

수식을 삽입하려면 [삽입] 탭–[기호] 그룹–[수식]을 이용하거나, Alt+*를 누릅니다.

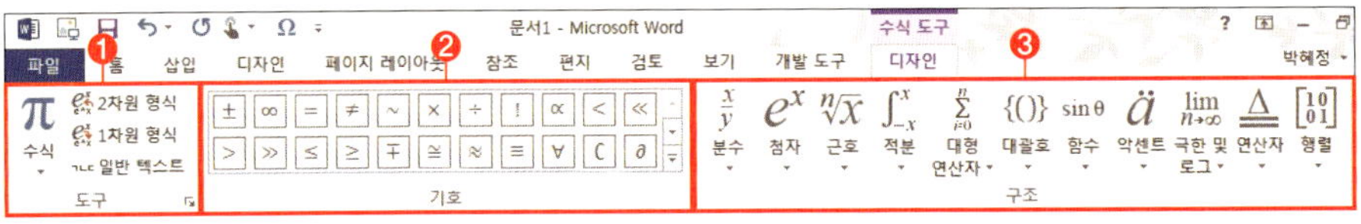

❶ [도구] 그룹 : 새로운 수식 삽입하거나 2차원 형식, 1차원 형식, 일반 텍스트 등의 형태로 변경할 수 있습니다.

❷ [기호] 그룹 : 기본 수학 연산자, 그리스 문자, 글자꼴 기호, 연산자, 화살표, 관계 부정 연산자, 첨자, 기하 도형을 삽입할 수 있습니다.

❸ [구조] 그룹 : 분수, 첨자, 근호, 적분, 대형 연산자, 대괄호, 함수, 악센트, 극한 및 로그, 연산자, 행렬 등의 구조를 삽입하여 수식을 작성할 수 있습니다.

■ [기호] 대화상자 253P

기호를 삽입하려면 [삽입] 탭–[기호] 그룹–[기호]를 클릭하거나, [다른 기호]를 클릭해 [기호] 대화상자를 열어 이용합니다.

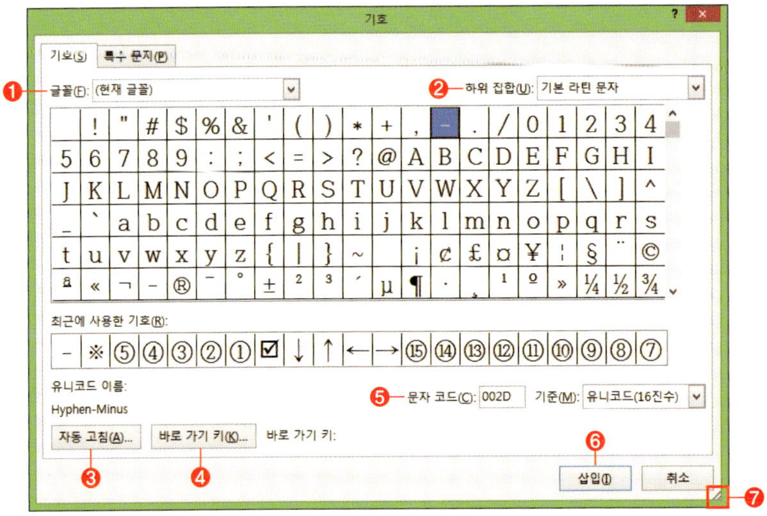

❶ 글꼴 : '현재 글꼴'을 선택하면 현재 글꼴이 제공하는 특수 문자가 나타납니다.

❷ 하위 집합 : 기본 라틴 문자, 라틴어–1 추가, 일반 문장 부호 등의 하위 범주를 선택할 수 있습니다.

❸ **자동 고침** : [파일] 탭-[옵션]을 클릭했을 때 열리는 [Word 옵션] 대화상자의 [언어 교정]-[자동 고침 옵션]과 같습니다. [자동 고침] 대화상자를 열어 바로 기호를 자동 고침 목록에 등록할 수 있습니다.

❹ **바로 가기 키** : 기호에 바로 가기 키를 설정할 수 있는 대화상자가 열립니다.

❺ **문자 코드** : 제공되는 기호 문자에는 각각 문자 코드가 있습니다. 문자 코드 정보를 나타냅니다.

❻ **삽입** : 선택한 기호를 삽입합니다.

❼ **대화상자 크기 조절 아이콘( )** : 크기 조절 마우스 포인터 상태에서 드래그하면 대화상자의 크기를 조절할 수 있습니다.

STEP 01 • 수식 삽입하기

워드 2013은 일반 수학 수식을 삽입할 수 있고 수학 기호 및 구조 라이브러리를 사용하여 방정식을 직접 만들 수 있도록 제공하고 있습니다. 워드 2013에서 수식을 입력하면 해당 수식이 자동으로 2차원 형식으로 변환됩니다.

예제 파일 | CD₩Part 05₩5-4수식기호필드.docx **완성 파일 |** CD₩Part 05₩5-4수식기호필드_완성.docx

01. 기본 제공되는 근의 공식을 삽입하기 위해 [삽입] 탭-[기호] 그룹-[수식]-[근의 공식]을 클릭합니다.

$$x = \frac{-1 \pm \sqrt{1-5}}{1} = 1 \pm \sqrt{-4}$$

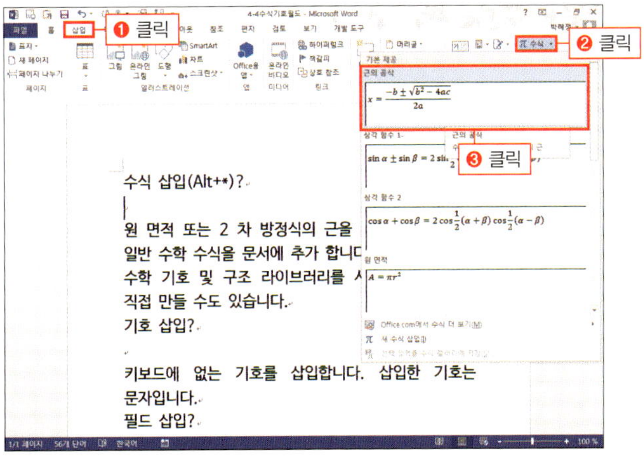

TIP : 기본 제공 수식에 원하는 수식이 있으면 클릭하고 없다면 [새 수식 삽입]을 클릭하여 직접 입력합니다. [새 수식 삽입]을 클릭하면 수식을 입력할 수 있는 수식 필드와 수식 도구가 나타납니다.

02. [근의 공식] 수식 필드가 삽입되고 수식을 수정할 수 있도록 [수식 도구]-[디자인] 탭이 추가됩니다. 커서를 맨 뒤로 위치시키고 해당 자리에 값을 입력합니다.

$$x = \frac{-1 \pm \sqrt{1-5}}{1} = 1 \pm \sqrt{-4}$$

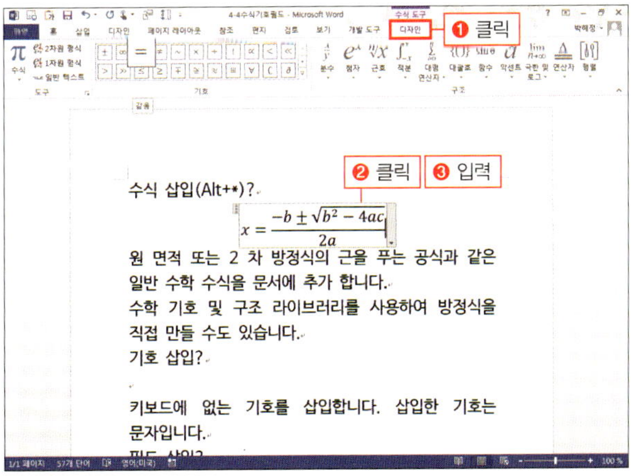

TIP : [수식 도구]-[디자인] 탭-[구조] 그룹에서 분수, 근호 등 원하는 구조 유형을 클릭한 다음 원하는 구조를 클릭합니다. 구조에 개체 틀이 포함되어 있는 경우 해당 개체 틀을 클릭하고 원하는 숫자나 기호를 입력합니다. 수식 개체 틀은 수식 개체 틀 안에 있는 점선으로 된 작은 상자입니다.

03. 다음을 참고하여 수식을 완성하고 수정한 서식을 새로운 수식으로 등록하기 위해 수식 옆 목록 단추를 클릭하고 '새 수식으로 저장'을 선택합니다.

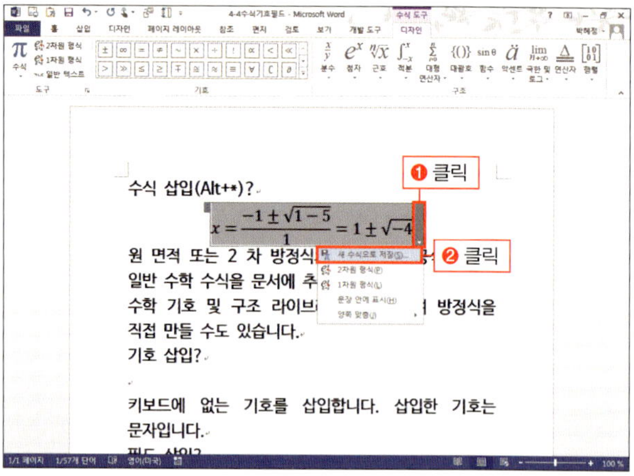

TIP : 또는 [삽입] 탭-[기호] 그룹-[수식]-[선택 영역을 수식 갤러리에 저장]을 클릭합니다.

04. [새 문서 블록 만들기] 대화상자에 [이름]을 '내수식'으로, [갤러리]에서 수식을 원하는 다른 옵션을 선택한 다음 [확인]을 클릭합니다.

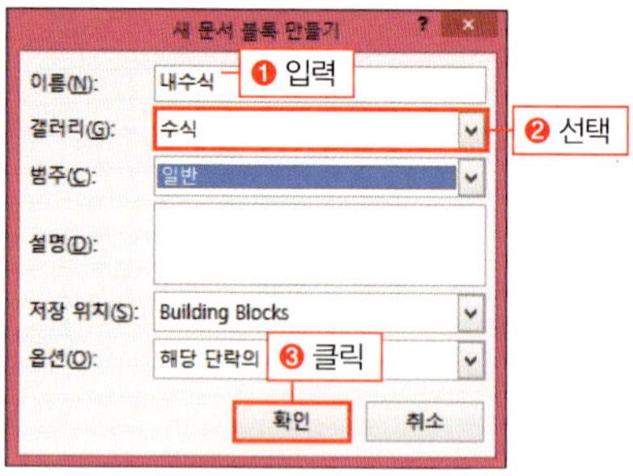

05. 등록한 수식을 삽입하려면 [삽입] 탭-[기호] 그룹-[수식]을 클릭하여 스크롤을 마지막까지 드래그하여 등록된 [내수식]을 클릭합니다.

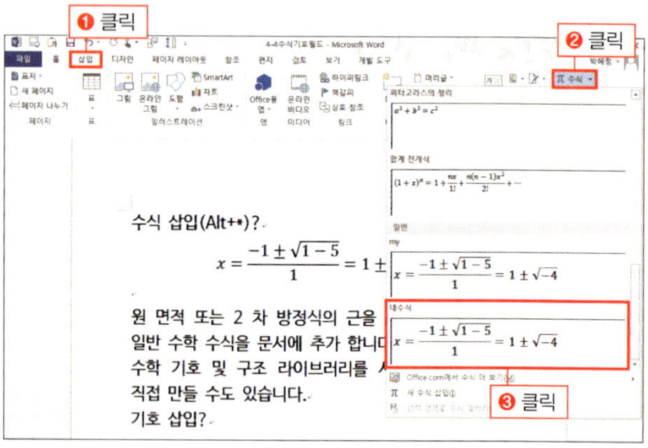

TIP : 삭제하려면 등록된 수식 위에 마우스 오른쪽 단추를 클릭하고 [구성 및 삭제]를 클릭합니다.

06. 삽입된 수식 오른쪽의 목록 단추를 클릭하고 '문장 안에 표시'를 선택합니다. 수식을 문장 안으로 옮기려면 수식 왼쪽 점(▒)에서 마우스 드래그하여 원하는 곳으로 커서를 위치시킵니다.

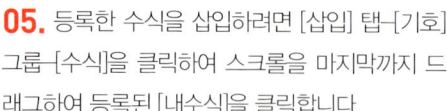

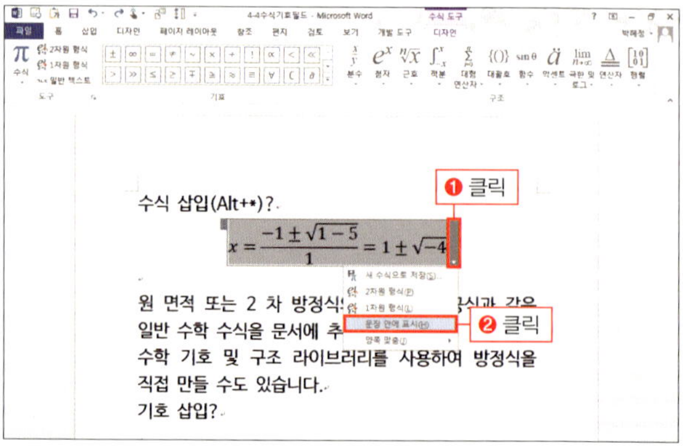

TIP : 수식의 연산자를 딱 맞게 정렬하기 위해 새 줄을 시작할 때 Shift + Enter 를 누릅니다. 연산자는 동일한 수학 단락에서만 맞춰지며 Enter 를 누르면 새 수학 단락이 시작됩니다.

STEP 02 • 기호 삽입하기

[기호] 대화상자를 사용하여 키보드에 없는 ¼ 및 ©와 같은 기호나 Em 대시(—) 또는 줄임표(...)와 같은 특수 문자뿐만 아니라 유니코드 문자도 삽입할 수 있습니다. 삽입할 수 있는 기호 및 문자 형식은 선택한 글꼴에 따라 달라집니다. 예를 들어 일부 글꼴에는 분수(¼), 다른 나라 문자(ς, ë) 및 다른 나라 화폐 기호(¥, £)가 포함될 수 있습니다. 기본 제공되는 Symbol 글꼴에는 화살표, 글머리 기호 및 공학용 기호가 포함됩니다. 'Wingdings'와 같이 장식 기호가 포함된 추가적인 기호 글꼴도 있을 수 있습니다.

완성 파일 | CD₩Part 05₩5-4수식기호필드_완성.docx

01. 기호를 삽입할 위치를 클릭합니다. [삽입] 탭-[기호] 그룹-[기호]를 클릭합니다. 목록에서 원하는 기호를 클릭하거나, 삽입할 기호가 목록에 없으면 [다른 기호]를 클릭합니다.

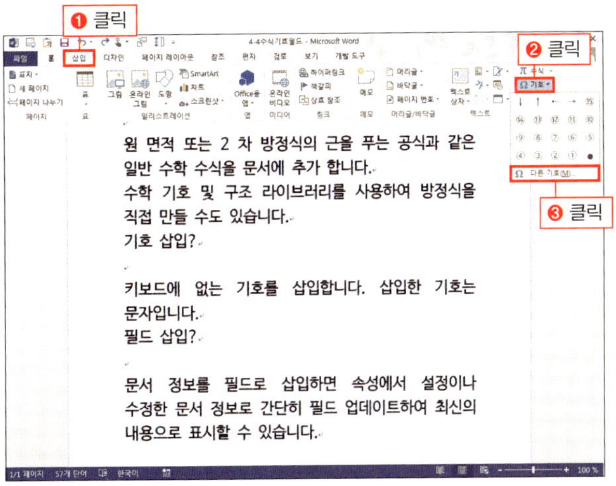

02. [기호] 대화상자에서 [글꼴]을 'Wingdings'를 선택합니다.

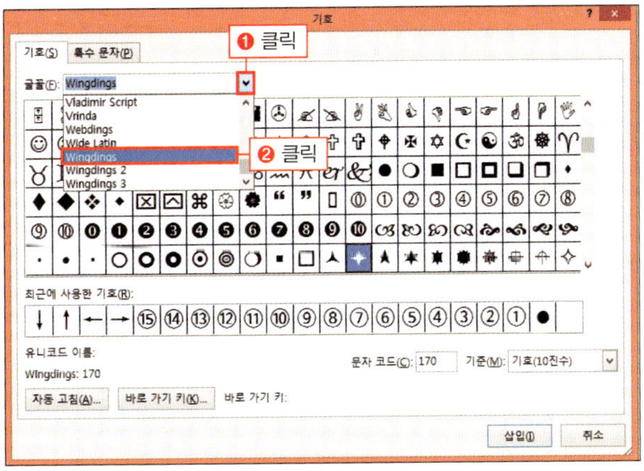

TIP : 이때 [기호] 대화상자의 크기를 늘리거나 줄일 수 있습니다. 대화상자의 오른쪽 아래 모서리로 포인터를 이동한 다음 포인터가 양방향 화살표로 변하면 클릭하여 원하는 크기만큼 드래그합니다.

TIP : 기호를 선택할 때 가장 좋은 것은 현재 사용 중인 글꼴이 제공하는 기호를 사용하는 것입니다. 그러나 모든 글꼴이 모든 기호를 제공하는 것이 아니기 때문에 다양한 기호 문자를 제공하는 딩벳 기호 글꼴인 'Webding', 'Windings', 'Windings2', 'Windings3'을 활용합니다.

03. 기호를 선택하고 [삽입], [확인]을 클릭합니다.

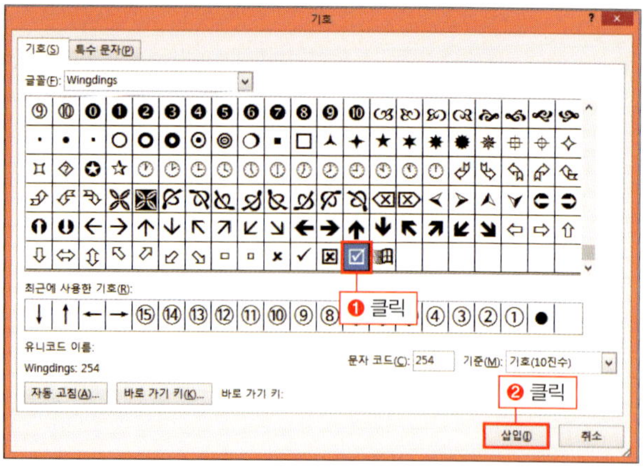

TIP : 'Arial'이나 'Times New Roman'과 같은 확장 글꼴을 사용하면 하위 집합 목록이 나타납니다. 사용할 수 있는 경우 그리스어 및 러시아어(키릴 자모)를 비롯한 확장 언어 문자 목록에서 선택합니다.

문제 해결

키보드를 사용하여 문서에 유니코드 문자 코드 삽입할 수 있는 방법이 있나요?

문자 코드를 아는 경우 코드를 문서에 입력한 다음 Alt+X를 눌러 문자로 변환할 수 있습니다. 예를 들어 '002A'를 입력한 다음 Alt+X를 눌러 '*'를 만들 수 있습니다. 이와 반대의 작업도 가능한데 이미 문서에 있는 문자의 유니코드 문자 코드를 표시하려면 문자 바로 뒤에 삽입 포인터를 위치시키고 Alt+X를 누릅니다.

문제 해결

유니코드 문자 코드를 찾고 싶어요.

[기호] 대화상자에서 유니코드 문자를 선택하면 문자 코드 상자에 해당 문자 코드가 나타납니다.

❶ [삽입] 탭-[기호] 그룹-[기호]를 클릭한 다음 [다른 기호]를 선택합니다.
❷ [기호] 대화상자의 [글꼴]에서 원하는 글꼴을 선택합니다.
❸ 기준 상자에서 유니코드(16진수)를 선택합니다.
❹ 문자 코드 상자에 유니코드 문자 코드가 표시됩니다.

STEP 03 • 필드를 삽입하여 문서 정보 관리하기

문서 정보를 필드로 삽입하면 속성에서 설정이나 수정한 문서 정보로 간단히 필드 업데이트하여 최신의 내용으로 표시할 수 있습니다. 필드로 삽입된 영역을 클릭하면 회색 음영으로 표시되어 쉽게 구분할 수 있습니다. 작성자, 메모, 파일 이름, 파일 크기, 키워드 문서의 문자, 단어, 페이지 수, 주제, 제목 등의 문서 정보를 필드로 삽입하는 방법입니다.

완성 파일 | CD\Part 05\5-4수식기호필드_완성.docx

01. 필드를 삽입할 위치에 커서를 이동시키고 [삽입] 탭-[텍스트] 그룹-[빠른 문서 요소]-[필드]를 클릭합니다.

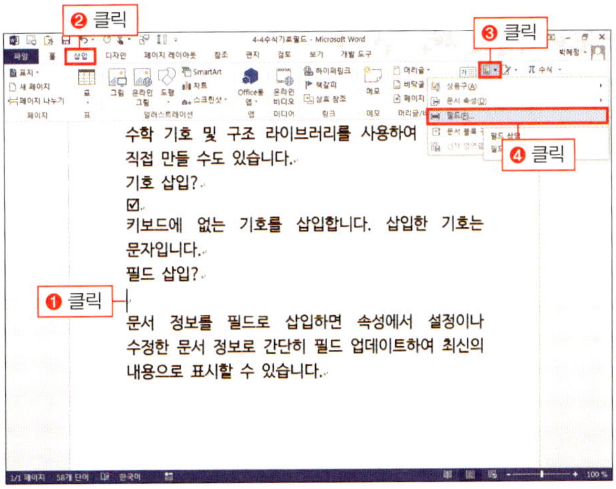

02. [필드] 대화상자에서 [범주]를 '문서 정보'로, [필드 이름]을 'Author'로 선택한 다음 [확인]을 클릭합니다.

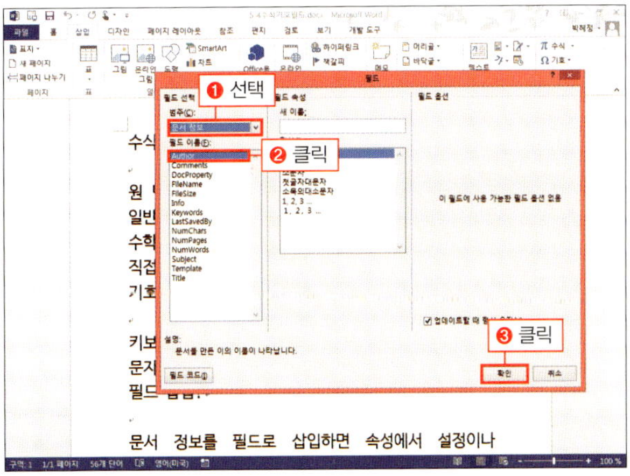

TIP : 자주 사용하는 필드 이름과 설명

필드 이름	설명	필드 이름	설명
Author	작성자 이름	LastSaveBy	문서를 마지막으로 저장한 사람 이름
Comments	메모	NumChars	문서의 문자 수
DocProperty	현재 문서의 속성 값	NumPages	문서의 페이지 수
FileName	파일 이름	NumWords	문서의 단어 수
FileSize	파일 용량	Subject	주제
Info	요약 정보	Template	문서의 서식 파일 이름
Keywords	키워드	Title	제목

03. 컴퓨터에 등록한 관리자의 이름이 나타납니다. [삽입] 탭-[텍스트] 그룹-[빠른 구성 요소 탐색]-[필드]를 클릭합니다.

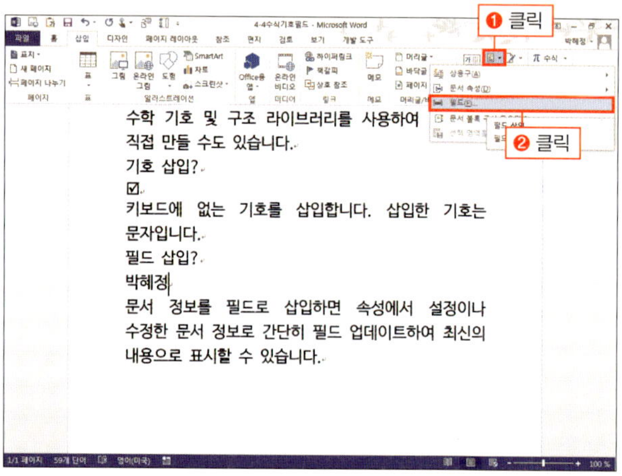

04. [범주] 목록에서 '문서 정보'를 선택하고 [문서 정보] 목록에서 'Subject' 필드를 선택하고 [확인]을 클릭합니다.

TIP : 문서 정보와 더불어 날짜 및 시간, 문서 자동화, 번호 매기기, 사용자 정보, 색인 및 목차, 수식, 연결 및 참조, 편지 병합 정보를 삽입하고 수정 내용을 쉽게 업데이트할 수 있습니다.

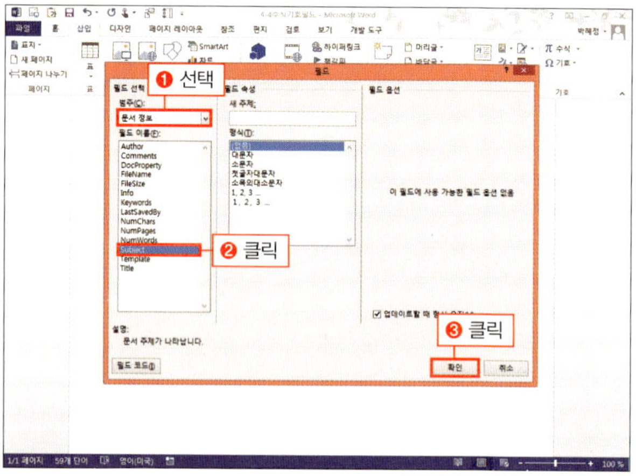

05. 주제가 나타나지 않습니다. 그 이유는 이 문서에 주제를 입력하지 않았기 때문입니다. 주제를 입력하기 위해 [파일] 탭-[정보]-[모든 속성 표시]를 클릭합니다.

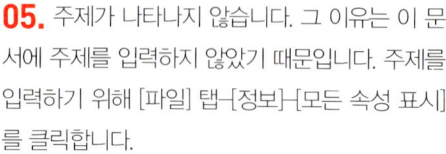

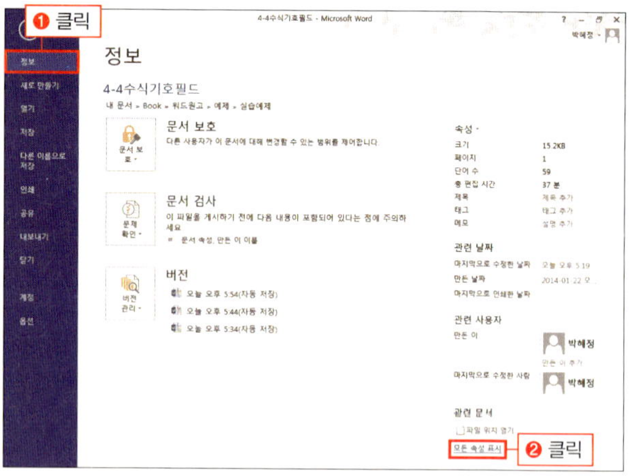

06. 모든 문서 정보가 나타납니다. [주제]를 '필드란'으로 입력하고 Esc 를 누릅니다.

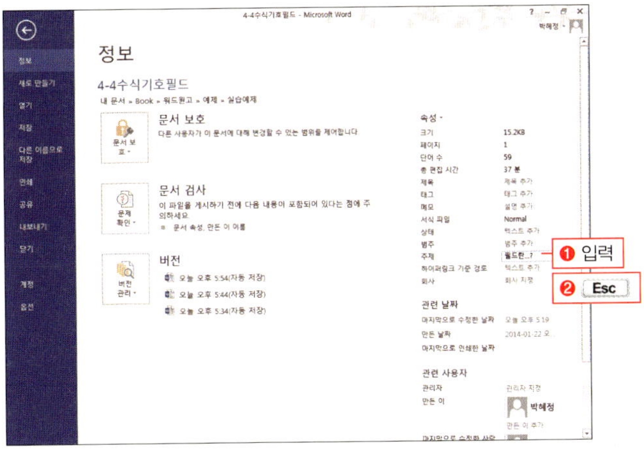

07. 필드를 업데이트하려면 하나의 필드 위에서 마우스 오른쪽 단추를 클릭해 [필드 업데이트]를 클릭하거나, 문서 전체를 선택하고 F9 를 누릅니다.

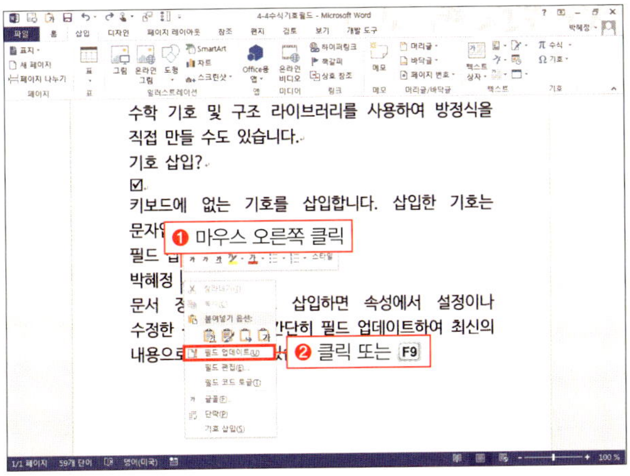

TIP : 필드의 원본 정보가 변경되면 필드 내용이 바뀌어야 합니다. 이때, 필드 업데이트 명령으로 간단히 변경 사항을 반영시킬 수 있습니다.

08. 입력한 주제인 '필드란…?' 화면에 표시됩니다.

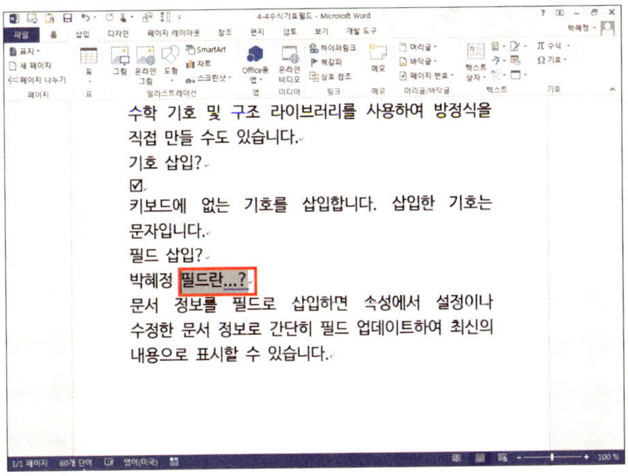

TIP : 필드에 표시되는 문서 정보를 변경하는 방법입니다. 문서 속성은 화면에 바로 보이지 않도록 숨은 데이터 형식으로 보존되며 언제든지 속성에서 확인하거나 수정할 수 있습니다.

문제 해결 **필드 업데이트는 어떻게 하나요?**

❶ 하나의 필드 업데이트 삽입된 필드를 선택하고 F9 를 누르거나 필드에서 마우스 오른쪽 단추를 클릭해 바로 가기 메뉴에서 [필드 업데이트]를 클릭합니다.

❷ 문서 전체의 필드를 업데이트 : 전체 선택하고 F9 를 누릅니다.

❸ 자동으로 업데이트 : [파일] 탭-[옵션]을 클릭하고 [Word 옵션] 대화상자의 [표시]-[인쇄 옵션]에서 [인쇄 전 필드 업데이트]를 선택합니다.

STEP 04 • 삽입한 개체에 캡션 삽입하기

표, 그림, 수식 등에 레이블, 번호 및 내용을 캡션으로 추가하는 기능입니다. 문서에 삽입되어 있는 개체에 수동으로 캡션을 추가하거나, 문서에 표나 그림, 기타 개체를 삽입할 때 자동으로 캡션이 추가되도록 할 수 있습니다. 문서에 삽입되어 있거나 앞으로 삽입할 개체에 캡션을 차례대로 달면 번호가 순차적으로 매겨집니다. 중간에 있는 캡션이 삭제되면 이후의 캡션 번호는 자동으로 업데이트됩니다. 또한 캡션 번호는 필드로 삽입되기 때문에 필드 업데이트 명령으로 변경 사항을 업데이트시킬 수 있습니다.

예제 파일 | CD₩Part 05₩5-4캡션.docx **완성 파일 |** CD₩Part 05₩5-4캡션_완성.docx

01. 그림을 선택하고 [참조] 탭-[캡션] 그룹-[캡션 삽입]을 클릭합니다.

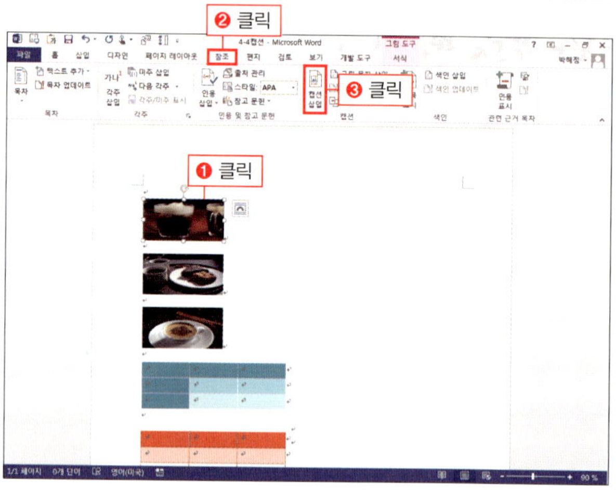

02. [캡션] 대화상자의 [레이블]을 '그림'으로, [위치]는 '선택한 항목 아래'로, [캡션에서 레이블 제외]는 선택 해제된 상태에서 [확인]을 클릭합니다.

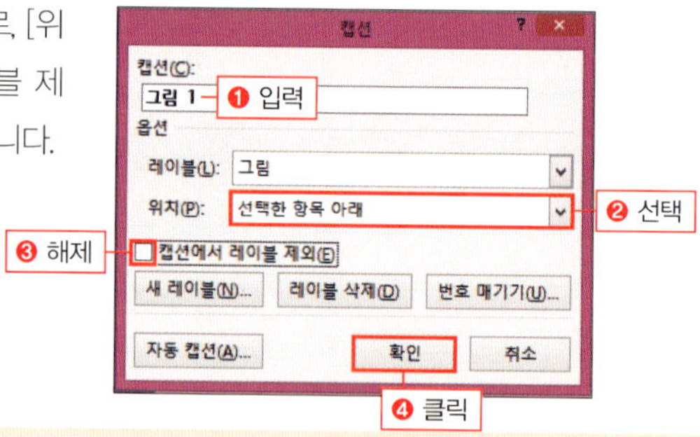

문제 해결 **[캡션] 대화상자의 각 기능을 알고 싶어요.**

- 캡션 : 캡션 레이블과 번호가 나타나고 별도의 설명을 입력합니다.
- 레이블 : 개체에 해당하는 캡션 레이블을 목록에서 선택합니다.
- 위치 : 캡션 레이블을 추가할 위치를 '선택한 항목 위' 또는 '선택한 항목 아래' 중에서 선택합니다.
- 캡션에서 레이블 제외 : 선택하면 캡션에서 레이블은 제외됩니다.

03. 두 번째 그림을 선택하고 마우스 오른쪽 단추를 클릭합니다. 바로 가기 메뉴의 [캡션 삽입]을 클릭합니다.

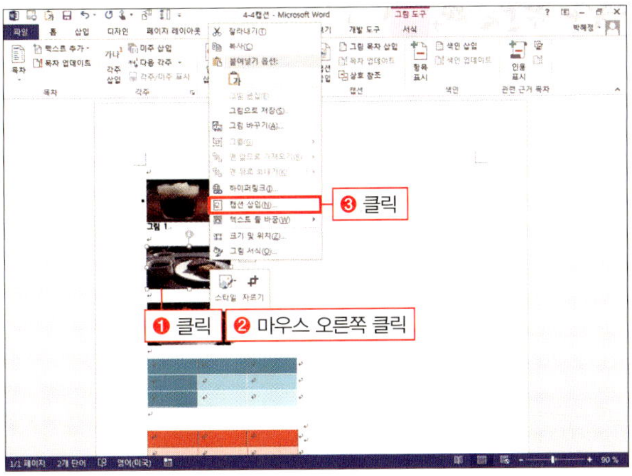

04. [캡션] 대화상자의 [레이블]을 '그림2'로, [위치]는 '선택한 항목 아래'로, [캡션에서 레이블 제외]는 선택 해제된 상태에서 [확인]을 클릭합니다.

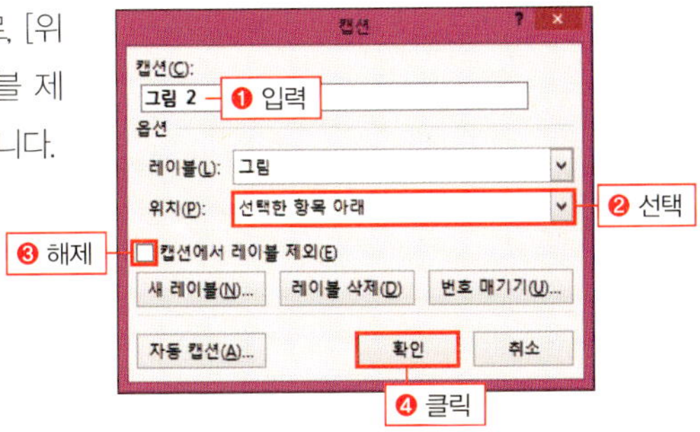

05. 그림 개체에 캡션을 추가하면 이어서 번호가 자동으로 매겨집니다. SmartArt 개체에 새로운 레이블을 만들어 적용하기 위해 SmartArt 개체를 선택하고 [참조] 탭-[캡션] 그룹-[캡션 삽입]을 클릭합니다.

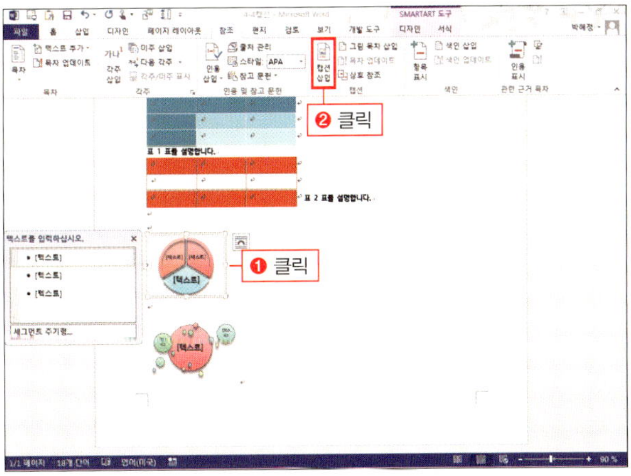

TIP : 그림은 물론이고 표, SmartArt 등의 개체에 새 캡션 레이블을 만들 수 있습니다.

06. [캡션] 대화상자에 [새 레이블]을 클릭하고 [새 레이블] 대화상자의 [레이블]에 '다이어그램'을 입력한 다음 [확인], [캡션] 대화상자의 [확인]을 클릭합니다.

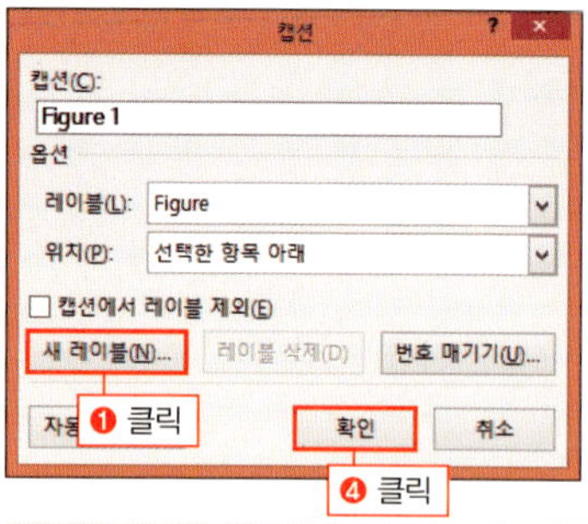

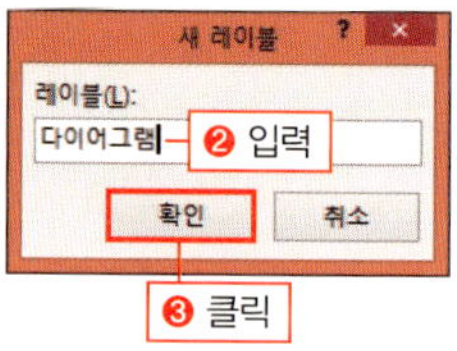

TIP : [캡션] 대화상자의 [캡션]과 [레이블]에 '다이어그램'이 표시됩니다. [레이블 삭제]를 클릭하면 새로 추가한 레이블이 삭제되고, [번호 매기기]를 클릭하면 캡션 번호 서식을 변경할 수 있습니다.

07. 새 레이블의 캡션이 삽입됩니다.

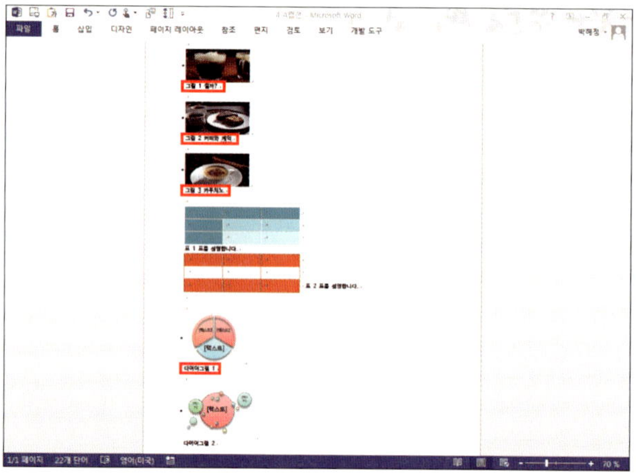

TIP : 삽입된 캡션을 다른 개체처럼 드래그하여 위치를 변경할 수 있습니다.

입력할 때 텍스트 자동으로 바꾸기

실무에선 이렇게!

특정 문자 집합을 입력할 때 자동으로 삽입되는 텍스트 항목을 추가하려면 [자동 고침] 대화상자를 사용해야 합니다. '1'과 마침표를 두 번('1..') 입력하면 '①'이 입력되도록 자동 고침 목록을 만듭니다.

예제 파일 | CD₩Part 05₩5-4자동고침.docx **완성 파일 |** CD₩Part 05₩5-4자동고침_완성.docx

01. 자동 고침으로 등록할 기호 문자 '①'을 선택하고 [파일] 탭-[옵션]을 클릭합니다.

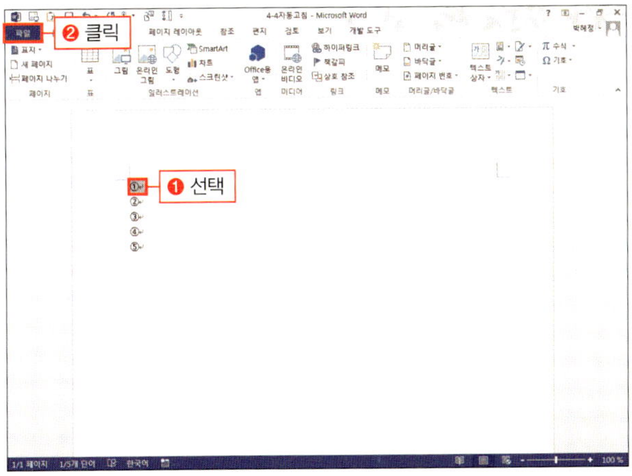

TIP : [자동 고침] 대화상자에서는 기호 삽입 메뉴를 사용할 수 없기 때문에 입력 해놓고 복사하거나 선택한 상태로 [옵션]-[자동 고침]을 실행하거나 [삽입] 탭-[기호] 그룹-[기호]-[다른 기호]를 클릭하여 [기호] 대화상자를 통해서 [자동 고침] 대화상자로 접근합니다.

TIP : 바꿀 문자가 문서에 있다면 선택한 채로 [자동 고침 옵션] 대화상자를 엽니다. 선택한 범위가 결과에 나타납니다. 서식을 포함하고 싶다면 [서식 포함] 옵션을 클릭합니다.

02. [언어 교정]-[자동 고침 옵션]을 클릭하고 [자동 고침]을 클릭합니다. [자동 고침] 대화상자에서 [입력]에는 '1..'을 입력하고 [추가]를 클릭한 다음 [확인]을 클릭하여 모든 대화상자를 닫습니다.

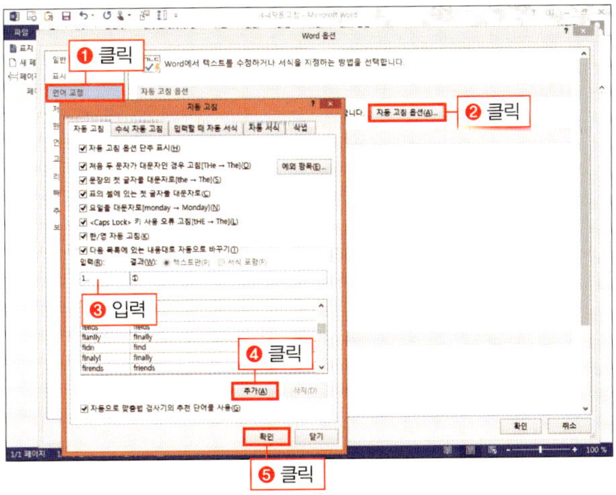

TIP : [다음 목록에 있는 내용대로 자동으로 바꾸기]가 선택되어 있어야 합니다.

03. 앞으로는 '1..' 입력하면 자동으로 '①'로 수정됩니다.

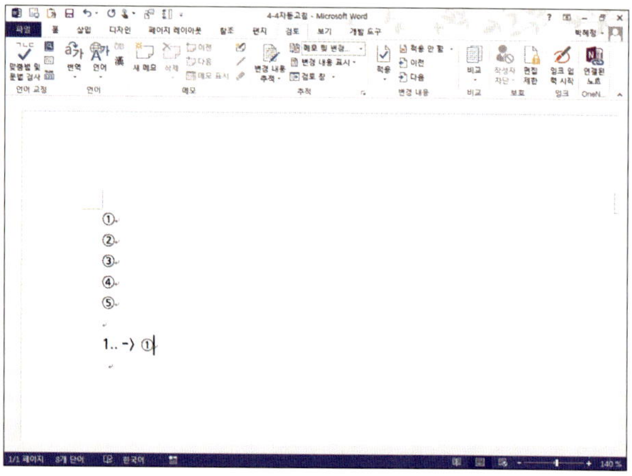

TIP : 자동으로 수정되는 것을 원치 않는다면, 취소가 될 때까지 Ctrl + Z 를 누르거나 변경 시 나타나는 스마트 태그를 클릭해 [자동 고침 취소]를 클릭합니다.

기호에 단축키 등록하여 문서에 삽입하기

자주 사용하는 기호에 단축키를 등록하여 쉽게 입력할 수 있습니다. 그리고 등록된 단축키는 모든 문서에서 사용할 수 있고 원한다면 언제든 삭제할 수 있습니다. '※'나 중간 점(•)을 단축키로 등록하면 편리하게 문서에 삽입할 수 있습니다.

01. [삽입] 탭-[기호] 그룹-[기호]-[다른 기호]를 선택하여 [기호] 대화상자를 엽니다.

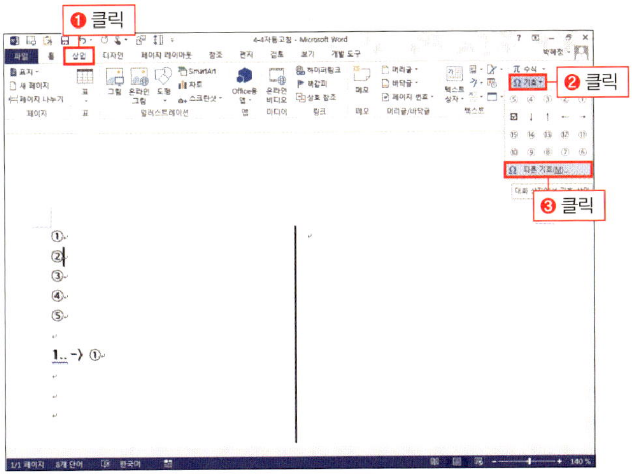

02. [기호] 대화상자에서 [글꼴]은 '현재 글꼴'을, [하위 집합]은 '일반 문장 부호'를 선택한 다음 '당구장 표시' 기호를 선택하고 [바로 가기 키]를 클릭합니다.

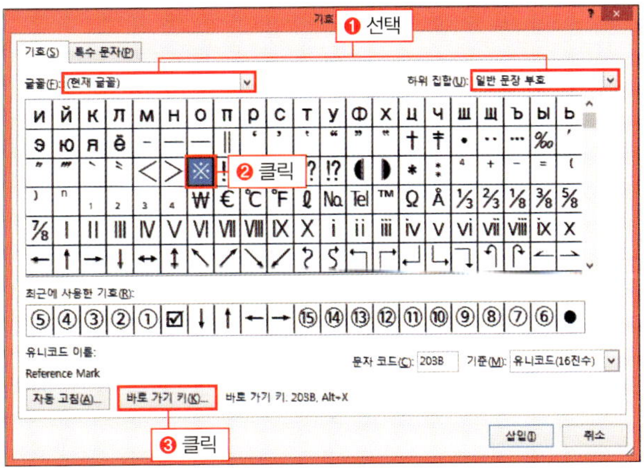

03. [바로 가기 키] 대화상자에서 [새 바로 가기] 공간에 커서를 위치시키고 Alt를 누른 채로 키보드에 .을 누릅니다. 단축키로 Alt+.이 등록되면 [지정]을 클릭합니다. [현재 키]로 등록된 것을 확인하고 [닫기]를 클릭합니다. [기호] 대화상자에서도 등록을 확인하고 대화상자를 닫습니다.

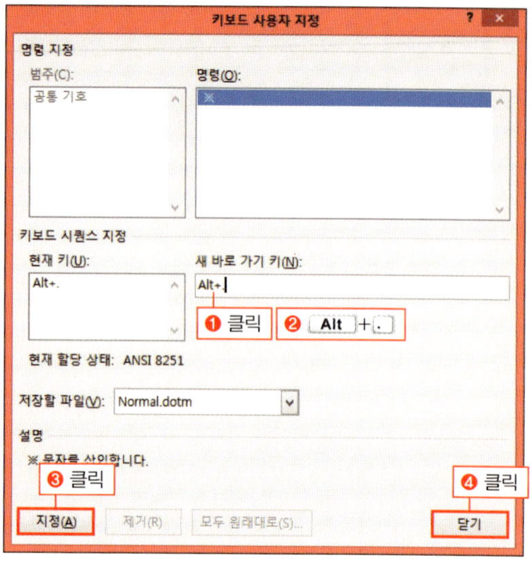

TIP : 단축키를 등록할 때 Alt, Ctrl을 사용할 수 있습니다. 두 개의 키를 조합해서도 가능합니다. 단축키로 등록할 때는 현재 사용하는 단축키를 등록하지 않도록 주의해야 합니다. 예를 들어 Ctrl+C를 단축키로 등록한다면 등록한 후에는 복사 기능은 상실되기 때문입니다.

04. 기호 삽입 위치에 커서를 옮기고 Alt+.을 누르면 당구장 표시가 삽입됩니다.

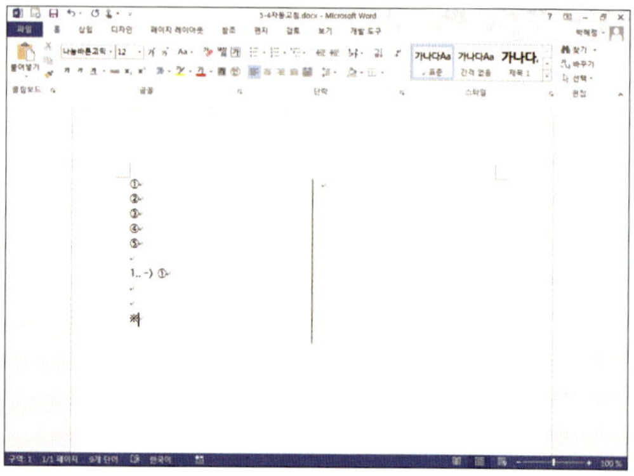

LESSON 05

문서 작업을 더욱 편리하고 풍성하게 만드는 각종 기능들

레 벨 ● ● ●

워드 2013에서 제공하는 각종 갤러리(표지, 머리글, 바닥글, 페이지 번호, 수식, 워터마크, 참고 문헌, 텍스트 상자, 표, 표지) 는 문서 블록 구성 도우미에서 관리됩니다. 문서 블록 구성 도우미를 관리하는 방법과 워드 2013을 통하는 문서 작업을 더욱 풍성하게 만들어 주는 상용구, 책갈피, 상호 참조, 하이퍼링크에 대해 이해하도록 합니다.

기초탄탄 ▶ 문서 작성을 돕는 다양한 대화상자

■ [문서 블록 구성 도우미] 대화상자

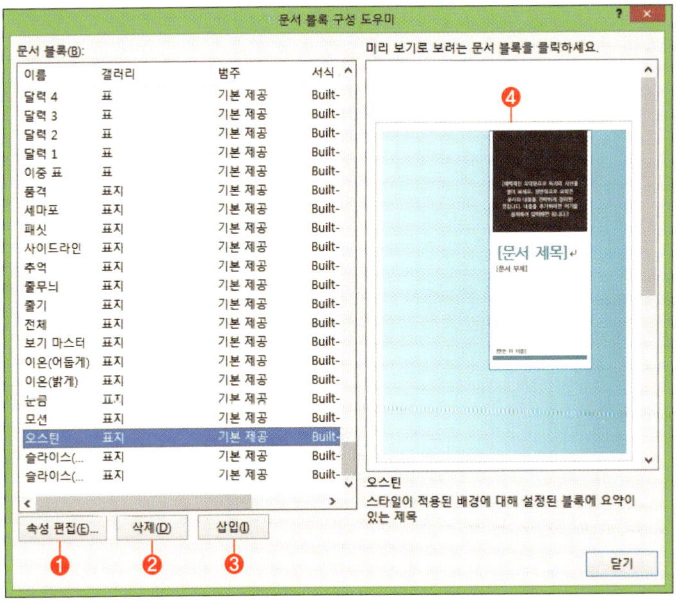

❶ 속성 편집 : [문서 블록 수정] 대화상자가 열리며 선택한 문서 블록의 속성을 변경합니다.

❷ 삭제 : 선택한 문서 블록의 속성을 삭제합니다.

❸ 삽입 : 선택한 문서 블록을 문서에 삽입합니다.

❹ 미리 보기 : 선택한 문서 블록을 미리 보여줍니다.

TIP : [문서 블록 구성 도우미] 대화상자에서 각 열 레이블을 선택하면 오름차순 또는 내림차순으로 정렬되어 문서 블록을 쉽게 찾을 수 있습니다. 가령 [갤러리] 열 머리글을 선택하면 상용구 문서 블록이 그룹화되어 표시됩니다.

■ [새 문서 블록 만들기] 대화상자 269P

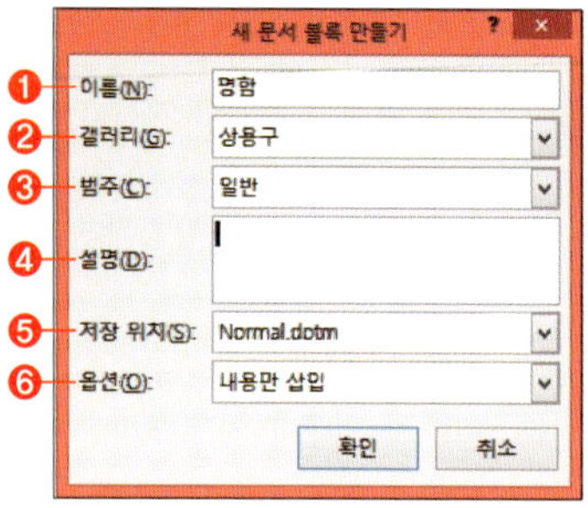

❶ 이름 : 문서 블록의 고유 이름을 입력합니다.

❷ 갤러리 : 문서 블록을 표시할 갤러리를 선택합니다.

❸ 범주 : 일반 또는 기본 제공과 같은 범주를 선택하거나, 새 범주를 만듭니다.

❹ 설명 : 문서 블록에 대한 설명을 입력합니다.

❺ 저장 위치 : 문서 블록을 저장할 서식 파일 이름(Building Block.dotx)을 선택합니다. 열려 있는 서식 파일만 목표에 표시됩니다.

❻ 옵션 : 선택한 내용을 페이지, 단락, 텍스트 단위로 추가합니다.

■ [책갈피] 대화상자 270P

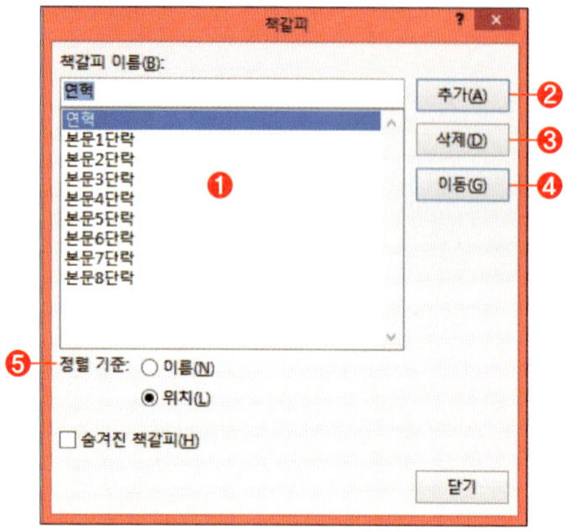

❶ 등록된 책갈피 : 책갈피를 만들면 목록에 나타납니다.

❷ 추가 : 책갈피를 추가합니다.

❸ 삭제 : 책갈피를 삭제합니다.

❹ 이동 : 만들어진 책갈피로 이동합니다.

❺ 정렬 기준 : [이름]을 클릭하면 만들어진 이름의 오름차순으로 정렬되고, [위치]를 클릭하면 등록된 책갈피의 위치 순서로 정렬됩니다.

■ [하이퍼링크 삽입] 대화상자 272P

하이퍼링크의 매개체로 사용 가능한 텍스트, 도형, 그림 등을 선택하고 [삽입] 탭-[링크] 그룹-[하이퍼링크]를 선택하면 [하이퍼링크 삽입] 대화상자가 열립니다.

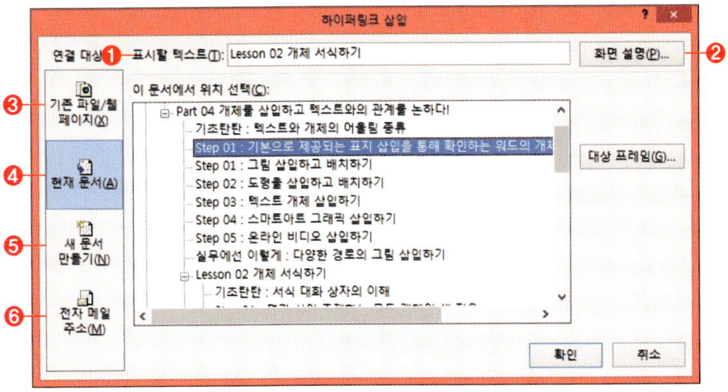

❶ **표시할 텍스트 :** 매개체를 선택하지 않았다면 표시할 텍스트에 입력합니다.

❷ **화면 설명 :** 마우스를 하이퍼링크가 적용된 매개체 위에 올리면 [화면 설명] 대화상자에 입력한 텍스트가 풍선 도움말로 표시됩니다.

❸ **기존 파일/웹 페이지 :** 파일이나 웹 페이지와 링크할 수 있습니다.

❹ **현재 문서 :** 현재 문서 내에 적용된 스타일이나 책갈피와 링크합니다.

❺ **새 문서 만들기 :** 새 문서를 만드는 역할을 하는 링크로 만듭니다.

❻ **전자 메일 주소 :** 전자 메일 주소와 메일 제목을 입력할 수 있고 클릭하면 메일을 보낼 수 있는 화면으로 연결됩니다.

■ [상호 참조] 대화상자 274P

[삽입] 탭-[링크] 그룹-[상호 참조]를 클릭하면 [상호 참조] 대화상자가 열립니다. 상호 참조 대화 상자의 적용 결과로 현재 커서 위치에 '본문1단락이란 책갈피의 페이지 번호가 링크되어 삽입됩니다.

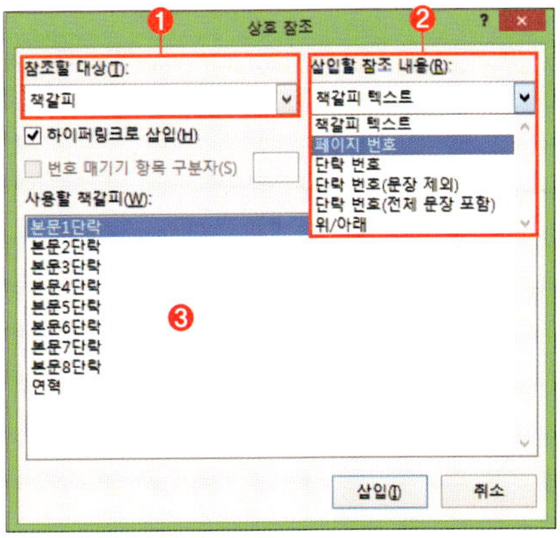

❶ **참조할 대상 :** 번호, 매기기 항목, 제목, 책갈피, 각주, 미주, Figure, 그림, 수식, 표 등을 선택할 수 있습니다.

❷ **삽입할 참조 내용 :** 선택한 참조할 대상에 따라 참조 내용을 선택할 수 있습니다.

❸ 참조할 대상 및 삽입할 참조 내용에 따라 구체적인 내용이 표시됩니다.

STEP 01 • 상용구 등록하고 적용하기

처음 몇 자를 입력할 때 텍스트를 자동으로 추가하려면 [자동 고침] 대화상자에 텍스트 항목을 추가하면 됩니다. 갤러리에서 상용구를 추가하려면 [빠른 실행 도구 모음]에 해당 갤러리를 추가해야 합니다. 상용구 항목은 문서 블록으로 저장됩니다. 새 항목을 만들려면 [새 문서 블록 만들기] 대화상자를 사용합니다.

예제 파일 | CD₩Part 05₩ 5-5문서연결.docx **완성 파일 |** CD₩Part 05₩ 5-5문서연결_완성.docx

01. 상용구 항목 갤러리에 추가할 텍스트를 선택한 다음 [삽입] 탭-[텍스트] 그룹-[빠른 문서 요소]-[상용구]-[선택한 영역을 사용구 갤러리에 저장]을 클릭합니다.

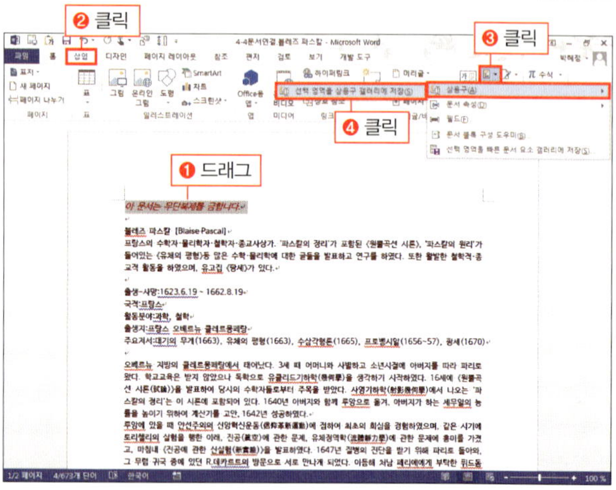

02. [새 문서 블록 만들기] 대화상자에서 [이름]은 '무단복제금지', [설명]에는 '금지어 상용구'를 입력하고 나머지는 기본 값으로 두고 [확인]을 클릭합니다.

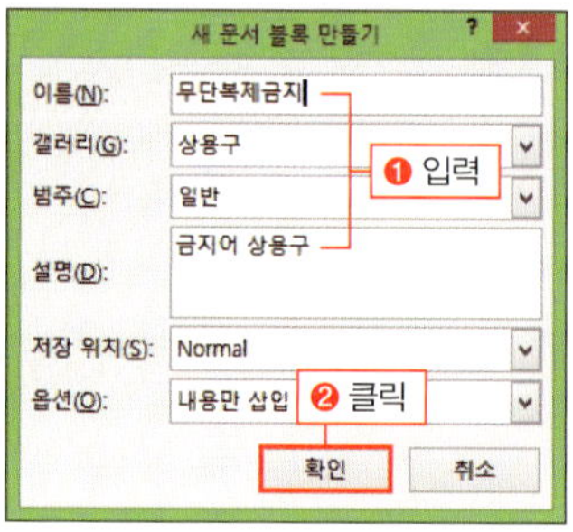

03. 상용구를 삽입하려면 [삽입] 탭-[텍스트] 그룹-[빠른 문서 요소 탐색]-[상용구]-[무단복제금지]를 클릭하여 등록된 상용구를 삽입합니다.

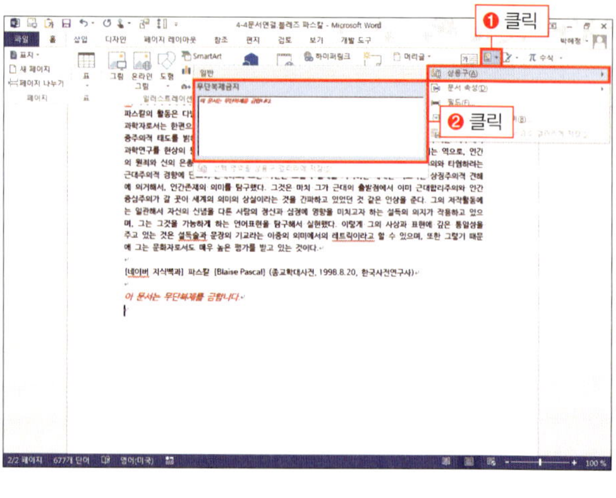

STEP 02 • 문서 블록 관리하기

문서 블록 구성 도우미를 이용하여 워드 2013에서 제공하는 다양한 갤러리의 문서 블록을 삽입할 수 있습니다. 또한 사용자가 자주 입력하게 되는 텍스트를 상용구로 직접 만들어 등록하거나, 그래픽이나 표와 같은 개체를 문서 블록으로 등록하여 쉽게 다시 사용할 수 있습니다.

예제 파일 | CD₩Part 05₩ 5-5문서연결.docx **완성 파일 |** CD₩Part 05₩ 5-5문서연결_완성.docx

01. 등록할 내용 선택하고 [삽입] 탭-[텍스트] 그룹-[빠른 문서 요소]-[선택 영역을 빠른 문서 요소 갤러리에 저장]을 클릭합니다.

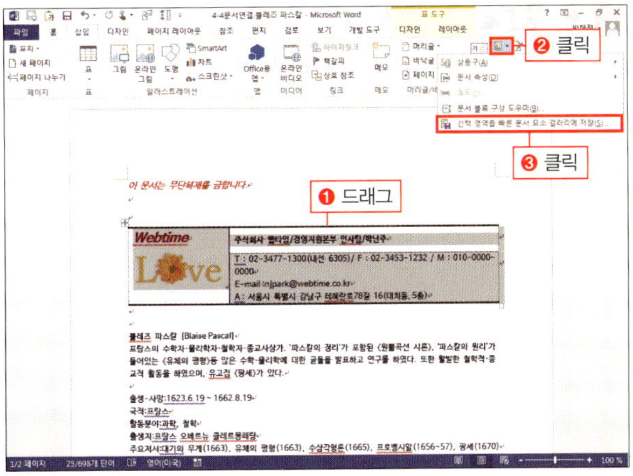

02. [새 문서 블록 만들기] 대화상자에서 [이름]에 '명함'으로 입력하고, [갤러리]는 '빠른 문서 요소', [범주]는 '일반'으로 선택하고 [확인]을 클릭합니다.

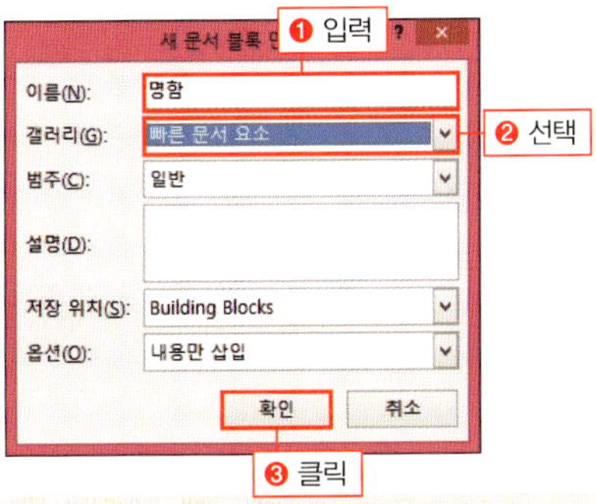

TIP : 문서 블록은 'Building Blocks.dotx'라는 별도의 서식 파일에 저장되어 제공됩니다. 새 문서 블록을 'Building Block.dotx' 서식 파일에 저장한 후 워드 2013 프로그램을 종료하면 변경된 서식 파일을 저장할 것인지를 묻는 창이 나타납니다. 이때, 저장하지 않으면 이후에는 새 문서 블록을 사용할 수 없습니다.

03. 문서 블록을 삽입하기 위해 문서 블록을 삽입할 곳으로 커서를 이동시킨 후 [삽입] 탭-[텍스트] 그룹-[빠른 문서 요소]-[명함]을 클릭합니다.

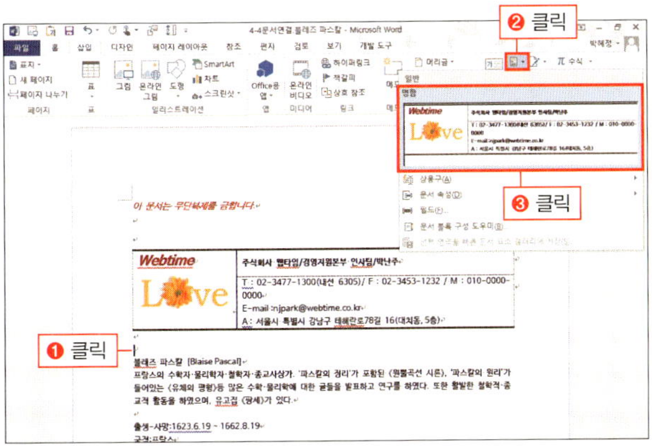

STEP 03 • 책갈피 및 상호 참조하기

워드 2013의 책갈피는 실제로 책에 끼우는 책갈피처럼 작동합니다. 즉 쉽게 다시 찾고자 하는 위치를 표시합니다. 문서에 추가할 수 있는 책갈피의 개수에는 제한이 없으며 책갈피마다 고유한 이름을 설정할 수 있어 구분하기 쉽습니다. 원하는 위치에 책갈피를 설정하고 설정한 책갈피로 이동, 만들어진 책갈피를 삭제해 봅니다.

예제 파일 I CD\Part 05\ 5-5문서연결.docx **완성 파일 I** CD\Part 05\ 5-5문서연결_완성.docx

01. 문서에서 책갈피를 삽입할 텍스트, 그림 또는 위치를 드래그하여 선택합니다. [삽입] 탭-[링크] 그룹-[책갈피]를 클릭합니다.

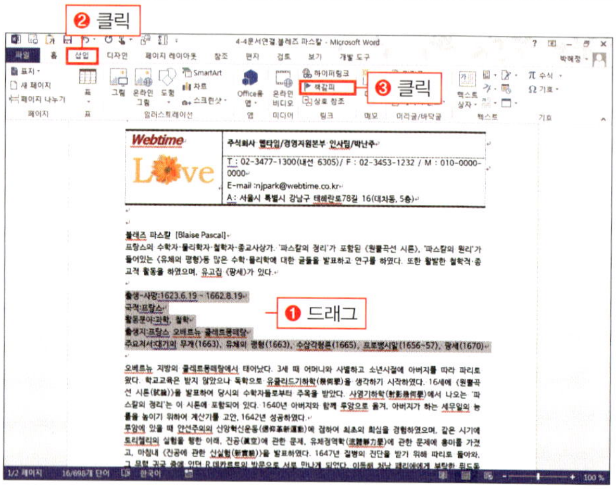

TIP : 드래그하여 블록으로 선택하면 설정한 책갈피로 이동할 때 블록 선택 상태로 이동되고, 드래그 선택하지 않으면 커서의 위치를 저장합니다.

02. [책갈피] 대화상자의 [책갈피 이름]에 이름을 '연혁'라고 입력하고 [추가]를 클릭합니다.

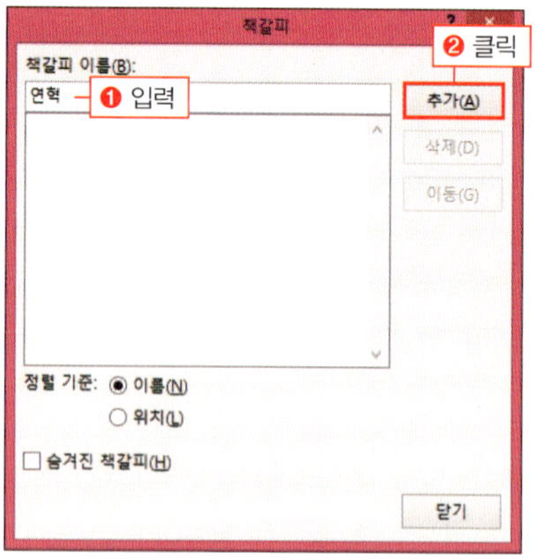

TIP : 책갈피 이름은 문자로 시작해야 하며, 숫자와 문자를 모두 포함할 수 있지만 공백은 포함할 수 없습니다. 단어를 구분하려면 첫_머리글과 같이 밑줄(_)을 사용하면 됩니다.

03. 추가해둔 책갈피로 이동하려면 [삽입] 탭-[링크] 그룹-[책갈피]를 클릭한 후 [책갈피] 대화상자에서 이동할 [책갈피 이름]을 선택한 다음 [이동]을 클릭합니다.

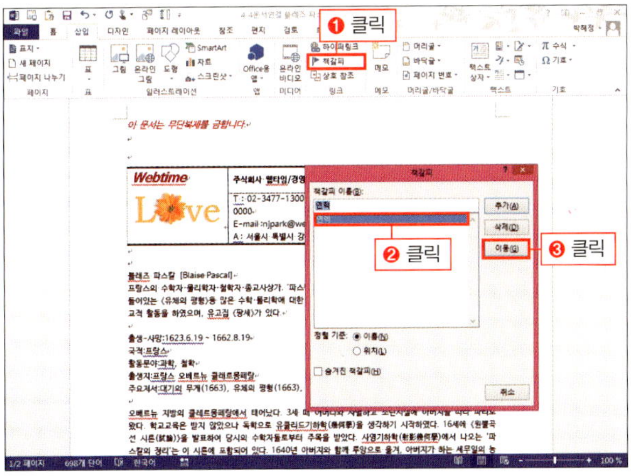

TIP : 책갈피로 이동하는 다른 방법도 있습니다. Ctrl + G를 눌러 [찾기 및 바꾸기] 대화상자에서 [이동] 탭을 클릭하고 이동할 곳에서 책갈피를 클릭합니다. 책갈피 이름을 입력하거나 선택하고 [이동]을 클릭합니다.

04. 해당 책갈피로 이동되면 [닫기]를 클릭합니다.

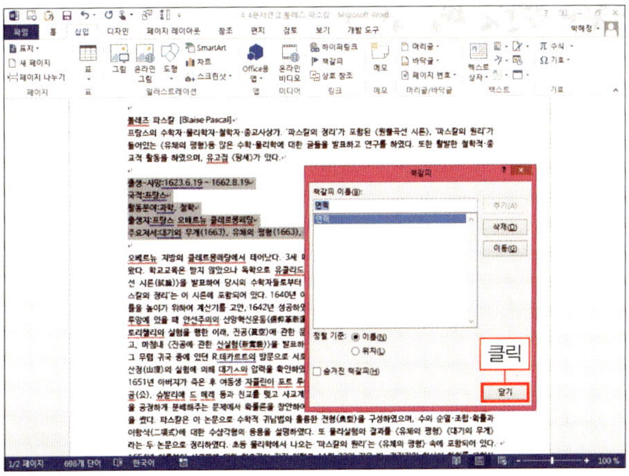

TIP : 삽입한 책갈피 삭제하려면 [삽입] 탭-[링크] 그룹-[책갈피]를 클릭합니다. 이름이나 위치를 클릭하여 문서의 책갈피 목록을 확인한 다음 제거할 책갈피의 이름을 선택하고 [삭제]를 클릭합니다.

STEP 04 • 하이퍼링크 삽입하기

문서의 특정 위치로 이동하는 책갈피를 만들어 하이퍼링크를 설정해 봅니다.

예제 파일 | CD₩Part 05₩ 5-5문서연결.docx **완성 파일 |** CD₩Part 05₩ 5-5문서연결_완성.docx

01. 먼저 하이퍼링크로 사용할 글자나 개체를 선택하고 [삽입] 탭-[링크] 그룹-[하이퍼링크]를 클릭합니다.

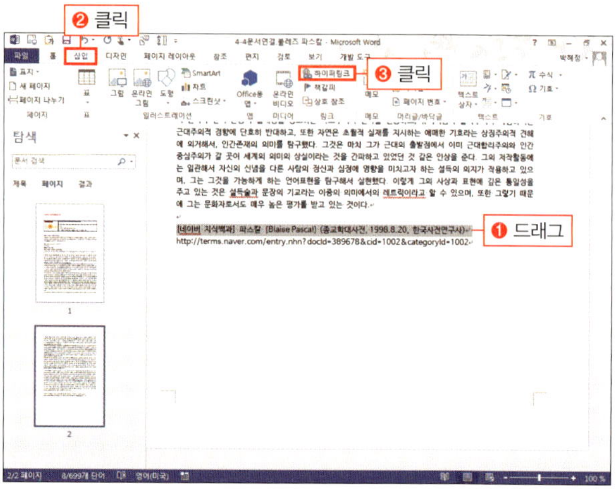

TIP : 바로 가기 메뉴를 통해서 [하이퍼링크]를 실행할 수도 있습니다.

02. [주소]에 'www.naver.com'를 입력하고 [확인]을 클릭합니다.

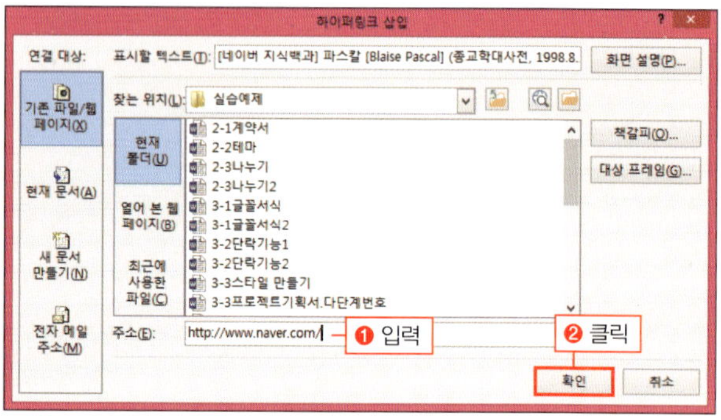

03. 하이퍼링크를 적용한 글자의 글꼴 색이 파란색으로 바뀌고 밑줄이 적용됩니다. **Ctrl**을 누른 채 글자를 클릭합니다.

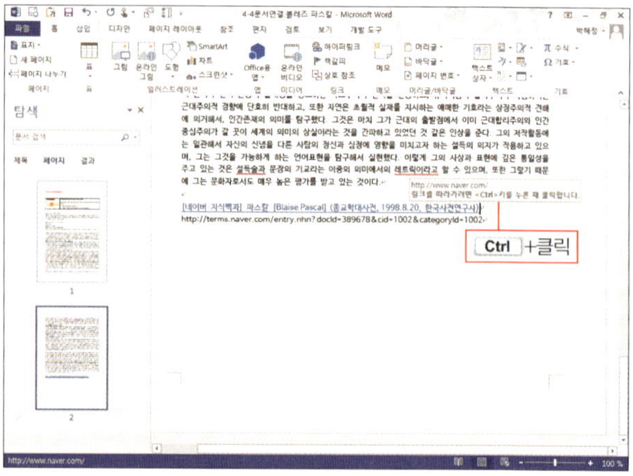

04. 연결한 '네이버' 인터넷 창이 열립니다.

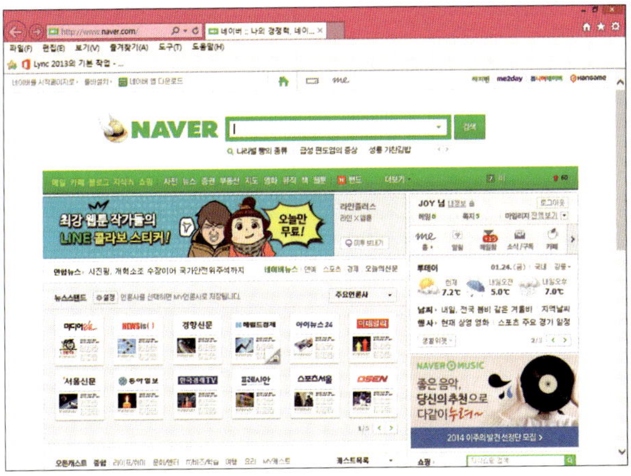

05. 책갈피와 연결하는 하이퍼링크를 만들기 위해 화살표 도형을 선택하고 마우스 오른쪽 단추를 클릭합니다. 바로 가기 메뉴에서 [하이퍼링크]를 선택합니다.

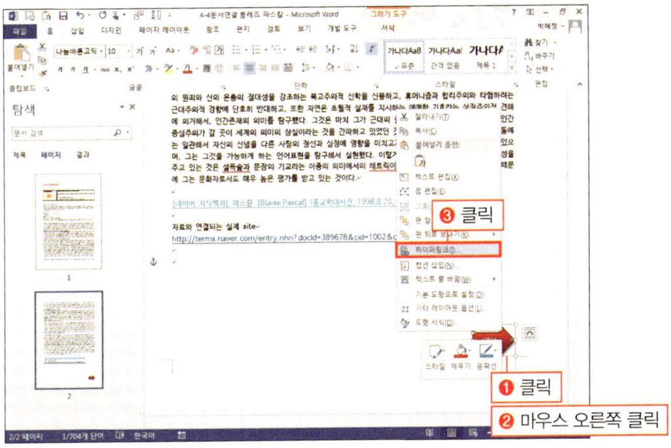

06. [하이퍼링크] 대화상자에서 [현재 문서]를 선택하고 [책갈피]에 [연혁]을 선택합니다. [화면 설명]을 클릭하고 '연혁으로 이동합니다'를 입력한 다음 [확인], [확인]을 클릭하여 대화상자를 모두 닫습니다.

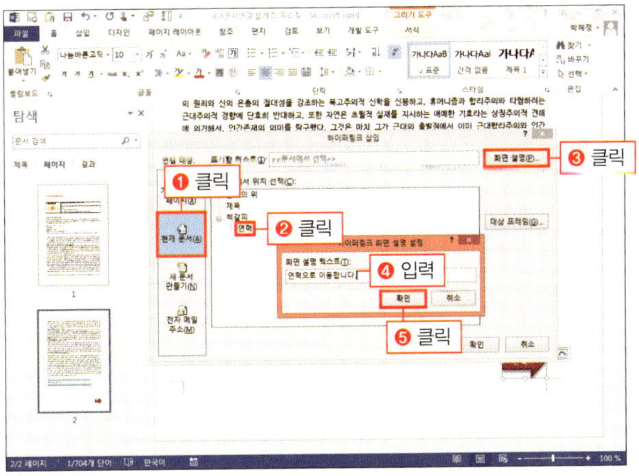

TIP : 포인터를 하이퍼링크에 올려 놓으면 입력한 화면이 나타납니다.

상호 참조 설정하기

실무에선 이렇게!

문서에 삽입된 캡션, 제목 스타일, 각주 및 미주, 책갈피, 표나 그림 캡션 등이 설정된 위치로 상호 참조를 설정할 수 있으며 참조 페이지 번호 및 참조 내용을 표시할 수 있습니다. 상호 참조 내용에는 하이퍼링크가 설정되어 있어 화면상에서 참조 위치로 쉽게 이동할 수 있으며, 항목의 내용이나 위치가 변경된 경우에 업데이트할 수 있습니다.

예제 파일 | CD₩Part 05₩ 5-5상호참조.docx **완성 파일 |** CD₩Part 05₩ 5-5상호참조 _완성.docx

01. 상호 참조 텍스트 및 페이지 번호 등을 삽입하기 위해 참조 위치로 커서를 위치시킨 후 [삽입] 탭-[링크] 그룹-[상호 참조]를 클릭하거나, [참조] 탭-[캡션] 그룹-[상호 참조]를 클릭합니다.

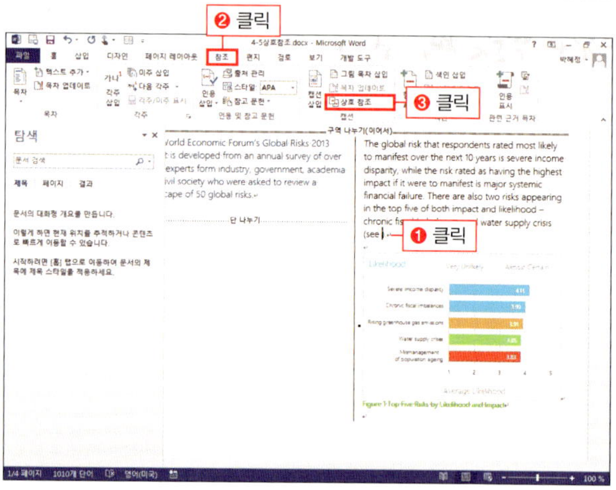

02. [상호 참조] 대화상자에서 [참조할 대상]을 'Figure', [삽입할 참조 내용]을 '전체 캡션', [삽입할 캡션]을 'Figure 1'을 선택하고 [삽입]을 클릭합니다.

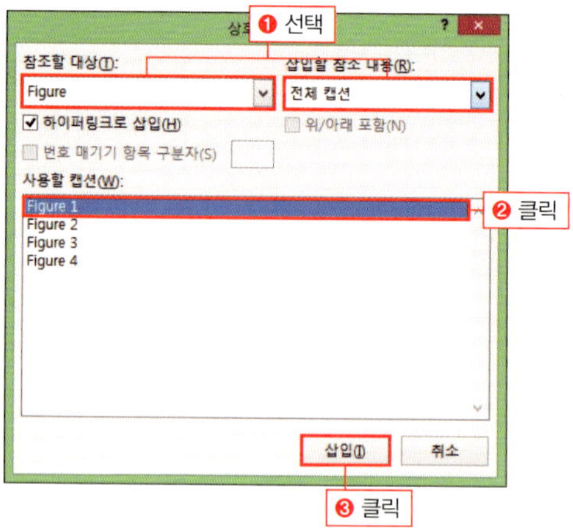

03. [Figure 1] 캡션의 전체 캡션이 커서 위치에 입력되고 나타납니다. 그림의 위치나 번호가 바뀌면 자동으로 변경됩니다.

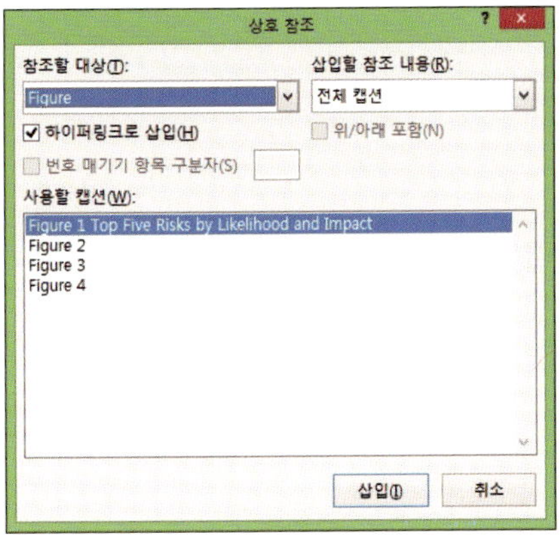

문제 해결 **[상호 참조] 대화상자의 각 기능을 알고 싶어요.**

- 참조할 대상 : 문서에 삽입된 캡션, 제목 스타일, 각주 및 미주, 책갈피, 표나 그림 캡션 중에서 참조할 대상을 선택합니다.
- 삽입할 참조 내용 : 참조할 대상에서 선택한 대상의 텍스트, 번호, 페이지 번호, 위쪽 또는 아래쪽 문구 등의 삽입할 참조 유형을 선택합니다.
- 사용할 캡션 : 참조할 대상에서 선택한 대상이 적용되어 있는 목록 중에서 사용할 항목을 선택합니다.

- [삽입]탭에서 표, 그림, 도형, 스마트아트, 차트, 온라인 비디오 등을 문서에 삽입할 수 있습니다.
- 삽입한 개체를 선택하면 선택한 개체에 따라 서식 메뉴가 나타납니다. 230P
- 개체를 삽입한 후에는 개체와 문서간의 배치 유형을 선택해야 합니다. 217P
- 워드 2013에 다른 프로그램 개체를 삽입할 수 있습니다. 216P
- 워드 2013에 스크린 샷 기능을 사용하여 인터넷이나 다른 문서의 화면을 캡쳐할 수 있습니다. 236P
- 배경 제거 기능을 이용하여 삽입한 그림을 편집할 수 있습니다. 236P
- 워드 2013은 일반 수학 수식을 삽입할 수 있고 수학 기호 및 구조 라이브러리를 사용하여 방정식을 직접 만들 수 있도록 제공하고 있습니다. 251P
- 기호 대화 상자를 사용하여 키보드에 없는 ¼ 및 ⓒ와 같은 기호나 Em 대시(—) 또는 줄임표(...)와 같은 특수 문자뿐만 아니라 유니코드 문자도 삽입할 수 있습니다. 253P
- 문서 정보를 필드로 삽입하면 속성에서 설정이나 수정한 문서 정보로 간단히 필드 업데이트하여 최신의 내용으로 표시할 수 있습니다. 255P
- 캡션은 표, 그림, 수식 등에 레이블, 번호 및 내용을 추가하는 기능입니다. 258P
- 처음 몇 자를 입력할 때 텍스트를 자동으로 추가하려면 자동 고침 대화 상자에 텍스트 항목을 추가하면 됩니다. 268P
- 문서 블록 구성 도우미를 이용하여 Word에서 제공하는 다양한 갤러리의 문서 블록을 삽입할 수 있습니다. 269P
- 워드 2013의 책갈피는 실제로 책에 끼우는 책갈피처럼 작동합니다. 270P
- 문서의 특정 위치로 이동하는 책갈피를 만들어 하이퍼링크를 지정할 수 있습니다. 272P

01 그림을 삽입하고 문서와의 어울림을 '빽빽하게'로 설정한 후 가로 가운데 배치하세요.

예제파일 : CD₩Test₩Part05₩05-셀프테스트1.docx, 커피지도.png
완성파일 : CD₩Test₩Part05₩05-셀프테스트1_완성.docx
동영상파일 : CD₩Test₩Part01₩Part05.avi

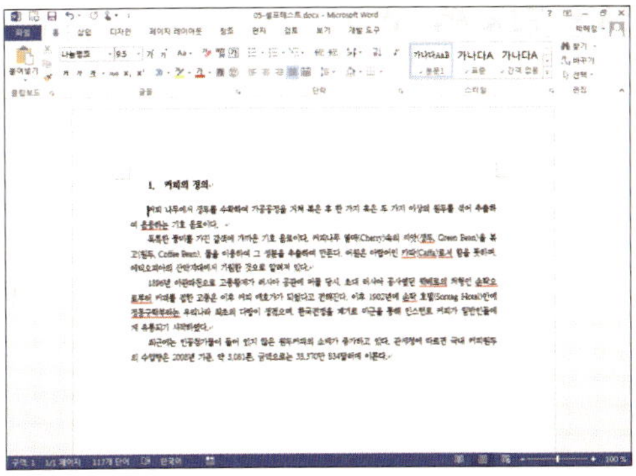

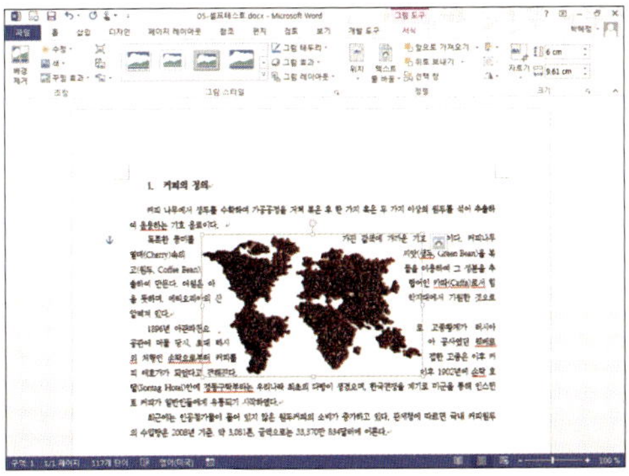

02 삽입된 그림의 서식을 적용하세요.

예제파일 : CD₩Test₩Part05₩05-셀프테스트2.docx
완성파일 : CD₩Test₩Part05₩05-셀프테스트2_완성.docx
동영상파일 : CD₩Test₩Part01₩Part05.avi

- 그림의 꾸밈 효과 : 필름 입자
- 그림 효과 중 반사 효과 : 근접 반사 터치

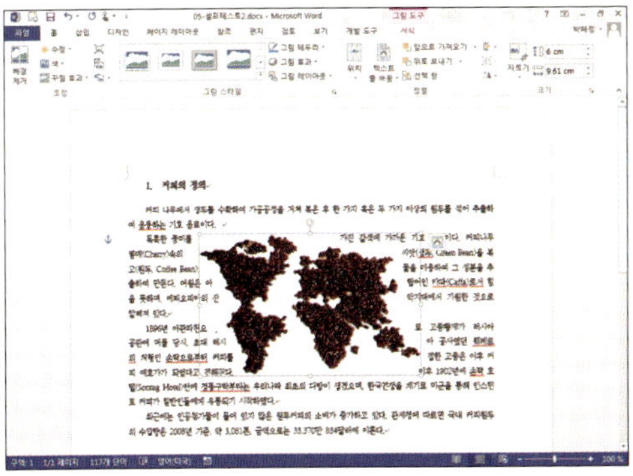

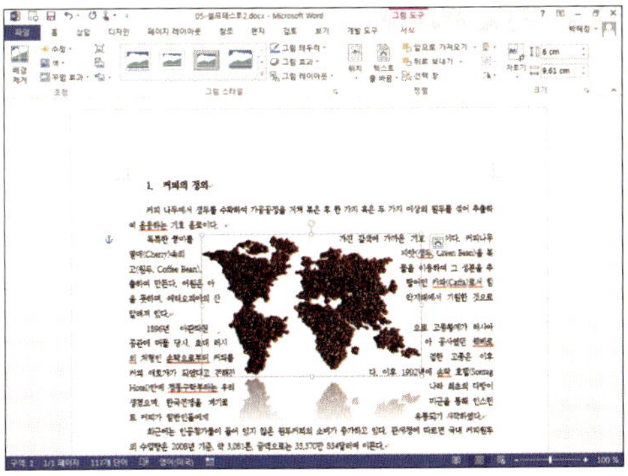

06 ▶ PART

숫자, 문자를 표에 넣기

W O R D · 2 0 1 3

표는 어떤 상호 관련된 사항들을 문장설명으로 하는 것보다 일목요연하게 이해할 수 있도록 그 내용들을 정리해 놓은 것입니다. Part 6에서는 MS 워드 2013에서 표를 만드는 다양한 방법을 통해 MS 워드 문서를 좀 더 폭넓게 활용할 수 있도록 도와줍니다.

LESSON

01 표 삽입하기

레 벨 ● ● ●

표 작성이 워드보다 엑셀이 편하다! 친숙하지 않은 단축키 때문에 아래아 한글이 더 좋다! 워드 강의 중에 가장 많이 듣는 말입니다. 여기서는 MS의 워드 프로세서에서 표를 만드는 다양한 방법을 경험함으로써 워드 2013의 표 활용에 대한 첫 걸음을 뗍니다.

기초탄탄 ▶ 표 삽입의 종류

■ 표란?

어떤 내용을 일정한 형식과 순서에 따라 보기 쉽게 나타낸 것입니다. 어떤 상호 관련된 사항들을 비교하거나 분류해서 보이고자 할 때, 문장설명으로 하는 것보다 일목요연하게 이해할 수 있도록 그 내용들을 표화(表化)하여 정리해 놓은 것입니다.

■ 일반적인 표의 구성

표를 구성하는 사각형을 셀(Cell)이라고 하며 이 셀은 표 편집의 기본 단위가 됩니다. 워드 2013의 표는 셀을 여러 방향으로 모아 의미, 이름을 부여하여 서식 및 편집합니다.

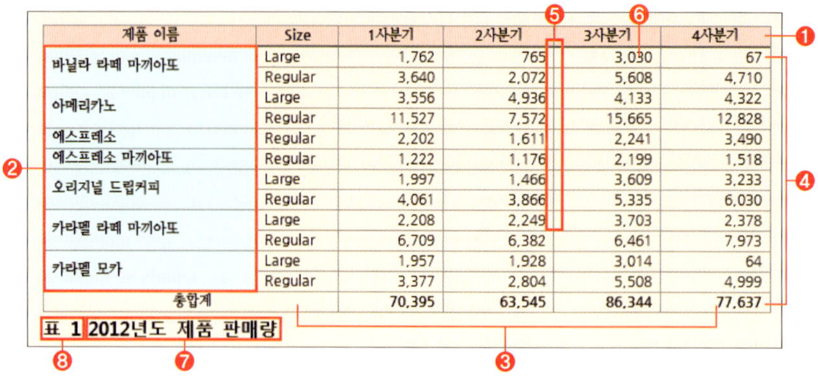

제품 이름	Size	1사분기	2사분기	3사분기	4사분기
바닐라 라떼 마끼아또	Large	1,762	765	3,030	67
	Regular	3,640	2,072	5,608	4,710
아메리카노	Large	3,556	4,936	4,133	4,322
	Regular	11,527	7,572	15,665	12,828
에스프레소	Regular	2,202	1,611	2,241	3,490
에스프레소 마끼아또	Regular	1,222	1,176	2,199	1,518
오리지널 드립커피	Large	1,997	1,466	3,609	3,233
	Regular	4,061	3,866	5,335	6,030
카라멜 라떼 마끼아또	Large	2,208	2,249	3,703	2,378
	Regular	6,709	6,382	6,461	7,973
카라멜 모카	Large	1,957	1,928	3,014	64
	Regular	3,377	2,804	5,508	4,999
총합계		70,395	63,545	86,344	77,637

표 1 2012년도 제품 판매량

❶ **표제(表題 : table title) = 머리글 행 :** 표의 내용을 간단히 요약하는 제목으로, 흔히 표 번호와 함께 별도의 행으로 가운데 맞추거나 왼쪽 맞추기를 합니다.

❷ **난제(欄題 : boxheads) = 첫째 열 :** 표 내용 중 가로나 세로의 제목을 말하는데, 이에는 표의 조직형태에 따라 하부 제목이 있을 수 있습니다.

❸ **종란(column) = 열 :** 표제에 의해 입력되는 세로 내용을 말합니다.

❹ **횡렬(row) = 행 :** 표제에 의해 입력되는 가로 내용을 말합니다.

❺ **표제 괘(罫 : rule) = 테두리 :** 선에 의해 종란과 횡렬로 구획되는 선을 말합니다.

❻ **표 내용(표 사항, body of table, cells) :** 표 내용은 문자 그대로 수치나 단어 등으로 된 표의 내용물을 말합니다.

❼ **표 주(表註 : footnote to table) :** 표 내용의 출처나 표상의 유의점 등을 밝히는 주(註)로, 표 바로 밑에 달아 놓은 것을 말합니다.

❽ **표 번호(table number) = 캡션 :** 표가 여러 개 있을 때, 순서대로 그 표에 붙이는 번호로, 서적에서는 '표 1-3'와 같이 장-표 순의 방식을 흔히 취합니다.

■ 기본 표 빠르게 삽입하기 282P

[삽입] 탭-[표] 그룹-[표]를 클릭하여 빠르게 기본 표를 문서에 삽입할 수 있습니다.

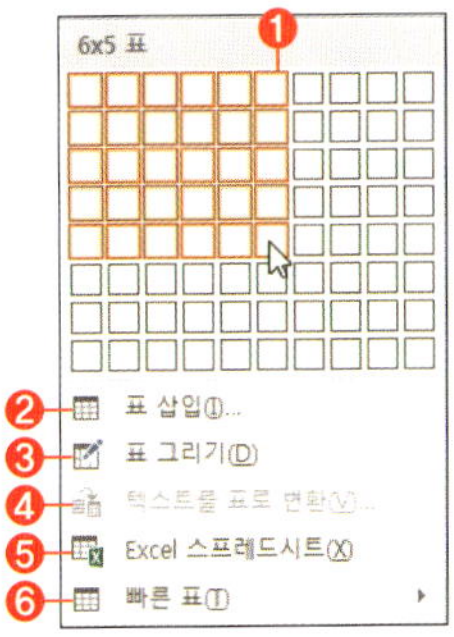

❶ 다음 원하는 수의 열과 행이 강조 표시될 때까지 눈금 위로 커서를 이동시켜 삽입합니다. 최대 10×8의 표를 만들 수 있습니다.

❷ **표 삽입 :** [표 그리기] 대화상자에서 행 및 열 수를 설정하여 표를 그립니다.

❸ **표 그리기 :** 연필 아이콘(✎)이 나타나 직접 그릴 수 있습니다.

❹ **텍스트를 표로 변환 :** 텍스트를 표 안으로 넣어 표 개체로 만듭니다.

❺ **Excel 스프레드 시트 :** 엑셀 프로그램이 워드에서 실행되어 엑셀 리본 메뉴를 이용하여 표를 그릴 수 있는 환경으로 워드 2013이 변환됩니다.

❻ **빠른 표 :** 서식이 적용된 표를 클릭하여 빠르게 표를 꾸밀 수 있습니다.

■ 표 안에서의 셀 이동하기

- Tab : 한 번 누를 때마다 오른쪽으로 한 칸 이동합니다.
- Shift + Tab : 한 번 누를 때마다 왼쪽으로 한 칸 이동합니다.

STEP 01 • 행/열 설정하여 가로 페이지 크기에 맞게 삽입하기

[표 삽입]에 제공되는 행과 열보다 더 큰 표 또는 사용자 설정 너비 동작이 포함된 표를 만들거나 열에 다른 제어 내용을 적용하려면 표 삽입 명령을 사용합니다. 그러면 눈금에서 선택할 수 있는 최대 크기인 10×8보다 더 큰 표를 만들 수 있으며 열 너비 동작을 설정할 수 있습니다. 표를 삽입하고 삽입한 표를 복사하여 하나 더 만드는 과정입니다.

예제 파일 | C:₩Part 06₩6-1업무보고서_표.docx

01. 표를 삽입할 위치에 커서를 위치시키고 [삽입] 탭-[표] 그룹-[표]-[표 삽입]을 클릭합니다.

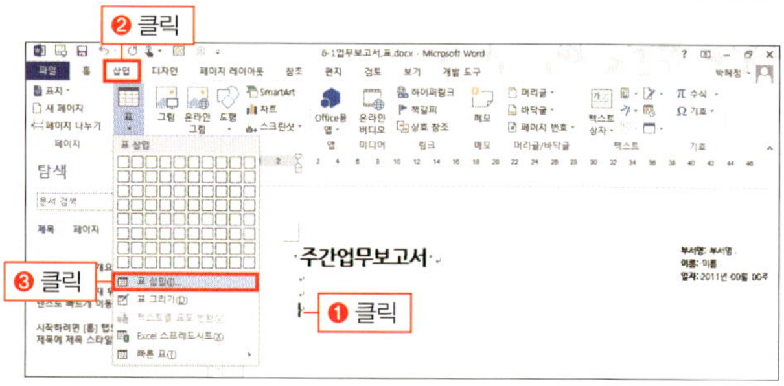

02. [표 삽입] 대화상자에서 [열 개수]는 '4'로, [행 개수]는 '9'로 입력하고 [창에 자동으로 맞춤]을 클릭한 다음 [확인]을 클릭합니다.

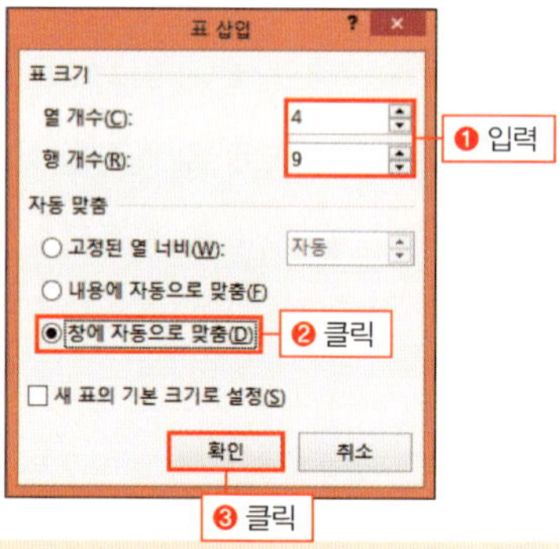

TIP : 새로 표를 만들 때마다 현재 만드는 표와 동일하게 만들고 싶으면 [새 표의 기본 크기로 설정]을 체크합니다.

문제 해결 자동 맞춤 동작 섹션에는 열 너비의 크기를 설정하는 세 가지 옵션의 의미는 뭔가요?

- 고정된 열 너비 : 자동을 선택하여 워드에서 자동으로 열 너비를 설정하도록 하거나 전체 열에 특정 너비를 설정할 수 있습니다.
- 내용에 자동으로 맞춤 : 열 너비가 매우 좁은 상태로 만들어지며 내용을 추가함에 따라 넓어집니다.
- 창에 자동으로 맞춤 : 표 전체의 너비가 문서 크기에 맞게 자동으로 변경됩니다.

03. 삽입된 표 전체를 선택하고 Ctrl+C를 눌러 복사한 다음 삽입한 표 아래 쪽에 Ctrl+V를 눌러 붙여넣습니다.

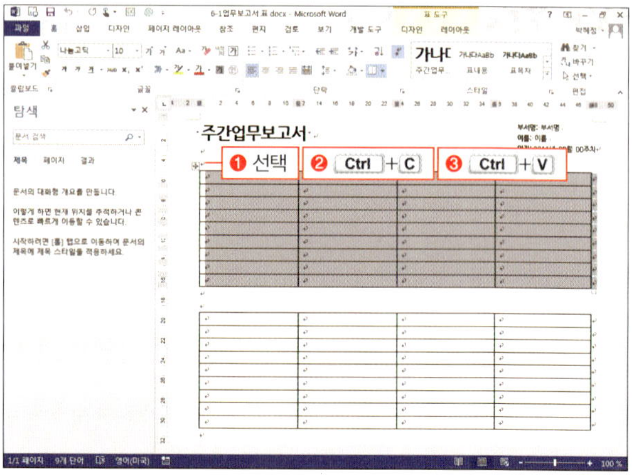

STEP 02 • 표를 직접 그려 삽입하고 텍스트와 어울림 설정하기

기본 눈금을 사용할 때보다 더 세부적으로 표의 열과 행의 모양을 제어하려면 표 그리기를 사용하여 원하는 모양의 표를 그립니다. 안에 대각선 및 다른 셀을 그릴 수도 있습니다. 삽입된 표에 기본 제공 표 스타일을 적용하고 텍스트와의 관계를 설정합니다.

완성 파일 | CD₩Part 06₩6-1업무보고서.표_완성.docx

01. [삽입] 탭-[표] 그룹-[표]-[표 그리기]를 클릭합니다.

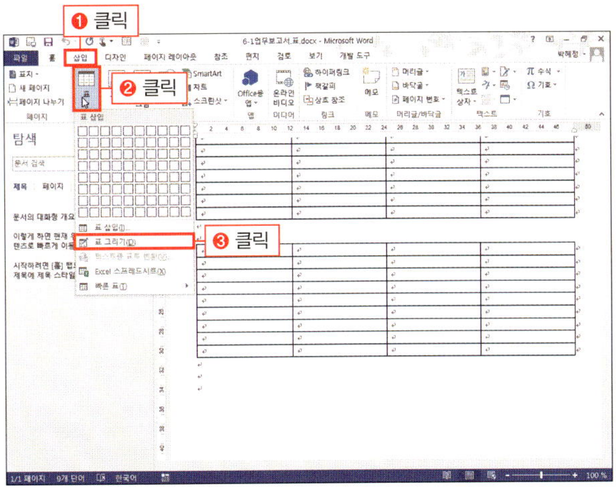

02. 포인터가 연필 모양(✎)으로 바뀝니다. 사각형을 그려 표의 테두리를 만듭니다.

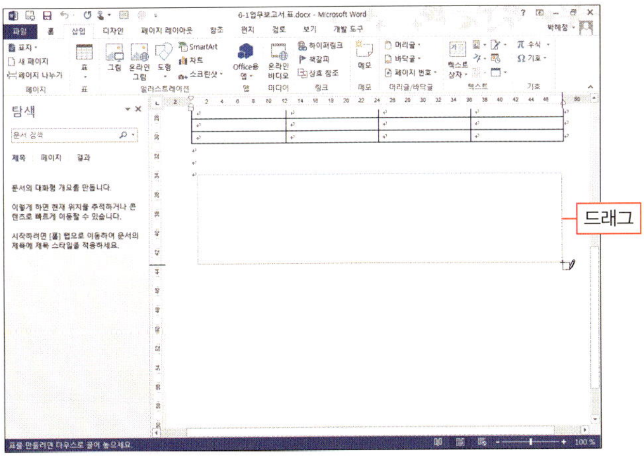

03. 연필 모양(✎)에서 사각형 안에서 왼쪽에서 오른쪽으로 드래그하여 행의 선을 그립니다.

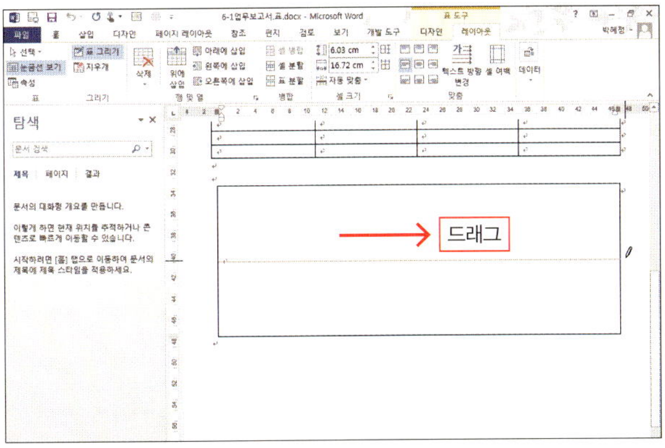

04. 사각형 안에서 왼쪽에서 오른쪽 사선으로 연필 모양()을 드래그하여 행의 선을 그립니다.

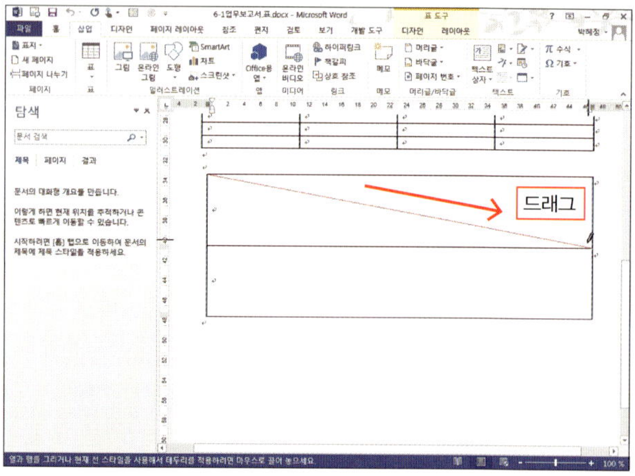

05. 선을 지우려면 [표 도구]-[레이아웃] 탭-[그리기] 그룹-[지우개]를 클릭합니다.

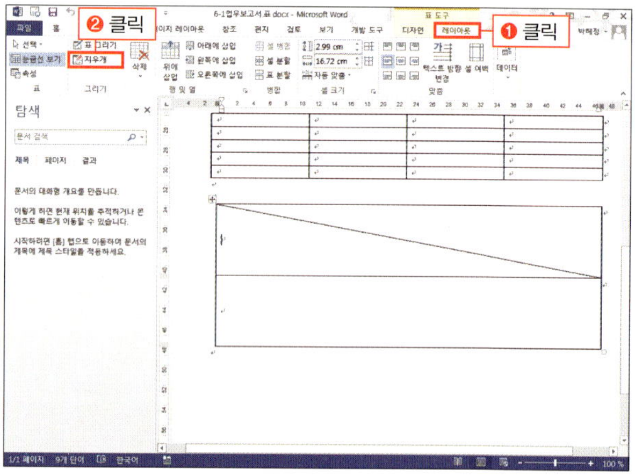

06. 지우개 모양의 마우스 포인터()로 지우려는 선을 클릭하여 지웁니다.

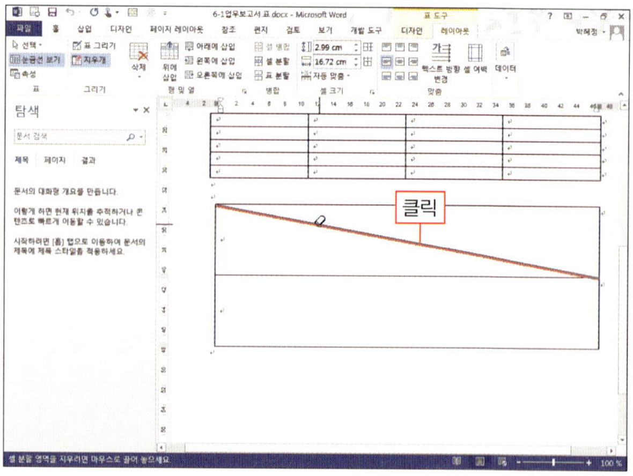

STEP 03 • 입력한 텍스트를 표로 변경하고 텍스트 배치하기

입력한 텍스트를 표로 변경하고 표에 입력된 텍스트의 셀 안에서의 위치를 설정합니다.

예제 파일 | CD\Part 06\6-1텍스트를 표로.docx **완성 파일 |** CD\Part 06\6-1텍스트를 표로_완성.docx

01. 표로 변경할 텍스트 전체를 선택한 후 [삽입] 탭-[표] 그룹-[표]-[텍스트를 표로 변환]을 클릭합니다.

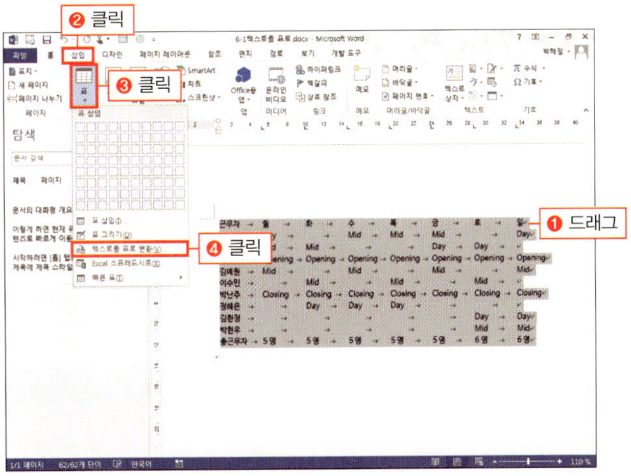

02. [텍스트를 표로 변환] 대화상자에서 [열 개수]는 '8'로 입력하고 [텍스트 구분 기호]를 [탭]으로, [창에 자동으로 맞춤]을 클릭한 다음 [확인]을 클릭합니다.

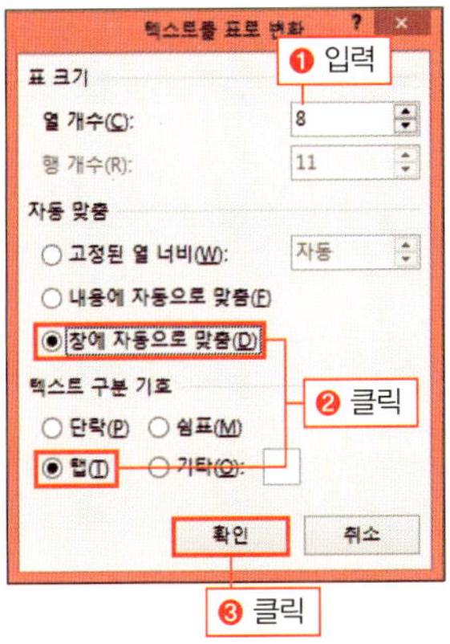

TIP : [텍스트 구분 기호]는 기본 제공되는 단락, 쉼표, 탭 외에도 직접 입력할 수 있습니다.

03. 선택한 텍스트가 8 X 11의 표로 변환됩니다.

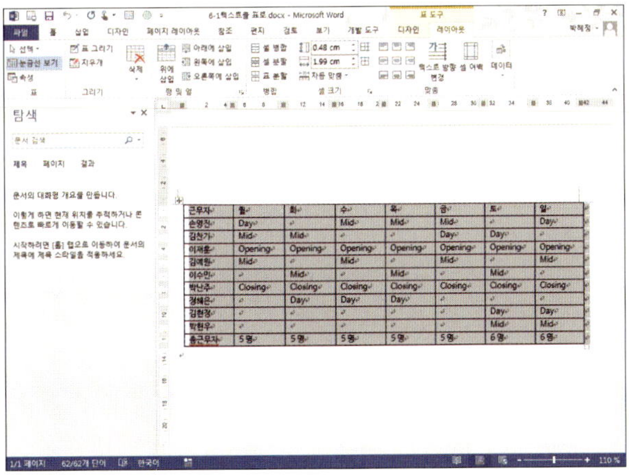

TIP : 표의 내용을 텍스트로 전환하려면 표를 선택하고 [표 도구]-[레이아웃] 탭-[데이터] 그룹-[텍스트로 변환]을 이용합니다.

LESSON

02 표 편집하기

레 벨 ● ● ●

표의 구조를 이해하고 구성 요소를 빠르게 재구성하는 각종 편집 기술에 대해 학습해 봅니다.

기초탄탄 표의 구성 요소를 쉽게 선택하는 방법

■ 마우스로 표의 구성 요소를 삽입 및 선택하는 방법 288P

직접 인건비	시간	시간당 임금	임금 합계
프로세스 엔지니어	200	25000	25,000,000.00
소프트웨어 개발자	225	125000	28,125,000.00
IT 컨설턴트	40	100000	4,000,000.00
통합 전문가	280	75000	21,000,000.00
하드웨어 기술자	280	65000	18,200,000.00
		총 인건비:	96,325,000.00

❶ **표 전체 선택 :** 클릭하면 표 전체를 선택합니다.

❷ **표 전체 크기 조정 :** 크기 조절 마우스 포인터 상태에서 드래그하여 표 전체의 크기를 조정합니다.

❸ **열 선택 :** 클릭하면 해당 열 전체를 선택합니다.

❹ **셀 및 행 선택 :** 한 번 클릭하면 하나의 셀이, 두 번 클릭하면 전체 행을 선택합니다.

❺ **행/열 삽입 :** 행과 열 사이에 마우스 포인터를 위치시키면 나타나며 아이콘을 클릭하면 행/열이 삽입됩니다.

■ 키보드로 표의 구성 요소 선택 방법 289P

- Shift를 누른 상태에서 키보드의 방향키를 누르면 방향키의 방향으로 셀들이 선택됩니다.
- Shift를 누른 상태에서 다른 셀을 클릭하면 커서 위치에서부터 클릭한 셀까지 선택됩니다.
- 커서를 표 안에 위치시키고 Ctrl+A를 누르면 표 전체가 선택됩니다.
- 표 전체를 선택하려면 표를 클릭한 다음 Num Lock을 끈 상태에서 Alt+5(숫자 키패드)를 누릅니다.

■ [표 도구]-[레이아웃] 탭 290P

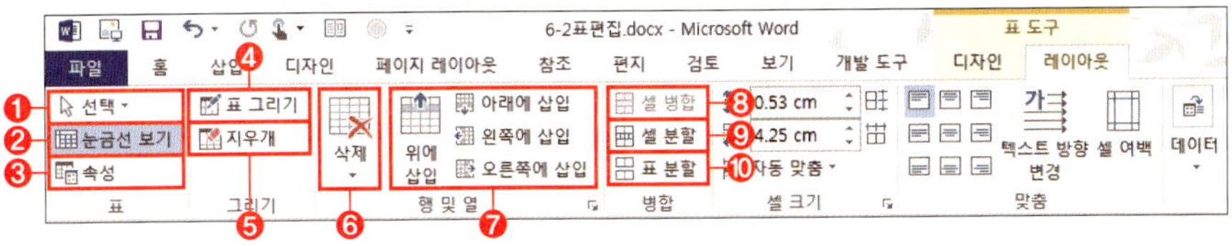

❶ **선택** : 커서를 기준으로 셀, 행, 열, 표를 선택할 수 있습니다.

❷ **눈금선 보기** : 투명으로 처리한 테두리를 눈금선으로 표시하여 확인할 수 있습니다.

❸ **속성** : [속성] 대화상자가 열립니다. 셀, 행, 열, 표에 관련하여 텍스트 맞춤, 행과 열 높이 설정 등의 구체적인 작업을 할 수 있습니다.

❹ **표 그리기** : 연필 모양의 아이콘(✎)이 나타나며 마우스를 드래그하여 표의 테두리를 만듭니다.

❺ **지우개** : 지우개 모양의 아이콘( )이 나타나며 드래그하여 표의 테두리를 지웁니다.

❻ **삭제** : 커서를 기준으로 셀, 행, 열, 표를 삭제할 수 있습니다.

❼ **행 및 열 삽입** : 커서를 기준으로 행 및 열을 위/아래/왼쪽/오른쪽에 삽입합니다.

❽ **셀 병합** : 두 개 이상의 셀을 선택하고 실행하면 하나로 합쳐집니다.

❾ **셀 분할** : 하나의 셀을 두 개 이상의 셀로 분할할 수 있는 대화상자가 열립니다.

❿ **표 분할** : 하나의 표를 두 개로 분할합니다.

[표 속성] 대화상자의 [표] 탭 292P

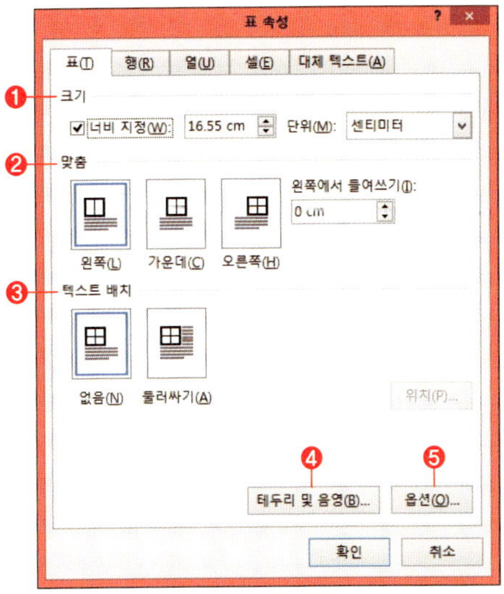

❶ **크기** : 표 전체의 너비를 퍼센트나 센티미터 단위로 변경합니다.

❷ **맞춤** : 표 전체 너비가 100%가 아닌 경우 페이지 편집 영역에서 왼쪽, 가운데, 오른쪽 기준으로 정렬합니다.

❸ **텍스트 배치** : 기본 값이 '없음'이며, '둘러싸기'를 선택하면 표 주위에 텍스트가 배치됩니다.

❹ **테두리 및 음영** : 표 테두리와 셀 음영을 설정합니다.

❺ **옵션** : 기본 셀 여백, 기본 셀 간격, 내용에 맞게 자동으로 크기 조정 옵션을 설정합니다.

STEP 01 • 행, 열, 표 추가하고 삭제하기

엑셀에서 만든 표를 가져와 표의 구성 요소인 행, 열, 표 전체를 추가하거나 삭제하는 다양한 방법을 알아봅니다.

예제 파일 | CD₩Part 06₩6-2엑셀표.xlsx

01. 엑셀 파일을 열고 범위 [B4:J14]를 선택한 후 [홈] 탭-[클립보드] 그룹-[복사] 또는 Ctrl + C 를 누릅니다.

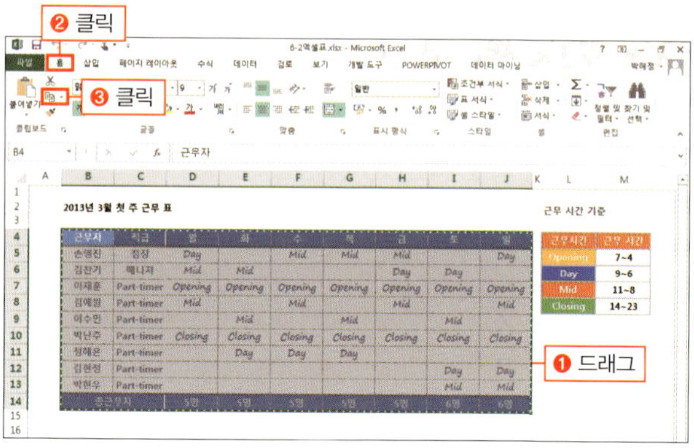

02. 워드 2013 새 문서를 열고 [홈] 탭-(📋)[클립보드] 그룹-[붙여넣기] 목록 단추를 클릭하고 [대상 스타일 사용]을 클릭합니다.

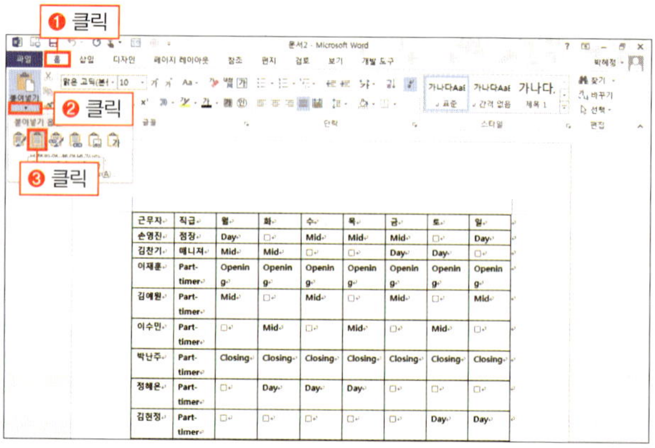

TIP : Ctrl + V 를 눌러 복사 내용을 붙여넣었다면 스마트 태그 [붙여넣기 옵션]에서 [대상 스타일 사용]을 클릭합니다.

03. 마지막 행을 선택하고 Back Space 를 누릅니다. 두 번째 열 전체를 선택하고 마찬가지로 Back Space 를 누릅니다.

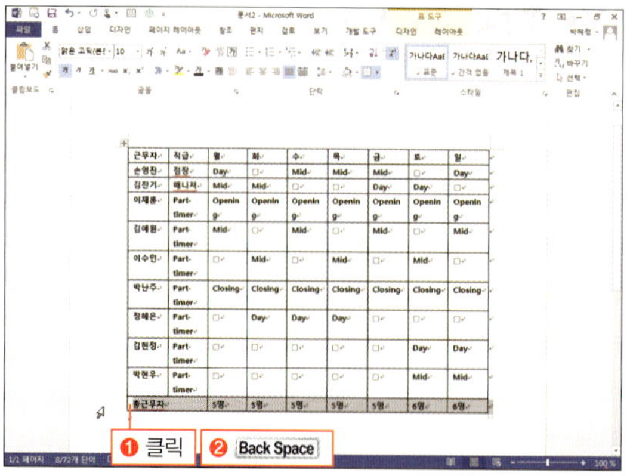

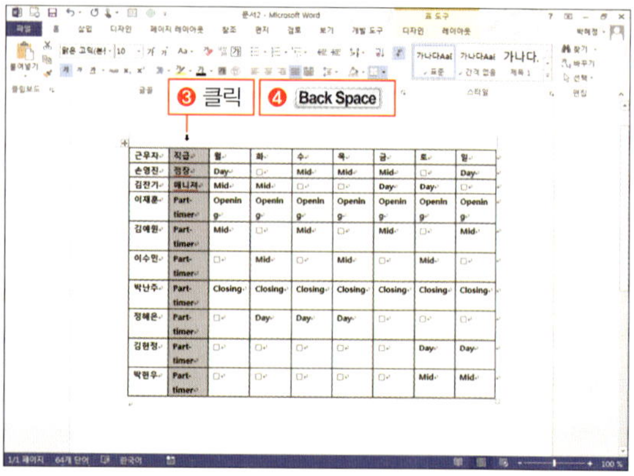

TIP : 표 안에 있는 정보를 삭제하려면 표에서 삭제할 부분을 선택하고 Delete 를 누릅니다. 행과 열에 설정된 서식은 유지되지만 내용은 모두 사라집니다.

04. 표에 열 및 행을 추가하려면, 삽입하려는 열은 맨 위쪽 가장자리 삽입하려는 열과 열 사이로, 행은 왼쪽 가장자리 삽입하려는 행과 행 사이로 마우스 포인터를 옮깁니다. 사이에 삽입 컨트롤 아이콘(⊕)이 나타나면 플러스 아이콘(⊕)을 클릭합니다.

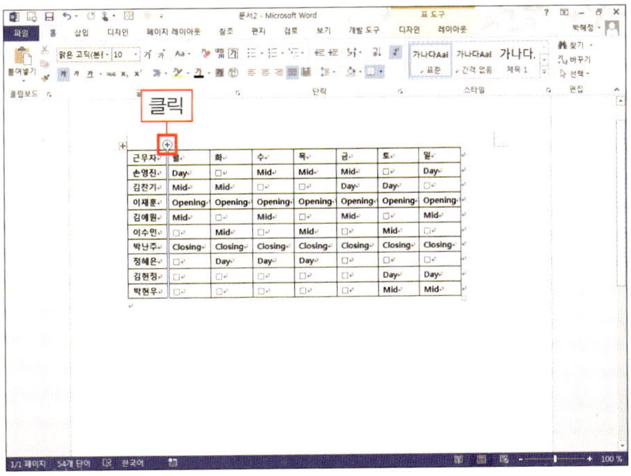

TIP : 동시에 두 개 이상의 열이나 행을 삽입하려면 삽입 컨트롤을 클릭하기 전에 원하는 열 또는 행의 수를 선택합니다. 예를 들어 두 개의 행을 삽입하려면 먼저 표에서 두 개의 행을 선택하고 삽입 컨트롤을 클릭합니다.

05. '김예원'을 두 줄 아래로 옮기려면 행을 선택하고 Shift + Alt + ↓을 두 번 누릅니다.

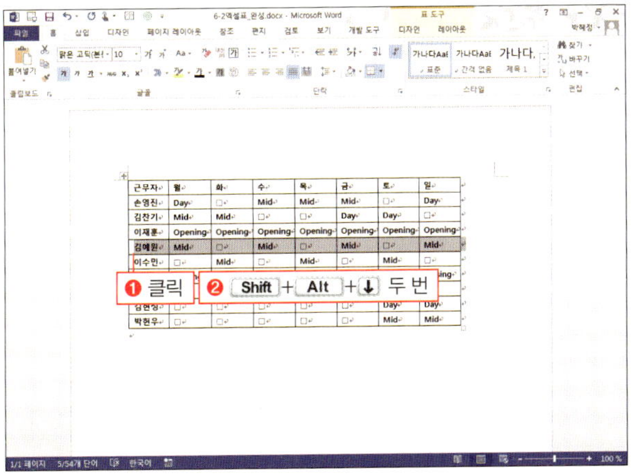

06. 표 전체를 삭제하려면 왼쪽 위 모서리의 바깥쪽에 표 이동 핸들(⊞)을 클릭하여 선택하고 Back Space를 누릅니다.

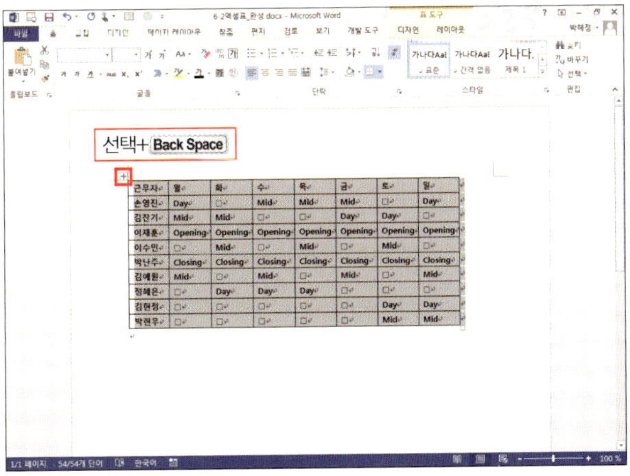

TIP : 문서를 [인쇄 모양] 보기에서 봐야만 표 이동 핸들이 표시됩니다. 인쇄 모양 보기로 전환하려면 워드 창의 오른쪽 아래에서 [인쇄 모양 단추](▤)를 클릭합니다.

STEP 02 • 셀 병합하고 분할하기

같은 행 또는 열에 있는 두 개 이상의 표 셀을 하나의 셀로 병합할 수 있습니다. 예를 들어 여러 셀을 가로로 병합하여 여러 열에 걸쳐 확장되는 표 제목을 만들 수 있습니다.

예제 파일 | CD₩Part 06₩6-2표편집.docx

01. 셀의 왼쪽 모서리를 클릭하여 병합하려는 셀을 선택한 후 [표 도구]-[레이아웃] 탭-[병합] 그룹-[셀 병합]을 클릭합니다.

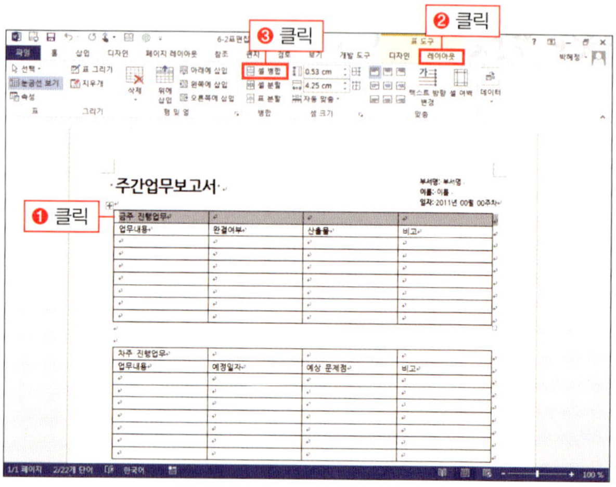

02. 셀 범위를 선택한 후 [표 도구]-[레이아웃] 탭-[병합] 그룹-[셀 분할]을 클릭한 다음 [셀 분할] 대화상자에서 분할할 행과 열 수를 입력하고 [확인]을 클릭합니다.

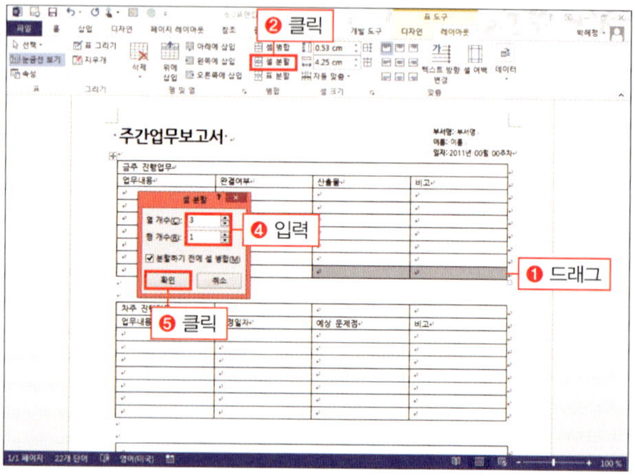

TIP : 하나의 셀을 여러 셀로 분할하려면, 셀 안을 클릭하고 여러 셀을 설정한 열이나 행으로 분할하려면 여러 셀을 선택합니다.

03. 선택한 두 셀이 세 개의 셀로 분할됩니다.

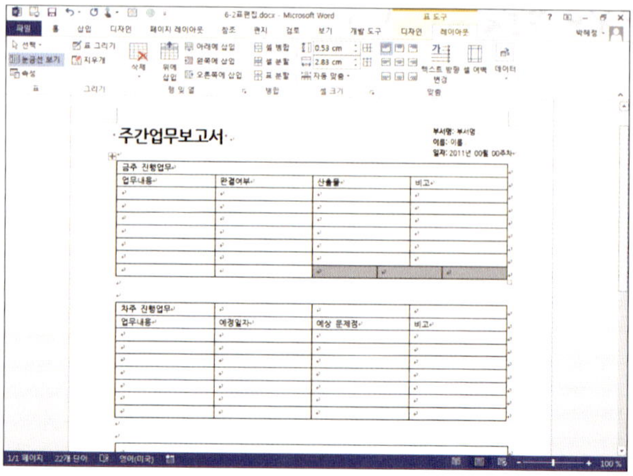

TIP : 지우개 기능으로 셀 병합하기

[표 도구]-[레이아웃] 탭-[그리기] 그룹-[지우개]를 클릭하고 지우개 모양의 마우스 포인터 상태에서, 셀 경계선을 클릭하여 경계선만 삭제하거나, 셀 경계선을 드래그 앤 드롭하여 선택한 모든 경계선을 삭제합니다.

STEP 03 • 표 분할하고 붙이기

하나의 표를 두 개로 분할할 수도 있고, 두 개의 표를 붙여 하나의 표로 만들 수도 있습니다.

01. 분할하려는 시작 행에 커서를 위치시키고 [표 도구]-[레이아웃] 탭-[병합] 그룹-[표 분할]을 클릭합니다.

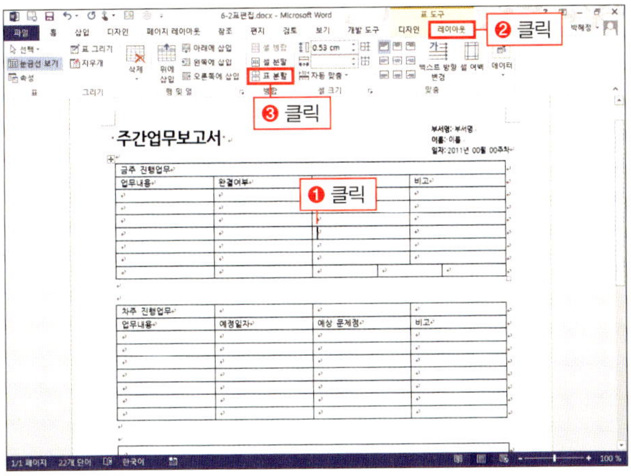

TIP : 표 분할 단축키는 Ctrl + Shift + Enter 입니다.

02. 이번에는 분리된 두 표를 하나로 만들기 위해, 분할된 표와 표 사이에 커서를 위치시키고 Delete를 누릅니다.

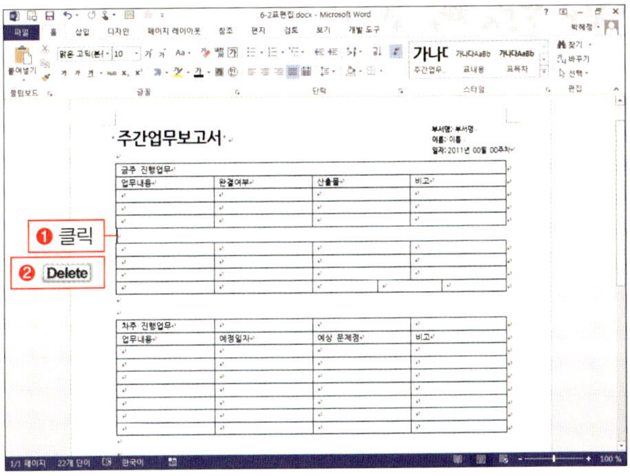

03. 분할된 표가 하나로 합쳐집니다.

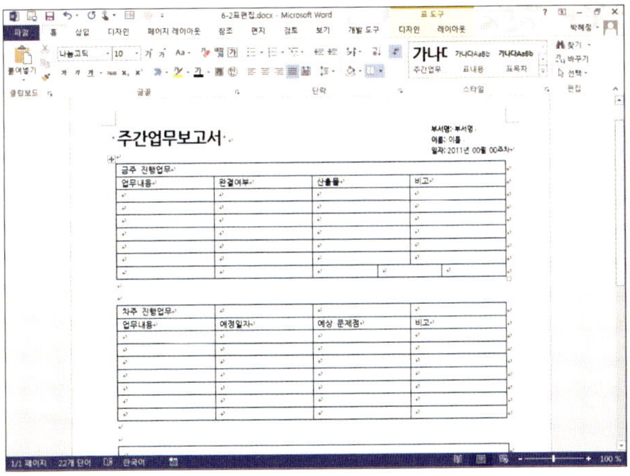

STEP 04 • 표 밖과 셀 안에 여백 설정하기

셀 여백을 변경하여 셀 경계와 셀 안의 텍스트 사이의 간격을 설정하는 '셀 안쪽 여백'을 추가할 수 있습니다.

01. 표를 선택하고 [표 도구]-[레이아웃] 탭-[표] 그룹-[속성]을 클릭합니다.

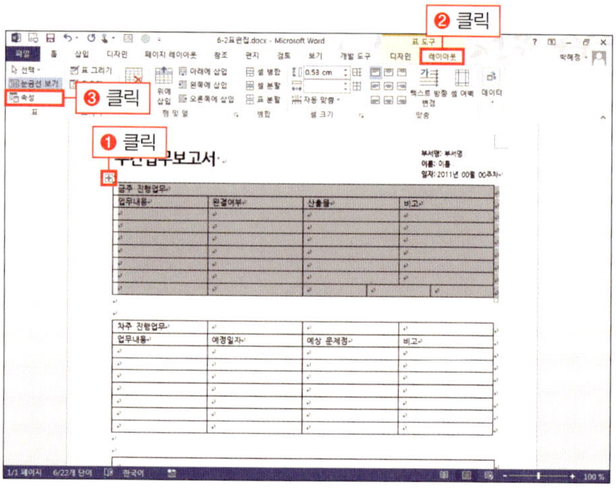

02. [표 속성] 대화상자의 [표] 탭의 [옵션]을 클릭한 후 [기본 셀 여백]에 모든 여백을 '0.2cm'로 입력한 다음 [확인], [확인]을 클릭하여 모든 대화상자를 닫습니다.

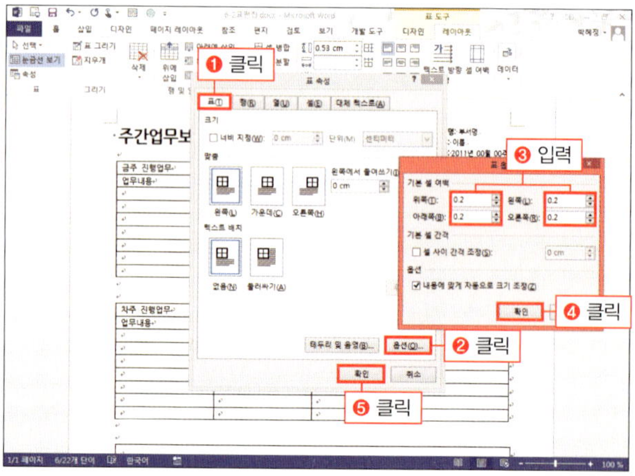

03. 블록으로 표시 된 곳이 실제 입력할 수 있는 공간이고 사이사이 흰색으로 표시된 곳이 설정한 여백입니다.

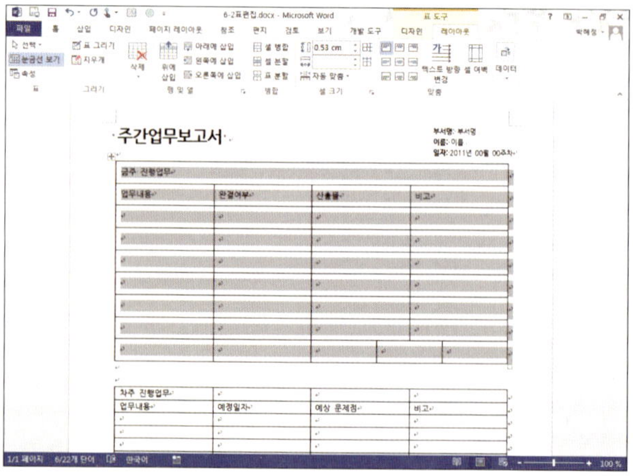

04. 이번에는 기본 셀 간격을 조정하기 위해 표를 선택하고 [표 도구]-[레이아웃] 탭-[표] 그룹-[속성]을 클릭합니다. [표 속성]-[표] 탭의 [옵션]을 클릭하고 [표 옵션] 대화상자의 [셀 사이 간격 조정]을 체크한 후 '0.1cm'로 입력한 다음 [확인], [확인]을 클릭하여 모든 대화상자를 닫습니다.

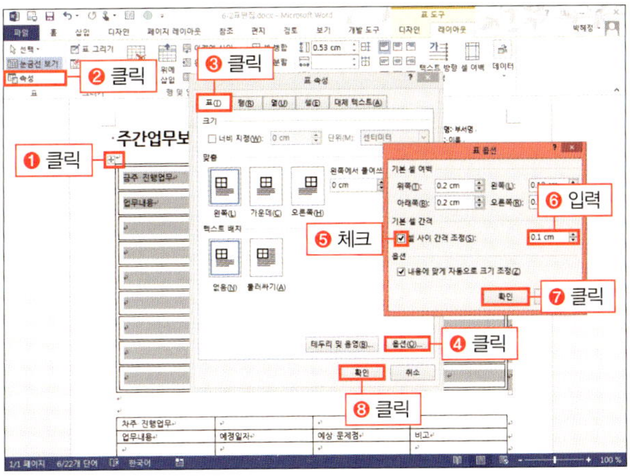

TIP : 표 안에 텍스트와 그래픽을 배열할 때는 표 셀 사이에 셀 여백을 추가할 수 있습니다.

05. 셀 사이사이에 여백이 추가됩니다.

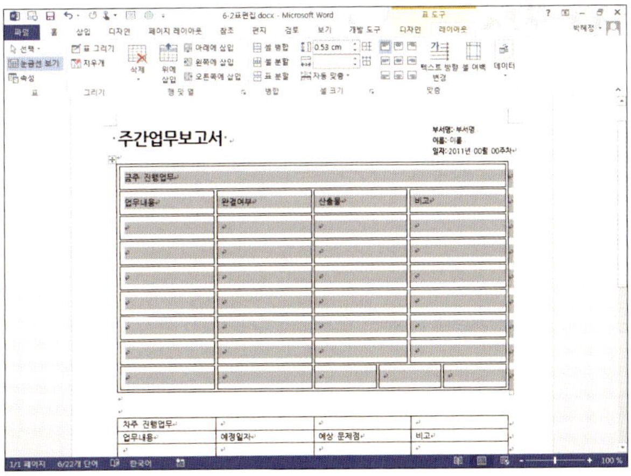

문제 해결 **표를 삽입하고 표 위에 제목을 삽입하려고 하는 데 커서를 표 위로 놓기가 어려워요.**

그럴 때는 표를 선택하고 Ctrl+Home를 누릅니다. 커서가 표 첫 셀로 옮겨지는 것 같이 보입니다만 표 밖으로 이동한 것입니다. 그 상태에서 Enter를 누르면 단락이 만들어져 텍스트를 입력할 수 있습니다.

TIP : 선택한 표 범위의 열과 행의 너비와 높이를 같게 설정하려면 열 및 행 범위를 선택하고 [표 도구]-레이아웃]탭-[셀 크기]그룹에 [열 너비를 같게](田) 또는 [행 높이를 같게](田)를 클릭합니다.

STEP 05 • 표 전체나 셀의 크기 조정하기

표나 셀 전체의 크기를 조정하는 여러 가지 방법이 있습니다. 상황에 맞는 크기 조정 방법을 학습해 봅니다.

완성 파일 | CD₩Part 06₩6-2표편집_완성.docx

01. 인쇄 모양 보기에서 표 크기 조정 핸들( ) 위에 포인터를 옮기면 크기 조절 포인터( )로 드래그하여 전체 표의 크기를 조절합니다.

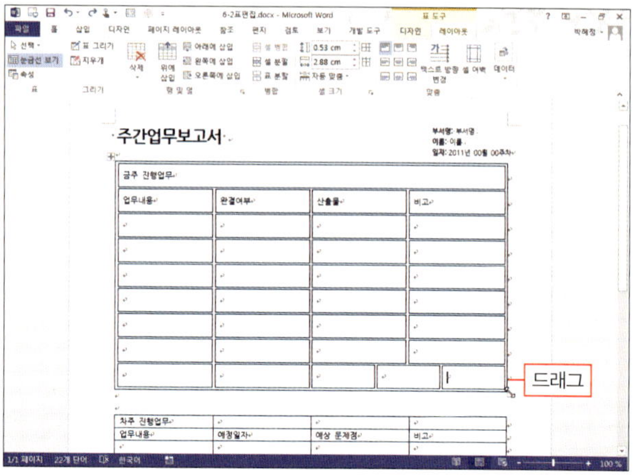

02. 행이나 열의 크기를 조절하기 위해 크기를 조절할 행 테두리에 마우스를 옮기고 양방향 마우스 포인터( )가 나타나면 표가 원하는 크기가 될 때까지 드래그합니다.

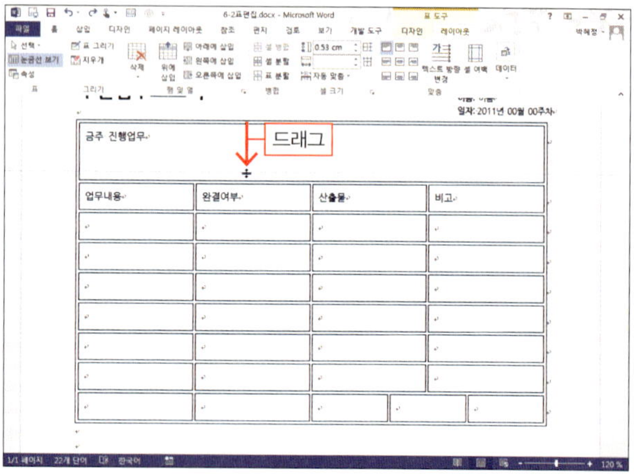

03. 여러 행이나 열의 크기를 설정할 때는 수치를 직접 넣어 주는 방법이 효과적입니다. 같은 수치를 설정할 행을 선택하고 [표 도구]-[레이아웃] 탭-[셀 크기] 그룹에서 수치를 입력하거나 조절 화살표( )를 클릭합니다.

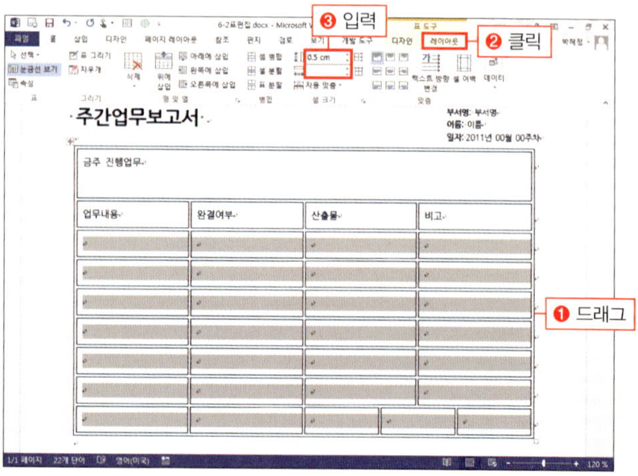

TIP : 웹 페이지나 [웹 모양] 보기에서 작업하는 경우에는 창 크기를 변경할 때 창 크기에 맞게 표가 자동으로 조정되도록 설정하려면 [표 도구]-[레이아웃] 탭-[셀 크기] 그룹-[자동 맞춤]-[창에 자동으로 맞춤]을 클릭합니다.

표에 탭 설정하기

표의 셀 안에서 들여쓰기나 내어쓰기를 설정할 수 있습니다.

예제 파일 | CD₩Part 06₩6-2표탭.docx **완성 파일 |** CD₩Part 06₩6-2표탭_완성.docx

01. 먼저 화면에 눈금자를 표시합니다. 설정할 셀에 커서를 위치시키고 탭 종류를 오른쪽 탭으로 변경한 후 눈금자의 '44'를 클릭하여 탭을 추가합니다.

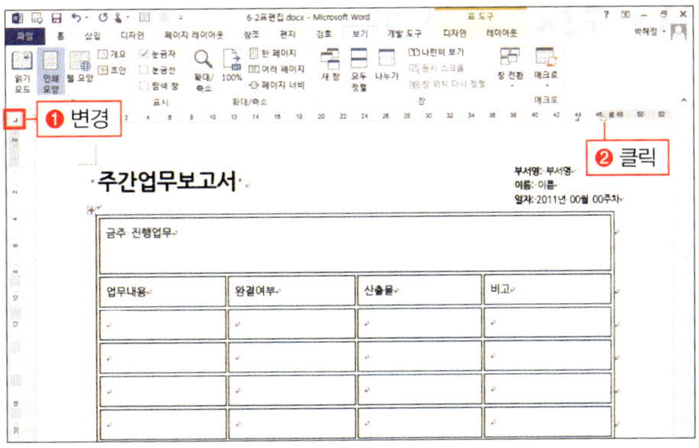

TIP : 눈금자를 표시하려면 [보기] 탭–[표시] 그룹–[눈금자]를 체크합니다.

02. 표 안에 삽입한 오른쪽 탭으로 이동하려면 Ctrl + Tab 을 누릅니다.

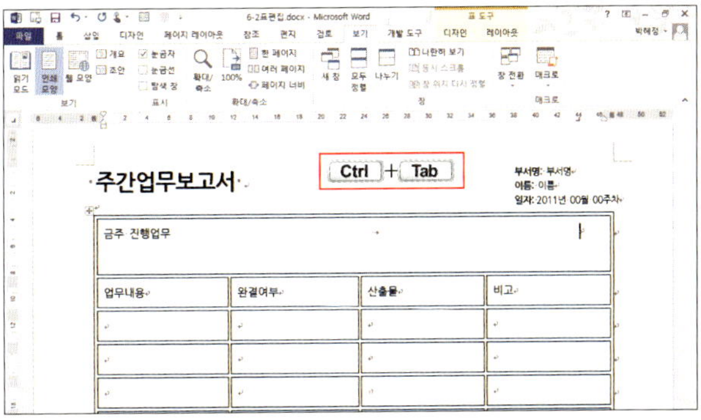

03. 커서기 '44' 위치로 이동됩니다. 텍스트를 입력하면 오른쪽으로 맞춰지며 입력됩니다.

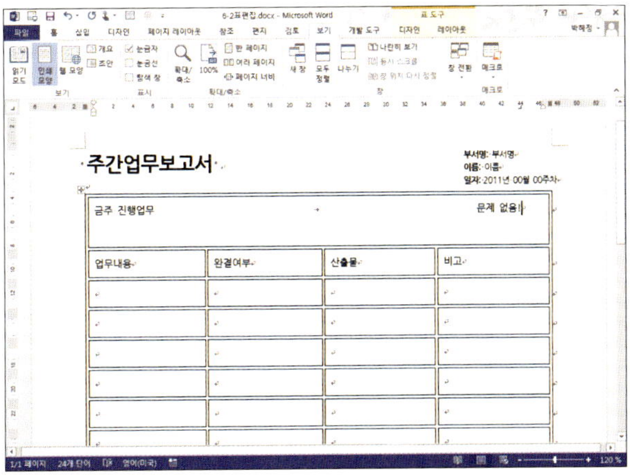

TIP : 정확한 값을 설정하여 탭을 설정하려면 가로 눈금자의 탭을 두 번 클릭하고 [탭] 대화상자에서 원하는 값을 입력합니다. 탭을 지우려면 탭 표식을 가로 눈금자에서 아래쪽으로 드래그합니다.

LESSON

03 표 서식하기

레 벨 ● ● ●

표를 서식하는 목적은 내용을 보다 더 잘 읽히도록 표현하는 방법입니다. 표를 서식하는 방법은 테두리와 음영을 적용하는 것입니다.

기초 탄탄 [디자인] 탭, 표 서식 적용 순서

■ [표 도구]-[디자인] 탭

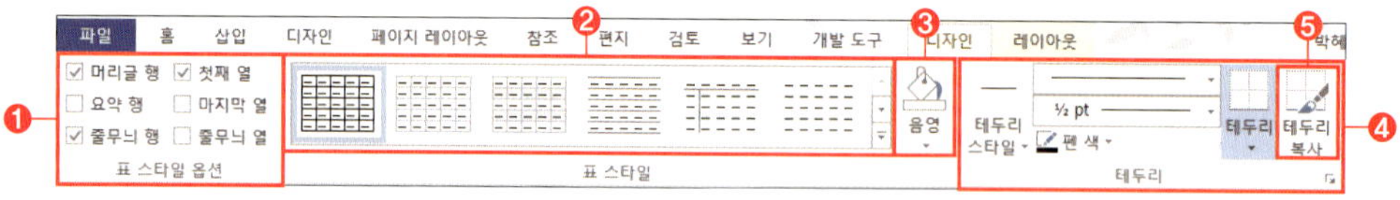

❶ [표 스타일 옵션] 그룹 : 표의 구성 요소에 이름을 설정하여 더욱 더 도드라지게 서식을 적용합니다.

❷ [표 스타일] 그룹의 표 스타일 설정 : 적용한 테마를 기준으로 만든 기본 제공 표 스타일을 이용해 쉽게 표에 서식을 적용합니다.

❸ 음영 : 셀의 채우기 색을 적용합니다.

❹ [테두리] 그룹 : 테두리 두께, 스타일, 색을 선택하고 선택한 테두리를 어디에 반영할 지를 결정합니다.

❺ 테두리 복사 : 서식이 적용된 표를 선택하고 실행하면 선택한 표의 테두리의 서식만 복사합니다.

■ 표 서식 적용 순서 299P

표의 바깥 테두리를 빨간색으로 진하게 적용하려고 할 때의 방법은 다음과 같습니다.

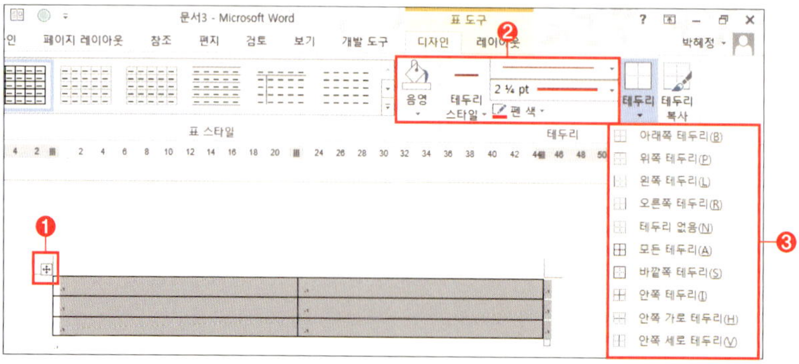

❶ **표 선택 :** 먼저 테두리 서식 적용의 기준이 되는 셀을 선택하고

❷ **서식 선택 :** [펜 스타일], [펜 두께], [펜 색], [테두리 스타일] 등의 서식을 선택한 다음

❸ **적용 위치 선택 :** [테두리] 목록 단추를 클릭해 선택한 셀을 기준으로 하여 원하는 위치를 클릭합니다.

■ 기본 제공 표 스타일 298P

표를 선택하고 [표 도구]–[디자인] 탭–[표 스타일] 그룹의 표 스타일 자세히 단추(▾)를 클릭하면 나타나는 표 갤러리는 [디자인] 탭에서 설정한 테마와 스타일을 기반으로 재구성되어 제공됩니다.

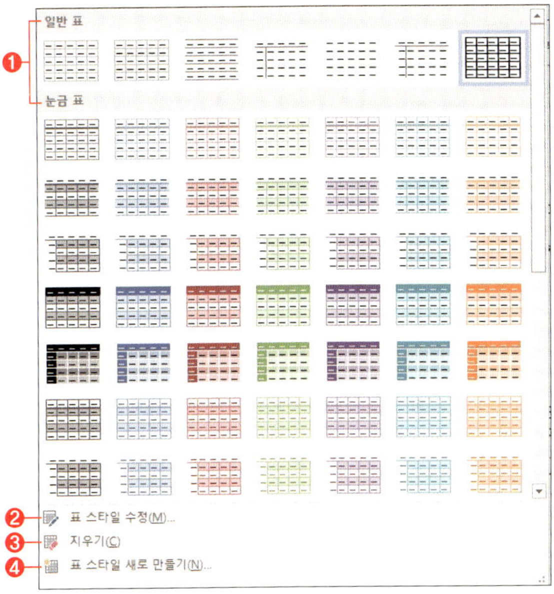

❶ **일반표, 눈금표 :** 기본 제공되는 표 스타일로 테마를 변경하면 테마에 따라 재구성됩니다.

❷ **표 스타일 수정 :** 기본 제공되는 표 스타일을 수정할 수 있습니다.

❸ **지우기 :** 적용한 표 스타일을 지우고 눈금선으로만 표시합니다.

❹ **표 스타일 새로 만들기 :** 기존에 없는 나만의 표 서식을 만들어 사용자 지정 표로 등록합니다.

STEP 01 • 표 스타일과 표 스타일 옵션 설정하기

삽입한 표의 서식을 기본 제공되는 스타일을 이용하여 서식하고 셀에 채우기 색 및 테두리 색의 서식을 변경해 봅니다.

예제 파일 I CD₩Part 06₩6-2표서식1.docx **완성 파일 I** CD₩Part 06₩6-2표서식1_완성.docx

01. 표를 선택하고 [표 도구]-[디자인] 탭의 스타일 자세히 단추(▾)를 클릭해 [눈금 표5 어둡게 – 강조색3]을 클릭합니다.

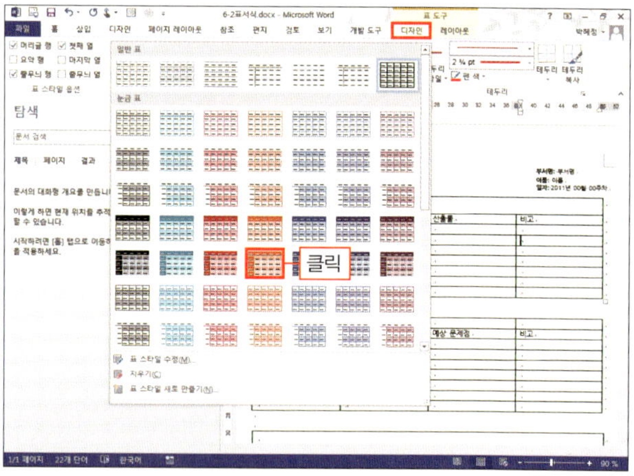

TIP : 마우스의 휠을 드래그해 화면에 표시되지 않은 메뉴를 빠르게 확인할 수 있습니다. 자세히 단추(▾)를 클릭해 스타일 목록이 나타나면 휠을 드래그해보세요.

02. 선택한 스타일이 표에 적용됩니다. [표 도구]-[디자인] 탭-[표 스타일 옵션]-[줄무늬 행]을 체크 해제합니다.

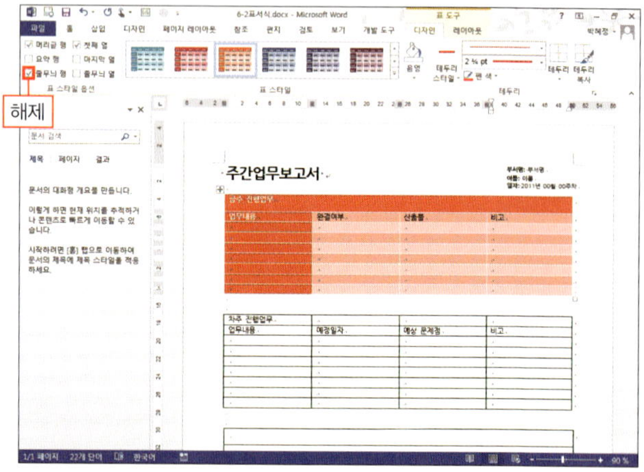

03. 표의 줄 무늬가 사라집니다. [요약 행], [마지막 열], [줄무늬 행] 옵션도 차례로 클릭하여 표의 어떤 부분을 가리키는지 확인합니다.

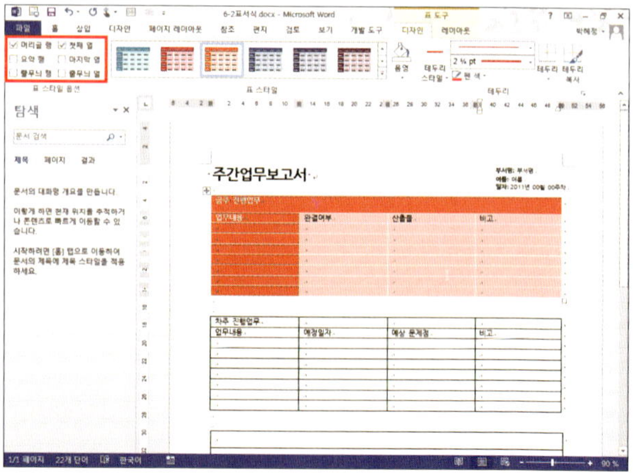

STEP 02 • 셀 면 및 테두리 색의 서식 변경하기

표를 잘 가독성을 높이기 위해 셀 채우기 및 테두리의 서식을 적용 및 수정해 봅니다.

예제 파일 | CD₩Part 06₩6-2표서식2.docx

01. 표 전체 테두리를 점선으로 설정하기 위해 표 전체를 선택하고 [표 도구]-[디자인] 탭-[테두리] 그룹에서 [펜 스타일]은 '점선', [테두리 적용 목록]-[테두리] 목록 단추를 클릭해 [모든 테두리]를 클릭합니다.

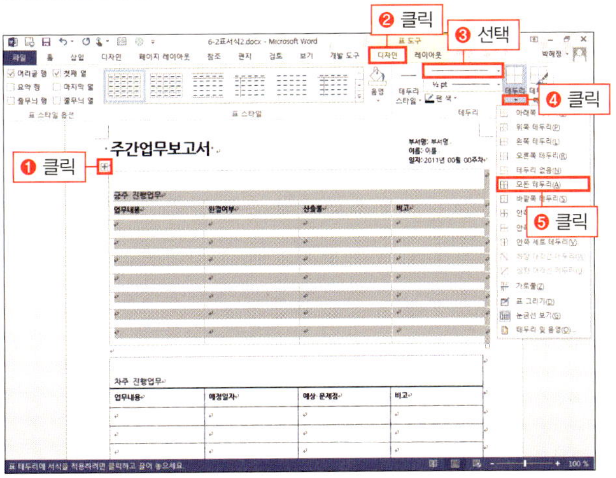

02. 표가 선택된 상태에서 [표 도구]-[디자인] 탭-[테두리] 그룹에서 [펜 스타일]은 '테두리 없음', [테두리 적용 목록]-[테두리] 목록 단추를 클릭해 [위쪽 테두리], [왼쪽 테두리], [오른쪽 테두리]를 각각 클릭합니다.

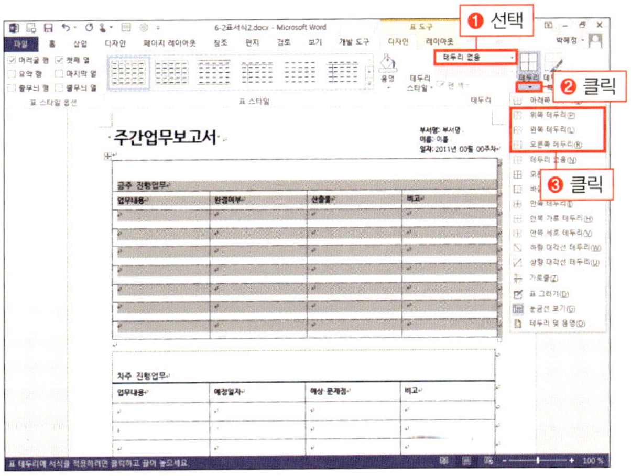

TIP : 위쪽, 왼쪽, 오른쪽에 테두리를 지웠음에도 점선이 표시되는 이유는 [테두리] 목록에 [눈금선 보기]가 체크되어 있기 때문입니다. 이 선은 인쇄 되지 않는 지워짐을 안내하는 선입니다.

03. 첫 번째 줄을 선택하고 [표 도구]-[디자인] 탭-[테두리] 그룹에서 [펜 스타일]은 '실선', [펜 두께]는 '1 1/2pt' [펜 색]은 '빨강'을, 마지막으로 선택한 서식을 적용할 [테두리 적용 목록]-[테두리] 목록 단추를 클릭해 [아래쪽 테두리]를 클릭합니다.

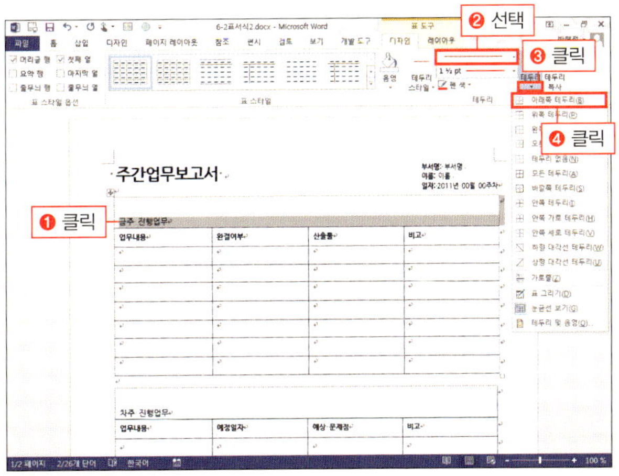

04. 셀에 음영 색을 적용하기 위해 첫 줄이 선택된 상태에서 [표 도구]-[디자인] 탭-[표 스타일] 그룹-[음영] 목록 단추를 클릭해 색을 선택합니다.

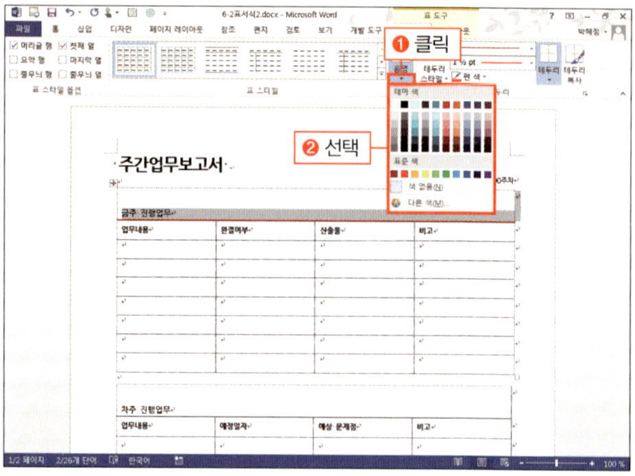

05. 선택한 셀 범위를 기준으로 표 서식이 적용됩니다.

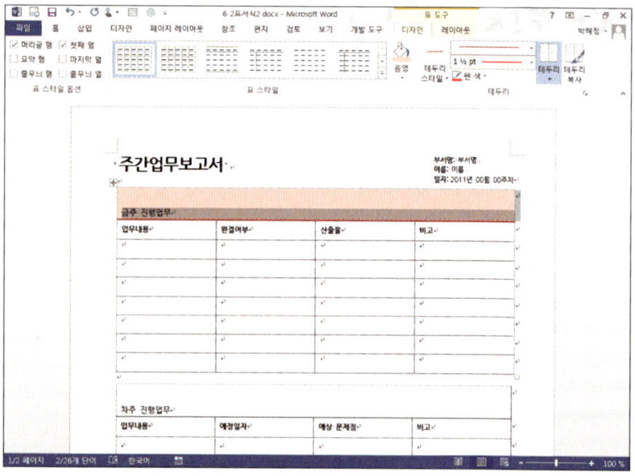

문제 해결 **표 서식을 클릭하면 마우스 포인터가 연필 모양(✐)으로 변경되는데요?**

[표 도구]-[디자인] 탭에 [테두리] 그룹에서 펜 색, 펜 스타일, 펜 두께 등을 설정하면 [표 그리기]가 선택되면서 마우스 포인터가 연필 모양으로 바뀝니다. 이 상태에서 사용자는 다음과 같은 일을 할 수 있습니다.

- 드래그하여 새 표를 만듭니다.
- 기존 표 내부에 드래그하여 셀, 행, 열 등을 추가합니다.
- 표의 경계선을 드래그하여 설정한 선 서식 스타일을 변경할 수 있습니다. 그리기 모드는 Esc 를 눌러 없앨 수 있습니다.

STEP 03 • 셀에 그림 삽입하기

그림을 넣으려는 셀 안에 커서를 위치시키고, 일반적 그림 삽입 방식과 같이 [삽입] 탭–[일러스트레이션] 그룹–[그림]을 이용하여 원하는 그림을 넣습니다. 아래아 한글에서와 같이 전체 표에 걸쳐 그림을 삽입할 수는 없습니다.

예제 파일 | CD₩Part 06₩사람.jpg **완성 파일 |** CD₩Part 06₩6-2표서식2_완성.docx

01. 그림을 삽입할 셀을 선택하거나 마우스 포인터를 위치시키고 [삽입] 탭–[일러스트레이션] 그룹–[그림]을 클릭합니다.

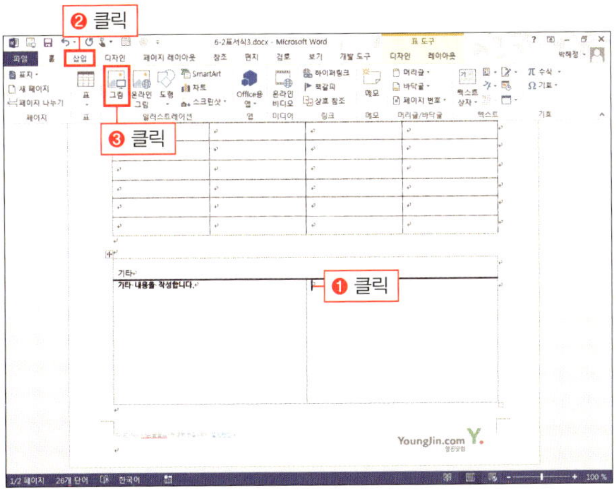

02. [그림] 대화상자에서 삽입할 그림(CD₩Part 06₩그림₩사람.jpg)를 선택하고 [삽입]을 클릭합니다.

03. 선택한 셀에 그림이 원본 그림 크기대로 삽입됩니다. 그림 크기를 셀에 맞춰 조절합니다.

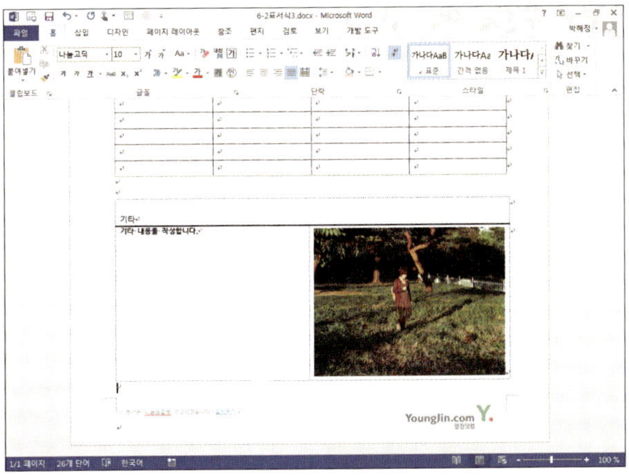

TIP : 셀에 크기에 맞춰 삽입 그림을 삽입하려면 삽입하기 전에 표를 [표 도구]–[레이아웃] 탭–[셀 크기] 그룹–[자동 맞춤]–[고정 열 너비]를 클릭합니다.

실무에선 이렇게!

적용된 테두리를 견본 삼아 테두리 설정하기

기존에 적용한 테두리 서식을 복사하여 다른 표에 활용해 봅니다.

예제 파일 | C:\Part 06\6-2표서식3.docx **완성 파일 |** C:\Part 06\6-2표서식3_완성.docx

01. [표 도구]-[디자인] 탭-[테두리] 그룹-[테두리 스타일] 목록 단추를 클릭하고 [테두리 견본]을 클릭합니다.

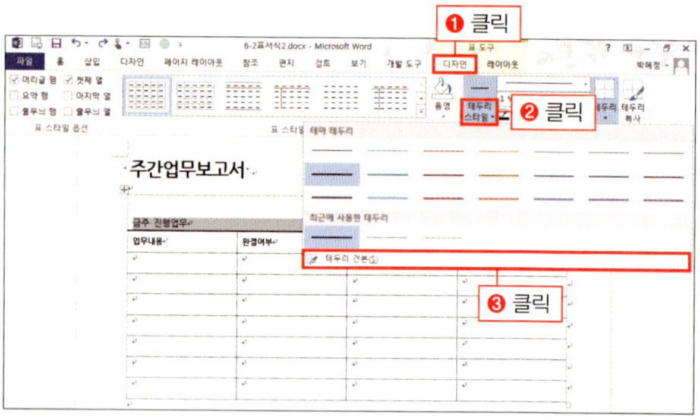

02. 마우스 포인터가 스포이트 모양()으로 바뀌면 사용하려는 테두리를 클릭합니다.

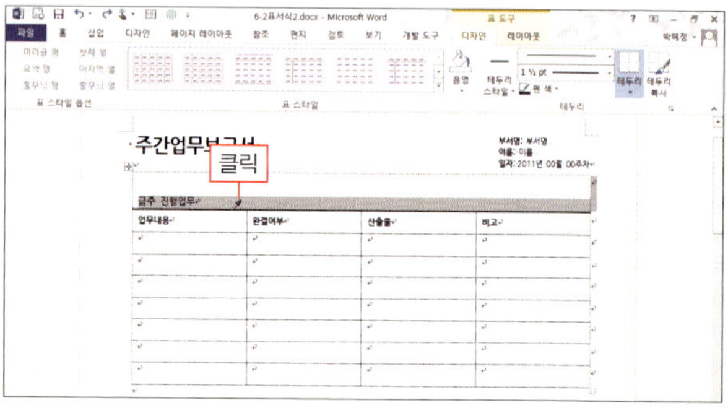

03. 마우스 포인터가 펜 모양()으로 바뀌면 적용하려는 테두리를 클릭하거나 드래그합니다.

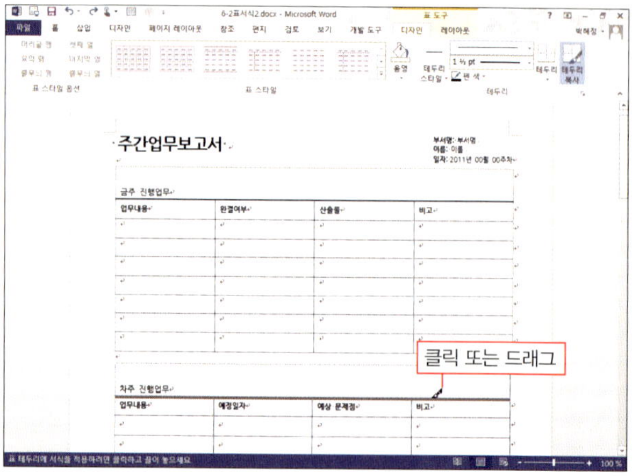

LESSON

04 표의 고급 기능 설정하기

레 벨 ● ● ●

표라는 틀에 갇힌 데이터는 입력한 값을 기준으로 정렬할 수도 있고, 한 페이지를 넘기는 큰 표에 제목을 반복하여 페이지마다 표시할 수도 있으며 엑셀의 일부 수식을 이용해 계산할 수도 있습니다. 또한 표의 내용을 텍스트로 변환 작업할 수도 있습니다.

기초탄탄 [레이아웃] 탭, [정렬] 대화상자

■ [표 도구]-[레이아웃] 탭-[데이터] 그룹

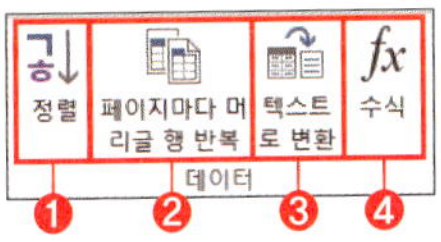

❶ **정렬** : 입력한 데이터를 기준으로 행의 순서를 재구성합니다.

❷ **페이지마다 머리글 행 반복** : 표의 행이 길어 다음 페이지로 넘어가는 경우 표의 첫 줄을 반복하여 표시할 수 있습니다.

❸ **텍스트로 변환** : 표의 내용은 유지하고 표라는 틀을 삭제합니다.

❹ **수식** : 엑셀의 수식을 워드의 표에 사용할 수 있습니다.

■ 또 다른 정렬 실행 방법 308P

표 안의 내용은 물론이고 표로 작성되지 않은 텍스트도 정렬할 수 있습니다. 표로 작성되지 않은 텍스트를 정렬하려면 [홈] 탭–[단락] 그룹–[정렬]을 이용하고, 표 안의 내용은 정렬하려는 표를 선택하고 [표 도구]–[레이아웃] 탭–[데이터] 그룹–[정렬]을 이용합니다.

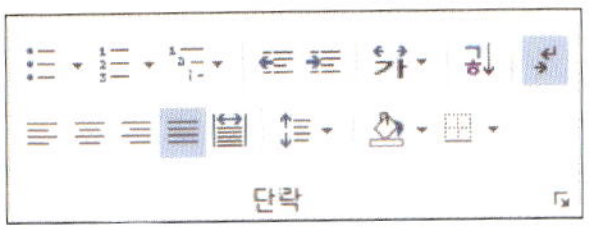

[정렬] 대화상자

[정렬] 대화상자를 이용해 세 가지 기준으로 내용을 정렬할 수 있습니다.

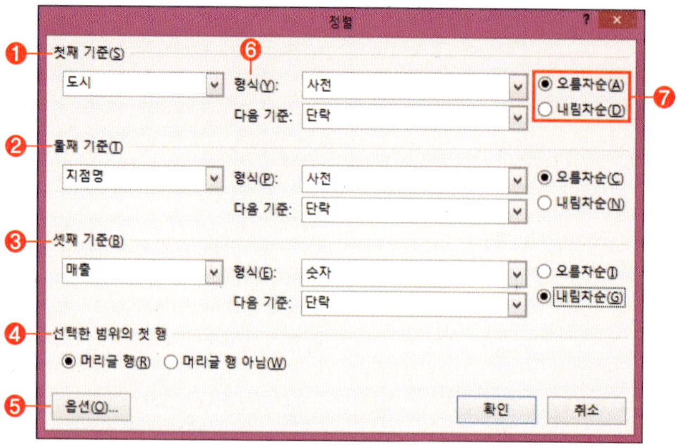

❶ 첫째 기준 : 정렬할 열의 정보가 쉼표, 탭 또는 다른 문자로 구분되어 있으면 다음 기준 옆에 있는 단추를 클릭하여 정렬 기준으로 사용할 필드를 선택합니다. 예를 들어 정렬하려는 열이 성, 이름이라면 성 또는 이름으로 정렬하도록 선택할 수 있습니다. 대화상자 아래쪽에서 [옵션]을 클릭하여 구분 문자를 선택합니다.

❷ 둘째 기준 : 두 번째 수준으로 정렬하려면 둘째 기준에서 해당 정보를 입력합니다. 두 번째 수준 정렬은 첫째 열에 동일한 값이 두 개 이상 있는 경우에만 적용됩니다.

❸ 셋째 기준 : 세 번째 수준 정렬을 선택할 수도 있습니다.

❹ 선택한 범위의 첫 행 : 표에 머리글 행이 있는 경우 대화상자의 아래쪽에 있는 머리글 행 상자를 클릭해야 합니다. 그렇게 하면 첫 행은 정렬되지 않고 맨 위에 유지됩니다.

❺ 옵션 : 대/소문자 구분 정렬 또는 정렬 언어 선택과 같은 추가 설정을 보려면 옵션을 클릭합니다.

❻ 형식 : 텍스트, 숫자 또는 날짜 중에서 어느 형식으로 정렬할지 선택합니다.

❼ 오름차순/내림차순 : 텍스트 목록을 사전 순서(오름차순) 또는 사전의 역순서(내림차순)로 자동 정렬할 수 있습니다.

[정렬 옵션] 대화상자

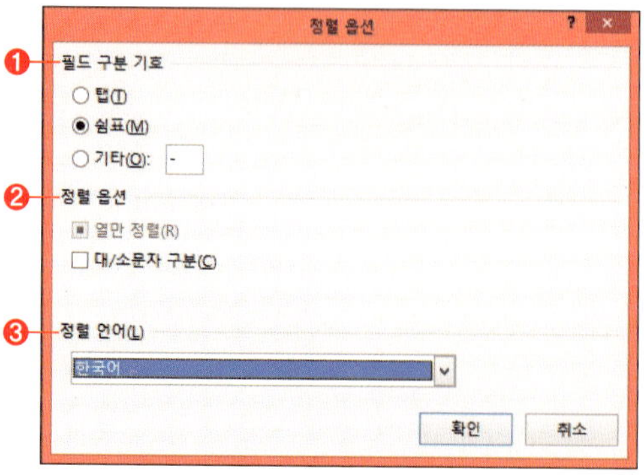

❶ **필드 구분 기호 :** 표로 만들어지지 않은 텍스트에서 각각의 항목을 구분하는 구분 기호를 선택합니다.

❷ **정렬 옵션 :** 대/소문자를 구분하여 정렬하려면 체크합니다.

❸ **정렬 언어 :** 입력한 내용에 따라 정렬 언어를 설정할 수 있습니다.

■ 수식에서 행 및 열 참조도 310P

표로 작성된 내용을 이용해 수식을 작성할 때 셀에 이름을 부여하여 내용을 활용하는 데 이를 참조라 합니다. 참조의 방식에는 'RnCn'과 'A1'이라는 두 가지 참조 스타일이 있습니다. 수식이 포함된 셀은 참조를 사용하는 계산에 포함되지 않습니다. 이러한 셀을 참조에 포함하면 무시됩니다.

RnCn 참조

RnCn 참조 규칙을 사용하여 수식에서 표의 행, 열 또는 셀을 참조할 수 있습니다. RnCn 참조 규칙에서 Rn은 n번째 행을 참조하고 Cn은 n번째 열을 참조합니다. 예를 들어 R1C2는 첫 번째 행과 두 번째 열에 있는 셀을 참조합니다.

참조 대상	사용할 참조 스타일
열 전체	Cn
행 전체	Rn
특정 셀	RnCn
수식이 포함된 행	R
수식이 포함된 열	C
설정한 두 셀 사이에 있는 모든 셀	RnCn:RnCn
책갈피가 설정된 표에 있는 셀	Bookmarkname RnCn
책갈피가 설정된 표에 있는 셀 범위	Bookmarkname RnCn:RnCn

▲ 참조 스타일의 예

A1 참조

A1 참조 규칙을 사용하면 셀, 셀 집합 또는 셀 범위를 참조할 수 있습니다. A1 참조 규칙에서 문자는 셀의 열을 참조하고 숫자는 셀의 행을 참조합니다. 표의 첫 열은 열 A이고 첫 행은 행 1입니다.

참조 대상	사용할 참조 스타일
첫 번째 열과 두 번째 행에 있는 셀	A2
첫 번째 행에 있는 처음 두 셀	A1, B1
첫 번째 열에 있는 모든 셀과 두 번째 열에 있는 처음 두 셀	A1:B2

▲ 참조 스타일의 예

함수의 다른 셀 참조 방식

워드 2013에 사용되는 특별한 참조 방식은 함수 안에 위치 인수(LEFT, RIGHT, ABOVE, BELOW)를 사용할 수 있습니다. 이런 인수를 사용할 수 있는 함수는 AVERAGE, COUNT, MAX, MIN, PRODUCT, SUM입니다.

SUM 함수를 이용하여 인수 사용 방법의 예를 들면 다음과 같습니다.

더할 숫자가 포함된 영역	수식 상자에 입력할 내용	더할 숫자가 포함된 영역	수식 상자에 입력할 내용
셀 위	=SUM(ABOVE)	셀 왼쪽 및 오른쪽	=SUM(LEFT,RIGHT)
셀 아래	=SUM(BELOW)	셀 왼쪽 및 위쪽	=SUM(LEFT,ABOVE)
셀 위 및 아래	=SUM(ABOBE,BELOW)	셀 오른쪽 및 위쪽	=SUM(RIGHT,ABOVE)
셀 위쪽	=SUM(LEFT)	셀 왼쪽 및 아래쪽	=SUM(LEFT,BELOW)
셀 오른쪽	=SUM(RIGHT)	셀 오른쪽 및 아래쪽	=SUM(RIGHT, BELOW)

TIP : 중요 위치 인수를 사용하여 표에서 합계를 계산할 때 오류가 발생하지 않도록 계산할 셀 중에서 비어 있는 셀에는 '0'을 입력합니다. 위치 인수(예 : LEFT)를 사용하는 수식은 머리글 행에서 값을 계산에 포함하지 않습니다.

■ 워드 표 수식에 사용할 수 있는 함수 종류

함수	기능	예제/결과
ABC( )	괄호 안에 있는 값의 절대 값을 계산합니다.	=ABC(−22)/ 22
AND( )	괄호 안의 인수가 모두 참인지 계산합니다.	=AND(SUM(LEFT)<10,SUM(ABOVE)>=5)
상세 설명	같은 행에서 수식 왼쪽에 있는 값의 합계가 10보다 작고, 같은 열에서 머리글 셀을 제외한 수식 위에 있는 값의 합계가 5보다 크거나 같으면 1이고, 그렇지 않으면 0입니다.	
AVERAGE( )	괄호 안에 있는 항목의 평균을 계산합니다.	=AVERAGE(RIGHT)
상세 설명	같은 행에서 수식 셀 오른쪽에 있는 모든 값의 평균입니다.	
COUNT( )	괄호 안에 있는 항목의 개수를 계산합니다.	=COUNT(LEFT)
상세 설명	같은 행에서 수식 셀의 왼쪽에 있는 값의 개수입니다.	
DEFINED( )	괄호 안에 있는 인수가 정의된 인수인지 계산합니다. 인수가 정의되었으며 오류 없이 계산되면 1을, 인수가 정의되지 않았거나 오류가 발생하면 0을 결과로 나타냅니다.	=DEFINED(grosg_income) Gross_income이 정의되었으며 오류 없이 계산되면 1이고, 그렇지 않으면 0입니다.
FALSE	인수를 사용하지 않으면 결과는 항상 0입니다.	=FALSE / 0
IF( )	첫 번째 인수를 계산합니다. 첫 번째 인수가 참이면 두 번째 인수를, 거짓이면 세 번째 인수가 결과가 됩니다.	=IF(SUM(LEFT)>=10,10,0) 수식 왼쪽에 있는 값의 합계가 10이상이면 10이고, 그렇지 않으면 0입니다.

ROUND( )	두 개의 인수를 사용합니다. 첫 번째 인수는 숫자이거나 숫자로 계산되어야 하고 두 번째 인수는 정수이거나 정수로 계산되어야 합니다. 첫 번째 인수를 두 번째 인수에 설정된 자릿수로 반올림합니다. 두 번째 인수가 0보다 크면 첫 번째 인수가 설정된 자릿수로 반올림되고, 두 번째 인수가 0이면 첫 번째 인수가 가장 가까운 정수로 반올림됩니다. 두 번째 인수가 음수이면 첫 번째 인수가 소수점 위에서 반올림됩니다.	=ROUND(123.456, 2) / 123.46 =ROUND(123.456, 0) / 123 =ROUND(123.456, −2) / 100
SIGN( )	숫자이거나 숫자로 계산되는 하나의 인수를 사용합니다. 괄호 안에 있는 항목이 0보다 큰지, 같은지 또는 작은지 계산합니다. 0보다 크면 1을, 0보다 작으면 −1이 결과로 나타납니다.	=SIGN(−11) /−1
SUM( )	괄호 안에 있는 항목의 합계를 계산합니다.	=SUM(RIGHT)
상세 설명	수식 오른쪽에 있는 셀 값의 합계입니다.	
TRUE( )	하나의 인수를 사용합니다. 인수가 참인지 계산합니다. 인수가 참이면 1을, 거짓이면 0이 결과가 됩니다. 주로 IF 수식 내에서 사용됩니다.	=TRUE(1=0) / 0

STEP 01 • 표 안에 데이터를 기준으로 정렬하기

표에 입력한 데이터를 기준으로 행과 열을 재구성하는 방법입니다. 첫째로 도시를 오름차순, 지역을 오름차순, 마지막으로 매출을 기준으로 내림차순 정렬을 적용해 봅니다.

예제 파일 I CD₩Part 06₩6-4표고급기술.docx **완성 파일 I** CD₩Part 06₩6-4표고급기술_완성.docx

01. 표를 선택하고 [표 도구]-[레이아웃] 탭-[데이터] 그룹-[정렬]을 클릭합니다.

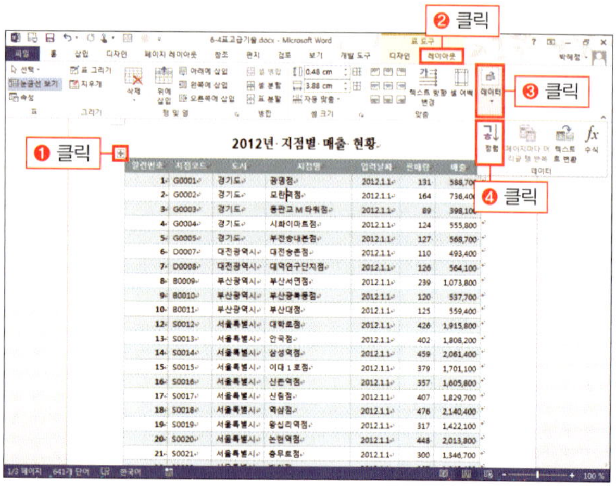

02. [정렬] 대화상자에 도시, 지역, 매출에 대한 정렬을 다음을 참고하여 설정하고 [확인]을 클릭합니다.

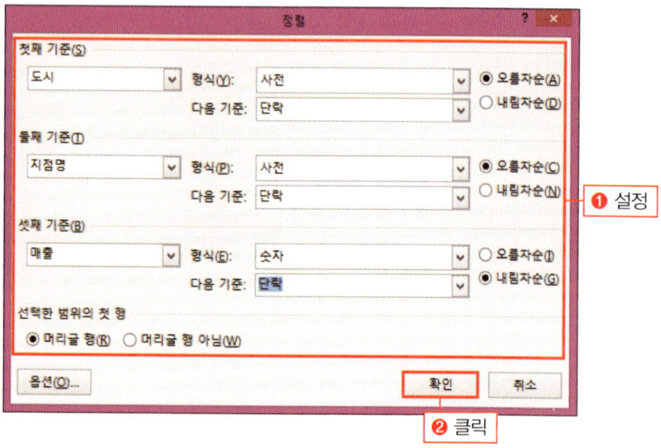

03. 도시를 먼저 오름차순으로 정렬하고 해당 도시 안에서 지역을 두 번째 기준으로 마지막으로 매출이 높은 순서대로 정렬했습니다.

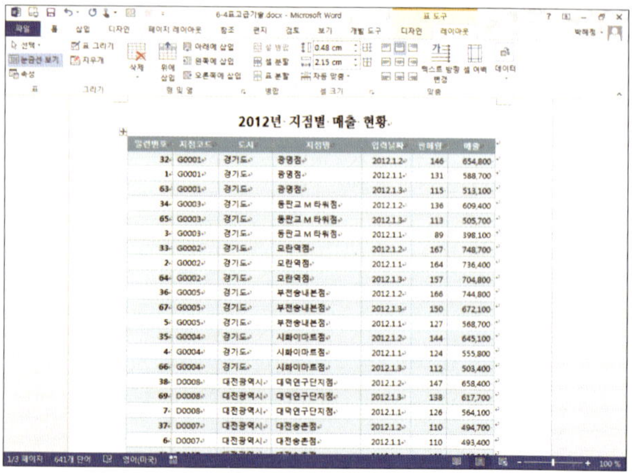

STEP 02 • 페이지마다 머리글 행 반복하기

워드 2013에서는 표의 크기가 한 페이지보다 커지더라도 불편 없이 작업할 수 있습니다. 한 페이지가 넘는 내용은 자동으로 다음 페이지에 나타납니다. 표를 만들 때 주로 첫째 행에는 항목들을 구분하는 제목을 입력합니다. 워드 2013에서는 이를 머리글 행이라고 부릅니다. 사용자가 머리글 행을 설정해 두면, 표가 한 페이지보다 커질 때 자동으로 각 페이지의 첫째 행에 그 머리글이 나타납니다.

완성 파일 | CD\W\Part 06\W6-4표고급기술_완성.docx

01. 표 제목이 입력된 첫 번째 행에 커서를 위치시키고 [표 도구]-[레이아웃] 탭-[데이터] 그룹-[페이지마다 머리글 행 반복]을 클릭합니다.

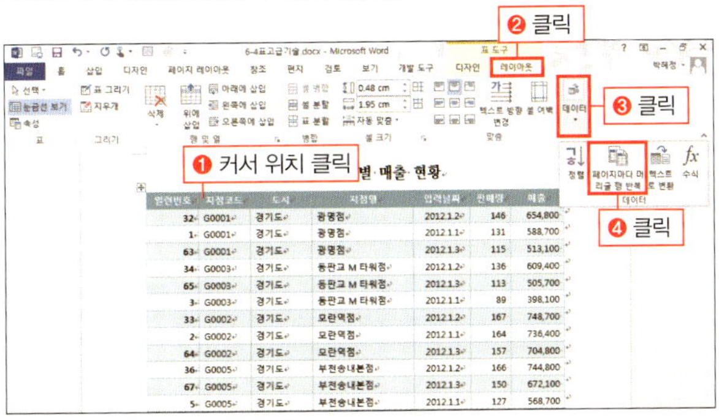

02. 페이지마다 표 제목이 표시되는지 [탐색] 창을 나타내고 확인하기 위해 2페이지로 이동합니다.

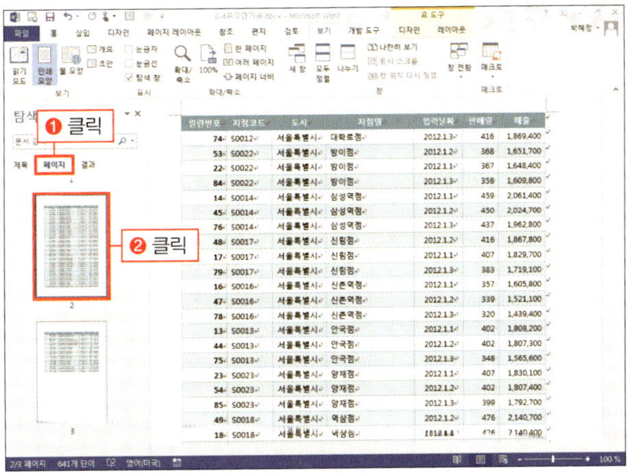

03. [파일] 탭-[인쇄]를 클릭해 보면 표 제목이 페이지마다 반복되어 표시되는 것을 확인할 수 있습니다.

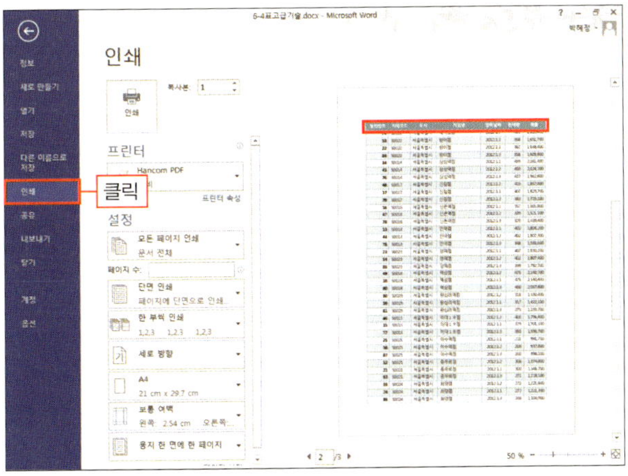

문제 해결 **하나의 표의 행이 페이지에서 나눠지는 것을 방지하려면 어떻게 하나요?**

페이지보다 큰 표는 나눠집니다만 그렇지 않은 경우에 여러 페이지로 나눠지 않도록 설정하려면 다음의 방법을 따릅니다.

❶ 표에서 페이지를 나누지 않을 행을 클릭하고 표가 전체 표를 선택합니다.
❷ [표 도구]-[레이아웃] 탭-[표] 그룹-[속성]을 클릭합니다.
❸ [행] 탭을 클릭하고 [페이지 끝에서 행을 자동으로 나누기]를 체크 해제합니다.

STEP 03 • 수식 사용하기

표에서 수식을 사용하여 계산과 논리적 비교를 수행할 수 있습니다. 수식 명령은 [표 도구]-[레이아웃] 탭-[데이터] 그룹에 있습니다. 워드 2013에서 수식이 포함된 문서를 열면 수식이 자동으로 업데이트됩니다. 수식 결과를 수동으로 업데이트할 수도 있습니다.

예제 파일 I CD₩Part 06₩6-2수식사용.docx **완성 파일 I** CD₩Part 06₩6-2수식사용_완성.docx

01. 표 셀에 수식을 삽입하기 위해 [표 도구]-[레이아웃] 탭-[데이터] 그룹-[수식]을 클릭합니다.

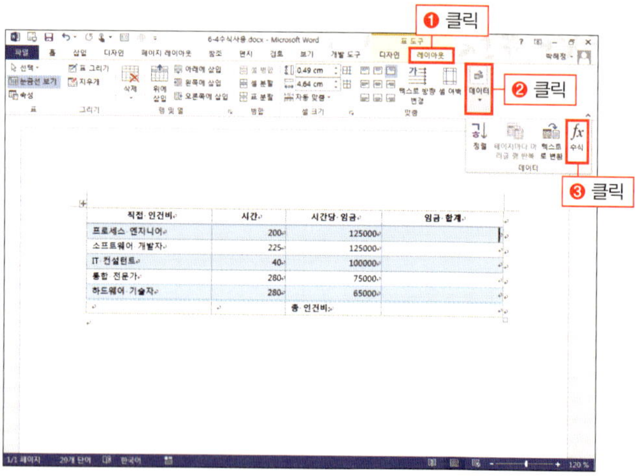

02. [수식] 대화상자에서 수식에는 '=B2*C2'를 만들고 [숫자 형식]을 '#,##0.00'로 선택한 다음 [확인]을 클릭합니다.

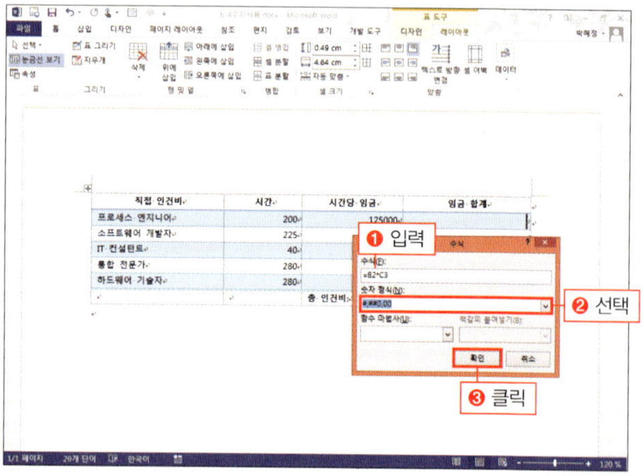

03. 수식이 완성되어 결과가 나타납니다. 다른 셀도 같은 방법으로 수식을 만듭니다. 이번에는 총 인건비의 합을 구하기 위해 셀을 선택하고 [표 도구]-[레이아웃] 탭-[데이터] 그룹-[수식]을 클릭합니다.

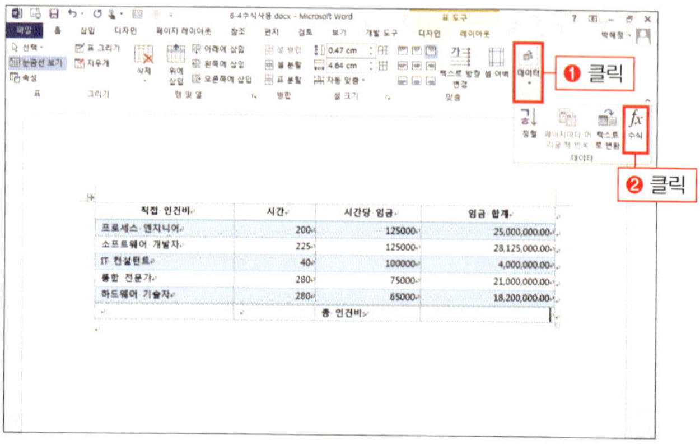

04. [수식] 대화상자에서 자동으로 작성된 수식 '=SUM(ABOVE)'는 그대로 사용하고 [숫자 형식]을 '#,##0.00'로 선택한 다음 [확인]을 클릭합니다.

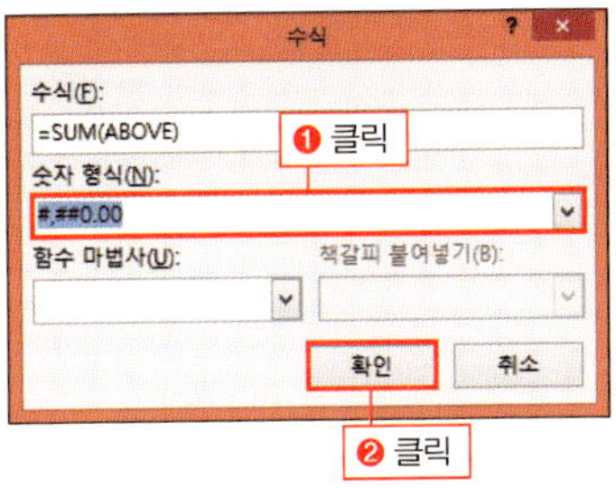

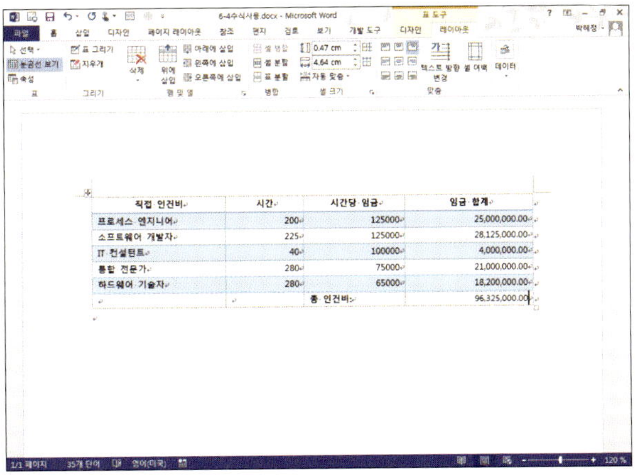

TIP : 워드 2013 표의 수식은 일종의 필드 코드입니다. 필드 코드는 변경된 내용을 업데이트할 수 있습니다.

05. 수식에서 참조한 시간과 시간당 임금 값을 수정하고 변경해야 하는 결과 셀에 마우스 오른쪽 단추를 클릭하고 [필드 업데이트]를 클릭하거나 F9를 누릅니다.

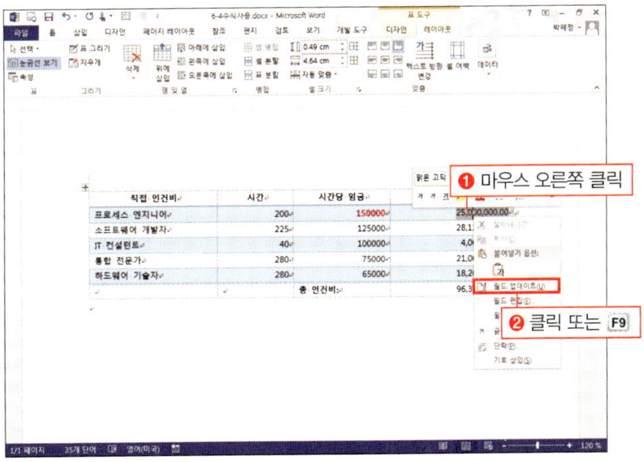

TIP : 표에 있는 모든 수식 결과 업데이트하려면 업데이트할 수식 결과가 포함된 표를 선택한 다음 F9를 누릅니다.

06. 수식이 재계산됩니다.

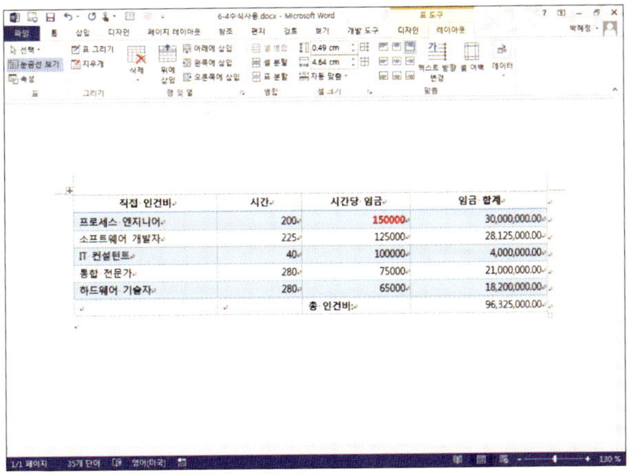

TIP : 워드 2013에서 수식을 삽입하거나 수식이 포함된 문서를 열면 수식의 결과가 계산됩니다.

- 표는 어떤 내용을 일정한 형식과 순서에 따라 보기 쉽게 나타낸 것입니다. 280P
- [표 삽입]에 제공되는 행과 열보다 더 큰 표 또는 사용자 지정 너비 동작이 포함된 표를 만들거나 열에 다른 제어 내용을 적용하려면 표 삽입 명령을 사용합니다. 282P
- 직접 그리기 기능을 사용하면 기본 눈금을 사용할 때보다 더 세부적으로 표의 열과 행의 모양을 제어하려면 표 그리기를 사용하여 원하는 모양의 표를 그립니다. 283P
- 입력한 텍스트를 표로 변경하고 표에 입력된 텍스트의 셀 안에서의 위치를 지정합니다. 285P
- 행과 열 사이에 마우스 포인터를 위치 시키면 나타나며 아이콘을 클릭하면 행/열이 삽입됩니다. 286P
- 커서를 표 안에 위치시키고 Ctrl + A 키를 누르면 표 전체가 선택됩니다. 286P
- 표의 셀 안에서 들여쓰기나 내어쓰기를 지정할 수 있습니다. 295P
- 표를 삭제하려면 표 전체를 선택하고 Back Space 키를 누릅니다. 마찬가지로 행과 열도 삭제합니다. 288P
- 표에 테두리를 변경하려면 먼저 기준 범위를 선택하고 서식을 지정한 다음 선택한 범위를 기준으로 어디에 적용할 지를 결정합니다. 299P
- 표 안에서 탭을 설정할 수 있습니다. 295P
- 표 안에 표를 삽입할 수 있습니다.
- 페이지 마다 표의 머리글을 행을 반복하여 표시하거나 인쇄할 수 있습니다. 309P
- 표에 SUM, AVERAGE, MAX, MIN과 같은 함수식을 사용할 수 있습니다. 306P

01 만들어진 목차를 열이 2개인 표로 바꾸세요.

예제파일 : CD₩Test₩Part06₩06-셀프테스트1.docx
완성파일 : CD₩Test₩Part06₩06-셀프테스트1_완성.docx
동영상파일 : CD₩Test₩Part01₩Part06.avi

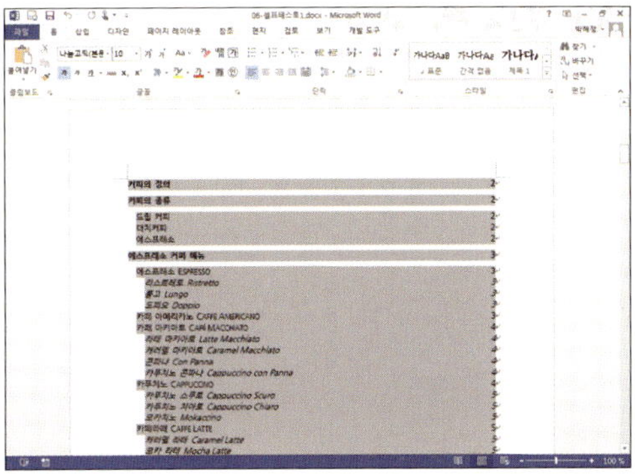
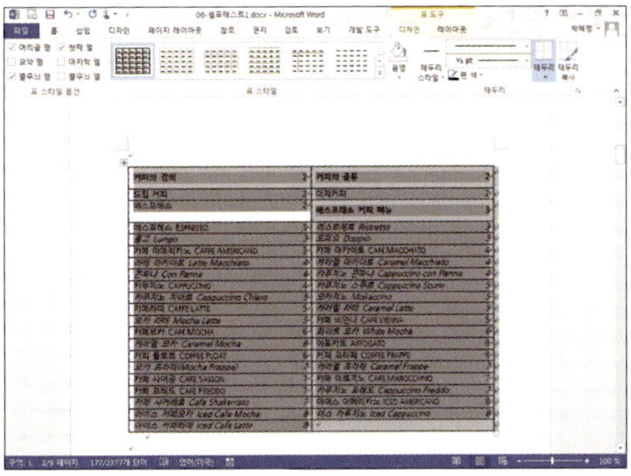

02 표 스타일과 테두리의 서식을 변경하세요.

예제파일 : CD₩Test₩Part06₩06-셀프테스트2.docx
완성파일 : CD₩Test₩Part06₩06-셀프테스트2_완성.docx
동영상파일 : CD₩Test₩Part01₩Part06.avi

- 표 스타일을 : 일반 표1
- 표 테두리 : 오른쪽과 왼쪽은 테두리 투명처리하고 위쪽과 아래쪽은 굵게 지정

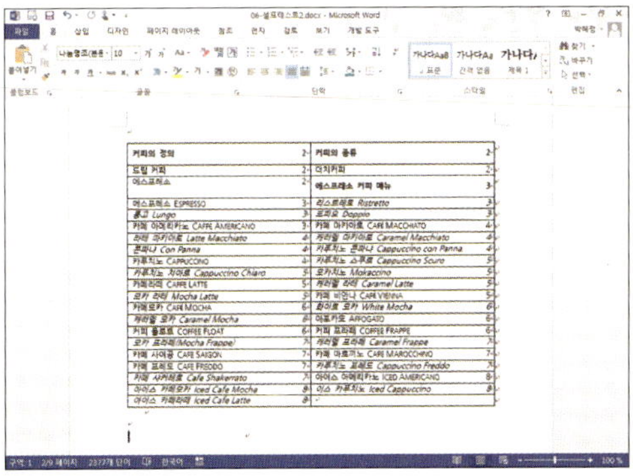
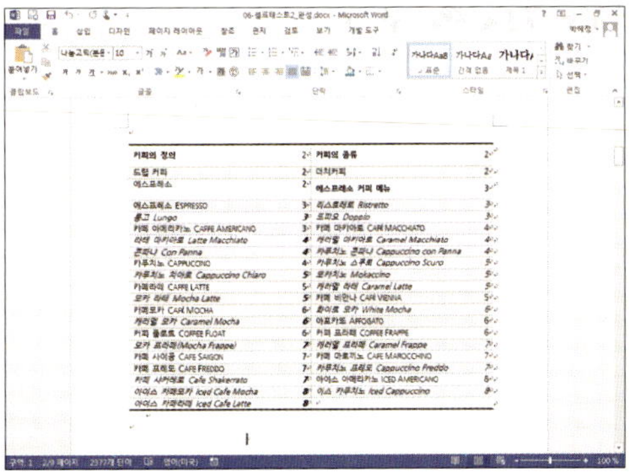

07 ▶ PART

워드의 전자출판(DTP)을 위한 기술

W O R D · 2 0 1 3

전자출판물이란 종이에 인쇄된 종이출판물이 아니고, 전자 매체에 인쇄된 출판물을 말합니다. MS 워드는 진자 출핀을 하기 위한 인프라를 제공합니다. 온라인을 통해 동영상을 삽입할 수 있고, 목차를 아주 쉽게 구현할 수 있으며 머리글과 바닥글, 페이지 번호 등 종이 출판은 물론이고 전자 출판에 필요한 대부분의 기능을 제공하고 있습니다.

LESSON

01 머리글/바닥글 설정하기

레벨 ● ● ●

페이지를 여러 장 사용하여 문서를 만들 때, 머리글/바닥글 기능을 이용하여 한 번의 설정으로 본문 문서에는 아무런 영향을 미치지 않고 매 페이지 위쪽이나 아래쪽에 반복적으로 텍스트나 그림을 나타낼 수 있습니다.

기초탄탄 ▶ 머리글/바닥글의 정의

■ 머리글/바닥글이란?

문서의 매 페이지마다 반복하여 나타나는 텍스트를 말하며, 그림이나 도형 개체를 반복 표시할 수도 있습니다. 머리글/바닥글은 구역, 페이지 단위로 적용할 수 있습니다.

머리글/바닥글 영역에 대한 이해

머리글, 바닥글, 페이지 번호는 머리글/바닥글 영역에 만들어집니다. 머리글/바닥글 영역의 크기는 [페이지 설정] 대화상자에서 설정할 수 있으며, 기본적으로는 머리글은 페이지 위 '1.5cm', 바닥글은 페이지 아래 '1.75cm'로 설정되어 있습니다. 머리글/바닥글 영역을 파워포인트의 마스터와 같이 활용할 수 있습니다.

■ [머리글/바닥글의 도구]–[디자인] 탭

머리글/바닥글로 설정된 페이지의 위/아래를 더블클릭하여 접근하거나 [삽입] 탭–[머리글/바닥글] 그룹–[머리글]–[머리글 편집]을 이용합니다.[머리글/바닥글] 영역 안으로 접근하면 [머리글/바닥글 도구]–[디자인] 탭이 나타납니다.

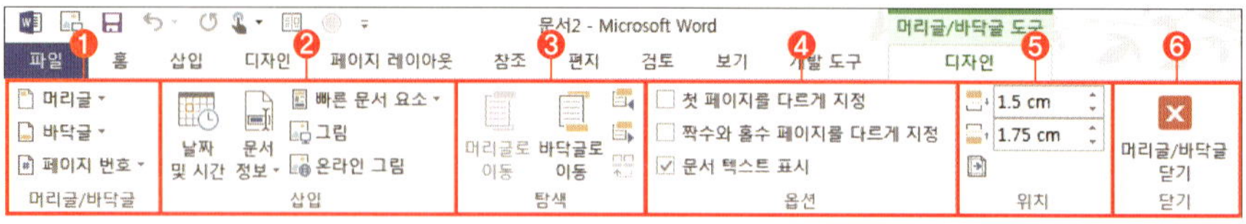

❶ **[머리글/바닥글] 그룹** : 머리글/바닥글을 삽입하고 편집 및 삭제할 수 있습니다.

❷ **[삽입] 그룹** : 날짜 및 시간, 문서 정보, 빠른 문서 요소, 그림 등을 머리글/바닥글 영역에 삽입합니다.

❸ **[탐색] 그룹** : 문서에 적용된 머리글/바닥글의 이동을 쉽게 할 수 있습니다.

❹ **[옵션] 그룹** : 머리글/바닥글의 다양한 옵션을 설정합니다.

❺ **[위치] 그룹** : 머리글/바닥글의 영역 크기를 설정합니다.

❻ **머리글/바닥글 닫기** : 머리글/바닥글 영역을 빠져나옵니다.

STEP 01 • 머리글/바닥글 갤러리로 설정하기

머리글/바닥글 스타일 갤러리를 통해 간단한 머리글이나 바닥글을 만들고 사용자 정보를 머리글 영역에 설정하는 방법에 대해 알아봅니다.

예제 파일 I CD₩Part 07₩7-1머리글바닥글1.docx

01. [삽입] 탭-[머리글/바닥글] 그룹-[머리글]-[전체]를 클릭합니다.

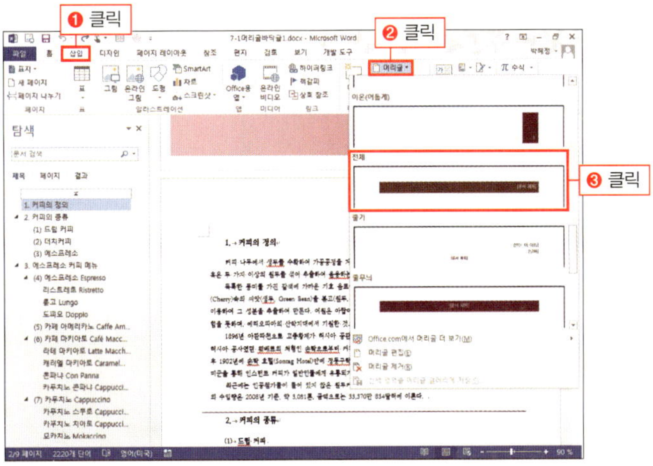

TIP : 대부분의 머리글에는 일부 자리 표시자 텍스트가 있습니다(예 : '문서 제목'). 이 자리 표시자 텍스트 위에 원하는 텍스트를 입력하면 됩니다.

02. 머리글/바닥글 영역으로 이동되며 필요한 도구가 나타납니다. 다른 문서 요소를 머리글 영역에 삽입하기 위해 [머리글/바닥글 도구]-[디자인] 탭-[삽입] 그룹-[문서 정보]-[만든 이]를 클릭합니다.

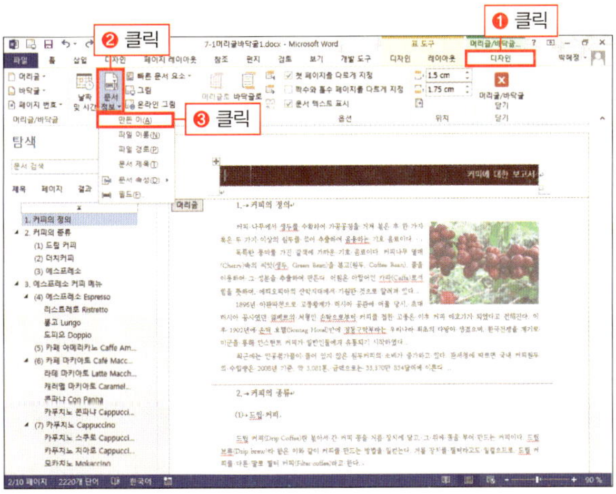

TIP : 머리글과 바닥글 공간이 문서에 머리글 또는 바닥글 태그와 점선으로 표시됩니다. 문서의 본문을 편집하려면 먼저 머리글/바닥글 도구를 닫아야 합니다.

03. 문서 정보로 등록된 [만든 이]가 삽입됩니다. 작업을 마치려면 [머리글/바닥글 도구]-[디자인] 탭-[닫기] 그룹-[머리글/바닥글 닫기]를 클릭합니다.

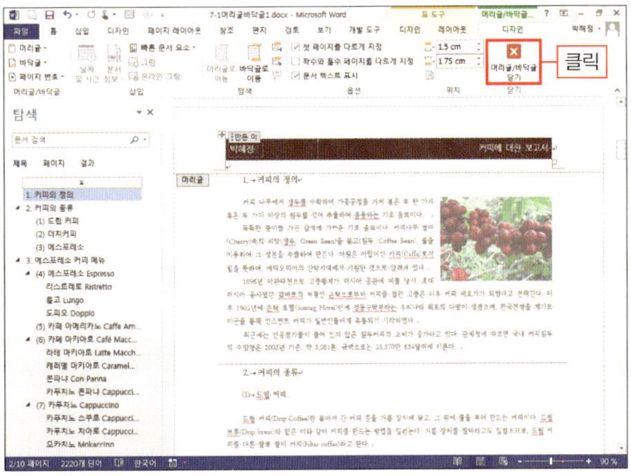

TIP : 문서 정보는 [파일] 탭-[정보]에서 수정할 수 있습니다.

STEP 02 • 머리글/바닥글 공간에 로고 삽입하기

바닥글 공간에 회사 로고를 삽입하고 배치해 봅니다.

예제 파일 I CD₩Part 07₩영진로고.png **완성 파일 I** CD₩Part 07₩7-1머리글바닥글1_완성.docx

01. [삽입] 탭-[머리글/바닥글] 그룹-[바닥글]-[비어 있음]을 클릭합니다.

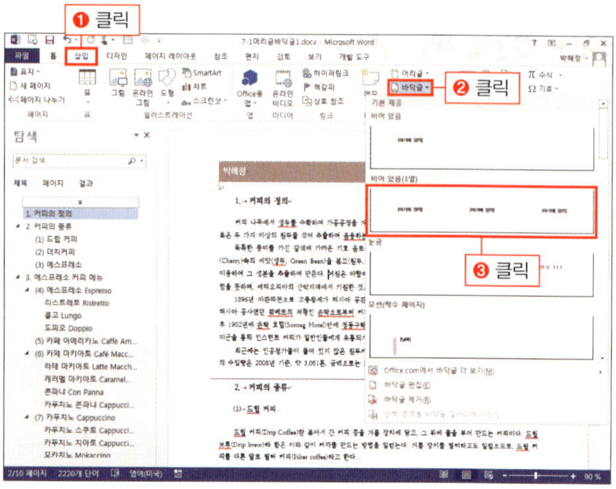

TIP : 머리글을 통해 바닥글로 접근할 수도 있습니다.

02. 바닥글 영역으로 이동됩니다. 그림을 삽입하기 위해 [삽입] 탭-[일러스트레이션] 그룹-[그림]을 클릭한 후 그림(CD₩Part 07₩영진로고.png)을 선택한 다음 [삽입]을 클릭합니다.

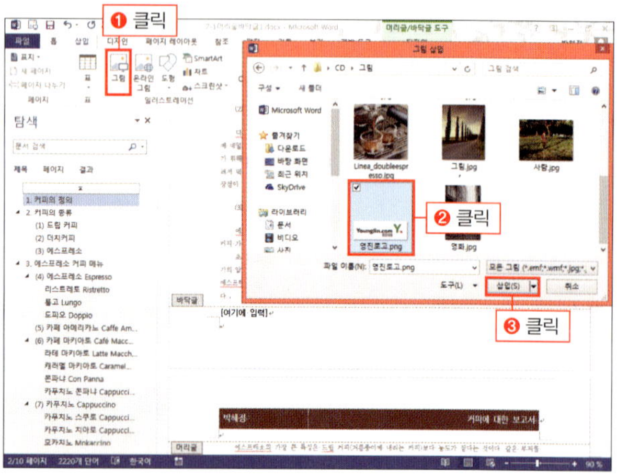

TIP : 그림이 온라인에 있으면 [온라인 그림]을 클릭한 후 옵션을 선택합니다.

03. 삽입한 그림을 선택하고 레이아웃 옵션 아이콘(▣)을 클릭한 후 [텍스트 앞]을 클릭합니다.

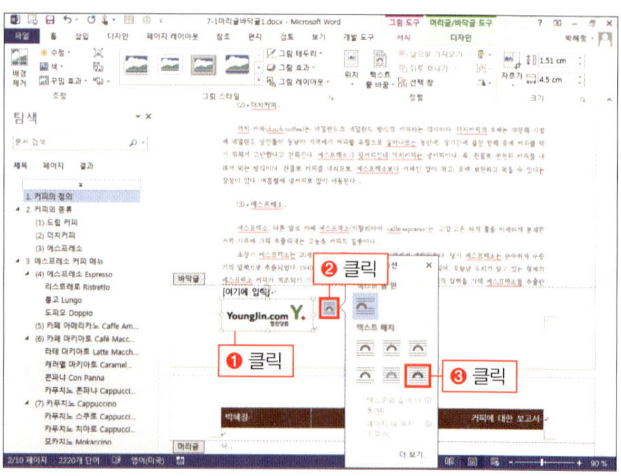

TIP : 그림을 삽입하고 나면 그림을 편집하거나 크기를 변경해야 하는 경우를 위해 자동으로 리본 메뉴 탭에 [그림 도구] 탭이 추가됩니다.

04. 그림을 오른쪽으로 배치한 다음 [머리글/바닥글 도구]-[디자인] 탭-[닫기] 그룹-[머리글/바닥글 닫기]를 클릭합니다.

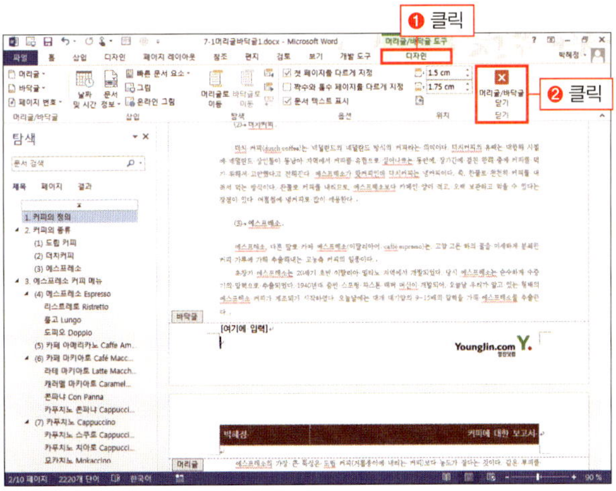

05. [보기] 탭-[확대/축소] 그룹-[여러 페이지]를 클릭해 적용한 머리글/바닥글을 확인합니다.

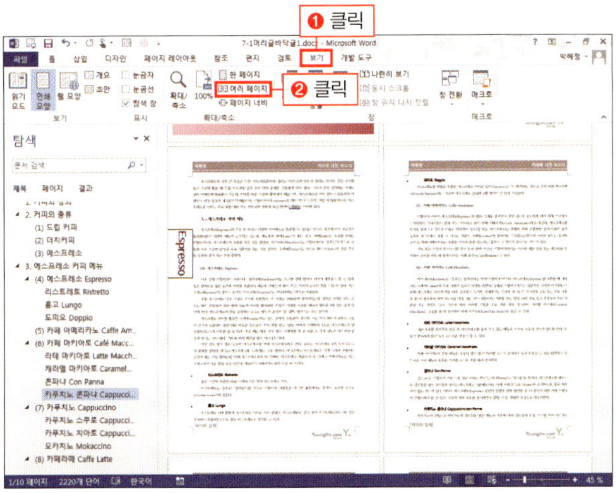

STEP 03 • 머리글/바닥글 편집하기

머리글/바닥글을 적용하는 최소 단위는 구역입니다. 때문에 서로 다르게 설정하려면 구역이 나뉘어져야 합니다. 현재 문서는 총 세 구역으로 나뉘어져 있고 문서 전체에 일괄적으로 '커피에 대한 보고서'라는 머리글이 적용되어 있습니다. 구역별로 다른 머리글을 적용하는 방법을 알아봅니다.

예제 파일 | CD₩Part 07₩7-1머리글바닥글2.docx **완성 파일 |** CD₩Part 07₩7-1머리글바닥글2_완성.docx

01. 페이지 위나 아래를 더블클릭하여 [머리글/바닥글] 영역으로 이동합니다.

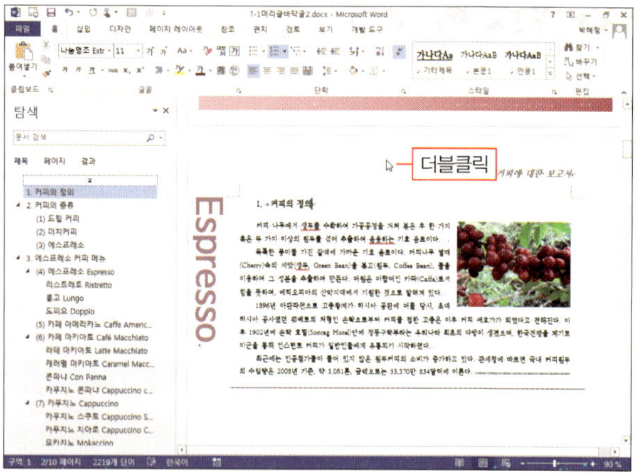

TIP : 첫 페이지에 머리글이 보이지 않는 이유는 삽입한 도형 뒤로 배치되어 있기 때문입니다.

02. 구역을 확인하고 머리글을 '커피의 정의'라고 수정한 다음 [탐색] 창-[제목] 탭을 클릭한 후 '커피의 종류'를 선택해 두 번째 구역의 머리글/바닥글 영역으로 이동합니다.

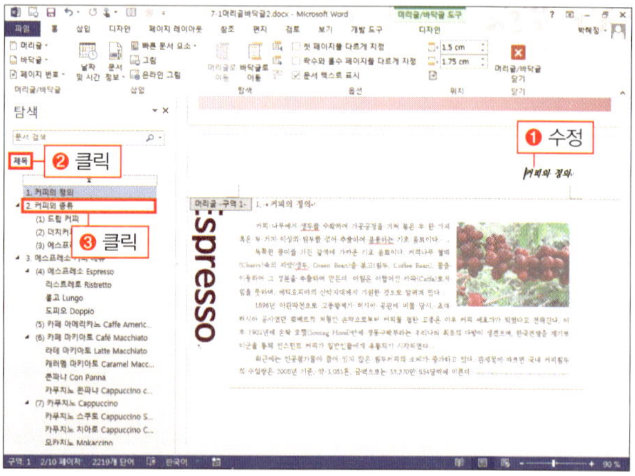

03. '구역 2'와 '이전 머리글 연결'을 확인합니다. [머리글/바닥글 도구]-[디자인]-[탐색] 그룹-[이전 머리글에 연결]을 클릭하여 구역 사이의 연결을 끊습니다.

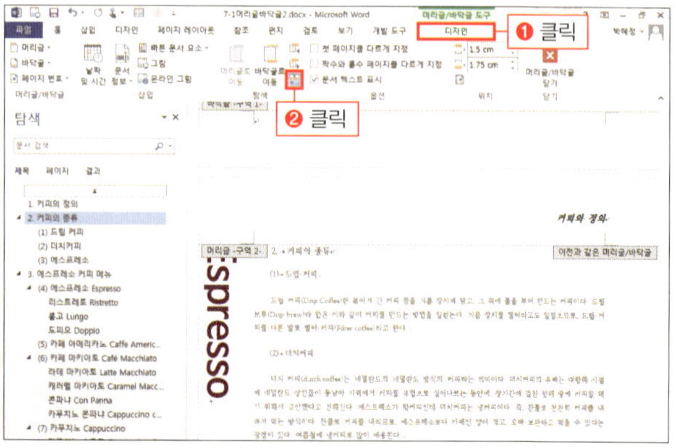

TIP : [이전 머리글 연결]은 클릭할 때마다 적용과 적용 해제를 반복합니다.

04. '이전 머리글 연결'이 사라집니다. 머리글을 '커피의 종류'로 수정하고 화면을 스크롤하여 세 번째 구역으로 이동합니다.

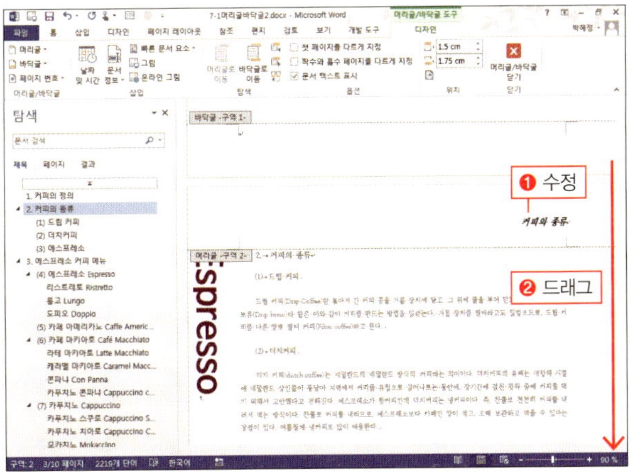

05. '구역 3'와 '이전 머리글 연결'을 확인합니다. [머리글/바닥글 도구]-[디자인] 탭-[탐색] 그룹-[이전 머리글에 연결]을 클릭하여 구역 사이의 연결을 끊습니다.

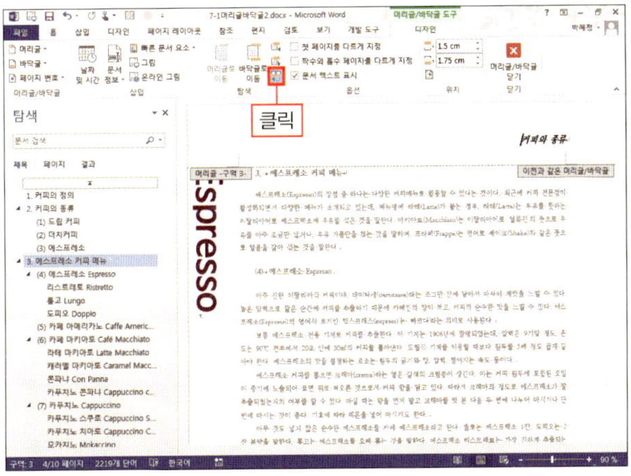

06. '이전 머리글 연결'이 사라집니다. 머리글을 '에스프레소 커피 메뉴'로 수정하고 [머리글/바닥글 도구]-[디자인] 탭-[닫기] 그룹-[머리글/바닥글 닫기]를 클릭합니다.

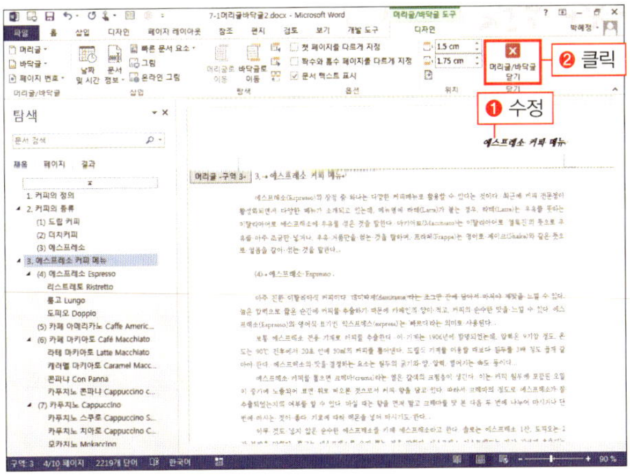

TIP : 문서 본문을 더블클릭하여 [머리글/바닥글 도구]를 닫을 수도 있습니다.

07. [보기] 탭–[확대/축소] 그룹–[여러 페이지]를 클릭하여 구역마다 서로 다른 머리글이 적용된 것을 확인합니다.

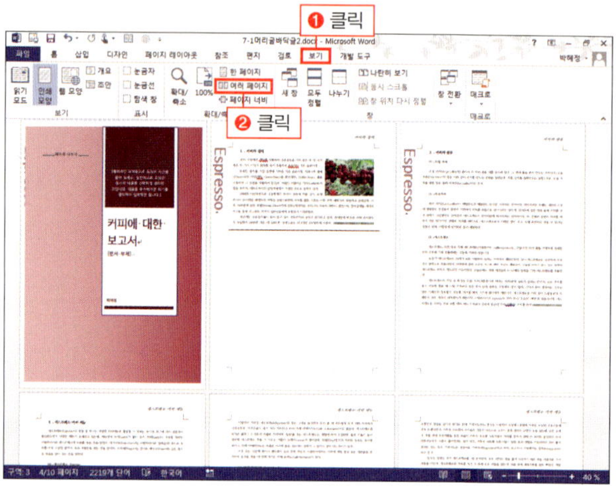

08. 머리글 및/또는 바닥글을 제거하려면 해당 구역의 머리글/바닥글 영역으로 이동한 다음 [머리글/바닥글 도구]–[디자인] 탭–[머리글/바닥글] 그룹–[머리글]–[머리글 제거]를 클릭하거나 텍스트를 Delete 합니다.

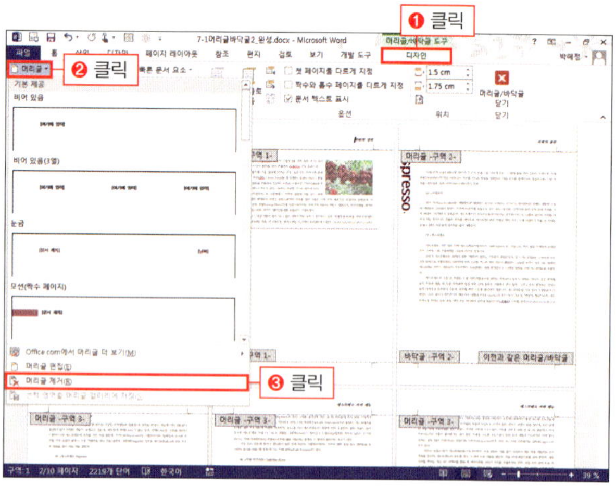

문제 해결 **구역을 만들지 않고 첫 장에는 머리글을 빼고 싶어요.**

[머리글/바닥글 도구]–[디자인] 탭–[옵션] 그룹–[첫 페이지를 다르게 설정]을 체크하면 구역을 나누지 않고도 첫 페이지에 표시하지 않을 수 있습니다.

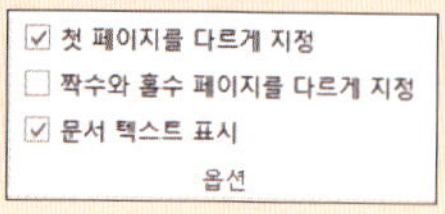

STEP 04 • 머리글/바닥글 영역을 마스터처럼 사용하기

머리글/바닥글 영역으로 설정된 위/아래 공간 외에도 파워포인트의 마스터처럼 머리글/바닥글의 영역을 활용할 수 있습니다. 머리글/바닥글 영역에서 텍스트나 그림을 삽입하면 모든 페이지에 나타나는 것 같이 머리글/바닥글 영역에서 작업하면 모든 페이지에 작업을 나타낼 수 있습니다.

예제 파일 | CD\Part 07\7-1마스터1.docx **완성 파일 |** CD\Part 07\7-1마스터1_완성.docx

01. 'confidential'이라 입력된 텍스트 개체를 모든 페이지에 표시되도록 머리글/바닥글 영역으로 옮기기 위해 'confidential' 텍스트 개체를 선택하고 Ctrl + X를 눌러 잘라냅니다.

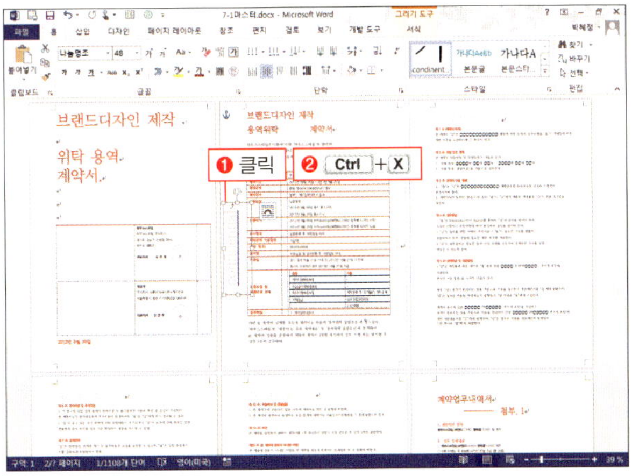

02. [삽입] 탭–[머리글/바닥글] 그룹–[머리글]–[머리글 편집]을 클릭합니다.

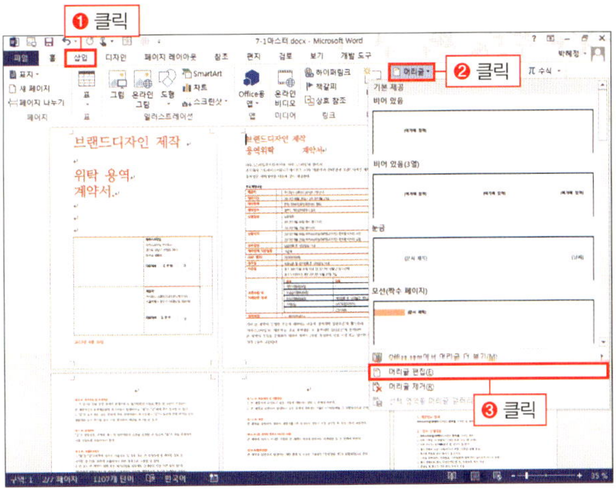

03. 머리글/바닥글 영역에서 Ctrl + V를 눌러 붙여 넣습니다.

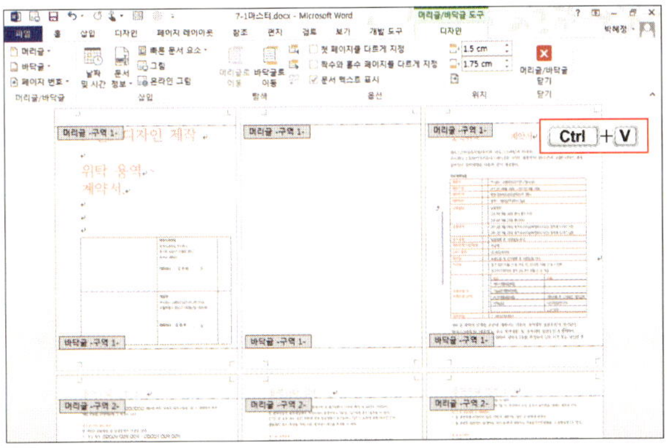

04. 문서에 구역이 나눠져 있어 첫 구역에만 나타납니다. 다음 구역에도 텍스트 개체를 표시하기 위해 [머리글/바닥글 도구]-[디자인] 탭-[탐색] 그룹-[이전 머리글에 연결]을 클릭하고 [확인]을 클릭합니다.

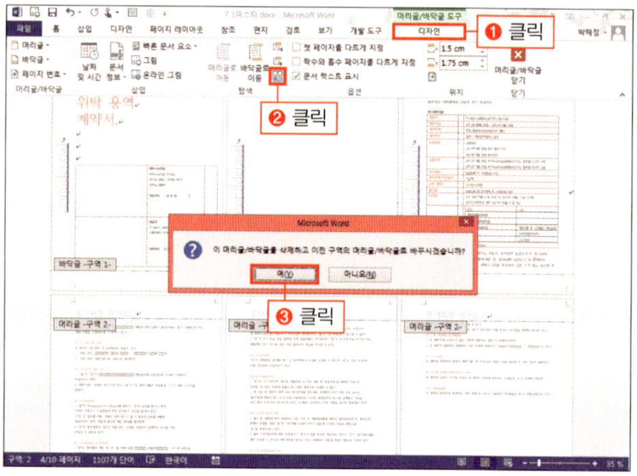

05. 두 번째 구역에도 텍스트 개체가 표시됩니다. [머리글/바닥글 도구]-[디자인] 탭-[닫기] 그룹-[머리글/바닥글 닫기]를 클릭합니다.

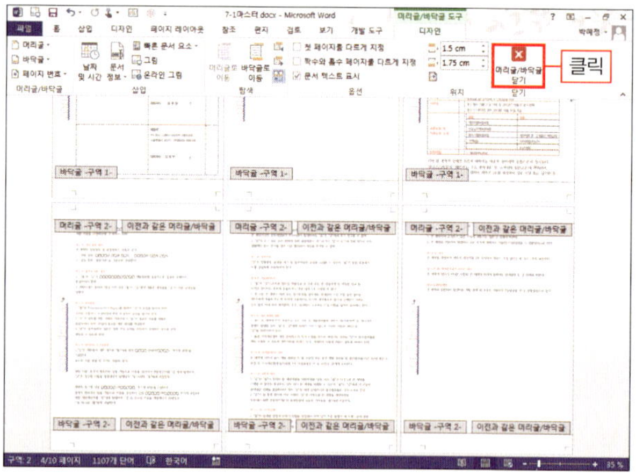

06. 구역 1, 구역 2에 표시됩니다. 구역 3에도 표시하려면 **04**처럼 [이전 머리글에 연결]을 클릭합니다.

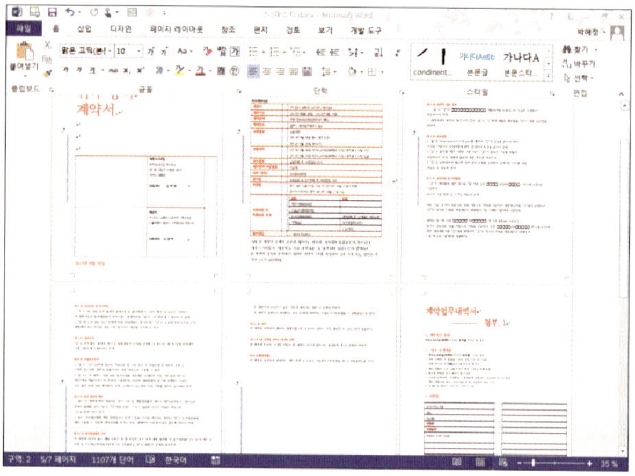

실 무 에 선 이 렇 게 !

홀수와 짝수 페이지에 머리글/바닥글 다르게 만들기

보고서나 소책자의 경우 문서 왼쪽과 오른쪽을 다르게 표시하려는 경우가 많습니다. 머리글/바닥글을 홀수와 짝수 페이지를 나눠 적용하는 방법을 학습해 봅니다.

예제 파일 | CD\Part 07\7-1머리글바닥글3.docx **완성 파일 |** CD\Part 07\7-1머리글바닥글3_완성.docx

01. 페이지 위쪽이나 아래쪽의 머리글 또는 바닥글 영역을 더블클릭하여 [머리글/바닥글] 영역으로 이동한 후 [머리글/바닥글 도구]-[디자인] 탭-[옵션] 그룹-[짝수와 홀수 페이지를 다르게 지정]을 체크합니다.

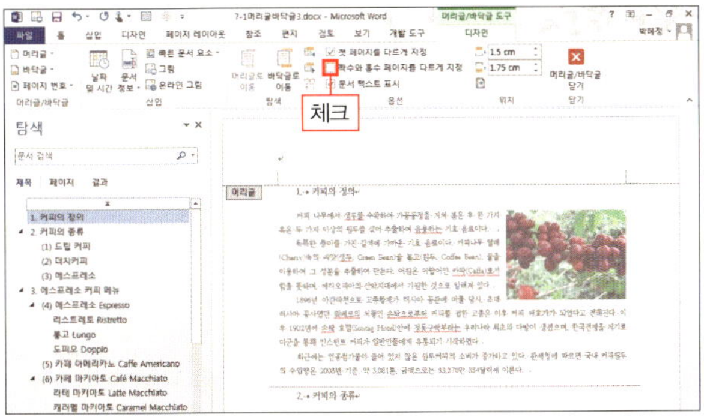

TIP : 빠르게 적용하려면 기본 제공되는 갤러리에서 홀수 또는 짝수 페이지 레이아웃을 활용합니다.

02. 홀수 페이지 머리글을 확인하고 텍스트를 입력한 다음 [머리글/바닥글 도구]-[디자인] 탭-[탐색] 그룹-[다음]을 클릭합니다.

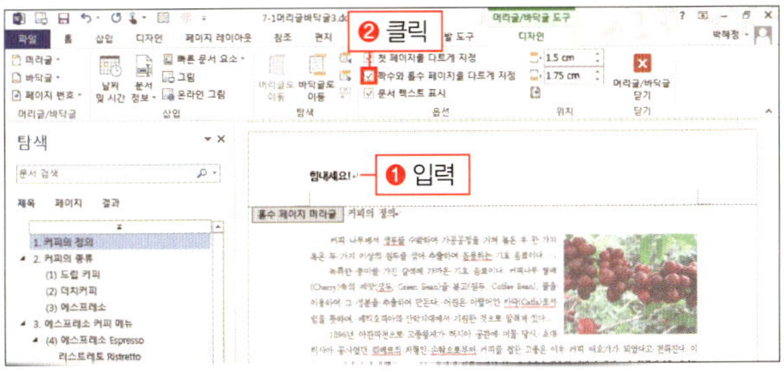

03. [짝수 페이지 머리글]로 이동합니다. 짝수 페이지에 표시할 텍스트를 입력하고 오른쪽 맞춤을 적용한 다음 적용 내용을 확인합니다.

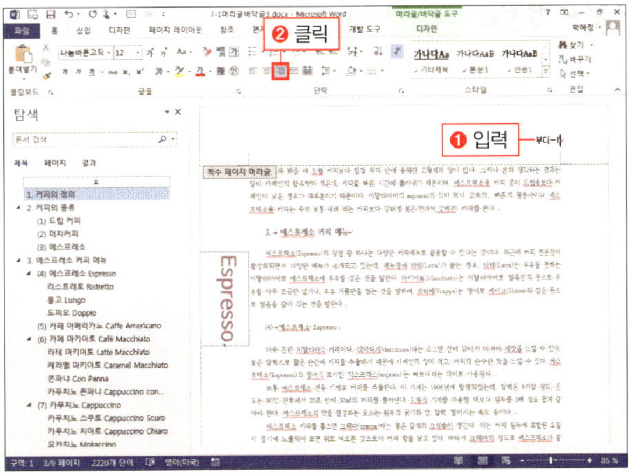

LESSON

02 페이지 번호 설정하기

레벨 ●●●

페이지 번호 설정하기는 문서에 페이지 번호를 자동으로 매겨주는 기능으로 문서의 양이 많을 경우에 필수적입니다. 페이지 번호는 머리글/바닥글 영역이나 본문에 특정 위치에 적용할 수 있습니다.

기초탄탄 [페이지 번호 서식] 대화상자

■ 페이지 번호 적용 327P

페이지 번호는 구역 단위로 새로 설정할 수 있습니다. 페이지 번호를 삽입하려면 [삽입] 탭-[머리글/바닥글] 그룹-[페이지 번호]에서 실행합니다.

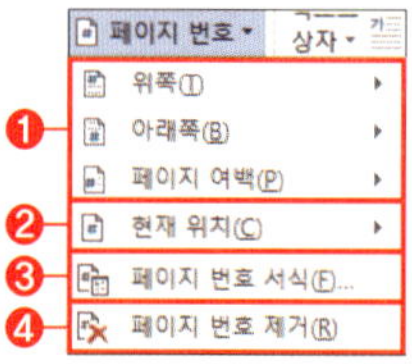

❶ 위쪽, 아래쪽, 페이지 여백 : 머리글/바닥글 영역에 페이지 번호를 삽입합니다.

❷ 현재 위치 : 문서 내에 커서가 위치한 곳에 페이지 번호를 삽입합니다.

❸ 페이지 번호 서식 : 페이지의 시작 번호, 번호 서식을 설정할 수 있습니다.

❹ 페이지 번호 제거 : 삽입된 페이지 번호를 제거합니다.

■ [페이지 번호 서식] 대화상자 330P

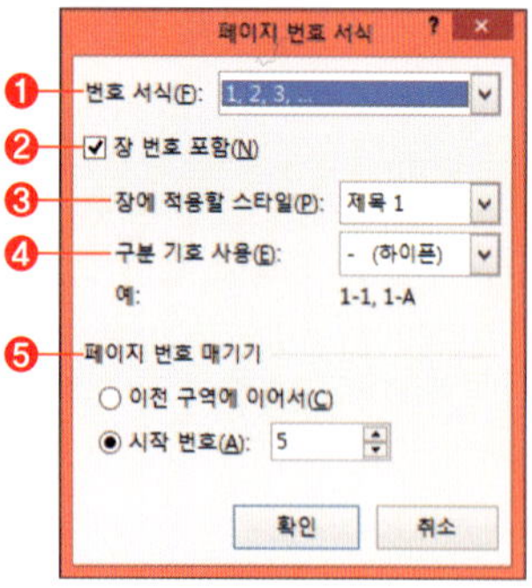

❶ 번호 서식 : '1, 2, 3,...', 'a, b, c,...' 등 다양한 번호 서식을 사용할 수 있습니다.

❷ 장 번호 포함 : 장 번호를 포함하여 페이지 번호를 표시하려면 번호 매기기가 반영되어 [제목] 스타일이 적용된 단락이 있을 때 사용할 수 있습니다.

❸ 장에 적용할 스타일 : 장에 적용할 스타일을 설정합니다.

❹ 구분 기호 사용 : 장과 번호의 구분 기호를 사용할 수 있습니다.

❺ 페이지 번호 매기기 : 이전 구역에 이어서 매기거나 시작 번호를 넣어 새롭게 페이지 번호를 시작할 수 있습니다.

STEP 01 • 제공된 페이지 번호 갤러리를 사용하여 페이지 번호 삽입하기

페이지 번호 갤러리는 즉시 사용할 수 있는 페이지 번호 메뉴를 제공합니다. 페이지 번호 갤러리를 사용하여 페이지 번호를 삽입해 봅니다.

예제 파일 | CD\Part 07\7-1페이지번호.docx **완성 파일 |** CD\Part 07\7-1페이지번호_완성.docx

01. [삽입] 탭-[머리글/바닥글] 그룹-[페이지 번호]-[페이지 여백]-[원, 왼쪽]을 클릭합니다.

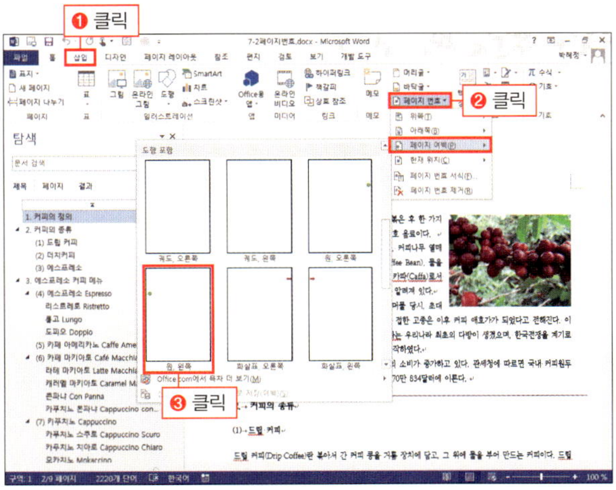

02. 머리글/바닥글을 마스터처럼 활용하여 자동으로 모든 페이지에 번호가 설정됩니다. 작업을 마치려면 [머리글/바닥글 도구]-[디자인] 탭-[닫기] 그룹-[머리글/바닥글 닫기]를 클릭하거나 머리글 및 바닥글 영역 바깥쪽을 아무 곳이나 더블 클릭합니다.

TIP : 도형을 이동하거나 도형의 서식을 변경할 수 있습니다.

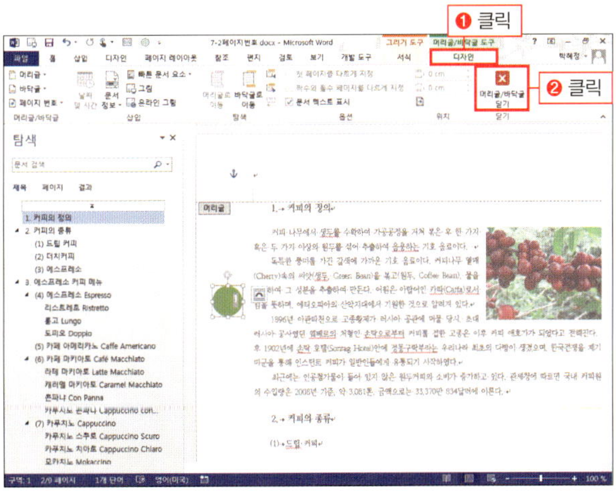

03. 페이지 번호가 삽입됩니다. 편집은 머리글/바닥글 영역에서 할 수 있습니다.

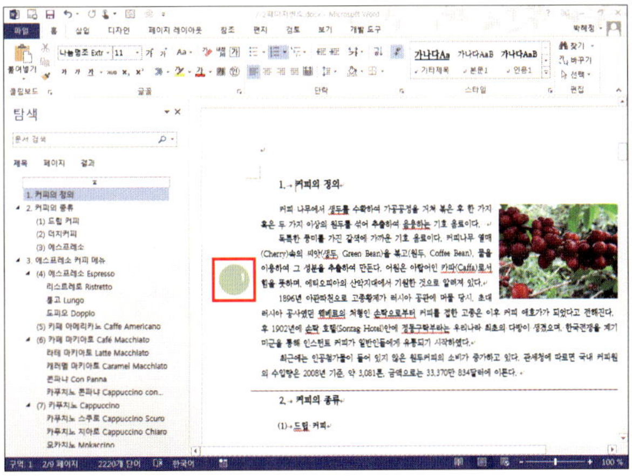

STEP 02 • 머리글/바닥글 영역에 직접 페이지 번호 삽입하기

문서에 머리글 또는 바닥글이 있는 경우 해당 머리글 또는 바닥글에 있는 정보를 손실하지 않고 페이지 번호를 추가하려면 페이지 필드 코드를 사용합니다. 머리글/바닥글 영역에 텍스트 개체를 삽입하여 '페이지번호/전체 페이지 번호'와 같은 형태로 만들어 봅니다.

예제 파일 | CD₩Part 07₩7-1페이지번호1.docx **완성 파일 |** CD₩Part 07₩7-1페이지번호1_완성.docx

01. 페이지 위쪽의 머리글 영역이나 아래쪽의 바닥글 영역을 더블클릭하여 머리글/바닥글 영역으로 이동합니다.

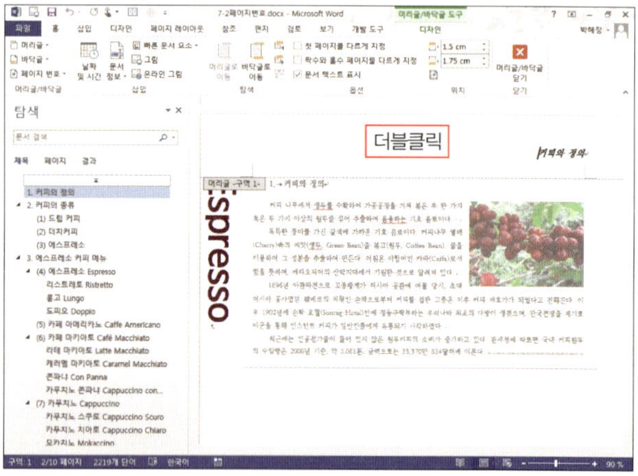

TIP : 머리글 또는 바닥글이 없는 경우 페이지 번호를 추가하려면 페이지 번호 갤러리를 사용합니다. 단, 기존 머리글 또는 바닥글이 갤러리로 바뀔 수 있습니다.

02. 페이지 번호/전체 페이지 번호와 같이 삽입할 텍스트 개체를 삽입하기 위해 [삽입] 탭-[텍스트] 그룹-[텍스트 상자]-[텍스트 상자 그리기]를 클릭합니다.

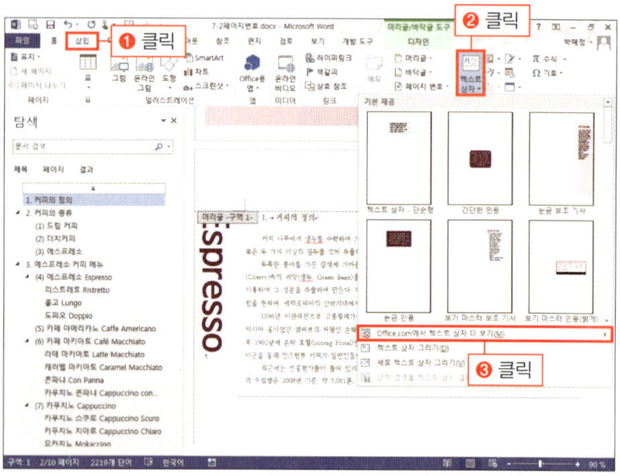

03. 드래그하여 텍스트 개체를 그립니다.

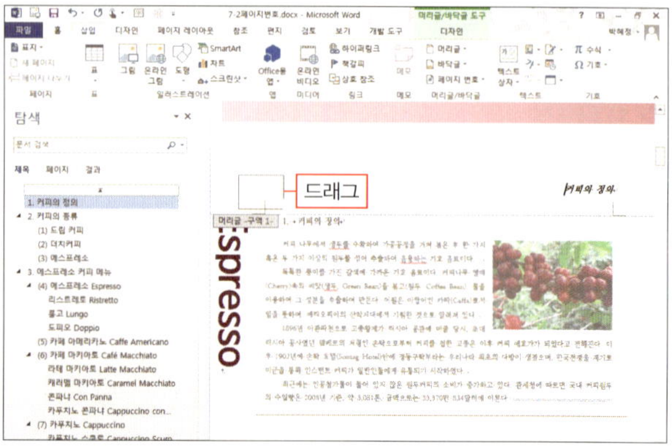

04. 텍스트 상자 안에 커서를 위치시키고 [머리글/바닥글 도구]-[디자인] 탭-[삽입] 그룹-[빠른 문서 요소]-[필드]를 클릭합니다.

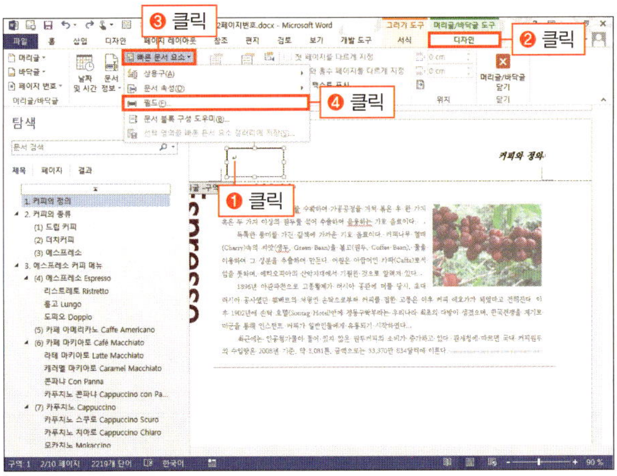

05. [필드] 대화상자에 [범주]를 '번호 매기기'로 선택하고 [필드 이름]은 'Page', [형식]은 '1, 2, 3'을 선택하고 [확인]을 클릭합니다.

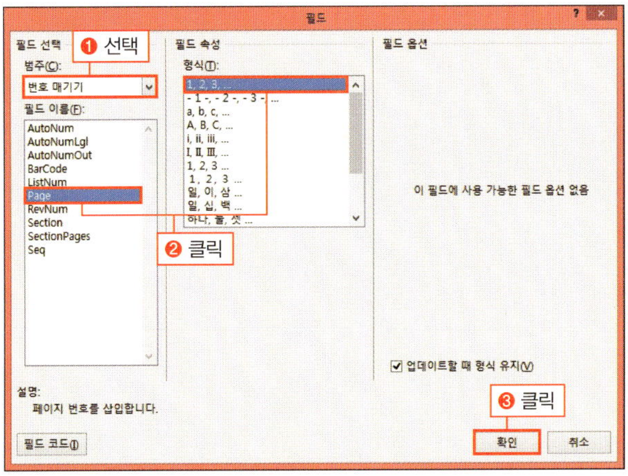

06. 페이지 번호와 전체 페이지 번호 사이에 하이픈(-)은 직접 입력합니다.

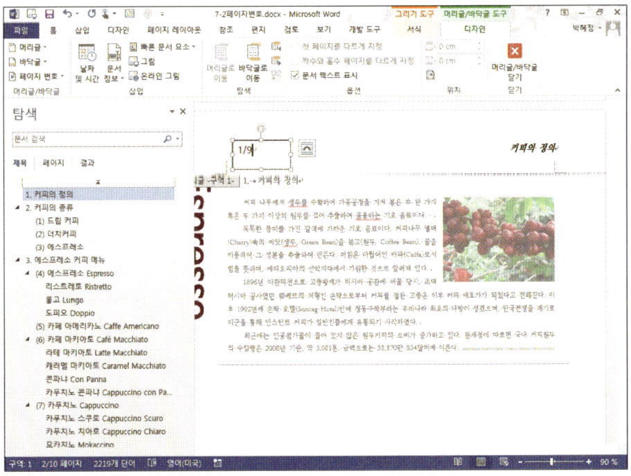

STEP 03 • 번호 서식 및 시작 번호 설정하기

머리글 또는 바닥글에 표시되는 페이지 번호가 1이 아닌 값으로 시작하도록 선택할 수 있습니다. 또한 나중에 문서에서 페이지 번호 매기기를 시작하도록 선택할 수도 있습니다. 예를 들어 첫 번째 페이지가 표지이고 두 번째 페이지가 목차일 경우 세 번째 페이지에 '1페이지'라고 표시할 수도 있습니다.

예제 파일 | CD\Part 07\7-1페이지번호2.docx **완성 파일 |** CD\Part 07\7-1페이지번호2_완성.docx

01. 머리글 또는 바닥글 영역을 더블클릭하여 머리글/바닥글 영역으로 이동한 후 페이지 번호를 선택하고 [머리글/바닥글 도구]-[디자인] 탭-[머리글/바닥글] 그룹-[페이지 번호]-[페이지 번호 서식]을 클릭합니다.

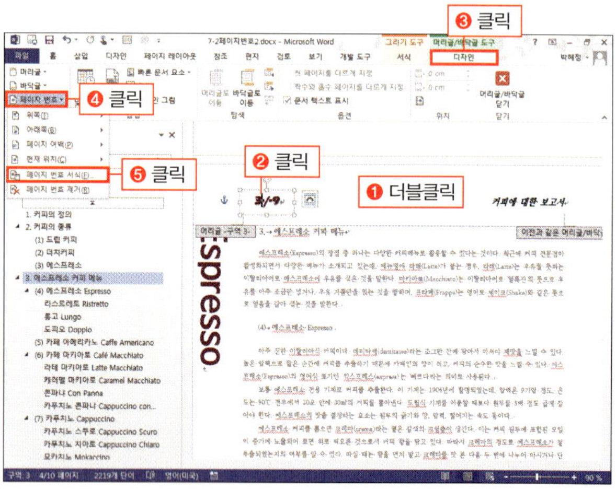

02. [페이지 번호 서식] 대화상자에서 [페이지 번호 매기기]-[시작 번호]를 '1'로 입력하고 [확인]을 클릭합니다.

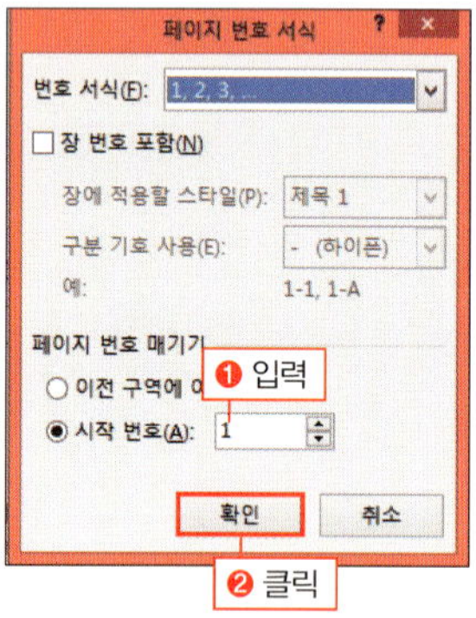

03. 전체 페이지 번호를 구역 전체 페이지 번호로 바꾸기 위해 전체 페이지 번호 뒤에 커서를 위치시키고 [머리글/바닥글 도구]-[디자인] 탭-[삽입] 그룹-[빠른 문서 요소]-[필드]를 클릭합니다.

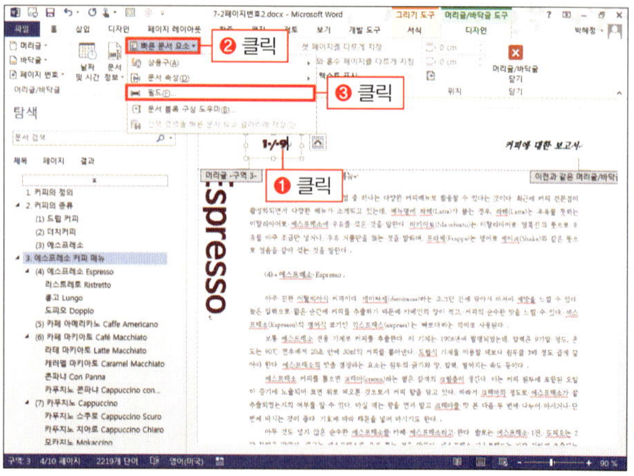

04. [필드] 대화상자에 [범주]를 '번호 매기기'로 선택한 다음 [필드 이름]은 'SectionPages', [형식]은 '1,2,3…'으로 선택한 다음 [확인]을 클릭합니다.

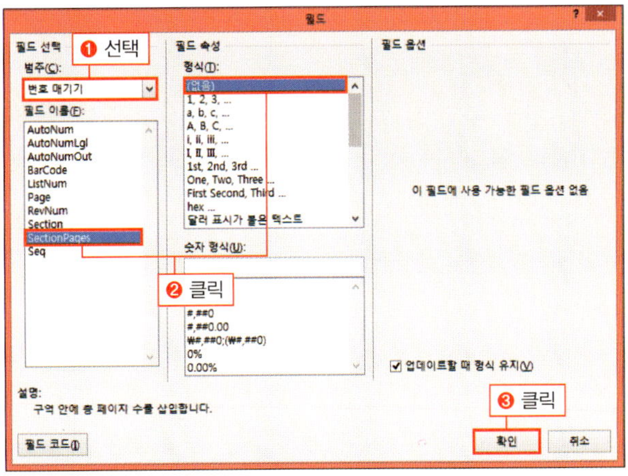

05. 현재 구역의 전체 구역 수가 표시됩니다. 기존 페이지 번호는 Delete 합니다.

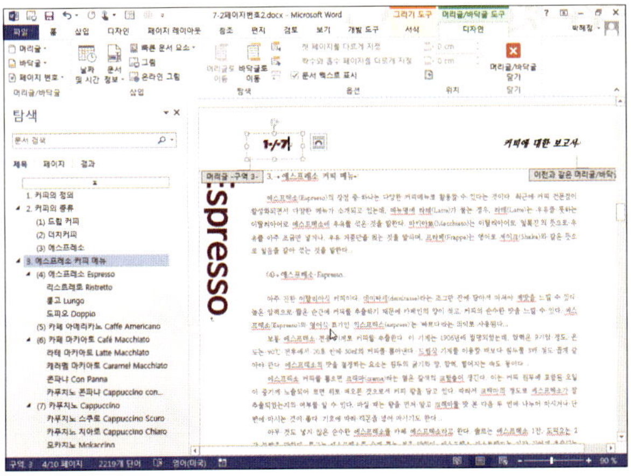

TIP : 문서 또는 구역에서 모든 페이지 번호를 빠르게 삭제하려면 [삽입] 탭-[머리글/바닥글] 그룹-[페이지 번호]-[페이지 번호 제거]를 클릭합니다.

LESSON

03 각주/미주 적용하기

레벨 ●●●

작성자는 문서에서 각주와 미주를 사용하여 문서에 언급한 내용에 대해 설명하거나, 메모를 달거나, 관련 참조를 제공합니다. 일반적으로 각주는 페이지 아래쪽에 나타나고, 미주는 문서 또는 구역의 맨 끝에 나타납니다.

기초탄탄 주석, 각주/미주의 적용

■ 주석이란?

문서에서 인용한 자료의 출처를 밝히거나 본문에서 언급한 내용에 대한 보충 자료를 구체적으로 제시할 필요가 있을 때 사용하는 것입니다. 페이지의 끝에 특정 용어에 대한 설명이나 정의 또는 보충 설명을 적어 놓은 것을 말하며 워드 2013에서는 각주와 미주라는 툴을 사용합니다. 각주는 각주를 적용한 페이지에 미주는 문서의 끝에 표시합니다. 본문에는 각주나 미주 참조 기호가 위 첨자 형태로 표시됩니다.

■ [참조] 탭–[각주] 그룹 334P

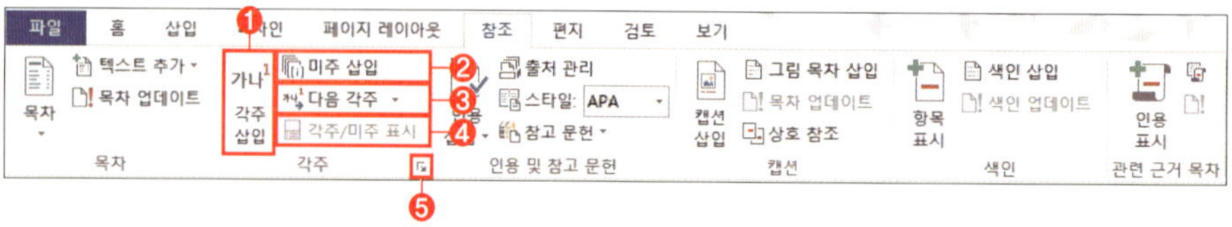

❶ 각주 삽입 : 각주(Ctrl+Alt+F)를 삽입합니다. 페이지 아래에 내용이 배치됩니다.

❷ 미주 삽입 : 미주(Ctrl+Alt+D)를 삽입합니다. 문서의 마지막에 내용이 배치됩니다.

❸ 다음 각주 : 각주와 미주간 이동을 쉽게 할 수 있습니다.

❹ 각주/미주 표시 : 각주나 미주가 너무 길어서 한 페이지에 다 포함되지 않는 경우 계속 주의 표시를 만들어 각주나 미주가 다음 페이지에서 계속된다는 사실을 알릴 수 있습니다.

❺ 대화상자 표시 아이콘( ) : [각주] 대화상자를 엽니다.

■ [각주 및 미주] 대화상자 336P

[각주 및 미주] 대화상자에서 각주와 미주의 표시 내용 및 레이아웃 등을 설정할 수 있습니다. 각주 표시는 본문에 그 내용은 바닥글 위로 새로운 공간을 만들어 삽입합니다.

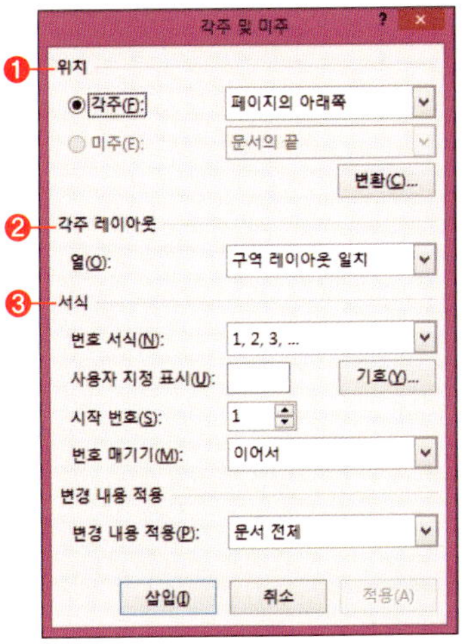

❶ **위치** : 각주와 미주의 내용 표시 위치를 설정할 수 있습니다.

❷ **각주 레이아웃** : 구역 레이아웃 일치, 1열, 2열, 3열,… 등의 레이아웃을 선택할 수 있습니다. 예를 들어 2열을 선택하면 입력한 각주가 2단으로 나눠집니다.

❸ **서식** : 번호 서식, 기호 종류, 시작 번호, 적용 단위를 설정할 수 있습니다.

STEP 01 • 각주 추가하고 텍스트 아래 표시하기

각주를 삽입하면 각주/미주 참조 기호가 삽입되고 새 각주나 미주의 텍스트 영역에 삽입 포인터가 놓입니다. 문서 내에 각주를 추가하고 각주의 내용을 입력해 봅니다.

예제 파일 I CD₩Part 07₩7-3각주.미주.docx **완성 파일 I** CD₩Part 07₩7-3각주.미주_완성.docx

01. 각주를 추가할 텍스트 '유고' 뒤에 커서를 위치시키고 [참조] 탭-[각주] 그룹-[각주 삽입]을 클릭하거나 Ctrl + Alt + F 를 누릅니다.

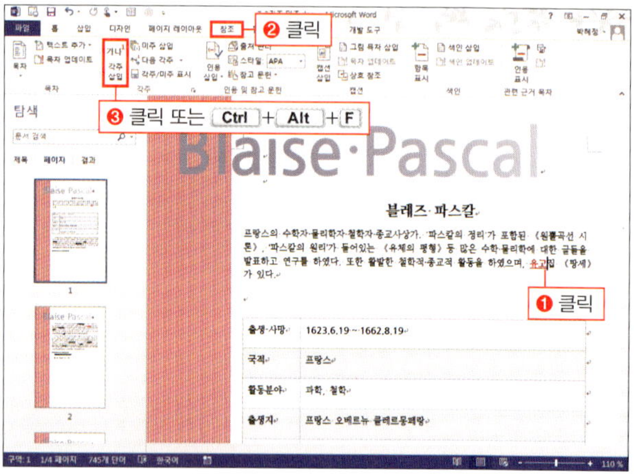

TIP : Part 08에 문서에서 다루는 변경 내용 추적 기능을 사용할 경우 각주 번호가 잘못 매겨질 수 있습니다. 이 경우 변경 내용을 적용하면 각주 및 미주 번호가 제대로 매겨집니다.

02. 각주 내용 입력 영역에 '사람이 생전에 써서 남긴 원고'를 입력합니다.

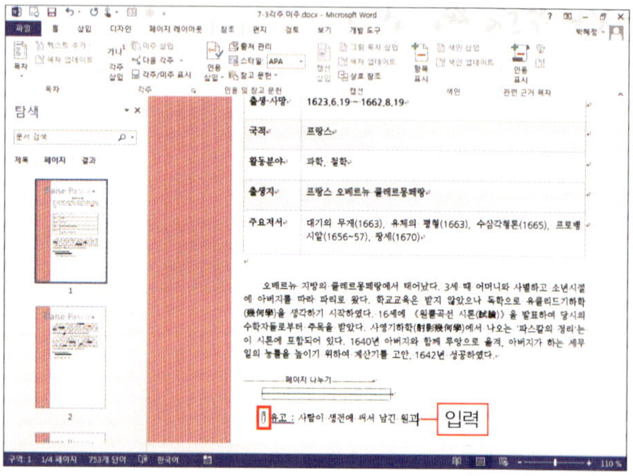

TIP : 문서에서 원래 위치로 돌아가려면 각주 표시를 더블클릭합니다.

03. 커서 위치에 각주 번호가 표시됩니다.

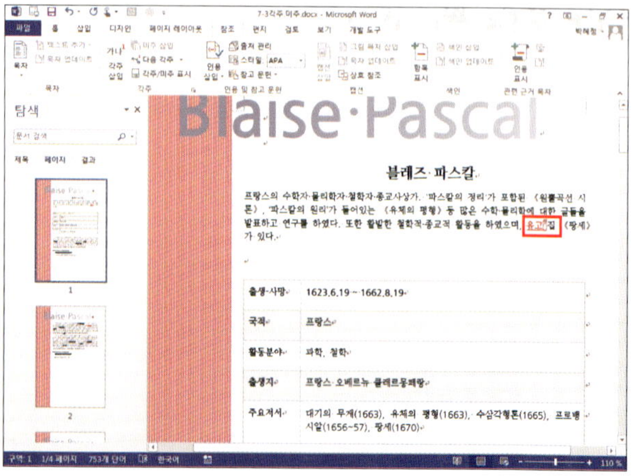

TIP : 본문에 각주 표시를 더블클릭하면 각주 입력 영역으로 이동합니다.

STEP 02 • 미주 추가하고 이동하기

미주를 삽입하면 각주/미주 참조 기호가 삽입되고 새 각주나 미주의 텍스트 영역에 삽입 포인터가 놓입니다. 문서 내에 미주를 추가하고 각주의 내용을 입력해 봅니다.

예제 파일 I CD₩Part 07₩7-3각주.미주1.docx **완성 파일 I** CD₩Part 07₩7-3각주.미주1_완성.docx

01. 미주를 삽입할 '진공'을 찾기 위해 [검색] 창에 '진공'을 입력하면 입력과 동시에 '진공' 텍스트로 이동됩니다. 미주를 삽입할 괄호 뒤로 커서를 위치시키고 [참조] 탭-[각주] 그룹-[미주 삽입]을 클릭합니다.

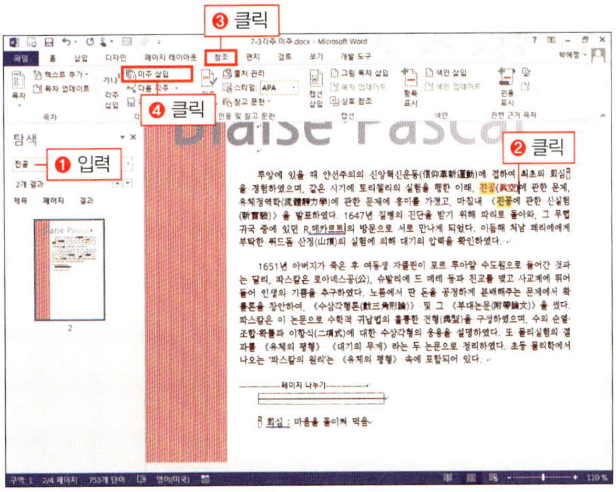

02. 문서의 맨 마지막 페이지 미주 삽입 영역으로 이동됩니다. 미주 내용 '진공 : 물질이 전혀 존재하지 않는 공간'을 입력합니다.

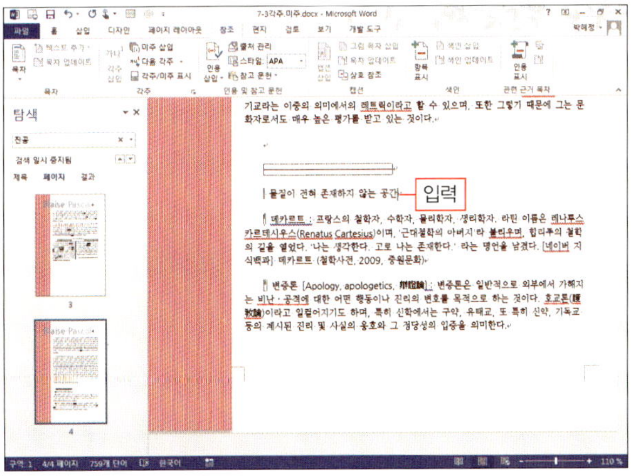

03. 삽입한 각주/미주를 이동하려면 [참조] 탭-[각주] 그룹-[각주 이동]에서 쉽게 이전/다음의 각주/미주로 이동할 수 있습니다.

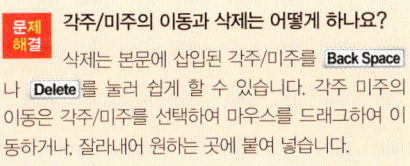

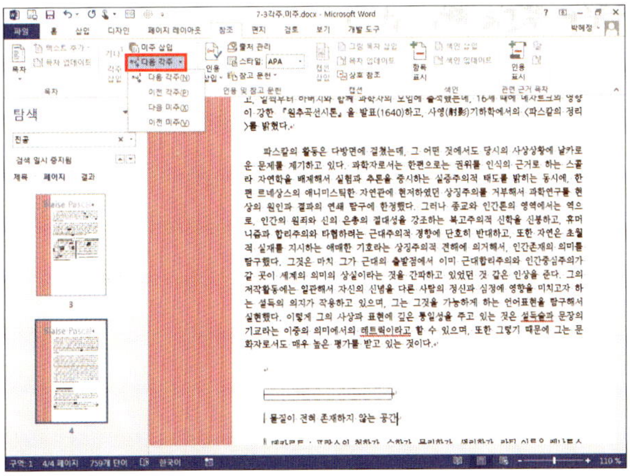

문제 해결 **각주/미주의 이동과 삭제는 어떻게 하나요?**

삭제는 본문에 삽입된 각주/미주를 Back Space 나 Delete를 눌러 쉽게 할 수 있습니다. 각주 미주의 이동은 각주/미주를 선택하여 마우스를 드래그하여 이동하거나, 잘라내어 원하는 곳에 붙여 넣습니다.

STEP 03 • 각주/미주 편집하기

다양한 옵션을 사용하여 각주 및 미주가 작동하는 방식을 사용자 설정할 수 있으며 모든 옵션은 각주 및 미주 상자에 있습니다.

예제 파일 I CD₩Part 07₩7-3각주.미주2.docx **완성 파일 I** CD₩Part 07₩7-3각주.미주2_완성.docx

01. 문서의 각주와 미주는 텍스트 바로 아래 표시되도록 설정되어 있습니다. 각주의 위치를 변경하려면 각주에서 마우스 오른쪽 단추를 클릭해 [각주/미주 옵션]을 클릭합니다.

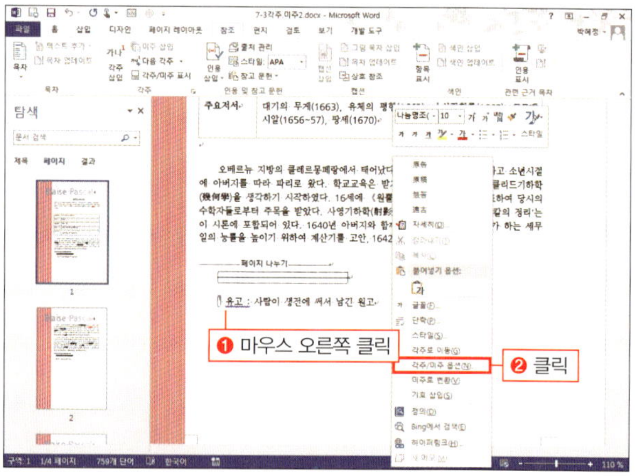

02. [각주 및 미주] 대화상자에서 [위치]-[각주]를 클릭하고, '페이지의 아래쪽'을 선택, [적용]을 클릭합니다.

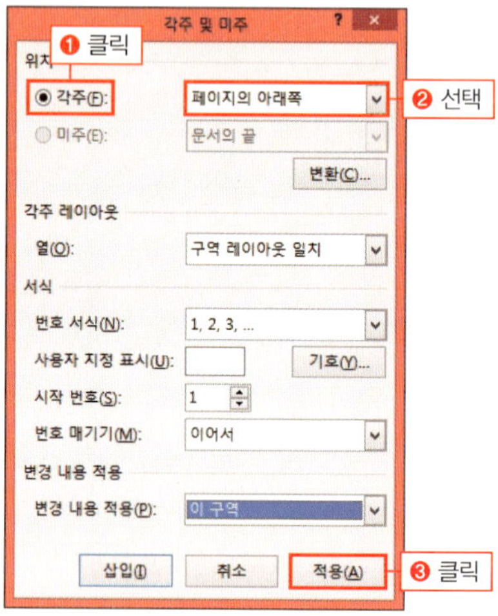

TIP : [삽입]을 클릭하기 전에 변경 사항을 적용할 위치를 '전체 문서' 또는 '현재 구역' 중에 선택합니다.

03. 각주가 페이지 아래쪽으로 배치됩니다.

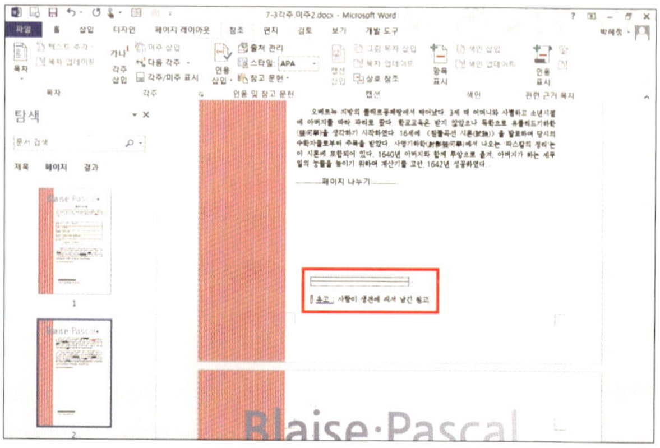

04. 각주 또는 미주의 번호 서식을 변경하기 위해 맨 마지막 페이지 미주로 이동하고 [참조] 탭-[각주] 그룹의 대화상자 표시 아이콘(◲)을 클릭한 후 [각주 및 미주] 대화상자에서 [번호 서식]을 '*, +'로 선택한 다음 [적용]을 클릭합니다.

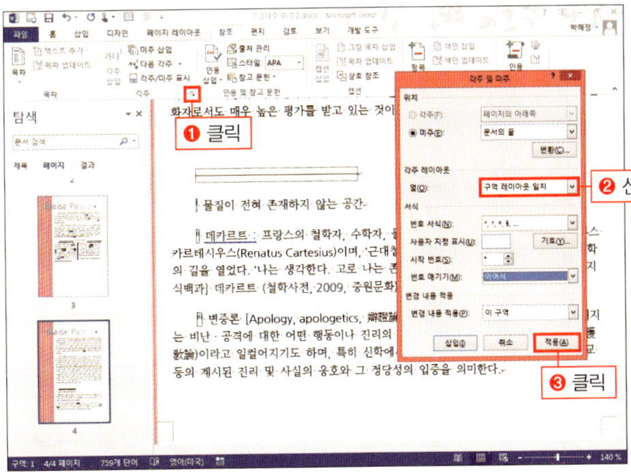

TIP : 각 구역의 시작 부분에서 각주 또는 미주의 번호 매기기를 다시 시작하려면 각주 또는 미주를 클릭하고 구역마다 다시 매기기를 클릭합니다.

05. 미주의 번호 형식이 변경됩니다.

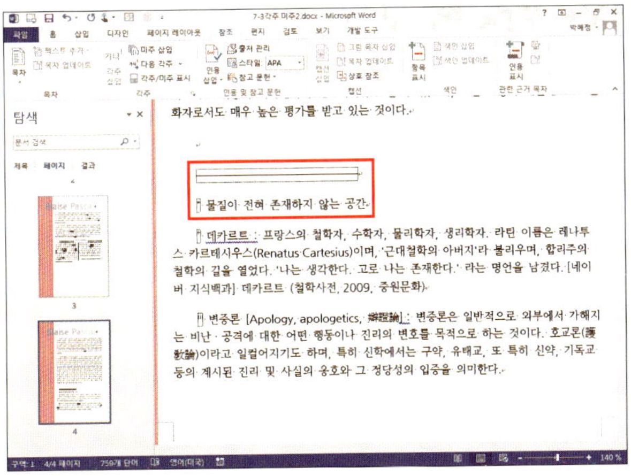

TIP : 문서에 변경 내용 추적 기능을 사용할 경우 각주 번호가 잘못 매겨질 수 있습니다. 이 경우 변경 내용을 적용하면 각주 및 미주 번호가 제대로 매겨집니다.

STEP 04 • 각주 또는 미주 구분선 변경 또는 제거

워드 2013에서는 각주/미주 구분선이라는 간단한 가로줄을 사용하여 문서 텍스트를 각주 및 미주와 구분합니다. 각주/미주가 다음 페이지로 넘어가면 각주/미주 계속 시 구분선이라는 하나의 긴 줄이 인쇄됩니다. 워드 2013은 구분선의 길이를 조정하는 메뉴를 제공하지 않습니다. 때문에 구분선을 조정하려면 원하는 모양을 그림으로 저장해 놓고 추가하는 방식을 사용해야 합니다.

예제 파일 | CD₩Part 07₩7-3각주.미주3.docx,구분선.png **완성 파일 |** CD₩Part 07₩7-3각주.미주3_완성.docx

01. [보기] 탭-[보기] 그룹-[초안]을 클릭합니다.

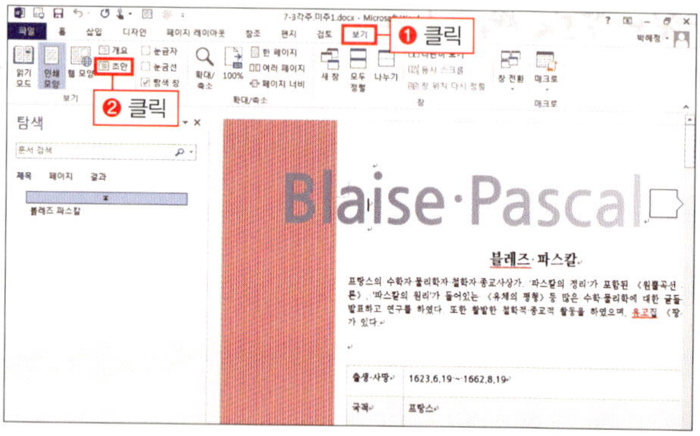

02. [참조] 탭-[각주] 그룹-[각주/미주 표시]를 클릭한 후 [각주/미주 표시] 대화상자에서 [각주 영역]을 클릭하고 [확인]을 클릭합니다.

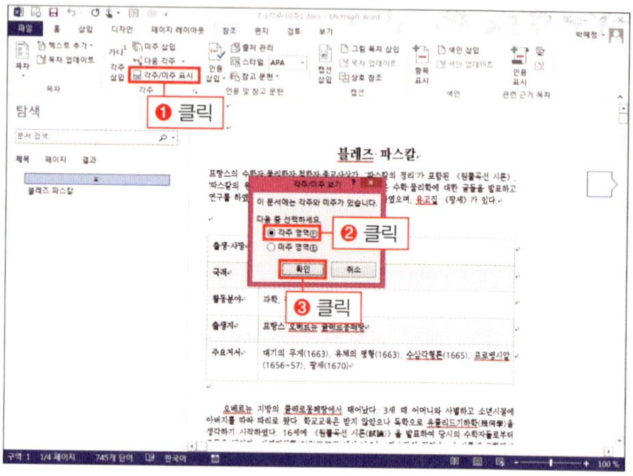

03. [각주/미주] 창 목록에서 변경 또는 제거할 구분선 유형 '각주 구분선'을 선택합니다.

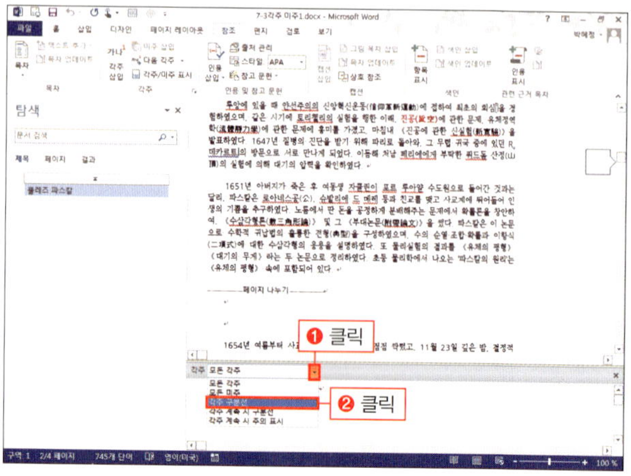

TIP : 이전 페이지에서 계속되는 각주/미주의 구분선을 변경하려면 각주 계속 시 구분선 또는 미주 계속 시 구분선을 클릭합니다.

04. Delete를 눌러 기존 각주를 삭제한 후 [삽입] 탭-[일러스트레이션] 그룹-[그림]을 클릭합니다.

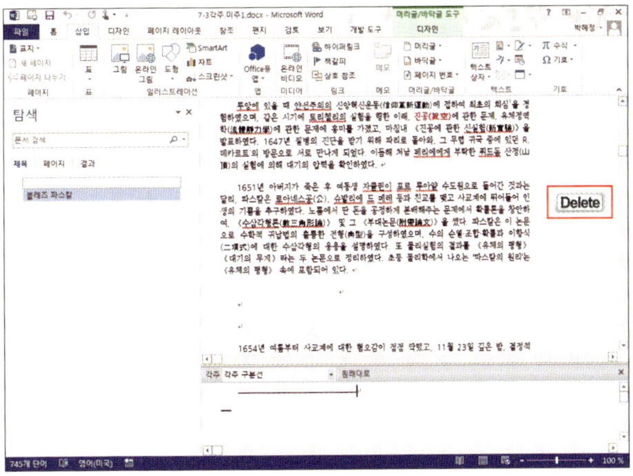

05. 구분선으로 사용하기 위해 준비된 그림(CD₩Part 07₩구분선.png)을 선택하고 [삽입]을 클릭합니다.

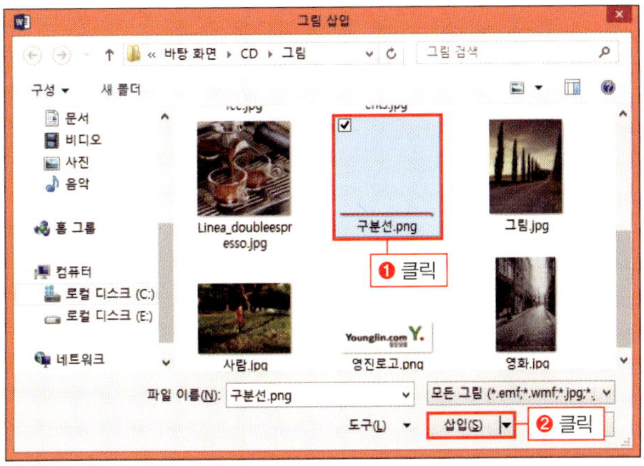

TIP : 구분선을 편집하려면 그림 구분선을 삽입하거나 텍스트를 입력합니다. 기본 구분선을 복원하려면 [원래대로]를 클릭합니다.

06. 자동으로 기본 보기 상태로 돌아갑니다. 적용된 구분선을 확인합니다.

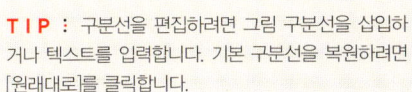

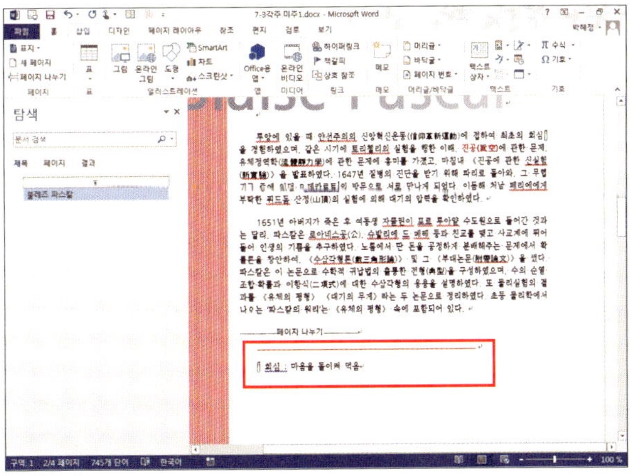

각주와 미주 간 변환하기

실무에선 이렇게!

삽입한 각주와 미주를 다른 종류로 변경하려는 경우 변환할 수 있습니다. 모든 각주를 미주로, 모든 미주를 각주로, 각주와 미주를 맞바꾸기할 수 있습니다. 하나의 각주를 미주로 변경도 가능합니다.

예제 파일 | CD₩Part 07₩7-3각주_미주.docx **완성 파일 |** CD₩Part 07₩7-3각주_미주_완성.docx

01. 각주와 미주를 맞바꾸기 위해 [참조] 탭-[각주] 그룹의 대화상자 표시 아이콘(⧉)을 클릭한 후 [각주 및 미주] 대화상자에서 [변환]을 클릭합니다.

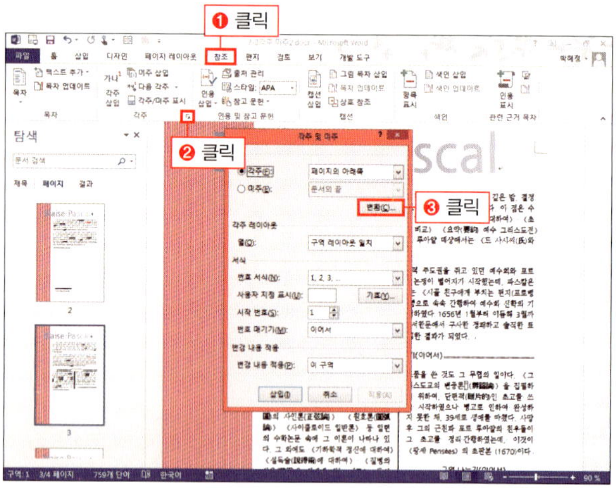

TIP : 각주와 미주가 둘 다 있는 문서에서만 [변환] 명령이 활성화됩니다.

02. [각주/미주 변환] 대화상자에서 [각주와 미주 맞바꾸기]를 클릭하고 [확인]을 클릭합니다.

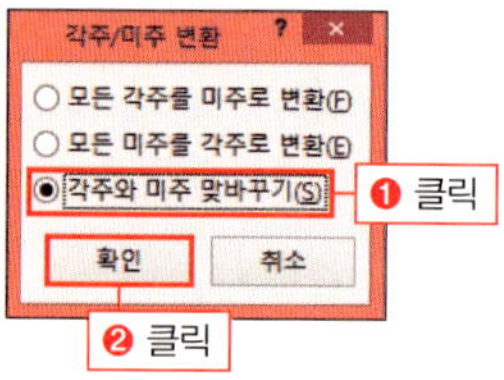

03. 하나의 각주를 미주로 변경하기 위해 각주 텍스트를 마우스 오른쪽 단추로 클릭하고 [미주로 변환]을 클릭합니다.

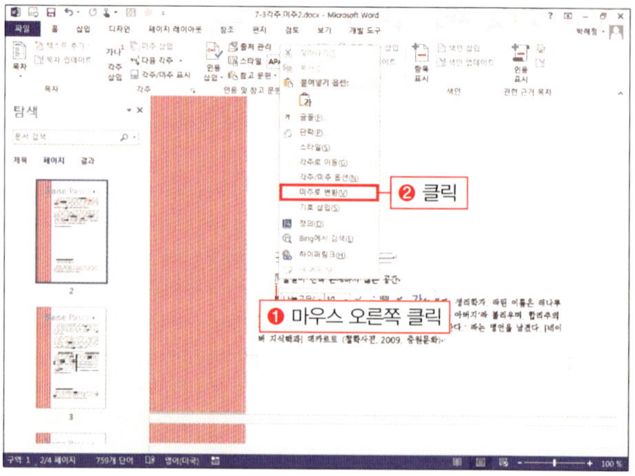

TIP : 각주 또는 미주를 한 번에 모두 표시하려면 [보기] 탭-[보기] 그룹-[초안]을 클릭한 다음 [참조] 탭-[각주] 그룹-[각주/미주 표시]를 클릭합니다.

LESSON 04

목차 및 색인 만들기

레 벨 ●●●

필드를 이용하면 값의 업데이트가 매우 쉽습니다. 워드 2013에서는 값의 업데이트를 수월하게 할 수 있도록 다양한 필드를 제공하고 있습니다. 목차, 책갈피, 상호 참조, 사용자 설정 필드, 캡션 등의 필드와 참조 관리 기능에 대해 살펴봅니다.

기초탄탄 목차와 색인

■ 참조(Reference)란?

워드 2013에서 참조란 문서에 입력한 내용이나 위치를 사용하는 것입니다. 예를 들어 목차는 스타일이나 수준으로 설정된 단락의 내용을 참조하여 목차를 구성하며 참조한 단락의 위치와 내용이 수정되면 수정 사항을 업데이트합니다.

■ [참조] 탭

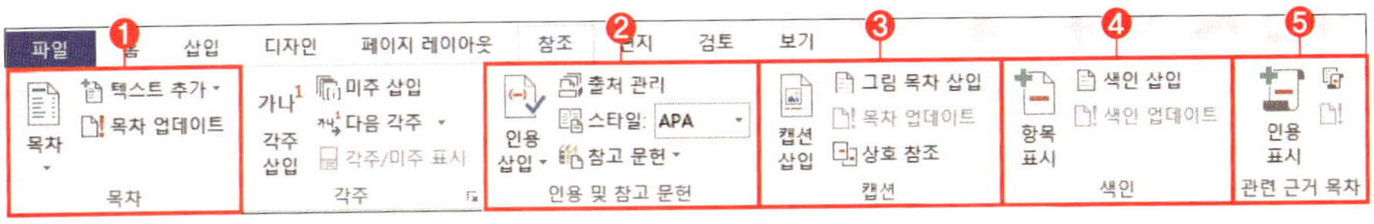

❶ [목치] 그룹 : 단락을 기준으로 목차를 삽입하고, 업데이트합니다.

❷ [인용 및 참고 문헌] 그룹 : 참고 문헌은 문서를 만들 때 참고하거나 인용한 출처의 목록이며 일반적으로 문서 끝에 나열됩니다. 워드 2013에서는 문서에 사용한 출처 정보를 기반으로 참고 문헌을 자동으로 생성할 수 있습니다.

❸ [캡션] 그룹 : 그림, 표 개체에 이름표를 붙입니다.

❹ [색인] 그룹 : 색인을 만들고 업데이트할 수 있습니다.

❺ [관련 근거 목차] 그룹 : 선택한 텍스트를 관련 근거 목차에 추가하여 인용을 표시하거나 목차를 삽입 및 업데이트 합니다.

■ 목차(Contents)란? 344P

목차(Contents)란 출판물의 본문의 주요 구성부분을 순서대로 또는 그 중요도의 순으로 열거하여 찾아보기 쉽도록 해 놓은 것으로 흔히 '차례'라고 합니다.

[목차] 대화상자

[참조] 탭–[목차] 그룹–[목차]–[사용자 설정 목차]를 클릭하면 목차를 만들 수 있는 [목차] 대화상자가 열립니다.

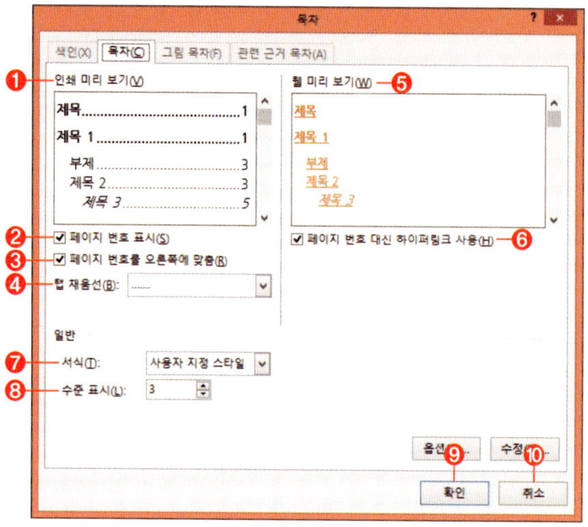

❶ 인쇄 미리 보기 : 삽입될 목차 결과를 보여줍니다.

❷ 페이지 번호 표시 : 목차 항목에 페이지 번호를 표시합니다.

❸ 페이지 번호를 오른쪽에 맞춤 : 페이지 번호를 오른쪽에 정렬하여 표시되며, 선택을 해제하면 목차 텍스트 바로 옆에 표시됩니다.

❹ 탭 채움선 : 목차 텍스트와 페이지 번호 사이에는 탭이 기본적으로 삽입되나, 탭 사이를 표시할 채움선을 선택합니다.

❺ 웹 미리 보기 : 워드 문서를 웹 페이지로 저장했을 때의 목차 결과를 보여줍니다.

❻ 페이지 번호 대신 하이퍼링크 사용 : 워드 문서를 웹 페이지로 저장할 때 페이지 번호를 표시하지 않고 제목 텍스트에 하이퍼링크를 설정하여 이동할 수 있게 합니다.

❼ 서식 : 사용자 설정 스타일, 기본형, 장식형 등 정의된 스타일의 목차 서식을 선택할 수 있습니다.

❽ 수준 표시 : 목차에 표시할 수준을 선택합니다.

❾ 옵션 : [목차 옵션] 대화상자가 실행되어 목차에 표시할 스타일 및 개요 수준을 상세히 설정합니다.

❿ 수정 : [서식]을 '사용자 지정 스타일'로 선택하면 [수정] 명령이 활성화되어 사용자가 목차 수준의 스타일 및 서식을 변경할 수 있습니다.

[목차 업데이트] 대화상자

[참조] 탭–[목차] 그룹에 [목차 업데이트]를 클릭하거나 삽입된 목차에서 바로가기 메뉴를 클릭하면 [목차] 업데이트] 대화상자가 나타납니다.

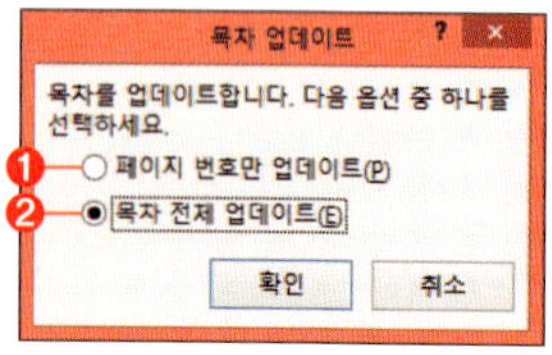

❶ **페이지 번호만 업데이트** : 제목 텍스트의 페이지 위치가 변경된 경우에 페이지 번호만 업데이트합니다.

❷ **목차 전체 업데이트** : 페이지 번호와 더불어 제목 텍스트 및 제목 수준 모두 업데이트합니다.

■ 색인[index, 索引]이란? 348P

본문 중의 중요한 항목 · 술어 · 인명 · 지명 등을 뽑아 한 곳에 모아, 이들의 본문 소재의 페이지를 기재한 것으로 인덱스 또는 찾아보기라고도 합니다. 색인은 어느 책에나 다 넣는 것은 아니지만, 학술서나 연구재료가 될 서적에서는 없어서는 안 되는 중요한 부분입니다.

색인 항목을 만들 수 있는 종류

- 개별 단어, 구 또는 기호
- 여러 페이지에 걸쳐 나타나는 항목
- 다른 항목을 참조하는 항목(예: '교통. 자전거 참조')

[색인] 대화상자

[참조] 탭–[색인] 그룹–[색인 삽입]을 클릭하면 문서에 색인을 적용할 수 있는 [색인] 대화상자가 열립니다.

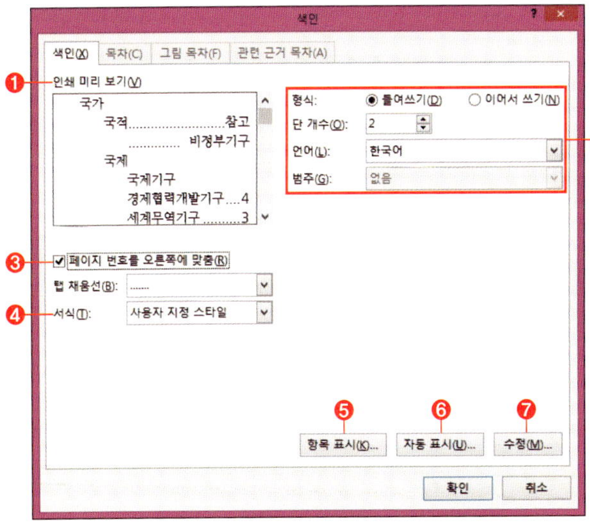

❶ **인쇄 미리 보기** : 적용한 색인 서식이 어떻게 표시되는 지 미리 확인할 수 있습니다.

❷ **형식, 단 개수, 언어, 범주** : 들여쓰기, 이어서 쓰기, 단, 언어(다른 언어로 된 텍스트에서 색인을 구성할 때는 사용) 등을 설정합니다.

❸ **[페이지 번호를 오른쪽에 맞춤]** : 체크하면 탭 채움선을 선택할 수 있습니다.

❹ **[서식]** : MS가 제공하는 서식을 설정합니다.

❺ **[항목 표시]** : 색인을 만듭니다.

❻ **[자동 표시]** : [색인 항목 파일 열기] 대화상자가 열립니다.

❼ **[수정]** : 색인에 서식을 변경합니다.

STEP 01 • 스타일과 개요 수준으로 목차 만들기

목차를 만들기 위해서는 먼저 목차로 구성할 단락의 스타일이나 수준의 정의가 필요합니다. 스타일과 수준으로 정의된 단락은 목차의 참조 대상이 됩니다. 또한 만들어진 목차는 업데이트할 수 있기 때문에 변경, 수정이 쉽습니다. 스타일과 수준을 참조하여 목차를 구성해 봅니다.

예제 파일 | CD₩Part 07₩7-4목차.docx

01. 목차를 삽입할 위치를 클릭합니다. [참조] 탭-[목차] 그룹-[사용자 지정 목차]를 클릭합니다.

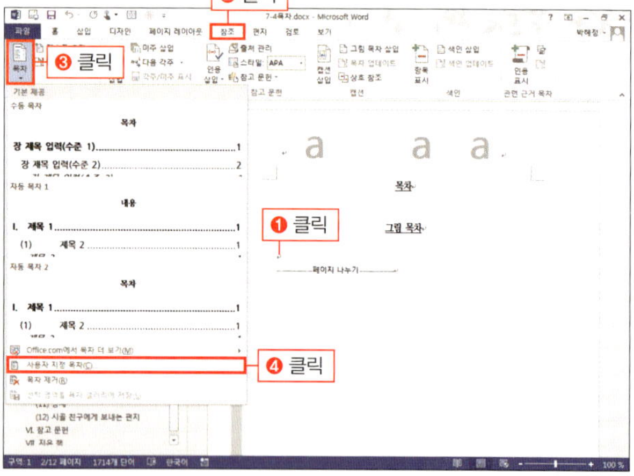

02. [목차] 대화상자의 [목차] 탭을 클릭하고 [옵션]을 클릭합니다. [목차 옵션] 대화상자에서 [개요 수준]은 체크 해제, [스타일]의 [제목1]은 '1', [제목2]는 '2'로 입력하고 다른 스타일은 모두 지운 다음 [확인]을 클릭합니다.

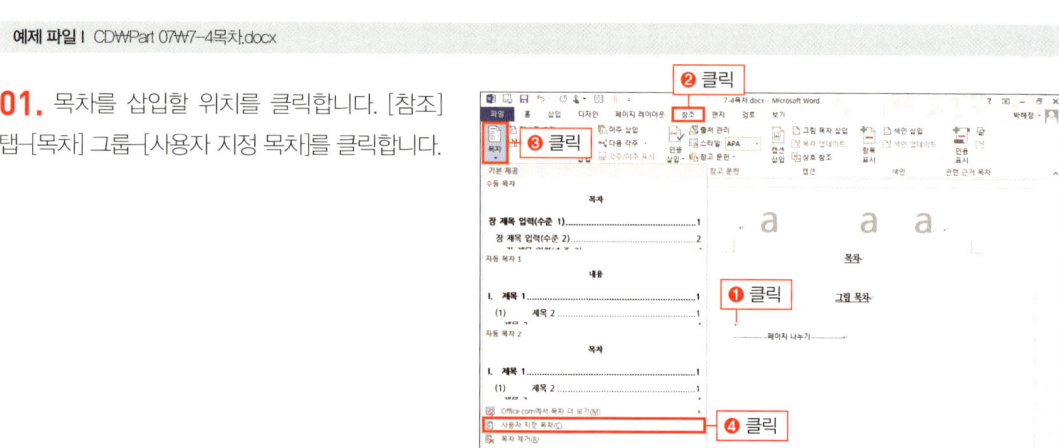

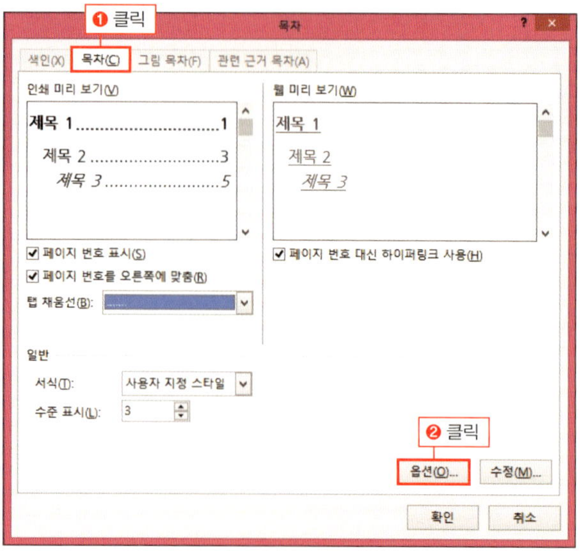

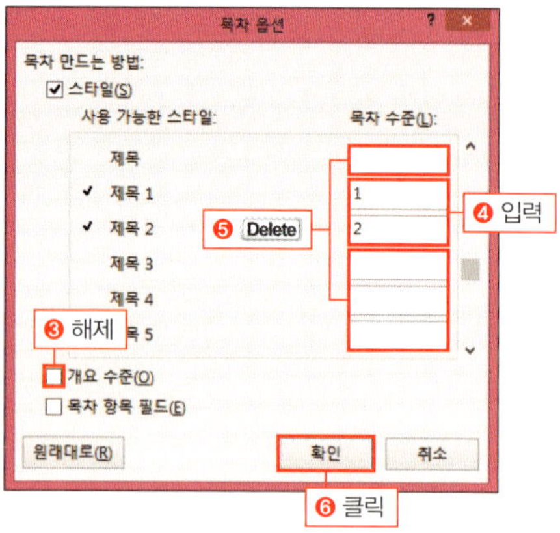

TIP : 글꼴이나 표시할 제목 수준의 수, 항목과 페이지 번호 사이에 점선을 추가할지 여부 등을 변경할 수 있습니다.

03. [목차] 대화상자에서 [수정]을 클릭한 후 [스타일] 대화상자에서 '목차1'을 선택하고 [수정]을 클릭합니다.

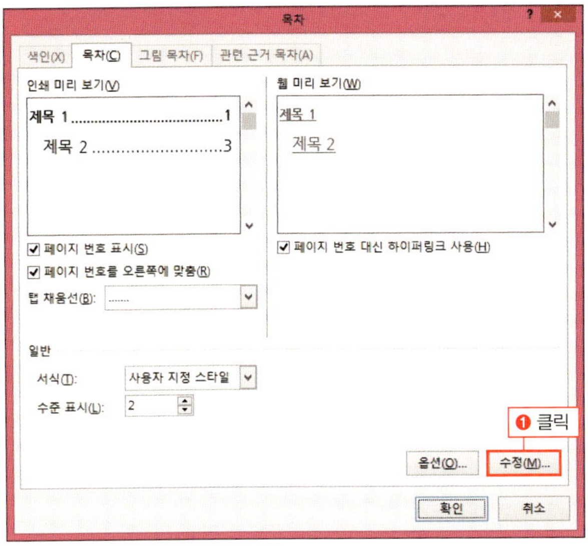

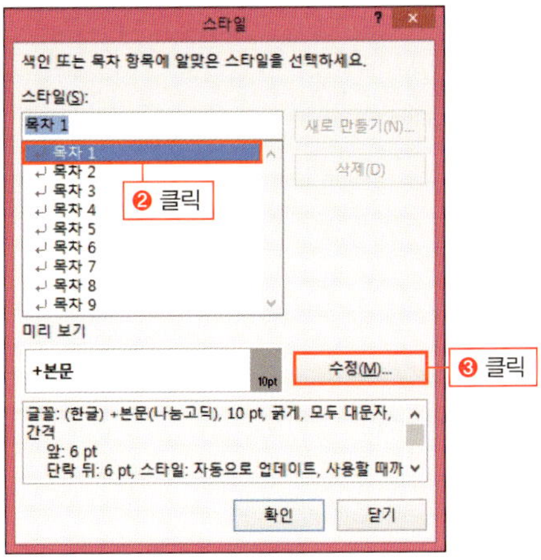

04. [스타일 수정] 대화상자에서 [글꼴 크기]를 '10'으로 입력하고 [확인]을 클릭합니다. [목차] 대화상자도 [확인]을 클릭합니다.

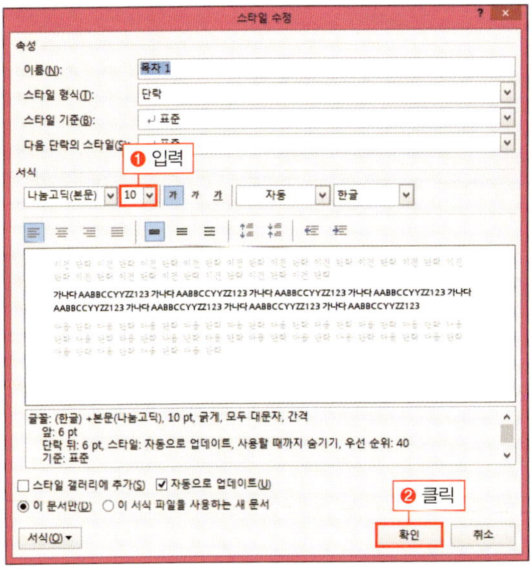

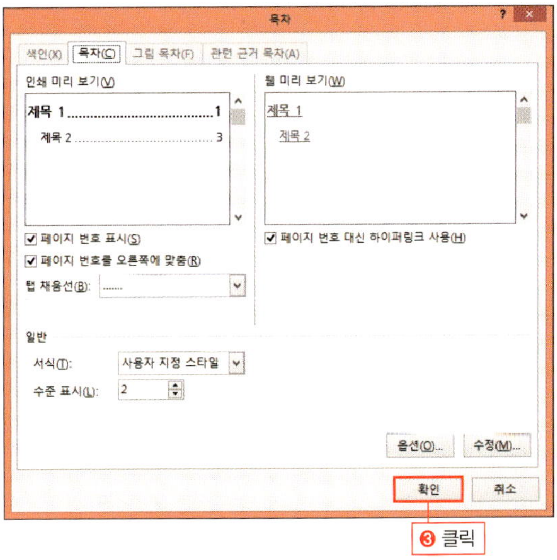

05. 목차가 삽입됩니다. 마우스 포인터를 제목 위로 옮기고 Ctrl 을 누른 채로 클릭합니다.

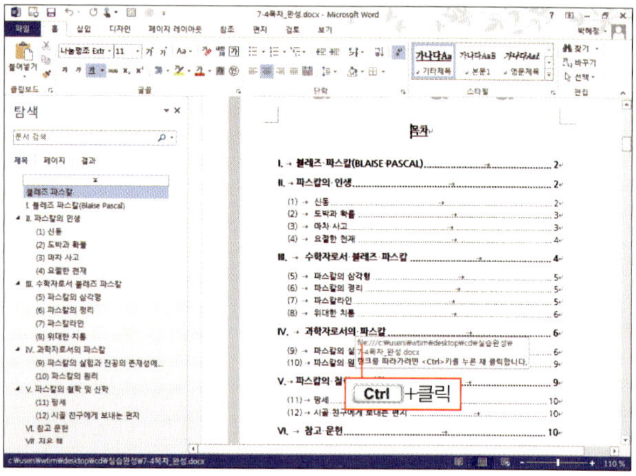

06. 클릭한 제목의 페이지로 이동합니다.

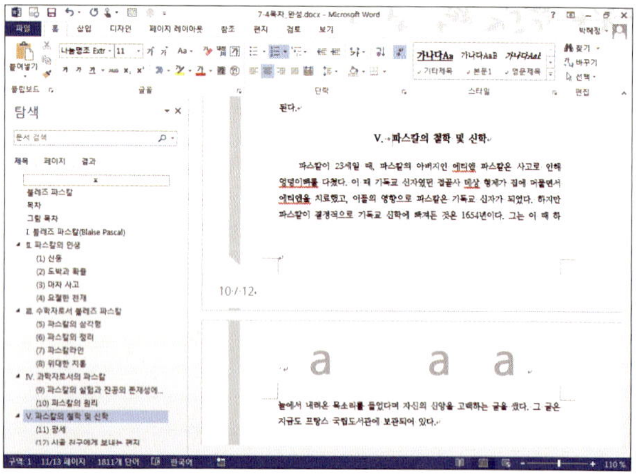

STEP 02 • 그림 및 표 목차 만들기

삽입한 그림, 표 등과 같은 개체에 캡션을 삽입하면 삽입한 캡션을 모아 그림 및 표 목차를 작성할 수 있습니다. 문서에 그림에 캡션이 적용되어 있습니다. 그림의 캡션을 모아 목차를 만들어 봅니다.

완성 파일 I CD\Part 07\7-4목차_완성.docx

01. 2페이지로 이동한 후 [참조] 탭-[캡션] 그룹-[그림 목차 삽입]을 클릭합니다.

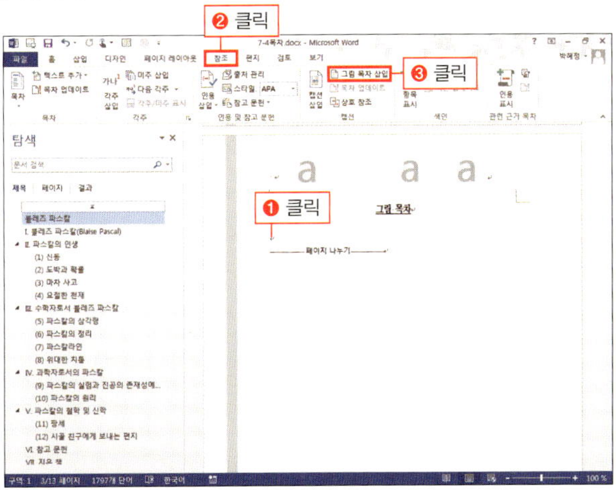

02. [그림 목차] 대화상자에서 [레이블/번호 포함]을 체크 해제하고 [확인]을 클릭합니다.

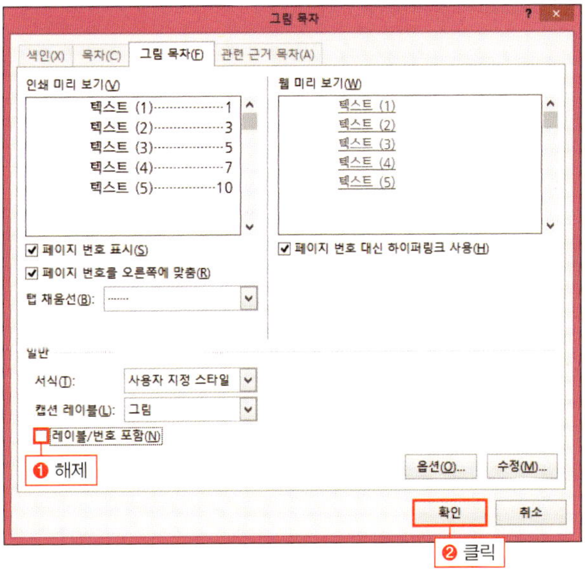

TIP : 각종 서식 적용 방식은 앞에서 배운 목차 만들기와 같습니다.

03. 다음의 레이블과 번호를 포함하지 않고 그림 목차가 만들어 집니다.

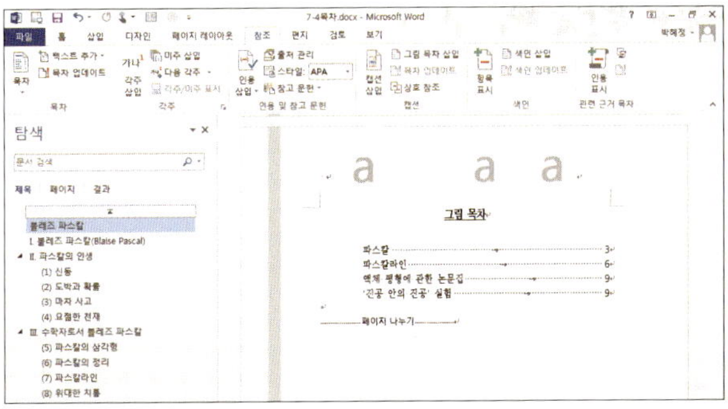

연관 검색 Part 05의 Lesson 04-Step 04의 내용을 참고하세요(258P).

STEP 03 • 색인 만들기

색인은 문서에 나온 용어, 항목을 해당 사항이 나와 있는 페이지와 함께 목록으로 만든 것입니다. 색인을 만들면 색인 목록 키워드와 키워드가 표시되는 페이지 번호를 추가해 키워드를 쉽게 찾을 수 있도록 합니다. 보통, 일반적인 문서를 작성할 때 목차까지는 중요하게 생각해도 인덱스에 대한 중요성은 상대적으로 떨어지는 것 같습니다. 하지만 상업용 제품 설명서를 제작할 때의 인덱스는 매우 중요한 관리 요소에 속하게 됩니다.

예제 파일 | CD₩Part 07₩7-4색인.docx **완성 파일 |** CD₩Part 07₩7-4색인_완성.docx

01. [참조] 탭-[색인] 그룹-[항목 표시]를 클릭하면 [색인 항목 표시] 대화상자에 [주 항목]에 '학문', [부 항목]에 '수학'을 입력하고 Enter를 누릅니다.

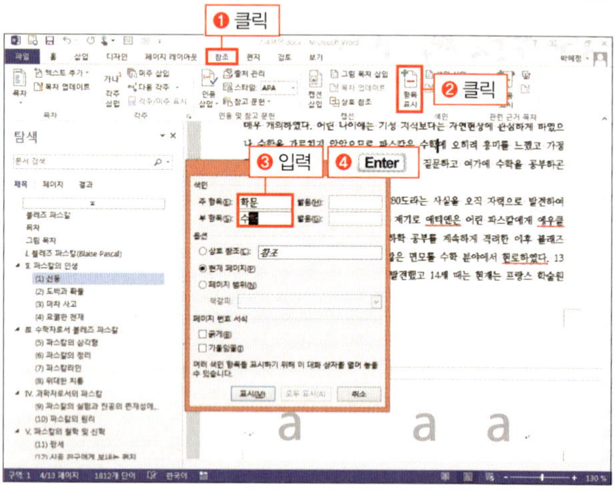

TIP : [부 항목]을 사용하지 않고, [주 항목]을 입력한 다음 [모두 표시]를 클릭하면 모든 페이지의 [주 항목] 텍스트를 색인할 수 있습니다.

02. 화면에 색인 필드가 표시됩니다. 두 번째 색인 텍스트인 '기하학' 뒤에 커서를 위치시키고 [색인 항목 표시] 대화상자에 [주 항목]에 '학문', [부 항목]에 '기하학'을 입력하고 Enter를 누릅니다.

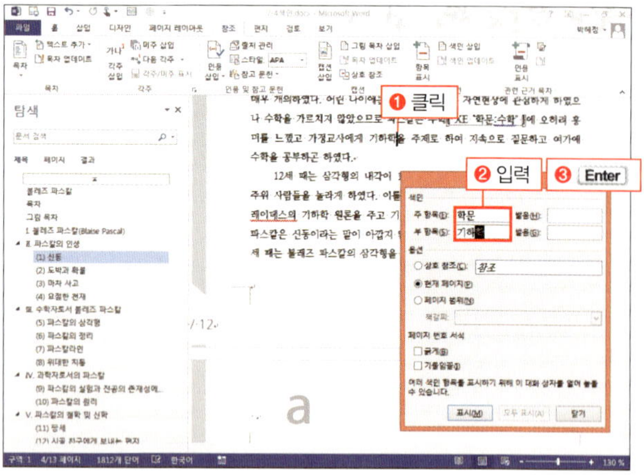

03. 색인 필드가 표시됩니다.

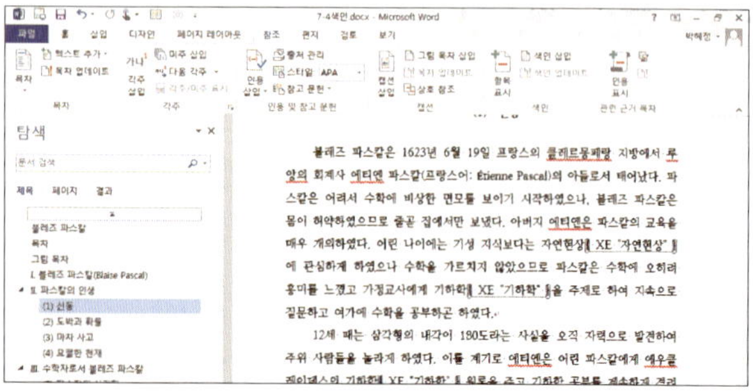

TIP : 편집 문자들을 화면에 보이지 않도록 하고 싶다면 [홈] 탭-[단락] 그룹-[편집 기호 숨기기/표시]를 선택/해제시킴으로써 제어가 가능합니다.

04. 적용한 색인을 한 곳에 모아 표시하기 위해 색인을 삽입할 13페이지로 이동하고 [참조] 탭-[색인] 그룹-[색인 삽입]을 클릭합니다.

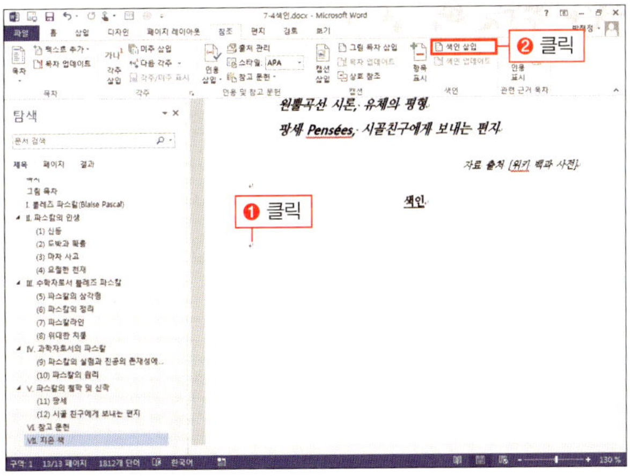

05. [색인] 대화상자에서 [페이지 번호를 오른쪽에 맞춤]을 체크하고, [단 개수]는 '1'로 입력한 다음 [확인]을 클릭합니다.

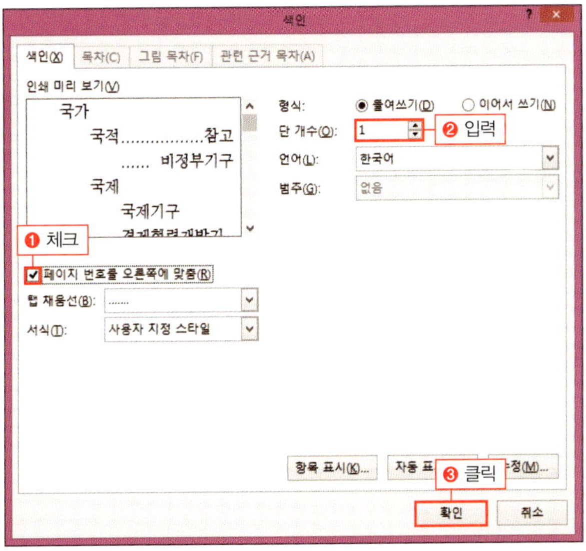

06. 주 항목과 부 항목을 구분하여 색인이 만들어 집니다.

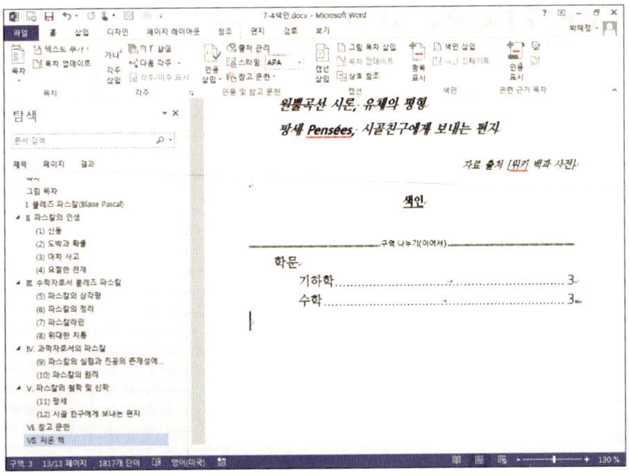

TIP : 워드 2013은 색인 항목을 모아서 사전순으로 정렬하고 페이지 번호를 참조하여 동일한 페이지에 중복되는 항목을 찾아서 제거한 다음 문서에 색인을 표시합니다.

STEP 04 • 목차 및 색인 업데이트/삭제하기

목차의 내용이나 제목 단락의 페이지 위치가 변경되었다면 목차의 내용을 간단히 업데이트할 수 있습니다. 목차의 내용을 수정한 다음 목차를 업데이트해 봅니다.

예제 파일 | C:\Part 07\7-4목차색인업데이트.docx **완성 파일 |** C:\Part 07\7-4 목차색인업데이트_완성.docx

01. [탐색] 창의 [제목] 탭을 클릭하고 'Ⅱ. 파스칼의 인생'을 선택하고 '인생'을 '일생'으로 수정합니다.

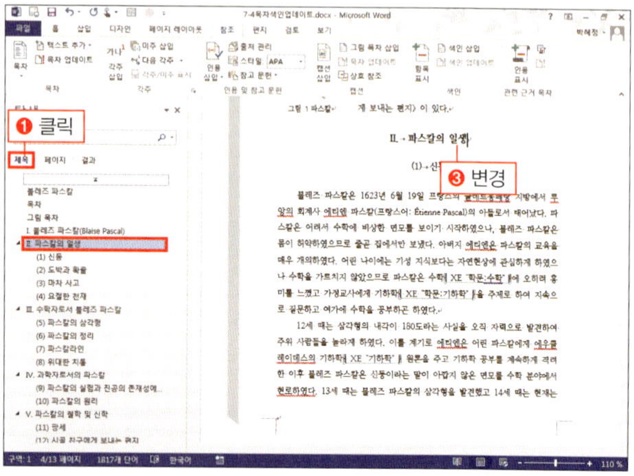

02. [탐색] 창의 [제목] 탭에서 'Ⅲ. 수학자로서 블레즈 파스칼'을 선택하고 Ctrl + Enter 를 눌러 강제로 5페이지에서 6페이지로 보냅니다.

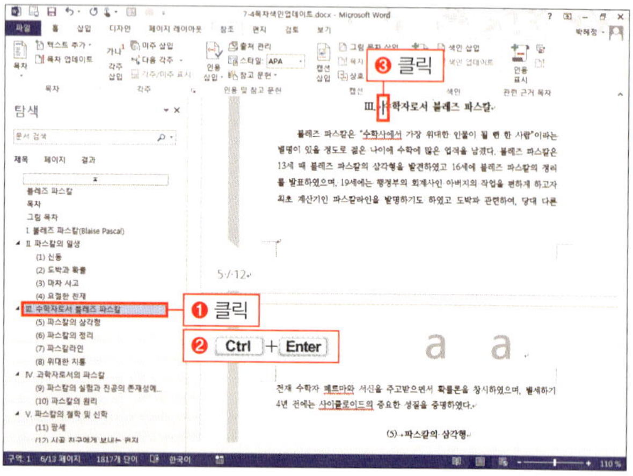

03. [탐색] 창의 [제목] 탭에서 [목차]를 클릭해 이동한 다음 목차 안쪽을 클릭한 다음 [참조] 탭-[목차] 그룹에서 [목차 업데이트]를 클릭하거나, 목차 위에서 마우스 오른쪽 단추를 클릭해 [필드 업데이트] 메뉴를 클릭합니다.

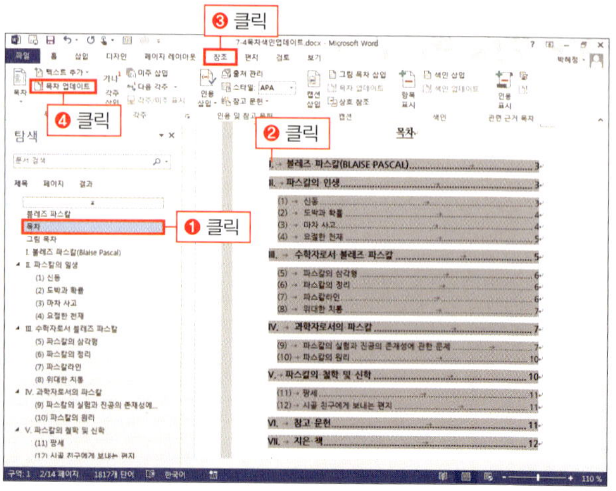

04. [목차 업데이트] 대화상자에서 [목차 전체 업데이트]을 클릭하고 [확인]을 클릭합니다.

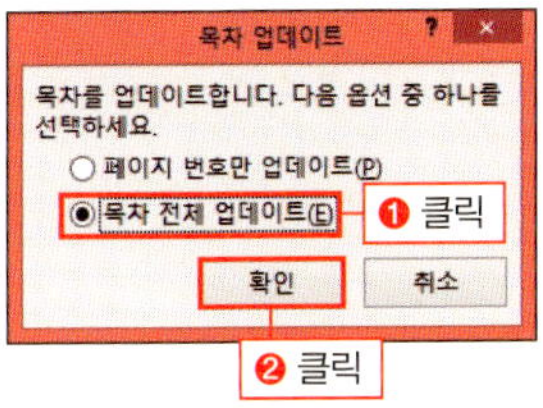

05. 목차에서 제목 수준과 텍스트가 조정됩니다.

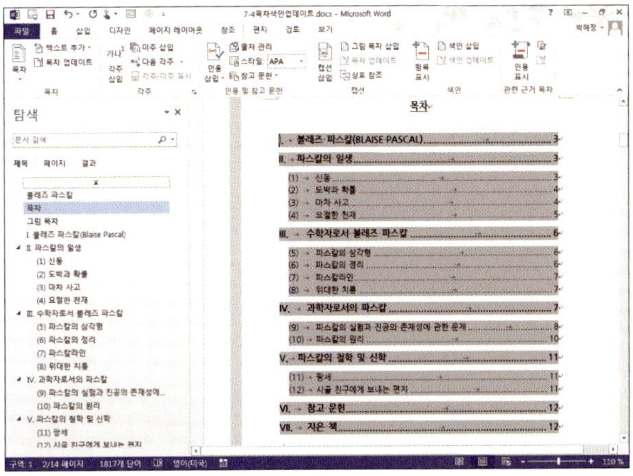

06. 목차를 제거하려면 [참조] 탭-[목차] 그룹-[목차]-[목차 제거]를 클릭합니다.

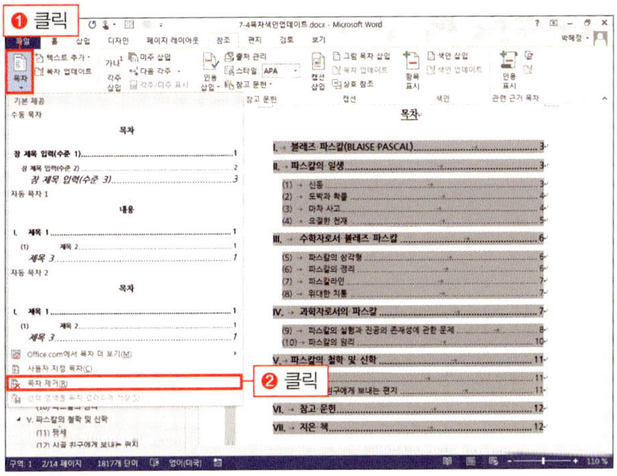

PART SUMMARY

- 워드 2013은 전자출판을 위한 기술을 제공합니다.
- 문서에 머리글/바닥글을 홀수 페이지와 짝수 페이지를 다르게 지정할 수 있습니다. 325P
- 문서의 첫 페이지를 제외하고 머리글/바닥글을 적용할 수 있습니다.
- 구역을 나누고 이전 머리글과 연결을 끊으면 구역마다 머리글/바닥글을 적용할 수 있습니다. 320P
- 머리글/바닥글 영역을 파워포인트의 마스터처럼 활용할 수 있습니다. 323P
- 페이지 번호의 시작 번호 및 서식을 지정할 수 있습니다. 326P
- 구역을 나누고 구역마다 페이지 번호를 새롭게 설정할 수 있습니다. 330P
- 각주는 문서에서 인용한 자료의 출처를 밝히거나 본문에서 언급한 내용에 대한 보충 자료를 구체적으로 제시할 필요가 있을 때 사용하는 것으로 페이지의 끝에 표시합니다. 332P
- 미주는 문서의 끝에 표시합니다. 332P
- 각주를 미주로 미주를 각주로 한꺼번에 바꿀 수 있습니다. 340P
- 각주 또는 미주의 구분 선을 변경할 수 있습니다. 338P
- 텍스트, 그림, 표의 목차를 만들 수 있습니다. 342P
- 텍스트의 목차는 수준이나 스타일을 참조하여 만들어지며, 수정한 내용은 목차 업데이트 기능을 이용하여 쉽게 수정할 수 있습니다. 350P
- 색인은 본문 중의 중요한 항목, 술어, 인명, 지명 등을 뽑아 한 곳에 모아, 이들의 본문 소재의 페이지를 기재한 것으로 인덱스 또는 찾아보기라고도 합니다. 348P

01 첫 페이지를 포함하여 머리글을 홀수와 짝수에 다르게 입력하세요.

예제파일 : CD₩Test₩Part07₩07-셀프테스트1.docx
완성파일 : CD₩Test₩Part07₩07-셀프테스트1완성.docx
동영상파일 : CD₩Test₩Part01₩Part07.avi

- 홀수 머리글 : 계약서
- 짝수 머리글 : 영진출판사

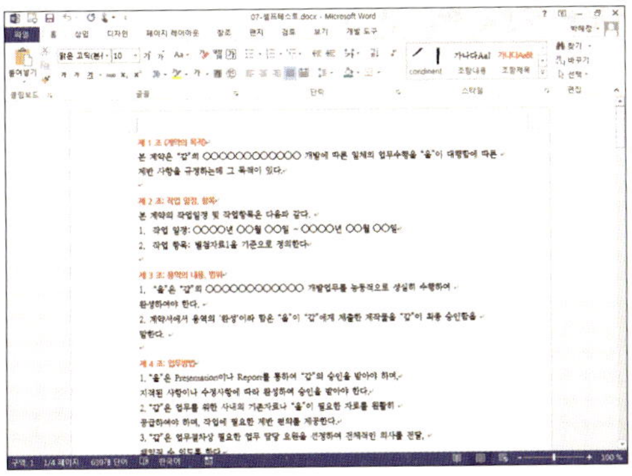

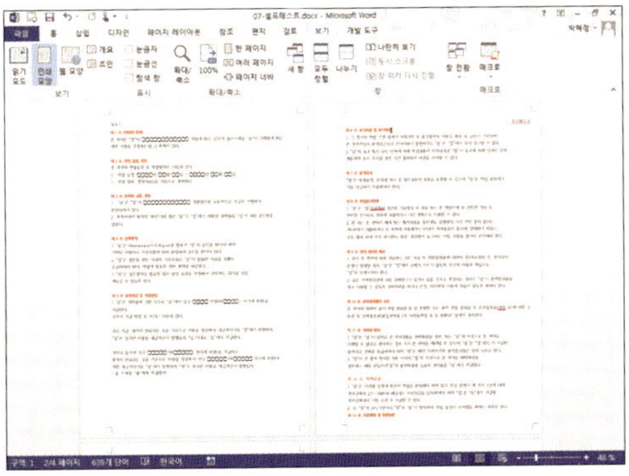

02 적용된 '조항제목' 스타일을 모아 목차로 구성하세요.

예제파일 : CD₩Test₩Part07₩07-셀프테스트2.docx
완성파일 : CD₩Test₩Part07₩07-셀프테스트2_완성.docx
동영상파일 : CD₩Test₩Part01₩Part07.avi

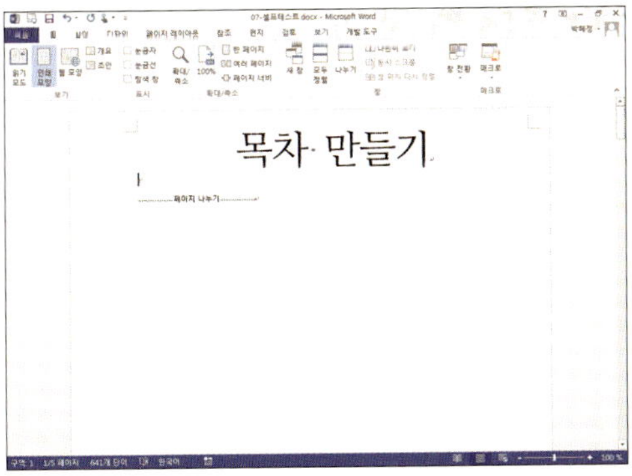

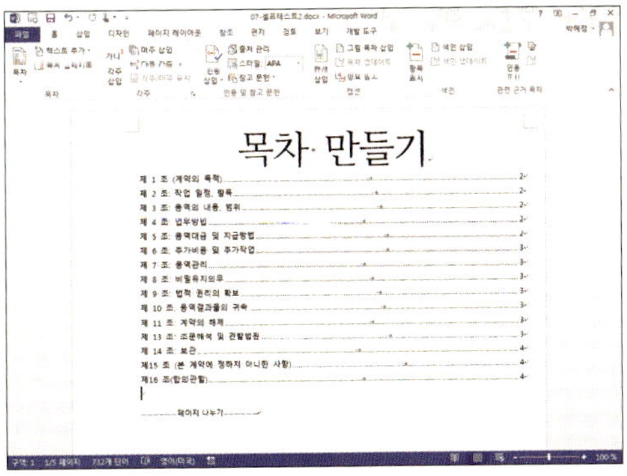

08 PART

문서 자동화 기능

W O R D · 2 0 1 3

MS 워드는 편지 병합, 문서 검토, 개발 도구인 매크로와 양식 컨트롤 등 프로그램을 이용하여 문서를 자동화할 수 있는 기능을 제공합니다. 특히 편집 병합 기능은 워드프로세서에만 있는 기능으로 데이터와 표를 일정한 규칙에 의해 연결할 수 있도록 하며 매크로와 양식 컨트롤 등으로 반복되는 단순한 일을 쉽고 빠르게 처리할 수 있도록 하고 편리하고 멋진 보고서를 제작할 수 있습니다.

LESSON

01 편지 병합하기

레벨 ●●●

전자 메일 병합, 레이블 병합 또는 편지 병합을 시작하여 주소 목록에 연결한 후에는 편지 병합 필드를 추가할 수 있습니다. 각 편지 병합 필드로 주소 목록의 정보를 가져오고 각 메시지, 레이블 또는 편지를 사용자 지정합니다.

기초탄탄 편지 병합

■ 편지 병합이란?

동일한 형식의 편지를 여러 사람에게 발송해야 하고, 편지 본문에 받는 사람의 정보가 다르다면 편지 병합을 통해 간단히 DM 발송물을 만들 수 있습니다. 동일한 편지 양식과 다른 정보를 별도의 데이터 파일로 나누어 작성한 후 주문서와 데이터 문서를 하나의 편지로 병합하여 인쇄합니다.

■ [편지] 탭

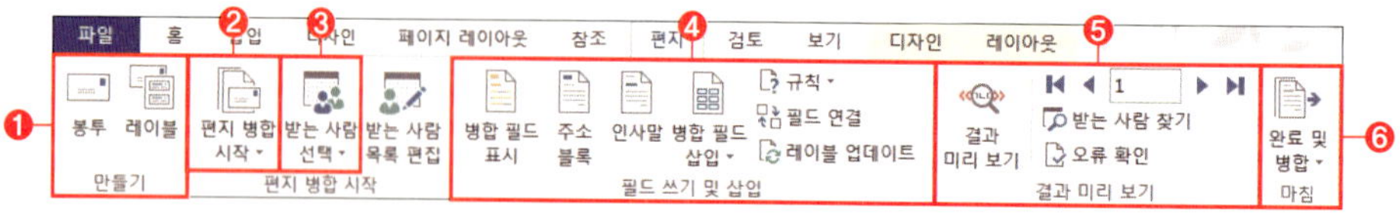

❶ [만들기], [편지 병합 시작]그룹 : 편지 병합을 적용할 용지와 병합할 데이터를 지정합니다.

❷ [편지 병합 시작] 그룹-[편지 병합 시작] : 편지 병합을 적용할 용지와 병합할 데이터를 설정합니다.

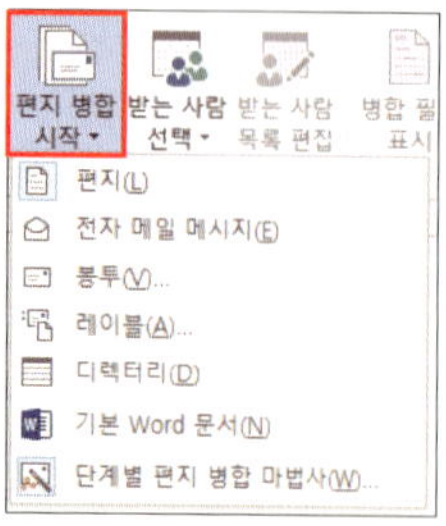

- **편지** : 여러 사람에게 편지 발송물을 작성합니다.
- **전자 메일 메시지** : 여러 사람에게 전자 메일을 동시에 발송합니다.
- **봉투** : 주소가 다른 여러 개의 봉투를 인쇄합니다.
- **레이블** : 내용이 다른 여러 개의 레이블을 만듭니다.
- **디렉터리** : 카탈로그나 인쇄한 주소 목록이 있는 단일 문서를 만듭니다.
- **단계별 편지 병합 마법사** : [편지 병합] 작업 창에서 편지 병합을 수행할 수 있습니다.

❸ [필드 쓰기 및 삽입] 그룹 : 편지 병합을 적용할 용지에 데이터 필드를 삽입하고 레이블 업데이트합니다.

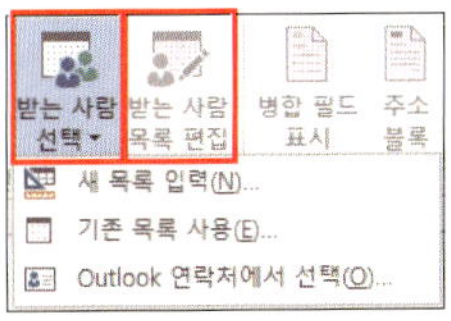

- **새 목록 입력** : 데이터 파일이 없는 경우 양식을 사용하여 목록을 새로 작성합니다. 새 목록은 데이터베이스(*.accdb) 파일로 저장됩니다.
- **기존 목록 사용** : 준비되어 있는 엑셀 워크시트나 액세스 데이터베이스 및 워드 데이터 파일을 데이터 파일을 사용합니다.
- **Outlook 연락처에서 선택** : 아웃룩 연락처를 데이터 파일로 사용합니다.
- **받는 사람 목록 편집** : 받는 사람 목록을 수정하거나 정렬, 필터, 중복된 항목 찾기, 받는 사람 찾기, 주소 유효성 검사 등의 작업을 할 수 있습니다.

❹ [필드 쓰기 및 삽입] 그룹 : 편지 병합을 적용할 용지에 데이터 필드를 삽입하고 레이블 업데이트합니다.

- **주소 블록** : 주소 관련 요소와 데이터 파일의 필드 명이 일치하는 필드를 삽입합니다. 주소 요소와 필드 명이 일치하지 않는다면 [필드 연결] 명령을 사용하여 수동으로 일치되도록 설정합니다.
- **인사말** : 인사말과 함께 이름 필드를 일괄적으로 삽입합니다.
- **병합 필드 삽입** : 목록으로 설정한 데이터 파일의 개별 항목의 이름이 표시되어 삽입할 수 있습니다.
- **규칙** : 편지 병합에 대한 규칙을 지정합니다. 예를 들어 "If… Then… Else"를 사용하여 국내에 있는 받는 사람의 지역 전화 번호와 해외에 있는 받는 사람의 국제 전화 번호를 표시할 수 있습니다.
- **필드 연결** : [필드 연결]을 사용하여 받는 사람의 목록의 다른 필드에 대한 자세한 설명을 제공할 수 있습니다. 예를 들어, 사용자 지정 필드인 "집"이 기본 제공 필드인 "집 전화"와 동일하다는 것을 설명할 수 있습니다.
- **레이블 업데이트** : 레이블을 만들고 있는 경우 문서의 모든 레이블을 업데이트하여 받는 사람 목록의 정보를 사용합니다. 인쇄된 편지 또는 전자 메일로 편지 병합을 할 경우 이 명령은 필요 없습니다.

❺ [결과 미리 보기] 그룹 : 병합 결과를 확인합니다.

❻ [마침] 그룹 : 병합을 마무리하며 문서 또는 종이로 인쇄합니다.

- **개별 문서 편집** : 병합 결과를 각 개별 문서로 병합합니다.
- **문서 인쇄** : 병합 결과를 바로 프린트로 출력합니다.
- **전자 메일 메시지 보내기** : 병합 결과를 전자 메일 메시지로 발송합니다.

■ 데이터 목록의 구성

데이터 문서는 워드 외에 엑셀, 액세스나 XML로 작성하거나 아웃룩의 주소록을 이용하며 워드 문서를 데이터 문서로 사용한다면 표로 작성하거나, 쉼표 또는 공백과 같은 구분 기호로 데이터가 나뉘어져 있어야 합니다.

	A	B	C
1	회원번호	닉네임	E-MAIL
2	A01D	동네	dongnae@abc.com
3	A02D	나무	namu@bcd.co.kr
4	A03D	갈대	galdea@qwe.com
5	A04D	숲	soup@vbbn.co.kr
6	A05D	바다	bada@aaa.com
7	A06D	이웃사촌	neighbor@aaa.co.kr
8	A08D	벗	but@ddd.com

열은 필드, 첫 행은 필드 명, 모든 필드를 포함하고 있는 한 행은 레코드라 합니다. 데이터 목록은 아래 표와 같이 준비되어 있어야 합니다.

■ [편지 병합 받는 사람] 대화상자

[편지] 탭–[편지 병합 시작] 그룹–[받는 사람 목록 편집]을 클릭하면 [편지 병합 받는 사람] 대화상자가 열립니다.

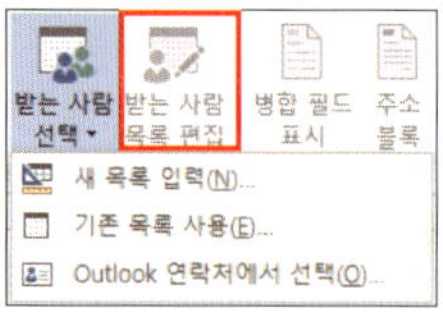

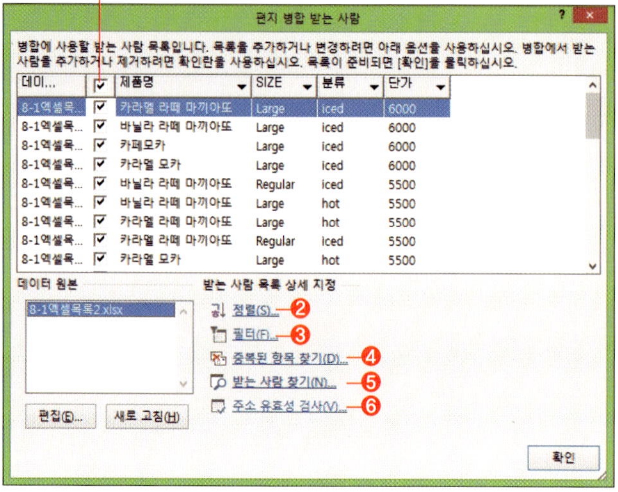

데이...	☑	제품명	SIZE	분류	단가
8-1엑셀목...	☑	카라멜 라떼 마끼아또	Large	iced	6000
8-1엑셀목...	☑	바닐라 라떼 마끼아또	Large	iced	6000
8-1엑셀목...	☑	카페모카	Large	iced	6000
8-1엑셀목...	☑	카라멜 모카	Large	iced	6000
8-1엑셀목...	☑	바닐라 라떼 마끼아또	Regular	iced	5500
8-1엑셀목...	☑	바닐라 라떼 마끼아또	Large	hot	5500
8-1엑셀목...	☑	카라멜 라떼 마끼아또	Large	hot	5500
8-1엑셀목...	☑	카라멜 라떼 마끼아또	Regular	iced	5500
8-1엑셀목...	☑	카라멜 모카	Large	hot	5500

❶ 확인란 : 편지 병합에서 제외할 항목이 있다면 체크 해제합니다.

❷ 정렬 : [정렬] 대화상자를 통해서 항목을 오름차순, 내림차순으로 정렬할 수 있습니다.

❸ 필터 : [필터] 대화상자를 통해서 특정 기준으로 받는 사람을 추출할 수 있습니다.

❹ 중복된 항목 찾기 : 중복된 항목이 있는 지 검사하여 중복된 항목을 표시 합니다.

❺ 받는 사람 찾기 : [항목 찾기] 대화상자를 통해 사람을 찾을 수 있습니다.

❻ 주소 유효성 검사 : 주소를 확인하려면 주소를 확인할 수 있는 소프트웨어를 설치해야 합니다.

STEP 01 • 워드 파일을 기존 목록으로 편지 병합하기

작성된 워드 2013 목록의 [회원번호], [닉네임], [E-MAIL] 항목을 영화초대권 문서에 병합해 봅니다.

예제 파일 | CD₩Part 08₩8-1영화초대권.docx, 8-1워드목록.docx

01. [8-1영화초대권.docx] 문서를 열고 [편지] 탭-[편지 병합 시작] 그룹-[받는 사람 선택]-[기존 목록 사용]을 클릭한 다음 [데이터 원본 선택] 대화상자에서 파일(CD₩Part 08₩8-1워드목록.docx)을 찾아 선택하고 [열기]를 클릭합니다.

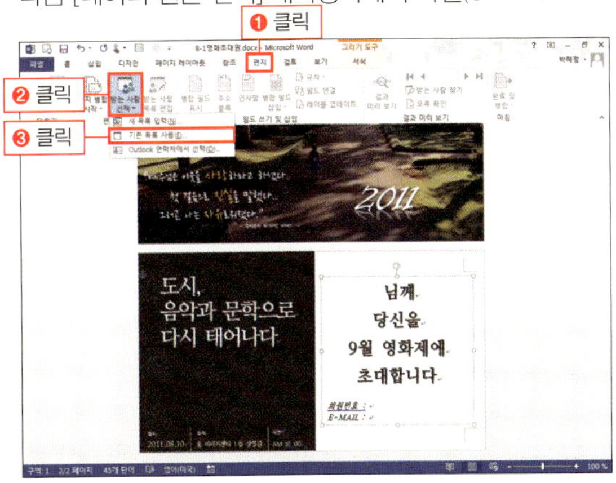

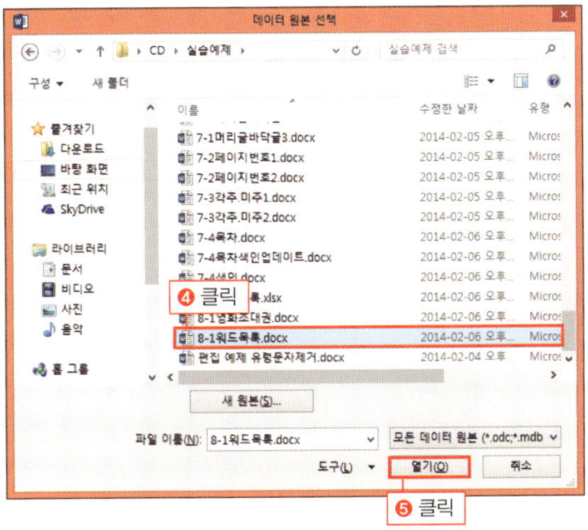

02. 필드를 삽입할 '님께' 앞에 커서를 위치시키고 [편지] 탭-[필드 쓰기 및 삽입] 그룹-[병합 필드 삽입]-[닉네임]을 클릭합니다.

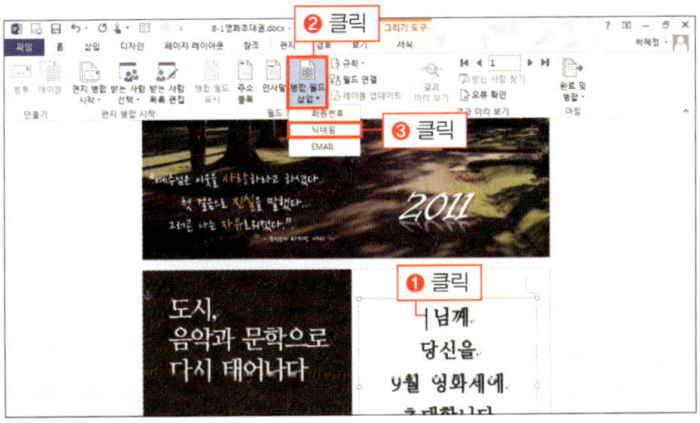

03. [닉네임] 필드가 삽입됩니다. [회원번호], [E-MAIL] 필드도 삽입합니다.

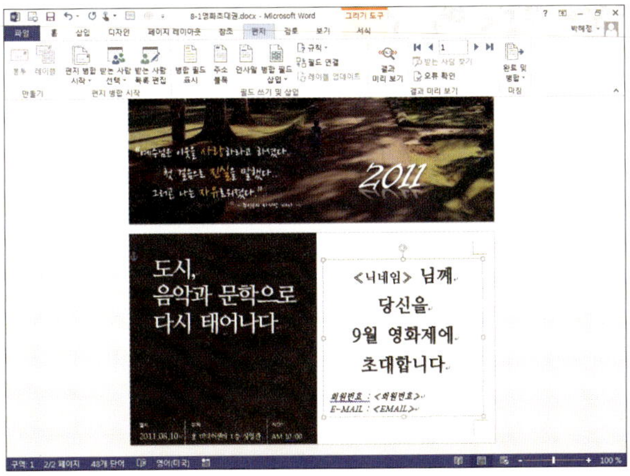

04. 확인을 위해 [편지] 탭-[결과 미리 보기] 그룹-[결과 미리 보기]를 클릭합니다.

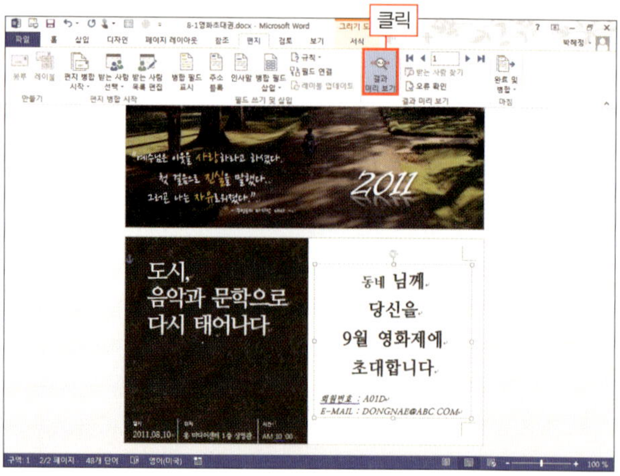

TIP : 이전/다음 레코드 아이콘(|◀ ◀ 1 ▶ ▶|)을 클릭하면 다음 병합된 자료를 확인할 수 있습니다.

05. 병합한 내용을 개별 문서로 만들기 위해 [편지] 탭-[마침] 그룹-[완료 및 병합]-[개별 문서 편집]을 클릭하고 [새 문서로 병합] 대화상자에서 [모두]를 클릭한 다음 [확인]을 클릭합니다.

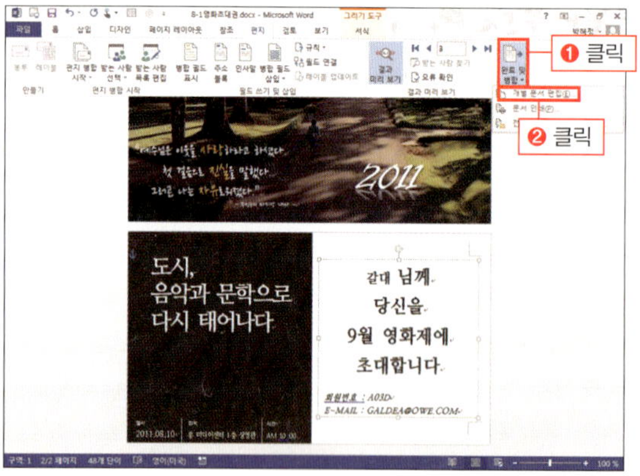

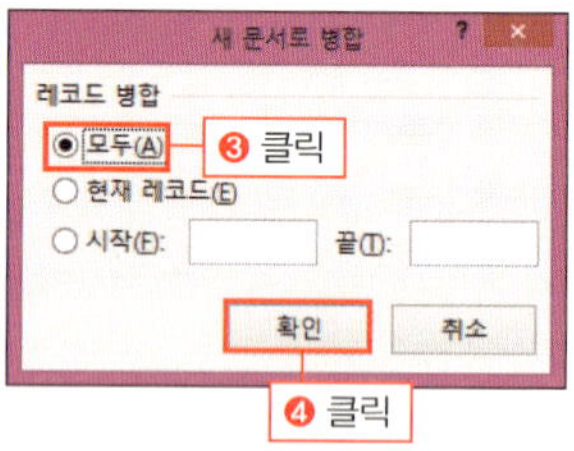

06. 새 문서가 열리면서 워드 목록의 레코드 개수만큼 영화 초대장이 만들어 집니다.

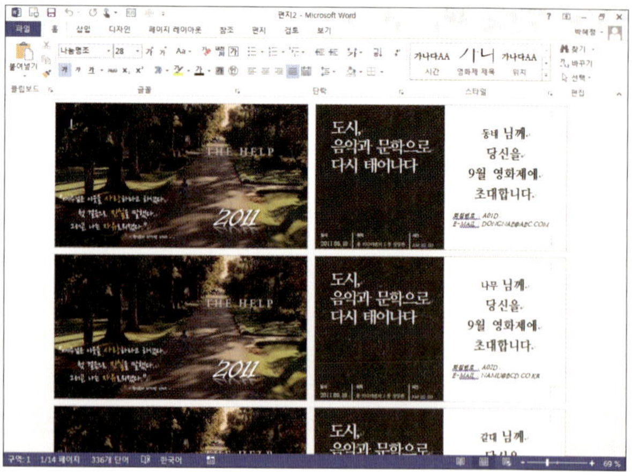

TIP : 현재 문서에 편지 병합 과정이 모두 기록되므로 현재 문서를 저장해두면 언제라도 각 단계의 정보를 수정하여 새 문서로 병합할 수 있습니다.

STEP 02 • 단계별 편지 병합 마법사를 이용하여 레이블 만들기

편지 병합을 사용하여 레이블을 만드는 과정은 복잡할 수 있지만 기본적으로 4단계로 구성됩니다. 이름, 번지, 구/군/시, 그리고 주소의 다른 모든 부분을 개별적으로 삽입하는 대신에 동일한 단계에 따라 주소를 우편물 레이블 문서에 한 번에 추가할 수 있습니다. 인사말 대신 주소 블록을 클릭하기만 하면 됩니다.

예제 파일 | CD₩Part 08₩8-1엑셀목록1.xlsx **완성 파일 |** CD₩Part 08₩8-1레이블만들기_완성.docx

01. 워드 2013 새 문서를 열고 [편지] 탭-[편지 병합 시작] 그룹-[편지 병합 시작]-[단계별 편지 병합 마법사]를 클릭합니다.

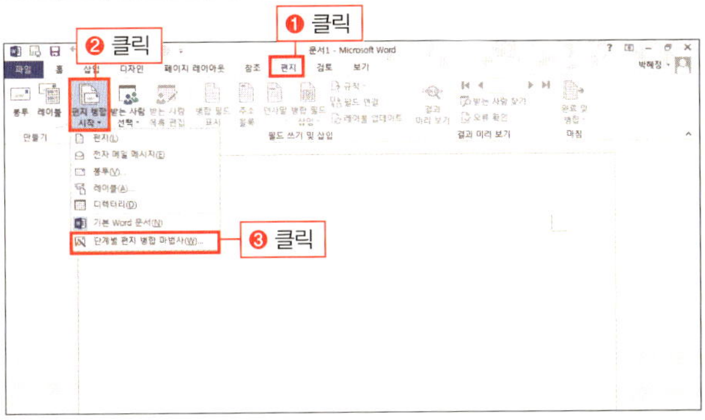

02. [편지 병합] 창이 나타나면 문서 종류를 [레이블]로 클릭하고 아래쪽의 [다음: 시작 문서]를 클릭합니다.

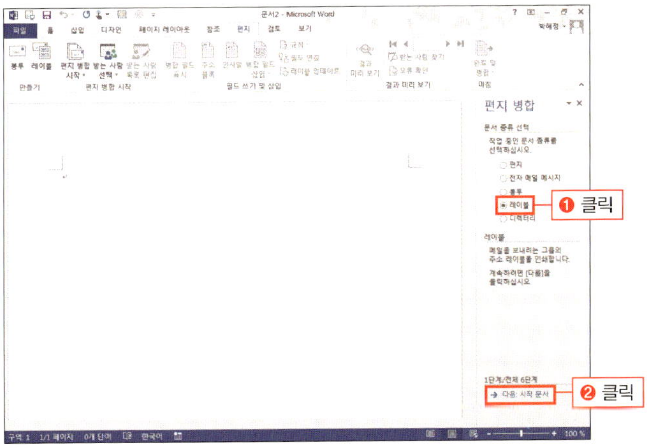

03. 시작 문서를 [문서 모양 변경]으로 클릭하고 [레이블 옵션]을 클릭합니다. [레이블 옵션] 대화 상자에서 [레이블 제조 회사]를 'Formtec'으로, [제품 번호]를 'Formtec 3104'로 선택한 다음 [확인]을 클릭합니다.

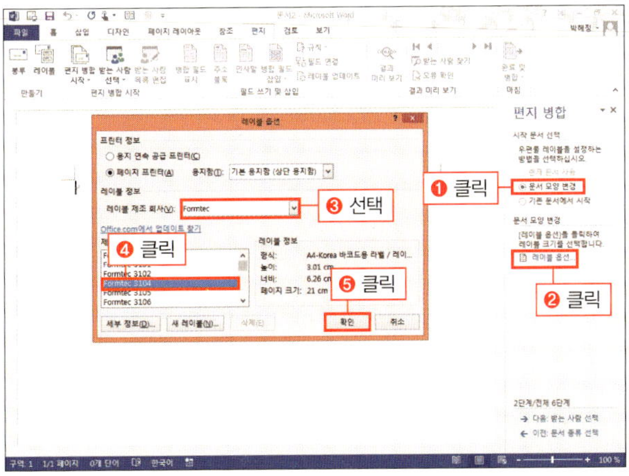

04. 선택한 [Formtec 3104]로 레이블의 형태가 만들어 집니다. [다음: 받는 사람 선택]을 클릭합니다.

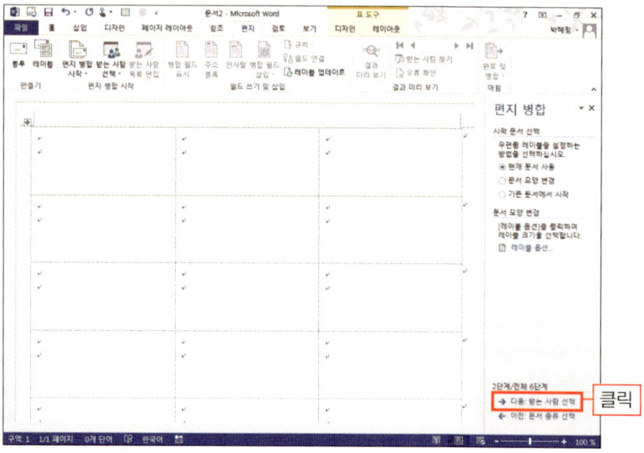

05. 받는 사람을 [기존 목록 사용]을 클릭하고 [찾아보기]를 클릭한 후 [데이터 원본 선택] 대화상자에서 엑셀 파일(CD₩Part 08₩8-1엑셀목록1.xlsx)을 찾아 선택하고 [열기]를 클릭합니다.

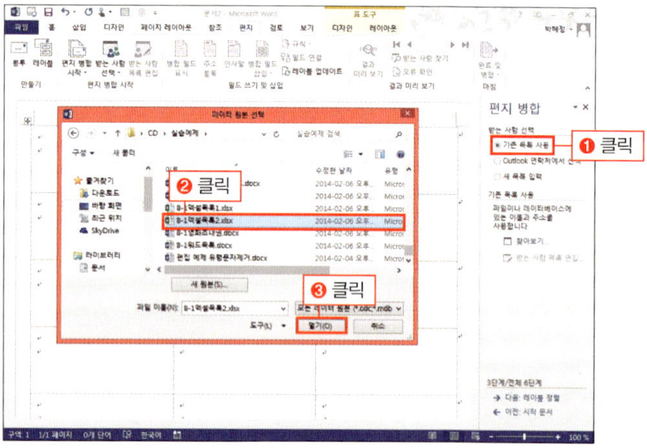

06. [테이블 선택] 대화상자에서 '제품정보' 시트를 선택한 다음 [확인]을, [편지 병합 받는 사람] 대화상자에서 [확인]을 클릭합니다.

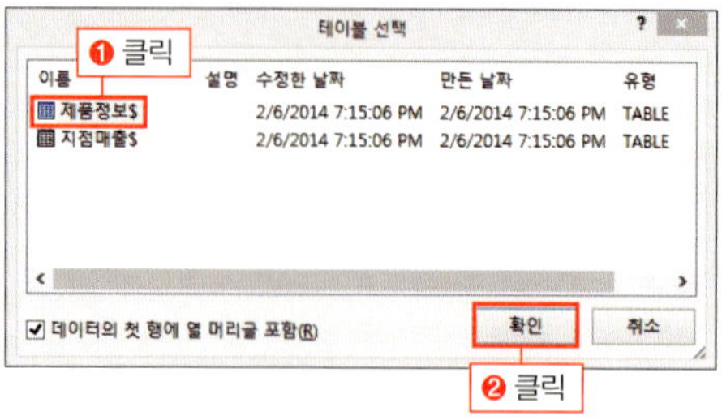

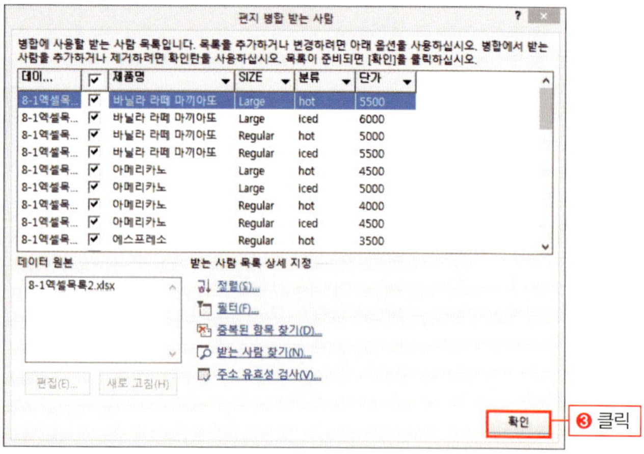

07. 삽입된 목록을 확인하고 필드를 삽입하기 위해 첫 번째 셀에 커서를 위치시키고 [편지] 탭-[필드 쓰기 및 삽입] 그룹-[병합 필드 삽입]-[제품명]을 클릭합니다.

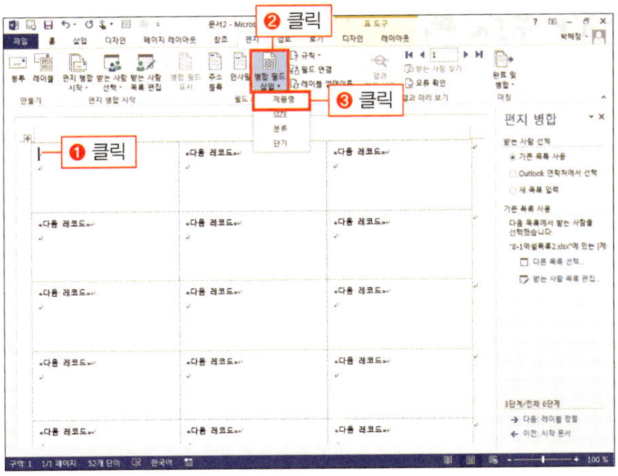

08. Enter를 눌러 단락을 나눈 다음 [분류], [SIZE], [단가] 순서로 필드를 삽입합니다.

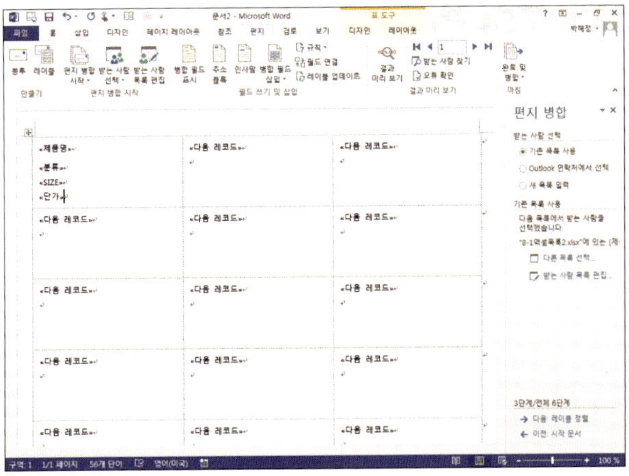

09. 다른 셀에도 정보를 입력하기 위해 [편지] 탭-[필드 쓰기 및 삽입] 그룹-[레이블 업데이트]를 클릭합니다. [결과 미리 보기]를 클릭하여 내용을 확인합니다.

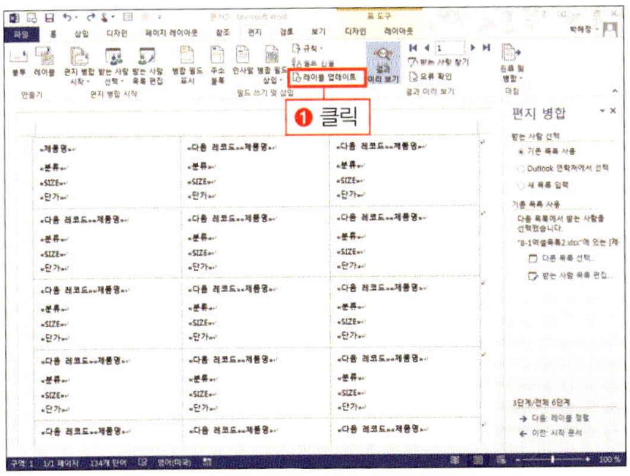

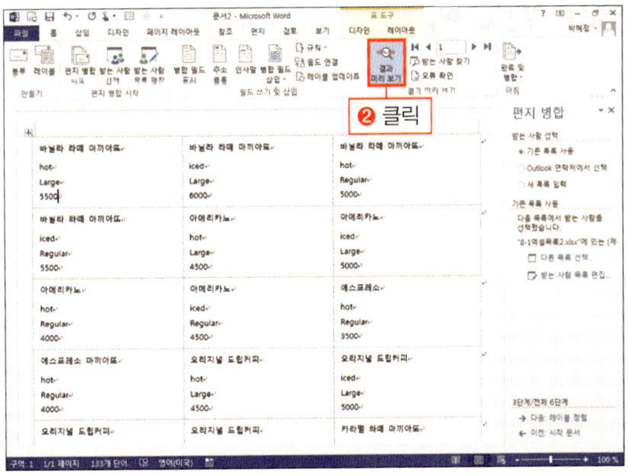

STEP 03 • 엑셀 원본을 수정하고 저장한 레이블 업데이트 확인하기

병합에 원본으로 설정된 엑셀목록 파일을 열고 데이터를 수정한 다음에 그 목록으로 만들어진 레이블을 열어 업데이트 여부를 확인한 다음에 레이블을 인쇄해 봅니다.

예제 파일 | CD₩Part 08₩8-1엑셀목록2.xlsx, 8-1레이블인쇄.docx

01. 파일(CD₩Part 08₩8-1엑셀목록2.xlsx)을 열고 '바닐라 라떼 마끼아또' 단가를 '5500'원에서 '6000'원으로 수정하고 문서를 저장한 후 닫습니다.

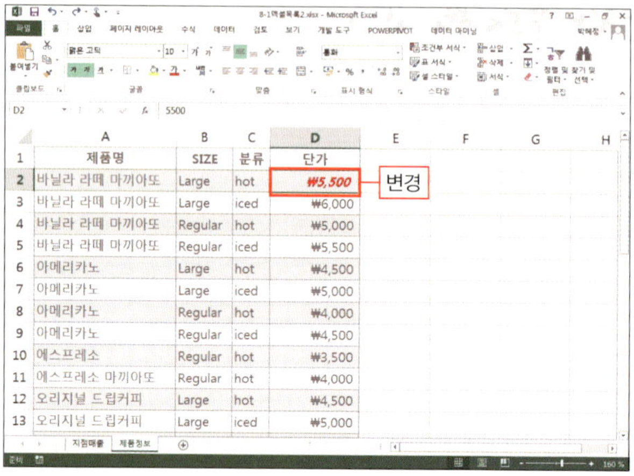

02. 앞선 작업에서 완성한 파일(CD₩Part 08₩8-1레이블인쇄.xlsx)을 열면 나타나는 대화상자에서 [예]를 클릭하여 문서를 엽니다.

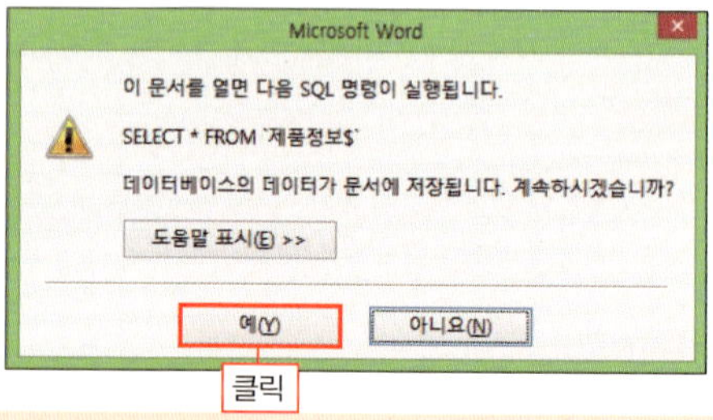

문제 해결 **다음에 사용하기 위해 레이블 파일을 저장할 수 있나요?**

편지 병합 문서를 저장하는 경우 원본 목록과의 연결이 유지됩니다. 편지 병합 문서를 다시 사용하려면 문서를 열고 해당 연결을 유지할지 묻는 메시지가 표시되면 [예]를 클릭합니다.

03. 문서가 열리면 '바닐라 라떼 마끼아또' 단가가 '6000'원으로 변경된 것을 확인할 수 있습니다.

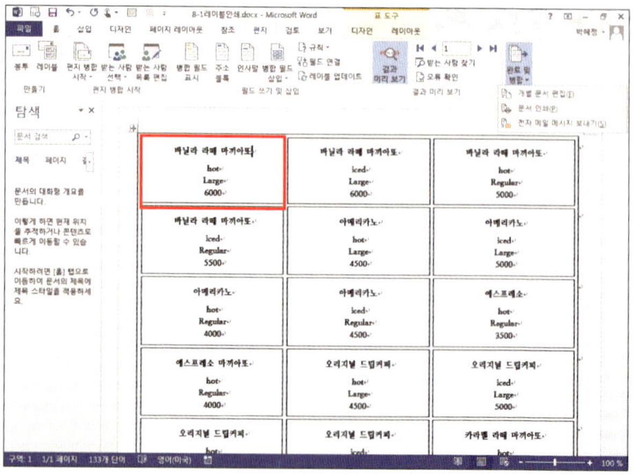

LESSON

02 문서 검토 기능

레벨 ●●●

검토 기능을 사용하면 여러 명의 사람이 함께 문서를 검토할 때 빠르고 정확하고 쉽게 여러 문서를 비교하여 검토할 수 있습니다.

기초탄탄 [검토] 탭, 변경 내용 추적 옵션, 비교 및 병합 화면

■ [검토] 탭

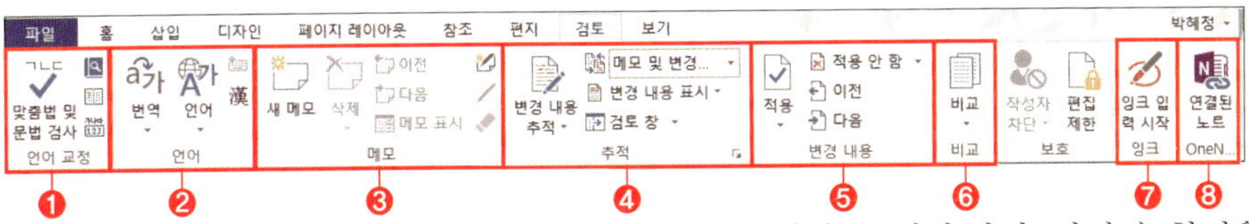

❶ [언어 교정] 그룹 : 문서에 맞춤법 및 문법 검사, 단어 정의, 동의어 사전, 단어 수 확인을 할 수 있습니다.

❷ [언어] 그룹 : 문서를 번역할 수 있습니다.

❸ [메모] 그룹 : 문서에 메모를 삽입, 삭제, 편집할 수 있습니다.

❹ [추적] 그룹 : 문서에 변경된 내용을 추적하고 변경된 내용을 잘 알아 볼 수 있도록 표시합니다. [추적] 그룹의 [메모 및 변경]의 목록 단추를 클릭하면 다음과 같은 목록이 나타납니다.

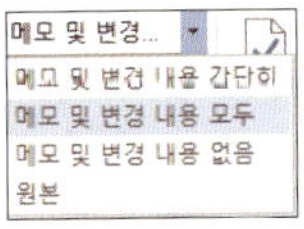

- 메모 및 변경 내용 간단히 : 변경 사항을 구체적으로 표시하지 않고 문서의 왼쪽 여백에 빨간 선으로 간단히 표시합니다.
- 메모 및 변경 내용 모두 : 문서 내에는 추적 옵션 서식을 이용하여 변경 사용을 표시하고 문서 오른쪽에 검토 창이 삽입되어 변경한 사람과 더불어 변경 내용을 구체적으로 설명합니다.
- 메모 및 변경 내용 없음 : 변경 내용을 반영하지만 변경 과정을 화면에 표시하지 않습니다.
- 원본 : 변경하기 전 원본 문서를 표시합니다.

❺ [변경 내용] 그룹 : 문서를 검토하면서 변경된 내용의 적용 여부를 확인하며 작업할 수 있습니다.

❻ [비교] 그룹 : 여러 사람이 편집한 문서를 여러 창을 통해 비교하고 문서의 병합 여부를 결정합니다. [비교] 그룹의 [비교]에는 여러 개의 문서 복사본으로 작업할 때 두 가지 옵션이 있습니다. 어느 옵션을 사용하든 한 번에 원본 문서와 검토 복사본 하나로만 작업할 수 있으며 각 검토 복사본에 대해 이 과정을 반복하게 됩니다.

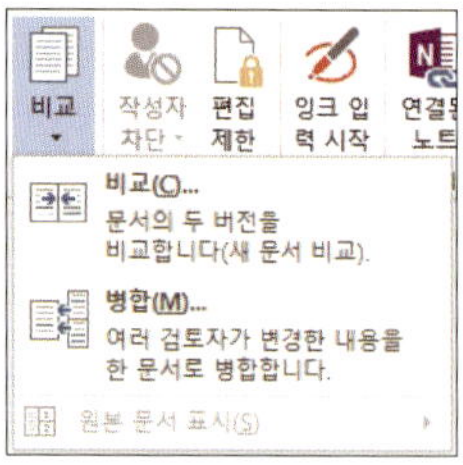

- **비교** : 두 문서를 나란히 놓고 비교하는 것이며 이를 새 문서 비교라고 합니다. 새 문서 비교를 사용하면 문서 사이의 차이점만 표시됩니다.
- **병합** : 여러 복사본을 새 워드 문서로 병합하는 것입니다. 문서를 병합한 후에는 내용을 검토하고 문서 하나에서 모든 사람들의 변경 내용을 적용하거나 취소할 수 있습니다.

❼ **[잉크] 그룹** : [잉크 입력 시작]을 클릭하면 [잉크 도구] 탭이 나타나며 펜, 형광펜을 사용하여 화면에 글씨를 입력할 수 있습니다.

❽ **[OneNote] 그룹** : [연결된 노트]를 클릭하면 MS 원노트 2013이 실행됩니다.

■ 문서 검토 기능

변경 내용과 메모가 포함된 문서를 잘못 배포하는 것을 방지하기 위해 워드 2013에서는 변경 내용과 메모가 기본적으로 표시됩니다. 메모 및 변경 내용 간단히 검토용 표시 상자에서 기본 옵션입니다. 나중에 모든 변경 내용을 검토할 수 있도록 각 삽입, 삭제, 이동, 서식 변경 작업이나 메모를 추적할 수 있습니다. 추적된 변경 내용과 메모를 검토하면서 각 변경 내용을 적용하거나 취소할 수 있습니다. 문서의 모든 변경 내용 및 메모를 적용하거나 취소할 때까지는 숨겨진 변경 내용까지 문서에 표시됩니다.

[고급 변경 내용 추적 옵션] 대화상자

[검토] 탭–[추적] 그룹에 대화상자 버튼을 클릭하고 나타난 [변경 내용 추적 옵션] 대화상자에 [고급 옵션]을 클릭합니다.

변경 내용 추적 시 삽입, 삭제와 같은 내용을 다르게 서식하여 표시함으로써 변경된 내용을 더욱 쉽게 표시할 수 있는 옵션을 제공합니다.

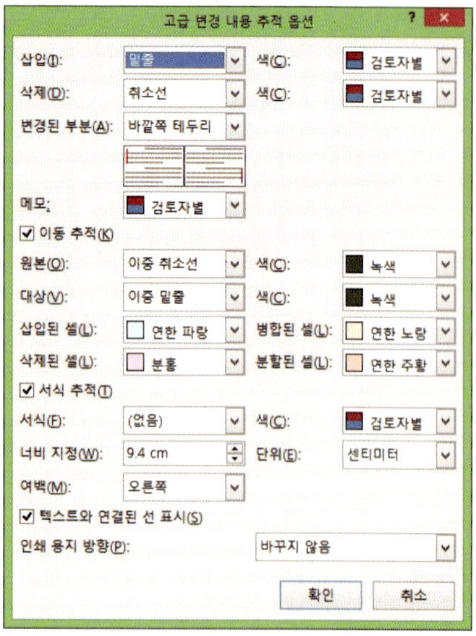

[병합]창

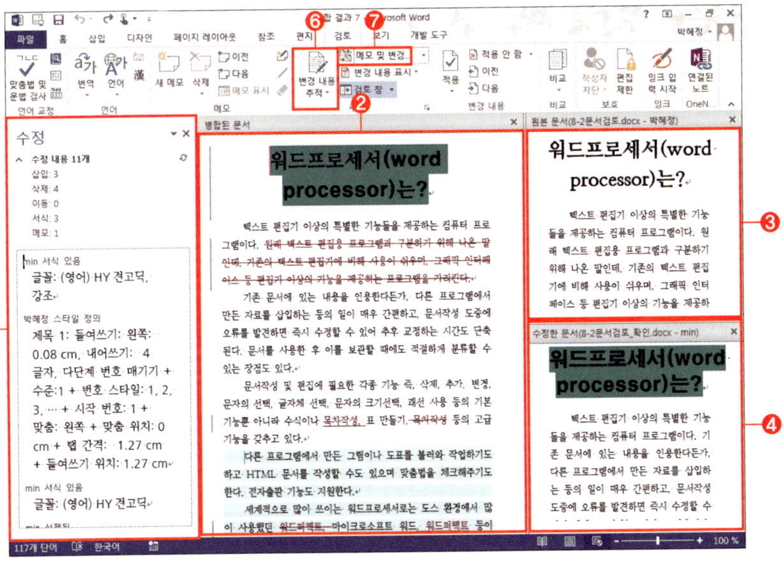

❶ 검토 창 : [검토] 탭–[추적] 그룹–[검토 창]을 클릭하면 화면 옆에 요약 내용을 표시할 수 있습니다. 화면 옆이 아닌 아래쪽에 가로로 요약이 표시되도록 하려면 [검토 창]의 목록 단추를 클릭하고 [가로로 표시]를 클릭합니다. 각 유형의 변경 내용 수를 보려면 [자세한 요약 표시]를 클릭하여 현재 문서에 표시되는 모든 변경 내용, 총 변경 내용 수 및 각 유형의 변경 내용 수가 표시할 수 있습니다.

❷ 병합된 문서 : 원본 문서와 수정된 문서를 병합하여 표시합니다.

❸ 원본 문서 : 원본 문서를 표시합니다.

❹ 수정된 문서 : 수정된 문서를 표시합니다.

❺ [검토] 탭–[변경 내용] 그룹–[이전] 또는 [다음]을 이용하여 각 변경 내용 및 메모를 순서대로 검토할 수 있습니다.

❻ 적용 : 변경 내용을 하나씩 확인하면서 적용하거나 모든 변경 내용을 한 번에 적용합니다. 문서에 변경 내용이나 메모가 더 이상 남아 있지 않을 때까지 변경 내용을 적용 또는 취소하고 메모를 삭제합니다.

❼ 적용 안 함 : 변경 내용을 하나씩 확인하면서 적용을 하지 않거나 모든 변경 내용을 한 번에 적용하지 않습니다.

STEP 01 • 메모 적용하기

메모는 슬라이드의 문자나 단어 또는 전체 슬라이드에 첨부할 수 있는 설명으로 사용자가 작성된 프레젠테이션을 검토하고 해당 프레젠테이션에 대해 의견을 제공하도록 하려는 경우 또는 동료가 프레젠테이션에 대한 의견을 요청할 때 메모를 사용합니다. 메모를 추가, 편집 및 삭제해 봅니다.

예제 파일 | CD₩Part 08₩8-2메모.docx **완성 파일 |** CD₩Part 08₩8-2메모_완성.docx

01. 메모를 추가하려는 텍스트에 커서를 위치시키고 [검토] 탭-[메모] 그룹-[새 메모]를 클릭합니다.

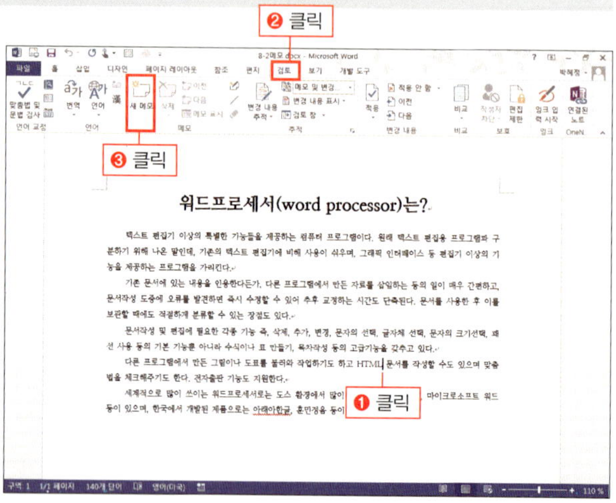

02. 메모가 [메모] 창에 나타납니다. 메모에 답 메모를 적용하려면 회신 아이콘(⮐)을 클릭합니다.

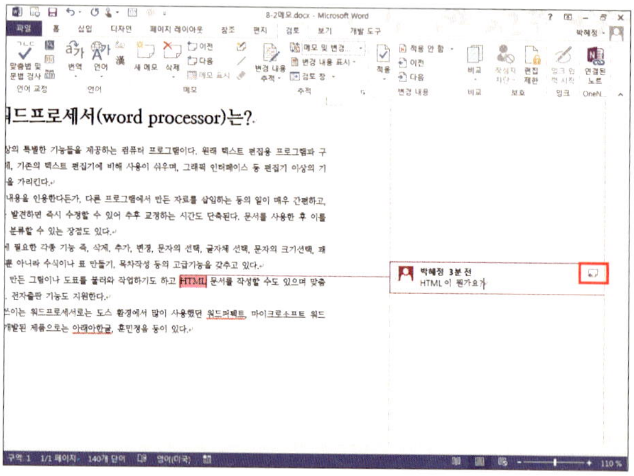

TIP : 여기에 입력하는 이름과 이니셜은 모든 MS Office 프로그램에 사용됩니다. 따라서 이러한 설정을 변경하면 다른 Office 프로그램에도 변경 내용이 적용됩니다. 메모에 사용할 이름 또는 이니셜을 변경하면 이후에 만든 메모에만 변경 내용이 적용되고 이름 또는 이니셜을 변경하기 전에 문서에 이미 있던 메모는 업데이트되지 않습니다.

03. 회신할 수 있는 메모 영역이 추가되면 메모를 입력합니다. 메모를 삭제하려면 삭제할 메모를 클릭한 후 [검토] 탭-[메모] 그룹-[삭제]-[삭제] 또는 [문서에서 모든 메모 삭제]를 클릭합니다.

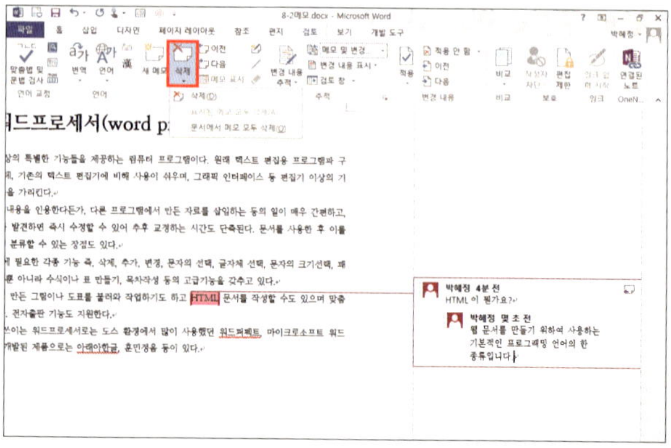

TIP : 검토 메모 간 이동하려면 [검토] 탭-[메모] 그룹-[이전] 또는 [다음]을 클릭합니다.

STEP 02 • 변경 내용 추적하기

다른 사용자와 공동으로 문서 작업을 하거나 혼자 문서를 편집할 때 변경 내용 추적을 설정하면 모든 변경 내용이 표시됩니다. 추가, 삭제, 이동, 서식과 관련된 모든 변경 내용이 표시됩니다. 문서의 변경 내용을 계속 추적합니다. 문서가 거의 완성된 경우 다른 사용자와 함께 수정하거나 의견을 보낼 때 특히 유용합니다.

예제 파일 | CD\Part 08\8-2문서추적.docx **완성 파일 |** CD\Part 08\8-2문서추적-완성.docx

01. [검토] 탭-[추적] 그룹-[변경 내용 추적]을 클릭합니다.

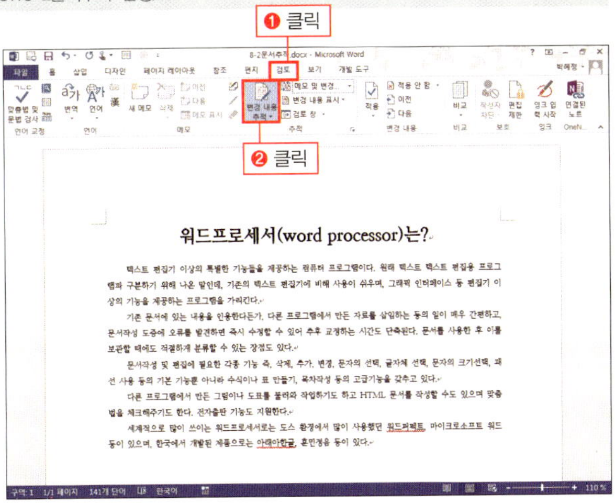

TIP : 변경 내용 추적 시작 단축키는 Ctrl + Shift + E입니다.

02. '진하게'를 적용하여 서식을 변경하기 위해 첫 문장을 선택하고 Ctrl + B를 누릅니다. 오른쪽에 [메모] 창이 나타나며 변경된 서식 정보가 문서 만든 이의 이름과 함께 나타납니다.

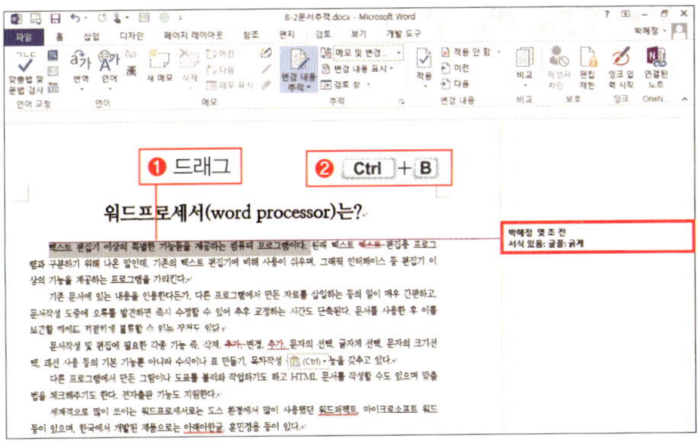

03. 이번에는 변경 내용 추적 옵션을 변경하기 위해 [검토] 탭-[추적] 그룹의 대화상자 표시 아이콘(◲)을 클릭합니다. [변경 내용 추적 옵션] 대화상자와 [고급 변경 내용 추적 옵션] 대화상자를 열어 설정된 내용을 확인합니다.

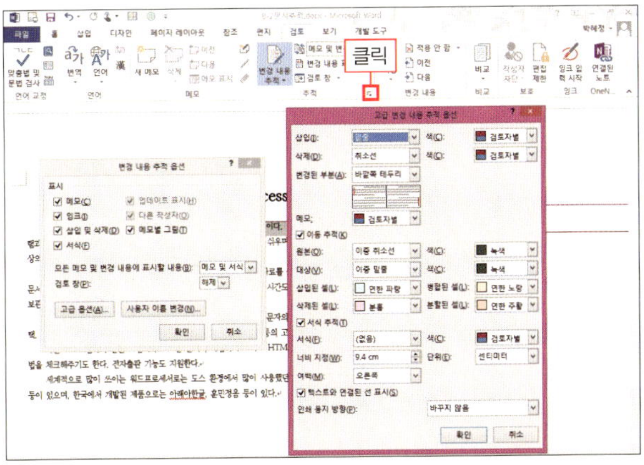

TIP : [고급 변경 내용 추적 옵션] 대화상자는 [변경 내용 추적 옵션] 대화상자의 [옵션]을 클릭하여 엽니다.

04. 옵션이 제대로 적용되는지를 확인하기 위해 텍스트를 이동하는 편집해 봅니다. 화면에 변경 사항이 표시됩니다. 구체적으로 내용을 확인하려면 [검토] 탭–[추적] 그룹–[검토 창]–[세로로 표시]를 클릭합니다.

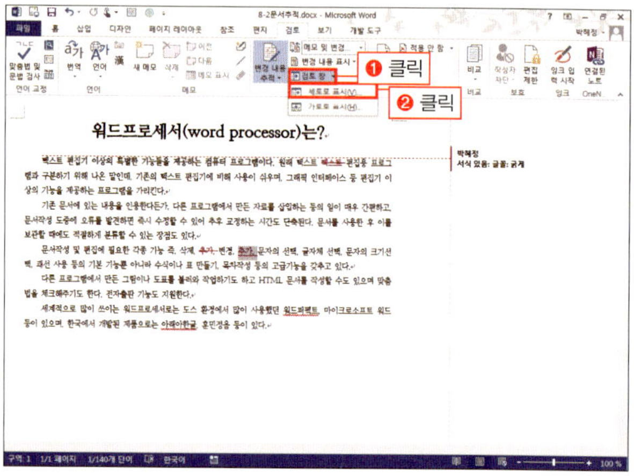

05. [수정] 창을 통해 구체적인 편집 내용이 나타납니다. 이번에는 문서에 변경 내용을 표시를 지우기 위해 [검토] 탭–[추적] 그룹–[검토용 표시]–[원본]을 클릭합니다.

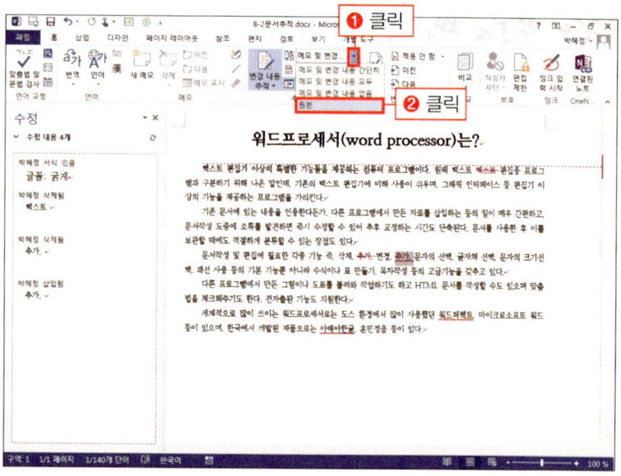

TIP : 왼쪽의 [검토] 창은 모든 변경 내용을 문서에서 제거하여 문서를 보는 다른 사용자에게 해당 변경 내용이 표시되지 않도록 할 수 있는 편리한 도구입니다. [검토] 창 위쪽의 요약 구역에는 문서에 표시되어 있는 변경 내용과 메모의 정확한 수가 표시됩니다. 또한 [검토] 창에서는 메모 표시에 맞지 않는 긴 메모를 읽을 수 있습니다.

06. 변경 내용을 적용하여 완성본을 표시합니다.

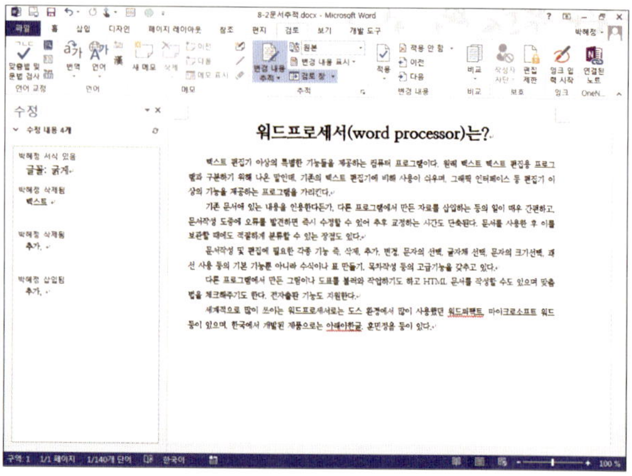

STEP 03 • 문서 비교하기

새 문서 비교 옵션을 사용하여 두 문서 비교 새 문서 비교 옵션을 사용하면 두 문서를 비교한 후 두 문서 간의 변경된 내용만 표시할 수 있습니다. 이때 비교되는 두 문서는 변경되지 않으며 기본적으로 비어 있는 새 문서에 새 문서 비교 내용이 표시됩니다.

예제 파일 I CD₩Part 08₩8-2문서원본.docx, 8-2문서수정본.docx **완성 파일 I** CD₩Part 08₩8-2문서비교_완성.docx

01. 워드 2013를 실행하고 [검토] 탭-[비교] 그룹-[비교]를 클릭합니다.

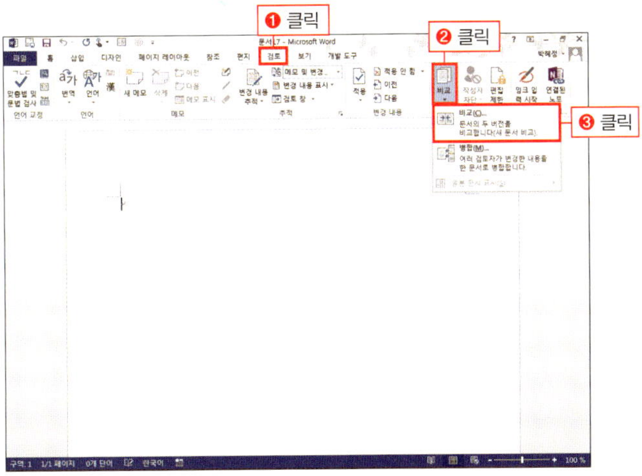

02. [문서 비교] 대화상자에서 원본 문서에서 원본 문서로 사용할 문서와 수정한 문서에서 비교할 다른 문서를 찾고 [자세히]를 클릭한 다음 [변경 내용 표시 위치]를 [새 문서]로 클릭하고 [확인], [확인]을 클릭합니다.

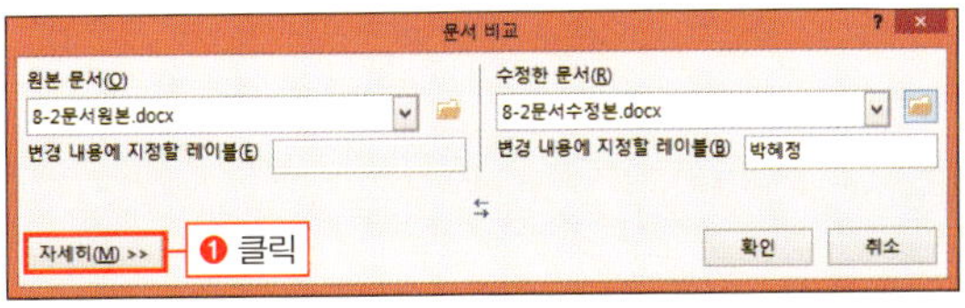

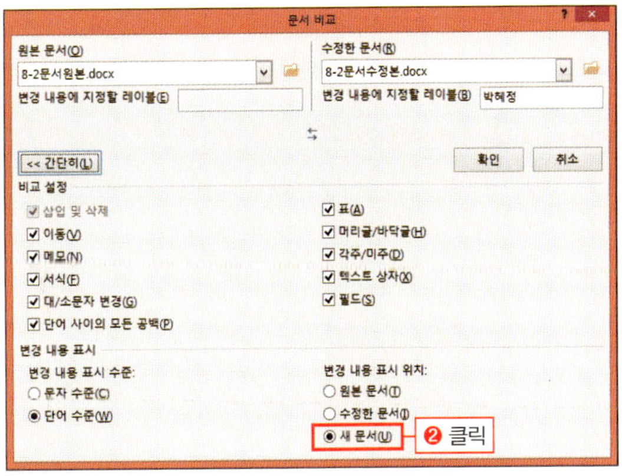

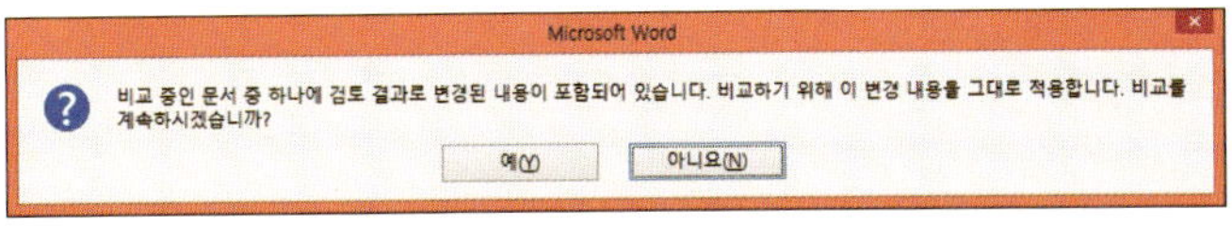

TIP : 변경 내용 표시에서 문자 수준과 단어 수준 중 변경 내용을 표시할 수준을 선택합니다. 비교되는 두 원본 문서는 변경되지 않습니다. 자세히 아래에서 선택하는 모든 옵션은 다음에 문서를 비교할 때 기본 비교 옵션으로 사용됩니다.

03. 원본 문서의 변경 내용이 적용되고 수정된 문서의 변경 사항이 변경 내용으로 표시된 새 문서가 열립니다. [수정] 창에서 수정 내용을 더블클릭하면 해당 내용으로 화면이 이동됩니다. 변경 사항을 적용하기 위해 [검토] 탭-[변경 내용] 그룹-[적용]-[변경 내용 모두 적용]을 클릭합니다.

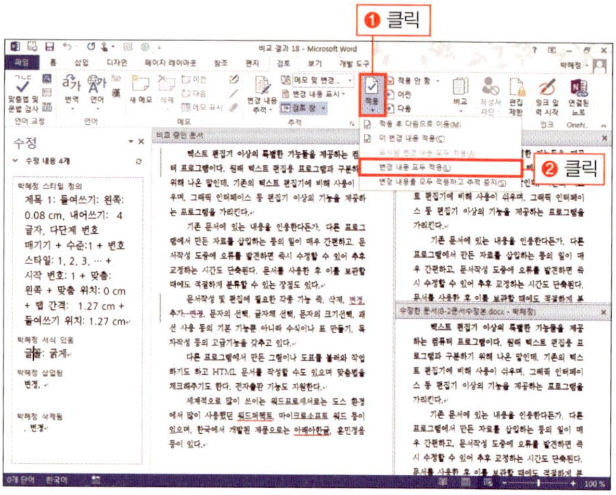

04. 변경 내용이 적용되고 [수정] 창에 상세 내역이 사라집니다.

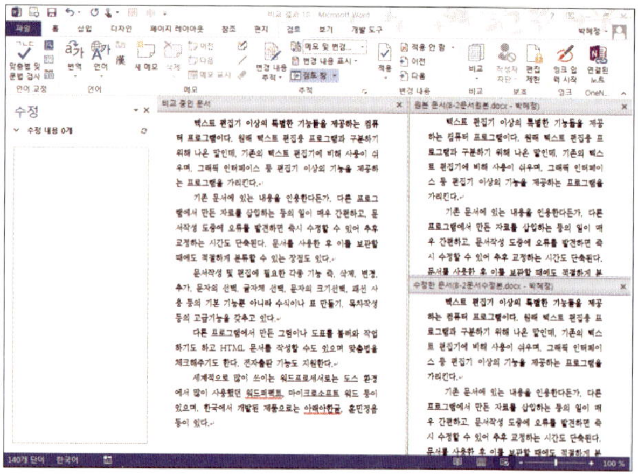

STEP 04 • 문서 병합하기/변경 내용 적용 및 저장하기

여러 명의 검토자에게 문서를 검토용으로 보낸 후 각 검토자가 문서를 반환하면 문서를 한 번에 두 개씩 결합하는 과정을 반복하여 모든 검토자의 변경 내용을 문서 하나에 통합할 수 있습니다.

예제 파일 | CD₩Part 08₩8-2문서검토.docx, 8-2문서검토-확인.docx **완성 파일 |** CD₩Part 08₩8-2문서비교_완성.docx

01. 워드 2013을 열고 [검토] 탭-[비교] 그룹-[비교]-[병합]을 클릭합니다.

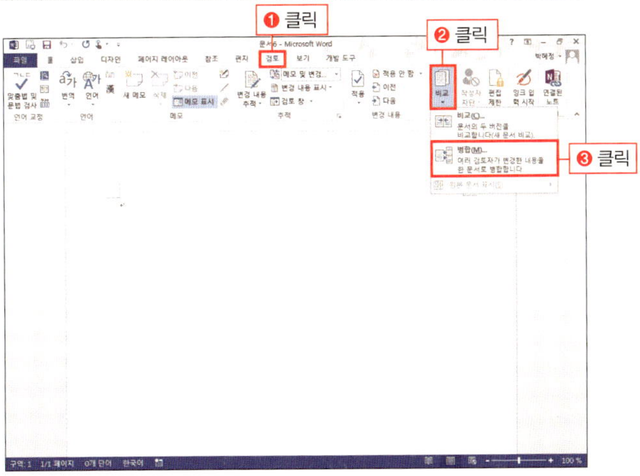

02. [문서 병합] 대화상자에서 [원본 문서]에서 변경 내용이 결합될 문서의 이름을 클릭합니다. 문서가 목록에 없으면 찾아보기 아이콘(📂)을 클릭합니다.

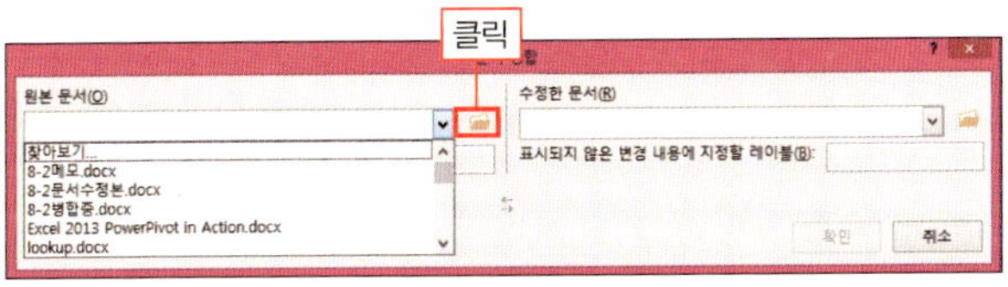

03. [열기] 대화상자에서 파일(CD₩Part 08₩8-2문서검토.docx)을 선택하고 [열기]를 클릭합니다.

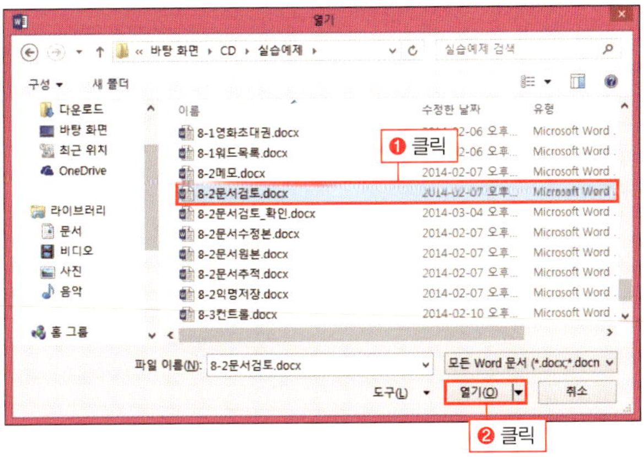

04. 문서 검토자가 표시됩니다. [수정한 문서]에서 검토자 중 한 명의 변경 내용이 포함된 문서를 찾기 위해 찾아보기 아이콘(📂)을 클릭한 후 [열기] 대화상자에서 파일(CD₩ Part 08₩8-2문서검토_확인.docx)을 선택한 다음 [열기]를 클릭합니다.

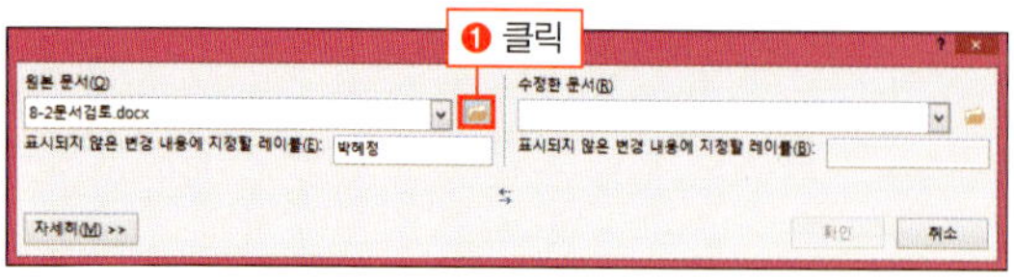

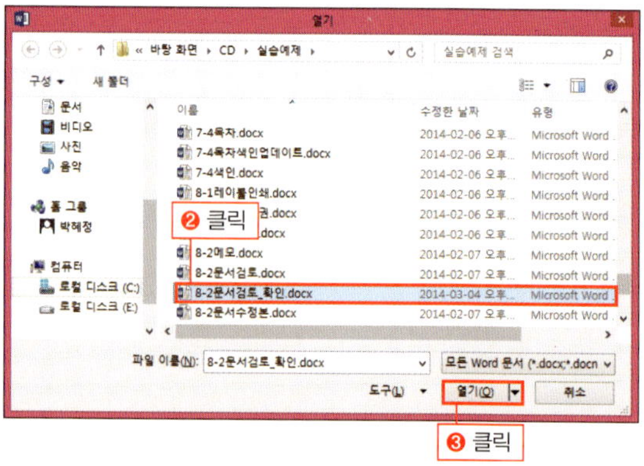

05. 문서 검토자가 표시됩니다. [자세히]를 클릭하여 열고 [변경 내용 표시 위치]에서 [새 문서]를 클릭하고 [확인]을 클릭합니다.

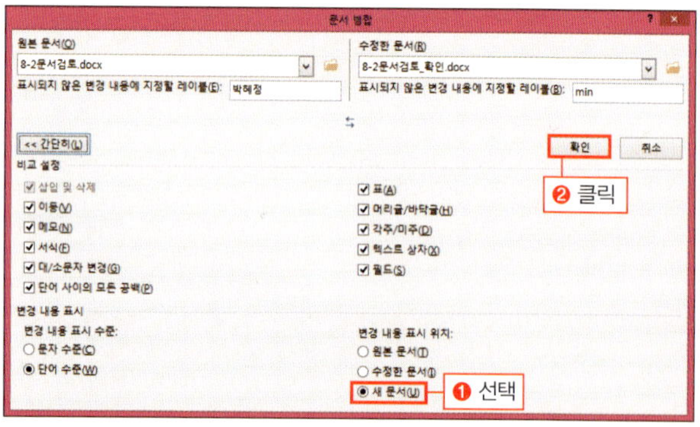

TIP : 기본적으로 워드 2013에는 단어 수준으로 변경 내용이 표시됩니다. 예를 들어 '사람'을 '사람들'로 변경하면 문서에서 '들' 문자만이 아니라 '사람들'이라는 단어 전체가 변경된 것으로 표시됩니다.

06. 원본 문서의 서식인 [사용자 문서(8-2문서검토.docx)]를 클릭하고 [병합 계속]을 클릭합니다.

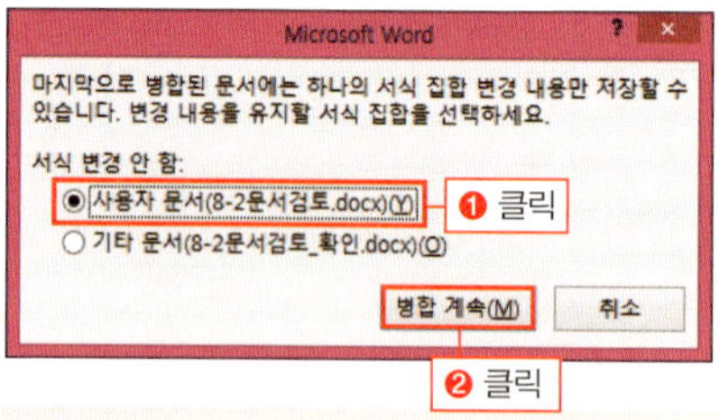

TIP : 워드에는 한 번에 서식 변경 하나만 저장되기 때문에 여러 문서를 병합할 경우 원본 문서의 서식을 유지할지 아니면 편집된 문서의 서식을 사용할지 묻는 메시지가 표시될 수 있습니다. 서식 변경 내용을 추적할 필요가 없는 경우에는 [문서 비교 및 병합] 대화상자에서 서식의 선택을 취소할 수 있습니다.

07. 새로운 문서에 병합할 수 있는 환경으로 바뀝니다. [수정] 창에는 변경자와 함께 수정된 구체적인 내용이 나타나며 원본 문서, 수정한 문서, 병합된 문서가 한꺼번에 화면에 표시됩니다. 변경 내용을 적용하지 않으려면 [검토] 탭-[변경 내용] 그룹-[적용 안 함]을 이용합니다.

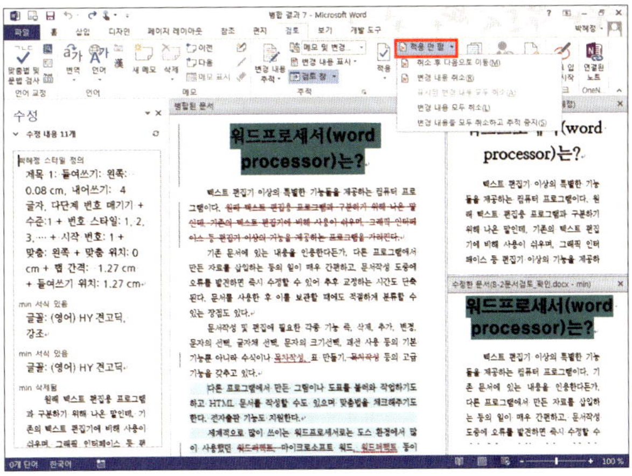

08. 모든 변경 내용을 적용하면 [검토] 탭-[변경 내용] 그룹-[적용] 목록에 [변경 내용 모두 적용]을 클릭합니다.

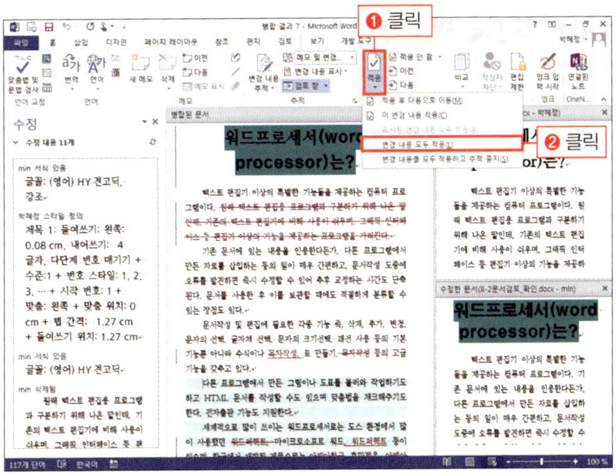

09. 워드 2013에서 모든 변경 내용이 병합된 문서에 병합됩니다.

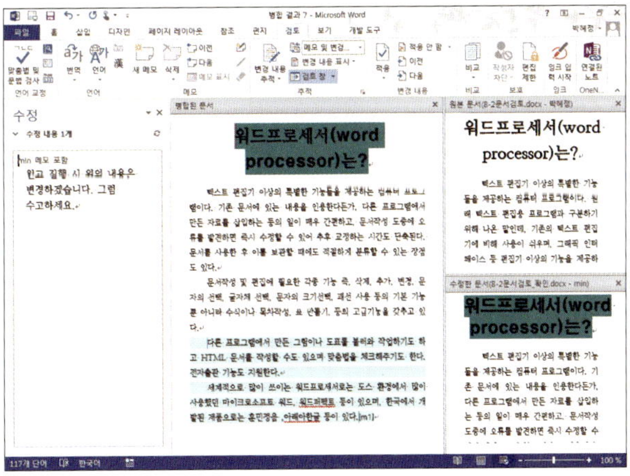

검토자 이름을 익명으로 설정하기

문서와 연결된 검토자의 이름 또는 이니셜을 설정하지 않고 문서를 저장할 수 있습니다.

예제 파일 | CD₩Part 08₩8-2익명저장.docx **완성 파일 |** CD₩Part 08₩8-2익명저장_완성.docx

01. [파일] 탭-[정보]를 클릭하고 [문제 확인]-[문서 검사]를 클릭합니다.

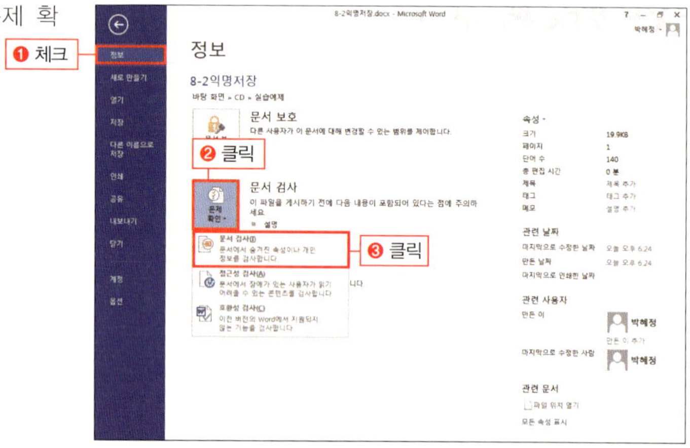

02. [문서 검사] 대화상자에서 [문서 속성 및 개인 정보]만 체크하고 [검사], [모두 제거], [닫기]를 차례대로 체크합니다.

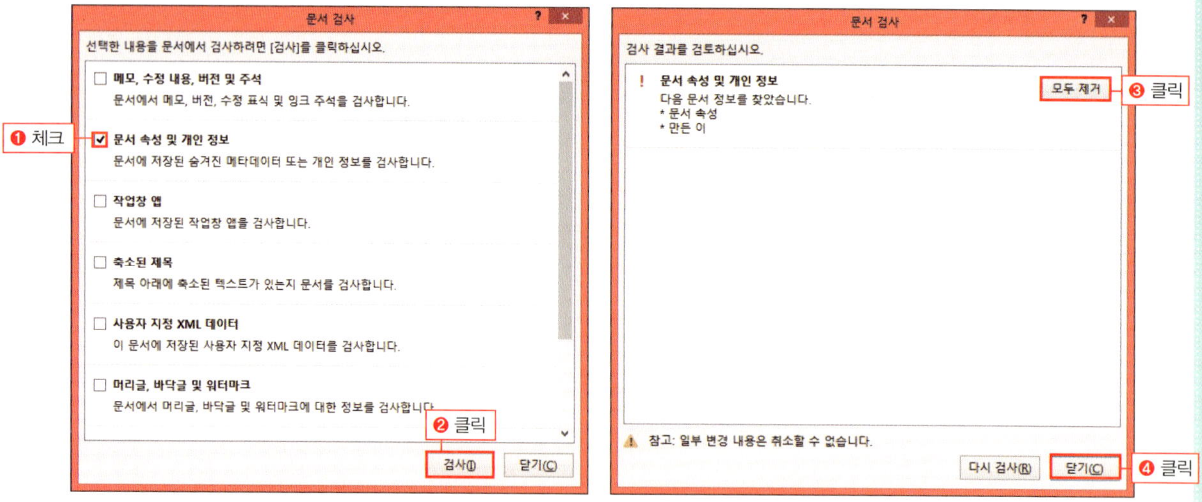

TIP : 모든 항목을 검사했다면 메모, 수정 내용, 버전 및 주석 옆에 있는 모두 제거는 문서에서 모든 메모를 영구적으로 삭제하므로 체크하지 않도록 합니다.

03. 문서를 다시 열면 해당 문서에 나타나는 모든 메모가 이름 또는 이니셜 없이 표시됩니다.

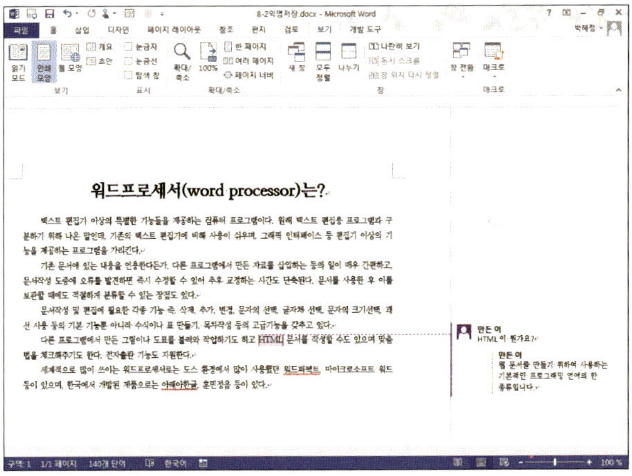

LESSON 03

개발 도구와 양식 컨트롤 도구 삽입하기

레벨 ●●●

상호작용형 문서(Interactive Document)를 만들기 위해 양식 도구인 MS 워드 2013 내에서 콘텐츠 컨트롤(Content Control) 툴을 사용하여 매일 사용할 수 있는 템플릿(Template)을 생성하는 방법에 대해서 학습합니다.

기초탄탄 ▶ 문서에서 컨트롤을 사용할 때 이점

■ 컨트롤이란?

문서를 작성하다 보면 문서의 스타일과 레이아웃은 유지한 채 일부의 내용만 변경하여 작성하는 경우가 있습니다. 예를 들어 청구서, 입사 지원서, 신청서 등입니다. 여러 사람이 만들기 때문에 다양한 폰트, 크기 등으로 일관성 없는 문서로 만들어질 가능성이 큽니다. 이러한 문제의 해결을 위해 MS 워드 2013은 약속된 기능을 하는 다양한 콘텐츠 컨트롤을 제공하여 사용자들이 제공된 범위 내에서 데이터를 선택 또는 입력하게 하고, 수정이 불필요한 구성요소는 문서보호 기능을 이용하여 편집할 수 없도록 하는 기능입니다.

■ 컨트롤의 이점

워드 2013이 제공하는 콘텐츠 컨트롤을 사용하는 예는 많습니다. 어디에 이 기능을 사용할 지 알 수 없다면 팩스 겉 표지, 송장 등 반복적인 데이터 입력 작업이 수반되는 정기적으로 생성하는 문서에 대해서 생각해 봅니다. 문서 템플릿에 날짜 선택 컨트롤을 포함시키면 날짜가 자동으로 삽입될 것입니다. 이렇듯이 콘텐츠 컨트롤을 사용하면 문서를 신속하게 작성할 수 있을 뿐 아니라 문서의 레이아웃을 사전에 설정하여 문서를 생성할 때마다 모든 것을 완벽하게 정렬하는 수고를 덜 수 있습니다. 효율은 물론이고, 일관성 있는 문서를 작성할 수 있습니다.

■ 콘텐츠 컨트롤의 종류 및 역할

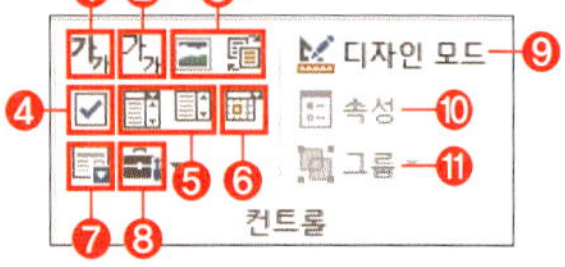

❶ 서식이 있는 텍스트 : 텍스트 서식을 변경할 수 있는 컨트롤을 삽입할 수 있습니다.

❷ 일반 텍스트 : 텍스트에 서식을 변경할 수 없는 컨트롤을 삽입할 수 있습니다.

❸ **그림/문서 블록 갤러리** : 그림을 추가할 수 있는 그림 틀 컨트롤/정의된 문서 블록 갤러리를 이용하여 쉽게 내용을 삽입할 수 있습니다.

❹ **확인란** : 확인란 컨트롤을 이용하여 예/아니오, True/False 등의 의사 표현을 할 수 있습니다.

❺ **콤보 상자, 드롭다운 목록** : 화면에 표시되는 항목을 지정하고 화살표를 클릭하면 목록이 나타나 항목을 입력할 수 있습니다.

❻ **날짜 선택** : 날짜를 선택할 수 있는 필드가 삽입됩니다.

❼ **반복 구역** : 다른 컨트롤을 포함하며 컨트롤의 콘텐츠를 필요한 만큼 반복하는 콘텐츠 컨트롤을 삽입합니다. 전체 단락 또는 행을 선택하고 반복 구역 컨트롤을 삽입할 수 있습니다.

❽ **이전 도구** : 이전 버전에서 사용됐던 Active X 컨트롤 또는 양식 컨트롤을 삽입합니다.

❾ **디자인 모드** : 디자인 모드를 선택하면 콘텐츠 컨트롤의 삽입 위치를 쉽게 확인할 수 있습니다.

❿ **속성** : 삽입한 콘텐츠 컨트롤 개체에 따라 다르게 제공되는 [속성] 대화상자를 이용하여 컨트롤을 서식할 수 있습니다.

⓫ **그룹** : 선택한 텍스트 범위를 그룹 또는 그룹 해제하는 기능으로 그룹화한 텍스트 범위는 편집 가능한 콘텐츠 컨트롤 영역을 제외하고는 편집할 수 없도록 설정합니다.

STEP 01 • 개발 도구 꺼내기

콘텐츠 컨트롤을 이용해 문서에 상호작용형 요소를 추가하려면 리본에 [개발 도구] 탭이 있어야 합니다. 허나, 기본적으로는 비활성화되어 있기 때문에 옵션에서 [개발 도구] 탭의 사용을 선택해야 합니다.

예제 파일 I CD₩Part 08₩8-3컨트롤.docx

01. 양식 컨트롤 도구를 삽입하기 위해서는 [개발 도구] 탭을 표시해야 합니다. [파일] 탭-[옵션]을 클릭합니다.

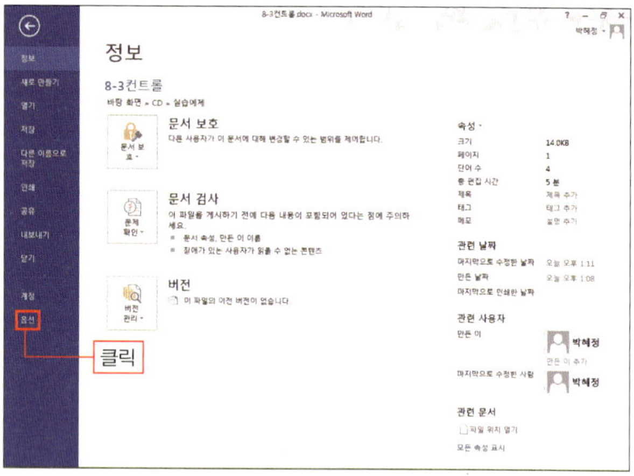

02. [Word 옵션] 대화상자가 나타나면 [리본 사용자 지정]을 클릭한 다음 [리본 메뉴 사용자 설정]에서 [개발 도구]에 체크한 다음 [확인]을 클릭합니다.

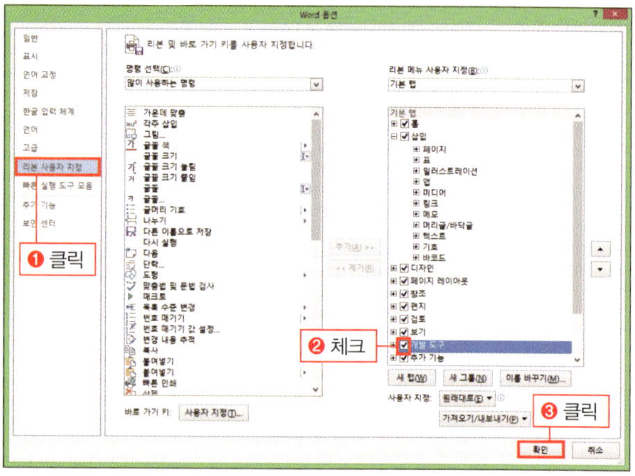

03. [개발 도구] 탭이 추가됩니다.

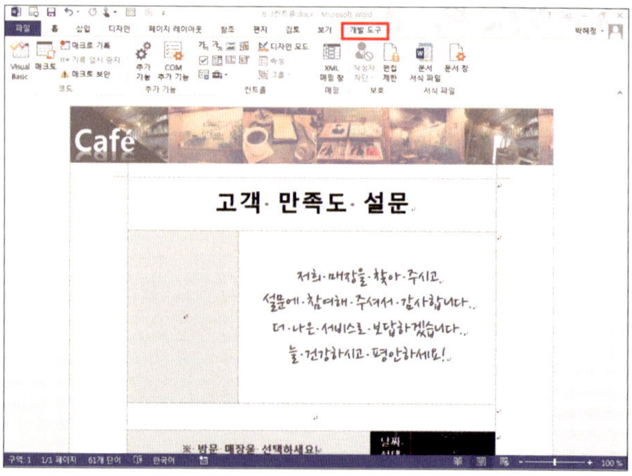

TIP : [개발 도구] 탭-[컨트롤] 그룹에 등록된 기능들에 마우스 포인터를 위치시키면 각 컨트롤의 이름 및 도움말을 확인할 수 있습니다.

STEP 02 • [날짜 선택 콘텐츠 컨트롤]을 이용하여 날짜 선택하기

[날짜 선택 콘텐츠 컨트롤]은 날짜 달력의 해당 날짜를 클릭해 날짜를 입력할 수 있도록 상호작용하는 컨트롤입니다. 컨트롤을 삽입하고 컨트롤을 이용하여 날짜를 입력해 봅니다.

01. 컨트롤을 삽입할 곳을 클릭한 다음 [개발 도구] 탭–[컨트롤] 그룹–[날짜 선택 콘텐츠 컨트롤](📅)을 클릭합니다.

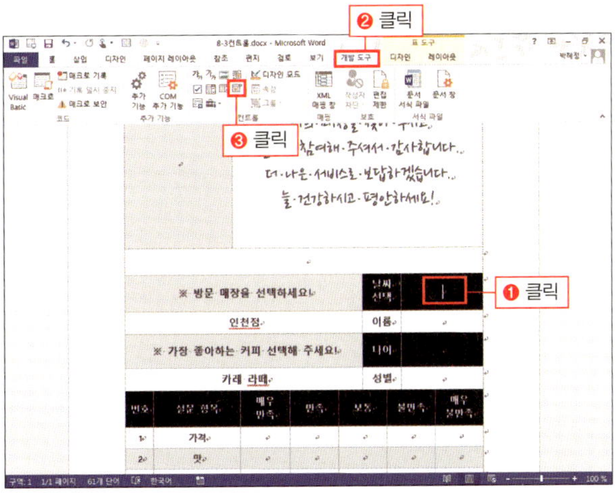

02. 달력에서 날짜를 선택할 수 있는 플레이스 홀더(Placeholder)가 나타납니다. 날짜 선택 컨트롤을 클릭하고 [개발 도구] 탭–[컨트롤] 그룹–[속성]을 클릭합니다. [속성] 대화상자에서 [제목]에 '오늘 입력'을 입력하고, [날짜 선택 속성]은 '2014/2/7'을 선택한 후 [확인]을 클릭합니다.

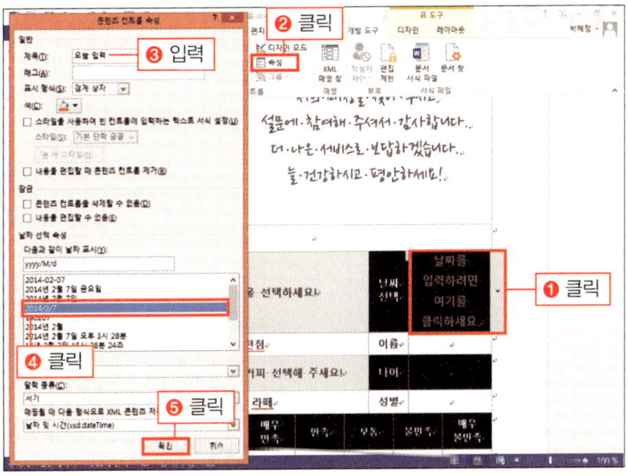

> **TIP :** 속성을 이용하여 콘텐츠 컨트롤을 보호하여 삭제되지 않도록 하거나 다른 사용자에게 그 용도를 알리기 위해 컨트롤에 제목을 부여할 수도 있습니다.

03. 문서에 해당 요소를 추가하기 위해서 목록 단추를 클릭하여 해당 날짜를 선택합니다.

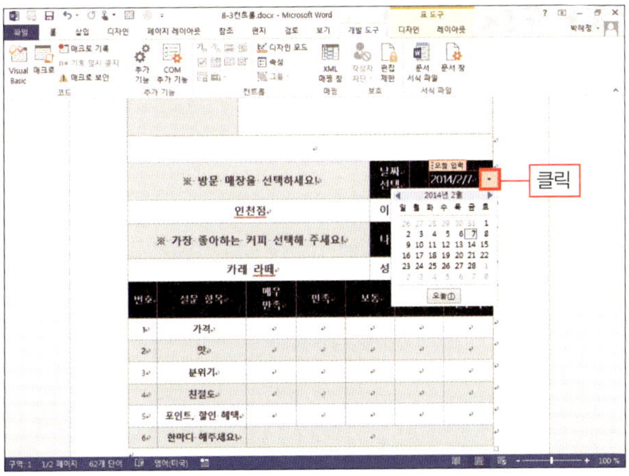

> **TIP :** 디자인 모드를 비활성화하면 '날짜를 입력하려면 여기를 클릭하십시오.'라는 이름의 상자가 나타납니다. 해당 컨트롤에서 목록 단추를 클릭하면 달력이 나타나고, 날짜를 선택하면 날짜가 자동으로 문서에 표시됩니다.

STEP 03 • 텍스트 콘텐츠 컨트롤을 추가하여 텍스트 입력 관리하기

텍스트 컨트롤은 사용자가 문서에 텍스트를 입력할 수 있는 설정된 위치를 생성합니다. 사용자는 정의된 스타일을 이용해 이 컨트롤에서 텍스트의 서식을 미리 설정하여 사용자가 입력하는 모든 텍스트가 특정 방식으로 표시되도록 설정할 수 있습니다. 입력한 일반 텍스트를 텍스트 컨트롤로 변경할 수 있습니다. 그러므로 텍스트 입력 위치에 대한 정보를 안내합니다. 이 컨트롤을 이용하여 입력한 제목은 스타일을 사용하여 내용의 서식을 설정할 수 있을 뿐만 아니라 삭제가 불가능하도록 할 수도 있습니다.

01. 문서의 제목을 컨트롤로 변경하기 위해 제목을 선택한 후 [개발 도구] 탭-[컨트롤] 그룹-[서식이 있는 텍스트 콘텐츠 컨트롤](가)을 클릭합니다.

TIP : 사용자는 복귀를 허용하거나 금지하도록 선택할 수도 있고, 컨트롤을 보호하여 삭제할 수 없도록 하거나, 콘텐츠를 입력한 후 자동으로 사라지도록 설정할 수 있습니다.

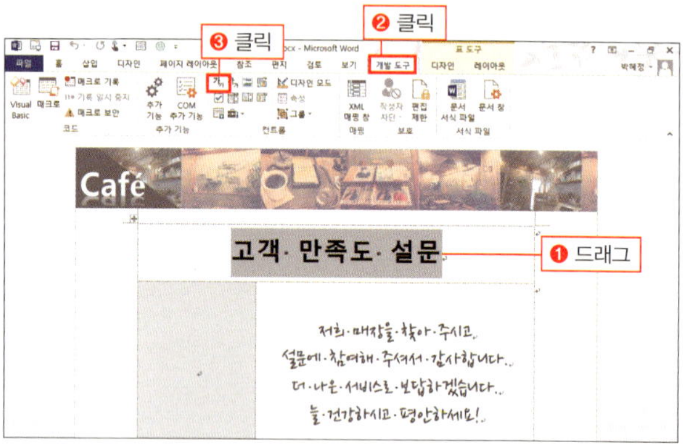

02. 제목이 컨트롤로 변경됩니다. 컨트롤의 내용과 개체를 삭제할 수 없도록 설정하기 컨트롤을 선택하고 [개발 도구] 탭-[컨트롤] 그룹-[속성]을 클릭하고 [콘텐츠 컨트롤 속성] 대화상자의 [잠금]에 [콘텍츠 컨트롤을 삭제할 수 없음]과 [내용을 편집할 수 없음]을 체크하고 [확인]을 클릭합니다.

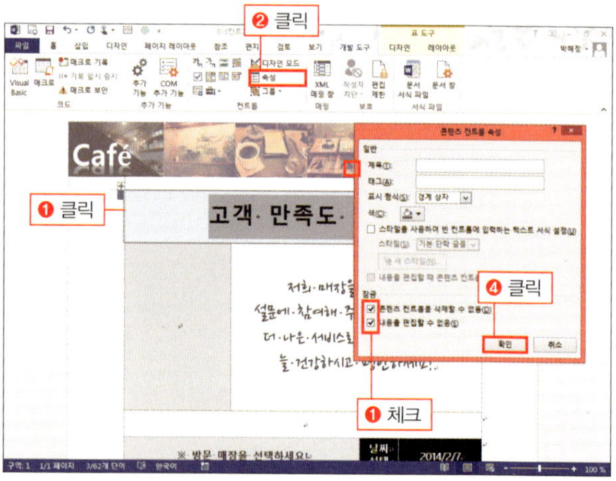

03. 컨트롤로 변경된 개체는 수정하거나 삭제할 수 없습니다. 6번 설문란에도 [서식 있는 텍스트 콘텐츠 컨트롤]을 삽입하여 텍스트 입력 공간에 대한 정보를 나타냅니다.

TIP : 마지막 모드에서 콘텐츠 컨트롤은 누군가 텍스트를 입력할 때까지 유지됩니다. 누군가가 내용을 입력하면 콘텐츠 컨트롤은 사라지고 입력한 텍스트만 그 자리에 남게 됩니다.

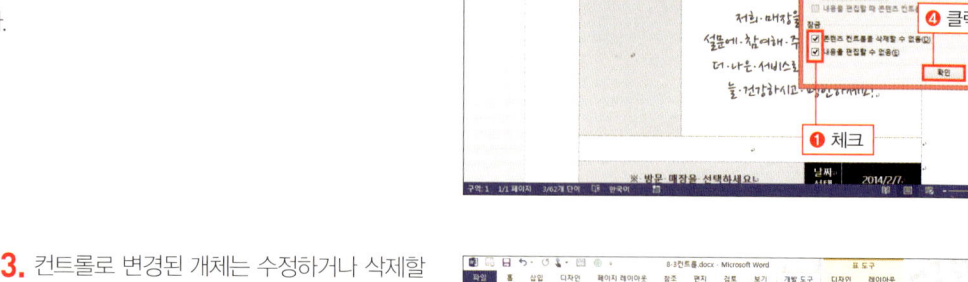

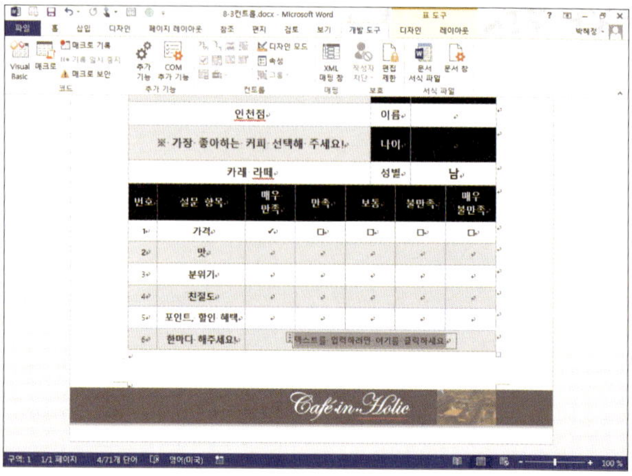

STEP 04 • 콤보 상자 콘텐츠 컨트롤로 목록에서 항목 선택하기

문서에 일부 목록으로 제시한 제한된 수의 옵션에 선택이 이루어지도록 만들려면 드롭다운 목록 콘텐츠 컨트롤이나 콤보상자 콘텐츠 컨트롤을 이용해야 합니다. 성별을 선택할 수 있는 목록을 만들어 봅니다.

01. 삽입할 위치를 클릭하고 [개발 도구] 탭-[컨트롤] 그룹-[콤보상자 목록 콘텐츠 컨트롤]을 클릭합니다.

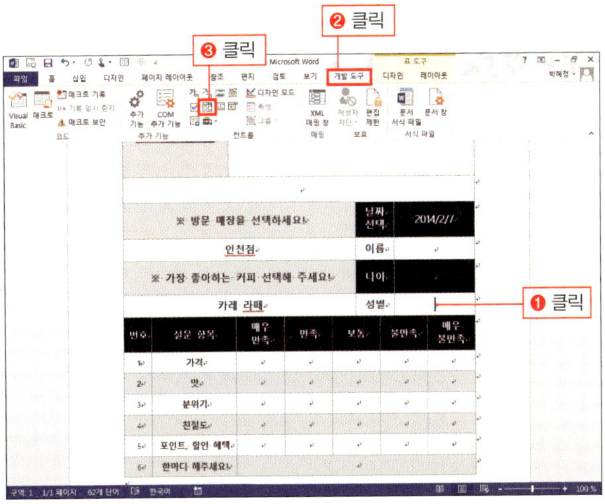

02. 삽입한 컨트롤을 선택하고 [속성]을 클릭합니다. [속성] 대화상자에서 [추가]를 클릭하고 해 목록을 위한 값 '남'을 입력합니다. 같은 작업을 반복하고 [확인]을 클릭합니다.

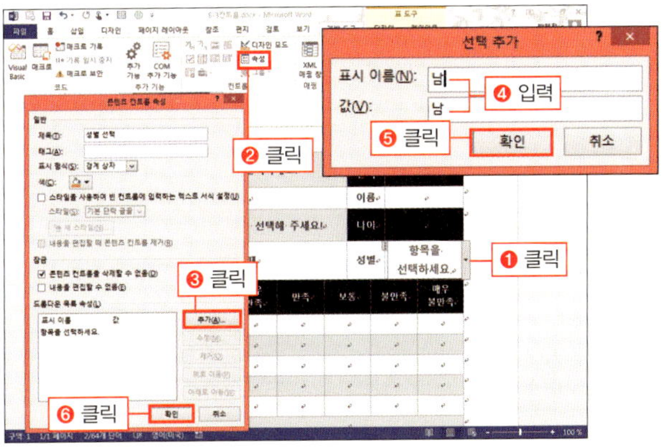

03. '항목을 선택하십시오.'라는 문구가 나타나고, 텍스트를 클릭하면 목록에 있는 단어와 함께 목록 단추가 나타납니다. 항목 중 하나를 클릭하여 해당 단어를 입력합니다.

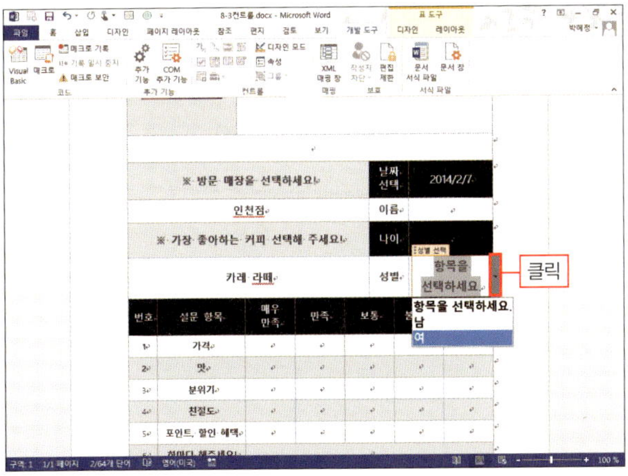

STEP 05 • 확인란 컨트롤을 이용하여 체크리스트 생성하기

확인란 콘텐츠 컨트롤을 이용하여 선택한 항목에 대해 체크 표시를 할 수 있도록 연출할 수 있습니다. 확인란 콘텐츠 컨트롤을 삽입하고 표시할 기호를 변경해 봅니다.

완성 파일 | CD₩Part 08₩8-3컨트롤_완성.docx

01. 각 항목별로 매우 만족부터 매우 불만족까지 체크 표시로 만들어 봅니다. 가격의 매우 만족 셀에 커서를 놓은 다음 [개발 도구] 탭-[컨트롤] 그룹-[확인란 콘텐츠 컨트롤(☑)]을 클릭합니다.

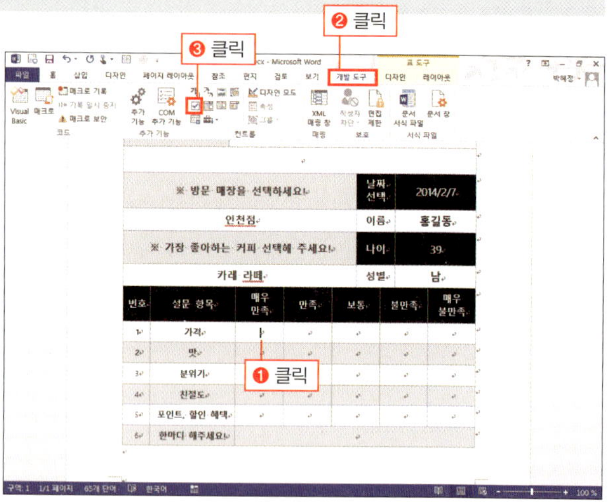

02. 삽입한 컨트롤을 선택하고 [개발 도구] 탭-[컨트롤] 그룹-[속성]을 클릭한 후 [콘텐츠 컨트롤 속성] 대화상자에서 [확인란 속성]-[선택한 경우 기호]에 [변경]을 클릭합니다.

TIP : 확인란은 선택할 경우 상자 안에 체크가, 선택하지 않을 경우 내부가 빈 상태로 표시되는 두 가지 상태로 변경할 수 있습니다.

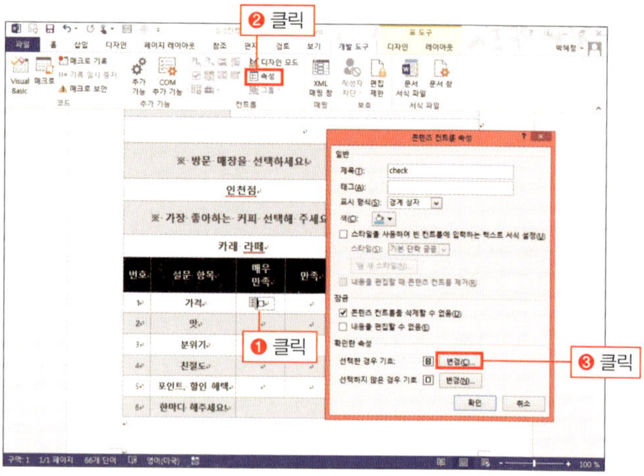

03. 상태를 변경하기 위해 [속성]을 클릭하여 대화상자를 엽니다. [글꼴]을 'Wingdings'로 선택하고 '체크' 기호를 선택한 다음 [확인]을 클릭합니다.

TIP : [글꼴]을 'Wingdings'로 선택하면 쉽게 찾을 수 있습니다.

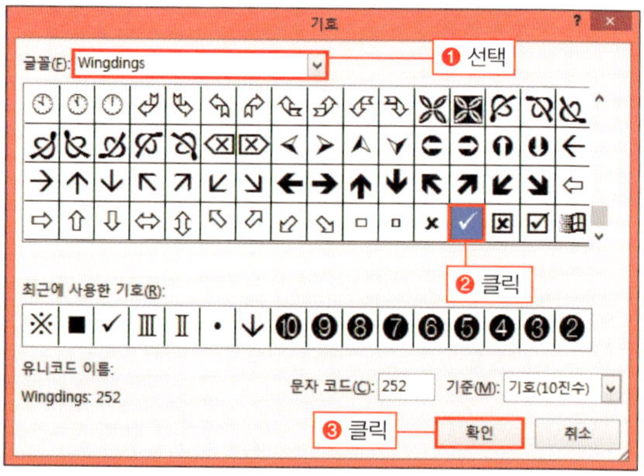

04. 변경된 기호를 확인하고 [제목], [색] 등의 서식을 설정한 후 [콘텐츠 컨트롤을 삭제할 수 없음]을 체크한 다음 [확인]을 클릭합니다.

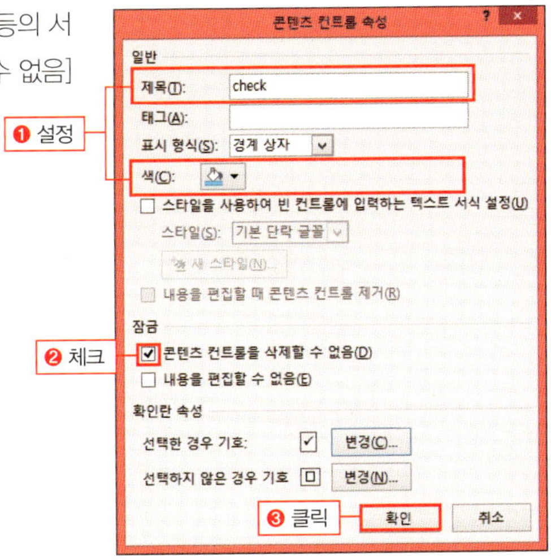

05. 서식이 변경된 콘텐츠를 확인하고 선택한 후 Ctrl + C를 눌러 복사합니다.

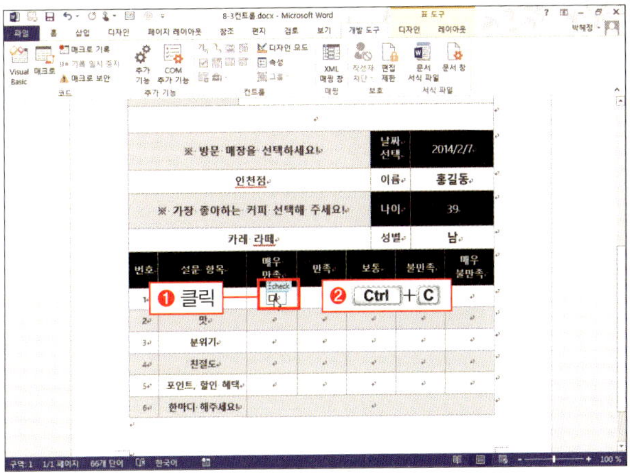

06. Ctrl + V를 눌러 확인란 콘텐츠 컨트롤이 필요한 곳에 붙여넣습니다.

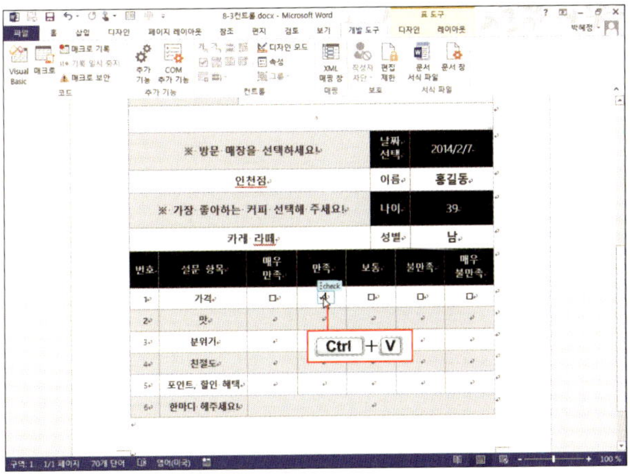

TIP : 대부분의 컨트롤은 선택하지 않으면 식별하기 어렵습니다. 이때 [개발 도구] 탭-[컨트롤] 그룹-[디자인 모드]를 클릭하면 컨트롤을 식별 가능하도록 표시합니다.

문서에 빠른 문서 요소 추가하기

실무에선 이렇게!

[삽입] 탭-[빠른 문서 요소]-[문서 속성]은 또 다른 형태의 콘텐츠 컨트롤입니다. 이것들은 문서에 저장된 데이터로부터 생성할 수 있습니다. 만든 이의 이름과 같은 문서의 일부 속성은 모든 워드 문서에 저장되지만 일반적으로 문서에 표시되지는 않습니다. 이런 정보를 손쉽게 추가하여 표시하도록 하는 방법 문서에 빠른 문서 요소를 추가하는 것입니다.

예제 파일 I CD₩Part 08₩8-3컨트롤.docx **완성 파일 I** CD₩Part 08₩8-3컨트롤_완성.docx

01. [삽입] 탭-[빠른 문서 요소]-[문서 속성]을 클릭합니다. 나타난 목록에서 [만든 이]를 클릭하면 해당 정보가 자동으로 문서에 삽입됩니다.

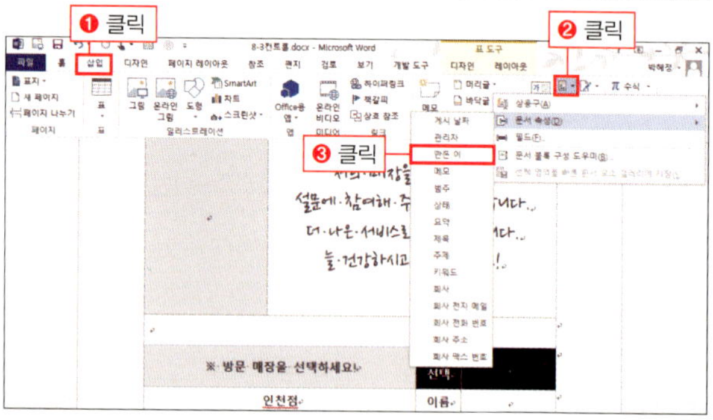

02. 삽입된 컨트롤을 선택하고 [개발 도구] 탭-[컨트롤] 그룹-[속성]을 클릭하여 [콘텐츠 컨트롤 속성] 대화상자를 열고 해당 대화상자에서 컨트롤의 텍스트 스타일을 포함한 다른 속성을 설정할 수 있습니다.

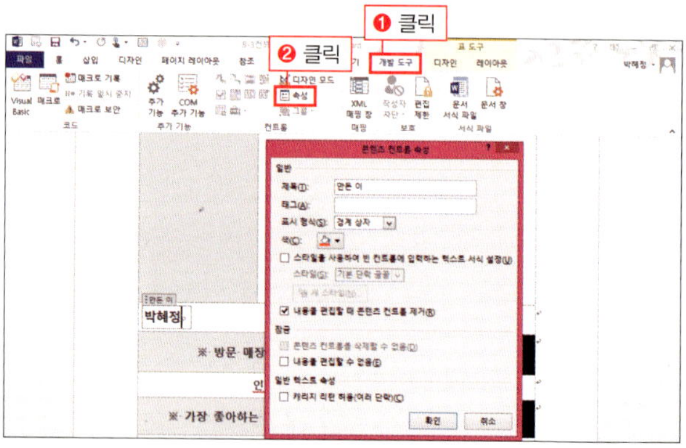

03. 제공하는 문서 정보를 출처를 확인해 보려면 [파일] 탭-[옵션]을 클릭합니다. 정보를 변경하려면 클릭하여 수정하고 해당 변경 사항을 적용하려면 프로그램을 재시작합니다.

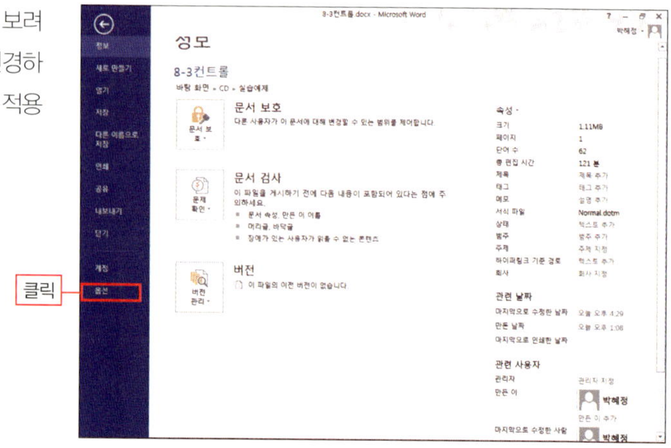

LESSON

04 매크로 작성 또는 기록

레벨 ● ● ●

MS Office 워드 2013에서는 매크로를 만들어 자주 사용하는 작업을 자동화할 수 있습니다. 매크로란 작업을 자동으로 수행할 수 있도록 여러 개의 명령을 하나의 명령으로 그룹화한 것을 말합니다.

기초탄탄 ▶ 매크로란?

■ 매크로의 정의

매크로는 한 번의 클릭으로 적용할 수 있는 명령의 모음입니다. 매크로를 사용하면 프로그램에서 수행하는 거의 모든 작업을 자동화하고 불가능할 것 같은 작업까지 수행할 수 있습니다.

■ 매크로와 프로그래밍

매크로는 프로그래밍의 일종이지만 개발자나 프로그래밍 지식을 갖춘 사람이 아니어도 사용할 수 있습니다. Office 프로그램에서 사용자가 만드는 매크로는 대부분 MS VBA(Visual Basic for Applications)라는 언어로 작성됩니다.

■ 매크로의 용도

매크로는 일상적으로 사용하는 프로그램의 작업 시간을 줄이고 기능을 확장합니다. 이러한 매크로는 사용자와 동료가 자주 사용하는 문서를 작성하는 등의 작업을 자동화하는 솔루션을 만들거나, 반복적인 문서 작성 작업을 자동화하거나, 복잡한 작업을 단순화하는 데 사용할 수 있습니다. VBA 사용 경험이 있는 경우 매크로를 사용하여 자주 사용하는 서식 파일, 대화상자, 저장소 정보 등이 포함된 사용자 설정 추가 기능을 만들 수도 있습니다.

- 편집 및 서식 설정 작업 속도를 향상시키려는 경우
- 특정 크기 및 테두리와 행 및 열의 수를 설정하여 표를 삽입하는 등 여러 명령을 결합하려는 경우
- 대화상자의 옵션을 더욱 쉽게 사용하려는 경우
- 복잡한 여러 작업을 자동화하려는 경우

■ 매크로의 기록

매크로를 기록하는 방법은 녹음기를 켜고 끄는 것만큼 쉽습니다. 매크로 기록기를 사용하면 사용자가

수행하는 작업에 따라 자동으로 매크로가 작성됩니다. 워드, 엑셀, 파워포인트, 비지오, 및 프로젝트와 같은 Office 프로그램에서 매크로를 기록할 수 있습니다.

매크로 레코더를 사용하여 일련의 매크로 함수를 기록할 수도 있고 Visual Basic Editor에서 VBA(Visual Basic for Applications) 코드를 입력하여 처음부터 매크로를 만들 수도 있습니다.

[매크로 기록] 대화상자에서 매크로의 이름을 설정하고 쉽게 액세스할 수 있도록 도구 모음 또는 바로 가기 키에 할당하고 매크로 저장 위치를 사용자 설정하고 나중에 참조할 수 있도록 매크로 설명을 추가할 수 있습니다.

[매크로 기록] 대화상자

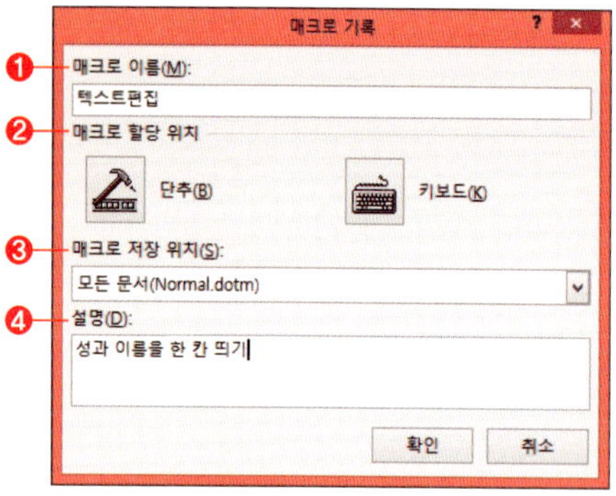

❶ **매크로 이름** : 매크로에 자동으로 할당된 숫자 이름을 바꿀 수 있습니다. 매크로 이름에는 공백을 제외한 문자와 숫자를 사용할 수 있습니다.

❷ **매크로 할당 위치** : 새로 기록한 매크로는 기본적으로 Normal.dotm라는 기본 서식 파일에 저장됩니다. 또한 활성 문서 또는 서식 파일이나 다른 사용자 설정 서식 파일에 저장할 수도 있습니다.

❸ **매크로 저장 위치** : 도구 모음에서 액세스할 수 있도록 매크로를 할당하거나 매크로에 바로 가기 키를 할당할 수 있습니다. 이 부분을 건너뛰는 경우 매크로를 만든 후 언제라도 할당할 수 있습니다.

❹ **설명** : 매크로 설명에는 날짜와 매크로를 기록한 사용자의 이름이 포함됩니다. 필요한 경우 이 설명을 편집할 수 있습니다.

■ 매크로 작성

액세스, 아웃룩, 프론트페이지 및 퍼블리셔를 비롯하여 매크로를 기록할 수 있는 Office 프로그램에서는 VBA 매크로를 직접 작성할 수도 있습니다. 매크로를 작성하려면 VBA에 대해 어느 정도 알아야 하지만 프로그램 사용 방법만 알아도 쉽게 배울 수 있습니다. VBA는 일상적으로 사용하는 기능을 자동화하기 위한 도구입니다.

매크로를 작성하거나 기록한 매크로를 편집하여 매크로에 더욱 강력한 기능을 추가할 수 있습니다. 예를 들어 위의 매크로 기록 예제에서 루프를 추가하여 기록한 매크로를 편집할 수 있습니다. 루프란 각각의 표마다 별도로 매크로를 실행하는 대신 문서의 모든 표에 한 번에 서식을 적용할 수 있는 간단한 VBA 코드입니다.

하나의 Office 프로그램에 대해 간단한 VBA 작성 방법을 알면 다른 Office 프로그램에서도 유사한 방법으로 매크로를 작성하고 편집할 수 있다는 것이 VBA 매크로를 작성하거나 편집할 경우의 가장 큰 이점 중 하나입니다. 기능별로 사용되는 용어는 다르지만 매크로를 설정하거나 루프와 같은 기능을 추가하는 데 필요한 언어는 VBA를 사용하는 모든 프로그램에서 동일합니다.

■ 매크로 보안

대부분의 매크로는 안전하고 유용하지만 매크로가 중요한 보안 문제를 야기할 수 있다는 것도 사실입니다. 즉 악의적인 의도로 작성된 경우 문서나 시스템에 손상을 줄 수 있는 유해 코드가 포함되어 있을 수도 있습니다.

시스템과 파일을 보호하려면 출처를 알 수 없는 매크로는 활성화하지 말아야 합니다. 매크로를 활성화하거나 비활성화하는 옵션을 갖는 동시에 사용할 매크로에 자유롭게 액세스할 수 있도록 하려면 Office 프로그램의 보안을 보통으로 설정합니다. 그러면 매크로가 포함된 파일을 열 때마다 매크로를 활성화할 것인지 여부를 선택할 수 있으며 선택한 매크로를 실행할 수도 있습니다.

VBA 매크로를 제공하는 Office 프로그램에서 매크로 보안을 설정하려면 [도구] 메뉴에서 매크로, 보안을 차례로 클릭하고 원하는 보안 수준을 선택한 다음 [확인]을 클릭합니다. 보안은 낮음으로 설정하지 않는 것이 좋습니다.

■ 매크로 포함 문서 저장 및 열기

매크로를 기록한 문서는 [Word 매크로 사용 문서(*.docm)]로 저장해야 다음에도 사용할 수 있습니다.

매크로가 포함된 문서를 열면 [보안 경고] 창이 나타납니다. 포함된 매크로를 실행하려면 [콘텐츠 사용]을 클릭합니다.

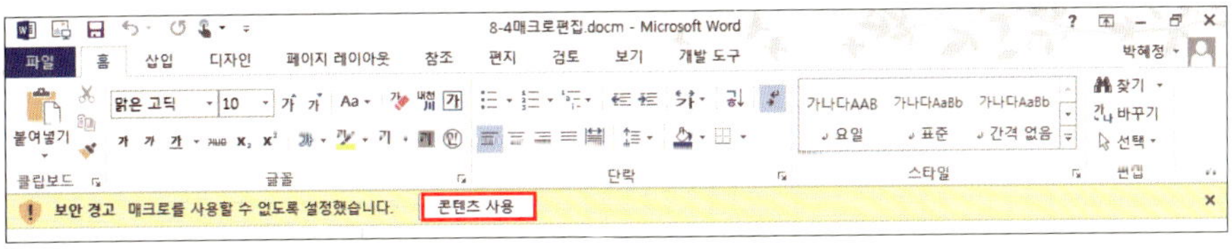

STEP 01 • 매크로 기록 및 실행하기

서식을 다시 설정할 표가 모두 50개라면 5분 내에 표 하나의 서식을 설정할 수 있는 고급 사용자라도 이 한 가지 작업을 모든 표에 대해 수행하려면 4시간 이상이 걸립니다. 그러나 표 서식을 설정하는 매크로를 기록한 다음 문서 전체에 대해 해당 변경 작업을 반복하도록 매크로를 편집하면 몇 시간이 걸리던 작업을 몇 분 내에 완료할 수 있습니다. 워드 문서에서 여러 표의 서식을 다시 설정하는 작업을 수행하는 매크로를 살펴보겠습니다. 표 스타일을 적용하여 여러 가지 표 서식을 설정할 수도 있지만 표의 너비나 행의 높이 등 스타일로 설정할 수 없는 서식도 있습니다.

예제 파일 | CD₩Part 08₩8-4매크로기록및실행.docx **완성 파일 |** CD₩Part 08₩8-4매크로기록및실행_완성.docx

01. 매크로를 기록하려면 먼저 삽입 포인터를 첫 번째 표에 위치시키고 [개발 도구] 탭-[코드] 그룹-[매크로 기록]을 클릭합니다.

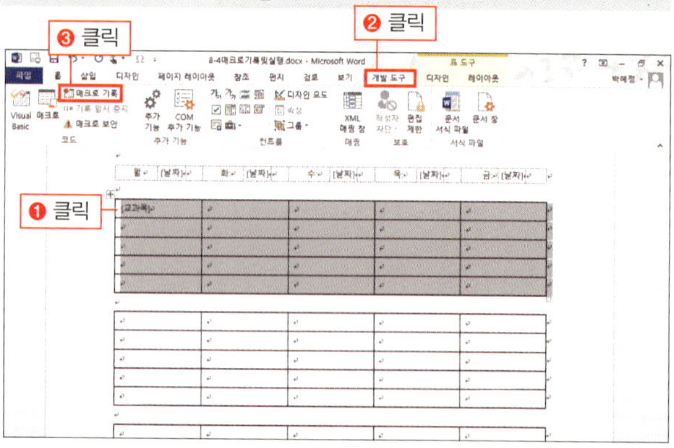

02. [매크로 기록] 대화상자에서 [매크로 이름]을 '표서식적용'으로 입력하고, [매크로 저장 위치]를 '모든 문서(Normal.dotm)'로 선택하고, [설명]에 간략한 내용을 입력하고 [키보드]를 클릭합니다.

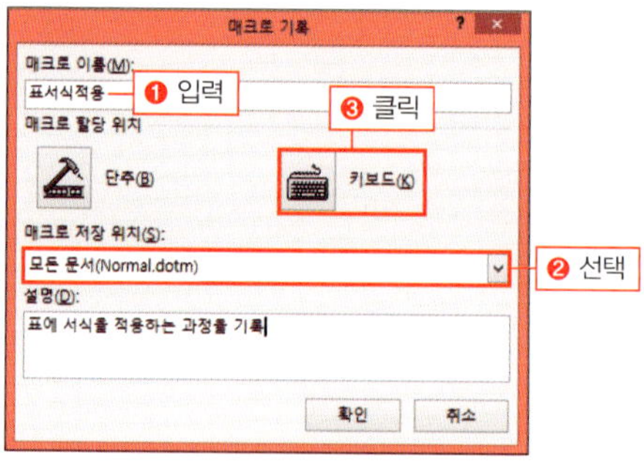

03. [키보드 사용자 설정] 대화상자에서 [새 바로 가기 키]를 Ctrl+M으로 입력하고 [닫기]를 클릭하고 [매크로 기록] 대화상자에 [확인]을 클릭하여 매크로 기록을 시작합니다.

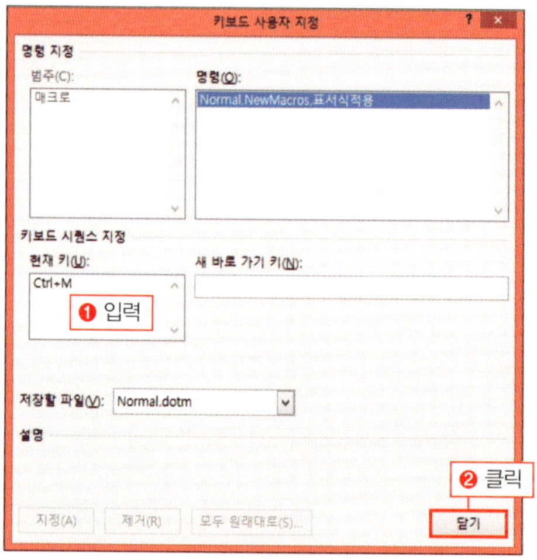

연관 검색 구체적인 단축키 등록 방법은 Part 01의 내용을 참고하세요(40P).

04. 선택한 표에 서식을 적용하기 위해 [표 도구]-[디자인] 탭-[표 스타일]의 자세히 아이콘(▾)을 클릭하여 [일반 표1]를 클릭합니다.

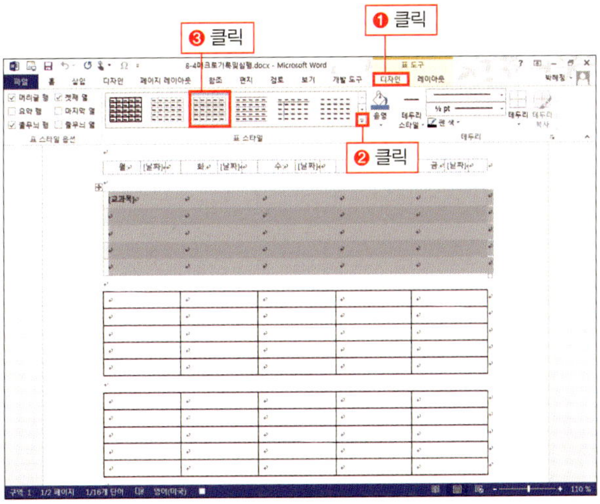

TIP : 매크로를 기록할 때는 마우스를 사용하여 명령 및 옵션을 클릭할 수 있지만 텍스트를 선택할 수는 없습니다. 텍스트를 선택하려면 키보드를 사용해야 합니다.

05. [표 도구]-[레이아웃] 탭-[맞춤] 그룹-[정가운데](▤)를 클릭합니다.

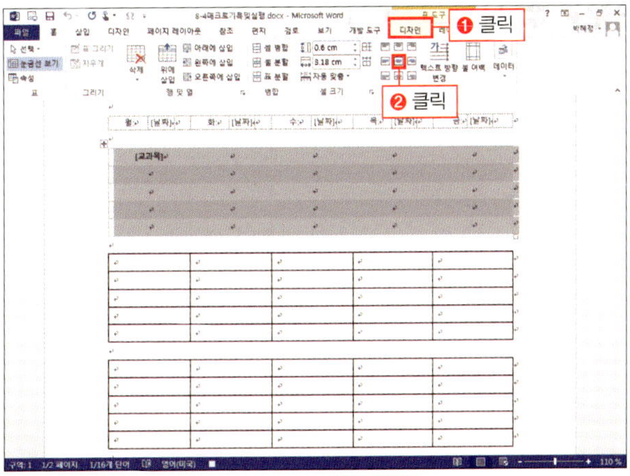

06. 기록을 중지하기 위해 [개발 도구] 탭-[코드] 그룹-[기록 중지]를 클릭합니다.

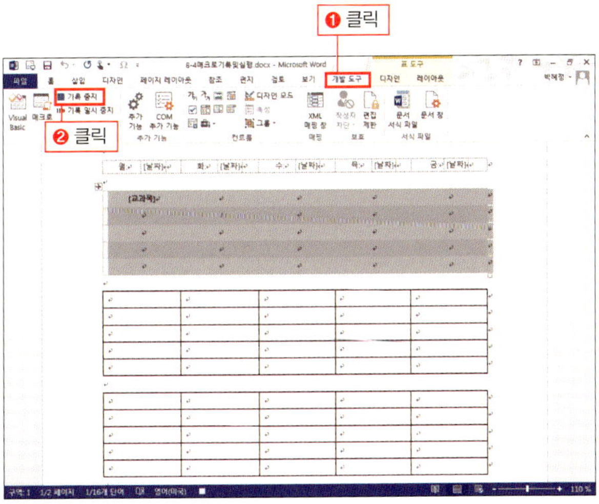

TIP : 기록 중지가 표시되지 않는다면 기록이 시작되지 않은 것입니다.

07. 기록한 매크로를 실행하기 위해 표를 선택한 후 Ctrl+M을 누릅니다.

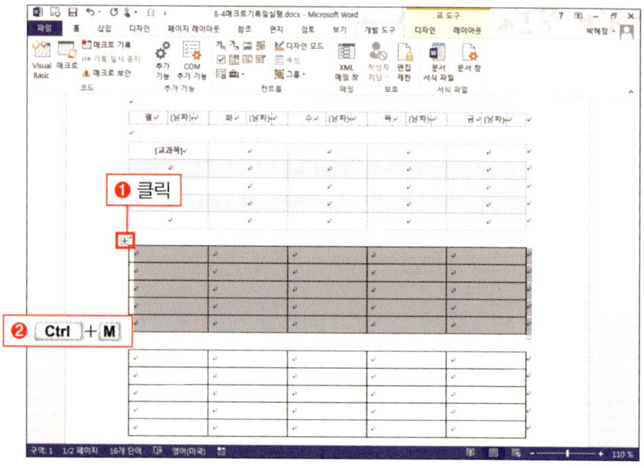

TIP : 도구 모음이나 바로 가기 키에 할당하지 않은 경우 [매크로] 대화상자를 통해 매크로에 액세스할 수 있습니다. 이 대화상자를 통해 매크로에 액세스하려면 [개발 도구] 탭-[코드] 그룹-[매크로]를 클릭한 다음 다시 [매크로]를 클릭합니다. [매크로 이름]에서 매크로를 선택한 다음 [실행]을 클릭합니다.

08. 선택한 표에 매크로로 기록한 표 스타일 적용과 맞춤이 한 번에 반영됩니다.

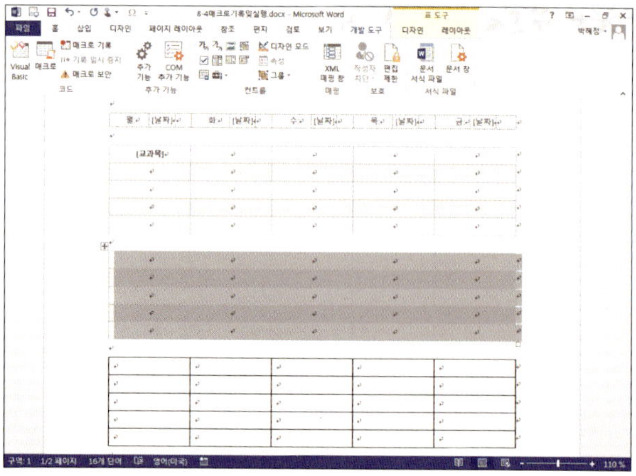

STEP 02 • 기록 매크로 빠른 실행 도구 모음에 등록하기

매크로를 기록하고 실행하는 방법은 다양합니다. 단축키를 등록할 수도 있고, 매크로 실행 메뉴를 사용할 수도 있습니다. 이번에는 앞서 기록한 매크로를 빠른 실행 도구에 등록하여 활용하는 방법입니다.

예제 파일 | CD₩Part 08₩8-4매크로등록.docx

01. [파일] 탭-[옵션]을 선택합니다.

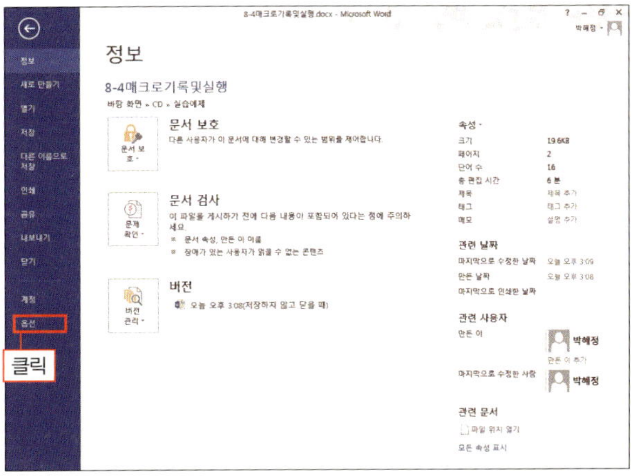

02. [Word 옵션] 대화상자의 [빠른 실행 도구 모음]-[명령 선택]에서 '매크로'로 선택하면 기록한 매크로가 나타나는데 '표서식적용'을 선택하고 [추가]를 클릭합니다.

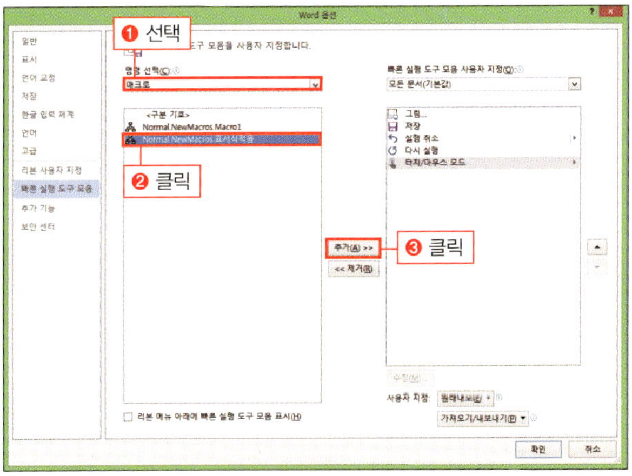

03. 추가된 매크로를 선택하고 [수정]을 클릭한 후 [단추 수정] 대화상자에서 [표시 이름]은 '표서식'으로 입력하고, [기호]는 스마일(😊)로 클릭한 다음 [확인]을 클릭합니다.

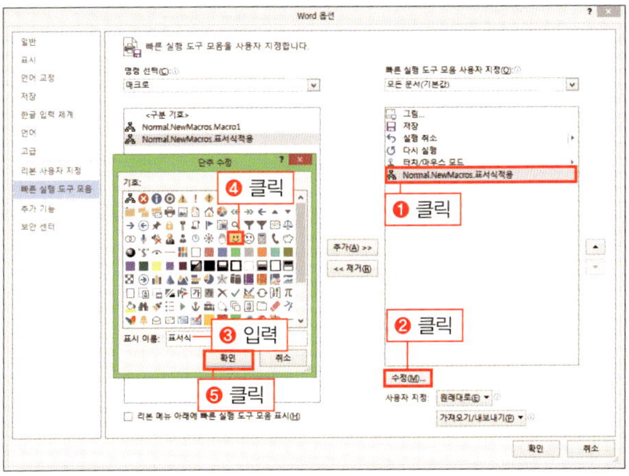

04. 변경된 내용을 확인하고 [확인]을 클릭합니다.

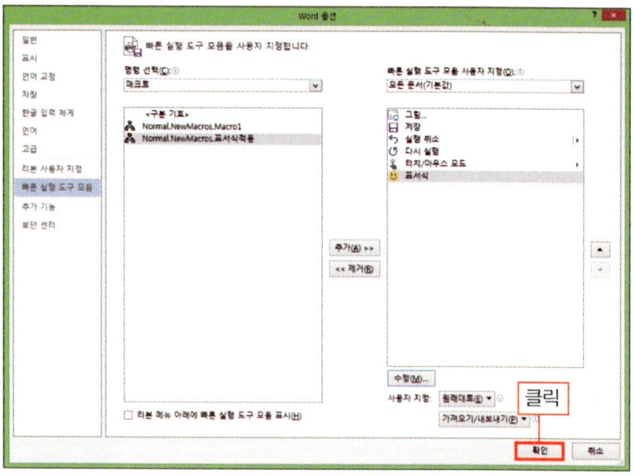

05. [빠른 실행 도구 모음]에 [표서식] 매크로가 등록됩니다. 표를 선택하고 클릭하여 매크로가 실행되는지 확인합니다.

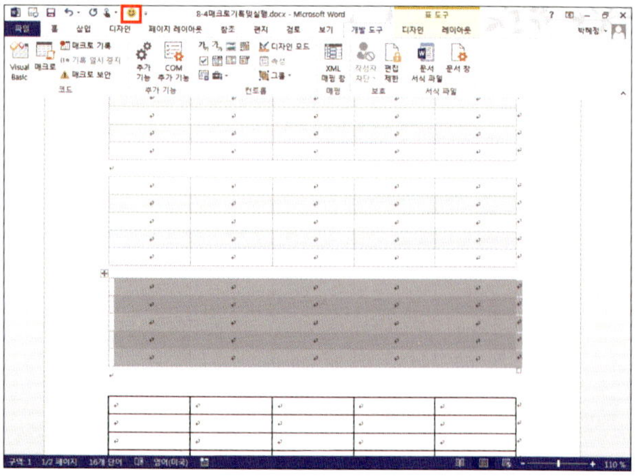

STEP 03 • VBA 사용하여 기록 내용 확인하기

기록한 매크로는 VBA(Visual Basic for Application)로 기록되고 편집기(Visual Basic Editor)를 통해 내용을 수정할 수 있습니다. 이번 과정은 앞선 과정에서 기록한 매크로에 머리글 행 서식을 기록한 매크로를 추가하여 편집하는 내용을 학습합니다.

예제 파일 | CD₩Part 08₩8-4매크로편집.docm **완성 파일 |** CD₩Part 08₩8-4매크로편집_완성.docm

01. VBA 편집기를 열기 위해 [개발 도구] 탭-[코드] 그룹-[Visual Basic]을 클릭합니다.

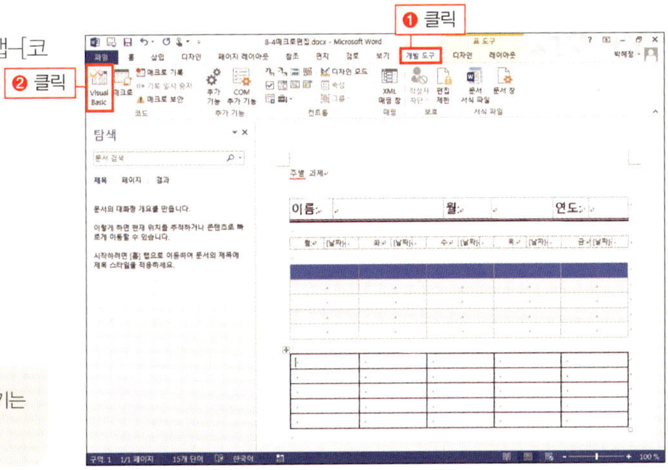

TIP : 편집기(Visual Basic Editor) 열기 단축키는 Alt + F11입니다.

02. 편집기 창이 열리면 탐색에서 [Normal]과 현재 문서의 [모듈]의 플러스 아이콘(⊞)을 클릭해 마이너스 아이콘(⊟) 상태로 만들고 각각의 [NewMacros]를 더블클릭하여 기록 내용을 확인합니다.

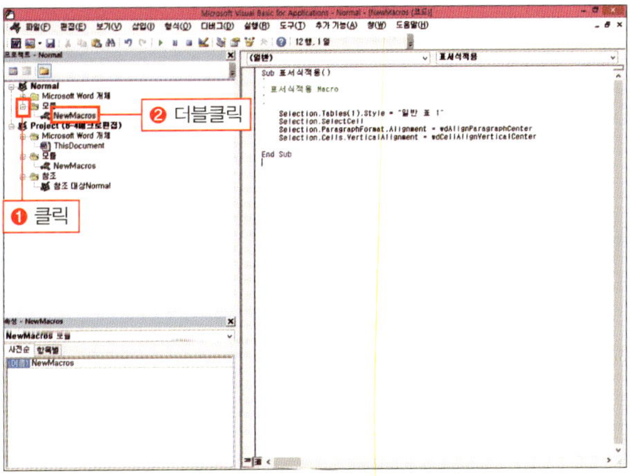

03. [8-4매크로편집.docx] 문서에 [NewMacros] 모듈에 기록 내용을 선택하고 Ctrl + C를 눌러 복사합니다.

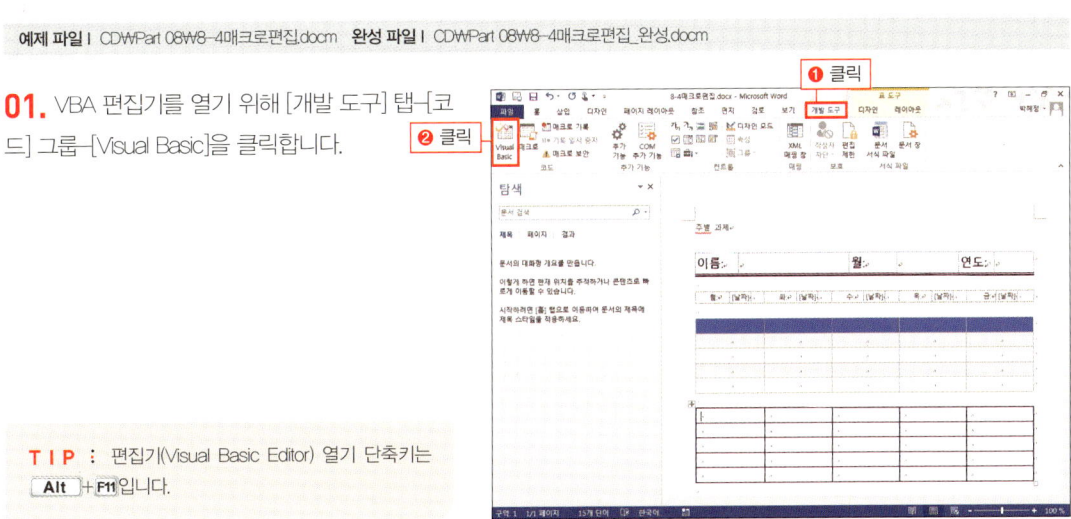

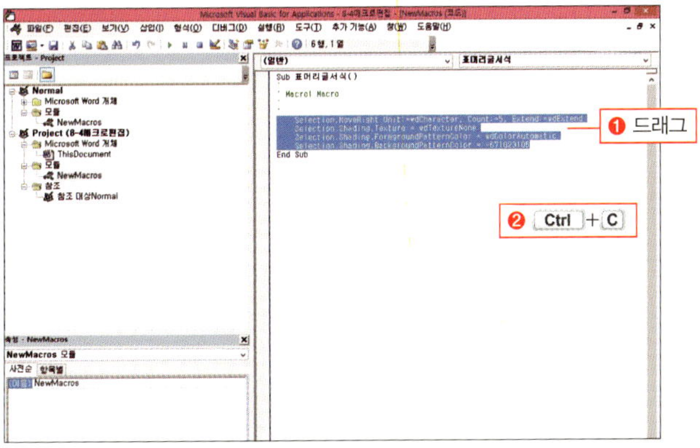

04. [Normal.dotx] 서식 문서에 [NewMacros] 모듈을 더블클릭하여 기록 내용 뒤에 Ctrl+V를 눌러 붙여넣습니다.

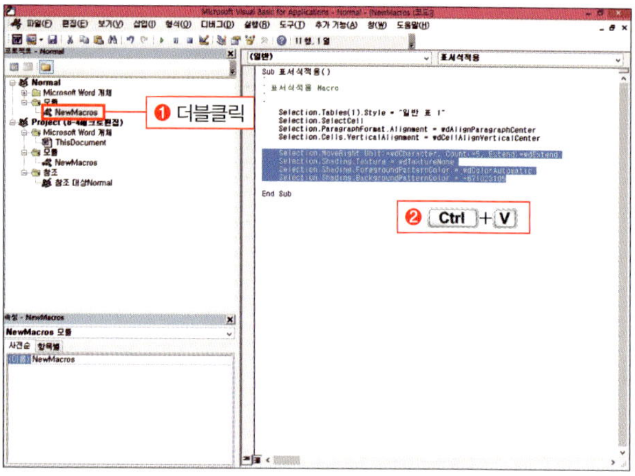

05. [표서식적용] 매크로에 내용이 추가되어 저장됩니다. 서식이 적용되지 않은 표에 편집된 매크로를 실행하기 위해 표 내에 첫 줄에 커서를 위치시키고 [개발 도구] 탭-[코드] 그룹-[매크로]를 클릭한 후 [매크로] 대화상자에서 '표서식적용' 매크로를 선택하고 [실행]을 클릭합니다.

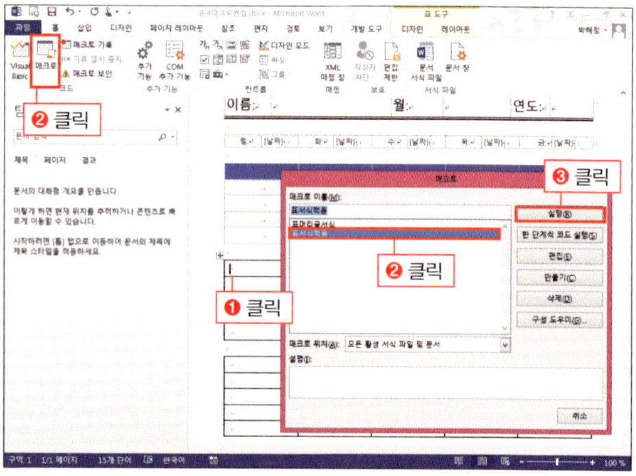

06. 기존 표 서식에 첫 줄의 서식 과정이 추가되어 실행됩니다.

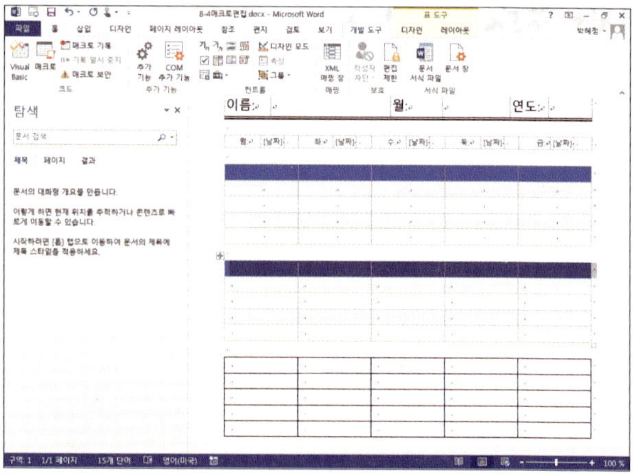

PART SUMMARY

- 동일한 형식의 편지를 여러 사람에게 발송해야 하고, 편지 본문에 받는 사람의 정보가 다르다면 편지 병합을 통해 간단히 DM 발송물을 만들 수 있습니다. 356P
- 워드 파일을 기존 목록으로 편지 병합을 할 수 있습니다. 359P
- 엑셀 파일을 기존 목록으로 편지 병합을 할 수 있습니다. 364P
- 레이블 기능을 이용하여 워드나 엑셀 목록에 있는 많은 데이터를 라벨 용지로 만들 수 있습니다. 361P
- 문서에 메모를 삽입하여 다른 사람과 문서를 공유할 수 있습니다. 370P
- 여러 사람이 작성한 문서를 문서 비교하여 하나의 문서로 만들 수 있습니다. 371P
- 컨트롤 도구를 이용하여 효율은 물론이고, 일관성 있는 문서를 작성할 수 있습니다. 378P
- 컨트롤 도구를 사용하려면 [Word 옵션] 대화상자의 개발 도구를 리본 탭에 나타냅니다. 380P
- [날짜 선택 콘텐츠 컨트롤]은 날짜 달력의 해당 날짜를 클릭해 날짜를 입력할 수 있도록 상호작용하는 컨트롤입니다. 381P
- 텍스트 컨트롤은 사용자가 문서에 텍스트를 입력할 수 있는 지정된 위치를 생성합니다. 382P
- 문서에 일부 목록으로 제시한 제한된 수의 옵션에 선택이 이루어지도록 만들려면 드롭다운 목록 콘텐츠 컨트롤이나 콤보 상자 콘텐츠 컨트롤을 이용해야 합니다. 383P
- 매크로는 한 번의 클릭으로 적용할 수 있는 명령의 모음입니다. 매크로를 사용하면 프로그램에서 수행하는 거의 모든 작업을 자동화하고 불가능할 것 같은 작업까지 수행할 수 있습니다. 387P

01 편지 병합 기능을 이용하여 엑셀 목록을 가져와 문서에 병합하세요.

예제파일 : CD₩Test₩Part08₩08-셀프테스트.docx, 08-엑셀목록.xlsx
완성파일 : CD₩Test₩Part08₩08-셀프테스트_완성.docx
동영상파일 : CD₩Test₩Part01₩Part08.avi

- 받는 사람을 기존 목록 사용하여 '08-엑셀목록.xlsx'을 삽입하세요.
- 병합 필드는 문서에 '제목, 회사 이름, 주소1' 공간에 삽입하세요.

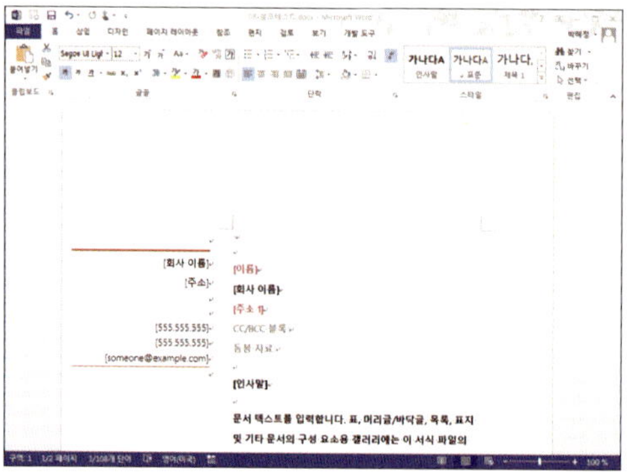

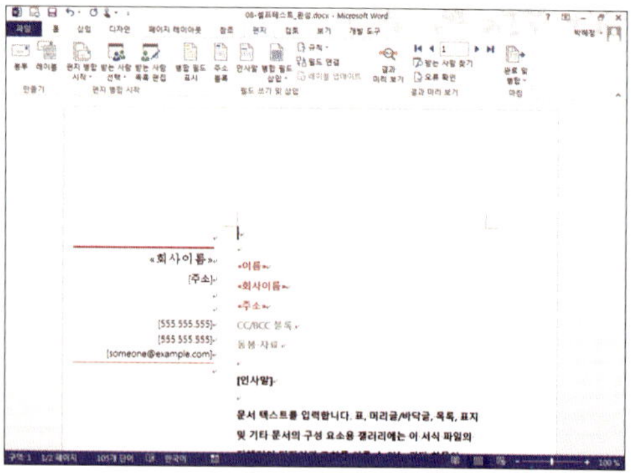

02 보고서에 날짜 선택 콘텐츠 컨트롤을 이용하여 선택 목록을 만드세요.

예제파일 : CD₩Test₩Part08₩08-셀프테스트.docx
완성파일 : CD₩Test₩Part08₩08-셀프테스트_완성.docx
동영상파일 : CD₩Test₩Part01₩Part08.avi

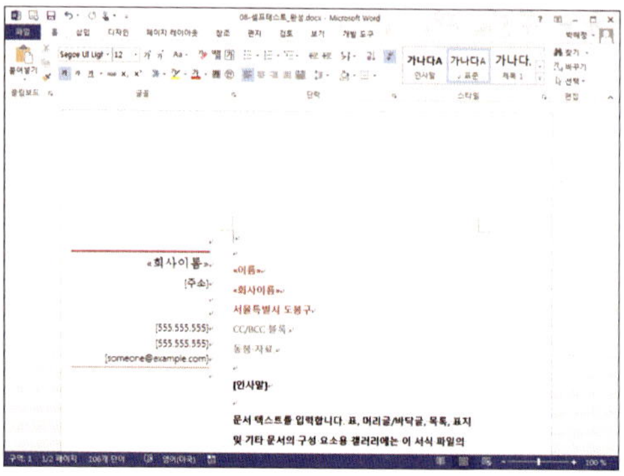

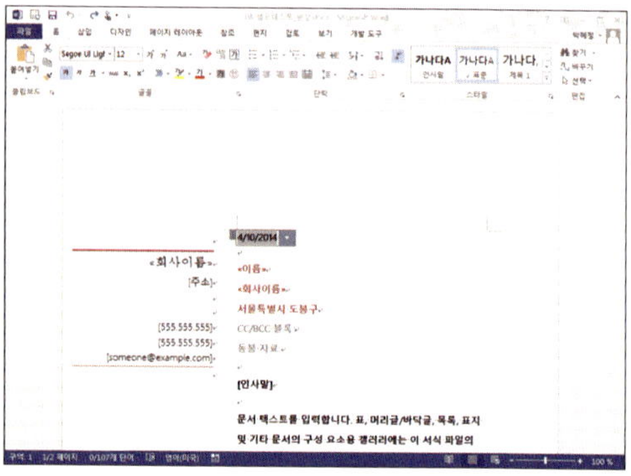

워드 2013 더 쉽게 배우기

1판 1쇄 발행 2014년 5월 30일
1판 2쇄 발행 2018년 2월 28일

저 자 | 박혜정
발 행 인 | 김길수
발 행 처 | 영진닷컴
주 소 | (우)08505 서울 금천구 가산디지털2로 123
월드메르디앙벤처센터 2차 10층 1016호
등 록 | 2007. 4. 27. 제16-4189

ISBN | 978-89-314-4622-7

도서문의처 | http://www.youngjin.com

YoungJin.com Y.
영진닷컴